"十二五"职业教育国家规划教材
经全国职业教育教材审定委员会审定

高职高专经济管理类基础课规划教材

◉ 主　编　李忠杰　陈尔建　姜　晓
◉ 副主编　王九福　赵明才　范彩荣
　　　　　孙寿尧　杨婷婷　郭丽华
　　　　　初美华　李伟欣

经济应用数学

（第四版）

清华大学出版社
北　京

内 容 简 介

本书的主要内容有一元函数微积分、二元函数微积分、线性代数、概率和数理统计初步。每章开始有导读和学习目标,结束有本章典型方法与范例、知识结构图,每节有思考题,各章有复习题,书末附有习题答案。

本书可作为高职高专、成人高校和民办高校财经类专业教材。

图书在版编目(CIP)数据

经济应用数学/李忠杰,陈尔建,姜晓主编. —4 版. —北京:清华大学出版社,2019(2024.8重印)
高职高专经济管理类基础课规划教材
ISBN 978-7-302-51695-8

Ⅰ.①经… Ⅱ.①李… ②陈… ③姜… Ⅲ.①经济数学—高等职业教育—教材 Ⅳ.①F224.0

中国版本图书馆 CIP 数据核字(2018)第 265399 号

责任编辑:杜春杰
封面设计:刘 超
版式设计:楠竹文化
责任校对:马军令
责任印制:杨 艳

出版发行:清华大学出版社
  网 址:https://www.tup.com.cn, https://www.wqxuetang.com
  地 址:北京清华大学学研大厦 A 座   邮 编:100084
  社 总 机:010-83470000   邮 购:010-62786544
  投稿与读者服务:010-62776969,c-service@tup.tsinghua.edu.cn
  质量反馈:010-62772015,zhiliang@tup.tsinghua.edu.cn
印 装 者:天津鑫丰华印务有限公司
经 销:全国新华书店
开 本:185mm×260mm 印 张:21.75 字 数:526 千字
版 次:2010 年 9 月第 1 版 2019 年 6 月第 4 版 印 次:2024 年 8 月第 7 次印刷
定 价:59.00 元

产品编号:078890-02

第四版前言

《经济应用数学》自出版以来,受到广大读者的关注,得到许多兄弟院校的大力支持,并对本书的修改提出了许多有益的建议,在此我们表示诚挚的感谢。

为进一步提高教材质量,更好地适应高职高专的需要,进一步落实"以应用为目的,以必须够用为度"的编写原则,并兼顾专升本考试需求,在前三次修订的基础上,我们进行了第四次修订。在修订过程中,我们认真总结了第三版教材使用过程中存在的问题,同时听取了部分院校使用第三版教材的意见,结合《教育部关于全面提高高等职业教育教学质量的若干意见》(教高〔2016〕16号)文件精神,使其更符合高职高专培养目标和要求,更具有高职高专的特色。

第四版教材主要从以下几个方面进行了修订。

1. 教材内容基本保持不变,替换了个别例题,补充了部分例题。

2. 对每节的习题进行了部分补充。

3. 兼顾学生进一步深造的需要,每章增加了"本章典型方法与范例",这些例子出于对学生思维能力的锻炼,注重综合性问题的独特作用,多角度切入,给学生以启发和示范。

4. 根据学生的实际,兼顾本门课的总课时,将第七章第六节线性规划删除。

本书由李忠杰、陈尔建、姜晓任主编,王九福、赵明才、范彩荣、孙寿尧、杨婷婷、郭丽华、初美华、李伟欣任副主编。

本书在修订过程中得到了兄弟院校的大力支持和帮助,烟台城乡建设学校初美华老师参与修订,并提出了许多宝贵意见,在此我们一并表示感谢。

由于编者水平有限,若有不妥之处,敬请广大读者批评指正。

编　者

2019 年 4 月

目　　录

第一章 极限与连续

【本章导读】

党的二十大报告指出:"实践没有止境,理论创新也没有止境。"社会主义事业要求人们不断提升思维水平,达到超越自我的状态。求知者需要通过已知去探索未知,由"一知半解"到"精准掌握"。这也正体现着本章的极限思想。极限思想也是高等数学区别于初等数学的一个标志,是微积分课程学习的基础。准确掌握极限概念及极限运算方法是学好高等数学的基础。学习本章需掌握极限概念、极限的运算及应用、函数的连续性。

【学习目标】

- 了解反函数、函数的单调性、奇偶性、有界性、周期性的概念,左、右极限的概念,无穷小、无穷大的概念,闭区间上连续函数的性质。
- 理解函数、基本初等函数、复合函数、初等函数、分段函数的概念,函数极限的定义,无穷小的性质,函数在一点连续的概念,初等函数的连续性。
- 掌握复合函数的复合过程,极限四则运算法则。
- 会对无穷小进行比较;用两个重要极限求极限;判断间断点的类型;求连续函数和分段函数的极限;用极限解决经济中的问题。

第一节 初 等 函 数

一、函数的有关概念

1. 函数的定义

定义 1 设 D 是一个数集。如果对属于 D 的每一个数 x,按照某种对应关系 f,都有确定的数值 y 和它对应,那么 y 就叫作定义在数集 D 上的 x 的**函数**,记为 $y=f(x)$。x 叫作**自变量**,数集 D 叫作函数的**定义域**,当 x 取数值 $x_0 \in D$ 时,与 x_0 对应的 y 的数值称为函数在点 x_0 处的函数值,记为 $f(x_0)$;当 x 取遍 D 中的一切实数值时,与它对应的函数值的集合 $M=\{y \mid y=f(x), x \in D\}$ 叫作函数值的**值域**。

在函数的定义中,如对于每一个 $x \in D$,都有唯一确定的 y 与它对应,那么这种函数称为单值函数,否则称为多值函数。如无特别说明,我们以后研究的函数都指单值函数。

2. 函数的定义域

研究函数时,必须注意函数的定义域。在实际问题中,应根据问题的实际意义来确定定义域。对于用数学式子表示的函数,它的定义域可由函数表达式本身来确定,即要使运算有意义,一般应考虑以下几点。

(1) 在分式中,分母不能为零;

(2) 在根式中,负数不能开偶次方根;

(3) 在对数式中,真数不能取零和负数,底数大于 0 且不等于 1;

(4) 在三角函数式中,$k\pi+\dfrac{\pi}{2}(k\in\mathbf{Z})$ 不能取正切,$k\pi(k\in\mathbf{Z})$ 不能取余切;

(5) 在反三角函数式中,要符合反三角函数的定义域;

(6) 如函数表达式中含有分式、根式、对数式或反三角函数式,则应取各部分定义域的交集。

例 1 求下列函数的定义域。

(1) $y=\dfrac{1}{4-x^2}+\sqrt{x+2}$;   (2) $y=\lg\dfrac{x}{x-1}$;   (3) $y=\arcsin\dfrac{x+1}{3}$;   (4) $y=\ln\cos x$.

解 (1) 要使函数有意义,必须满足 $\begin{cases}4-x^2\neq 0\\ x+2\geqslant 0\end{cases}$,解得 $x>-2$ 且 $x\neq 2$,所以函数的定义域为 $(-2,2)\bigcup(2,+\infty)$。

(2) 要使函数有意义,必须满足 $\dfrac{x}{x-1}>0$,解得 $x>1$ 或 $x<0$,所以函数的定义域为 $(-\infty,0)\bigcup(1,+\infty)$。

(3) 要使函数有意义,必须满足 $-1\leqslant\dfrac{x+1}{3}\leqslant 1$,解得 $-3\leqslant x+1\leqslant 3$,即 $-4\leqslant x\leqslant 2$,所以函数的定义域为 $[-4,2]$。

(4) 要使函数有意义,必须满足 $\cos x>0$,所以 $-\dfrac{\pi}{2}+2k\pi<x<\dfrac{\pi}{2}+2k\pi(k\in\mathbf{Z})$,故函数的定义域为

$$\left(-\frac{\pi}{2}+2k\pi,\frac{\pi}{2}+2k\pi\right)(k\in\mathbf{Z})$$

两个函数只有当它们的定义域和对应关系完全相同时,这两个函数才被认为是相同的。

例如,函数 $y=\sin^2 x+\cos^2 x$ 与 $y=1$,是两个相同的函数。又如,函数 $y=\dfrac{x^2-1}{x-1}$ 与 $y=x+1$,是两个不同的函数。

3. 邻域

定义 2 设 $a\in\mathbf{R},\delta>0$,称开区间 $(a-\delta,a+\delta)$ 为点 a 的 δ **邻域**,记为 $U(a,\delta)$,即 $U(a,\delta)=(a-\delta,a+\delta)=\{x\mid |x-a|<\delta\}$,称 a 为邻域的中心,δ 为邻域的半径;将 a 的 δ 邻域中心 a 去掉后得 a 的 δ **空心邻域**,记为 $\mathring{U}(a,\delta)$,即 $\mathring{U}(a,\delta)=(a-\delta,a)\bigcup(a,a+\delta)=\{x\mid 0<|x-a|<\delta\}$。点 a 的 δ 邻域及点 a 的 δ 空心邻域有时又分别简记为 $U(a)$ 与 $\mathring{U}(a)$。

4. 函数的表示法

常用的函数表示法有公式法(解析法)、表格法和图像法三种。有时,会遇到一个函数在自变量不同的取值范围内用不同的式子来表示。例如,函数

$$f(x)=\begin{cases}\sqrt{x}, & x\geqslant 0\\ -x, & x<0\end{cases}$$

是定义在区间 $(-\infty,+\infty)$ 内的一个函数。在定义域的不同范围内用不同的式子来表示的函数称为**分段函数**。

5. 函数的几种特性

我们将学过的函数的四种特性，即奇偶性、单调性、有界性、周期性，做了归纳，如表 1-1 所示。

表　1-1

特　性	定　　义	几　何　特　性
奇偶性	如函数 $f(x)$ 的定义域关于原点对称，且对任意的 x，如果 $f(-x)=-f(x)$，那么 $f(x)$ 为奇函数；如果 $f(-x)=f(x)$，那么 $f(x)$ 为偶函数	奇函数的图像关于原点对称；偶函数的图像关于 y 轴对称
单调性	对于任意的 $x_1,x_2\in(a,b)$，且 $x_1<x_2$，如果 $f(x_1)<f(x_2)$，那么 $f(x)$ 在 (a,b) 内单调增加；如果 $f(x_1)>f(x_2)$，那么 $f(x)$ 在 (a,b) 内单调减少	单调增函数图像沿 x 轴正向上升；单调减函数图像沿 x 轴正向下降
有界性	对于任意的 $x\in(a,b)$，存在 $M>0$，有 $|f(x)|\leqslant M$，那么 $f(x)$ 在 (a,b) 内有界；如果这样的数 M 不存在，那么 $f(x)$ 在区间 (a,b) 内无界	区间 (a,b) 内的有界函数的图像全部夹在直线 $y=M$ 与 $y=-M$ 之间
周期性	对于任意的 $x\in D$，存在正数 l，使 $f(x+l)=f(x)$，那么 $f(x)$ 为 D 上的周期函数，l 叫作这个函数的周期	一个以 l 为周期的周期函数的图像在定义域内每隔长度为 l 的区间上有相同的形状

二、反函数

定义 3　设函数 $y=f(x)$，它的定义域是 D，值域为 M，如果对值域 M 中任意一个值 y，都能由 $y=f(x)$ 确定 D 中唯一的 x 值与之对应，由此得到以 y 为自变量的函数叫作 $y=f(x)$ 的**反函数**，记为 $x=f^{-1}(y),y\in M$。

在习惯上，自变量用 x 表示，函数用 y 表示，所以又将它改写成 $y=f^{-1}(x),x\in M$。

由定义可知，函数 $y=f(x)$ 的定义域和值域分别是其反函数 $y=f^{-1}(x)$ 的值域和定义域。函数 $y=f(x)$ 和 $y=f^{-1}(x)$ 互为反函数。

例 2 求函数 $y=3x-2$ 的反函数。

解 由 $y=3x-2$ 解得 $x=\dfrac{y+2}{3}$，将 x 与 y 互换，得 $y=\dfrac{x+2}{3}$，所以 $y=3x-2(x\in\mathbf{R})$ 的反函数是 $y=\dfrac{x+2}{3}(x\in\mathbf{R})$。

另外，函数 $y=f(x)$ 和它的反函数 $y=f^{-1}(x)$ 的图像关于直线 $y=x$ 对称。

三、基本初等函数

幂函数($y=x^{\alpha},\alpha\in\mathbf{R}$)、指数函数($y=a^{x},a>0$ 且 $a\neq1$)、对数函数($y=\log_a x,a>0$ 且 $a\neq1$)、三角函数和反三角函数统称为**基本初等函数**。

现把一些常用的基本初等函数的定义域与值域、图像和特性列表，如表 1-2 所示。

表 1-2

函　数	定义域与值域	图　像	特　性
幂函数 $y=x$	$x\in(-\infty,+\infty)$ $y\in(-\infty,+\infty)$		奇函数 单调增加
$y=x^2$	$x\in(-\infty,+\infty)$ $y\in[0,+\infty)$		偶函数，在 $(-\infty,0)$ 内单调减少；在 $(0,+\infty)$ 内单调增加
$y=x^3$	$x\in(-\infty,+\infty)$ $y\in(-\infty,+\infty)$		奇函数 单调增加
$y=x^{-1}$	$x\in(-\infty,0)\bigcup(0,+\infty)$ $y\in(-\infty,0)\bigcup(0,+\infty)$		奇函数，在 $(-\infty,0)$ 内单调减少；在 $(0,+\infty)$ 内单调减少
$y=x^{\frac{1}{2}}$	$x\in[0,+\infty)$ $y\in[0,+\infty)$		单调增加

续表

函　数	定义域与值域	图　　像	特　　性
指数函数 $y=a^x$ $(a>1)$	$x\in(-\infty,+\infty)$ $y\in(0,+\infty)$		单调增加
$y=a^x$ $(0<a<1)$	$x\in(-\infty,+\infty)$ $y\in(0,+\infty)$		单调减少
对数函数 $y=\log_a x$ $(a>1)$	$x\in(0,+\infty)$ $y\in(-\infty,+\infty)$		单调增加
$y=\log_a x$ $(0<a<1)$	$x\in(0,+\infty)$ $y\in(-\infty,+\infty)$		单调减少
三角函数 $y=\sin x$	$x\in(-\infty,+\infty)$ $y\in[-1,1]$		奇函数,周期为 2π,有界,在 $\left(2k\pi-\dfrac{\pi}{2},2k\pi+\dfrac{\pi}{2}\right)$ 内单调增加,在 $\left(2k\pi+\dfrac{\pi}{2},2k\pi+\dfrac{3\pi}{2}\right)$ 内单调减少$(k\in\mathbf{Z})$
$y=\cos x$	$x\in(-\infty,+\infty)$ $y\in[-1,1]$		偶函数,周期为 2π,有界,在 $(2k\pi,2k\pi+\pi)$ 内单调减少,在 $(2k\pi+\pi,2k\pi+2\pi)$ 内单调增加$(k\in\mathbf{Z})$
$y=\tan x$	$x\neq k\pi+\dfrac{\pi}{2}(k\in\mathbf{Z})$ $y\in(-\infty,+\infty)$		奇函数,周期为 π,在 $\left(k\pi-\dfrac{\pi}{2},k\pi+\dfrac{\pi}{2}\right)$ 内单调增加$(k\in\mathbf{Z})$
$y=\cot x$	$x\neq k\pi(k\in\mathbf{Z})$ $y\in(-\infty,+\infty)$		奇函数,周期为 π,在 $(k\pi,k\pi+\pi)$ 内单调减少$(k\in\mathbf{Z})$

续表

函　数	定义域与值域	图　　像	特　性
$y=\arcsin x$	$x\in[-1,1]$ $y\in[-\dfrac{\pi}{2},\dfrac{\pi}{2}]$		奇函数,单调增加,有界
$y=\arccos x$	$x\in[-1,1]$ $y\in[0,\pi]$		单调减少,有界
$y=\arctan x$	$x\in(-\infty,+\infty)$ $y\in(-\dfrac{\pi}{2},\dfrac{\pi}{2})$		奇函数,单调增加,有界
$y=\text{arccot}\,x$	$x\in(-\infty,+\infty)$ $y\in(0,\pi)$		单调减少,有界

(最左侧纵向标注:反三角函数)

四、复合函数、初等函数

1. 复合函数

定义 4　设 y 是 u 的函数 $y=f(u)$;而 u 又是 x 的函数 $u=\varphi(x)$,其定义域为数集 A。如果在数集 A 或 A 的子集上,对于 x 的每一个值所对应的 u 值,都能使函数 $y=f(u)$ 有定义,那么 y 就是 x 的函数。这个函数叫作函数 $y=f(u)$ 与 $u=\varphi(x)$ 复合而成的函数,简称为 x 的**复合函数**,记为 $y=f[\varphi(x)]$,其中 u 叫作中间变量,其定义域为数集 A 或 A 的子集。

例如,$y=\tan^2 x$ 是由 $y=u^2$ 与 $u=\tan x$ 复合而成的函数;$y=\ln(x-1)$ 是由 $y=\ln u$ 与 $u=x-1$ 复合而成的函数,它们都是 x 的复合函数。

注意:(1) 不是任何两个函数都可以复合成一个函数的。例如 $y=\arcsin u$ 与 $u=2+x^2$ 就不能复合成一个函数。

(2) 复合函数也可以由两个以上的函数复合而成。例如 $y=2^u$,$u=\sin v$,$v=\dfrac{1}{x}$,由这三个函数可得复合函数 $y=2^{\sin\frac{1}{x}}$,这里 u 和 v 都是中间变量。

例 3　指出下列各复合函数的复合过程。

(1) $y=\sqrt{1+x^2}$;　　(2) $y=\arcsin(\ln x)$;　　(3) $y=\mathrm{e}^{\sin x^2}$。

解　(1) $y=\sqrt{1+x^2}$ 是由 $y=\sqrt{u}$ 与 $u=1+x^2$ 复合而成。

(2) $y=\arcsin(\ln x)$ 是由 $y=\arcsin u$ 与 $u=\ln x$ 复合而成。

(3) $y=\mathrm{e}^{\sin x^2}$ 是由 $y=\mathrm{e}^u$，$u=\sin v$，$v=x^2$ 复合而成。

2. 初等函数

定义 5　由基本初等函数和常数经过有限次四则运算以及有限次的复合步骤所构成的，并能用一个式子表示的函数称为初等函数。

例如，$y=\ln\cos^2 x$，$y=\sqrt[3]{\tan x}$，$y=\dfrac{2x^3-1}{x^2+1}$，$y=\mathrm{e}^{2x}\sin(2x+1)$ 都是初等函数。

在初等函数的定义中，明确指出是用一个式子表示的函数，如果一个函数必须用几个式子表示时，它就不是初等函数。例如，$g(x)=\begin{cases}2\sqrt{x}, & 0\leqslant x\leqslant 1\\ 1+x, & x>1\end{cases}$ 就不是初等函数，而称为非初等函数。

五、建立函数关系举例

在解决实际问题时，通常要先建立问题中的函数关系，然后进行分析和计算。下面举一些简单的实际问题，说明建立函数关系的过程。

例 4　某工厂生产人造钻石，年生产量为 x 千克，其固定成本为 312 万元，每生产 1 千克人造钻石，可变成本均匀地增加 50 元，试将总成本 $C_总$（单位：元）和平均单位成本 $C_均$（单位：元/千克）表示成产量 x（单位：千克）的函数。

解　由于总成本＝固定成本＋可变成本，平均成本＝总成本/产量，所以

$$C_总=3\,120\,000+50x,\quad C_均=\frac{3\,120\,000+50x}{x}=\frac{3\,120\,000}{x}+50$$

例 5　某运输公司规定货物的吨千米运价为：在 a 千米以内，每千米 k 元；超过 a 千米时超过部分每千米 $\dfrac{4}{5}k$ 元。求运价 m 与里程 s 之间的函数关系。

解　根据题意可列出函数关系如下：

$$m=\begin{cases}ks, & 0<s\leqslant a\\ ka+\dfrac{4}{5}k(s-a), & s>a\end{cases}$$

这里运价 m 和里程 s 的函数关系是用分段函数表示的，定义域为 $(0,+\infty)$。

例 6　将直径为 d 的圆木料锯成截面为矩形的木材（见图 1-1），列出矩形截面两条边长之间的函数关系。

解　设矩形截面的一条边长为 x，另一条边长为 y，由勾股定理得 $x^2+y^2=d^2$。解出 $y=\pm\sqrt{d^2-x^2}$，由于 y 只能取正值，所以 $y=\sqrt{d^2-x^2}$，这就是矩形截面的两条边长之间的函数关系，它的定义域为 $(0,d)$。

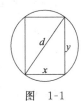

图　1-1

一般地，建立函数关系式应根据题意，先分析问题中哪些是变量，哪些是常量；在变量中，哪个是自变量，哪个是函数，并用不同的字母表示；再根据问题中给出的条件，运用数学、物理等方面的知识，确定等量关系；必要时，还须根据所给条件，确定关系式中需要

确定的常数或消去式中出现的多余变量,从而得出函数关系式,并根据题意写出函数的定义域。如果变量之间的关系式在自变量的各个取值范围内各不相同,则须进行分段考察,并将结果写成分段函数。

思 考 题

1. 分段函数的图像如何作? 作出分段函数 $f(x)=\begin{cases} x+1, & x<0 \\ 2^x, & x\geqslant 0 \end{cases}$ 的图像。

2. 几个函数能复合成一个函数的条件是什么? $y=\ln u, u=\cos x, x\in\left(\dfrac{\pi}{2},\pi\right)$ 能否复合成一个函数? 为什么?

3. 基本初等函数的特点是什么?

习题 1-1

1. 下列各题中所给的两个函数是否相同? 为什么?

(1) $y=x$ 和 $y=\sqrt{x^2}$；　　　　　　　　　　(2) $y=x$ 和 $y=(\sqrt{x})^2$；

(3) $y=(1-\cos^2 x)^{\frac{1}{2}}$ 和 $y=\sin x$；　　　(4) $y=\lg x^3$ 和 $y=3\lg x$。

2. 求下列函数的定义域。

(1) $y=\sqrt{3x+4}$；　　　　(2) $y=\sqrt{1-|x|}$；　　　　(3) $y=\dfrac{2}{x^2-3x+2}$；

(4) $y=\sqrt{5-x}+\lg(x-1)$；　　(5) $y=\sqrt{2+x}+\dfrac{1}{\lg(1+x)}$；　　(6) $y=\arccos\sqrt{2x}$。

3. 设 $f(x)=ax+b, f(0)=-2, f(3)=5$，求 $f(1)$ 和 $f(2)$。

4. 已知 $f(x+1)=x^2+3x+5$，求 $f(x)$。

5. 判断下列函数的奇偶性。

(1) $f(x)=x^4-2x^2+3$；　　　　　　(2) $g(x)=x^2\cos x$；

(3) $f(x)=\dfrac{1}{2}(e^x+e^{-x})$；　　　　(4) $f(x)=\ln(x+\sqrt{1+x^2})$。

6. 证明函数 $y=\dfrac{1}{x}$ 在区间 $(-1,0)$ 内单调减少。

7. 将下列各题中的 y 表示为 x 的函数。

(1) $y=\sqrt{u}, u=x^2-1$；　　　　　　　　(2) $y=\sqrt{u}, u=1+\sin x$。

8. 指出下列函数的复合过程。

(1) $y=\cos 5x$；　　　(2) $y=(2-3x)^{\frac{1}{2}}$；　　　(3) $y=\ln(\sin e^{x+1})$；

(4) $y=5^{\cot\frac{1}{x}}$；　　　(5) $y=\sin^2 x$；　　　(6) $y=\sin x^2$；

(7) $y=\sqrt{\ln x}$；　　　(8) $y=\ln\tan\dfrac{1}{x^2}$；　　　(9) $y=\sin^2(\ln x)$；

(10) $y=\sin\sqrt[3]{x^2+1}$；　　(11) $y=\lg\arcsin(x+1)$；　　(12) $y=\sqrt[3]{\tan^2\left(x+\dfrac{1}{6}\right)}$；

(13) $y=\arctan e^{\sqrt{x}}$；　　(14) $y=\ln\cos\sqrt{x^2+1}$；　　(15) $y=\sin^2\sqrt{1-x-x^2}$；

(16) $y=\arcsin^2\left(\dfrac{2x}{1-x^2}\right)$。

9. 国际航空信件的邮资标准是 10 克以内邮资 4 元,超过 10 克时超过的部分每克收取 0.3 元,且信件重量不能超过 200 克,试求邮资 y 与信件重量 x 的函数关系式。

10. 用铁皮做一个容积为 V 的圆柱形罐头筒(带盖),试将它的表面积 s 表示为底半径 r 的函数,并求其定义域。

第二节　数列的极限

一、数列极限的定义

前面已经学过数列的概念,现在进一步考察当 n 无限增大时,数列 $x_n=f(n)$ 的变化趋势,先看下面两个数列:

(1) $\dfrac{1}{2},\dfrac{1}{4},\dfrac{1}{8},\dfrac{1}{16},\cdots,\dfrac{1}{2^n},\cdots$；　　　(2) $2,\dfrac{1}{2},\dfrac{4}{3},\dfrac{3}{4},\cdots,\dfrac{n+(-1)^{n-1}}{n},\cdots$。

为清楚起见,把这两个数列的前几项在数轴上表示出来,分别如图 1-2 和图 1-3 所示。

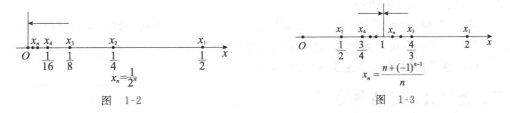

图　1-2　　　　　　　　　　　　　　　图　1-3

由图 1-2 可以看出,当 n 无限增大时,表示数列 $x_n=\dfrac{1}{2^n}$ 的点逐渐密集在 $x=0$ 的右侧,即数列 x_n 无限接近于 0;由图 1-3 可以看出,当 n 无限增大时,表示数列 $x_n=\dfrac{n+(-1)^{n-1}}{n}$ 的点逐渐密集在 $x=1$ 的附近,即数列 x_n 无限接近于 1。

归纳这两个数列的变化趋势,可知当 n 无限增大时,x_n 都分别无限接近于一个确定的常数。一般地,有如下定义。

定义 6　如果当 n 无限增大时,数列 $\{x_n\}$ 无限接近于一个确定的常数 a,那么 a 就叫作数列 $\{x_n\}$,当 n 趋向无穷大时的**极限**,记为

$$\lim_{n\to\infty}x_n=a\quad\text{或当}\quad n\to\infty\text{时},x_n\to a$$

因此,数列(1)和数列(2)的极限分别记为 $\lim\limits_{n\to\infty}\dfrac{1}{2^n}=0$；$\lim\limits_{n\to\infty}\dfrac{n+(-1)^{n-1}}{n}=1$。

例 7　观察下列数列的变化趋势,写出它们的极限。

(1) $x_n=\dfrac{1}{n}$；　　(2) $x_n=2-\dfrac{1}{n^2}$；　　(3) $x_n=(-1)^n\dfrac{1}{3^n}$；　　(4) $x_n=-3$。

解　列表考察这四个数列的前几项,当 $n\to\infty$ 时,它们的变化趋势如表 1-3 所示。

表 1-3

n	1	2	3	4	5	...	$\to\infty$
(1) $x_n=\dfrac{1}{n}$	1	$\dfrac{1}{2}$	$\dfrac{1}{3}$	$\dfrac{1}{4}$	$\dfrac{1}{5}$	...	$\to 0$
(2) $x_n=2-\dfrac{1}{n^2}$	$2-\dfrac{1}{1}$	$2-\dfrac{1}{4}$	$2-\dfrac{1}{9}$	$2-\dfrac{1}{16}$	$2-\dfrac{1}{25}$	...	$\to 2$
(3) $x_n=(-1)^n\dfrac{1}{3^n}$	$-\dfrac{1}{3}$	$\dfrac{1}{9}$	$-\dfrac{1}{27}$	$\dfrac{1}{81}$	$-\dfrac{1}{243}$	...	$\to 0$
(4) $x_n=-3$	-3	-3	-3	-3	-3	...	$\to -3$

由表 1-3 中各数列的变化趋势,根据数列极限的定义可知:

(1) $\lim\limits_{n\to\infty}x_n=\lim\limits_{n\to\infty}\dfrac{1}{n}=0$; (2) $\lim\limits_{n\to\infty}x_n=\lim\limits_{n\to\infty}\left(2-\dfrac{1}{n^2}\right)=2$;

(3) $\lim\limits_{n\to\infty}x_n=\lim\limits_{n\to\infty}(-1)^n\dfrac{1}{3^n}=0$; (4) $\lim\limits_{n\to\infty}x_n=\lim\limits_{n\to\infty}(-3)=-3$。

注意:并不是任何数列都有极限。

例如,数列 $x_n=2^n$,当 n 无限增大时,x_n 也无限增大,不能无限接近于一个确定的常数,所以这个数列没有极限。

又如,数列 $x_n=(-1)^{n+1}$,当 n 无限增大时,x_n 在 1 与 -1 两个数上来回跳动,不能无限接近于一个确定的常数,所以这个数列也没有极限。

没有极限的数列,也说数列的极限不存在。

二、数列极限的四则运算

设有数列 x_n 和 y_n,且 $\lim\limits_{n\to\infty}x_n=a$,$\lim\limits_{n\to\infty}y_n=b$,则

(1) $\lim\limits_{n\to\infty}(x_n\pm y_n)=\lim\limits_{n\to\infty}x_n\pm\lim\limits_{n\to\infty}y_n=a\pm b$。

(2) $\lim\limits_{n\to\infty}(x_n\cdot y_n)=\lim\limits_{n\to\infty}x_n\cdot\lim\limits_{n\to\infty}y_n=a\cdot b$。

(3) $\lim\limits_{n\to\infty}\dfrac{x_n}{y_n}=\dfrac{\lim\limits_{n\to\infty}x_n}{\lim\limits_{n\to\infty}y_n}=\dfrac{a}{b}\,(b\neq 0)$。

这里(1)和(2)可推广到有限个数列的情形。

推论 若 $\lim\limits_{n\to\infty}x_n$ 存在,c 为常数,$k\in\mathbf{N}^+$,则

(1) $\lim\limits_{n\to\infty}(c\cdot x_n)=c\cdot\lim\limits_{n\to\infty}x_n$; (2) $\lim\limits_{n\to\infty}(x_n)^k=(\lim\limits_{n\to\infty}x_n)^k$。

例 8 已知 $\lim\limits_{n\to\infty}x_n=5$,$\lim\limits_{n\to\infty}y_n=2$,求:

(1) $\lim\limits_{n\to\infty}(3x_n)$; (2) $\lim\limits_{n\to\infty}\dfrac{y_n}{5}$; (3) $\lim\limits_{n\to\infty}\left(3x_n-\dfrac{y_n}{5}\right)$。

解 (1) $\lim\limits_{n\to\infty}(3x_n)=3\lim\limits_{n\to\infty}x_n=3\times 5=15$

(2) $\lim\limits_{n\to\infty}\dfrac{y_n}{5}=\dfrac{1}{5}\lim\limits_{n\to\infty}y_n=\dfrac{2}{5}$

(3) $\lim\limits_{n\to\infty}\left(3x_n-\dfrac{y_n}{5}\right)=\lim\limits_{n\to\infty}(3x_n)-\lim\limits_{n\to\infty}\dfrac{y_n}{5}=15-\dfrac{2}{5}=14\dfrac{3}{5}$

例 9 求下列各极限。

(1) $\lim\limits_{n\to\infty}\left(4-\dfrac{1}{n}+\dfrac{3}{n^2}\right)$;　　　　(2) $\lim\limits_{n\to\infty}\dfrac{3n^2-n+1}{1+n^2}$;

(3) $\lim\limits_{n\to\infty}\left(1+\dfrac{1}{2}+\dfrac{1}{4}+\cdots+\dfrac{1}{2^n}\right)$;　　(4) $\lim\limits_{n\to\infty}\left(\sqrt{n+1}-\sqrt{n}\right)$.

解 (1) $\lim\limits_{n\to\infty}\left(4-\dfrac{1}{n}+\dfrac{3}{n^2}\right)=\lim\limits_{n\to\infty}4-\lim\limits_{n\to\infty}\dfrac{1}{n}+3\lim\limits_{n\to\infty}\dfrac{1}{n^2}=4-0+3\times0=4$

(2) $\lim\limits_{n\to\infty}\dfrac{3n^2-n+1}{1+n^2}=\lim\limits_{n\to\infty}\dfrac{3-\dfrac{1}{n}+\dfrac{1}{n^2}}{\dfrac{1}{n^2}+1}=\dfrac{\lim\limits_{n\to\infty}3-\lim\limits_{n\to\infty}\dfrac{1}{n}+\lim\limits_{n\to\infty}\dfrac{1}{n^2}}{\lim\limits_{n\to\infty}\dfrac{1}{n^2}+\lim\limits_{n\to\infty}1}=\dfrac{3-0+0}{0+1}=3$

(3) $\lim\limits_{n\to\infty}\left(1+\dfrac{1}{2}+\dfrac{1}{4}+\cdots+\dfrac{1}{2^n}\right)=\lim\limits_{n\to\infty}\dfrac{1-\left(\dfrac{1}{2}\right)^{n+1}}{1-\dfrac{1}{2}}=2\lim\limits_{n\to\infty}\left(1-\dfrac{1}{2^{n+1}}\right)=2$

(4) $\lim\limits_{n\to\infty}\left(\sqrt{n+1}-\sqrt{n}\right)=\lim\limits_{n\to\infty}\dfrac{\left(\sqrt{n+1}-\sqrt{n}\right)\left(\sqrt{n+1}+\sqrt{n}\right)}{\sqrt{n+1}+\sqrt{n}}$

$\qquad\qquad\qquad\qquad =\lim\limits_{n\to\infty}\dfrac{1}{\sqrt{n+1}+\sqrt{n}}=0$

三、无穷递缩等比数列的求和公式

等比数列 $a_1,a_1q,a_1q^2,\cdots,a_1q^{n-1},\cdots$, 当 $|q|<1$ 时, 称为无穷递缩等比数列。现在来求它的前 n 项的和 S_n 当 $n\to\infty$ 时的极限。

由于 $S_n=\dfrac{a_1(1-q^n)}{1-q}$, 则 $\lim\limits_{n\to\infty}S_n=\lim\limits_{n\to\infty}\dfrac{a_1(1-q^n)}{1-q}=\lim\limits_{n\to\infty}\dfrac{a_1}{1-q}\cdot\lim\limits_{n\to\infty}(1-q^n)=\dfrac{a_1}{1-q}\left(\lim\limits_{n\to\infty}1-\lim\limits_{n\to\infty}q^n\right)$.

当 $|q|<1$ 时, $\lim\limits_{n\to\infty}q^n=0$, 所以 $\lim\limits_{n\to\infty}S_n=\dfrac{a_1}{1-q}(1-0)=\dfrac{a_1}{1-q}$。

我们把无穷递缩等比数列前 n 项的和当 $n\to\infty$ 时的极限叫作这个无穷递缩等比数列的和, 并用符号 S 表示, 从而有公式

$$S=\dfrac{a_1}{1-q}$$

这个公式叫作无穷递缩等比数列的**求和公式**。

例 10 求数列 $\dfrac{1}{2},\dfrac{1}{4},\dfrac{1}{8},\cdots,\dfrac{1}{2^n},\cdots$ 各项的和。

解 因为 $|q|=\dfrac{1}{2}<1$, 所以它是无穷递缩等比数列, 因此有 $S=\dfrac{\dfrac{1}{2}}{1-\dfrac{1}{2}}=1$。

思 考 题

1. "对数列 $\{x_n\}$, 如果当 n 无限增大时, x_n 越来越接近于常数 A, 则称数列 $\{x_n\}$ 以 A 为极限", 这种说法正确吗?

2. 数列 $1,2,\dfrac{1}{2},\dfrac{3}{2},\dfrac{1}{3},\dfrac{4}{3},\cdots,\dfrac{1}{n},\dfrac{n+1}{n},\cdots$ 是否有极限?

习题 1-2

1. 观察下列数列当 $n \to \infty$ 时的变化趋势,写出极限。

(1) $x_n = \dfrac{1}{2^n}$;   (2) $x_n = (-1)^n \dfrac{1}{n}$;   (3) $x_n = 2 - \dfrac{1}{n^2}$;

(4) $x_n = \dfrac{n-1}{n+1}$;   (5) $x_n = 1 - \dfrac{1}{5^n}$;   (6) $x_n = -5$;

(7) $x_n = (-1)^n n$;   (8) $x_n = \dfrac{1 + (-1)^n}{2}$。

2. 已知 $\lim\limits_{n \to \infty} x_n = \dfrac{1}{2}$, $\lim\limits_{n \to \infty} y_n = -\dfrac{1}{2}$,求下列各极限。

(1) $\lim\limits_{n \to \infty} (2x_n + 3y_n)$;   (2) $\lim\limits_{n \to \infty} \dfrac{x_n - y_n}{x_n}$。

3. 求下列各极限。

(1) $\lim\limits_{n \to \infty} \left(3 - \dfrac{1}{n^2}\right)$;   (2) $\lim\limits_{n \to \infty} \dfrac{2n-1}{3n}$;   (3) $\lim\limits_{n \to \infty} \dfrac{7n^2+1}{7n^2-3}$;

(4) $\lim\limits_{n \to \infty} \dfrac{-3n^3+n-5}{3+n^3}$;   (5) $\lim\limits_{n \to \infty} \left(3 - \dfrac{3}{2^n} + \dfrac{1}{n^2}\right)$;   (6) $\lim\limits_{n \to \infty} \left(1 - \dfrac{3}{2^n}\right)\left(6 - \dfrac{7}{n}\right)$;

(7) $\lim\limits_{n \to \infty} \dfrac{4n^2+5}{3-2n^2}$;   (8) $\lim\limits_{n \to \infty} \left(\dfrac{n^2-3}{n+1} - n\right)$;   (9) $\lim\limits_{n \to \infty} \dfrac{2^n-1}{1+2^n}$;

(10) $\lim\limits_{n \to \infty} \left(\dfrac{1+2+3+\cdots+n}{n+2} - \dfrac{n}{2}\right)$; (11) $\lim\limits_{n \to \infty} (\sqrt{n-1} - \sqrt{n})$; (12) $\lim\limits_{n \to \infty} \dfrac{\sqrt{9n^2+n}}{2n+5}$;

(13) $\lim\limits_{n \to \infty} \sqrt{n}(\sqrt{n-1} - \sqrt{n+2})$。

4. 求下列无穷递缩等比数列的和。

(1) $3, 1, \dfrac{1}{3}, \dfrac{1}{9}, \cdots$;   (2) $1, -\dfrac{1}{3}, \dfrac{1}{3^2}, -\dfrac{1}{3^3}, \cdots$;   (3) $1, -x, x^2, -x^3, \cdots (|x| < 1)$。

第三节　函数的极限

本节将讨论一般函数 $y = f(x)$ 的极限,主要研究以下两种情形:

(1) 当自变量 x 的绝对值 $|x|$ 无限增大,即 x 趋向无穷大(记为 $x \to \infty$)时,函数 $f(x)$ 的极限;

(2) 当自变量 x 任意接近于 x_0,即 x 趋向于定值 x_0(记为 $x \to x_0$)时,函数 $f(x)$ 的极限。

一、当 $x \to \infty$ 时,函数 $f(x)$ 的极限

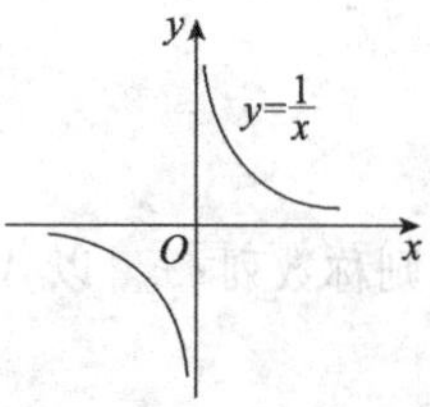

图 1-4

先看下面的例子:

考察当 $x \to \infty$ 时,函数 $f(x) = \dfrac{1}{x}$ 的变化趋势。由图 1-4 可以看出,当 x 的绝对值无限增大时,$f(x)$ 的值无限接近于零。即当 $x \to \infty$ 时,$f(x) \to 0$。

对于这种当 $x \to \infty$ 时,函数 $f(x)$ 的变化趋势,给出下面的定义。

定义7 如果当 x 的绝对值无限增大(即 $x \to \infty$)时,函数 $f(x)$ 无限接近于一个确定的常数 A,那么 A 就叫作函数 $f(x)$ 当 $x \to \infty$ 时的**极限**,记为

$$\lim_{x \to \infty} f(x) = A \quad 或 \quad 当 x \to \infty 时, f(x) \to A$$

根据上述定义可知,当 $x \to \infty$ 时, $f(x) = \dfrac{1}{x}$ 的极限是 0,可记为

$$\lim_{x \to \infty} f(x) = \lim_{x \to \infty} \frac{1}{x} = 0$$

注意:自变量 x 的绝对值无限增大指的是 x 既取正值而无限增大(记为 $x \to +\infty$),同时也取负值而绝对值无限增大(记为 $x \to -\infty$),但有时 x 的变化趋势只能或只需取这两种变化中的一种情形。下面给出当 $x \to +\infty$ 或 $x \to -\infty$ 时函数极限的定义。

定义8 如果当 $x \to +\infty$(或 $x \to -\infty$)时,函数 $f(x)$ 无限接近于一个确定的常数 A,那么 A 就叫作函数 $f(x)$ 当 $x \to +\infty$(或 $x \to -\infty$)时的**极限**,记为

$$\lim_{\substack{x \to +\infty \\ (x \to -\infty)}} f(x) = A \quad 或 \quad 当 x \to +\infty (x \to -\infty) 时, f(x) \to A$$

例如,如图 1-5 所示, $\lim\limits_{x \to +\infty} \arctan x = \dfrac{\pi}{2}$ 及 $\lim\limits_{x \to -\infty} \arctan x = -\dfrac{\pi}{2}$。

由于当 $x \to +\infty$ 和 $x \to -\infty$ 时,函数 $y = \arctan x$ 不是无限接近于同一个确定的常数,所以 $\lim\limits_{x \to \infty} \arctan x$ 不存在。

一般地, $\lim\limits_{x \to \infty} f(x) = A$ 的充分必要条件是 $\lim\limits_{x \to +\infty} f(x) = \lim\limits_{x \to -\infty} f(x) = A$。

例11 求 $\lim\limits_{x \to -\infty} e^x$ 和 $\lim\limits_{x \to +\infty} e^{-x}$。

解 如图 1-6 所示,可知 $\lim\limits_{x \to -\infty} e^x = 0$, $\lim\limits_{x \to +\infty} e^{-x} = 0$。

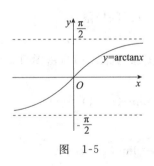

图 1-5

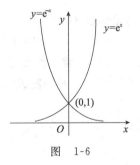

图 1-6

例12 讨论当 $x \to \infty$ 时,函数 $y = \operatorname{arccot} x$ 的极限。

解 因为 $\lim\limits_{x \to +\infty} \operatorname{arccot} x = 0$, $\lim\limits_{x \to -\infty} \operatorname{arccot} x = \pi$,虽然 $\lim\limits_{x \to +\infty} \operatorname{arccot} x$ 和 $\lim\limits_{x \to -\infty} \operatorname{arccot} x$ 都存在,但不相等,所以 $\lim\limits_{x \to \infty} \operatorname{arccot} x$ 不存在。

二、当 $x \to x_0$ 时,函数 $f(x)$ 的极限

定义9 如果当 x 无限接近于定值 x_0,即 $x \to x_0$(x 可以不等于 x_0)时,函数 $f(x)$ 无限接近于一个确定的常数 A,那么 A 就叫作函数 $f(x)$ 当 $x \to x_0$ 时的**极限**,记为

$$\lim_{x \to x_0} f(x) = A \quad 或 \quad 当 x \to x_0 时, f(x) \to A$$

注意:(1) 在上面的定义中,"$x \to x_0$"表示既从 x_0 的左侧同时也从 x_0 的右侧趋近于 x_0;

(2) 定义中考虑的是当 $x \to x_0$ 时，$f(x)$ 的变化趋势，并不考虑 $f(x)$ 在点 x_0 是否有定义。

例 13 考察极限 $\lim\limits_{x \to x_0} c$（$c$ 为常数）和 $\lim\limits_{x \to x_0} x$。

解 设 $f(x) = c, \varphi(x) = x$。

当 $x \to x_0$ 时，$f(x)$ 的值恒等于 c，则 $\lim\limits_{x \to x_0} f(x) = \lim\limits_{x \to x_0} c = c$。

当 $x \to x_0$ 时，$\varphi(x)$ 的值无限接近于 x_0，则 $\lim\limits_{x \to x_0} \varphi(x) = \lim\limits_{x \to x_0} x = x_0$。

三、当 $x \to x_0$ 时，$f(x)$ 的左极限与右极限

前面讨论的当 $x \to x_0$ 时函数的极限中，x 既从 x_0 的左侧无限接近于 x_0（记为 $x \to x_0 - 0$ 或 x_0^-），也从 x_0 的右侧无限接近于 x_0（记为 $x \to x_0 + 0$ 或 x_0^+）。下面再给出当 $x \to x_0^-$ 或 $x \to x_0^+$ 时函数极限的定义。

定义 10 如果当 $x \to x_0^-$ 时，函数 $f(x)$ 无限接近于一个确定的常数 A，那么 A 就叫作函数 $f(x)$ 当 $x \to x_0$ 时的**左极限**，记为

$$\lim\limits_{x \to x_0^-} f(x) = A \quad 或 \quad f(x_0 - 0) = A$$

如果当 $x \to x_0^+$ 时，函数 $f(x)$ 无限接近一个确定的常数 A，那么 A 就叫作函数 $f(x)$ 当 $x \to x_0$ 时的**右极限**，记为

$$\lim\limits_{x \to x_0^+} f(x) = A \quad 或 \quad f(x_0 + 0) = A$$

一般地，$\lim\limits_{x \to x_0} f(x) = A$ 的充分必要条件是 $\lim\limits_{x \to x_0^-} f(x) = \lim\limits_{x \to x_0^+} f(x) = A$。

例 14 讨论函数 $f(x) = \begin{cases} x-1, & x<0 \\ 0, & x=0 \\ x+1, & x>0 \end{cases}$ 当 $x \to 0$ 时的极限。

解 作出这个分段函数的图像（见图 1-7），由图可知函数 $f(x)$ 当 $x \to 0$ 时的左极限为

$$\lim\limits_{x \to 0^-} f(x) = \lim\limits_{x \to 0^-} (x-1) = -1$$

右极限为

$$\lim\limits_{x \to 0^+} f(x) = \lim\limits_{x \to 0^+} (x+1) = 1$$

图 1-7

因为当 $x \to 0$ 时，函数 $f(x)$ 的左极限与右极限虽各自存在但不相等，所以极限 $\lim\limits_{x \to 0} f(x)$ 不存在。

例 15 讨论函数 $y = \dfrac{x^2-1}{x+1}$ 当 $x \to -1$ 时的极限。

解 函数的定义域为 $(-\infty, -1) \cup (-1, +\infty)$；因为 $x \neq -1$，所以 $y = \dfrac{x^2-1}{x+1} = x-1$。作出这个函数的图像（见图 1-8），由图 1-8 可知

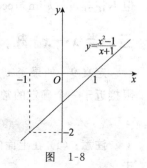

图 1-8

$$\lim\limits_{x \to -1^-} \frac{x^2-1}{x+1} = \lim\limits_{x \to -1^-} (x-1) = -2; \quad \lim\limits_{x \to -1^+} \frac{x^2-1}{x+1} = \lim\limits_{x \to -1^+} (x-1) = -2$$

由于 $\lim\limits_{x \to -1^-} \dfrac{x^2-1}{x+1} = \lim\limits_{x \to -1^+} \dfrac{x^2-1}{x+1} = -2$，所以 $\lim\limits_{x \to -1} \dfrac{x^2-1}{x+1} = -2$。

思 考 题

1. 若 $\lim\limits_{x \to x_0} f(x)$ 存在，则 $f(x_0)$ 必存在，对吗？二者之间是否有关系？

2. 由 $\lim\limits_{x \to +\infty} f(x) = 1$，画图说明曲线 $y = f(x)$ 的几何特征。

习题 1-3

1. 观察并写出下列极限。

(1) $\lim\limits_{x \to \infty} \dfrac{2}{x^3}$；　　　　　　(2) $\lim\limits_{x \to -\infty} 3^x$；　　　　　　(3) $\lim\limits_{x \to -\infty} 100^x$；

(4) $\lim\limits_{x \to +\infty} \left(\dfrac{1}{2}\right)^x$；　　　　(5) $\lim\limits_{x \to +\infty} \left(\dfrac{1}{30}\right)^x$；　　　　(6) $\lim\limits_{x \to \infty} \left(2 - \dfrac{1}{x^2}\right)$。

2. 观察并写出下列极限。

(1) $\lim\limits_{x \to \frac{\pi}{2}} \cot x$；　　　(2) $\lim\limits_{x \to \frac{\pi}{2}} \sin x$；　　　(3) $\lim\limits_{x \to 1} \ln(2-x)$；　　　(4) $\lim\limits_{x \to 1} 3^{x-1}$；

(5) $\lim\limits_{x \to -3} \dfrac{x^2-9}{x+3}$；　　　(6) $\lim\limits_{x \to 2} (2x^2-6)$；　　　(7) $\lim\limits_{x \to \frac{\pi}{4}} \cot x$；　　　(8) $\lim\limits_{x \to 3} (x^2-6x+8)$。

3. 设 $f(x) = \begin{cases} x^2, & x > 0 \\ x, & x \leqslant 0 \end{cases}$，画出图像，并求当 $x \to 0$ 时 $f(x)$ 的左右极限，从而说明在 $x \to 0$ 时，$f(x)$ 的极限是否存在。

4. 设 $f(x) = \begin{cases} x+1, & x < 0 \\ 2^x, & x \geqslant 0 \end{cases}$，求当 $x \to 0$ 时 $f(x)$ 的左右极限，并指出当 $x \to 0$ 时极限是否存在。

5. 讨论函数 $f(x) = \begin{cases} 2^x, & x < 0 \\ 2, & 0 \leqslant x < 1 \\ -x+3, & x \geqslant 1 \end{cases}$，当 $x \to 0$ 和 $x \to 1$ 时是否有极限。

6. 证明函数 $f(x) = \begin{cases} x^2+1, & x < 1 \\ 1, & x = 1 \\ -1, & x > 1 \end{cases}$，当 $x \to 1$ 时极限不存在。

7. 设函数 $f(x) = \begin{cases} x+1, & x \geqslant 1 \\ ax^2, & x < 1 \end{cases}$，当 $x \to 1$ 时极限存在，求常数 a 的值。

第四节　极限的运算

与数列极限相仿，比较复杂的函数极限也需要用到极限的运算法则来进行计算。下面给出函数极限的四则运算法则（证明从略）。

设 $\lim\limits_{x \to x_0} f(x) = A, \lim\limits_{x \to x_0} g(x) = B$，则

(1) $\lim\limits_{x \to x_0} [f(x) \pm g(x)] = \lim\limits_{x \to x_0} f(x) \pm \lim\limits_{x \to x_0} g(x) = A \pm B$；

(2) $\lim\limits_{x \to x_0}[f(x) \cdot g(x)] = \lim\limits_{x \to x_0}f(x) \cdot \lim\limits_{x \to x_0}g(x) = A \cdot B$。

特别地,有 $\lim\limits_{x \to x_0}cf(x) = c \cdot \lim\limits_{x \to x_0}f(x) = cA$($c$ 为常数);

$$\lim\limits_{x \to x_0}[f(x)]^n = [\lim\limits_{x \to x_0}f(x)]^n = A^n(n \text{ 是正整数})。$$

(3) $\lim\limits_{x \to x_0}\dfrac{f(x)}{g(x)} = \dfrac{\lim\limits_{x \to x_0}f(x)}{\lim\limits_{x \to x_0}g(x)} = \dfrac{A}{B}(B \neq 0)$。

上述极限运算法则对于 $x \to x_0^-$,$x \to x_0^+$,$x \to \infty$,$x \to +\infty$,$x \to -\infty$的情形也是成立的,而且法则(1)和法则(2)可以推广到有限个具有极限的函数的情形。

例 16 求 $\lim\limits_{x \to 2}(3x^2 - 2x + 6)$。

解 $\lim\limits_{x \to 2}(3x^2 - 2x + 6) = 3[\lim\limits_{x \to 2}x]^2 - 2\lim\limits_{x \to 2}x + \lim\limits_{x \to 2}6 = 3 \times 2^2 - 2 \times 2 + 6 = 14$

例 17 求 $\lim\limits_{x \to 1}\dfrac{x^2 - 2x + 5}{x^2 + 7}$。

解 当 $x \to 1$ 时,分母的极限不为 0,因此应用法则(3),得

$$\lim\limits_{x \to 1}\frac{x^2 - 2x + 5}{x^2 + 7} = \frac{\lim\limits_{x \to 1}(x^2 - 2x + 5)}{\lim\limits_{x \to 1}(x^2 + 7)} = \frac{\lim\limits_{x \to 1}x^2 - \lim\limits_{x \to 1}2x + \lim\limits_{x \to 1}5}{\lim\limits_{x \to 1}x^2 + \lim\limits_{x \to 1}7} = \frac{1 - 2 + 5}{1 + 7} = \frac{1}{2}$$

例 18 求 $\lim\limits_{x \to 3}\dfrac{x - 3}{x^2 - 9}$。

解 当 $x \to 3$ 时,分母极限为 0,不能应用法则(3),在分式中约去极限为零的公因式 $x - 3$,所以

$$\lim\limits_{x \to 3}\frac{x - 3}{x^2 - 9} = \lim\limits_{x \to 3}\frac{1}{x + 3} = \frac{\lim\limits_{x \to 3}1}{\lim\limits_{x \to 3}x + \lim\limits_{x \to 3}3} = \frac{1}{6}$$

例 19 求 $\lim\limits_{x \to 3}\dfrac{\sqrt{x + 1} - 2}{x - 3}$。

解 分子分母极限都是 0,进行分子有理化。

$$\lim\limits_{x \to 3}\frac{\sqrt{x + 1} - 2}{x - 3} = \lim\limits_{x \to 3}\frac{(\sqrt{x + 1} - 2)(\sqrt{x + 1} + 2)}{(x - 3)(\sqrt{x + 1} + 2)}$$

$$= \lim\limits_{x \to 3}\frac{(x + 1 - 2^2)}{(x - 3)(\sqrt{x + 1} + 2)} = \lim\limits_{x \to 3}\frac{1}{\sqrt{x + 1} + 2} = \frac{1}{4}$$

例 20 求 $\lim\limits_{x \to 2}\left(\dfrac{1}{2 - x} - \dfrac{4}{4 - x^2}\right)$。

解 $\lim\limits_{x \to 2}\left(\dfrac{1}{2 - x} - \dfrac{4}{4 - x^2}\right) = \lim\limits_{x \to 2}\dfrac{2 + x - 4}{4 - x^2} = \lim\limits_{x \to 2}\dfrac{x - 2}{(2 - x)(2 + x)} = \lim\limits_{x \to 2}\dfrac{-1}{2 + x} = -\dfrac{1}{4}$

例 21 求 $\lim\limits_{x \to \infty}\left[\left(1 + \dfrac{1}{x}\right)\left(2 - \dfrac{1}{x^2}\right)\right]$。

解 $\lim\limits_{x \to \infty}\left[\left(1 + \dfrac{1}{x}\right)\left(2 - \dfrac{1}{x^2}\right)\right] = \lim\limits_{x \to \infty}\left(1 + \dfrac{1}{x}\right) \cdot \lim\limits_{x \to \infty}\left(2 - \dfrac{1}{x^2}\right)$

$$= \left(\lim\limits_{x \to \infty}1 + \lim\limits_{x \to \infty}\frac{1}{x}\right) \cdot \left(\lim\limits_{x \to \infty}2 - \lim\limits_{x \to \infty}\frac{1}{x^2}\right) = (1 + 0) \times (2 - 0) = 2$$

例 22 求 $\lim\limits_{x \to \infty}\dfrac{3x^3 - 4x^2 + 2}{7x^3 + 5x^2 - 3}$。

解 先用 x^3 同除分子及分母,然后取极限,得

$$\lim_{x\to\infty}\frac{3x^3-4x^2+2}{7x^3+5x^2-3}=\lim_{x\to\infty}\frac{3-\dfrac{4}{x}+\dfrac{2}{x^3}}{7+\dfrac{5}{x}-\dfrac{3}{x^3}}=\frac{\lim\limits_{x\to\infty}3-\lim\limits_{x\to\infty}\dfrac{4}{x}+\lim\limits_{x\to\infty}\dfrac{2}{x^3}}{\lim\limits_{x\to\infty}7+\lim\limits_{x\to\infty}\dfrac{5}{x}-\lim\limits_{x\to\infty}\dfrac{3}{x^3}}=\frac{3-4\times0+2\times0}{7+5\times0-3\times0}=\frac{3}{7}$$

例 23 求 $\lim\limits_{x\to\infty}\dfrac{3x^2-2x-1}{2x^3-x^2+5}$。

解 先用 x^3 同除分子及分母,然后取极限,得

$$\lim_{x\to\infty}\frac{3x^2-2x-1}{2x^3-x^2+5}=\lim_{x\to\infty}\frac{\dfrac{3}{x}-\dfrac{2}{x^2}-\dfrac{1}{x^3}}{2-\dfrac{1}{x}+\dfrac{5}{x^3}}=\frac{3\lim\limits_{x\to\infty}\dfrac{1}{x}-2\lim\limits_{x\to\infty}\dfrac{1}{x^2}-\lim\limits_{x\to\infty}\dfrac{1}{x^3}}{\lim\limits_{x\to\infty}2-\lim\limits_{x\to\infty}\dfrac{1}{x}+5\lim\limits_{x\to\infty}\dfrac{1}{x^3}}=\frac{0}{2}=0$$

例 24 求 $\lim\limits_{n\to\infty}\dfrac{1+2+3+\cdots+(n-1)}{n^2}$。

解 因为 $1+2+3+\cdots+(n-1)=\dfrac{n}{2}(n-1)$,所以

$$\lim_{n\to\infty}\frac{1+2+3+\cdots+(n-1)}{n^2}=\lim_{n\to\infty}\frac{\dfrac{n}{2}(n-1)}{n^2}=\frac{1}{2}\lim_{n\to\infty}\frac{n-1}{n}=\frac{1}{2}\lim_{n\to\infty}\left(1-\frac{1}{n}\right)=\frac{1}{2}$$

例 25 求 $\lim\limits_{n\to\infty}\dfrac{2^n-1}{4^n+1}$。

解 $\lim\limits_{n\to\infty}\dfrac{2^n-1}{4^n+1}=\lim\limits_{n\to\infty}\dfrac{2^n-1}{2^{2n}+1}=\lim\limits_{n\to\infty}\dfrac{\dfrac{2^n-1}{2^{2n}}}{\dfrac{2^{2n}+1}{2^{2n}}}=\lim\limits_{n\to\infty}\dfrac{\dfrac{1}{2^n}-\dfrac{1}{2^{2n}}}{1+\dfrac{1}{2^{2n}}}=\dfrac{\lim\limits_{n\to\infty}\dfrac{1}{2^n}-\left(\lim\limits_{n\to\infty}\dfrac{1}{2^n}\right)^2}{1+\left(\lim\limits_{n\to\infty}\dfrac{1}{2^n}\right)^2}=\dfrac{0}{1}=0$

思 考 题

1. $\lim\limits_{x\to\infty}(x^2-3x)=\lim\limits_{x\to\infty}x^2-3\lim\limits_{x\to\infty}x=\infty-\infty=0$,计算是否正确?

2. 为什么说 $\lim\limits_{x\to2}\dfrac{x^2}{2-x}=\dfrac{\lim\limits_{x\to2}x^2}{\lim\limits_{x\to2}(2-x)}=\dfrac{4}{0}=\infty$ 是错误的?

习 题 1-4

1. 求下列各极限。

(1) $\lim\limits_{x\to1}(2x^2+4x-4)$;

(2) $\lim\limits_{x\to2}\dfrac{x^2+x-6}{x^2-4}$;

(3) $\lim\limits_{x\to2}\dfrac{x+2}{x-1}$;

(4) $\lim\limits_{x\to\sqrt{3}}\dfrac{x^2-3}{x^4+x^2+1}$;

(5) $\lim\limits_{x\to-2}\dfrac{x-2}{x^2-1}$;

(6) $\lim\limits_{x\to0}\left(1-\dfrac{2}{x-3}\right)$;

(7) $\lim\limits_{x\to1}\dfrac{\sqrt{x}-1}{x-1}$;

(8) $\lim\limits_{x\to1}\dfrac{x^2-2x+1}{x^2-1}$。

2. 求下列各极限。

(1) $\lim\limits_{x\to\infty}\dfrac{2x^3+3}{4x^3+x-1}$;

(2) $\lim\limits_{x\to\infty}\dfrac{3x^4+2x+1}{x^4+2x^2+5}$;

(3) $\lim\limits_{x\to\infty}\dfrac{2x^3-x^2}{x^5-3x^4+1}$;

(4) $\lim\limits_{x\to\infty}\dfrac{2x^3+3x^2-x}{3x^4+2x^2-5}$。

3. 求下列各极限。

(1) $\lim\limits_{x \to -2} \dfrac{x^2-4}{x+2}$；

(2) $\lim\limits_{x \to 5} \dfrac{x^2-6x+5}{x-5}$；

(3) $\lim\limits_{x \to 4} \dfrac{x^2-6x+8}{x^2-5x+4}$；

(4) $\lim\limits_{x \to 1} \dfrac{x^2-2x+1}{x^3-x}$；

(5) $\lim\limits_{x \to 0} \dfrac{4x^3-2x^2+x}{3x^2+2x}$；

(6) $\lim\limits_{h \to 0} \dfrac{(x+h)^3-x^3}{h}$；

(7) $\lim\limits_{x \to 3} \left(\dfrac{1}{x-3} - \dfrac{6}{x^2-9} \right)$；

(8) $\lim\limits_{x \to 0} \dfrac{\sqrt{1+3x^2}-1}{x^2}$。

4. 求下列各极限。

(1) $\lim\limits_{x \to \infty} \dfrac{2x^2-4x+8}{x^3+2x^2-1}$；

(2) $\lim\limits_{x \to \infty} \dfrac{8x^3-1}{6x^3-5x+1}$；

(3) $\lim\limits_{x \to +\infty} \dfrac{5^{x+1}+2}{5^x+1}$；

(4) $\lim\limits_{n \to \infty} \left(1 + \dfrac{1}{3} + \dfrac{1}{9} + \cdots + \dfrac{1}{3^n} \right)$；

(5) $\lim\limits_{n \to \infty} \dfrac{n(n+1)}{(n+2)(n+3)}$；

(6) $\lim\limits_{x \to \infty} \dfrac{x^4+3x^2+5}{(x+2)^5}$。

第五节　无穷小与无穷大

研究函数的变化趋势时，经常遇到两种情形：一是函数的绝对值"无限变小"；二是函数的绝对值"无限变大"。下面分别介绍这两种情形。

一、无穷小

1. 无穷小的定义

定义 11　如果当 $x \to x_0$（或 $x \to \infty$）时，函数 $f(x)$ 的极限为零，那么函数 $f(x)$ 叫作当 $x \to x_0$（或 $x \to \infty$）时的**无穷小量**，简称**无穷小**。

例如，因为 $\lim\limits_{x \to 1}(x-1)=0$，所以函数 $x-1$ 是当 $x \to 1$ 时的无穷小。又如，因为 $\lim\limits_{x \to \infty} \dfrac{1}{x}=0$，所以函数 $\dfrac{1}{x}$ 是当 $x \to \infty$ 时的无穷小。

注意：(1) 说一个函数 $f(x)$ 是无穷小，必须指明自变量 x 的变化趋势，如函数 $x-1$ 是当 $x \to 1$ 时的无穷小，而当 x 趋向其他数值时，$x-1$ 就不是无穷小。

(2) 不要把一个绝对值很小的常数（如 $0.000\,01^{100\,000}$ 或 $-0.000\,01^{100\,000}$）说成是无穷小。

(3) 常数中只有"0"可以看成是无穷小，因为 $\lim\limits_{\substack{x \to x_0 \\ (x \to \infty)}} 0 = 0$。

2. 无穷小的性质

无穷小运算时除了可以应用极限运算法则外，还可以应用以下一些性质进行运算。

性质 1　有限个无穷小的代数和是无穷小。

性质 2　有界函数与无穷小的乘积是无穷小。

性质 3　有限个无穷小的乘积是无穷小。

以上各性质证明从略。

例 26　求 $\lim\limits_{x \to 0} x \sin \dfrac{1}{x}$。

解　因为 $\lim\limits_{x \to 0} x = 0$，所以 x 是当 $x \to 0$ 时的无穷小。而 $\left| \sin \dfrac{1}{x} \right| \leqslant 1$，所以 $\sin \dfrac{1}{x}$ 是有

界函数。由无穷小的性质 2，可知

$$\lim_{x \to 0} x \sin \frac{1}{x} = 0$$

3. 函数极限与无穷小的关系

下面的定理将说明函数、函数的极限与无穷小三者之间的重要关系。

定理 1　在自变量的同一变化过程 $x \to x_0$（或 $x \to \infty$）中，$\lim f(x) = A$ 的充分必要条件是：$f(x) = A + \alpha$，其中 A 为常数，α 为无穷小（证明从略）。

这里"lim"符号下面的下标为 $x \to x_0$ 或 $x \to \infty$，表示所述结果对两者都适用，以后不再说明。

二、无穷大

1. 无穷大的定义

定义 12　如果当 $x \to x_0$（或 $x \to \infty$）时，函数 $f(x)$ 的绝对值无限增大，那么函数 $f(x)$ 叫作当 $x \to x_0$（或 $x \to \infty$）时的**无穷大量**，简称**无穷大**。

如果函数 $f(x)$ 当 $x \to x_0$（或 $x \to \infty$）时为无穷大，那么它的极限是不存在的。但为了描述函数的这种变化趋势，也说"函数的极限是无穷大"，并记为

$$\lim_{\substack{x \to x_0 \\ (x \to \infty)}} f(x) = \infty$$

如果在无穷大的定义中，对于 x_0 左右近旁的 x（或对于绝对值相当大的 x），对应的函数值都是正的或都是负的，就分别记为

$$\lim_{\substack{x \to x_0 \\ (x \to \infty)}} f(x) = +\infty, \quad \lim_{\substack{x \to x_0 \\ (x \to \infty)}} f(x) = -\infty$$

例如，$\lim\limits_{x \to +\infty} e^x = +\infty$，$\lim\limits_{x \to 0^+} \ln x = -\infty$。

注意：（1）说一个函数 $f(x)$ 是无穷大，必须指明自变量的变化趋势，如函数 $\frac{1}{x}$ 是当 $x \to 0$ 时的无穷大。

（2）无穷大是变量，不要把绝对值很大的常数（如 $100\,000\,000^{1\,000\,000}$ 或 $-100\,000\,000^{1\,000\,000}$）说成是无穷大。

2. 无穷大与无穷小的关系

一般地，无穷大与无穷小之间有以下倒数关系。

在自变量的同一变化过程中，如果 $f(x)$ 为无穷大，则 $\frac{1}{f(x)}$ 是无穷小；反之，如果 $f(x)$ 为无穷小，且 $f(x) \neq 0$，则 $\frac{1}{f(x)}$ 为无穷大。

下面利用无穷大与无穷小的关系来求一些函数的极限。

例 27　求极限 $\lim\limits_{x \to 1} \dfrac{x+4}{x-1}$。

解　当 $x \to 1$ 时，分母的极限为零，所以不能应用极限运算法则(3)，但因为 $\lim\limits_{x \to 1} \dfrac{x-1}{x+4} = 0$，

所以

$$\lim_{x \to 1} \frac{x+4}{x-1} = \infty$$

例 28 求 $\lim\limits_{x\to\infty}(x^2-3x+2)$。

解 因为 $\lim\limits_{x\to\infty}x^2$ 和 $\lim\limits_{x\to\infty}3x$ 都不存在，所以不能应用极限的运算法则，但因为

$$\lim\limits_{x\to\infty}\frac{1}{x^2-3x+2}=\lim\limits_{x\to\infty}\frac{\frac{1}{x^2}}{1-\frac{3}{x}+\frac{2}{x^2}}=0，所以\ \lim\limits_{x\to\infty}(x^2-3x+2)=\infty。$$

例 29 求 $\lim\limits_{x\to\infty}\dfrac{2x^3-x^2+5}{x^2+7}$。

解 因为分子及分母的极限都不存在，所以不能应用极限运算法则，但因为

$$\lim\limits_{x\to\infty}\frac{x^2+7}{2x^3-x^2+5}=\lim\limits_{x\to\infty}\frac{\dfrac{x^2+7}{x^3}}{\dfrac{2x^3-x^2+5}{x^3}}=\lim\limits_{x\to\infty}\frac{\dfrac{1}{x}+\dfrac{7}{x^3}}{2-\dfrac{1}{x}+\dfrac{5}{x^3}}=0$$

所以
$$\lim\limits_{x\to\infty}\frac{2x^3-x^2+5}{x^2+7}=\infty$$

归纳上节的例 22、例 23 及本节的例 29，可得以下的一般结论，即当 $a_0\neq0,b_0\neq0$ 时有

$$\lim\limits_{x\to\infty}\frac{a_0x^m+a_1x^{m-1}+a_2x^{m-2}+\cdots+a_m}{b_0x^n+b_1x^{n-1}+b_2x^{n-2}+\cdots+b_n}=\begin{cases}\dfrac{a_0}{b_0}, & \text{当}\ n=m\\[2mm] 0, & \text{当}\ n>m\\[2mm] \infty, & \text{当}\ n<m\end{cases}$$

例 30 求 $\lim\limits_{x\to-2}\left(\dfrac{1}{x+2}-\dfrac{12}{x^3+8}\right)$。

解 因为 $\dfrac{1}{x+2}-\dfrac{12}{x^3+8}=\dfrac{(x^2-2x+4)-12}{(x+2)(x^2-2x+4)}=\dfrac{(x+2)(x-4)}{(x+2)(x^2-2x+4)}=\dfrac{x-4}{x^2-2x+4}$

所以
$$\lim\limits_{x\to-2}\left(\frac{1}{x+2}-\frac{12}{x^3+8}\right)=\lim\limits_{x\to-2}\frac{x-4}{x^2-2x+4}=\frac{-6}{4+4+4}=-\frac{1}{2}$$

例 31 求 $\lim\limits_{x\to\infty}\dfrac{x^2+x}{x^3-7}\cos(5x^2+1)$。

解 因为 $\lim\limits_{x\to\infty}\dfrac{x^2+x}{x^3-7}=0$，而 $|\cos(5x^2+1)|\leqslant1$ 为**有界函数**，故

$$\lim\limits_{x\to\infty}\frac{x^2+x}{x^3-7}\cos(5x^2+1)=0$$

三、无穷小的比较

我们已经知道，两个无穷小的代数和及乘积仍然是无穷小，但是两个无穷小的商却会出现不同的情况，例如，当 $x\to0$ 时，x、$3x$、x^2 都是无穷小，而

$$\lim\limits_{x\to0}\frac{x^2}{3x}=0, \quad \lim\limits_{x\to0}\frac{3x}{x^2}=\infty, \quad \lim\limits_{x\to0}\frac{3x}{x}=3$$

两个无穷小之比的极限的各种情况，反映了不同的无穷小趋向零的快慢程度。当 $x\to0$ 时，x^2 比 $3x$ 更快地趋向零，反过来 $3x$ 比 x^2 较慢地趋向零，而 $3x$ 与 x 趋向零的快慢相仿。

下面就以两个无穷小之商的极限所出现的各种情况来说明两个无穷小之间的比较。

定义 13　设 α 和 β 都是在同一个自变量的变化过程中的无穷小且 $\alpha \neq 0$，又 $\lim \dfrac{\beta}{\alpha}$ 也是在这个变化过程中的极限。

(1) 如果 $\lim \dfrac{\beta}{\alpha} = 0$，就说 β 是比 α **较高阶的无穷小**，记作 $\beta = 0(\alpha)$。

(2) 如果 $\lim \dfrac{\beta}{\alpha} = \infty$，就说 β 是比 α **较低阶的无穷小**。

(3) 如果 $\lim \dfrac{\beta}{\alpha} = c$（$c$ 为不等于 0 的常数），就说 β 与 α 是**同阶无穷小**。

(4) 如果 $\lim \dfrac{\beta}{\alpha} = 1$，就说 β 与 α 是**等价无穷小**，记为 $\alpha \sim \beta$。

显然，等价无穷小是同阶无穷小的特例，即 $c = 1$ 的情形。

以上定义对于数列的极限也同样适用。

根据以上定义，可知当 $x \to 0$ 时，x^2 是比 $3x$ 较高阶的无穷小，$3x$ 是比 x^2 较低阶的无穷小，$3x$ 与 x 是同阶无穷小。

例 32　比较当 $x \to 0$ 时，无穷小 $\dfrac{1}{1-x} - 1 - x$ 与 x^2 阶数的高低。

解　因为 $\lim\limits_{x \to 0} \dfrac{\dfrac{1}{1-x} - 1 - x}{x^2} = \lim\limits_{x \to 0} \dfrac{1 - (1+x)(1-x)}{x^2(1-x)} = \lim\limits_{x \to 0} \dfrac{x^2}{x^2(1-x)} = \lim\limits_{x \to 0} \dfrac{1}{1-x} = 1$，所以

$\dfrac{1}{1-x} - 1 - x \sim x^2$，即 $\dfrac{1}{1-x} - 1 - x$ 与 x^2 是等价无穷小。

思　考　题

1. 指出函数 $f(x) = \dfrac{x}{\sqrt{x+1}}$ 是无穷小或无穷大的变化过程。

2. 为什么说 $\lim\limits_{x \to 0} e^{\frac{1}{x}} = +\infty$ 是错误的？请予以验证。

习题 1-5

1. 下列变量在给定的变化过程中，哪些是无穷小？哪些是无穷大？

(1) $x\sin\dfrac{1}{x}$（$x \to 0$）；　　　(2) $\ln x$（$x \to 0^+$）；　　　(3) $\dfrac{1}{x+1}$（$x \to 0$）；

(4) $e^x - 1$（$x \to \infty$）；　　　(5) $\cot 4x$（$x \to 0$）；　　　(6) $\tan x$（$x \to 0$）；

(7) 2^{-x}（$x \to +\infty$）。

2. 下列函数在自变量怎样变化时是无穷小、无穷大？

(1) $y = \dfrac{1}{x}$；　　(2) $y = \dfrac{1}{x+1}$；　　(3) $y = \tan x$；　　(4) $y = \ln x$。

3. 求下列各极限。

(1) $\lim\limits_{x \to 0}(2x^2 - \sin x)$；　　(2) $\lim\limits_{x \to 0}(\cos x - 4\sin x)$；　　(3) $\lim\limits_{x \to 1}(x-1)\cos x$；

(4) $\lim\limits_{x \to \infty} \dfrac{\sin x}{x^2}$；　　(5) $\lim\limits_{x \to 1} \dfrac{x}{x-1}$；　　(6) $\lim\limits_{x \to 2} \dfrac{x^3 + 2x^2}{(x-2)^2}$。

4. 当 $x \to \infty$ 时，$\dfrac{1}{x}$ 和 $\dfrac{1}{x^2}$ 相比，哪一个是较高阶的无穷小？

5. 求下列各极限。

(1) $\lim\limits_{x \to \infty} \dfrac{x^2}{2x^3 - x + 1}$;

(2) $\lim\limits_{x \to \infty} \dfrac{4x^3 - 2x + 8}{3x^2 + 1}$;

(3) $\lim\limits_{x \to \infty} \dfrac{2x^3 + x + 1}{5x^3 - x - 2}$;

(4) $\lim\limits_{x \to \frac{\pi}{2}} \left(\dfrac{\pi}{2} - x \right) \cos\left(\dfrac{\pi}{2} - x \right)$;

(5) $\lim\limits_{x \to 0} x^2 \sin \dfrac{1}{x}$;

(6) $\lim\limits_{x \to \infty} \dfrac{(3x+1)^{30}(x-9)^{20}}{(2x+5)^{50}}$;

(7) $\lim\limits_{x \to \infty} \dfrac{2x + \cos x}{3x - \sin x}$。

6. 当 $x \to 1$ 时,无穷小 $1 - x$ 和 $\dfrac{1}{2}(1 - x^2)$ 是否同阶? 是否等价?

7. 当 $x \to 0$ 时,x 与 $2(\sqrt{1+x} - \sqrt{1-x})$ 是否等价?

第六节　两个重要极限

一、极限 $\lim\limits_{x \to 0} \dfrac{\sin x}{x} = 1$

我们先列表考察当 $|x| \to 0$ 时,函数 $\dfrac{\sin x}{x}$ 的变化趋势,如表 1-4 所示。

表　1-4

x	± 0.5	± 0.1	± 0.01	± 0.001	$\pm 0.000\,1$	$\cdots$	$\to 0$
$\dfrac{\sin x}{x}$	0.958 851	0.998 334	0.999 833	0.999 999	0.999 999	$\cdots$	$\to 1$

由表 1-4 可见,当 $|x| \to 0$ 时,$\dfrac{\sin x}{x} \to 1$。

可以证明,$\lim\limits_{x \to 0^+} \dfrac{\sin x}{x} = \lim\limits_{x \to 0^-} \dfrac{\sin x}{x} = 1$;所以 $\lim\limits_{x \to 0} \dfrac{\sin x}{x} = 1$。

例 33　求(1) $\lim\limits_{x \to 0} \dfrac{\sin 2x}{x}$;　(2) $\lim\limits_{x \to 0} \dfrac{\tan x}{x}$;　(3) $\lim\limits_{x \to 0} \dfrac{\sin 3x}{\sin 4x}$。

解　(1) $\lim\limits_{x \to 0} \dfrac{\sin 2x}{x} = \lim\limits_{x \to 0} \left(\dfrac{\sin 2x}{2x} \cdot 2 \right) = 2 \lim\limits_{x \to 0} \dfrac{\sin 2x}{2x} = 2 \lim\limits_{2x \to 0} \dfrac{\sin 2x}{2x} = 2 \times 1 = 2$

(2) $\lim\limits_{x \to 0} \dfrac{\tan x}{x} = \lim\limits_{x \to 0} \left(\dfrac{\sin x}{x} \cdot \dfrac{1}{\cos x} \right) = \lim\limits_{x \to 0} \dfrac{\sin x}{x} \cdot \lim\limits_{x \to 0} \dfrac{1}{\cos x} = 1 \times 1 = 1$。

(3) $\lim\limits_{x \to 0} \dfrac{\sin 3x}{\sin 4x} = \lim\limits_{x \to 0} \dfrac{\sin 3x}{3x} \cdot \dfrac{4x}{\sin 4x} \cdot \dfrac{3}{4} = \dfrac{3}{4} \lim\limits_{x \to 0} \dfrac{\sin 3x}{3x} \cdot \lim\limits_{x \to 0} \dfrac{4x}{\sin 4x} = \dfrac{3}{4} \times 1 \times 1 = \dfrac{3}{4}$

例 34　求 $\lim\limits_{x \to 0} \dfrac{1 - \cos x}{x^2}$。

解　$\lim\limits_{x \to 0} \dfrac{1 - \cos x}{x^2} = \lim\limits_{x \to 0} \dfrac{2 \sin^2 \frac{x}{2}}{x^2} = \lim\limits_{x \to 0} \dfrac{1}{2} \cdot \dfrac{\sin^2 \frac{x}{2}}{\left(\frac{x}{2} \right)^2} = \lim\limits_{x \to 0} \dfrac{1}{2} \left(\dfrac{\sin \frac{x}{2}}{\frac{x}{2}} \right)^2 = \dfrac{1}{2} \times 1 = \dfrac{1}{2}$

例 35　求 $\lim\limits_{\alpha \to \frac{\pi}{2}} \dfrac{\cos\alpha}{\frac{\pi}{2}-\alpha}$。

解　因为 $\cos\alpha = \sin\left(\dfrac{\pi}{2}-\alpha\right)$，所以 $\lim\limits_{\alpha \to \frac{\pi}{2}} \dfrac{\cos\alpha}{\frac{\pi}{2}-\alpha} = \lim\limits_{\alpha \to \frac{\pi}{2}} \dfrac{\sin\left(\dfrac{\pi}{2}-\alpha\right)}{\frac{\pi}{2}-\alpha} = 1$

例 36　求 (1) $\lim\limits_{x \to 2} \dfrac{\sin^2(x-2)}{x-2}$；　(2) $\lim\limits_{x \to 0} \dfrac{\sqrt{1+x+x^2}-1}{\sin 2x}$。

解　(1) $\lim\limits_{x \to 2} \dfrac{\sin^2(x-2)}{x-2} = \lim\limits_{x \to 2} \sin(x-2)\dfrac{\sin(x-2)}{x-2} = \lim\limits_{x \to 2}\sin(x-2) \cdot \lim\limits_{x \to 2}\dfrac{\sin(x-2)}{x-2} =$

$0 \times 1 = 0$

(2) $\lim\limits_{x \to 0} \dfrac{\sqrt{1+x+x^2}-1}{\sin 2x} = \lim\limits_{x \to 0} \dfrac{x+x^2}{(\sqrt{1+x+x^2}+1)\sin 2x} = \lim\limits_{x \to 0} \dfrac{x(1+x)}{(\sqrt{1+x+x^2}+1)\sin 2x}$

$\qquad = \lim\limits_{x \to 0} \dfrac{2x}{2\sin 2x} \cdot \dfrac{1+x}{\sqrt{1+x+x^2}+1} = \dfrac{1}{2} \times 1 \times \dfrac{1}{2} = \dfrac{1}{4}$

二、极限 $\lim\limits_{x \to \infty}\left(1+\dfrac{1}{x}\right)^x = e$

先列表考察当 $x \to +\infty$ 及 $x \to -\infty$ 时，函数 $\left(1+\dfrac{1}{x}\right)^x$ 的变化趋势，分别如表 1-5 和表 1-6 所示。

表　1-5

x	1	2	5	10	100	1 000	10 000	100 000	$\cdots \to +\infty$
$\left(1+\dfrac{1}{x}\right)^x$	2	2.25	2.49	2.59	2.705	2.717	2.718	2.718 27	$\cdots$

表　1-6

x	-10	-100	$-1\,000$	$-10\,000$	$-100\,000$	$\cdots \to -\infty$
$\left(1+\dfrac{1}{x}\right)^x$	2.88	2.732	2.720	2.718 3	2.718 28	$\cdots$

从表 1-5 和表 1-6 可以看出，当 $x \to +\infty$ 或 $x \to -\infty$ 时，函数 $\left(1+\dfrac{1}{x}\right)^x$ 的对应值无限地趋近于一个确定的数 2.718 28$\cdots$。

可以证明，当 $x \to +\infty$ 及 $x \to -\infty$ 时，函数 $\left(1+\dfrac{1}{x}\right)^x$ 的极限都存在而且相等，我们用 e 表示这个极限值，即

$$\lim\limits_{x \to \infty}\left(1+\dfrac{1}{x}\right)^x = e \tag{1.1}$$

这个数 e 是个无理数，它的值是：e = 2.718 281 828 459 045$\cdots$。

在式 (1.1) 中，设 $z = \dfrac{1}{x}$，则当 $x \to \infty$ 时，$z \to 0$，于是式 (1.1) 又可以写成

$$\lim\limits_{z \to 0}(1+z)^{\frac{1}{z}} = e \tag{1.2}$$

式(1.1)和式(1.2)可以看成一个重要极限的两种不同形式。

例37 (1) $\lim\limits_{x\to\infty}\left(1+\dfrac{2}{x}\right)^x$； (2) $\lim\limits_{x\to\infty}\left(1-\dfrac{1}{x}\right)^x$； (3) $\lim\limits_{x\to\infty}\left(1-\dfrac{2}{x}\right)^x$。

解 先将 $1+\dfrac{2}{x}$ 写成下列形式 $1+\dfrac{2}{x}=1+\dfrac{1}{\frac{x}{2}}$，从而

$$\lim_{x\to\infty}\left(1+\frac{2}{x}\right)^x=\lim_{x\to\infty}\left(1+\frac{1}{\frac{x}{2}}\right)^x=\lim_{x\to\infty}\left[\left(1+\frac{1}{\frac{x}{2}}\right)^{\frac{x}{2}}\right]^2=\left[\lim_{\frac{x}{2}\to\infty}\left(1+\frac{1}{\frac{x}{2}}\right)^{\frac{x}{2}}\right]^2=\mathrm{e}^2$$

(2) $\lim\limits_{x\to\infty}\left(1-\dfrac{1}{x}\right)^x=\lim\limits_{x\to\infty}\left(1+\dfrac{1}{-x}\right)^x=\lim\limits_{x\to\infty}\left[\left(1+\dfrac{1}{-x}\right)^{-x}\right]^{-1}$

$$=\lim_{-x\to\infty}\left[\left(1+\frac{1}{-x}\right)^{-x}\right]^{-1}=\left[\lim_{-x\to\infty}\left(1+\frac{1}{-x}\right)^{-x}\right]^{-1}=\mathrm{e}^{-1}=\frac{1}{\mathrm{e}}$$

(3) $\lim\limits_{x\to\infty}\left(1-\dfrac{2}{x}\right)^x=\lim\limits_{x\to\infty}\left(1+\dfrac{1}{-\frac{x}{2}}\right)^x=\lim\limits_{x\to\infty}\left[\left(1+\dfrac{1}{-\frac{x}{2}}\right)^{-\frac{x}{2}}\right]^{-2}=\mathrm{e}^{-2}$

例38 求极限：$\lim\limits_{x\to0}(1+\tan x)^{\cot x}$。

解 $\lim\limits_{x\to0}(1+\tan x)^{\cot x}=\lim\limits_{x\to0}(1+\tan x)^{\frac{1}{\tan x}}=\lim\limits_{\tan x\to0}(1+\tan x)^{\frac{1}{\tan x}}=\mathrm{e}$

例39 (1) $\lim\limits_{x\to1}x^{\frac{1}{x-1}}$； (2) $\lim\limits_{x\to0}\left(\dfrac{1-x}{1+x}\right)^{\frac{1}{x}}$。

解 (1) $\lim\limits_{x\to1}x^{\frac{1}{x-1}}=\lim\limits_{x\to1}[1+(x-1)]^{\frac{1}{x-1}}=\mathrm{e}$

(2) $\lim\limits_{x\to0}\left(\dfrac{1-x}{1+x}\right)^{\frac{1}{x}}=\lim\limits_{x\to0}\dfrac{(1-x)^{\frac{1}{x}}}{(1+x)^{\frac{1}{x}}}=\dfrac{\lim\limits_{x\to0}\left[(1-x)^{-\frac{1}{x}}\right]^{-1}}{\lim\limits_{x\to0}(1+x)^{\frac{1}{x}}}=\dfrac{\mathrm{e}^{-1}}{\mathrm{e}}=\dfrac{1}{\mathrm{e}^2}$

例40 求极限 $\lim\limits_{x\to\infty}\left(\dfrac{2x-1}{2x+1}\right)^{x+\frac{1}{2}}$。

解 $\lim\limits_{x\to\infty}\left(\dfrac{2x-1}{2x+1}\right)^{x+\frac{1}{2}}=\lim\limits_{x\to\infty}\left(1-\dfrac{2}{2x+1}\right)^{x+\frac{1}{2}}=\lim\limits_{x\to\infty}\left(1+\dfrac{1}{-\frac{2x+1}{2}}\right)^{x+\frac{1}{2}}$

$$=\lim_{x\to\infty}\left(1+\frac{1}{-x-\frac{1}{2}}\right)^{x+\frac{1}{2}}=\lim_{x\to\infty}\left[\left(1+\frac{1}{-x-\frac{1}{2}}\right)^{-x-\frac{1}{2}}\right]^{-1}$$

$$=\left[\lim_{x\to\infty}\left(1+\frac{1}{-x-\frac{1}{2}}\right)^{-x-\frac{1}{2}}\right]^{-1}$$

$$=\left[\lim_{\left(-x-\frac{1}{2}\right)\to\infty}\left(1+\frac{1}{-x-\frac{1}{2}}\right)^{-x-\frac{1}{2}}\right]^{-1}=\mathrm{e}^{-1}=\frac{1}{\mathrm{e}}$$

一般地，在自变量 x 的某个变化过程中，如有 $\varphi(x)\to\infty$，那么 $\left[1+\dfrac{1}{\varphi(x)}\right]^{\varphi(x)}$ 的极限便是 e；如果 $\varphi(x)\to0$，那么 $[1+\varphi(x)]^{\frac{1}{\varphi(x)}}$ 的极限便是 e。

思　考　题

1. 极限 $\lim\limits_{x \to 0} \dfrac{\sin \dfrac{1}{x}}{\dfrac{1}{x}} = 1$ 是否正确？为什么？

2. 极限 $\lim\limits_{x \to +\infty} \left(-1 + \dfrac{1}{x}\right)^x = e$ 是否正确？为什么？

习题 1-6

1. 求下列各极限。

(1) $\lim\limits_{x \to 0} \dfrac{\sin 5x}{3x}$；

(2) $\lim\limits_{x \to \pi} \dfrac{\sin x}{\pi - x}$；

(3) $\lim\limits_{x \to 0} \dfrac{\sin 3x}{\sin 2x}$；

(4) $\lim\limits_{x \to 0} x \cot x$；

(5) $\lim\limits_{x \to 1} \dfrac{\sin(1-x)}{x^2 - 1}$；

(6) $\lim\limits_{x \to 0} \dfrac{\sin(\sin x)}{\sin x}$；

(7) $\lim\limits_{x \to 0} \dfrac{x(x+3)}{\sin x}$。

2. 求下列各极限。

(1) $\lim\limits_{x \to \infty} \left(1 + \dfrac{1}{2x}\right)^x$；

(2) $\lim\limits_{x \to \infty} \left(1 + \dfrac{1}{x}\right)^{-x}$；

(3) $\lim\limits_{x \to \infty} \left(1 + \dfrac{1}{x}\right)^{\frac{x}{3}}$；

(4) $\lim\limits_{x \to 0} (1-x)^{\frac{1}{x}}$；

(5) $\lim\limits_{x \to 0} (1 + 2x)^{\frac{1}{x}}$；

(6) $\lim\limits_{x \to 0} (1 - 3x)^{\frac{2}{x}}$；

(7) $\lim\limits_{x \to 0} \left(\dfrac{1+x}{x}\right)^{2x}$；

(8) $\lim\limits_{x \to \infty} \left(1 + \dfrac{4}{x}\right)^{x+4}$；

(9) $\lim\limits_{n \to \infty} \left(1 + \dfrac{1}{n+2}\right)^n$。

3. 求下列各极限。

(1) $\lim\limits_{x \to 0} \dfrac{1 - \cos 2x}{x \sin x}$；

(2) $\lim\limits_{x \to 0} \dfrac{x - \sin x}{x + \sin x}$；

(3) $\lim\limits_{x \to 0} \dfrac{\sin 3x}{1 - \sqrt{x+1}}$；

(4) $\lim\limits_{x \to 0} \dfrac{x^2}{\sin^2 \left(\dfrac{x}{3}\right)}$；

(5) $\lim\limits_{x \to 0} \dfrac{\tan 5x - \sin 2x}{x}$；

(6) $\lim\limits_{x \to 0} \dfrac{\sin 3x - \sin x}{\sin 5x + \sin 3x}$；

(7) $\lim\limits_{x \to \frac{\pi}{2}} (1 + \cos x)^{3 \sec x}$；

(8) $\lim\limits_{x \to \infty} \left(\dfrac{2x+3}{2x+1}\right)^x$；

(9) $\lim\limits_{x \to \infty} \left(\dfrac{x-1}{x+2}\right)^{x+1}$。

4. 当 $x \to 0$ 时，x 与 $\ln(1+x)$ 是否等价？

第七节　函数的连续性

一、函数连续性的概念

1. 函数的增量

设变量 x 从它的一个初值 x_0 变到终值 x_1，则终值与初值的差 $x_1 - x_0$ 就称为变量 x 的**增量**或**改变量**，记为 Δx，即 $\Delta x = x_1 - x_0$。

为了叙述方便，有时也说，自变量 x 在 x_0 处有增量 Δx。这里 Δx 可以是正的，也可以是负的。当 $\Delta x > 0$ 时，变量 x 从 x_0 变到 $x_1 = x_0 + \Delta x$ 时是增大的；当 $\Delta x < 0$ 时，变量

x 从 x_0 变到 $x_1 = x_0 + \Delta x$ 时是减少的。

注意：记号 Δx 并不表示 Δ 与 x 的乘积，而是一个不可分割的整体符号。

设函数 $y = f(x)$ 在点 x_0 及近旁有定义。当自变量 x 从 x_0 变到 $x_0 + \Delta x$，即 x 在点 x_0 有增量 Δx 时，函数 $y = f(x)$ 相应地从 $f(x_0)$ 变到 $f(x_0 + \Delta x)$，那么将 $\Delta y = f(x_0 + \Delta x) - f(x_0)$ 称为函数 $y = f(x)$ 在 x_0 处的增量。

例 41 设 $y = f(x) = 3x^2 - 1$，求适合下列条件的自变量的增量 Δx 和函数的增量 Δy：

(1) 当 x 由 1 变到 1.5；　(2) 当 x 由 1 变到 0.5；　(3) 当 x 由 1 变到 $1 + \Delta x$。

解 (1) $\Delta x = 1.5 - 1 = 0.5$，$\Delta y = f(1.5) - f(1) = 5.75 - 2 = 3.75$。

(2) $\Delta x = 0.5 - 1 = -0.5$，$\Delta y = f(0.5) - f(1) = -0.25 - 2 = -2.25$。

(3) $\Delta x = (1 + \Delta x) - 1 = \Delta x$，$\Delta y = f(1 + \Delta x) - f(1) = [3(1 + \Delta x)^2 - 1] - 2 = 6\Delta x + 3(\Delta x)^2$。

2. 函数 $y = f(x)$ 在点 x_0 处的连续性

由图 1-9(a) 可以看出，如果函数 $y = f(x)$ 的图像在点 x_0 及其近旁没有断开，那么当 x_0 保持不变而让 Δx 趋近于零时，曲线上的点 N 就沿着曲线趋近于点 M，这时 Δy 也趋近于零；而在图 1-9(b) 中，如果函数 $y = f(x)$ 的图像在点 x_0 断开了，那么当 x_0 保持不变而让 Δx 趋近于零时，曲线上的点 N 就沿着曲线趋近于点 M，并不趋近于点 M_0，显然，这时 Δy 不能趋近于零。

下面给出函数在点 x_0 处连续的定义：

定义 14 设函数 $y = f(x)$ 在点 x_0 及其近旁有定义，如果当自变量 x 在点 x_0 处的增量 Δx 趋近于零时，函数 $y = f(x)$ 相应的增量 $\Delta y = f(x_0 + \Delta x) - f(x_0)$ 也趋近于零，那么就叫作函数 $y = f(x)$ 在点 x_0 处**连续**，x_0 称为函数 $f(x)$ 的**连续点**，用极限来表示，就是

$$\lim_{\Delta x \to 0} \Delta y = 0 \quad \text{或} \quad \lim_{\Delta x \to 0} [f(x_0 + \Delta x) - f(x_0)] = 0$$

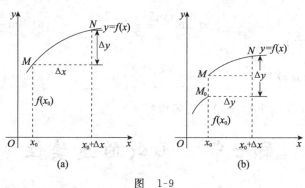

图 1-9

例 42 证明函数 $y = 3x^2 - 1$ 在点 $x = 1$ 处连续。

证 因为函数 $y = 3x^2 - 1$ 的定义域为 $(-\infty, +\infty)$，所以函数在 $x = 1$ 及其近旁有定义。

设自变量在点 $x = 1$ 处有增量 Δx，则函数相应的增量为 $\Delta y = 6\Delta x + 3(\Delta x)^2$。

因为 $\lim\limits_{\Delta x \to 0} \Delta y = \lim\limits_{\Delta x \to 0} [6\Delta x + 3(\Delta x)^2] = 0$，所以根据定义 14 可知函数 $y = 3x^2 - 1$ 在点 $x = 1$ 处连续。

在定义 14 中,设 $x=x_0+\Delta x$,则 $\Delta x\to 0$ 就是 $x\to x_0$, $\Delta y\to 0$ 就是 $f(x)\to f(x_0)$, $\lim\limits_{\Delta x\to 0}\Delta y=0$ 就是 $\lim\limits_{x\to x_0}f(x)=f(x_0)$。

因此,函数 $y=f(x)$ 在点 x_0 处连续的定义又可叙述如下。

定义 15 设函数 $y=f(x)$ 在点 x_0 及其近旁有定义,如果函数 $f(x)$ 当 $x\to x_0$ 时的极限存在,且等于它在点 x_0 处的函数值 $f(x_0)$,即若 $\lim\limits_{x\to x_0}f(x)=f(x_0)$,就叫作函数 $f(x)$ 在点 x_0 处**连续**, x_0 称为函数 $f(x)$ 的**连续点**。

这个定义指出了函数 $y=f(x)$ 在点 x_0 处连续要满足三个条件:

(1) 函数 $f(x)$ 在点 x_0 及其近旁有定义;

(2) $\lim\limits_{x\to x_0}f(x)$ 存在;

(3) 函数 $f(x)$ 在 $x\to x_0$ 时的极限值等于在点 $x=x_0$ 的函数值,即 $\lim\limits_{x\to x_0}f(x)=f(x_0)$。

例 43 根据定义 15 证明函数 $f(x)=3x^2-1$ 在点 $x=1$ 处连续。

证 (1) 函数 $f(x)=3x^2-1$ 的定义域为 $(-\infty,+\infty)$,故函数在点 $x=1$ 及其近旁有定义,且 $f(1)=2$;

(2) $\lim\limits_{x\to 1}f(x)=\lim\limits_{x\to 1}(3x^2-1)=2$;

(3) $\lim\limits_{x\to 1}f(x)=2=f(1)$。

根据定义 15 可知函数 $f(x)=3x^2-1$ 在点 $x=1$ 处连续。

3. 函数 $y=f(x)$ 在区间上的连续性

(1) 函数的左连续、右连续:

设函数 $y=f(x)$ 在点 x_0 处及其左(或右)近旁有定义,如果 $\lim\limits_{x\to x_0^-}f(x)=f(x_0)$ 或 $\lim\limits_{x\to x_0^+}f(x)=f(x_0)$,称函数 $f(x)$ 在点 x_0 处**左连续**(或**右连续**)。

(2) 函数在区间上的连续性:

如果函数 $f(x)$ 在开区间 (a,b) 内每一点都连续,称函数 $f(x)$ 在**区间 (a,b) 内连续**,或称函数 $f(x)$ 为区间 (a,b) 内的**连续函数**,区间 (a,b) 称为函数 $f(x)$ 的**连续区间**。

如果函数 $f(x)$ 在闭区间 $[a,b]$ 上有定义,在开区间 (a,b) 内连续,且在右端点 b 处左连续,在左端点 a 处右连续,即 $\lim\limits_{x\to b^-}f(x)=f(b)$, $\lim\limits_{x\to a^+}f(x)=f(a)$,则称函数 $f(x)$ 在**闭区间 $[a,b]$ 上连续**。

二、函数的间断点

如果函数 $y=f(x)$ 在点 x_0 处不连续,那么称函数 $f(x)$ 在点 x_0 处是间断的,并将点 x_0 称为函数 $f(x)$ 的**间断点**或**不连续点**。

由函数 $y=f(x)$ 在点 x_0 处连续的定义 15 可知,当函数 $f(x)$ 有下列三种情形之一:

(1) 在 $x=x_0$ 近旁有定义,但在点 x_0 处没有定义;

(2) 虽在点 x_0 处有定义,但 $\lim\limits_{x\to x_0}f(x)$ 不存在;

(3) 虽在点 x_0 处有定义,且 $\lim\limits_{x\to x_0}f(x)$ 存在,但 $\lim\limits_{x\to x_0}f(x)\neq f(x_0)$,那么函数 $f(x)$ 在点 x_0 处是间断的。

例 44 函数 $f(x) = \dfrac{x^2-1}{x-1}$，由于在 $x=1$ 处没有定义，故 $f(x)$ 在 $x=1$ 处不连续，如图 1-10 所示。

例 45 函数 $f(x) = \begin{cases} x+1, & x>1 \\ 0, & x=1 \\ x-1, & x<1 \end{cases}$ 虽在 $x=1$ 处有定义，但由于 $\lim\limits_{x \to 1} f(x)$ 不存在，故 $f(x)$ 在 $x=1$ 处不连续，如图 1-11 所示。

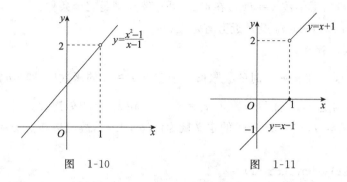

图 1-10　　　　　　　图 1-11

例 46 函数 $f(x) = \begin{cases} x+1, & x \neq 1 \\ 0, & x=1 \end{cases}$ 虽在 $x=1$ 处有定义，且 $\lim\limits_{x \to 1} f(x) = 2$ 存在，但 $\lim\limits_{x \to 1} f(x) \neq f(1)$，故 $f(x)$ 在 $x=1$ 处不连续。

函数的间断点按其单侧极限是否存在，分为第一类间断点与第二类间断点。

定义 16 若 x_0 为函数 $y=f(x)$ 的间断点，且 $\lim\limits_{x \to x_0^-} f(x)$ 和 $\lim\limits_{x \to x_0^+} f(x)$ 都存在，则称点 x_0 为 $f(x)$ 的第一类间断点；如果 $\lim\limits_{x \to x_0^-} f(x)$ 和 $\lim\limits_{x \to x_0^+} f(x)$ 至少有一个不存在，则称点 x_0 为 $f(x)$ 的第二类间断点。

例 47 证明 $x=0$ 为函数 $f(x) = \dfrac{-x}{|x|}$ 的第一类间断点。

证 $f(x)$ 在 $x=0$ 无定义，又因为 $\lim\limits_{x \to 0^-} \dfrac{-x}{|x|} = \lim\limits_{x \to 0^-} \dfrac{-x}{-x} = 1$，$\lim\limits_{x \to 0^+} \dfrac{-x}{|x|} = \lim\limits_{x \to 0^+} \dfrac{-x}{x} = -1$，所以 $x=0$ 为函数的第一类间断点，在 $x=0$ 处的左、右极限不相等，使函数图形在 $x=0$ 处产生跳跃现象，因而这类间断点又称为**跳跃间断点**。

例 48 证明 $f(x) = \begin{cases} \dfrac{\sin x}{x}, & x \neq 0 \\ 0, & x=0 \end{cases}$ 在 $x=0$ 处是第一类间断点。

证 $\lim\limits_{x \to 0} \dfrac{\sin x}{x} = 1$ 即函数在 $x=0$ 处的左、右极限存在，但是由于 $\lim\limits_{x \to 0} f(x) \neq f(0)$，所以 $x=0$ 为函数的第一类间断点，这类间断点又称为**可去间断点**。

例 49 $y = \tan x$ 在 $x=\dfrac{\pi}{2}$ 处无定义，且 $\lim\limits_{x \to \frac{\pi}{2}} \tan x = \infty$，知左、右极限都不存在，所以 $x=\dfrac{\pi}{2}$ 是函数的第二类间断点。

三、初等函数的连续性

1. 基本初等函数的连续性

在几何上,连续函数的图像是一条连续不间断的曲线,因为基本初等函数的图像在其定义域内是连续不间断的曲线,所以有如下结论。

定理 2 基本初等函数在其定义域内是连续的。

2. 连续函数的和、差、积、商的连续性

定理 3 如果函数 $f(x)$ 和 $g(x)$ 都在点 x_0 处连续,那么它们的和、差、积、商(分母不等于零)也都在点 x_0 处连续,即

$$\lim_{x \to x_0} [f(x) \pm g(x)] = f(x_0) \pm g(x_0)$$

$$\lim_{x \to x_0} [f(x) \cdot g(x)] = f(x_0) \cdot g(x_0)$$

$$\lim_{x \to x_0} \frac{f(x)}{g(x)} = \frac{f(x_0)}{g(x_0)} \quad (g(x_0) \neq 0)$$

例如,函数 $y = \sin x$ 和 $y = \cos x$ 在点 $x = \frac{\pi}{4}$ 处是连续的,显然它们的和、差、积、商 $\sin x \pm \cos x$,$\sin x \cdot \cos x$,$\frac{\sin x}{\cos x}$,在 $x = \frac{\pi}{4}$ 处也是连续的。

3. 复合函数的连续性

如果函数 $u = \varphi(x)$ 在点 x_0 处连续,且 $\varphi(x_0) = u_0$,而函数 $y = f(u)$ 在点 u_0 处连续,那么复合函数 $y = f[\varphi(x)]$ 在点 x_0 处也是连续的。

例如,函数 $u = 2x$ 在点 $x = \frac{\pi}{4}$ 处连续,当 $x = \frac{\pi}{4}$ 时,$u = \frac{\pi}{2}$,函数 $y = \sin u$ 在点 $u = \frac{\pi}{2}$ 处连续;显然,复合函数 $y = \sin 2x$ 在点 $\frac{\pi}{4}$ 处也是连续的。

4. 初等函数的连续性

由基本初等函数的连续性,连续函数和、差、积、商的连续性以及复合函数的连续性可知:

定理 4 初等函数在其定义区间内都是连续的。

根据函数 $f(x)$ 在点 x_0 处连续的定义,如果 $f(x)$ 是初等函数,且 x_0 是 $f(x)$ 定义区间内的点,那么求 $f(x)$ 当 $x \to x_0$ 时的极限,只要求 $f(x)$ 在点 x_0 的函数值就可以了,即 $\lim_{x \to x_0} f(x) = f(x_0)$。

例 50 求 $\lim_{x \to 0} \sqrt{1-x^2}$。

解 设 $f(x) = \sqrt{1-x^2}$,这是一个初等函数,它的定义域是 $[-1,1]$,而 $x = 0$ 在该区间内,所以

$$\lim_{x \to 0} \sqrt{1-x^2} = f(0) = 1$$

例 51 求 $\lim_{x \to 4} \frac{\sqrt{x+5}-3}{x-4}$。

解 $\lim_{x \to 4} \frac{\sqrt{x+5}-3}{x-4} = \lim_{x \to 4} \frac{(\sqrt{x+5}-3)(\sqrt{x+5}+3)}{(x-4)(\sqrt{x+5}+3)} = \lim_{x \to 4} \frac{1}{\sqrt{x+5}+3} = \frac{1}{\sqrt{4+5}+3} = \frac{1}{6}$

四、闭区间上连续函数的性质

1. 函数最大值和最小值的概念

定义 17 设 $f(x)$ 在区间 I 上有定义,如果至少存在一点 $x_0 \in I$,使得每一个 $x \in I$,都有 $f(x) \leqslant f(x_0)$(或 $f(x) \geqslant f(x_0)$),则称 $f(x_0)$ 是函数 $f(x)$ 在区间 I 上的最大值(或最小值)。

例如,函数 $f(x) = \sin x + 1$ 在区间 $[0, 2\pi]$ 上有最大值 2 及最小值 0。

2. 最大值与最小值定理

定理 5 如果函数 $f(x)$ 在闭区间 $[a, b]$ 上连续,那么函数 $f(x)$ 在 $[a, b]$ 上一定有最大值与最小值。

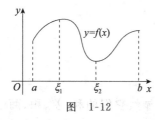

图 1-12

如图 1-12 所示,设函数 $f(x)$ 在闭区间 $[a, b]$ 上连续,那么在 $[a, b]$ 上至少有一点 $\xi_1 (a \leqslant \xi_1 \leqslant b)$,使得函数值 $f(\xi_1)$ 为最大,即 $f(\xi_1) \geqslant f(x) (a \leqslant x \leqslant b)$;又至少有一点 $\xi_2 (a \leqslant \xi_2 \leqslant b)$,使得函数值 $f(\xi_2)$ 为最小,即 $f(\xi_2) \leqslant f(x) (a \leqslant x \leqslant b)$。这样的函数值 $f(\xi_1)$ 和 $f(\xi_2)$ 分别叫作函数 $f(x)$ 在区间 $[a, b]$ 上的最大值和最小值。

例如,函数 $y = \sin x$ 在闭区间 $[0, 2\pi]$ 上是连续的,在 $\xi_1 = \dfrac{\pi}{2}$ 处,它的函数值 $\sin \dfrac{\pi}{2} = 1$ 为最大值;在 $\xi_2 = \dfrac{3\pi}{2}$ 处,它的函数值 $\sin \dfrac{3\pi}{2} = -1$ 为最小值。

注意:如果函数在开区间 (a, b) 内连续,或函数在闭区间上有间断点,那么函数在该区间上就不一定有最大值或最小值。

例如,函数 $y = x$ 在开区间 (a, b) 内是连续的,而这个函数在开区间 (a, b) 既无最大值又无最小值,如图 1-13 所示。

又如,函数 $f(x) = \begin{cases} -x+1, & 0 \leqslant x < 1 \\ 1, & x = 1 \\ -x+3, & 1 < x \leqslant 2 \end{cases}$ 在闭区间 $[0, 2]$ 上有间断点 $x = 1$,这时函数在闭区间 $[0, 2]$ 上既无最大值又无最小值,如图 1-14 所示。

3. 根的存在性质

定理 6 设函数 $f(x)$ 在闭区间 $[a, b]$ 上连续,且 $f(a)$ 和 $f(b)$ 异号,那么在开区间 (a, b) 内至少有一点 ξ,使得 $f(\xi) = 0 (a < \xi < b)$。由图 1-15 可以看出,如果 $f(a)$ 与 $f(b)$ 异号,那么在 $[a, b]$ 上连续的曲线 $y = f(x)$ 与 x 轴至少有一个交点,交点的坐标为 $(\xi, 0)$。

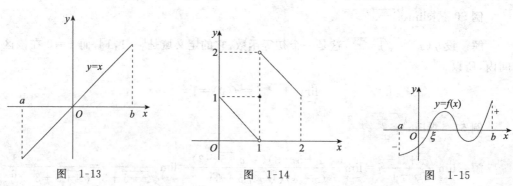

图 1-13　　　　　　　　　图 1-14　　　　　　　　　图 1-15

由上述定理可知，$x=\xi$ 是方程 $f(x)=0$ 的一个根，且 ξ 位于开区间 (a,b) 内，因而，利用这个定理可判断方程 $f(x)=0$ 在某个开区间内的实根的存在。

例 52　证明方程 $x^3+3x^2-1=0$ 在区间 $(0,1)$ 内至少有一个根。

证　设 $f(x)=x^3+3x^2-1$，它在闭区间 $[0,1]$ 上是连续的，并且在区间端点的函数值为 $f(0)=-1<0$ 与 $f(1)=3>0$。

由根的存在性质，可知在 $(0,1)$ 内至少有一点 $\xi(0<\xi<1)$，使得 $f(\xi)=0$，即 $\xi^3+3\xi^2-1=0(0<\xi<1)$。

这个等式说明方程 $x^3+3x^2-1=0$ 在 $(0,1)$ 内至少有一个根 ξ。

思　考　题

1. 试说明函数 $f(x)$ 在点 x_0 处有定义、有极限和连续这三个概念间的区别与联系。

2. 若函数 $f(x)$ 在点 $x=a$ 处连续，试问当 $x\to a$ 时，函数是否有极限？若有极限，它的值是什么？

习题 1-7

1. 设函数 $y=f(x)=x^2+1$，求适合下列条件的自变量的增量和对应的函数的增量。

(1) 当 x 由 1 变到 2；　　　　　　　(2) 当 x 由 2 变到 1；

(3) 当 x 由 1 变到 $1+\Delta x$；　　　　(4) 当 x 由 x_0 变到 x。

2. 利用定义 14 证明函数 $y=x^2-1$ 在 $x=1$ 处连续。

3. 利用定义 15 证明函数 $y=f(x)=3x-2$ 在 $x=0$ 处的连续性。

4. 利用定义 15 证明 $f(x)=\begin{cases} x^2\sin\dfrac{1}{x}, & x\neq 0 \\ 0, & x=0 \end{cases}$ 在 $x=0$ 处连续。

5. 讨论函数 $f(x)=\begin{cases} x^2-1, & 0\leqslant x\leqslant 1 \\ x+3, & x>1 \end{cases}$ 在 $x=1,x=2$ 处的连续性。

6. 求下列函数的间断点。

(1) $f(x)=\dfrac{x}{x+2}$；　　　　　　　(2) $f(x)=\dfrac{x^2-1}{x^2-3x+2}$；

(3) $f(x)=\cos\dfrac{1}{x}$；　　　　　　(4) $y=\begin{cases} x-1, & x\leqslant 1 \\ 2-x, & x>1 \end{cases}$。

7. 求下列函数的极限。

(1) $\lim\limits_{x\to 2}(3x^2-2x+3)$；　　(2) $\lim\limits_{x\to 2}\dfrac{x^2-9}{x^2-x-6}$；　　(3) $\lim\limits_{x\to 0}\dfrac{e^{-x}+1}{1+\cos x}$；

(4) $\lim\limits_{x\to 0}\dfrac{\sqrt{x+4}-2}{\sin 5x}$；　(5) $\lim\limits_{x\to 1}\dfrac{e^{x^2}}{1+x}$；　　　(6) $\lim\limits_{x\to 0}\dfrac{\sqrt{1+x}-1}{x}$；

(7) $\lim\limits_{x\to 2}\left[x\ln\left(1+\dfrac{2}{x}\right)\right]$。

8. 求函数 $f(x)=\dfrac{x^3+3x^2-x-3}{x^2+x-6}$ 的连续区间。

9. 若函数 $f(x) = \begin{cases} \dfrac{1}{x}\sin x, & x<0 \\ k, & x=0 \\ \dfrac{x}{\sin x}, & x>0 \end{cases}$ 在 $x=0$ 处连续,求 k 的值。

10. 若函数 $f(x) = \begin{cases} \mathrm{e}^x+1, & x<0 \\ k, & x=0 \\ \dfrac{\ln(1+2x)}{x}, & x>0 \end{cases}$ 在 $x=0$ 处连续,求 k 的值。

11. 证明方程 $x \cdot 2^x = 1$ 至少有一个小于 1 的正实根。

第八节　极限在经济工作中的应用

在日常生活工作中特别是在经济领域,企业或个人在进行经济管理决策或经营决策时,经常需要对贷款或投资的可行性进行分析。

一、复利问题

复利是计算利息的一种方法。复利是指不仅对本金计算利息,而且还要计算利息的利息。也就是说,本期的本金加上利息作为下期计算利息的基数,俗称"利滚利"。

设 A_0 是本金,r 是计息期的利率,A 是本利和,则

第一个计息期末本利和为 $A = A_0(1+r)$;

第二个计息期末本利和为 $A = A_0(1+r) + [A_0(1+r)]r = A_0(1+r)^2$;

如此下去,

第 t 个计息期末本利和为 $A = A_0(1+r)^t$。

因此,本金为 A_0,计息期利率为 r,计息期数为 t 的本利和为

$$A = A_0(1+r)^t \tag{1.3}$$

若每期结算 m 次,则此时每期的利率可认为是 $\dfrac{r}{m}$,容易推得 t 期末本利和为

$$A = A_0\left(1+\frac{r}{m}\right)^{mt} \tag{1.4}$$

若每期结算次数 $m \to \infty$(即每时每刻结算)时,t 期末本利和为

$$A = \lim_{m\to\infty} A_0\left(1+\frac{r}{m}\right)^{mt} = A_0 \lim_{m\to\infty}\left[\left(1+\frac{r}{m}\right)^{mt}\right] = A_0\mathrm{e}^{rt}$$

即

$$A = A_0\mathrm{e}^{rt} \tag{1.5}$$

式(1.3)和式(1.4)称为离散复利公式,式(1.5)称为连续复利公式,其中 A_0 称为现值(或初值),A 称为终值(或未来值)。显然利用式(1.5)计算的结果比用式(1.3)和式(1.4)计算的结果要大些。

同理,若用 r 表示人口的年平均增长率,A_0 表示原有人口数,则 $A_0\mathrm{e}^{rt}$ 表示 t 年末的人口数。

例 53　现将 100 元现金投入银行,年利率为 1.98%,分别用离散性和连续性的复利

公式计算 10 年末的本利和(不扣利息税)。

解 若一年结算一次,10 年末的本利和为

$$A = 100(1 + 0.0198)^{10} \approx 121.66(元)$$

由连续复利公式计算,10 年末的本利和为

$$A = 100e^{0.0198 \times 10} \approx 121.90(元)$$

例 54 某厂 1980 年的产值为 1 000 万元,到 2000 年年末产值翻两番,利用连续复利公式求出每年的平均增长率。

解 已知 $A = 4\,000$ 万元,$A_0 = 1\,000$ 万元,$t = 20$,将它们代入公式 $A = A_0 e^{rt}$,得

$$4\,000 = 1\,000e^{20r}, \quad e^{20r} = 4, \quad 20r = \ln 4 = 2\ln 2$$

解得 $r = 6.93\%$,即为所求增长率。

若已知未来值 A,求现值 A_0,称为现值问题。由式(1.3)和式(1.4),得离散现值公式为

$$A_0 = A(1 + r)^{-t} \tag{1.6}$$

$$A_0 = A\left(1 + \frac{r}{m}\right)^{-mt} \tag{1.7}$$

连续现值公式为

$$A_0 = Ae^{-rt} \tag{1.8}$$

例 55 设年投资收益率为 9%,按连续复利计算,现投资多少元,10 年末可达 200 万元?

解 由 $A_0 = Ae^{-rt}$,$A = 200$ 万元,$r = 0.09$,$t = 10$,由此 $A_0 = 200e^{-0.9} \approx 81.314$(万元)。

二、抵押贷款问题

设两室一厅商品房价值 100 000 元,王某自筹了 40 000 元,要购房还需贷款 60 000 元,贷款月利率为 1%,条件是每月还一些,25 年内还清,假如还不起,房子归债权人。问王某具有什么能力才能贷款购房?

分析 起始贷款 60 000 元,贷款月利率 $r = 0.01$,贷款期 n(月)$=25$(年)$\times 12$(月/年)$=300$(月),每月还 x 元,y_n 表示第 n 个月仍欠前债主的钱。

建立模型:

$y_0 = 60\,000$

$y_1 = y_0(1 + r) - x$

$y_2 = y_1(1 + r) - x = y_0(1 + r)^2 - x[(1 + r) + 1]$

$y_3 = y_2(1 + r) - x = y_0(1 + r)^3 - x[(1 + r)^2 + (1 + r) + 1]$

$\vdots$

$$y_n = y_0(1 + r)^n - x[(1 + r)^{n-1} + (1 + r)^{n-2} + \cdots + (1 + r) + 1] = y_0(1 + r)^n - \frac{x[(1 + r)^n - 1]}{r}$$

当贷款还清时,$y_n = 0$,可得 $x = \dfrac{y_0 r(1 + r)^n}{(1 + r)^n - 1}$。

把 $n = 300$,$r = 0.01$,$y_0 = 60000$ 代入得 $x \approx 631.93$(元),

即王某如不具备每月还贷 632 元的能力,就不能贷款购房。

三、融资问题

某企业获投资 50 万元,该企业将投资作为抵押品向银行贷款,得到相当于抵押品价值的 0.75 倍的贷款,该企业将此贷款再进行投资,并将再投资作为抵押品又向银行贷款,仍得到相当于抵押品的 0.75 倍的贷款,企业又将此贷款再进行投资,这样贷款——投资——再贷款——再投资,如此反复进行扩大再生产。问该企业共可获得投资多少万元?

分析 设企业获得投资本金为 A,贷款额占抵押品价值的百分比为 $r(0<r<1)$,第 n 次投资或再投资(贷款)额为 a_n,n 次投资与再投资的资金总和为 S_n,投资与再投资的资金总和为 S。$a_1=A$,$a_2=Ar$,$a_3=Ar^2$,$\cdots$,$a_n=Ar^{n-1}$,则

$$S_n=a_1+a_2+a_3+\cdots+a_n=A+Ar+Ar^2+\cdots+Ar^{n-1}=\frac{A(1-r^n)}{1-r}$$

$$S=\lim_{n\to\infty}S_n=\lim_{n\to\infty}\frac{A(1-r^n)}{1-r}=\frac{A}{1-r}(\lim_{n\to\infty}r^n=0)$$

在本题中,$A=50$ 万元,$r=0.75$,代入上式得 $S=\dfrac{50}{1-0.75}=200$(万元)

思 考 题

什么叫单利和复利?如何计算单利和复利?

习题 1-8

1. 试完成表 1-7(按连续复利计算)。

表 1-7

起初账户资金(元)	利息率(%)	翻一番时间(年)	5 年后的总量(元)
35 000	6.2		
5 000			7 130.90
	8.4		11 414.71

2. 若按复利计算,200 元钱在 10 年后得到的本利和为 500 元,那么年利率是多少?

3. 某企业计划发行公司债券,若以年利率 8.5% 的连续复利计息,发行时每份债券的面值是 500 元,问 5 年后每份债券一次偿还本息是多少元?

4. 一台机器的原价为 26 000 元,因逐年变旧,每年价值减少 6%,问 5 年后机器的价值是多少元?

【本章典型方法与范例】

例 1 函数 $y=\dfrac{\sqrt{x-3}}{\sqrt{x-2}}$ 与函数 $y=\sqrt{\dfrac{x-3}{x-2}}$ 是否表示同一函数?

解 要使 $y=\dfrac{\sqrt{x-3}}{\sqrt{x-2}}$ 有意义,则 $\begin{cases}x-3\geqslant0\\x-2>0\end{cases}$,即定义域为 $[3,+\infty)$;要使 $y=\sqrt{\dfrac{x-3}{x-2}}$ 有意义,则

$$\begin{cases}\dfrac{x-3}{x-2}\geqslant0\\x-2\neq0\end{cases}$$

即定义域为 $(-\infty,2)\bigcup[3,+\infty)$,故两函数的定义域不同,所以不是同一函数。

例 2 判断函数 $f(x)=x\dfrac{a^x-1}{a^x+1}$ 的奇偶性。

解 (1) 函数的定义域为:$(-\infty,+\infty)$,关于原点对称。

(2) $f(-x)=(-x)\dfrac{a^{-x}-1}{a^{-x}+1}=(-x)\dfrac{1-a^x}{1+a^x}=x\dfrac{a^x-1}{a^x+1}=f(x)$,所以 $f(x)$ 为偶函数。

例 3 求下列函数的极限。

(1) $\lim\limits_{x\to0}\dfrac{\ln(1+x)}{x}$;　　　(2) $\lim\limits_{x\to1}\dfrac{\sqrt[4]{x}-1}{\sqrt[3]{x}-1}$;　　　(3) $\lim\limits_{x\to1}{}^{x-1}\!\sqrt{x}$;

(4) $\lim\limits_{x\to0}(1-3x)^{x-\frac{2}{x}}$;　　(5) $\lim\limits_{x\to3}\left(\dfrac{x}{3}\right)^{\frac{1}{x-3}}$;　　(6) $\lim\limits_{x\to0}\dfrac{\ln(1+2x)}{\sin3x}$。

解 (1) $\lim\limits_{x\to0}\dfrac{\ln(1+x)}{x}=\lim\limits_{x\to0}\ln(1+x)^{\frac{1}{x}}=\ln\lim\limits_{x\to0}(1+x)^{\frac{1}{x}}=\ln e=1$

(2) 作变量替换,设 $\sqrt[12]{x}=t$,则有 $\sqrt[4]{x}=t^3$,$\sqrt[3]{x}=t^4$,且 $\lim\limits_{x\to1}t=\lim\limits_{x\to1}\sqrt[12]{x}=1$,所以

$$\lim\limits_{x\to1}\dfrac{\sqrt[4]{x}-1}{\sqrt[3]{x}-1}=\lim\limits_{t\to1}\dfrac{t^3-1}{t^4-1}=\lim\limits_{t\to1}\dfrac{(t-1)(t^2+t+1)}{(t^2+1)(t+1)(t-1)}=\lim\limits_{t\to1}\dfrac{t^2+t+1}{(t^2+1)(t+1)}=\dfrac{3}{4}$$

(3) $\lim\limits_{x\to1}{}^{x-1}\!\sqrt{x}=\lim\limits_{x\to1}x^{\frac{1}{x-1}}=\lim\limits_{x\to1}(1+x-1)^{\frac{1}{x-1}}=\lim\limits_{x\to1}[1+(x-1)]^{\frac{1}{x-1}}=e$

(4) $\lim\limits_{x\to0}(1-3x)^{x-\frac{2}{x}}=\lim\limits_{x\to0}(1-3x)^{\frac{x^2-2}{x}}=\lim\limits_{x\to0}(1-3x)^{-\frac{1}{3x}(-3x^2+6)}$

$$=\lim\limits_{x\to0}[1+(-3x)]^{-\frac{1}{3x}\cdot\lim\limits_{x\to0}(-3x^2+6)}$$

$$=\{\lim\limits_{x\to0}[1+(-3x)]^{-\frac{1}{3x}}\}^{\lim\limits_{x\to0}(-3x^2+6)}=e^6$$

(5) $\lim\limits_{x\to3}\left(\dfrac{x}{3}\right)^{\frac{1}{x-3}}=\lim\limits_{x\to3}\left[1+\left(\dfrac{x}{3}-1\right)\right]^{\frac{1}{x-3}}=\lim\limits_{x\to3}\left[1+\left(\dfrac{x-3}{3}\right)\right]^{\frac{3}{x-3}\cdot\frac{1}{3}}=e^{\frac{1}{3}}$

(6) $\lim\limits_{x\to0}\dfrac{\ln(1+2x)}{\sin3x}=\lim\limits_{x\to0}\ln(1+2x)^{\frac{1}{\sin3x}}=\lim\limits_{x\to0}\ln(1+2x)^{\frac{1}{2x}\cdot\frac{2x}{\sin3x}}$

$$=\lim\limits_{x\to0}\ln(1+2x)^{\frac{1}{2x}\cdot\frac{2}{3}\cdot\frac{3x}{\sin3x}}=\dfrac{2}{3}$$

例 4 若 $\lim\limits_{x\to3}\dfrac{x^2-2x+k}{x-3}=4$,求 k 的值。

解 因为 $x\to3$ 时,分母的极限为零,$\lim\limits_{x\to3}(x-3)=0$,所以分子的极限必为零,即

$$\lim\limits_{x\to3}(x^2-2x+k)=0,\text{所以 }\lim\limits_{x\to3}(x^2-2x+k)=3^2-2\times3+k=0$$

解得 $\qquad\qquad\qquad\qquad\qquad k=-3$

例 5 若 $\lim\limits_{x\to2}\dfrac{x^2+ax+b}{x^2-3x+2}=8$,求 a,b 的值。

解 因为分母的极限为零,而分式的极限为一个非零数,所以分子的极限必为零。

因为若 $\lim\limits_{x\to 2}(x^2-3x+2)=\lim\limits_{x\to 2}(x-2)(x-1)=0$，所以一定有 $\lim\limits_{x\to 2}(x^2+ax+b)=0$

且 x^2+ax+b 一定含有 $x-2$，故

$$\lim_{x\to 2}\frac{x^2+ax+b}{x^2-3x+2}=\lim_{x\to 2}\frac{(x-2)(x+k)}{(x-2)(x-1)}=\lim_{x\to 2}\frac{x+k}{x-1}=2+k=8$$

因此 $k=6$，所以 $\lim\limits_{x\to 2}(x^2+ax+b)=\lim\limits_{x\to 2}(x+6)(x-2)$，解得 $a=4,b=-12$。

例 6 若 $\lim\limits_{x\to\infty}\left(\dfrac{x^2}{1+x}-ax+b\right)=1$，求 a,b 的值。

解 若 $\lim\limits_{x\to\infty}\left(\dfrac{x^2}{1+x}-ax+b\right)=1$，$\lim\limits_{x\to\infty}\left(\dfrac{x^2}{1+x}-ax+b\right)=\lim\limits_{x\to\infty}\dfrac{(1-a)x^2+(b-a)x+b}{1+x}=1$，

因为这是一个有理分式的极限，分子分母极限均为无穷大，且分式极限为 1，故 x^2 的系数必为 0，x 的系数必为 1，解得 $a=1,b-a=1$，得 $b=2$。

例 7 讨论函数 $f(x)=\begin{cases}1-\mathrm{e}^{\frac{1}{x-1}}, & x<1 \\ \sin\dfrac{\pi}{2x}, & x\geqslant 1\end{cases}$ 的连续性。

解 $f(x)=1-\mathrm{e}^{\frac{1}{x-1}}$ 在 $(-\infty,1)$ 内连续，$f(x)=\sin\dfrac{\pi}{2x}$ 在 $(1,+\infty)$ 内连续，故 $f(x)$ 在 $(-\infty,1)\bigcup(1,+\infty)$ 内连续，在分界点 $x=1$ 处，有

$$f(1)=\sin\frac{\pi}{2}=1$$

$$\lim_{x\to 1^-}f(x)=\lim_{x\to 1^-}(1-\mathrm{e}^{\frac{1}{x-1}})=1$$

$$\lim_{x\to 1^+}f(x)=\lim_{x\to 1^+}\sin\frac{\pi}{2x}=1，\text{所以 }\lim_{x\to 1}f(x)=1$$

因为 $\lim\limits_{x\to 1}f(x)=1=f(1)$，故 $f(x)$ 在分界点 $x=1$ 处连续。

综上所述，$f(x)$ 在定义域 $(-\infty,+\infty)$ 内连续。

例 8 确定常数 a,b 使函数 $f(x)=\begin{cases}\dfrac{\sin ax}{x}, & x<0 \\ 2, & x=0 \\ (1+bx)^{\frac{1}{x}}, & x>0\end{cases}$ 在 $x=0$ 处连续。

解 因为 $f(0)=2$，

$$\lim_{x\to 0^-}f(x)=\lim_{x\to 0^-}\frac{\sin ax}{x}=a\lim_{x\to 0^-}\frac{\sin ax}{ax}=a,$$

$$\lim_{x\to 0^+}f(x)=\lim_{x\to 0^+}(1+bx)^{\frac{1}{x}}=\lim_{x\to 0^+}(1+bx)^{\frac{1}{bx}\cdot b}=\mathrm{e}^b，\text{要使函数 }f(x)\text{ 在 }x=0\text{ 处连续，必}$$

须满足

$$\lim_{x\to 0^-}f(x)=\lim_{x\to 0^+}f(x)=f(0)，\text{即}$$

$$a=\mathrm{e}^b=2，\text{解得 }a=2,b=\ln 2$$

本章知识结构

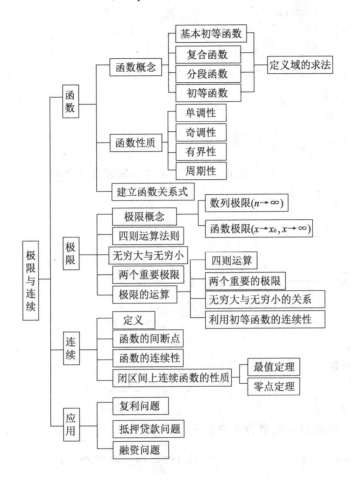

复习题一

1. 判断题

(1) $f(x)=\sin x$ 与 $g(x)=\sqrt{1-\cos^2 x}$ 是同一函数。 （　　）

(2) $f(x)=x^2$ 是单调函数。 （　　）

(3) 函数 $f(x)=x^3\cos x$ 是奇函数。 （　　）

(4) $y=\sin^2 x$ 由 $y=\sin u,u=\sin x$ 复合而成。 （　　）

(5) 零是无穷小量。 （　　）

(6) $f(x)=\dfrac{1}{\sqrt{1-x^2}}$ 的定义域是 $[-1,1]$。 （　　）

(7) $f(x)$ 在 x_0 处无定义，则 $\lim\limits_{x\to x_0}f(x)$ 不存在。 （　　）

(8) $f(x)$ 当 $x\to x_0$ 时有极限，则 $f(x)$ 在 x_0 处一定连续。 （　　）

(9) $f(x)$ 在区间 (a,b) 内连续，则对区间 (a,b) 内的每一点 x_0，当 $x\to x_0$ 时 $f(x)$ 都有极限。 （　　）

(10) 在 (a,b) 内的连续函数 $f(x)$ 一定有最大值和最小值。 （　　）

2. 填空题

(1) 函数 $f(x)=\ln(4x-3)-\arcsin(2x-1)$ 的定义域是_____。

(2) 若 $f(x)=\begin{cases} x+1, & x>0 \\ \pi, & x=0,则\ f\{f[f(-1)]\}=_____。 \\ 0, & x<0 \end{cases}$

(3) 函数 $f(x)=x^2+a$,当 $x\to 2$ 时极限为 1,则 $a=$_____。

(4) $\lim\limits_{\varphi(x)\to 0}\dfrac{\sin[2\varphi(x)]}{\varphi(x)}=$_____。

(5) 函数 $f(x)=\dfrac{x-3}{x^2-9}$ 的间断点有_____个。

(6) 函数 $y=(\arcsin\sqrt{x})^2$ 是由_____复合而成的复合函数。

(7) $\lim\limits_{x\to 0}\left(x\sin\dfrac{1}{x}+\dfrac{1}{x}\sin x\right)=$_____。

(8) $\lim\limits_{x\to\infty}\left(1-\dfrac{1}{x}\right)^{x+1}=$_____。

(9) 当 $x\to$_____时,$f(x)=\dfrac{1}{(x-1)^2}$ 是无穷大。

(10) $f(x)=\begin{cases} x^2+1, & x\leqslant 0 \\ \cos x, & x>0 \end{cases}$,则 $\lim\limits_{x\to 0}f(x)=$_____。

3. 选择题

(1) 下列函数中,为偶函数的是( )。

A. $f(x)=\mathrm{e}^x$ 　　　　　　　　B. $f(x)=x^3\sin x$

C. $f(x)=x^3+1$ 　　　　　　　　D. $f(x)=x^3\cos x$

(2) 下列 y 能成为 x 的复合函数的是( )。

A. $y=\ln u,u=-x^2$ 　　　　　　B. $y=\dfrac{1}{\sqrt{u}},u=2x-x^2-1$

C. $y=\sin u,u=-x^2$ 　　　　　　D. $y=\arccos u,u=3+x^2$

(3) 若 $\lim\limits_{x\to x_0^-}f(x)=A$,$\lim\limits_{x\to x_0^+}f(x)=A$,则下列说法正确的是( )。

A. $f(x_0)=A$ 　　　　　　　　B. $\lim\limits_{x\to x_0}f(x)=A$

C. $f(x)$ 在点 x_0 处有定义 　　　　D. $f(x)$ 在点 x_0 处连续

(4) 下列极限值等于 1 的是( )。

A. $\lim\limits_{x\to\infty}\dfrac{\sin x}{x}$ 　　　　　　　　B. $\lim\limits_{x\to 0}\dfrac{\sin 2x}{x}$

C. $\lim\limits_{x\to 2\pi}\dfrac{\sin x}{x}$ 　　　　　　　　D. $\lim\limits_{x\to\pi}\dfrac{\sin x}{\pi-x}$

(5) 设 $f(x)=\dfrac{|x|}{x}$,则 $\lim\limits_{x\to 0}f(x)$ 是( )。

A. 1 　　　　　　　　　　　　B. -1

C. 0 　　　　　　　　　　　　D. 不存在

(6) 函数 $f(x)=\dfrac{x-2}{x^2-4}$ 在点 $x=2$ 处( )。

A. 有定义　　　　　　　　B. 有极限

C. 没有极限　　　　　　　D. 连续

(7) 当 $x\to 1$ 时,下列变量中不是无穷小的是( )。

A. x^2-1　　　　　　　　B. $\sin(x^2-1)$

C. e^{x-1}　　　　　　　　D. $\ln x$

(8) 当 $x\to 0$ 时,$\sin\dfrac{1}{x}$( )。

A. 极限为零　　　　　　　B. 极限为无穷大

C. 有界变量　　　　　　　D. 无界变量

(9) $\lim\limits_{x\to\infty}\dfrac{x^2-1}{3x^2-2x+1}=($)。

A. $\dfrac{1}{3}$　　　　　　　　B. 3

C. 0　　　　　　　　　　　D. ∞

(10) $\lim\limits_{n\to\infty}\left(1-\dfrac{4}{n}\right)^{2n}=($)。

A. e^4　　　　　　　　　　B. e^{-8}

C. e^{-4}　　　　　　　　　D. e^8

4. 求下列各极限。

(1) $\lim\limits_{x\to 2}\dfrac{x^2+2x-4}{x-1}$;

(2) $\lim\limits_{x\to 5}\dfrac{x^2-7x+10}{x^2-25}$;

(3) $\lim\limits_{x\to 0}\dfrac{\sqrt{x+4}-2}{\sin 5x}$;

(4) $\lim\limits_{x\to\infty}\dfrac{3x^2+2}{1-4x^3}$;

(5) $\lim\limits_{x\to 0}\dfrac{\sin^2\sqrt{x}}{x}$;

(6) $\lim\limits_{x\to 0}\dfrac{\sqrt{1+x^2}-1}{x}$;

(7) $\lim\limits_{x\to 0}\dfrac{\ln(1+3x)}{2x}$;

(8) $\lim\limits_{x\to 0}\dfrac{\sqrt{1+x}-\sqrt{1-x}}{x}$;

(9) $\lim\limits_{x\to -1}\dfrac{\sin(x+1)}{2(x+1)}$;

(10) $\lim\limits_{x\to 0}x\sqrt{\left|\sin\dfrac{1}{x^2}\right|}$;

(11) $\lim\limits_{x\to\infty}\left(\dfrac{2x-1}{2x+1}\right)^x$;

(12) $\lim\limits_{x\to\infty}\left(1-\dfrac{1}{x}\right)^{kx}$。

5. 设 $f(x)=\begin{cases}2x+1, & x<0 \\ 0, & x=0, \\ x^2-x+1, & x>0\end{cases}$ 讨论 $f(x)$ 在 $x=0$ 处是否连续？并写出连续区间。

6. 确定常数 a,b 使函数 $f(x)=\begin{cases}a+x^2, & x<0 \\ 1, & x=0, \\ \ln(b+x+x^2), & x>0\end{cases}$ 在 $x=0$ 处连续。

7. 确定常数 a,b 使函数 $f(x)=\begin{cases}\dfrac{1}{x}\sin x, & x<0 \\ a-1, & x=0, \\ x\sin\dfrac{1}{x}+b, & x>0\end{cases}$ 在 $x=0$ 处连续。

8. 设 $f(x)=\begin{cases}\left(\dfrac{1-x}{1+x}\right)^{\frac{1}{x}}, & x>0 \\ a, & x=0 \\ \dfrac{\sin kx}{x}, & x<0\end{cases}$,若 $f(x)$ 在点 $x=0$ 处连续,求 a 与 k。

9. 一种商品进价每件 8 元,卖出价每件 10 元时,每天可卖出 120 件,今想提高售价来增加利润,已知价格每件每升高 0.5 元,每天少卖 10 件,求

(1) 这种商品每天利润 y 与售价 x 之间的函数关系;

(2) 当售价为 12 元时,商家每天获利多少元?

第二章　导数和微分

【本章导读】

党的二十大报告指出："加快建设现代化经济体系，着力提高全要素生产率。"判断"增长率""生产率"等问题，尤其是"瞬时变化率"问题，离不开导数思想。经济中市场价格弹性分析、统计学及机器学习中的函数拟合、参数估计与优化问题都需要运用导数来判定。导数是微分学的核心概念。本章将学习导数的概念、导数的运算、微分及应用。学习中要深刻体会"瞬时变化率""微小变化量"等思想。

【学习目标】

- 理解导数和微分的概念。
- 了解导数、微分的几何意义；函数可导、可微、连续之间的关系；高阶导数的概念。
- 掌握导数、微分的运算法则；导数的基本公式；复合函数的求导法则。

第一节　导数的概念

一、问题的引入

1. 变速直线运动的速度

物体作匀速直线运动时，它在任何时刻的速度可由公式 $v=\dfrac{s}{t}$ 来计算，其中 s 为物体经过的路程，t 为时间。但物体所作的运动往往是变速的。如果物体作变速直线运动，其运动规律，即位移函数是 $s=s(t)$，如何求物体在时刻 t_0 的速度 $v(t_0)$？考虑 $[t_0, t_0+\Delta t]$ 时间段内，物体移动了 $\Delta s=s(t_0+\Delta t)-s(t_0)$（见图 2-1），则物体在这段时间的平均速度为

$$\bar{v}=\frac{\Delta s}{\Delta t}=\frac{s(t_0+\Delta t)-s(t_0)}{\Delta t}$$

当 $|\Delta t|\to 0$ 时，$\bar{v}\to v(t_0)$，即

$$v(t_0)=\lim_{\Delta t\to 0}\bar{v}=\lim_{\Delta t\to 0}\frac{s(t_0+\Delta t)-s(t_0)}{\Delta t}$$

2. 曲线的切线斜率

定义 1　点 $M_0(x_0, y_0)$ 是曲线 $L: y=f(x)$，$x\in D$ 上的一个定点，点 $N(x, y)$ 是曲线上的一个动点，当点 N 沿着曲线 L 趋向于点 M_0 时，如果割线 NM_0 的极限位置 $M_0 T$ 存在，则称直线 $M_0 T$ 为曲线 L 在点 M_0 处的**切线**。

如图 2-2 所示，由于切线是割线的极限位置，为此，在点 $M_0(x_0, y_0)$ 近旁取动点 $N(x_0+\Delta x, y_0+\Delta y)$，当 $N\to M_0$ 时，$\Delta x\to 0$，$NM_0\to M_0 T$，$\tan\beta\to\tan\alpha$，所以切线斜率是割线斜率的极限，即

$$\tan\alpha = \lim_{\Delta x \to 0} \tan\beta = \lim_{\Delta x \to 0} \frac{NP}{M_0 P} = \lim_{\Delta x \to 0} \frac{\Delta y}{\Delta x} = \lim_{\Delta x \to 0} \frac{f(x_0 + \Delta x) - f(x_0)}{\Delta x}$$

以上两个不同问题的解决,无论从思想方法上还是从数量关系上分析,都是相同的,都是求当自变量的增量趋于零时,某个函数的增量与自变量的增量之比 $\frac{\Delta y}{\Delta x}\left(\frac{\Delta y}{\Delta x}\right.$ 称为函数 y 关于自变量 x 的平均变化率) 的极限 $\lim\limits_{\Delta x \to 0}\frac{\Delta y}{\Delta x}$(称为函数的变化率)。我们把这类极限问题抽象为导数。

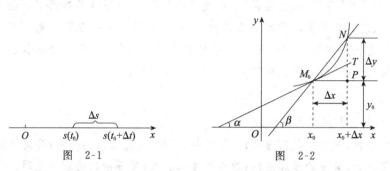

图 2-1 图 2-2

二、导数的定义

1. 函数在一点处的导数

定义 2 设函数 $y = f(x)$ 在点 x_0 及其近旁有定义,如果极限 $\lim\limits_{\Delta x \to 0}\frac{f(x_0 + \Delta x) - f(x_0)}{\Delta x}$ 存在,则称函数 $y = f(x)$ 在点 x_0 处是可导的,称此极限值为函数 $y = f(x)$ 在点 x_0 处的**导数**,记为 $f'(x_0)$,即

$$f'(x_0) = \lim_{\Delta x \to 0} \frac{\Delta y}{\Delta x} = \lim_{\Delta x \to 0} \frac{f(x_0 + \Delta x) - f(x_0)}{\Delta x}$$

或

$$f'(x_0) = \lim_{x \to 0} \frac{f(x_0 + x) - f(x_0)}{x}$$

否则,称函数 $y = f(x)$ 在点 x_0 处不可导。函数 $y = f(x)$ 在点 x_0 处的导数也可记为

$$y'\big|_{x = x_0}, \frac{\mathrm{d}y}{\mathrm{d}x}\bigg|_{x = x_0} \quad \text{或} \quad \frac{\mathrm{d}}{\mathrm{d}x}f(x)\bigg|_{x = x_0}$$

2. 函数在区间内可导

(1) 开区间 (a, b) 内的导数

如果函数 $y = f(x)$ 在区间 (a, b) 内的每一点都可导,就称函数 $y = f(x)$ 在区间 (a, b) 内可导。这时,对于 (a, b) 内的每一个 x 值,都有唯一确定的导数值与之对应,这就构成了 x 的一个新的函数,这个新的函数叫作函数 $y = f(x)$ 的**导函数**,记为

$$y', f'(x), \frac{\mathrm{d}y}{\mathrm{d}x} \quad \text{或} \quad \frac{\mathrm{d}}{\mathrm{d}x}f(x)$$

由导函数的定义可知,对于任意 $x \in (a, b)$ 有

$$f'(x) = \lim_{\Delta x \to 0} \frac{\Delta y}{\Delta x} = \lim_{\Delta x \to 0} \frac{f(x + \Delta x) - f(x)}{\Delta x}, \quad x \in (a, b)$$

显然,函数 $y = f(x)$ 在点 x_0 处的导数 $f'(x_0)$ 就是导函数 $f'(x)$ 在点 x_0 处的导数

值,即
$$f'(x_0)=f'(x)\big|_{x=x_0}$$

为方便起见,导数和导函数统称为导数,但不要混淆这两个概念。

(2) 闭区间 $[a,b]$ 上的导数

函数 $y=f(x)$ 在点 x_0 处的导数 $f'(x_0)=\lim\limits_{\Delta x\to 0}\dfrac{f(x_0+\Delta x)-f(x_0)}{\Delta x}$ 存在的充要条件是

$\lim\limits_{\Delta x\to 0^-}\dfrac{f(x_0+\Delta x)-f(x_0)}{\Delta x}=f'_-(x_0)=f'_+(x_0)=\lim\limits_{\Delta x\to 0^+}\dfrac{f(x_0+\Delta x)-f(x_0)}{\Delta x}$ 存在。把 $f'_-(x_0)=$

$\lim\limits_{\Delta x\to 0^-}\dfrac{f(x_0+\Delta x)-f(x_0)}{\Delta x}$ 与 $f'_+(x_0)=\lim\limits_{\Delta x\to 0^+}\dfrac{f(x_0+\Delta x)-f(x_0)}{\Delta x}$ 分别叫作函数 $y=f(x)$ 在点

x_0 处的**左导数**与**右导数**。

如果 $y=f(x)$ 在开区间 (a,b) 内可导且在端点 a,b 处的右导数 $f'_+(a)$ 与左导数 $f'_-(b)$ 都存在,那么,我们称函数 $y=f(x)$ 在闭区间 $[a,b]$ 上可导。

3. 求导举例

根据定义可以把函数的导数求出来。利用定义求导一般有三个步骤:

(1) 求函数增量 Δy;　　(2) 算比值 $\dfrac{\Delta y}{\Delta x}$;　　(3) 求极限 $\lim\limits_{\Delta x\to 0}\dfrac{\Delta y}{\Delta x}$。

例 1　求常量函数 $y=c$(c 为常数)的导数。

解　由题意知,所求为 $y=c$ 在任意一点处的导数,任取 $x\in(-\infty,+\infty)$,因为
$$\Delta y=f(x+\Delta x)-f(x)=c-c=0,\quad \dfrac{\Delta y}{\Delta x}=0,\quad \lim\limits_{\Delta x\to 0}\dfrac{\Delta y}{\Delta x}=0$$
所以
$$(c)'=0$$

例 2　求函数 $y=x^2$ 的导数。

解　(1) 求增量:$\Delta y=f(x+\Delta x)-f(x)=(x+\Delta x)^2-x^2$
$$=2x\Delta x+(\Delta x)^2$$

(2) 算比值:$\dfrac{\Delta y}{\Delta x}=\dfrac{2x\Delta x+(\Delta x)^2}{\Delta x}=2x+\Delta x$

(3) 求极限:$y'=\lim\limits_{\Delta x\to 0}\dfrac{\Delta y}{\Delta x}=\lim\limits_{\Delta x\to 0}[2x+(\Delta x)]=2x$

所以
$$(x^2)'=2x$$

一般地,可以证明,对于任意非零实数 α,幂函数 $y=x^\alpha$ 的导数公式是
$$(x^\alpha)'=\alpha x^{\alpha-1}\quad(\alpha\in\mathbf{R})$$

例 3　求 $f(x)=\dfrac{1}{x}$ 在 $x=2$ 的导数。

解　(1) 求增量:$\Delta y=f(2+\Delta x)-f(2)=\dfrac{1}{2+\Delta x}-\dfrac{1}{2}=\dfrac{-\Delta x}{2(2+\Delta x)}$

(2) 算比值:$\dfrac{\Delta y}{\Delta x}=\dfrac{-1}{4+2\Delta x}$

(3) 求极限:$f'(2)=\lim\limits_{\Delta x\to 0}\dfrac{\Delta y}{\Delta x}=\lim\limits_{\Delta x\to 0}\dfrac{-1}{4+2\Delta x}=-\dfrac{1}{4}$

所以
$$f'(2)=-\dfrac{1}{4}$$

例4 求正弦函数 $y=\sin x$ 的导数。

解 （1）求增量：$\Delta y=\sin(x+\Delta x)-\sin(x)=2\cos\left(x+\dfrac{\Delta x}{2}\right)\sin\left(\dfrac{\Delta x}{2}\right)$

（2）算比值：$\dfrac{\Delta y}{\Delta x}=\cos\left(x+\dfrac{\Delta x}{2}\right)\cdot\dfrac{\sin\left(\dfrac{\Delta x}{2}\right)}{\dfrac{\Delta x}{2}}$

（3）求极限：$y'=\lim\limits_{\Delta x\to 0}\dfrac{\Delta y}{\Delta x}=\lim\limits_{\Delta x\to 0}\cos\left(x+\dfrac{\Delta x}{2}\right)\cdot\dfrac{\sin\left(\dfrac{\Delta x}{2}\right)}{\dfrac{\Delta x}{2}}=\cos x$

即
$$(\sin x)'=\cos x$$

用类似的方法，可求得余弦函数 $y=\cos x$ 的导数
$$(\cos x)'=-\sin x$$

例5 求函数 $y=a^x(a>0,a\neq 1)$ 的导数。

解 （1）求增量：$\Delta y=a^{x+\Delta x}-a^x$

（2）算比值：$\dfrac{\Delta y}{\Delta x}=\dfrac{a^{x+\Delta x}-a^x}{\Delta x}$

（3）求极限：$f'(x)=\lim\limits_{\Delta x\to 0}\dfrac{\Delta y}{\Delta x}=\lim\limits_{\Delta x\to 0}\dfrac{a^{x+\Delta x}-a^x}{\Delta x}=a^x\lim\limits_{\Delta x\to 0}\dfrac{a^{\Delta x}-1}{\Delta x}$

$\qquad\qquad =a^x\lim\limits_{\Delta x\to 0}\dfrac{e^{\Delta x\ln a}-1}{\Delta x}\underline{\text{无穷小替换}}a^x\lim\limits_{\Delta x\to 0}\dfrac{\Delta x\ln a}{\Delta x}=a^x\ln a$

所以
$$(a^x)'=a^x\ln a$$
特别地
$$(e^x)'=e^x$$

例6 求对数函数 $y=\log_a x(a>0,$ 且 $a\neq 1)$ 的导数。

解 （1）求增量：$\Delta y=\log_a(x+\Delta x)-\log_a x=\log_a\left(1+\dfrac{\Delta x}{x}\right)$

（2）算比值：$\dfrac{\Delta y}{\Delta x}=\dfrac{\log_a\left(1+\dfrac{\Delta x}{x}\right)}{\Delta x}=\dfrac{1}{x}\log_a\left(1+\dfrac{\Delta x}{x}\right)^{\frac{x}{\Delta x}}$

（3）求极限：$y'=\lim\limits_{\Delta x\to 0}\dfrac{\Delta y}{\Delta x}=\lim\limits_{\Delta x\to 0}\dfrac{1}{x}\log_a\left(1+\dfrac{\Delta x}{x}\right)^{\frac{x}{\Delta x}}=\dfrac{1}{x}\lim\limits_{\Delta x\to 0}\log_a\left(1+\dfrac{\Delta x}{x}\right)^{\frac{x}{\Delta x}}$

$\qquad\qquad =\dfrac{1}{x}\log_a\lim\limits_{\Delta x\to 0}\left(1+\dfrac{\Delta x}{x}\right)^{\frac{x}{\Delta x}}=\dfrac{1}{x}\log_a e=\dfrac{1}{x\ln a}$

即
$$(\log_a x)'=\dfrac{1}{x\ln a}$$

特别地，当 $a=e$ 时，有
$$(\ln x)'=\dfrac{1}{x}$$

三、导数的几何意义

根据前面讲的曲线的切线斜率的求法与导数的定义，导数的几何意义为：函数 $y=f(x)$ 在点 x_0 处的导数表示曲线 $y=f(x)$ 在点 $M_0(x_0,y_0)$ 处的切线斜率。因此，曲线 $y=f(x)$ 在点 $M_0(x_0,y_0)$ 处的切线方程为 $y-y_0=f'(x_0)(x-x_0)$。

过切点 M_0 且与该切线垂直的直线叫作曲线 $y=f(x)$ 在点 M_0 处的法线。如果

$f'(x_0) \neq 0$，那么相应法线方程为

$$y - y_0 = -\frac{1}{f'(x_0)}(x - x_0)$$

例 7　求曲线 $y = \sqrt{x}$ 在点 $(4,2)$ 处的切线方程和法线方程。

解　因为 $y' = (\sqrt{x})' = \frac{1}{2\sqrt{x}}$，所求切线的斜率为 $k_1 = y'|_{x=4} = \frac{1}{2\sqrt{4}} = \frac{1}{4}$，法线斜率

$k_2 = -\frac{1}{k_1} = -4$。

所以所求切线的方程为 $y - 2 = \frac{1}{4}(x-4)$，法线方程为 $y - 2 = -4(x-4)$。

四、可导与连续的关系

设函数 $y = f(x)$ 在点 x_0 处可导，则极限 $\lim\limits_{\Delta x \to 0} \frac{\Delta y}{\Delta x} = f'(x_0)$ 存在，由函数极限与无穷小的关系知 $\frac{\Delta y}{\Delta x} = f'(x_0) + \alpha$（$\alpha$ 是当 $\Delta x \to 0$ 时的无穷小量），所以 $\Delta y = f'(x_0)\Delta x + \alpha \Delta x$。当 $\Delta x \to 0$ 时，$\Delta y \to 0$，即 $\lim\limits_{\Delta x \to 0} \Delta y = 0$，因此，函数 $y = f(x)$ 在点 x_0 处是连续的。

结论：如果函数 $y = f(x)$ 在点 x_0 处可导，则函数在点 x_0 处必连续；反之，函数在某点 x_0 处连续，函数 $y = f(x)$ 在点 x_0 处却不一定可导。

例如，函数 $y = |x|$ 在点 $x = 0$ 处连续，但在 $x = 0$ 处不可导。这是因为 $\Delta y = |\Delta x + 0| - |0| = |\Delta x|$，$\lim\limits_{\Delta x \to 0} \Delta y = 0$，所以函数在点 x_0 处连续。又因为

$$\frac{\Delta y}{\Delta x} = \frac{|\Delta x|}{\Delta x} = \begin{cases} -1, & \Delta x < 0 \\ 1, & \Delta x > 0 \end{cases}$$

$$f'_-(0) = \lim\limits_{\Delta x \to 0^-} \frac{\Delta y}{\Delta x} = \lim\limits_{\Delta x \to 0^-} \frac{|\Delta x|}{\Delta x} = -1 \neq f'_+(0) = \lim\limits_{\Delta x \to 0^+} \frac{\Delta y}{\Delta x} = \lim\limits_{\Delta x \to 0^+} \frac{|\Delta x|}{\Delta x} = 1$$

所以，函数在点 x_0 处不可导。

因此，可导仅是函数在这点连续的充分条件而非必要条件。

思　考　题

1. 曲线上导数不存在的点是否不存在切线？

2. 思考下列命题是否正确？如不正确，举出反例：

(1) 若函数 $y = f(x)$ 在点 x_0 处不可导，则在点 x_0 处一定不连续。

(2) 若函数 $y = f(x)$ 处处有切线，则函数 $y = f(x)$ 必处处可导。

习题 2-1

1. 什么是函数 $f(x)$ 在 $(x, x + \Delta x)$ 上的平均变化率？什么是函数 $f(x)$ 在点 x 处的变化率？

2. 已知函数 $f(x) = 5 - 3x$，根据导数的定义求 $f'(x)$，$f'(5)$。

3. 用导数公式，求下列函数的导数：

(1) $y = x^3 \sqrt[3]{x^2}$；　(2) $y = \frac{x\sqrt[3]{x^2}}{\sqrt{x}}$；　(3) $y = \left(\frac{1}{2}\right)^x \cdot \left(\frac{1}{3}\right)^x$；　(4) $y = 2\sin\frac{x}{2}\cos\frac{x}{2}$。

4. 求函数 $y=x^3$ 在点 $(2,8)$ 处的切线斜率,并问在曲线上哪一点的切线平行于直线 $y=3x-1$?

5. 求曲线 $y=\ln x$ 在点 $x=e$ 处的切线方程和法线方程。

6. 求曲线 $y=\sin x$ 在 $x=\dfrac{\pi}{3}$ 处的切线方程和法线方程。

7. 求曲线 $y=x-\dfrac{1}{x}$ 与 x 轴交点处的切线方程。

8. 若曲线 $y=\ln ax(a>0)$ 与曲线 $y=x^2$ 相切,求常数 a 的值。

第二节　函数的和、差、积、商的求导法则

本章第一节利用导数定义求出了一些简单函数的导数公式,本节介绍函数的一些求导法则,并继续介绍初等函数的求导公式。

法则 1　设 $u(x)$、$v(x)$ 在点 x 处可导,则它们的和、差在点 x 处也可导,且
$$[u(x)\pm v(x)]'=u'(x)\pm v'(x)$$

上式简记为 $(u\pm v)'=u'\pm v'$,该法则可以推广到有限个可导函数的和、差的导数
$$(u_1\pm u_2\pm\cdots\pm u_n)'=u_1'\pm u_2'\pm\cdots u_n'$$

法则 2　设 $u(x)$、$v(x)$ 在点 x 处可导,则它们的积在点 x 处也可导,且
$$[u(x)\cdot v(x)]'=u'(x)v(x)+u(x)v'(x)$$

上式简记为 $(uv)'=u'v+uv'$。对于多个可导函数积的导数可以多次使用法则 2,有
$$(uvw)'=u'vw+uv'w+uvw'$$

特别地
$$[cu(x)]'=cu'(x)\quad(c\text{ 是常数})$$

法则 3　设 $u(x)$、$v(x)$ 在点 x 处可导,且 $v(x)\neq0$,则它们的商在点 x 处也可导,且
$$\left(\frac{u(x)}{v(x)}\right)'=\frac{u'(x)v(x)-u(x)v'(x)}{v^2(x)}$$

上述法则证明略。

上式简记为
$$\left(\frac{u}{v}\right)'=\frac{u'v-uv'}{v^2}$$

由法则 3 得
$$\left[\frac{1}{u(x)}\right]'=-\frac{u'(x)}{u^2(x)}$$

例 8　设 $y=\sqrt{x}+\ln x-3$,求 y'。

解　$y'=(\sqrt{x}+\ln x-3)'=(\sqrt{x})'+(\ln x)'-(3)'=\dfrac{1}{2\sqrt{x}}+\dfrac{1}{x}=\dfrac{\sqrt{x}+2}{2x}$

例 9　设 $f(x)=(x^2-2\ln x)\sin x$,求 $f'(x)$。

解　
$$y'=(x^2-2\ln x)'\sin x+(x^2-2\ln x)(\sin x)'$$
$$=\left(2x-\frac{2}{x}\right)\sin x+(x^2-2\ln x)\cos x$$

例 10　求正切函数 $y=\tan x$ 的导数。

解　$y'=(\tan x)'=\left(\dfrac{\sin x}{\cos x}\right)'=\dfrac{\cos x(\sin x)'-(\cos x)'\sin x}{\cos^2 x}$

$\qquad=\dfrac{\cos^2 x+\sin^2 x}{\cos^2 x}=\dfrac{1}{\cos^2 x}=\sec^2 x$

即 $$(\tan x)' = \sec^2 x$$

同样方法可得导数 $$(\cot x)' = -\csc^2 x$$

例 11 求正割函数 $y = \sec x$ 的导数。

解 $y' = (\sec x)' = \left(\dfrac{1}{\cos x}\right)' = -\dfrac{(\cos x)'}{\cos^2 x} = \dfrac{\sin x}{\cos^2 x} = \dfrac{\sin x}{\cos x} \cdot \dfrac{1}{\cos x} = \sec x \tan x$

即 $$(\sec x)' = \sec x \tan x$$

同样方法可得 $$(\csc x)' = -\csc x \cot x$$

例 12 设 $y = x \sin x \tan x$，求 y'。

解 $y' = (x)' \sin x \tan x + x(\sin x \tan x)' = (x)' \sin x \tan x + x(\sin x)' \tan x + x \sin x (\tan x)'$

$\quad = \sin x \tan x + x \cos x \tan x + x \sin x \sec^2 x$

例 13 设 $y = \dfrac{5\sin x}{1 + \cos x}$，求 y'。

解 $y' = \left(\dfrac{5\sin x}{1+\cos x}\right)' = \dfrac{(5\sin x)'(1+\cos x) - 5\sin x(1+\cos x)'}{(1+\cos x)^2}$

$\quad = \dfrac{5\cos x(1+\cos x) - 5\sin x(-\sin x)}{(1+\cos x)^2} = \dfrac{5\cos x + 5(\cos^2 x + \sin^2 x)}{(1+\cos x)^2}$

$\quad = \dfrac{5(1+\cos x)}{(1+\cos x)^2} = \dfrac{5}{1+\cos x}$

思 考 题

1. 已知 $y = \dfrac{x\sin x}{1+\cos x}$，则 $y' = \dfrac{(x\sin x)'}{(1+\cos x)'} = \dfrac{1+\cos x}{-\cos x}$ 是否正确？

2. 已知 $y = 2^x + \ln\pi$，则 $y' = (2^x)' + (\ln\pi)' = 2^x \ln 2 + \dfrac{1}{\pi}$ 是否正确？

3. 若曲线 $y = f(x)$ 处处有切线，则函数 $y = f(x)$ 必处处可导吗？

习题 2-2

1. 证明导数基本公式。

(1) $(\cot x)' = -\csc^2 x$；　　　　　(2) $(\csc x)' = -\csc x \cot x$。

2. 求下列函数的导数。

(1) $y = 3x^2 - \dfrac{2}{x^2} + 5$；　　　(2) $y = 3\sec x + \cot x$；　　　(3) $y = e^x \sin x$；

(4) $y = x^2 e^x \cos x$；　　　(5) $y = x^2(2 + \sqrt{x})$；　　　(6) $y = x^2 \cos x$；

(7) $y = x\tan x - 2\sec x$；　　　(8) $y = x\sin x \ln x$；　　　(9) $y = \dfrac{\cos x}{x^2}$；

(10) $y = a^x e^x (a > 0, a \neq 1)$；　(11) $y = 2^x \sqrt{x} \cos x$；　　　(12) $y = \dfrac{\ln x}{x^2}$；

(13) $y = \dfrac{\sin x}{x} + \dfrac{x}{\sin x}$；　　　(14) $y = \dfrac{x + \ln x}{x + e^x}$。

3. 求下列函数在指定点的导数。

(1) $f(x) = 2x^2 + 3x + 1$，求 $f'(0), f'(1)$；　　(2) $f(x) = (2x-1)(3-x)$，求 $f'(0)$；

(3) $f(x)=x^5+3\sin x$，求 $f'(0)$，$f'\left(\dfrac{\pi}{2}\right)$；   (4) $y=\cos x\sin x$，求 $y'\big|_{x=\frac{\pi}{6}}$，$y'\big|_{x=\frac{\pi}{4}}$。

4. 求曲线 $y=\tan x$ 在点 $M\left(\dfrac{\pi}{4},1\right)$ 处的切线方程和法线方程。

5. 正弦曲线 $y=\sin x$ 在 $[0,\pi]$ 上哪一点处的切线与 x 轴成 $\dfrac{\pi}{4}$ 的角？哪一点处的切线与 $A(-2,0)$ 和 $B(0,1)$ 的连线平行？

第三节　反函数与复合函数的导数

一、反函数的求导法则

由于反三角函数是三角函数的反函数，为得到它们的求导公式，下面给出反函数求导法则。

定理 1　在区间 I 内严格单调的可导函数 $x=\varphi(y)$，如果 $\varphi'(y)\neq0$，则其反函数 $y=f(x)$ 在对应区间内可导，且有

$$f'(x)=\frac{1}{\varphi'(y)}\quad\text{或}\quad\frac{\mathrm{d}y}{\mathrm{d}x}=\frac{1}{\dfrac{\mathrm{d}x}{\mathrm{d}y}}$$

证　对于函数 $y=f(x)$，给自变量 x 以改变量 Δx，对应函数的改变量为 Δy，由于直接函数 $x=\varphi(y)$ 严格单调，所以当 $\Delta x\neq0$ 时，必有 $\Delta y\neq0$，从而 $\dfrac{\Delta y}{\Delta x}=\dfrac{1}{\dfrac{\Delta x}{\Delta y}}$。又因为 $x=\varphi(y)$ 可导（必连续）且严格单调，所以，其反函数 $y=f(x)$ 连续。因此，当 $\Delta x\to0$ 时，有 $\Delta y\to0$。于是，$\lim\limits_{\Delta x\to0}\dfrac{\Delta y}{\Delta x}=\lim\limits_{\Delta x\to0}\dfrac{1}{\dfrac{\Delta x}{\Delta y}}=\dfrac{1}{\lim\limits_{\Delta x\to0}\dfrac{\Delta x}{\Delta y}}=\dfrac{1}{\varphi'(y)}$，即 $f'(x)=\dfrac{1}{\varphi'(y)}$。简言之，反函数的导数等于直接函数的导数的倒数。

例 14　求反正弦函数 $y=\arcsin x(-1<x<1)$ 的导数。

解　函数 $y=\arcsin x$ 是函数 $x=\sin y$ 的反三角函数，而 $x=\sin y\left(-\dfrac{\pi}{2}<y<\dfrac{\pi}{2}\right)$ 严格单调、可导，所以

$$\frac{\mathrm{d}y}{\mathrm{d}x}=\frac{1}{\dfrac{\mathrm{d}x}{\mathrm{d}y}}=\frac{1}{(\sin y)'}=\frac{1}{\cos y}=\frac{1}{\sqrt{1-\sin^2 y}}=\frac{1}{\sqrt{1-x^2}}$$

即

$$(\arcsin x)'=\frac{1}{\sqrt{1-x^2}}$$

用类似的方法可得下列公式：

$$(\arccos x)'=-\frac{1}{\sqrt{1-x^2}}$$

$$(\arctan x)'=\frac{1}{1+x^2}$$

$$(\text{arccot}\,x)'=-\frac{1}{1+x^2}$$

二、复合函数的求导法则

法则 4　设函数 $u = \varphi(x)$ 在点 x 处可导，函数 $y = f(u)$ 在点 u 处可导，则复合函数 $y = f[\varphi(x)]$ 在点 x 处可导，且 $\dfrac{\mathrm{d}y}{\mathrm{d}x} = \dfrac{\mathrm{d}y}{\mathrm{d}u} \cdot \dfrac{\mathrm{d}u}{\mathrm{d}x} = f'(u) \cdot \varphi'(x) = f'[\varphi(x)] \cdot \varphi'(x)$ 或记为 $y'_x = y'_u \cdot u'_x$。

证　当自变量 x 有增量 Δx 时，函数 $u = \varphi(x)$ 的增量为 Δu，函数 $y = f(u)$ 相应的增量为 Δy，因为 $u = \varphi(x)$ 可导，所以连续，于是 $\lim\limits_{\Delta x \to 0} \Delta u = 0$。设 $\Delta u \neq 0$，则

$$\frac{\mathrm{d}y}{\mathrm{d}x} = \lim_{\Delta x \to 0} \frac{\Delta y}{\Delta x} = \lim_{\Delta x \to 0} \left(\frac{\Delta y}{\Delta u} \cdot \frac{\Delta u}{\Delta x} \right) = \lim_{\Delta u \to 0} \frac{\Delta y}{\Delta u} \cdot \lim_{\Delta x \to 0} \frac{\Delta u}{\Delta x} = \frac{\mathrm{d}y}{\mathrm{d}u} \cdot \frac{\mathrm{d}u}{\mathrm{d}x}$$

即

$$\frac{\mathrm{d}y}{\mathrm{d}x} = \frac{\mathrm{d}y}{\mathrm{d}u} \cdot \frac{\mathrm{d}u}{\mathrm{d}x}$$

该式称为复合函数的**链式求导法则**。该法则表明：函数 y 对自变量 x 的导数等于 y 对内层(中间变量 u)的导数乘以内层(中间变量 u)对自变量 x 的导数。

例 15　$y = \ln\tan x$，求 $\dfrac{\mathrm{d}y}{\mathrm{d}x}$。

解　复合函数 $y = \ln\tan x$ 的外层，可以看成是关于内层(中间变量 $u = \tan x$)的对数函数 $y = \ln u$；复合函数的求导法则 $\dfrac{\mathrm{d}y}{\mathrm{d}x} = \dfrac{\mathrm{d}y}{\mathrm{d}u} \cdot \dfrac{\mathrm{d}u}{\mathrm{d}x}$ 可以理解为：y 对自变量的导数等于 y 对内层的导数乘以内层对自变量的导数。则

$$\frac{\mathrm{d}y}{\mathrm{d}x} = \frac{\mathrm{d}y}{\mathrm{d}u} \cdot \frac{\mathrm{d}u}{\mathrm{d}x} = \frac{1}{\tan x} \cdot (\tan x)' = \frac{1}{\tan x} \cdot \sec^2 x = \frac{1}{\sin x \cos x} = \frac{2}{\sin 2x}$$

例 16　$y = \tan^3(\ln x)$，求 $\dfrac{\mathrm{d}y}{\mathrm{d}x}$。

解　函数 $y = \tan^3(\ln x)$ 的外层是幂函数 $y = u^3$，内层是 $u = \tan(\ln x)$，y 对内层的导数 $\dfrac{\mathrm{d}y}{\mathrm{d}u} = 3u^2 = 3\tan^2(\ln x)$，内层对自变量的导数 $\dfrac{\mathrm{d}u}{\mathrm{d}x} = [\tan(\ln x)]'$；对于 $\tan(\ln x)$ 求导时，再分外层和内层，如此层层推进。于是

$$\frac{\mathrm{d}y}{\mathrm{d}x} = \frac{\mathrm{d}y}{\mathrm{d}u} \cdot \frac{\mathrm{d}u}{\mathrm{d}x} = 3\tan^2(\ln x)[\tan(\ln x)]' = 3\tan^2(\ln x)\sec^2(\ln x)(\ln x)'$$

$$= 3\tan^2(\ln x)\sec^2(\ln x)\frac{1}{x} = \frac{3}{x}\tan^2(\ln x)\sec^2(\ln x)$$

说明　复合函数的求导，关键是分清外层和内层，利用链式求导法则层层推进。有口诀："分清内外，层层推进"。

例 17　求 $y = \tan^2 \dfrac{x}{2}$ 的导数。

解　$\dfrac{\mathrm{d}y}{\mathrm{d}x} = 2\tan\dfrac{x}{2}\left(\tan\dfrac{x}{2}\right)' = 2\tan\dfrac{x}{2}\sec^2\left(\dfrac{x}{2}\right)\left(\dfrac{x}{2}\right)' = \tan\dfrac{x}{2}\sec^2\left(\dfrac{x}{2}\right)$

求函数的导数时，有时需要同时运用函数的和、差、积、商的求导法则和复合函数的求导法则。

例 18　求函数 $y = \ln\sqrt{\dfrac{1+x}{1-x}}$ 的导数。

解 由 $y=\ln\sqrt{\dfrac{1+x}{1-x}}=\dfrac{1}{2}[\ln(1+x)-\ln(1-x)]$

得 $y'=\dfrac{1}{2}\left[\dfrac{1}{1+x}(1+x)'-\dfrac{1}{1-x}(1-x)'\right]=\dfrac{1}{2}\left(\dfrac{1}{1+x}-\dfrac{-1}{1-x}\right)=\dfrac{1}{1-x^2}$

例 19 求函数 $y=e^{\sin\frac{1}{x}}$ 的导数。

解 $y'=e^{\sin\frac{1}{x}}\left(\sin\dfrac{1}{x}\right)'=e^{\sin\frac{1}{x}}\cos\dfrac{1}{x}\left(\dfrac{1}{x}\right)'=-\dfrac{1}{x^2}e^{\sin\frac{1}{x}}\cos\dfrac{1}{x}$

例 20 求下列函数的导数。

(1) $y=\sin^2(2-3x)$;　　　　　　　(2) $y=\log_3\cos\sqrt{x^2+1}$。

解　(1) $y'=2\sin(2-3x)[\sin(2-3x)]'=2\sin(2-3x)\cos(2-3x)(2-3x)'$

$\qquad=2\sin(2-3x)\cos(2-3x)\times(-3)=-3\sin(4-6x)$

(2) $y'=\dfrac{1}{\cos\sqrt{x^2+1}\cdot\ln3}(\cos\sqrt{x^2+1})'=\dfrac{1}{\cos\sqrt{x^2+1}\cdot\ln3}(-\sin\sqrt{x^2+1})\cdot(\sqrt{x^2+1})'$

$\qquad=-\dfrac{\sin\sqrt{x^2+1}}{\cos\sqrt{x^2+1}\cdot\ln3}\cdot\dfrac{(x^2+1)'}{2\sqrt{x^2+1}}=-\dfrac{\sin\sqrt{x^2+1}}{\cos\sqrt{x^2+1}\cdot\ln3}\cdot\dfrac{2x}{2\sqrt{x^2+1}}$

$\qquad=-\dfrac{x}{\ln3\sqrt{x^2+1}}\tan\sqrt{x^2+1}$

思　考　题

1. 由复合函数的求导法则和基本初等函数的求导公式可以求出任一初等函数的导数吗？

2. 已知 $y=\ln^3 2x$，则 $y'=3\ln^2 2x$ 是否正确？

习题 2-3

1. 求下列函数的导数。

(1) $y=(3x+1)^5$;　　　　(2) $y=\sin\left(5t+\dfrac{\pi}{4}\right)$;　　　　(3) $y=\cos\sqrt{x}$;

(4) $y=\sqrt{x^2-4}$;　　　　(5) $y=\log_a(1+x^2)$;　　　　(6) $y=\ln\ln x$;

(7) $y=\sqrt{1+e^x}$;　　　　(8) $y=4\cos^2\dfrac{x}{3}$;　　　　(9) $y=\sin(1-2x)$;

(10) $y=\ln\sqrt{x}-\sqrt{\ln x}$;　　(11) $y=(x+\sin x)^3$;　　(12) $y=e^{-3x^2}$;

(13) $y=\arctan e^x$;　　　(14) $y=\arcsin(1-2x)$;　　(15) $y=(\arccos x)^3$;

(16) $y=\left(\arcsin\dfrac{x}{2}\right)^2$;　　(17) $y=10^{x\tan x}$。

2. 求下列函数的导数。

(1) $y=(1-x)^{100}$;　　　　(2) $y=(\ln x)^3$;　　　　(3) $y=\sec^2(\ln x)$;

(4) $y=\left(\dfrac{1+x^2}{1-x}\right)^3$;　　(5) $y=\dfrac{\sin 2x}{1-\cos 2x}$;　　(6) $y=\ln\cos(\sec^2 x)$;

(7) $y=\ln\tan\dfrac{x}{2}$;　　　(8) $y=\ln(x+\sqrt{x^2+a^2})$;　　(9) $y=\ln[\ln(\ln x)]$;

(10) $y=2^{\frac{x}{\ln x}}$；　　　　(11) $y=x\arcsin(\ln x)$；　　　　(12) $y=\operatorname{arccot}(1-x^2)$；

(13) $y=\mathrm{e}^{\arctan\sqrt{x}}$；　　　　(14) $y=x\arccos x-\sqrt{1-x^2}$。

3. 曲线 $y=x\ln x^2$ 的切线垂直于直线 $2x+6y+3=0$，求这条切线的方程。

第四节　隐函数和参数方程所确定的函数的导数及初等函数的导数

一、隐函数的导数

我们以前所遇到的函数大多是一个变量明显是另一个变量的函数，形如 $y=f(x)$，称为显函数。如果一个函数的自变量 x 和变量 y 之间的对应关系是由一个二元方程所确定的，那么这样的函数称为隐函数。如方程 $x^3-2y+1=0$，$x+y-\mathrm{e}^y=0$ 都是隐函数，前者能化成显函数，而后者不能。

隐函数的求导法则：方程两边对 x 求导，变量 y 是 x 的函数，y 视为中间变量，运用求导法则（和、差、积、商及复合函数的导数）求导，然后解出 y'。

注意：隐函数求导的本质是利用复合函数求导法则。

例21　求隐函数 $x+y-\mathrm{e}^y=0$ 的导数。

解　方程两边对 x 求导 $1+y'-\mathrm{e}^y\cdot y'=0$

解得
$$y'=\frac{1}{\mathrm{e}^y-1}$$

例22　求由方程 $x^2+y^2=R^2$ 所确定的隐函数的导数。

解　方程两边同时对 x 求导，y 是 x 的函数。
$$(x^2)'+(y^2)'=(R^2)',\quad 2x+2y\frac{\mathrm{d}y}{\mathrm{d}x}=0$$

解得
$$\frac{\mathrm{d}y}{\mathrm{d}x}=-\frac{x}{y}$$

例23　设 $y=x\ln y$，求 y'。

解　方程两边同时对 x 求导，得
$$y'=\ln y+x\cdot\frac{1}{y}\cdot y'，所以\ \left(1-\frac{x}{y}\right)y'=\ln y$$

故
$$y'=\frac{y\ln y}{y-x}$$

例24　求由方程 $\sin(x+y)+y^2-x^2=0$ 所确定的隐函数 $y=y(x)$ 的导数 y'。

解　方程两边同时对 x 求导，得
$$\cos(x+y)\cdot(x+y)'+2yy'-2x=0$$

解得
$$y'=\frac{2x-\cos(x+y)}{2y+\cos(x+y)}$$

例25　求曲线 $x^2+y^2=2$ 在点 $(1,1)$ 的切线方程。

解　方程两端同时对 x 求导，得
$$2x+2yy'=0$$

解得

$$y' = -\frac{x}{y}, \text{因此}, k = y'\big|_{(1,1)} = -\frac{x}{y}\Big|_{(1,1)} = -1$$

所以,曲线过点(1,1)的切线方程为

$$y - 1 = -(x - 1)$$

例 26 求指数函数 $y = a^x (a > 0, a \neq 1)$ 的导数。

解 指数函数 $y = a^x$ 的对数形式为 $x = \log_a y$。

方程两边对 x 求导,$1 = \frac{1}{y\ln a} \cdot y'$,则 $y' = y\ln a = a^x \ln a$。

即

$$(a^x)' = a^x \ln a$$

特别地,当 $a = e$ 时,$(e^x)' = e^x$。

注意:有时,一些显函数不易直接求导,化成隐函数求导是比较方便的。如幂指函数 $y = u^v$(其中 $u = u(x), v = v(x)$,都是 x 的函数,且 $u > 0$);又如,由多次乘除运算与乘方、开方运算得到的函数。对这样的函数求导,可先对等式两边取对数,化成隐函数的形式,再用隐函数的求导方法求导数,这种求导方法叫**对数求导法**。

例 27 求导数(1)$y = x^x (x > 0)$; (2)$y^x = x^y$。

解 (1)**方法 1** 两边取对数 $\ln y = x\ln x$,两边对 x 求导

$$\frac{1}{y} \cdot y' = \ln x + 1; \quad y' = y(1 + \ln x) = x^x(1 + \ln x)$$

方法 2 我们可以用对数恒等式把函数作恒等变形

$$y' = (x^x)' = (e^{x\ln x})' = e^{x\ln x} \cdot (x\ln x)' = x^x \cdot \left(1 \cdot \ln x + x \cdot \frac{1}{x}\right) = x^x(1 + \ln x)$$

(2)等式两边取对数,得 $x\ln y = y\ln x$,两边同时对 x 求导,得

$$\ln y + \frac{x}{y}y' = y'\ln x + \frac{y}{x}, \quad \frac{x}{y}y' - y'\ln x = \frac{y}{x} - \ln y, \quad y'\left(\frac{x}{y} - \ln x\right) = \frac{y}{x} - \ln y$$

解得

$$y' = \frac{\dfrac{y}{x} - \ln y}{\dfrac{x}{y} - \ln x} = \frac{y^2 - xy\ln y}{x^2 - xy\ln x}$$

例 28 求 $y = \sqrt{\dfrac{(x-4)(x-3)}{(x-2)(x-1)}}$ 的导数。

解 先两边取对数 $\ln y = \frac{1}{2}[\ln(x-4) + \ln(x-3) - \ln(x-2) - \ln(x-1)]$,然后方程两边对 x 求导

$$\frac{1}{y} \cdot y' = \frac{1}{2}\left(\frac{1}{x-4} + \frac{1}{x-3} - \frac{1}{x-2} - \frac{1}{x-1}\right)$$

解得

$$y' = \frac{1}{2}\sqrt{\frac{(x-4)(x-3)}{(x-2)(x-1)}}\left(\frac{1}{x-4} + \frac{1}{x-3} - \frac{1}{x-2} - \frac{1}{x-1}\right)$$

二、参数方程所确定的函数的导数

对于平面曲线的描述,除了已经介绍的显函数 $y = f(x)$ 和隐函数 $F(x, y) = 0$ 以外,还可以用曲线的参数方程。例如参数方程 $\begin{cases} x = a\cos\theta \\ y = a\sin\theta \end{cases} (0 \leqslant \theta \leqslant 2\pi)$ 表示中心在原点、半径为 a 的圆。

一般地,如果参数方程 $\begin{cases} x=\varphi(t) \\ y=\psi(t) \end{cases}$ $(t\in T)$ 确定 y 与 x 之间的函数关系,则称此函数关系所表达的函数为该参数方程所确定的函数。

当 $x=\varphi(t)$, $y=\psi(t)$ 可导,且 $\varphi(t)\neq 0$ 时, $x=\varphi(t)$ 有反函数 $t=\varphi^{-1}(x)$, 代入 y 中得 $y=\psi[\varphi^{-1}(x)]$ 为 x 的复合函数,视 t 为中间变量,利用复合函数和反函数的求导法则,有 $\dfrac{\mathrm{d}y}{\mathrm{d}x}=\dfrac{\mathrm{d}y}{\mathrm{d}t}\cdot\dfrac{\mathrm{d}t}{\mathrm{d}x}=\dfrac{\mathrm{d}y/\mathrm{d}t}{\mathrm{d}x/\mathrm{d}t}=\dfrac{\psi'(x)}{\varphi'(x)}$, 这就是由参方程所确定的函数的导数。

例 29　求由参数方程 $\begin{cases} x=a(t-\sin t) \\ y=a(1-\cos t) \end{cases}$ 确定的函数 $y=f(x)$ 的导数 $\dfrac{\mathrm{d}y}{\mathrm{d}x}$。

解　$\dfrac{\mathrm{d}y}{\mathrm{d}x}=\dfrac{\mathrm{d}y/\mathrm{d}t}{\mathrm{d}x/\mathrm{d}t}=\dfrac{[a(1-\cos t)]'}{[a(t-\sin t)]'}=\dfrac{a\sin t}{a(1-\cos t)}=\dfrac{\sin t}{1-\cos t}$

三、初等函数的导数

前面给出了所有基本初等函数的导数公式,函数的和、差、积、商的求导法则,复合函数的求导法则,至此,我们完全解决了任意初等函数的求导问题。为便于查阅,列表如表 2-1 和表 2-2 所示。

表　2-1

序　号	基本初等函数的导数公式	序　号	基本初等函数的导数公式
(1)	$(C)'=0$	(9)	$(a^x)'=a^x\ln a$
(2)	$(x^a)'=\alpha x^{a-1}$	(10)	$(\mathrm{e}^x)'=\mathrm{e}^x$
(3)	$(\sin x)'=\cos x$	(11)	$(\log_a x)'=\dfrac{1}{x\ln a}$
(4)	$(\cos x)'=-\sin x$	(12)	$(\ln|x|)'=\dfrac{1}{x}(x\neq 0)$
(5)	$(\tan x)'=\sec^2 x$	(13)	$(\arcsin x)'=\dfrac{1}{\sqrt{1-x^2}}$
(6)	$(\cot x)'=-\csc^2 x$	(14)	$(\arccos x)'=-\dfrac{1}{\sqrt{1-x^2}}$
(7)	$(\sec x)'=\sec x\tan x$	(15)	$(\arctan x)'=\dfrac{1}{1+x^2}$
(8)	$(\csc x)'=-\csc x\cot x$	(16)	$(\operatorname{arccot} x)'=-\dfrac{1}{1+x^2}$

表　2-2

序　号	求 导 法 则
(1)	$[u(x)\pm v(x)]'=u'(x)\pm v'(x)$
(2)	$[u(x)v(x)]'=u'(x)v(x)+u(x)v'(x)$
(3)	$[cu(x)]'=c[u(x)]'$
(4)	$\left[\dfrac{u(x)}{v(x)}\right]'=\dfrac{u'(x)v(x)-u(x)v'(x)}{v^2(x)}$
(5)	设 $y=f(u)$, $u=\varphi(x)$, 则复合函数 $y=f[\varphi(x)]$ 的求导法则为 $\dfrac{\mathrm{d}y}{\mathrm{d}x}=\dfrac{\mathrm{d}y}{\mathrm{d}u}\cdot\dfrac{\mathrm{d}u}{\mathrm{d}x}$
(6)	反函数的求导法:设 $y=f(x)$ 是 $x=\varphi(y)$ 的反函数,则 $f'(x)=\dfrac{1}{\varphi'(y)}$ $(\varphi'(y)\neq 0)$ 或 $\dfrac{\mathrm{d}y}{\mathrm{d}x}=\dfrac{1}{\dfrac{\mathrm{d}x}{\mathrm{d}y}}$ $\left(\dfrac{\mathrm{d}x}{\mathrm{d}y}\neq 0\right)$
(7)	隐函数的导数:方程两边同时对自变量求导, y 视为中间变量,是 x 的函数

续表

序　号	求　导　法　则
(8)	对数求导法：求由多次乘除运算与乘方、开方运算得到的函数的导数,可先对等式两边取对数,化为隐函数求导
(9)	幂指函数的导数求法有两种方法：①对数求导法；②利用对数恒等式变形求导

思　考　题

1. 用隐函数的求导法则求导时,应注意什么?

2. 已知 $\sin y + y = e^x$,两边同时对 x 求导,得 $\cos y + y' = e^x$,则 $y' = e^x - \cos y$,计算是否正确?

3. 哪些函数适合用对数求导法求导?

习题 2-4

1. 求下列函数的导数。

(1) $y^2 - 2xy + 3 = 0$；　　(2) $y = x + \ln y$；　　(3) $\sin(xy) = x - e^2$；

(4) $xy - e^x - e^y = 0$；　　(5) $\ln\sqrt{x^2 + y^2} = \arctan\dfrac{x}{y}$；　　(6) $x\cos y = \sin(x + y)$；

(7) $ye^x + \ln y = 1$；　　(8) $y = 1 - xe^y$；　　(9) $xy = e^{x+y} - 2$；

(10) $y = x^{\sin x}\ (x > 0)$；　　(11) $y = \left(\dfrac{x}{1+x}\right)^x$；　　(12) $y = (\sin x)^{ax}$；

(13) $y = \dfrac{\sqrt{x+2}\,(3-x)^4}{x+1}$　　(14) $y = \sqrt{(x^2+1)(x^2-2)}$；　　(15) $y = \dfrac{\sqrt{x+1}}{\sqrt[3]{x-2}\,(x+3)^3}$；

(16) $y = \sqrt[5]{\dfrac{x-5}{\sqrt[5]{x^2+2}}}$。

2. 求下列隐函数在指定点的导数。

(1) $e^y - xy = e$,点 $(0,1)$；　　(2) $y = \cos x + \dfrac{1}{2}\sin y$,点 $\left(\dfrac{\pi}{2}, 0\right)$。

3. 设曲线方程为 $e^{xy} - 2x - y = 3$,求此曲线在纵坐标为 $y = 0$ 的点处的切线方程。

4. 求曲线 $\begin{cases} x = \cos t \\ y = \sin\dfrac{t}{2} \end{cases}$ 上 $t = \dfrac{\pi}{3}$ 处的切线方程与法线方程。

第五节　高　阶　导　数

一、高阶导数的概念

一般地,函数的导数 $y' = f'(x)$ 仍是 x 的函数,如果函数 $y' = f'(x)$ 仍是可导的,则把一阶导函数 $y' = f'(x)$ 的导数叫作函数 $y = f(x)$ 的**二阶导数**,记为 $y'' = [f'(x)]' = f''(x)$ 或 $\dfrac{d^2 y}{dx^2}$。

依此类推,把函数 $y = f(x)$ 的二阶导数的导数叫作函数 $y = f(x)$ 的三阶导数,三阶

导数的导数叫作 $y=f(x)$ 的四阶导数，……，一般地，我们把 $f(x)$ 的 $n-1$ 阶导数的导数叫作函数 $y=f(x)$ 的 n 阶导数。分别记为

$$y'',y''',y^{(4)},\cdots,y^{(n)}$$

或
$$f''(x),f'''(x),f^{(4)}(x),\cdots,f^{(n)}(x)$$

或
$$\frac{\mathrm{d}^2y}{\mathrm{d}x^2},\frac{\mathrm{d}^3y}{\mathrm{d}x^3},\frac{\mathrm{d}^4y}{\mathrm{d}x^4},\cdots,\frac{\mathrm{d}^ny}{\mathrm{d}x^n}$$

二阶及二阶以上的导数统称为高阶导数。

例 30 求函数 $y=a^x$ 的 n 阶导数。

解 $y'=a^x\ln a,y''=a^x(\ln a)^2,y'''=a^x(\ln a)^3,\cdots,y^{(n)}=a^x(\ln a)^n$

特别地
$$y=\mathrm{e}^x,\text{有}\ y^{(n)}=\mathrm{e}^x,\text{即}(\mathrm{e}^x)^{(n)}=\mathrm{e}^x$$

例 31 已知 $f(x)=\mathrm{e}^{2x-1}$，求 $f''(0)$。

解 因为 $f'(x)=\mathrm{e}^{2x-1}(2x-1)'=2\mathrm{e}^{2x-1}$，$f''(x)=4\mathrm{e}^{2x-1}$，所以 $f''(0)=\dfrac{4}{\mathrm{e}}$

例 32 求函数 $y=\cos^2x-\ln x$ 的二阶导数。

解 $y'=2\cos x(-\sin x)-\dfrac{1}{x}=-\sin 2x-\dfrac{1}{x}$，$y''=-2\cos 2x+\dfrac{1}{x^2}$

例 33 已知 $y=a_0x^n+a_1x^{n-1}+\cdots+a_{n-1}x+a_n$，其中 $a_0,a_1,\cdots,a_{n-1},a_n$ 是常数，求 $y',y'',\cdots,y^{(n)}$。

解
$$y'=na_0x^{n-1}+a_1(n-1)x^{n-2}+\cdots+2a_{n-2}x+a_{n-1}$$
$$y''=n(n-1)a_0x^{n-2}+a_1(n-1)(n-2)x^{n-3}+\cdots+2a_{n-2}$$
$$\vdots$$
$$y^{(n)}=n!a_0$$

例 34 求正弦函数 $y=\sin x$ 的 n 阶导数。

解
$$y'=\cos x=\sin\left(x+\frac{\pi}{2}\right)$$
$$y''=\cos\left(x+\frac{\pi}{2}\right)=\sin\left(x+2\cdot\frac{\pi}{2}\right)$$
$$y'''=\cos\left(x+2\cdot\frac{\pi}{2}\right)=\sin\left(x+3\cdot\frac{\pi}{2}\right)$$
$$\vdots$$
$$y^{(n)}=(\sin x)^{(n)}=\sin\left(x+n\cdot\frac{\pi}{2}\right)\quad(n=1,2,\cdots)$$

类似的方法可得
$$(\cos x)^{(n)}=\cos\left(x+n\cdot\frac{\pi}{2}\right)\quad(n=1,2,\cdots)$$

例 35 求对数函数 $y=\ln(1+x)(x>-1)$ 的 n 阶导数。

解
$$y'=\frac{1}{1+x}=(1+x)^{-1}$$
$$y''=-(1+x)^{-2}$$
$$y'''=(-1)\times(-2)\times(1+x)^{-3}$$
$$y^{(4)}=(-1)\times(-2)\times(-3)\times(1+x)^{-4}$$
$$\vdots$$

$$y^{(n)} = (-1)^n \frac{(n-1)!}{(1+x)^n} \quad (x > -1)$$

例 36 求由方程 $xe^y - y + e = 0$ 所确定的隐函数 $y = y(x)$ 的二阶导数 y''。

解 $e^y + xe^y y' - y' = 0$,解得

$$y' = \frac{e^y}{1 - xe^y}, e^y y' + e^y y' + xe^y (y')^2 + xe^y y'' - y'' = 0$$

所以

$$y'' = \frac{e^y y'(2 + xy')}{1 - xe^y} = \frac{e^{2y}(2 - xe^y)}{(1 - xe^y)^3}$$

二、二阶导数的力学意义

在力学中,设物体作变速直线运动,其运动方程为 $s = s(t)$,则物体运动的速度 v 为位移 s 对时间 t 的导数:$v = s'(t) = \dfrac{ds}{dt}$;另外,物体运动的加速度 a 为速度 v 对时间 t 的导数:$a = v'(t) = [s'(t)]' = s''(t) = \dfrac{d^2 s}{dt^2}$。

例 37 设物体的运动方程为 $s = A\cos(\omega t + \varphi)$($A, \omega, \varphi$ 是常数),求物体运动的速度和加速度。

解 $v = s'(t) = -A\omega\sin(\omega t + \varphi), a = s''(t) = -A\omega^2 \cos(\omega t + \varphi)$

思 考 题

1. 隐函数如何求高阶导数?
2. 已知 $y = \ln x$,求 $y^{(n)}$。

习题 2-5

1. 求下列函数的二阶导数。

(1) $y = e^x + x^2$; (2) $s = 10t - \dfrac{1}{2}gt^2$; (3) $y = \cos^2 x - \ln x$;

(4) $y = 2x^2 + \ln x$; (5) $y = e^{-x}\sin 2x$; (6) $y = \tan x - 2$。

2. 已知 $y = (1+x)^5$,求 $f''(2)$。

3. 函数 $y = e^x \cos x$,验证方程 $y'' - 2y' + 2y = 0$ 成立。

4. $y = (2x - 1)^{10}$,求 $y^{(10)}$。

5. $f(x) = e^x + e^{-x}$,求 $f^{(n)}(0)$。

6. 设函数 $y = x^3 \ln x$,求 $y^{(4)}$。

7. 设函数 $y = x\arcsin x$,求 $y''(0)$。

8. 设函数 $y = 2^x$,求 $y^{(n)}$。

第六节　微　　分

一、微分的概念

微分的概念是在函数增量的研究中提出来的,下面看一个函数增量的实例。

1. 引例

一块正方形的金属薄片因受温度影响，其边长由 x_0 变到 $x_0+\Delta x$，问薄片面积的改变量是多少？（见图 2-3）

正方形的面积 y 与边长 x 的关系为 $y=f(x)=x^2$。边长由 x_0 变到 $x_0+\Delta x$ 时，面积的改变量为

$$\Delta y=(x_0+\Delta x)^2-x_0{}^2=2x_0\Delta x+(\Delta x^2)$$

Δy 由两部分组成：一部分是 Δy 的主要部分（两个矩形面积）；另一部分为 $(\Delta x)^2$（一个小正方形面积）。当 $|\Delta x|$ 很小时，$(\Delta x)^2$ 是 Δx 的高阶无穷小量，在 Δy 中所起的作用可以忽略，于是

$$\Delta y\approx 2x_0\Delta x=f'(x_0)\Delta x$$

这个例子具有一般性：

设函数 $y=f(x)$ 在点 x_0 处可导，则 $f'(x_0)=\lim\limits_{\Delta x\to 0}\dfrac{\Delta y}{\Delta x}$，根据无穷小量和函数极限的关系有 $\dfrac{\Delta y}{\Delta x}=f'(x_0)+\alpha$（$\alpha$ 是 $\Delta x\to 0$ 时的无穷小量）。于是

$$\Delta y=f'(x_0)\Delta x+\alpha\Delta x$$

当 $f'(x_0)\neq 0$ 时，函数的改变量可以分成两个部分：一部分是 Δy 的主要部分 $f'(x_0)\Delta x$，它是 Δx 的线性函数，叫作 Δy 的线性主部；另一部分 $\alpha\Delta x$ 在 $\Delta x\to 0$ 时，是比 Δx 更高阶的无穷小量，可以忽略不计，所以，$\Delta y\approx f'(x_0)\Delta x$。

2. 概念

定义 3 如果函数 $y=f(x)$ 在点 x_0 处具有导数 $f'(x_0)$，则 $f'(x_0)\Delta x$（Δy 的线性主部）叫作函数 $y=f(x)$ 在点 x_0 处的**微分**，记为 $\mathrm{d}y\big|_{x=x_0}$，即 $\mathrm{d}y\big|_{x=x_0}=f'(x_0)\Delta x$。

一般地，函数 $y=f(x)$ 在点 x 处的微分，称为函数的微分，记为 $\mathrm{d}y$ 或 $\mathrm{d}f(x)$，即 $\mathrm{d}y=f'(x)\Delta x$，而把自变量的微分定义为自变量增量，记为 $\mathrm{d}x$，即 $\mathrm{d}x=\Delta x$，于是函数 $y=f(x)$ 的微分为 $\mathrm{d}y=f'(x)\mathrm{d}x$。该式又可写成 $f'(x)=\dfrac{\mathrm{d}y}{\mathrm{d}x}$。由此可知，函数的导数等于函数的微分与自变量的微分之商。因而，导数也称微商。这样，求一个函数的微分，只要求出这个函数的导数，再乘以自变量的微分 $\mathrm{d}x$ 即可。

例 38 求下列函数的微分。

(1) $y=\cos x$；　　　　　　(2) $y=2x+x\mathrm{e}^x$；

(3) $y=\dfrac{\sin x}{x}$；　　　　　(4) $y=\sin \mathrm{e}^x$。

解 (1) 因为 $y'=-\sin x$，所以 $\mathrm{d}y=-\sin x\mathrm{d}x$。

(2) 因为 $y'=(2x+x\mathrm{e}^x)'=2+\mathrm{e}^x+x\mathrm{e}^x$，所以 $\mathrm{d}y=(2+\mathrm{e}^x+x\mathrm{e}^x)\mathrm{d}x$。

(3) 因为 $y'=\left(\dfrac{\sin x}{x}\right)'=\dfrac{x\cos x-\sin x}{x^2}$

所以 $$\mathrm{d}y=y'\mathrm{d}x=\dfrac{x\cos x-\sin x}{x^2}\mathrm{d}x$$

(4) 因为 $y'=(\sin \mathrm{e}^x)'=\cos \mathrm{e}^x(\mathrm{e}^x)'=\mathrm{e}^x\cos \mathrm{e}^x$

所以 $$\mathrm{d}y=y'\mathrm{d}x=\mathrm{e}^x\cos \mathrm{e}^x\mathrm{d}x$$

从上例可以看出,求导数和求微分在本质上没有什么区别,但不要把导数和微分的概念混淆。

例 39 已知隐函数 $xy=e^{x+y}$,求 dy。

解 方程两边对 x 求导

$$(xy)'=(e^{x+y})', \quad y+xy'=e^{x+y}(1+y'), \quad (x-e^{x+y})y'=e^{x+y}-y$$

$$y'=\frac{e^{x+y}-y}{x-e^{x+y}}, \quad dy=y'dx=\frac{e^{x+y}-y}{x-e^{x+y}}dx$$

二、微分的几何意义

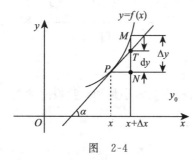

图 2-4

如图 2-4 所示,在曲线 $y=f(x)$ 上取一点 $P(x,y)$,作切线 PT,则切线的斜率为 $\tan\alpha=f'(x)$,自变量 x 处有增量 Δx,则 $PN=\Delta x=dx$,$MN=\Delta y$,而 $NT=PN\tan\alpha=f'(x)dx=dy$。因此,微分的几何意义为:函数 $y=f(x)$ 的微分 dy 等于曲线 $y=f(x)$ 在点 $P(x,y)$ 处的切线的纵坐标的增量。

三、微分公式及运算法则

根据导数与微分的关系,可从导数的基本公式和运算法则推出微分的基本公式和运算法则,如表 2-3 和表 2-4 所示。

1. 微分公式

表 2-3

序　号	导数的基本公式	微分的基本公式
(1)	$(C)'=0$	$d(C)=0$
(2)	$(x^a)'=ax^{a-1}$	$d(x^a)=ax^{a-1}dx$
(3)	$(\sin x)'=\cos x$	$d(\sin x)=\cos x dx$
(4)	$(\cos x)'=-\sin x$	$d(\cos x)=-\sin x dx$
(5)	$(\tan x)'=\sec^2 x$	$d(\tan x)=\sec^2 x dx$
(6)	$(\cot x)'=-\csc^2 x$	$d(\cot x)=-\csc^2 x dx$
(7)	$(\sec x)'=\sec x\tan x$	$d(\sec x)=\sec x\tan x dx$
(8)	$(\csc x)'=-\csc x\cot x$	$d(\csc x)=-\csc x\cot x dx$
(9)	$(a^x)'=a^x\ln a$	$d(a^x)=a^x\ln a dx$
(10)	$(e^x)'=e^x$	$d(e^x)=e^x dx$
(11)	$(\log_a x)'=\dfrac{1}{x\ln a}$	$d(\log_a x)=\dfrac{1}{x\ln a}dx$
(12)	$(\ln|x|)'=\dfrac{1}{x}(x\neq 0)$	$d(\ln|x|)=\dfrac{1}{x}dx(x\neq 0)$
(13)	$(\arcsin x)'=\dfrac{1}{\sqrt{1-x^2}}$	$d(\arcsin x)=\dfrac{1}{\sqrt{1-x^2}}dx$
(14)	$(\arccos x)'=-\dfrac{1}{\sqrt{1-x^2}}$	$d(\arccos x)=-\dfrac{1}{\sqrt{1-x^2}}dx$

续表

序　号	导数的基本公式	微分的基本公式
(15)	$(\arctan x)' = \dfrac{1}{1+x^2}$	$\mathrm{d}(\arctan x) = \dfrac{1}{1+x^2}\mathrm{d}x$
(16)	$(\operatorname{arccot} x)' = -\dfrac{1}{1+x^2}$	$\mathrm{d}(\operatorname{arccot} x) = -\dfrac{1}{1+x^2}\mathrm{d}x$

2. 微分法则

表 2-4

序　号	导数的运算法则	微分的运算法则
(1)	$(u \pm v)' = u' \pm v'$	$\mathrm{d}(u \pm v) = \mathrm{d}u \pm \mathrm{d}v$
(2)	$[uv]' = u'v + uv'$	$\mathrm{d}(uv) = v\mathrm{d}u + u\mathrm{d}v$
(3)	$(cu)' = cu'$	$\mathrm{d}(cu) = c\mathrm{d}u$
(4)	$\left(\dfrac{u}{v}\right)' = \dfrac{u'v - uv'}{v^2}$	$\mathrm{d}\left(\dfrac{u}{v}\right) = \dfrac{v\mathrm{d}u - u\mathrm{d}v}{v^2}$
(5)	设 $y = f(u)$，$u = \varphi(x)$，则复合函数 $y = f[\varphi(x)]$ 的求导法则为 $\dfrac{\mathrm{d}y}{\mathrm{d}x} = \dfrac{\mathrm{d}y}{\mathrm{d}u} \cdot \dfrac{\mathrm{d}u}{\mathrm{d}x} = f'(u)u'$	设 $y = f(u)$，$u = \varphi(x)$，则复合函数 $y = f[\varphi(x)]$ 的微分法则为 $\mathrm{d}y = \dfrac{\mathrm{d}y}{\mathrm{d}u} \cdot \dfrac{\mathrm{d}u}{\mathrm{d}x} \cdot \mathrm{d}x = f'(u)\mathrm{d}u = f'(u)u'\mathrm{d}x$

3. 复合函数的微分法则(一阶微分形式的不变性)

当 u 是自变量时，函数 $y = f(u)$ 的微分为 $\mathrm{d}y = f'(u)\mathrm{d}u$。

当 u 不是自变量，而是 x 的函数 $u = \varphi(x)$ 时，复合函数 $y = f[\varphi(x)]$ 的导数为 $y'_x = f'(u)\varphi'(x)$，于是复合函数 $y = f[\varphi(x)]$ 的微分为 $\mathrm{d}y = y'_x\mathrm{d}x = f'(u)\varphi'(x)\mathrm{d}x = f'(u)\mathrm{d}u$。因此，从形式上看，不论 u 是自变量还是中间变量，函数 $y = f(u)$ 的微分总保持同一形式，即 $\mathrm{d}y = f'(u)\mathrm{d}u$。微分的这一性质，称为微分一阶形式的不变性。因此，在求复合函数的微分时，可以根据微分定义求，也可以利用微分形式的不变性来求。

例 40 求函数 $y = \ln\sin x$ 的微分。

解 方法 1 求导数 $y' = \dfrac{1}{\sin x}\cos x$，则 $\mathrm{d}y = \dfrac{1}{\sin x}\cos x\mathrm{d}x = \cot x\mathrm{d}x$。

方法 2 $\mathrm{d}y = \mathrm{d}(\ln\sin x) = \dfrac{1}{\sin x}\mathrm{d}(\sin x) = \dfrac{1}{\sin x}\cos x\mathrm{d}x = \cot x\mathrm{d}x$

例 41 在下列括号中填上适当的函数，使等式成立。

(1) $\mathrm{d}(\qquad) = x^2\mathrm{d}x$；　　　　(2) $\mathrm{d}(\qquad) = \sin\omega x\mathrm{d}x$。

解 (1) 因为 $(x^3)' = 3x^2$，所以 $\left(\dfrac{1}{3}x^3\right)' = x^2$，显然，对任意常数 C 有 $\mathrm{d}\left(\dfrac{1}{3}x^3 + C\right) = x^2\mathrm{d}x$。

(2) 因为 $\left(-\dfrac{1}{\omega}\cos\omega x + C\right)' = \sin\omega x$，所以 $\mathrm{d}\left(-\dfrac{1}{\omega}\cos\omega x + C\right) = \sin\omega x\mathrm{d}x$。

四、微分的应用

我们主要从近似计算与误差估计两个方面介绍微分的应用。

设函数 $y = f(x)$ 在 x_0 处可导，当 $|\Delta x| \to 0$ 时，有 $\Delta y \approx f'(x_0)\Delta x$，即

$$f(x_0 + \Delta x) - f(x_0) \approx f'(x_0)\Delta x$$

得计算函数值的近似公式

$$f(x) = f(x_0 + \Delta x) \approx f(x_0) + f'(x_0)\Delta x$$

1. 近似计算

(1) 求函数在某点附近函数值的近似值

当 $|\Delta x|$ 很小时，$f(x) = f(x_0 + \Delta x) \approx f(x_0) + f'(x_0)\Delta x$；

当 $x_0 = 0$ 且 $|x|$ 很小时，$f(x) \approx f(0) + f'(0)x$。

当 $|x|$ 很小时，可推得下面一些常用近似公式：

$$\sqrt[n]{1+x} \approx 1 + \frac{x}{n}; \qquad e^x \approx 1 + x; \qquad \ln(1+x) \approx x;$$

$$\sin x \approx x; \qquad \tan x \approx x; \qquad 1 - \cos x \approx \frac{x^2}{2}。$$

利用公式：$f(x) = f(x_0 + \Delta x) \approx f(x_0) + f'(x_0)\Delta x$ 计算在点 x_0 附近的点 $x = x_0 + \Delta x$ 处的近似值的一般方法：

①选择合适的函数；取点 x_0 及 Δx（点 x_0 应使 $f(x_0)$ 及 $f'(x_0)$ 易于计算，且使 $|\Delta x|$ 充分小）；

②求出 $f(x_0)$ 及 $f'(x_0)$；

③代入公式计算。

例 42 求 $\sqrt[3]{7.988}$ 的近似值。

解 ① 设 $f(x) = \sqrt[3]{x}$，由 $x = 7.988$，取 $x_0 = 8$，$\Delta x = x - x_0 = -0.012$。

② $f(8) = 2$，$f'(8) = \frac{1}{3}x^{-\frac{2}{3}}\big|_{x=8} = \frac{1}{12}$

③ 因为 $f(x) = f(x_0 + \Delta x) \approx f(x_0) + f'(x_0)\Delta x$

所以 $f(7.988) = f[8 + (-0.012)] \approx f(8) + f'(8)(-0.012)$

$$= 2 + \frac{1}{12} \times (-0.012) = 1.999$$

所以 $\qquad\qquad\qquad\qquad \sqrt[3]{7.988} \approx 1.999$

例 43 求 $\sqrt{4.20}$ 的值。

解 ① 因为 $\sqrt{4.20} = \sqrt{4 \times (1.05)} = 2\sqrt{1 + 0.05}$，所以可设函数 $f(x) = 2\sqrt{x}$，取 $x = 1.05$，$x_0 = 1$，$\Delta x = 0.05$。

② $f'(x) = x^{-\frac{1}{2}}$，$f(1) = 2$，$f'(1) = 1$

③ $\sqrt{4.20} = f(x) = f(x_0 + \Delta x) \approx f(1) + f'(1)\Delta x = 2 + 1 \times 0.05 = 2.05$

例 44 求 $e^{-0.03}$ 的值。

解 令 $f(x) = e^x$，$f'(x) = e^x$，取 $x_0 = 0$，$\Delta x = -0.03$，那么

$e^{-0.03} = f(x_0 + \Delta x) \approx f(x_0) + f'(x_0)\Delta x = f(0) + f'(0)\Delta x = e^0 + e^0(-0.03) = 0.97$

所以 $\qquad\qquad\qquad\qquad e^{-0.03} \approx 0.97$

例 45 求 $\sin 33°$ 的近似值。

解 由于 $\sin 33° = \sin\left(\frac{\pi}{6} + \frac{\pi}{60}\right)$，因此取 $f(x) = \sin x$，$x_0 = \frac{\pi}{6}$，$\Delta x = \frac{\pi}{60}$，所以

$$\sin 33° = \sin\left(\frac{\pi}{6} + \frac{\pi}{60}\right) \approx f\left(\frac{\pi}{6}\right) + f'\left(\frac{\pi}{6}\right)\Delta x$$

$$=\sin\left(\frac{\pi}{6}\right)+\cos\frac{\pi}{6}\cdot\frac{\pi}{60}=\frac{1}{2}+\frac{\sqrt{3}}{2}\cdot\frac{\pi}{60}\approx0.545$$

所以　　　　　　　　　　　　　$\sin33°\approx0.545$

（2）求函数改变量的近似值

例 46　半径为 10 厘米的金属圆片受热膨胀，半径伸长了 0.05 厘米，问面积大约扩大了多少？

解　① 设半径为 r，圆面积为 S，则 $S(r)=\pi r^2$。由题意知 $r_0=10$ 厘米，$\Delta r=0.05$ 厘米。

② $S'(r)=2\pi r,S'(10)=2\pi\cdot10=20\pi$

③ $\Delta S\approx\mathrm{d}S=S'(10)\Delta r=20\pi\cdot0.05=\pi\approx3.14$（平方厘米）

2. 误差估计

（1）设某量真值（即真实值）为 x，其测量值为 x_0，则称 $\Delta x=x-x_0$ 为 x 的测量误差或度量误差，$|\Delta x|=|x-x_0|$ 为 x 的绝对误差，$\left|\dfrac{\Delta x}{x_0}\right|$ 为 x 的相对误差。

（2）设某量 y 由函数 $y=f(x)$ 确定，如果 x 有度量误差 Δx，则相应的 y 也有度量误差 $\Delta y=f(x_0+\Delta x)-f(x_0)$、绝对误差 $|\Delta y|$ 及相对误差 $\left|\dfrac{\Delta y}{y}\right|$。

（3）设函数 $y=f(x)$ 可微，以 $\mathrm{d}y$ 代替 Δy，则绝对误差估计公式和相对误差估计公式分别为

$$|\Delta y|\approx|\mathrm{d}y|=|f'(x)|\,|\Delta x|,\qquad\left|\frac{\Delta y}{y}\right|\approx\left|\frac{\mathrm{d}y}{y}\right|=\left|\frac{f'(x)}{f(x)}\right|\,|\Delta x|$$

例 47　有一立方体水箱，测得它的边长为 70 厘米，度量误差为 ±0.1 厘米。试估计：用此测量数据计算水箱的体积时，产生的绝对误差与相对误差。

解　设立方体边长为 x，体积为 V，则 $V=x^3$。

（1）由题意知 $x_0=70,\Delta x=\pm0.1$。

（2）$V'(70)=(x^3)'|_{x=70}=14\,700$。

（3）由误差估计公式，体积的绝对值误差为

$$|\Delta V|\approx|\mathrm{d}V|=|V'(70)|\,|\Delta x|=14\,700\times0.1=1\,470\text{（立方厘米）}$$

体积的相对误差为

$$\left|\frac{\Delta V}{V}\right|\approx\left|\frac{\mathrm{d}V}{V}\right|=\left|\frac{V'(70)}{V(70)}\right|\cdot|\Delta x|=\left|\frac{14\,700}{343\,000}\right|\times0.1=\frac{0.3}{70}\approx0.43\%$$

思　考　题

1. 试说明函数可导、可微、连续之间的关系。

2. $\ln11=\ln(10+1)\approx\ln10$ 是否正确？

习题 2-6

1. 设函数 $y=x^2-1$，当自变量从 1 改变到 1.02 时，求函数的增量与函数的微分。

2. 求下列函数在指定点处的微分。

（1）$y=\sqrt{x+1}$，$x=0$；　　　　　　（2）$y=\arcsin\sqrt{x}$，$x=\dfrac{1}{2}$；

（3）$y=\dfrac{x}{1+x^2}$，$x=0$；　　　　　　（4）$y=(x^2+5)^3$，$x=1$。

3. 将适当的函数填入括号内,使等式成立。

(1) d( ) = $\dfrac{1}{1+x^2}$dx;   (2) d( ) = $\dfrac{1}{\sqrt{1-x^2}}$dx;

(3) d( ) = e^xdx;   (4) d( ) = $\dfrac{1}{x}$dx;

(5) d( ) = $\dfrac{1}{x^2}$dx;   (6) d( ) = $\sqrt{x}$dx;

(7) d( ) = $\dfrac{1}{\sqrt{x}}$dx;   (8) d( ) = $\sec^2 x$dx;

(9) d(cos2x) = ( )dx;   (10) d($e^{-\frac{1}{2}x}$) = ( )dx;

(11) xdx = ( )d(1−x^2);   (12) $\cos\dfrac{x}{3}$dx = ( )d$\left(\sin\dfrac{x}{3}\right)$;

(13) e^{3x}dx = ( )d(e^{3x});   (14) $\dfrac{1}{x^2}$dx = ( )d$\left(\dfrac{1}{x}\right)$。

4. 求下列函数微分 dy。

(1) $y = e^{\sin 3x}$;   (2) $y = \tan x + 2^x - \dfrac{1}{\sqrt{x}}$;

(3) $y = e^{-x}\cos(3-x)$;   (4) $y = \ln\sqrt{1-\ln x}$;

(5) $y = (e^x + e^{-x})^{\sin x}$;   (6) $xy = a^2$;

(7) $y = \dfrac{\cos x}{1-x^2}$;   (8) $y = [\ln(1-x)]^2$;

(9) $y = \arctan e^{2x}$;   (10) $y = \tan^2(1+2x^2)$;

(11) $y = \ln\sqrt{1-x^2}$;   (12) $y = e^{-2x}\cos 3x$;

(13) $y = e^x \arctan x$;   (14) $y = \tan(1+x^2)$。

5. 一平面圆环形,其内半径为 10 厘米,宽为 0.1 厘米,求其面积的精确值与近似值。

6. 一个半径为 10 厘米的金属球外表镀一层厚度为 0.01 厘米的铜,求所用铜的体积的近似值。

7. 利用微分求下列函数的近似值。

(1) cos 59°;   (2) $\sqrt{0.97}$;   (3) ln0.98;   (4) $e^{0.04}$。

8. 已知一正方体的棱长为 10 米,如果它的棱长增加 0.1 米,求体积的绝对误差与相对误差。

【本章典型方法与范例】

例1 设函数 $f(x)$ 在 $x=2$ 处连续,且 $\lim\limits_{x\to 2}\dfrac{f(x)}{x-2}=2$,求 $f'(2)$。

解 利用连续定义转换成导数定义形式。

$f(2)=\lim\limits_{x\to 2}f(x)=\lim\limits_{x\to 2}(x-2)\dfrac{f(x)}{x-2}=\lim\limits_{x\to 2}(x-2)\cdot\lim\limits_{x\to 2}\dfrac{f(x)}{x-2}=0\times 2=0$,所以有

$$f'(2)=\lim\limits_{x\to 2}\dfrac{f(x)-f(2)}{x-2}=\lim\limits_{x\to 2}\dfrac{f(x)}{x-2}=2$$

例 2　求过点 $(0,2)$ 且与曲线 $y=2x-x^3$ 相切的直线方程。

解　设所求直线与曲线 $y=2x-x^3$ 的切点坐标为 (x_0,y_0)，其中 $y_0=2x_0-x_0^3$，则所求直线方程的斜率为

$$k=y'\big|_{x=x_0}=2-3x_0^2$$

所以，通过点 (x_0,y_0) 的曲线的切线斜率方程为

$$y-(2x_0-x_0^3)=(2-3x_0^2)(x-x_0)$$

已知切线通过点 $(0,2)$，故将点 $(0,2)$ 代入切线方程得

$$0-(2x_0-x_0^3)=(2-3x_0^2)(2-x_0)$$

解得

$$x_0=1,y_0=1,k=-1$$

故所求切线方程为

$$y=-x+2$$

例 3　求 α，使得直线 $y=\alpha x$ 成为曲线 $y=-x^2+3x-2$ 的切线。

解　设切线 $y=\alpha x$ 与直线 $y=-x^2+3x-2$ 都经过同一点 $(x_0,f(x_0))$，且切线的斜率就是导数

$$\alpha=f'(x_0)=-2x_0+3$$

另外

$$-x_0^2+3x_0-2=(-2x_0+3)x_0$$

解得

$$x_0=\pm\sqrt{2}$$

斜率

$$\alpha=f'(x_0)=3\pm2\sqrt{2}$$

这样的切线有两条。

例 4　求下列函数在点 $x=0$ 处的导数。

(1) $f(x)=\arctan\dfrac{x}{x^2-1}$；　　(2) $f(x)=x(x+1)(x+2)\cdots(x+n)$。

解　(1) $f'(x)=\left(\arctan\dfrac{x}{x^2-1}\right)'=\dfrac{1}{1+\left(\dfrac{x}{x^2-1}\right)^2}\left(\dfrac{x}{x^2-1}\right)'$

$$=\dfrac{(x^2-1)^2}{(x^2-1)^2+x^2}\cdot\dfrac{(x^2-1)-2x^2}{(x^2-1)^2}=\dfrac{-1-x^2}{(x^2-1)^2+x^2}$$

所以

$$f'(0)=f'(x)\big|_{x=0}=\dfrac{-1-x^2}{(x^2-1)^2+x^2}\bigg|_{x=0}=-1$$

(2) **方法一**　利用导数的定义

因为 $f(0)=0$，则

$$f'(0)=\lim_{x\to0}\frac{f(x)-f(0)}{x-0}=\lim_{x\to0}\frac{x(x+1)(x+2)\cdots(x+n)}{x}=\lim_{x\to0}(x+1)(x+2)\cdots(x+n)$$

$$=1\times2\cdots\times n=n!$$

方法二　直接利用积的求导法则

$$f'(x)=(x)'(x+1)(x+2)\cdots(x+n)+x\left[(x+1(x+2)\cdots(x+n)\right]'$$

$$=(x+1)(x+2)\cdots(x+n)+x\left[(x+1(x+2)\cdots(x+n)\right]'$$

所以

$$f'(0)=\{(x+1)(x+2)\cdots(x+n)+x\left[(x+1(x+2)\cdots(x+n)\right]'\}\mid_{x=0}$$
$$=1\times2\times3\times\cdots\times n+0=n!$$

方法三　因为函数为多个因子幂的连乘积,所以可以采用对数求导法。

两端同时取对数

$$\ln f(x)=\ln x+\ln(x+1)+\cdots+\ln(x+n)$$

两端同时求导

$$\frac{f'(x)}{f(x)}=\frac{1}{x}+\frac{1}{x+1}+\cdots+\frac{1}{x+n}$$

整理得

$$f'(x)=\left[(x+1)(x+2)\cdots(x+n)\right]+\left[x(x+2)\cdots(x+n)\right]+\cdots+\left[x(x+1)\cdots(x+n-2)(x+n-1)\right]$$

所以

$$f'(0)=1\times2\times3\times\cdots\times n+0+\cdots+0=n!$$

例 5　求下列函数的导数。

(1) $y=e^{\tan x}\sin\dfrac{1}{x}$；　　　　(2) $y=\ln\dfrac{a+x}{a-x}$。

解　(1) 按照乘积的求导法则和复合函数的求导法则。

$$y'=\left(e^{\tan x}\sin\frac{1}{x}\right)'=(e^{\tan x})'\sin\frac{1}{x}+e^{\tan x}\left(\sin\frac{1}{x}\right)'$$
$$=e^{\tan x}(\tan x)'\sin\frac{1}{x}+e^{\tan x}\cos\frac{1}{x}\left(\frac{1}{x}\right)'$$
$$=e^{\tan x}\sec^2 x\sin\frac{1}{x}-\frac{1}{x^2}e^{\tan x}\cos\frac{1}{x}$$
$$=e^{\tan x}\left(\sec^2 x\sin\frac{1}{x}-\frac{1}{x^2}\cos\frac{1}{x}\right)$$

(2) 按照复合函数的求导法则。

$$y'=\left(\ln\frac{a+x}{a-x}\right)'=\frac{1}{\dfrac{a+x}{a-x}}\cdot\left(\frac{a+x}{a-x}\right)'=\frac{a-x}{a+x}\cdot\frac{(a-x)+(a+x)}{(a-x)^2}=\frac{2a}{a^2-x^2}$$

例 6　求下列函数的导数。

(1) $\sqrt{x^2+y^2}=e^{\arctan\frac{y}{x}}$；　　　　(2) $y=\sqrt{x\sin x\sqrt{1-e^x}}$；

(3) $y=(\tan x)^{\sin x}+x^x$。

解　(1) 方程两端先取对数,然后两端同时求导

$$\frac{1}{2}\ln(x^2+y^2)=\arctan\frac{y}{x}$$

两边同时求导

$$\frac{1}{2}\cdot\frac{(x^2+y^2)'}{x^2+y^2}=\frac{1}{1+\left(\dfrac{y}{x}\right)^2}\cdot\left(\frac{y}{x}\right)'$$

$$\frac{x+yy'}{x^2+y^2}=\frac{1}{1+\left(\dfrac{y}{x}\right)^2}\cdot\frac{y'x-y}{x^2}$$

解得
$$y' = \frac{x+y}{x-y}$$

（2）利用对数求导法，两边取对数
$$\ln y = \frac{1}{2}\left[\ln x + \ln \sin x + \frac{1}{2}\ln(1-e^x)\right]$$

两边同时对 x 求导
$$\frac{y'}{y} = \frac{1}{2}\left[\frac{1}{x} + \frac{(\sin x)'}{\sin x} + \frac{1}{2}\cdot\frac{(1-e^x)'}{1-e^x}\right] = \frac{1}{2}\left[\frac{1}{x} + \frac{\cos x}{\sin x} - \frac{1}{2}\cdot\frac{e^x}{1-e^x}\right]$$

解得
$$y' = \frac{1}{2}\left[\frac{1}{x} + \cot x - \frac{e^x}{2(1-e^x)}\right]\sqrt{x\sin x\sqrt{1-e^x}}$$

（3）设 $u = (\tan x)^{\sin x}, v = x^x$，分别取对数，得
$$\ln u = \sin x\ln\tan x, \quad \ln v = x\ln x$$

分别求导数
$$\frac{u'}{u} = (\sin x)'\ln\tan x + \sin x(\ln\tan x)', \quad \frac{v'}{v} = (x)'\ln x + x(\ln x)'$$

解得
$$u' = (\tan x)^{\sin x}(\cos x\ln\tan x + \sec x), \quad v' = x^x(\ln x + 1)$$

所以
$$y' = u' + v' = (\tan x)^{\sin x}(\cos x\ln\tan x + \sec x) + x^x(\ln x + 1)$$

本章知识结构

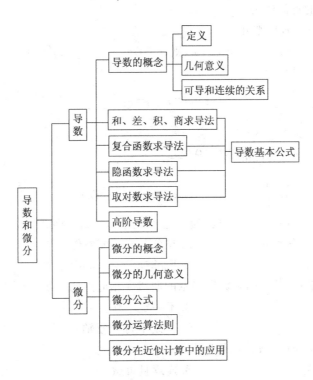

复习题二

1. 判断题

(1) 若 $f'(x)=g'(x)$，则 $f(x)=g(x)+C$。 （　　）

(2) 若 $f(x)$ 在点 x_0 处连续，则 $f(x)$ 在点 x_0 处可导。 （　　）

(3) $(x^x)'=x \cdot x^{x-1}$。 （　　）

(4) $f'(x_0)=[f(x_0)]'$。 （　　）

(5) 若 $f(x)$ 在点 x_0 处可导，则 $f(x)$ 在点 x_0 处必有定义。 （　　）

(6) 如果 $f(x)$ 在点 x_0 处不可导，则 $f(x)$ 的图像在点 $(x_0,f(x_0))$ 处没有切线。

（　　）

(7) 导函数简称导数，而导数就是导函数。 （　　）

(8) 显函数可以化为隐函数，隐函数也可化为显函数。 （　　）

(9) 导数和微分是没有区别的。 （　　）

(10) 基本初等函数和初等函数在其定义域内都是连续函数。 （　　）

2. 填空题

(1) 已知函数 $f(x)=2x^2-2x+5$，则 $\Delta y=$ _____，$\mathrm{d}y=$ _____。

(2) 已知曲线 $y=f(x)$ 在点 $x=2$ 处的切线倾斜角为 $\dfrac{5\pi}{6}$，则 $f'(2)=$ _____。

(3) 过曲线 $y=x^2$ 上点 $A(2,4)$ 的切线方程为 _____，法线方程为 _____。

(4) d _____ $=x^2\mathrm{d}x$；d _____ $=\dfrac{1}{x^2}\mathrm{d}x$。

(5) 设函数 $y=\mathrm{e}^{-x}$，则 $y^{(n)}=$ _____。

(6) $\ln 1.01$ 的近似值为 _____。

(7) 设 $xy=1+x\mathrm{e}^y$，则 $\mathrm{d}y=$ _____。

(8) 已知 $f(x)=x^4-2x^2+3x+8$，则 $f'(0)=$ _____，$f''(0)=$ _____。

(9) $\mathrm{d}[\ln(2x+1)]=$ _____。

(10) $\left(\cos\dfrac{1}{x}\right)'=$ _____；$(\arctan 2x^2)'=$ _____。

3. 选择题

(1) 设 $f(x)=\ln 2$，则 $\lim\limits_{\Delta x\to 0}\dfrac{f(x+\Delta x)-f(x)}{\Delta x}=$（　　）。

A. 2　　　　　　　B. $\dfrac{1}{2}$　　　　　　C. ∞　　　　　　D. 0

(2) 函数 $y=f(x)$ 在 $x=x_0$ 处连续，是 $f(x)$ 在 $x=x_0$ 处可导的（　　）。

A. 必要但非充分条件　　　　　B. 充分但非必要条件

C. 充分必要条件　　　　　　　D. 既非充分又非必要条件

(3) 函数在某点不可导，函数所表示的曲线在相应点的切线（　　）。

A. 一定不存在　　　　　　　　B. 不一定存在

C. 一定存在　　　　　　　　　D. 一定平行于 y 轴

(4) 设函数 $f(x)=|x|$，则函数在点 $x=0$（　　）。

A. 连续且可导　　　　　　　　B. 连续且可微

C. 连续不可导　　　　　　　　D. 不连续不可微

(5) 半径为 R 的金属圆片,加热后,半径伸长了 ΔR,则面积 S 的微分 dS 是(　　)。

A. $\pi R dR$　　　　B. $2\pi R \Delta R$　　　　C. πdR　　　　D. $2\pi dR$

(6) 设函数 $f(x)=x(x-1)(x-2)\cdots(x-99)$,则 $f'(0)=$(　　)。

A. 99　　　　B. -99　　　　C. $99!$　　　　D. $-99!$

(7) 导数等于 $\frac{1}{2}\sin 2x$ 的函数是(　　)。

A. $\frac{1}{2}\sin^2 x$　　　　　　　　B. $\frac{1}{4}\cos 2x$

C. $\frac{1}{2}\cos^2 x$　　　　　　　　D. $1-\frac{1}{2}\cos 2x$

(8) 设函数 $y=\sin\sqrt{x}$,则 $dy=$(　　)。

A. $\cos\sqrt{x}\,dx$　　　　　　　　B. $-\cos\sqrt{x}\,dx$

C. $\cos\sqrt{x}\,d\sqrt{x}$　　　　　　D. $\cos x\,dx$

(9) 若 $y=\ln\sqrt{x}$,则 $dy=$(　　)。

A. $\frac{1}{\sqrt{x}}dx$　　　　　　　　B. $\frac{1}{2x}$

C. $\frac{1}{2x}dx$　　　　　　　　D. $\frac{2}{\sqrt{x}}dx$

(10) 若 $(\sin 2x)'=f(x)$,则 $f'(x)=$(　　)。

A. $\sin 2x$　　　B. $-4\sin 2x$　　　C. $-2\sin 2x$　　　D. $-\sin 2x$

4. 求函数 $y=\frac{1}{x^2}$ 的导数,以及函数 $y=\frac{1}{x^2}$ 在 $x=-\frac{1}{2}$ 处的导数,说明这两个概念有什么不同?

5. 求下列函数的二阶导数。

(1) $y=\ln(1+x^2)$;　　　　　　　(2) $y=x^2+\frac{1}{x}$;

(3) $y=\sin^5 x$;　　　　　　　(4) $e^y+xy=e$,求 $y''(0)$。

6. 已知 $f(x)=ax^2+bx+2$,且 $f(2)=f'(2)=f''(2)$,求 $f(3)$、$f'(3)$、$f''(3)$。

7. 求下列函数的导数 $\frac{dy}{dx}$。

(1) $y=a^x+x^a$;　　(2) $y=xe^{\frac{1}{x}}$;　　　　　(3) $y=2^{\ln x}+(\ln x)^2$;

(4) $y=\arctan\frac{1}{1+x}$;　(5) $y=\ln\sqrt{\frac{1-\sin x}{1+\sin x}}$;　　　(6) $y=\ln\left[\tan\left(\frac{x}{2}+\frac{\pi}{4}\right)\right]$;

(7) $y=x^{\frac{1}{x}}(x>0)$;　　(8) $y=\ln^3(\ln x^2)$;　　　(9) $y=\frac{\sin^2 x}{\sin x^2}$;

(10) $y=\frac{\arccos x}{x}$;　　(11) $y=(2x^4-x^2+3)\left(\sqrt{x}-\frac{1}{x}\right)$;(12) $y=5^{\ln\tan x}$;

(13) $y=\arctan e^{2x-1}$;　(14) $y=2^{-\frac{1}{\cos x}}$。

8. 求下列函数的微分。

(1) $y=\sin(3x-5)$;　　　　　　　(2) $y=e^{x^2}$;

（3）$y = e^{2x} \cdot \sin \dfrac{x}{3}$；   （4）$y = \arcsin \sqrt{x}$。

9．求下列方程所确定的隐函数的导数。

（1）$\cos(xy) = x$；   （2）$\dfrac{x^2}{a^2} + \dfrac{y^2}{b^2} = 1$（$a$，$b$ 为常数）；

（3）$x^y = y^x$（$x > 0$，$y > 0$）；   （4）$y\sin x - \cos(x - y) = 0$。

10．一个高 4 米底面半径 2 米的圆锥型容器，假设以 2 立方米/分钟的速度将水注入该容器，求水深 3 米时水面的上升速率。

第三章　导数的应用

【本章导读】

党的二十大报告指出："加快建设制造强国、质量强国、航天强国、交通强国、网络强国、数字中国。"人工智能的飞速发展，为强国建设插上了翅膀，而机器学习与人工智能的基础离不开导数的应用。学习本章时要深刻领会导数的实际意义。

【学习目标】

- 了解罗尔中值定理和拉格朗日中值定理。
- 理解函数极值的概念。
- 掌握求函数的极值、判断函数的增减性与曲线的凹凸性、求函数图形的拐点等方法。
- 会用洛必达法则求未定式的极限。
- 会用导数解决经济中的问题。

第一节　微分中值定理

一、极值定义和费马定理

1. 极值定义

定义 1　若函数 $y = f(x)$ 在点 x_0 的某邻域内有定义，如果对该邻域内任意点 $x(x \neq x_0)$，恒有 $f(x_0) > f(x)$（$f(x_0) < f(x)$），则称函数 $y = f(x)$ 在点 x_0 取得**极大（小）值**，称点 x_0 为**极大（小）点**。

函数的极大值、极小值统称为极值，极大值点、极小值点统称为极值点。

2. 费马定理

定理 1　函数 $y = f(x)$ 在点 x_0 的某邻域 $U(x_0)$ 内有定义，且在点 x_0 可导。若点 x_0 为 $y = f(x)$ 的极值点，则必有 $f'(x_0) = 0$（证明略）。

费马定理的几何意义非常明确：若函数 $f(x)$ 在极值点 x_0 可导，则曲线在该点的切线平行于 x 轴。

二、罗尔中值定理

定理 2　若函数 $y = f(x)$ 满足：

（1）在闭区间 $[a, b]$ 上连续；

（2）在开区间 (a, b) 内可导；

（3）在区间端点的函数值相等，即 $f(a) = f(b)$，则在开区间 (a, b) 内至少存在一点 $\xi(a < \xi < b)$，使得 $f'(\xi) = 0$。

罗尔中值定理（Rolle）的几何意义是：在每一点都可导的一段连续曲线上，如果曲线的

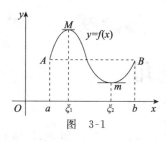

图 3-1

两端点高度相等,则至少存在一条水平切线,如图 3-1 所示。

证 因为 $f(x)$ 在 $[a,b]$ 上连续,所以有最大值与最小值,分别用 M 与 m 表示,现分两种情况讨论:

(1) 若 $M=m$,则 $f(x)$ 在 $[a,b]$ 上必为常数,从而结论成立。

(2) 若 $m<M$,则因 $f(a)=f(b)$,使得最大值 M 与最小值 m 至少有一个在 (a,b) 内某点 ξ 处取得,从而 ξ 是 $f(x)$ 的极值点。由条件(2)可知,$f(x)$ 在点 ξ 处可导,故由费马定理知 $f'(\xi)=0$。

注意:定理中的三个条件缺少任何一个,结论将不一定成立。

三、拉格朗日中值定理

定理 3 若函数 $y=f(x)$ 在 $[a,b]$ 上连续,在 (a,b) 可导,则至少存在一点 $\xi\in(a,b)$,使得 $f'(\xi)=\dfrac{f(b)-f(a)}{b-a}$,如图 3-2 所示。

证 作辅助函数

$$F(x)=f(x)-f(a)-\frac{f(b)-f(a)}{b-a}(x-a)$$

显然,$F(b)=F(a)=0$,且 $F(x)$ 在 $[a,b]$ 上满足罗尔定理的另两个条件,故存在 $\xi\in(a,b)$ 使得

$$F'(\xi)=f'(\xi)-\frac{f(b)-f(a)}{b-a}=0$$

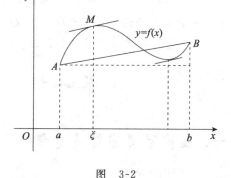

图 3-2

移项得

$$f'(\xi)=\frac{f(b)-f(a)}{b-a}$$

拉格朗日(Lagrange)中值定理的几何意义是:在每一点都有切线的连续曲线上,任意一条弦 AB 的两端点之间至少存在曲线上的一点 $M(\xi,f(\xi))$,在点 M 处曲线的切线与弦 AB 平行。

拉格朗日中值定理也可以写成:$f(b)-f(a)=f'(\xi)(b-a)$。

该式精确地表达了函数在一个区间上的增量与函数在该区间内某点处的导数之间的联系。

拉格朗日中值定理中,令 $f(b)=f(a)$,拉格朗日中值定理就转化为罗尔中值定理,即罗尔中值定理是拉格朗日中值定理的特殊情形。

推论 如果在区间 (a,b) 内 $f'(x)=0$,那么在此区间内 $f(x)=C$(C 是常数)。

该推论是"常数的导数是零"的逆定理。

例 1 验证拉格朗日中值定理对函数 $y=\ln\sin x$ 在区间 $\left[\dfrac{\pi}{6},\dfrac{5\pi}{6}\right]$ 上的正确性。

解 函数 $y=\ln\sin x$ 在区间 $\left[\dfrac{\pi}{6},\dfrac{5\pi}{6}\right]$ 上连续,在 $\left(\dfrac{\pi}{6},\dfrac{5\pi}{6}\right)$ 内可导,且

$$\frac{f(b)-f(a)}{b-a}=\frac{\ln\sin\dfrac{5\pi}{6}-\ln\sin\dfrac{\pi}{6}}{\dfrac{5\pi}{6}-\dfrac{\pi}{6}}=0$$

设函数 $y=\ln\sin x$ 的定义域内存在一点 ξ，则 $f'(\xi)=(\ln\sin x)'|_{x=\xi}=\cot\xi$，令 $f'(\xi)=\dfrac{f(b)-f(a)}{b-a}$，即 $\cot\xi=0$，解得 $\xi=\dfrac{\pi}{2}\in\left(\dfrac{\pi}{6},\dfrac{5\pi}{6}\right)$。这就验证了拉格朗日中值定理的正确性。

例 2　在区间 $(-1,1)$ 上证明 $\arcsin x+\arccos x=\dfrac{\pi}{2}$。

证　设函数 $y=\arcsin x+\arccos x$，$y'=\dfrac{1}{\sqrt{1-x^2}}-\dfrac{1}{\sqrt{1-x^2}}=0$。

由拉格朗日中值定理推论，得函数 $y=\arcsin x+\arccos x=C$（C 是常数），取 $x_0=0$，$y=y(0)=\arcsin 0+\arccos 0=0+\dfrac{\pi}{2}=\dfrac{\pi}{2}$，即 $\arcsin x+\arccos x=\dfrac{\pi}{2}$。

例 3　证明：当 $0<a<b$ 时，$\dfrac{b-a}{b}<\ln\dfrac{b}{a}<\dfrac{b-a}{a}$。

证　因为 $\ln\dfrac{b}{a}=\ln b-\ln a$，故设 $f(x)=\ln x$，它在 $[a,b]$ 上满足拉格朗日中值定理的条件，所以 $\ln b-\ln a=(\ln x)'|_{x=\xi}\cdot(b-a)$，即 $\ln\dfrac{b}{a}=\dfrac{b-a}{\xi}$，$a<\xi<b$。

由于 $\dfrac{1}{b}<\dfrac{1}{\xi}<\dfrac{1}{a}$，所以 $\dfrac{b-a}{b}<\dfrac{b-a}{\xi}<\dfrac{b-a}{a}$，即 $\dfrac{b-a}{b}<\ln\dfrac{b}{a}<\dfrac{b-a}{a}$。

*四、柯西中值定理

定理 4　若函数 $f(x)$ 与 $g(x)$ 满足：(1) 在闭区间 $[a,b]$ 上连续；(2) 在开区间 (a,b) 内可导，且 $g'(x)\neq 0$；则在开区间 (a,b) 内至少存在一点 $\xi\in(a,b)$，使得 $\dfrac{f(b)-f(a)}{g(b)-g(a)}=\dfrac{f'(\xi)}{g'(\xi)}$（证明略）。

柯西中值定理是罗尔中值定理和拉格朗日中值定理的一般形式，当 $g(x)=x$ 时，柯西中值定理就转化为拉格朗日中值定理，即拉格朗日中值定理是柯西中值定理的特殊情形。

罗尔中值定理、拉格朗日中值定理、柯西中值定理统称微分中值定理。

思 考 题

1. 将拉格朗日中值定理的条件"函数 $y=f(x)$ 在 $[a,b]$ 上连续"换为"在 (a,b) 内连续"后，定理是否成立？画图说明。

2. 罗尔中值定理与拉格朗日中值定理的联系与区别是什么？

习 题 3-1

1. 验证函数 $f(x)=\dfrac{1}{a^2+x^2}$ 在区间 $[-a,a]$ 上满足罗尔中值定理的条件，并求定理结论中的 ξ。

2. 验证罗尔中值定理对函数 $f(x)=x^3-2x^2+x+1$ 在区间 $[0,1]$ 上的正确性。

3. 函数 $y=\dfrac{2-x}{x^2}$ 在区间 $[-1,1]$ 是否满足拉格朗日中值定理,为什么?

4. 验证拉格朗日中值定理对函数 $y=\ln x$ 在区间 $[1,e]$ 上的正确性。

5. 证明在 $(-\infty,+\infty)$ 内 $\arctan x+\operatorname{arccot} x=\dfrac{\pi}{2}$。

第二节 洛必达法则

本章第一节介绍了微分中值定理,其中柯西中值定理可以推出一类求极限的简单方法,即洛必达法则。洛必达法则主要是解决"$\dfrac{0}{0}$"型、"$\dfrac{\infty}{\infty}$"型以及可以转化为这两种类型的函数极限,如"$\infty-\infty$""$0\cdot\infty$""1^{∞}""0^{0}""∞^{0}"等类型的极限,这几种类型的函数极限有时存在,有时不存在,情况不定,故称为未定式。

一、未定式的洛必达法则

1. "$\dfrac{0}{0}$"型、"$\dfrac{\infty}{\infty}$"型的洛必达法则

若 $f(x),g(x)$ 满足下列条件:
(1) $\lim\limits_{x\to\Delta}f(x)=\lim\limits_{x\to\Delta}g(x)=0$(或 ∞),Δ 表示 x_0,x_0^-,x_0^+ 或 $\infty,+\infty,-\infty$;
(2) $f(x),g(x)$ 在 Δ 某邻域内(或 $|x|$ 充分大时)可导,且 $g'(x)\neq 0$;
(3) $\lim\limits_{x\to\Delta}\dfrac{f'(x)}{g'(x)}=A$(或 ∞);

则 $\lim\limits_{x\to\Delta}\dfrac{f(x)}{g(x)}\overset{\left(\frac{0}{0}\right)}{\underset{\left(\frac{\infty}{\infty}\right)}{=}}\lim\limits_{x\to\Delta}\dfrac{f'(x)}{g'(x)}=A$(或 ∞)。

2. 使用洛必达法则的注意事项
(1) 使用洛必达法则之前,应该先检验分子、分母是否均为 0 或均为 ∞。
(2) 使用一次洛必达法则之后,需进行化简;若算式仍是未定式,且仍符合洛必达法则的条件,可以继续使用洛必达法则。
(3) 如果"$\dfrac{0}{0}$"型和"$\dfrac{\infty}{\infty}$"型极限中含有非零因子,则可以对该非零因子单独求极限(不必参与洛必达法则运算),以简化运算。
(4) 使用一次洛必达法则求极限时,如果能结合运用以前的知识(进行等价无穷小代换或恒等变形)可简化运算。
(5) 定理的条件是充分的,不是必要的,即如果 $\lim\limits_{x\to\Delta}\dfrac{f'(x)}{g'(x)}$ 的极限不存在(不是 ∞ 时的不存在),不能断定 $\dfrac{f(x)}{g(x)}$ 的极限不存在,出现这种情况,洛必达法则失效,需要用其他方法。

例 4 求 $\lim\limits_{x\to 1}\dfrac{\ln x}{2x-2}$。

解 $\lim\limits_{x\to 1}\dfrac{\ln x}{2x-2}\overset{\left(\frac{0}{0}\right)}{=}\lim\limits_{x\to 1}\dfrac{\dfrac{1}{x}}{2}=\dfrac{1}{2}$

例 5 求 $\lim\limits_{x \to 0} \dfrac{1 - \cos x}{x^2}$。

解 $\lim\limits_{x \to 0} \dfrac{1 - \cos x}{x^2} \overset{\left(\frac{0}{0}\right)}{=} \lim\limits_{x \to 0} \dfrac{\sin x}{2x} = \dfrac{1}{2}$

例 6 求 $\lim\limits_{x \to +\infty} \dfrac{\dfrac{\pi}{2} - \arctan x}{\dfrac{1}{x}}$。

解 $\lim\limits_{x \to +\infty} \dfrac{\dfrac{\pi}{2} - \arctan x}{\dfrac{1}{x}} \overset{\left(\frac{0}{0}\right)}{=} \lim\limits_{x \to +\infty} \dfrac{-\dfrac{1}{1 + x^2}}{-\dfrac{1}{x^2}} = \lim\limits_{x \to +\infty} \dfrac{x^2}{1 + x^2} = 1$

洛必达法则可以连续使用。每次使用时要检验它是否是未定式,如果不是,则不能再应用。

例 7 求 $\lim\limits_{x \to 1} \dfrac{x^3 - 3x + 2}{x^3 - x^2 - x + 1}$。

解 $\lim\limits_{x \to 1} \dfrac{x^3 - 3x + 2}{x^3 - x^2 - x + 1} \overset{\left(\frac{0}{0}\right)}{=} \lim\limits_{x \to 1} \dfrac{3x^2 - 3}{3x^2 - 2x - 1} \overset{\left(\frac{0}{0}\right)}{=} \lim\limits_{x \to 1} \dfrac{6x}{6x - 2} = \dfrac{6 \times 1}{6 \times 1 - 2} = \dfrac{3}{2}$

例 8 求 $\lim\limits_{x \to \infty} \dfrac{x^3 + 2x}{6x^3 + 5}$。

解 $\lim\limits_{x \to \infty} \dfrac{x^3 + 2x}{6x^3 + 5} \overset{\left(\frac{\infty}{\infty}\right)}{=} \lim\limits_{x \to \infty} \dfrac{3x^2 + 2}{18x^2} \overset{\left(\frac{\infty}{\infty}\right)}{=} \lim\limits_{x \to \infty} \dfrac{6x}{36x} = \dfrac{1}{6}$（此题也可不用洛必达法则）

例 9 求 $\lim\limits_{x \to \frac{\pi}{2}} \dfrac{\tan x}{\tan 3x}$。

解 $\lim\limits_{x \to \frac{\pi}{2}} \dfrac{\tan x}{\tan 3x} \overset{\left(\frac{\infty}{\infty}\right)}{=} \lim\limits_{x \to \frac{\pi}{2}} \dfrac{\sec^2 x}{3 \sec^2 3x} = \lim\limits_{x \to \frac{\pi}{2}} \dfrac{\dfrac{1}{\cos^2 x}}{\dfrac{3}{\cos^2 3x}} = \lim\limits_{x \to \frac{\pi}{2}} \dfrac{\cos^2 3x}{3 \cos^2 x} \overset{\left(\frac{0}{0}\right)}{=} \lim\limits_{x \to \frac{\pi}{2}} \dfrac{\cos 3x \sin 3x}{\cos x \sin x}$

$= \lim\limits_{x \to \frac{\pi}{2}} \dfrac{\sin 6x}{\sin 2x} \overset{\left(\frac{0}{0}\right)}{=} \lim\limits_{x \to \frac{\pi}{2}} \dfrac{6 \cos 6x}{2 \cos 2x} = 3$

例 10 求 $\lim\limits_{x \to 0} \dfrac{e^{-\frac{1}{x^2}}}{x^{100}}$。

解 $\lim\limits_{x \to 0} \dfrac{e^{-\frac{1}{x^2}}}{x^{100}} \overset{\text{令 } u = \frac{1}{x^2}}{=\!=\!=\!=\!=} \lim\limits_{u \to +\infty} \dfrac{u^{50}}{e^u} \overset{\left(\frac{\infty}{\infty}\right)}{=} \lim\limits_{u \to +\infty} \dfrac{50 u^{49}}{e^u} \overset{\left(\frac{\infty}{\infty}\right)}{=} \lim\limits_{u \to +\infty} \dfrac{50 \times 49 u^{48}}{e^u} = \cdots = \lim\limits_{u \to +\infty} \dfrac{50!}{e^u} = 0$

说明 洛必达法则并非万能,有少数情况虽然满足洛必达法则的条件,但无法用洛必达法则求出极限。

例 11 求 $\lim\limits_{x \to +\infty} \dfrac{\sqrt{1 + x^2}}{x}$。

解 $\lim\limits_{x \to +\infty} \dfrac{\sqrt{1 + x^2}}{x} = \lim\limits_{x \to +\infty} \dfrac{x}{\sqrt{1 + x^2}} = \lim\limits_{x \to +\infty} \dfrac{1}{\dfrac{x}{\sqrt{1 + x^2}}} = \lim\limits_{x \to +\infty} \dfrac{\sqrt{1 + x^2}}{x}$。由此可见,使用

两次洛必达法则后失效,又还原为原来的问题。事实上 $\lim\limits_{x \to +\infty} \dfrac{\sqrt{1 + x^2}}{x} = \lim\limits_{x \to +\infty} \sqrt{\dfrac{1}{x^2} + 1} = 1$。

二、其他类型的未定式

其他类型的未定式可以转化为"$\dfrac{0}{0}$"型和"$\dfrac{\infty}{\infty}$"型未定式的极限后再运用洛必达法则。

1. "$\infty-\infty$"型未定式

例 12　求 $\lim\limits_{x\to\frac{\pi}{2}}(\sec x-\tan x)$。

解　$\lim\limits_{x\to\frac{\pi}{2}}(\sec x-\tan x)\overset{(\infty-\infty)}{=\!=}\lim\limits_{x\to\frac{\pi}{2}}\dfrac{1-\sin x}{\cos x}\overset{\left(\frac{0}{0}\right)}{=\!=}\lim\limits_{x\to\frac{\pi}{2}}\dfrac{-\cos x}{-\sin x}=0$

2. "$0\cdot\infty$"型未定式

例 13　求 $\lim\limits_{x\to0^+}\sqrt{x}\ln x$。

解　$\lim\limits_{x\to0^+}\sqrt{x}\ln x\overset{(0\cdot\infty)}{=\!=}\lim\limits_{x\to0^+}\dfrac{\ln x}{x^{-\frac{1}{2}}}\overset{\left(\frac{\infty}{\infty}\right)}{=\!=}\lim\limits_{x\to0^+}\dfrac{\dfrac{1}{x}}{-\dfrac{1}{2}x^{-\frac{3}{2}}}=\lim\limits_{x\to0^+}(-2x^{\frac{1}{2}})=0$

3. 幂指函数的未定式

"1^{∞}""0^{0}""∞^{0}"型的未定式均属于幂指函数 u^{v} 的极限,可通过对数恒等式变形 $u^{v}=\mathrm{e}^{v\ln u}$,化为"$0\cdot\infty$"型的未定式。

例 14　求 $\lim\limits_{x\to0^+}x^{x}\ (0^{0})$。

解　设 $y=x^{x}$,两边取对数 $\ln y=x\ln x$,两边取极限

$$\lim\limits_{x\to0^+}\ln y=\lim\limits_{x\to0^+}x\ln x\overset{(0\cdot\infty)}{=\!=}\lim\limits_{x\to0^+}\dfrac{\ln x}{\dfrac{1}{x}}\overset{\left(\frac{\infty}{\infty}\right)}{=\!=}\lim\limits_{x\to0^+}\dfrac{\dfrac{1}{x}}{-\dfrac{1}{x^{2}}}=\lim\limits_{x\to0^+}(-x)=0$$

所以　　　　　　　　　$\lim\limits_{x\to0^+}x^{x}=\lim\limits_{x\to0^+}y=\lim\limits_{x\to0^+}\mathrm{e}^{\ln y}=\mathrm{e}^{0}=1$

例 15　求 $\lim\limits_{x\to0^+}(\cot x)^{\frac{1}{\ln x}}\ (\infty^{0})$。

解　设 $y=(\cot x)^{\frac{1}{\ln x}}$,两边取对数 $\ln y=\dfrac{\ln\cot x}{\ln x}$。

因为　　$\lim\limits_{x\to0^+}\ln y=\lim\limits_{x\to0^+}\dfrac{\ln\cot x}{\ln x}\overset{\left(\frac{\infty}{\infty}\right)}{=\!=}\lim\limits_{x\to0^+}\dfrac{\dfrac{1}{\cot x}(-\csc^{2}x)}{\dfrac{1}{x}}=\lim\limits_{x\to0^+}\dfrac{-x}{\cos x\sin x}$

$$=-\lim\limits_{x\to0^+}\dfrac{x}{\sin x}\cdot\dfrac{1}{\cos x}=-1$$

所以　　$\lim\limits_{x\to0^+}y=\lim\limits_{x\to0^+}\mathrm{e}^{\ln y}=\mathrm{e}^{\lim\limits_{x\to0^+}\ln y}=\mathrm{e}^{-1}=\dfrac{1}{\mathrm{e}}$,即 $\lim\limits_{x\to0^+}(\cot x)^{\frac{1}{\ln x}}=\dfrac{1}{\mathrm{e}}$

思 考 题

1. 用洛必达法则求极限时应注意什么问题?

2. 符合洛必达法则条件的极限都能用洛必达法则求吗?举例说明。

习题 3-2

1. 求下列函数的极限。

(1) $\lim\limits_{x\to 0}\dfrac{e^x-1}{x}$;

(2) $\lim\limits_{x\to 1}\dfrac{x^2-3x+2}{x^3-1}$;

(3) $\lim\limits_{x\to 0}\dfrac{x-\arctan x}{\ln(1+x^2)}$;

(4) $\lim\limits_{x\to 0}\dfrac{\tan x-x}{x-\sin x}$;

(5) $\lim\limits_{x\to 1}\dfrac{\cos\frac{\pi}{2}x}{1-x}$;

(6) $\lim\limits_{x\to 0}\dfrac{e^x-1}{x^2-x}$;

(7) $\lim\limits_{x\to a}\dfrac{\sin x-\sin a}{x-a}$;

(8) $\lim\limits_{x\to 0}\dfrac{(1-\cos x)^2}{x^4}$;

(9) $\lim\limits_{x\to \pi}\dfrac{1+\cos x}{\sin x}$。

2. 求下列函数的极限。

(1) $\lim\limits_{x\to 0}\dfrac{e^x-e^{-x}}{\sin x}$;

(2) $\lim\limits_{x\to +\infty}\dfrac{x\ln x}{x^2+\ln x}$;

(3) $\lim\limits_{x\to \infty}\dfrac{x-\sin x}{x+\sin x}$;

(4) $\lim\limits_{x\to 1}\left(\dfrac{x}{x-1}-\dfrac{1}{\ln x}\right)$;

(5) $\lim\limits_{x\to 0^+}x^2\ln x$;

(6) $\lim\limits_{x\to 0}\dfrac{\tan x-x}{x^2\sin x}$;

(7) $\lim\limits_{x\to \infty}\dfrac{x+\sin x}{x}$;

(8) $\lim\limits_{x\to +\infty}\dfrac{\ln x}{x^2}$;

(9) $\lim\limits_{x\to +\infty}\dfrac{e^x}{x^2}$;

(10) $\lim\limits_{x\to 0}\dfrac{\tan x-\sin x}{\sin^3 x}$;

(11) $\lim\limits_{x\to 1}(1-x)\tan\dfrac{\pi}{2}x$。

3. 求下列函数的极限。

(1) $\lim\limits_{x\to +\infty}\dfrac{\ln\left(1+\dfrac{1}{x}\right)}{\text{arccot}\,x}$;

(2) $\lim\limits_{x\to 1^-}(1-x)^{\cos\frac{\pi}{2}x}$;

(3) $\lim\limits_{x\to \infty}x(e^{\frac{1}{x}}-1)$;

(4) $\lim\limits_{x\to 1}\left(\dfrac{3}{x^3-1}-\dfrac{1}{x-1}\right)$;

(5) $\lim\limits_{x\to 1}x^{\frac{1}{1-x}}$;

(6) $\lim\limits_{x\to 0^+}\left(\ln\dfrac{1}{x}\right)^x$。

第三节 函数单调性的判定

本节主要利用拉格朗日中值定理建立函数与导数之间的联系,证明函数的一阶导数与函数单调性之间的关系。

由图 3-3(a)可以看出,如果函数 $y=f(x)$ 在 $[a,b]$ 上单调增加,那么它的图像是一条沿 x 轴正向上升的曲线,这时曲线上各点切线的倾斜角都是锐角,因此它们的斜率 $f'(x)$ 都是正的,即 $f'(x)>0$。同样,由图 3-3(b)可以看出,如果函数 $y=f(x)$ 在区间 $[a,b]$ 上单调减少,那么它的图像是一条沿 x 轴正向下降的曲线,这时曲线上各点切线的倾斜角都是钝角,它们的斜率 $f'(x)$ 都是负的,即 $f'(x)<0$。

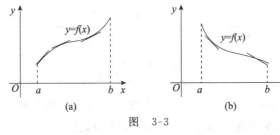

图 3-3

由此可见,函数的单调性与一阶导数的符号有关。

一、函数单调性的判别法

定理 5 设函数 $y=f(x)$ 在区间 $[a,b]$ 上连续,在 (a,b) 内可导:

(1) 如果在 (a,b) 内 $f'(x)>0$,那么函数 $y=f(x)$ 在 $[a,b]$ 上单调增加;

(2) 如果在 (a,b) 内 $f'(x)<0$,那么函数 $y=f(x)$ 在 $[a,b]$ 上单调减少。

证 设 x_1,x_2 是 (a,b) 上的任意两点,且 $x_1<x_2$,则 $f(x)$ 在区间 $[x_1,x_2]$ 上满足拉格朗日中值定理的条件,于是存在 $\xi\in(x_1,x_2)$,使得 $f(x_2)-f(x_1)=f'(\xi)(x_2-x_1)$,若 $f'(x)>0$,必有 $f'(\xi)>0$,又因 $x_2-x_1>0$,故有 $f(x_2)>f(x_1)$。这表明 $y=f(x)$ 在 $[a,b]$ 上单调增加。

同理可证,若 $f'(x)<0$,则函数 $y=f(x)$ 在 $[a,b]$ 上单调减少。

例 16 判定函数的单调性:(1) $y=x-\sin x$ 在区间 $(0,\pi)$ 内;(2) $f(x)=x^5+5^x$。

解 (1) 因为在区间 $(0,\pi)$ 内,$y'=1-\cos x>0$,所以,函数 $y=x-\sin x$ 在区间 $(0,\pi)$ 内单调递增。

(2) 函数的定义域为 $(-\infty,+\infty)$,$f'(x)=5x^4+5^x\ln 5>0$ 所以,函数 $f(x)$ 在 $(-\infty,+\infty)$ 内单调增加。

有时,函数在其定义域上并不具有单调性,但是在定义域的不同范围内却具有单调性。对于这种情形可将函数的定义域分成若干个部分区间,函数在这些区间上具有单调性,我们称这些区间为函数的单调区间。对于可导函数,其单调区间的分界点处函数的导数为零。

我们把使 $f'(x)=0$ 的点 $x=x_0$ 叫作函数 $f(x)$ 的**稳定点**(也叫**驻点**);使函数导数为零的点 x_0 却不一定是其单调区间的分界点。例如函数 $y=x^3$ 在点 $x=0$ 处的导数为零,但 $x=0$ 却不是函数 $y=x^3$ 增减性的分界点,$y=x^3$ 在 $(-\infty,+\infty)$ 内都是单调递增的。

另外,某些一阶导数不存在的点也可能是单调性的分界点,如函数 $y=|x|$ 在点 $x=0$ 处不可导,但 $x=0$ 处是该函数单调性的分界点。

二、函数单调性的一般判定步骤

(1) 求出函数的定义域;

(2) 求出驻点及 $f'(x)$ 不存在的点;

(3) 用驻点及导数不存在的点将定义域分为若干个部分区间;

(4) 在不同区间上判断一阶导数的正、负号,从而给出单调性判定。

例 17 求函数 $y=2x^3+3x^2-12x+1$ 的单调区间和稳定点。

解 函数的定义域为 $(-\infty,+\infty)$,$y'=6x^2+6x-12=6(x+2)(x-1)$,令 $y'=0$,得 $x_1=-2,x_2=1$,用 $x_1=-2$ 和 $x_2=1$ 划分函数的定义域成三个区间,如表 3-1 所示。

表 3-1

x	$(-\infty,-2)$	-2	$(-2,1)$	1	$(1,+\infty)$
y'	$+$	0	$-$	0	$+$
y	递增		递减		递增

表 3-1 说明函数 $y=2x^3+3x^2-12x+1$ 在 $(-\infty,-2)$ 内单调递增,在 $(-2,1)$ 内单调递减,在 $(1,+\infty)$ 内单调递增;$x=-2$ 和 $x=1$ 是稳定点。

例 18 判定函数 $y=(2x-5)\sqrt[3]{x^2}$ 的单调性。

解　函数 $y=(2x-5)\sqrt[3]{x^2}$ 的定义域为 $(-\infty,+\infty)$，因为 $y'=\dfrac{10}{3}x^{\frac{2}{3}}-\dfrac{10}{3}x^{-\frac{1}{3}}=\dfrac{10}{3}\cdot$

$\dfrac{x-1}{\sqrt[3]{x}}$，所以 $x=1$ 为函数的驻点，$x=0$ 是函数的不可导点，如表 3-2 所示。

表　3-2

x	$(-\infty,0)$	0	$(0,1)$	1	$(1,+\infty)$
y'	$+$	不存在	$-$	0	$+$
y	递增		递减		递增

由表 3-2 可以看出，驻点 $x=1$ 和不可导点 $x=0$ 都是函数单调性的分界点。所以，函数 $y=(2x-5)\sqrt[3]{x^2}$ 在 $(-\infty,0)\bigcup(1,+\infty)$ 内单调增加，在 $(0,1)$ 内单调递减。

例 19　证明：当 $x>1$ 时，$2\sqrt{x}>3-\dfrac{1}{x}$。

证明　令 $f(x)=2\sqrt{x}-\left(3-\dfrac{1}{x}\right)$，则当 $x>1$ 时

$$f'(x)=\dfrac{1}{\sqrt{x}}-\dfrac{1}{x^2}=\dfrac{1}{x^2}(x\sqrt{x}-1)>0$$

所以 $f(x)$ 在 $[1,+\infty)$ 上单调增加，从而当 $x>1$ 时，$f(x)>f(1)$，因为 $f(1)=0$，所以 $f(x)>0$，即

$$2\sqrt{x}-\left(3-\dfrac{1}{x}\right)>0$$

整理得

$$2\sqrt{x}>3-\dfrac{1}{x}$$

思　考　题

1. 函数的单调性与一阶导数的正、负有何关系？
2. 如何判定函数的单调性？

习题 3-3

1. 判断下列函数在指定区间内的单调性。

(1) $y=\sin x,\left(-\dfrac{\pi}{2},\dfrac{\pi}{2}\right)$;　　　　　(2) $f(x)=\arctan x-x,(-\infty,+\infty)$。

2. 判定下列函数的单调性。

(1) $f(x)=2x^3-6x^2-18x-7$;　　　　(2) $f(x)=2x^2-\ln x$;

(3) $y=x^2(x-3)$;　　　　　　　　　　(4) $y=x\mathrm{e}^x$。

3. 求下列函数的稳定点(驻点)。

(1) $y=6x^2-x^4$;　　　　　　　　　　(2) $y=\dfrac{2}{1+x^2}$。

4. 求下列函数的单调区间。

(1) $f(x)=\mathrm{e}^{-x^2}$;　　　　　　　　　　(2) $f(x)=\mathrm{e}^x-x-1$;

(3) $f(x)=x+\sqrt{1+x}$;　　　　　(4) $f(x)=x^2-\ln x^2$;

(5) $f(x)=2x^3-9x^2+12x-3$;　　　(6) $f(x)=x^2-8\ln x$。

5. 证明：当 $x>0$ 时，$1+\dfrac{1}{2}x>\sqrt{1+x}$。

第四节　函数的极值及求法

函数的极值通常是函数曲线上的峰值点，它们是函数曲线上重要的点，本节介绍函数极值的判定和求法。

一、函数的极值

函数极值的定义本章第一节已讲过。如图 3-4 所示，$f(x_1)$ 和 $f(x_3)$ 是函数 $f(x)$ 的极大值，x_1 和 x_3 是 $f(x)$ 的极大值点；$f(x_2)$ 和 $f(x_4)$ 是函数 $f(x)$ 的极小值，x_2 和 x_4 是 $f(x)$ 的极小值点。

关于函数的极值，做以下几点说明：

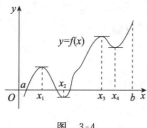

图 3-4

(1) 极值是指函数值，而极值点是指自变量的值，两者不应混淆。

(2) 函数的极值是一个局部性概念，它只是对在与极值点近旁的所有点的函数值相比较而言为最大或最小，并不意味着它在函数的整个定义域内最大或最小。因此，函数的极大值不一定比极小值大，如图 3-4 所示，极大值 $f(x_1)$ 就比极小值 $f(x_4)$ 还小。

(3) 函数的极值点一定出现在区间内部，区间的端点不能成为极值点；而使函数取得最大值、最小值的点可能在区间内部，也可能是区间的端点。

(4) 极大值和极小值可以有多个。

二、函数极值的判定和求法

定理 6　设函数 $f(x)$ 在点 x_0 处可导，且在点 x_0 处取得极值，则必有 $f'(x_0)=0$。

此定理说明可导函数的极值点必定是驻点，但函数的驻点并不一定是极值点，例如，$x=0$ 是函数 $f(x)=x^3$ 的驻点，但 $x=0$ 不是它的极值点，如图 3-5 所示。

因此，在求出了驻点后，我们需要对其是否是极值点进行判断。由图 3-6 可知函数在极值点两侧的导数符号相异，因此有：

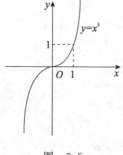

图　3-5

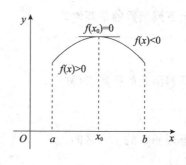

图　3-6

1. 函数极值的判别法

定理 7　设函数 $f(x)$ 在点 x_0 的空心邻域内可导,在 x_0 处连续,且 $f'(x_0)=0$ 或 $f'(x_0)$ 不存在,若

(1) $x<x_0$ 时,$f'(x)>0$,而 $x>x_0$ 时,$f'(x)<0$,那么 $f(x)$ 在 x_0 处取得极大值;

(2) $x<x_0$ 时,$f'(x)<0$,而 $x>x_0$ 时,$f'(x)>0$,那么 $f(x)$ 在 x_0 处取得极小值;

(3) 在 x_0 的左、右两侧 $f'(x)$ 不变符号,那么 $f(x)$ 在 x_0 处不取得极值。

例 20　求函数 $f(x)=\dfrac{1}{3}x^3-9x+4$ 的极值。

解　(1) 函数 $f(x)=\dfrac{1}{3}x^3-9x+4$ 的定义域为 $(-\infty,+\infty)$;

(2) $f'(x)=x^2-9=(x+3)(x-3)$,令 $f'(x)=0$,得驻点 $x_1=-3,x_2=3$;

(3) 列表考察 $f'(x)$ 的符号,如表 3-3 所示。

表　3-3

x	$(-\infty,-3)$	-3	$(-3,3)$	3	$(3,+\infty)$
$f'(x)$	$+$	0	$-$	0	$+$
$f(x)$	↗	极大值 22	↘	极小值 -14	↗

由表 3-3 可知,函数的极大值为 $f(-3)=22$,极小值为 $f(3)=-14$。

例 21　求函数 $f(x)=(x^2-1)^3+1$ 的极值。

解　(1) $f(x)$ 的定义域为 $(-\infty,+\infty)$。

(2) $f'(x)=3(x^2-1)^2\cdot 2x=6x(x+1)^2(x-1)^2$。令 $f'(x)=0$,解之得驻点 $x_1=-1,x_2=0,x_3=1$。

(3) 列表考察 $f'(x)$ 的符号,如表 3-4 所示。

表　3-4

x	$(-\infty,-1)$	-1	$(-1,0)$	0	$(0,1)$	1	$(1,+\infty)$
$f'(x)$	$-$	0	$-$	0	$+$	0	$+$
$f(x)$	↘		↘	极小值 0	↗		↗

由表 3-4 可知,函数有极小值 $f(0)=0$。

定理 8　设函数 $f(x)$ 在点 x_0 处具有二阶导数且 $f'(x_0)=0,f''(x_0)\neq 0$,则

(1) 如果 $f''(x_0)<0$,那么 x_0 为 $f(x)$ 的极大值点,$f(x_0)$ 为极大值;

(2) 如果 $f''(x_0)>0$,那么 x_0 为 $f(x)$ 的极小值点,$f(x_0)$ 为极小值。

例 22　利用定理 8 求例 20 中的极值。

解　$f'(x)=x^2-9=(x+3)(x-3)$,令 $f'(x)=0$,得驻点 $x_1=-3,x_2=3$。

因为 $f''(x)=2x,f''(-3)=-6<0,f''(3)=6>0$,所以函数 $f(x)=\dfrac{1}{3}x^3-9x+4$ 在 $x_1=-3$ 处取得极大值 $f(-3)=22$,在 $x_2=3$ 处取得极小值 $f(3)=-14$。

注意:定理 8 用来判定可导函数在驻点处的极值,当 $f'(x_0)=0$ 且 $f''(x_0)=0$(或 $f''(x_0)$ 不存在)时,定理 8 失效,这时可考虑定理 7。

例 23　求函数 $f(x)=3x^4-8x^3+6x^2+1$ 的极值。

解 $f'(x)=12x^3-24x^2+12x=12x(x-1)^2$，$f''(x)=12(3x-1)(x-1)$。令 $f'(x)=0$，得驻点 $x=0$，$x=1$，且 $f''(0)=12>0$，$f''(1)=0$，所以函数在 $x=0$ 取得极小值，极小值是 $f(0)=1$。

因为 $f''(1)=0$，所以用二阶导数判定极值失效。

由于在 $x=1$ 的两侧 $0<x<1$ 及 $x>1$ 时皆有 $f'(x)>0$，故函数在 $x=1$ 处不取得极值。

注意：应该指出可导函数的极值仅可能在驻点处取得。然而，连续函数的极值，不仅可能在驻点处取得，也可能在导数不存在的点处取得。

如函数 $y=|x|$ 在 $x=0$ 处导数不存在，但点 $x=0$ 是极小值点，极小值是 $f(0)=0$，如图 3-7 所示。

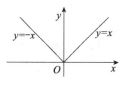

图　3-7

2. 函数极值判定的一般步骤

综上所述，我们得出函数极值判定的一般步骤：

(1) 求出 $f(x)$ 的定义域；

(2) 求出 $f'(x)$，找出 $f(x)$ 的所有驻点及导数不存在的点；

(3) 用驻点和导数不存在的点划分定义域成若干子区间；

(4) 判定导数 $f'(x)$ 的符号，给出函数增减性的判定；

(5) 根据极值的概念，判定驻点和导数不存在的点是否为极值点，从而判定函数的极值。

例 24　求函数 $y=(2x-5)\sqrt[3]{x^2}$ 的极值。

解　(1) 函数 $y=(2x-5)\sqrt[3]{x^2}$ 的定义域为 $(-\infty,+\infty)$。

(2) $y'=\dfrac{10}{3}x^{\frac{2}{3}}-\dfrac{10}{3}x^{-\frac{1}{3}}=\dfrac{10}{3}\dfrac{x-1}{\sqrt[3]{x}}$，显然，$x=1$ 为驻点，且 $x=0$ 时，导数不存在。

(3) 列表观察 $f'(x)$ 的符号，如表 3-5 所示。

表　3-5

x	$(-\infty,0)$	0	$(0,1)$	1	$(1,+\infty)$
y'	+	不存在	−	0	+
y	↗	0	↘	−3	↗

(4) 由表 3-5 可知，在 $x=1$ 处，函数取得极小值 $f(1)=-3$；在 $x=0$ 处，函数取得极大值 $f(0)=0$。

例 25　求函数 $y=x-3(x-1)^{\frac{2}{3}}$ 的极值。

解　(1) 函数的定义域为 $(-\infty,+\infty)$。

(2) $y'=1-\dfrac{2}{(x-1)^{\frac{1}{3}}}=\dfrac{(x-1)^{\frac{1}{3}}-2}{(x-1)^{\frac{1}{3}}}$。令 $y'=0$ 得驻点 $x=9$，$x=1$ 是不可导点，但函数在 $x=1$ 处连续。

(3) y' 的符号如表 3-6 所示。

表　3-6

x	$(-\infty,1)$	1	$(1,9)$	9	$(9,+\infty)$
y'	+	不存在	−	0	+
y	↗	1	↘	−3	↗

由表 3-6 可知，函数 $y=x-3(x-1)^{\frac{2}{3}}$ 在不可导点 $x=1$ 处取得极大值 $f(1)=1$，在驻点 $x=9$ 处取得极小值 $f(9)=-3$。

思　考　题

1. 可能的极值点包含哪些点？怎样判定可能的极值点是否为极值点？何时用定理 7 判定？何时用定理 8 判定？

2. 定理 7 中去掉函数"在 x_0 处连续"的假设后，还能保证定理的正确性吗？

习题 3-4

1. 求下列函数的极小值与极大值。

(1) $f(x)=\dfrac{\ln x}{x}$；

(2) $f(x)=x^3+3x^2-24x-20$；

(3) $y=2x^2-\ln x$；

(4) $y=2x+\dfrac{8}{x}$；

(5) $y=2x^3-3x^2$；

(6) $y=x^2\ln x$；

(7) $f(x)=\mathrm{e}^x+\mathrm{e}^{-x}$。

2. 求下列函数在指定区间内的极值。

(1) $y=\sin x+\cos x,\left(-\dfrac{\pi}{2},\dfrac{\pi}{2}\right)$；

(2) $y=\mathrm{e}^x\cos x,(0,2\pi)$。

3. 求函数 $y=(x-2)\sqrt[3]{(x-1)^2}$ 的极值。

第五节　函数的最大值和最小值

本章第四节介绍了函数的极值，极值是局部性概念，它描述函数在某一点邻域内的性态。本节介绍函数的最大值和最小值问题，这是研究函数在整个区间上的函数性态。函数最值问题在科学技术和生产实际中都有非常重要的应用价值。

在第一章中我们已学过函数的最大值与最小值的概念，最值是整体性的，表示在整个区间上函数值最大或最小，这个区间可能是闭区间也可能是开区间，下面我们就来讨论如何求函数的最大值与最小值。

一、闭区间上的连续函数最值的求法

由第一章闭区间上连续函数的性质可知：在闭区间 $[a,b]$ 上的连续函数 $f(x)$，必在 $[a,b]$ 上存在最大值和最小值。

连续函数在 $[a,b]$ 上的最大值和最小值只可能在区间内的极值点或端点处取得，因此，对于闭区间上的连续函数，我们有函数最值的一般求法：

求出函数在 $[a,b]$ 上所有可能的极值点（即驻点及导数不存在的点）和端点处的函数值，比较这些函数值的大小，其中最大的是最大值，最小的就是最小值。

例 26　求函数 $f(x)=x^3-3x^2-9x+1$ 在 $[-2,6]$ 上的最大值和最小值。

解　(1) $f'(x)=3x^2-6x-9=3(x+1)(x-3)$；

(2) 令 $f'(x)=0$，得稳定点 $x_1=-1,x_2=3$；

(3) 计算 $f(-2)=-1, f(-1)=6, f(3)=-26, f(6)=55$;

(4) 比较大小可得,函数 $f(x)=x^3-3x^2-9x+1$ 在 $[-2,6]$ 上的最大值为 $f(6)=55$,最小值为 $f(3)=-26$。

二、开区间内的可导函数最值的求法

对于开区间内的可导函数,我们有:

结论 1:如果函数 $f(x)$ 在一个开区间或无穷区间 $(-\infty,+\infty)$ 内可导,且有唯一的极值点 x_0,那么,当 $f(x_0)$ 是极大值时,它也是 $f(x)$ 在该区间上的最大值;当 $f(x_0)$ 是极小值时,它也是 $f(x)$ 在该区间上的最小值。

例 27 求函数 $y=x^2-4x+3$ 的最值。

解 函数的定义域为 $(-\infty,+\infty)$,$y'=2x-4$,令 $y'=0$,得驻点 $x=2$。容易知道,$x=2$ 是函数的极小值点,因为函数在 $(-\infty,+\infty)$ 有唯一的极值点,因此,函数的极小值就是函数的最小值,最小值为 $f(2)=-1$。

三、实际问题中函数最值的求法

结论 2:一般地,如果可导函数 $f(x)$ 在某区间内只有一个驻点 x_0,且实际问题又有最大值(或最小值),那么,函数的最大值(或最小值)必在点 x_0 处取得。

例 28 用一块边长为 48 厘米的正方形铁皮做一个无盖的铁盒时,在铁皮的四角各截取一个大小相同的小正方形(见图 3-8),然后将四边折起做成一个无盖的方盒(见图 3-9),问截取的小正方形的边长为多少时,做成的铁盒容积最大?

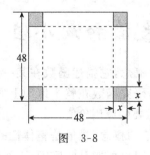

图 3-8

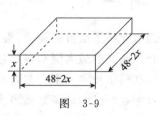

图 3-9

解 设截取的小正方形的边长为 x 厘米,铁盒的容积为 V 立方厘米,则有

$$V = x(48-2x)^2 \quad (0 < x < 24)$$
$$V' = (48-2x)^2 + x2(48-2x)(-2) = 12(24-x)(8-x)$$

令 $V'=0$,求得函数在 $(0,24)$ 内的驻点为 $x=8$。由于铁盒必然存在最大容积,因此,当 $x=8$ 时,函数 V 有最大值,即当小正方形边长为 8 厘米时,铁盒容积最大。

例 29 做一个有盖的圆柱形杯子,规定容积为 V,问怎样选取底面半径 r 和高 h,使材料最省?

解 材料最省即表面积最小,由 $V=\pi r^2 h$,得 $h=\dfrac{V}{\pi r^2}$,则表面积

$$S = 2\pi r^2 + 2\pi rh = 2\pi r^2 + \frac{2V}{r}$$

令 $S'=4\pi r-\dfrac{2V}{r^2}=0$,得唯一驻点 $r=\sqrt[3]{\dfrac{V}{2\pi}}$,故当 $r=\sqrt[3]{\dfrac{V}{2\pi}}$ 时,S 最小,此时

$$h = \frac{V}{\pi r^2} = \frac{Vr}{\pi r^3} = 2r,$$ 即高与底面直径相等。

例 30　铁路线上 AB 段的距离为 100 千米, 工厂 C 距离 A 处为 20 千米, AC 垂直于 AB (见图 3-10), 为了运输需要, 要在 AB 线上选定一点 D, 向工厂修筑一条公路, 已知铁路上每吨每千米货运的费用与公路上每吨每千米货运的费用之比为 $3:5$, 为了使货物从供应站 B 运到工厂 C 每吨货物的总运费最省, 问 D 应选在何处?

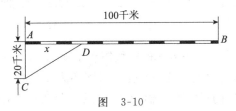

图　3-10

解　设 D 点应选在距离 A 处 x 千米, 则

$$DB = 100 - x, \quad CD = \sqrt{20^2 + x^2} = \sqrt{400 + x^2}$$

设铁路上每吨每千米货运的运费为 $3k$, 则公路上每吨每千米货运的运费为 $5k$ (k 为常数)。设货物从 B 点运到 C 点每吨货物需要的总运费为 y, 则

$$y = 5k\sqrt{400 + x^2} + 3k(100 - x) \quad (0 \leqslant x \leqslant 100)$$

求导数

$$y' = 5k\frac{x}{\sqrt{400 + x^2}} - 3k = \frac{k(5x - 3\sqrt{400 + x^2})}{\sqrt{400 + x^2}}$$

令 $y' = 0$ 得驻点 $x_1 = 15, x_2 = -15$ (舍去)。

$y|_{x=15} = 380k, y|_{x=0} = 400k, y|_{x=100} = 5\sqrt{10\,400}\,k > 500k$, 因此, 当 $x = 15$ 时, y 取得最小值, 即 D 应选在距离 A 点 15 千米处, 这时每吨货物的总运费最省。

思　考　题

1. 极值与最值有何区别与联系?
2. 指出最值计算过程中开区间与闭区间的区别。

习题 3-5

1. 求下列函数的最大值和最小值。

(1) $y = x^4 - 2x^2 + 5, x \in [-2, 2]$;

(2) $y = \sin 2x - x, x \in \left[-\dfrac{\pi}{2}, \dfrac{\pi}{2}\right]$;

(3) $y = x + \sqrt{1 - x}, x \in [-5, 1]$;

(4) $y = \dfrac{x^2}{1 + x}, x \in \left[-\dfrac{1}{2}, 1\right]$;

(5) $y = x + 2\sqrt{x}, x \in [0, 4]$;

(6) $y = x^2 - 4x + 6, x \in [-3, 10]$。

2. 设两个正数之和为定数 a, 求其积的最大值。

3. 甲、乙两个单位合用一变压器, 其位置如图 3-11 所示, 问变压器设在何处时, 所需电线最短?

4. 甲轮船位于乙轮船东 75 海里, 以每小时 12 海里的速度向西行驶, 而乙轮船则以每小时 6 海里的速度向北行驶, 如图 3-12 所示, 问经过多少时间两船相距最近?

5. 已知横梁的强度与它的矩形断面的宽及高的平方之积成正比。要将直径为 d 的圆木锯成强度最大的横梁(见图 3-13),问断面的高和宽应是多少?

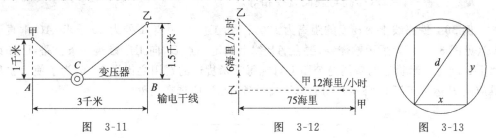

图 3-11   图 3-12   图 3-13

6. 用围墙围成面积为 216 平方米的一块矩形土地,并在此矩形土地的正中用一堵墙将其分成相等的两块,问这块土地的长与宽的尺寸各为多少时,才能使建筑材料最省?

7. 要造一个容积为 V 的圆柱形容器(无盖),问底半径和高分别为多少时所用材料最省?

8. 某农场需要建一个面积为 512 平方米的矩形晒谷场,一边可利用原来的石条沿,其他三边需要砌新的石条沿,问晒谷场的长和宽各为多少时用料最省?

9. 用每平方米 10 元的钢板,制作一个容积为 4 立方米的油箱,油箱的底部是正方形,形状是长方体,无盖,焊接成本 40 元,问油箱的底边长和高各是多少时,总费用最少?最低的费用是多少?

第六节　曲线的凹凸性和拐点

前面我们利用导数研究了函数的单调性、极值和最值问题,现在我们将利用二阶导数来研究曲线的弯曲方向,以便能更好地把握函数的性态。

一、曲线的凹凸性和判定法

如图 3-14 所示是函数 $y=\sqrt[3]{x}$ 的图像,因为 $y'=\frac{1}{3}x^{-\frac{2}{3}}=\frac{1}{3\sqrt[3]{x^2}}>0$,所以函数 $y=\sqrt[3]{x}$

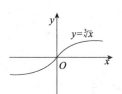

图　3-14

在 $(-\infty,+\infty)$ 上单调递增,但曲线弧的弯曲方向不同。函数 $y=\sqrt[3]{x}$ 在 $(-\infty,0)$ 上曲线弧位于每点切线的上方,在 $(0,+\infty)$ 上曲线弧位于每点切线的下方。根据曲线弧与其切线的位置关系的不同,我们给出如下定义:

定义 2　如果在某区间内的曲线弧位于其任意点切线的上方,那么此曲线弧就叫作在该区间内是**凹的**;如果在某区间内的曲线弧位于其任意点切线的下方,那么此曲线弧就叫作在该区间内是**凸的**。并称连续曲线的凹凸部分的分界点为此曲线的**拐点**。

如函数 $y=\sqrt[3]{x}$ 在 $(-\infty,0)$ 上是凹曲线,在 $(0,+\infty)$ 上是凸曲线,点 $(0,0)$ 是拐点。该函数的二阶导数 $y''=-\frac{2}{9x\cdot\sqrt[3]{x^2}}$,我们观察到,在 $(-\infty,0)$ 上 $y''>0$ 曲线是凹的,在 $(0,+\infty)$ 上 $y''<0$ 曲线是凸的。因此,函数的二阶导数与曲线的凹凸性有关。

定理 9　(曲线凹凸性的判定定理)　设函数 $f(x)$ 在开区间 (a,b) 内具有二阶导数 $f''(x)$。如果在 (a,b) 内 $f''(x)>0$,那么曲线在 (a,b) 内是凹的;如果在 (a,b) 内 $f''(x)<0$,那么曲线在 (a,b) 内是凸的。

例 31 判定曲线 $y=\dfrac{1}{x}$ 的凹凸性。

解 函数的定义域为 $(-\infty,0)\bigcup(0,+\infty)$，$y'=-\dfrac{1}{x^2}$，

$y''=\dfrac{2}{x^3}$。当 $x<0$ 时，$y''<0$；当 $x>0$ 时，$y''>0$，所以曲线在

$(-\infty,0)$ 内是凸曲线，在 $(0,+\infty)$ 内是凹曲线，该曲线（在 $x=0$

处不连续）没有拐点，如图 3-15 所示。

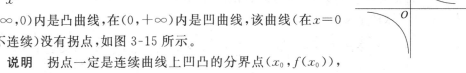

图 3-15

说明 拐点一定是连续曲线上凹凸的分界点 $(x_0,f(x_0))$，它是一个有序实数对。

例 32 判定函数 $y=x^3$ 的凹凸性。

解 （1）函数的定义域为 $(-\infty,+\infty)$。

（2）$y'=3x^2$，$y''=6x$，令 $y''=0$，得 $x=0$。

（3）当 $x<0$ 时，$y''<0$；当 $x>0$ 时，$y''>0$。

（4）根据函数凹凸性和拐点的定义知，曲线在 $(-\infty,0)$ 内是凸的，在 $(0,+\infty)$ 内是凹的，点 $(0,0)$ 是拐点。

定理 10 （可导函数拐点判别法） 设函数 $y=f(x)$ 在 (a,b) 内具有二阶导数，x_0 是 (a,b) 内的一点，且 $f''(x_0)=0$，如果在 x_0 的左右近旁 $f''(x)$ 异号，则点 $(x_0,f(x_0))$ 是曲线 $f(x)$ 的拐点。

说明 二阶导数不存在的连续点也有可能是拐点。

例 33 讨论曲线 $y=(x-2)^{\frac{5}{3}}$ 的凹凸区间和拐点的坐标。

解 （1）函数的定义域是 $(-\infty,+\infty)$

（2）求导数 $y'=\dfrac{5}{3}(x-2)^{\frac{2}{3}}$，$y''=\dfrac{10}{9}(x-2)^{-\frac{1}{3}}=\dfrac{10}{9}\cdot\dfrac{1}{(x-2)^{\frac{1}{3}}}$。

（3）函数没有使二阶导数为零的点，但有不可导点 $x=2$。

（4）曲线的凹凸性及拐点如表 3-7 所示。

表 3-7

x	$(-\infty,2)$	2	$(2,+\infty)$
y''	$-$	不存在	$+$
y	凸	拐点 $(2,0)$	凹

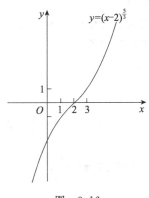

图 3-16

（5）由表 3-7 可知，曲线 $y=(x-2)^{\frac{5}{3}}$ 在 $(-\infty,2)$ 内是凸的，在 $(2,+\infty)$ 内是凹的，当 $x=2$ 时，y'' 不存在，但点 $(2,0)$ 是拐点，如图 3-16 所示。

根据以上所述，我们得到曲线凹凸性和拐点的一般求法。

二、曲线凹凸性和拐点的一般求法

（1）确定函数 $f(x)$ 的定义域；

（2）求函数 $f(x)$ 的二阶导数；

（3）求出使 $f''(x)=0$ 的所有点及二阶导数不存

的点；

（4）用上述点将定义区间划分成若干部子区间,考察二阶导数在各个区间内的符号；

（5）根据定理进行判定。

例 34 讨论曲线 $y=(x-1)\cdot\sqrt[3]{x^2}$ 的凹凸性和拐点。

解 （1）函数的定义域为 $(-\infty,+\infty)$。

（2）$y'=\dfrac{5}{3}x^{\frac{2}{3}}-\dfrac{2}{3}x^{-\frac{1}{3}}$，$y''=\dfrac{10}{9}x^{-\frac{1}{3}}+\dfrac{2}{9}x^{-\frac{4}{3}}$，令 $y''=0$ 得 $x=-\dfrac{1}{5}$；又当 $x=0$ 时，y'' 不存在。

（3）函数的凹凸性及拐点如表 3-8 和图 3-17 所示。

表 **3-8**

x	$\left(-\infty,-\dfrac{1}{5}\right)$	$-\dfrac{1}{5}$	$\left(-\dfrac{1}{5},0\right)$	0	$(0,+\infty)$
y''	$-$	0	$+$	不存在	$+$
y	凸	拐点 $\left(-\dfrac{1}{5},\dfrac{6}{25}\sqrt[3]{5}\right)$	凹	无拐点	凹

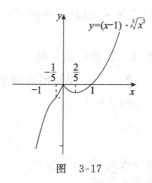

图 3-17

思 考 题

1. 函数的导数与曲线的凹凸性有何关系？

2. 根据下列条件,画曲线：

（1）画出一条曲线,使它的一阶导数和二阶导数均处处为正；

（2）画出一条曲线,使它的二阶导数处处为负,但一阶导数处处为正；

（3）画出一条曲线,使它的二阶导数处处为正,但一阶导数处处为负；

（4）画出一条曲线,使它的一阶导数和二阶导数均处处为负。

习题 3-6

1. 判断下列曲线的凹凸性。

（1）$y=e^x$； （2）$y=\ln x$； （3）$y=x+\dfrac{1}{x^2}$；

（4）$y=(x-2)^{\frac{5}{3}}$； （5）$y=x^2+\ln x$。

2. 求下列曲线的凹凸区间及拐点。

(1) $y=x^3-5x^2+3x+5$；　　　(2) $y=xe^{-x}$；　　　(3) $y=e^{\arctan x}$；

(4) $y=\ln(1+x^2)$；　　　　　(5) $y=e^{-x^2}$；　　　　(6) $y=2+(x-1)^{\frac{1}{3}}$。

3. 曲线 $y=ax^3+bx^2$ 以 $(1,3)$ 为拐点,求 a,b。

4. 说明曲线 $y=x^5-5x^3+30$ 在点 $(1,11)$ 及点 $(3,3)$ 附近的凹凸性。

第七节　函数图像的描绘

为了能比较准确而形象地反映函数的变化规律,我们需要作出函数的图像;要作出比较准确的函数图像,除了前面的知识,还需要掌握函数的渐近线。

一、曲线的渐近线

1. 渐近线的概念

定义 3　设曲线 $y=f(x)$ 上的动点 $M(x,y)$,如果当 $x\to x_0$(或 ∞)时,动点 $M(x,y)$ 与某条直线 L 之间的距离趋向于零,则称 L 为该曲线的**渐近线**。

定义中的渐近线可以是各种位置的直线。

2. 渐近线的分类

(1) 垂直渐近线

如果当 $x\to x_0$(有时仅当 $x\to x_0^-$,或 $x\to x_0^+$)时,有 $f(x)\to\infty$,则称直线 $x=x_0$ 为曲线 $y=f(x)$ 的**垂直渐近线**。

(2) 水平渐近线

如果当 $x\to\infty$(有时仅当 $x\to+\infty$ 或 $x\to-\infty$)时,有 $f(x)\to b$(b 为常数),则称直线 $y=b$ 为曲线 $y=f(x)$ 的**水平渐近线**。

(3) 斜渐近线

若 $\lim\limits_{x\to\infty}\dfrac{f(x)}{x}=a$ 且 $\lim\limits_{x\to\infty}[f(x)-ax]=b$,则 $y=ax+b$ 是曲线 $y=f(x)$ 的**斜渐近线**。

例 35　求曲线 $y=\dfrac{1}{x^2}+1$ 的水平渐近线或垂直渐近线。

解　因为 $\lim\limits_{x\to\infty}\left(\dfrac{1}{x^2}+1\right)=1$,所以曲线的水平渐近线为 $y=1$；又因 $\lim\limits_{x\to0}\left(\dfrac{1}{x^2}+1\right)=\infty$,故此曲线的垂直渐近线为 $x=0$。

例 36　求曲线 $y=xe^{\frac{1}{x^2}}$ 的渐近线。

解　因为
$$\lim_{x\to0}xe^{\frac{1}{x^2}}=\lim_{x\to0}\frac{e^{\frac{1}{x^2}}}{\frac{1}{x}}=\lim_{x\to0}\frac{-\frac{2}{x^3}e^{\frac{1}{x^2}}}{-\frac{1}{x^2}}=\lim_{x\to0}\frac{2e^{\frac{1}{x^2}}}{x}=\infty$$

所以,$x=0$ 是曲线的垂直渐近线。又因为 $\lim\limits_{x\to\infty}\dfrac{f(x)}{x}=a=\lim\limits_{x\to\infty}\dfrac{xe^{\frac{1}{x^2}}}{x}=1$,且

$$\lim_{x\to\infty}[f(x)-ax]=b=\lim_{x\to\infty}(xe^{\frac{1}{x^2}}-x)=\lim_{x\to\infty}\frac{e^{\frac{1}{x^2}}-1}{\frac{1}{x}}=\lim_{x\to\infty}\frac{2e^{\frac{1}{x^2}}}{x}=0$$

故有斜渐近线 $y=ax+b=x$,因此,曲线 $y=xe^{\frac{1}{x^2}}$ 有垂直渐近线 $x=0$ 和斜渐近线 $y=x$。

二、函数图像的描绘

笛卡儿的数形对应的是函数作图的理论基础,有序实数对与坐标平面内点的一一对应,是函数作图描点的依据。

描绘函数图像不但需要以描点为基础,还需要考虑函数的各种性态,这样才能作出比较精确的函数图像。一般地,函数作图采用以下几个步骤:

(1) 确定函数的定义域、奇偶性、周期性以及是否有界;

(2) 求出函数的一、二阶导数,再求出使一、二阶导数为零的点,并找出一、二阶导数不存在的点;用这些点划分定义区间成若干部分区间并列表;

(3) 考察各个区间内 $f'(x)$ 和 $f''(x)$ 的符号,确定函数的单调性、极值点、极值、最值以及曲线的凹凸性和拐点;

(4) 确定曲线的渐近线;

(5) 求作一些辅助点(如与坐标轴的交点等);

(6) 描绘函数图像。

例 37 作出函数 $f(x)=3x-x^3$ 的图像。

解 (1) 函数 $f(x)=3x-x^3$ 的定义域为 $(-\infty,+\infty)$,它是奇函数。

(2) $f'(x)=3-3x^2$,$f''(x)=-6x$。令 $f'(x)=0$ 得 $x=\pm1$;令 $f''(x)=0$,得 $x=0$。

(3) 曲线的单调性、极值、凹凸性及拐点如表 3-9 所示。

表 **3-9**

x	$(-\infty,-1)$	-1	$(-1,0)$	0	$(0,1)$	1	$(1,+\infty)$
$f'(x)$	$-$	0	$+$	$+$	$+$	0	$-$
$f''(x)$	$+$	$+$	$+$	0	$-$	$-$	$-$
$f(x)$	↘	极小值 -2	↗	拐点$(0,0)$	↗	极大值 2	↘

(4) 曲线无水平渐近线和垂直渐近线。

(5) 令 $f(x)=0$,得 $x=\pm\sqrt{3}$ 或 $x=0$,则曲线与 x 轴的交点为 $(-\sqrt{3},0)$,$(0,0)$ 和 $(\sqrt{3},0)$。

(6) 作图:如图 3-18 所示。

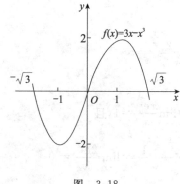

图 3-18

例 38 作出函数 $f(x)=\dfrac{1}{\sqrt{2\pi}}e^{-\frac{x^2}{2}}$ 的图像。

解 (1) 函数的定义域为 $(-\infty,+\infty)$,显然 $f(x)$ 是偶函数,下面先讨论 $[0,+\infty)$ 上函数的性态。

(2) $f'(x)=-\dfrac{x}{\sqrt{2\pi}}e^{-\frac{x^2}{2}}$,$f''(x)=\dfrac{(x^2-1)}{\sqrt{2\pi}}e^{-\frac{x^2}{2}}$,当 $x\geqslant0$ 时,令 $f'(x)=0$,有 $x=0$,令 $f''(x)=0$,有 $x=1$,该函数不存在间断点和不可导点。

(3) 曲线的单调性、极值、凹凸性及拐点如表 3-10 所示。

表 3-10

x	0	$(0,1)$	1	$(1,+\infty)$
$f'(x)$	0	$-$	$-$	$-$
$f''(x)$	$-$	$-$	0	$+$
$f(x)$	极大值 $\dfrac{1}{\sqrt{2\pi}}$	↘	拐点 $\left(1,\dfrac{1}{\sqrt{2\pi e}}\right)$	↘

（4）由 $\lim\limits_{x\to\infty}\dfrac{1}{\sqrt{2\pi}}e^{-\frac{x^2}{2}}=0$ 可知，直线 $y=0$ 为曲线的一条水平渐近线。

（5）令 $x=0$，$f(0)=\dfrac{1}{\sqrt{2\pi}}$，曲线与 y 轴交点为 $\left(0,\dfrac{1}{\sqrt{2\pi}}\right)$。

（6）先作出函数在 $[0,+\infty)$ 上的图像；再根据偶函数的对称性作出全图，如图 3-19 所示。

例 39 作出函数 $f(x)=x+\dfrac{1}{x}$ 的图像。

解 （1）函数 $f(x)=x+\dfrac{1}{x}$ 的定义域是 $(-\infty,0)\bigcup$ $(0,+\infty)$，它是奇函数，先作出 $(0,+\infty)$ 内的函数图像。

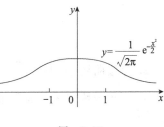

图 3-19

（2）$y'=1-\dfrac{1}{x^2}=\dfrac{x^2-1}{x^2}$，$y''=\dfrac{2}{x^3}$，令 $y'=0$ 得 $x=\pm1$。

（3）曲线的单调性、极值、凹凸性及拐点如表 3-11 所示。

表 3-11

x	$(-\infty,-1)$	-1	$(-1,0)$	$(0,1)$	1	$(1,+\infty)$
$f'(x)$	$+$	0	$-$	$-$	0	$+$
$f''(x)$	$-$	$-$	$-$	$+$	$+$	$+$
$f(x)$	↗	$y_{极大}=-2$	↘	↘	$y_{极小}=2$	↗

（4）当 $x\to0$ 时，$y\to\infty$，所以，$x=0$ 是垂直渐近线；

因为 $\lim\limits_{x\to\infty}\dfrac{f(x)}{x}=a=\lim\limits_{x\to\infty}\left(1+\dfrac{1}{x^2}\right)=1$，$b=\lim\limits_{x\to\infty}[f(x)-ax]=\lim\limits_{x\to\infty}\dfrac{1}{x}=0$

所以，曲线的斜渐近线为 $y=x$。

（5）作图：如图 3-20 所示。

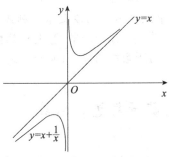

图 3-20

思 考 题

1. 如果使 $f''(x_0)=0$,那么点 $(x_0, f(x_0))$ 一定是曲线的拐点吗?
2. 如何描绘函数的图像?

习题 3-7

1. 求下列曲线的渐近线。

(1) $y=x+\ln x$;　　　　(2) $y=\dfrac{(3x+1)^2}{x-1}$;　　　　(3) $y=\ln(x-1)$;

(4) $y=e^{1-x}$;　　　　(5) $y=xe^{-x}$;　　　　(6) $y=\dfrac{1}{x^2-4x+5}$;

(7) $y=e^{\frac{1}{x}}-1$;　　　　(8) $y=\dfrac{x-1}{x-2}$。

2. 考察曲线 $y=1+\dfrac{1-2x}{x^2}$ 的性态并作图。

3. 作出函数 $f(x)=xe^{-x}$ 的图像。

第八节　导数在经济分析中的应用

在经济与管理中常常要考虑产量、成本、利润、收益、需求、供给等问题,通常成本、收益、利润都是产量的函数,为此,需要考虑成本最低、利润最大等问题,这就是在利用导数研究经济工作中的最值问题。本节主要介绍经济学中的边际分析问题。

一、边际分析

1. 边际函数的概念

设函数 $f(x)$ 可导,导函数 $f'(x)$ 在经济与管理中称为边际函数,$f'(x_0)$ 称为 $f(x)$ 在点 x_0 的边际函数值,它描述了 $f(x)$ 在点 x_0 处的变化速度(或称变化率)。

2. 边际函数的意义

边际函数也叫已知函数的边际,所谓边际就是已知函数的一阶导数。

由微分概念可知,在点 x_0 处 x 的改变量为 Δx,则 y 在相应点的改变量可用 dy 来近似表示

$$\Delta y \approx dy = f'(x_0)\Delta x$$

若 x 在点 x_0 处改变一个单位,即 $\Delta x=1$,$dy=f'(x_0)$,因此,边际函数值 $f'(x_0)$ 的含义是当 x 在点 x_0 处改变一个单位时函数的改变量。例如,某种产品的成本 C 是产量 Q 的函数 $C=C(Q)$,边际成本值 $C'(Q_0)$ 称为产量 Q_0 时的边际成本,它描述了产量达到 Q_0 时,生产 Q_0 前最后一个单位产品所增加的成本;或产量达到 Q_0 后,再增加一个单位产品所增加的成本。

二、经济学中常用的函数及其边际函数

1. 成本函数

(1) 成本函数。生产某种产品需投入设备、原料、劳力等资源,这些资源投入的价格

或资源总额称为总成本，以 C 表示。总成本由固定成本 C_1 和可变成本 C_2 组成，可变成本一般是产量 Q 的函数，故总成本是产量 Q 的函数，称为成本函数，记为

$$C(Q) = C_1 + C_2(Q)$$

（2）平均成本函数。单位产品的成本称为平均成本，记为 $\overline{C}(Q)$，称为平均成本函数，记为

$$\overline{C}(Q) = \frac{C(Q)}{Q} = \frac{C_1}{Q} + \frac{C_2(Q)}{Q}$$

（3）边际成本函数。总成本对产量的变化率 $C'(Q)$ 称为边际成本函数（或称成本函数的边际）。

2. 需求函数与供给函数

需求是指在一定价格条件下消费者愿意购买并且有支付能力购买的商品量。供给是指在一定价格条件下生产者愿意出售并且有可供出售的商品量。

（1）需求函数。若以 P 表示商品价格，Q 表示商品需求量，则 Q 是 P 的函数 $Q = f(P)$，称为需求函数。一般来说，商品价格低则需求量大，价格高则需求量小，因此需求函数 $Q = f(P)$ 是单调减函数。单调函数的反函数仍为单调函数，$Q = f(P)$ 的反函数 $P = P(Q)$ 也称为需求函数。常用的需求函数有：

线性函数 $\qquad\qquad Q = b - aP, a > 0, b > 0$

反比函数 $\qquad\qquad Q = \dfrac{k}{P}, k > o, P \neq 0$

幂函数 $\qquad\qquad Q = kP^{-a}, k > 0, a > 0, P \neq 0$

指数函数 $\qquad\qquad Q = ae^{-bP}, a > 0, b > 0$

它们都是单调减函数。

（2）供给函数。仍以 S 表示供给量，S 也是价格 P 的函数，$S = \varphi(P)$ 称为供给函数。一般来说，商品价格低，生产者不愿生产，供给少，商品价格高，则供给多，即供给函数 $S = f(P)$ 是单调增函数，其反函数 $P = \psi(S)$ 也称为供给函数。常用的供给函数有：

线性函数 $\qquad\qquad S = aP - b, a > 0, b > 0$

幂函数 $\qquad\qquad S = kP^a, k > 0, \alpha > 0$

指数函数 $\qquad\qquad S = ae^{bP}, a > 0, b > 0$

它们都是单调增函数。

3. 收益函数与利润函数

生产者出售一定数量的产品所得到的全部收入称为总收益，记为 R。总收益与产品产量 Q 和产品的价格 P 有关，又由需求函数 $P = P(Q)$，故总收益 R 也是产品产量 Q 的函数，即

$$R = Q \cdot P(Q) = R(Q)$$

出售单位产品所得到的收益称为平均收益，记为 $\overline{R}$，则平均收益函数

$$\overline{R} = \overline{R}(Q) = \frac{R(Q)}{Q} = P(Q)$$

即单位商品的价格。

总收益对产量 Q 的变化率 $R'(Q)$ 称为边际收益函数。

总利润记为 L，则总收益减去总成本即为总利润，即

$$L = L(Q) = R(Q) - C(Q)$$

经济学中所关注的问题常常是最大的利润问题,即总利润函数 $L(Q)$ 取最大值的问题。$L(Q)$ 取最大值的充分条件是 $L'(Q)=0$ 且 $L''(Q)<0$,即

$$R'(Q) = C'(Q) \text{ 且 } R''(Q) < C''(Q)$$

由此得出取得最大利润的充分条件是边际收益的变化率小于边际成本的变化率,这就是最大利润的原则。

例 40 某电子市场销售某品牌计算机,当单价为 6 000 元/台时,每月能销售 100 台,为了进一步吸引消费者,增加销售量,商店将计算机的价格调低为 5 500 元/台,这样每月可多销售 20 台。假设需求函数是线性的,求这种计算机的需求函数。

解 设需求函数为 $Q=a-bP$,将已知条件代入,得方程组

$$\begin{cases} a - 6\,000b = 100 \\ a - 5\,500b = 120 \end{cases}$$

解得 $a=340,b=0.04$,所求的需求函数为 $Q=340-0.04P$。

例 41 某种商品的需求函数是 $Q=200-5P$,供给函数是 $S=25P-10$,求该商品的市场均衡价格和市场均衡商品量。

解 由供需均衡条件 $Q=S$,可得 $200-5P=25P-10$,解得市场均衡价格 $P_0=7$,市场均衡商品量 $Q_0=165$。

例 42 某工厂生产某种产品的固定成本为 30 000 元,每生产一个单位产品总成本增加 100 元,求:(1)总成本函数;(2)平均成本函数;(3)生产 100 个单位产品时的总成本和平均成本。

解 (1)总成本函数 $C(Q)=30\,000+100Q$。

(2)平均成本函数 $\overline{C}=\dfrac{30\,000+100Q}{Q}=\dfrac{30\,000}{Q}+100$。

(3) $C(100)=30\,000+100\times100=40\,000$(元),$\overline{C}(100)=\dfrac{30\,000}{100}+100=400$(元)。

例 43 已知某种商品的需求函数为 $Q=180-4P$,试求该商品的总收益函数,并求出销售 100 件商品时的总收益和平均收益。

解 由需求函数得
$$P=45-\frac{Q}{4}$$

总收益函数为
$$R(Q)=QP(Q)=Q\left(45-\frac{Q}{4}\right)=45Q-\frac{Q^2}{4}$$

$$R(100) = 45 \times 100 - \frac{100^2}{4} = 2\,000$$

平均收益函数为
$$\overline{R}(Q)=\frac{R(Q)}{Q}=45-\frac{Q}{4}, \quad \overline{R}(100)=45-\frac{100}{4}=20$$

例 44 某工厂每生产某种商品 Q 个单位的总成本为 $C(Q)=5Q+200$(元),得到的总收益为 $R(Q)=10Q-0.001Q^2$(元),求总利润函数,并求产量为 1 000 时的总利润。

解 总利润函数 $\quad L(Q)=R(Q)-C(Q)=10Q-0.001Q^2-(5Q+200)$
$$=5Q-0.001Q^2-200\text{(元)}$$
$$L(1\,000) = 5 \times 1\,000 - 0.001 \times 1\,000^2 - 200 = 3\,800\text{(元)}$$

例 45 已知某商品的成本函数为 $C(Q)=1\,000+\dfrac{Q^2}{10}$,求当 $Q=120$ 时的总成本、平均成本及边际成本,且当产量 Q 为多少时平均成本最小,并求出最小平均成本。

解 总成本函数 $C(Q)=1\,000+\dfrac{Q^2}{10}, C(120)=2\,440$

平均成本函数 $\overline{C}(Q)=\dfrac{C(Q)}{Q}, \overline{C}(120)=20.33$

边际成本函数 $C'(Q)=\dfrac{Q}{5}, C'(120)=24$

平均成本函数 $\overline{C}(Q)=\dfrac{1\,000}{Q}+\dfrac{Q}{10}, (\overline{C})'(Q)=-\dfrac{1\,000}{Q^2}+\dfrac{1}{10}$

令 $(\overline{C})'(Q)=0$ 得 $Q=100$，且 $(\overline{C})''(Q)=\dfrac{2\,000}{Q^3}, (\overline{C})''(100)>0$。故当 $Q=100$ 时平均成本最小，且最小平均成本为 $\overline{C}(100)=20$。

例 46 设工厂生产某种产品，固定成本为 10 000 元，每多生产一单位产品成本增加 100 元，该产品的需求函数 $Q=500-2P$，求工厂日产量 Q 为多少时，总利润 L 最大。

解 总成本函数 $C(Q)=10\,000+100Q$

总收益函数 $R(Q)=Q\cdot P=Q\cdot\dfrac{500-Q}{2}=250Q-\dfrac{Q^2}{2}$

总利润函数为

$$L(Q)=R(Q)-C(Q)=150Q-\dfrac{Q^2}{2}-10\,000, L'(Q)=150-Q$$

令 $L'(Q)=0$，得 $Q=150$，且 $L''(Q)=-1<0$，故当 $Q=150$ 时利润最大。

例 47 某厂生产某种产品，总成本函数为 $C(Q)=200+4Q+0.05Q^2$（元），要求：(1)指出固定成本、可变成本；(2) 求边际成本函数及产量 $Q=200$ 时的边际成本；(3) 说明其经济意义。

解 (1) 固定成本 $C_0=200$，可变成本 $C_1(Q)=4Q+0.05Q^2$；

(2) 边际成本函数 $C'(Q)=4+0.1Q, C'(200)=24$；

(3) 经济意义：在产量为 200 时，再多生产一个单位产品，总成本增加 24 元。

例 48 通过调查得知某种家具的需求函数为 $Q=1\,200-3P$，其中 P（单位：元）为家具的销售价格，Q（单位：件）为需求量。求销售该家具的边际收入函数，以及当销售量 Q 为 450、600 和 700 件时的边际收入。

解 由需求函数得价格 $P=\dfrac{1}{3}(1\,200-Q)$

总收入函数为 $R(Q)=QP(Q)=\dfrac{1}{3}Q(1\,200-Q)=400Q-\dfrac{1}{3}Q^2$

则边际收入函数为 $R'(Q)=400-\dfrac{2}{3}Q$

$$R'(450)=400-\dfrac{2}{3}\times450=100, R'(600)=400-\dfrac{2}{3}\times600=0$$

$$R'(750)=400-\dfrac{2}{3}\times750=-100$$

由此例看出，当家具的销售量为 450 件时，$R'(450)=100>0$，此时再增加销售量，总收入会增加，而且再多销售一件家具，总收入会增加 100 元；当家具的销售量为 600 件时，$R'(600)=0$，说明总收入函数达到最大值，此时再增加销售量，总收入不会增加；当家具的销售量为 750 件时，$R'(750)=-100<0$，此时再增加销售量，总收入会减少，而且再

多销售一件家具,总收入会减少100元。

例49 某工厂生产某产品的总成本函数为

$$C(Q) = 9\,000 + 40Q + 0.001Q^2 (元/件)$$

问该厂生产多少件产品时的平均成本最低?

解 平均成本函数

$$\overline{C}(Q) = \frac{C(Q)}{Q} = \frac{9\,000}{Q} + 40 + 0.001Q, (\overline{C})' = \frac{9\,000}{Q^2} + 0.001$$

令$(\overline{C})'(Q) = 0$,得唯一驻点$Q = 3\,000$,又$(\overline{C})''(Q) = \frac{18\,000}{Q^3}$,令$\overline{C}''(3\,000) > 0$,因此$Q = 3\,000$是$\overline{C}(Q)$的极小值点,也就是最小值点,即当该厂生产3 000件产品时平均成本最低。

例50 已知某产品的需求函数为$P = 10 - \dfrac{Q}{5}$,总成本函数为$C(Q) = 50 + 2Q$,求产量为多少时总利润最大?并验证是否符合最大利润原则。

解 由需求函数$P = 10 - \dfrac{Q}{5}$,得总收入函数为

$$R(Q) = Q\left(10 - \frac{Q}{5}\right) = 10Q - \frac{Q^2}{5}$$

总利润函数为

$$L(Q) = R(Q) - C(Q) = 10Q - \frac{Q^2}{5} - (50 + 2Q) = 8Q - \frac{Q^2}{5} - 50$$

$L'(Q) = 8 - \dfrac{2}{5}Q = 0$,得$Q = 20$,而$L''(20) = -\dfrac{2}{5} < 0$,此时总利润最大。

此时, $R'(20) = 2, C'(20) = 2, R''(20) = -\dfrac{2}{5}, C''(20) = 0$

所以有$R'(20) = C'(20)$且$R''(20) < C''(20)$,故符合最大利润原则。

三、弹性分析

弹性分析是经济活动中常用的一种方法,是由对价格的相对变化引起商品需求量相对变化大小的分析,找到生产、供应、需求之间的关系,使生产者或营销者取得最佳效益。

1. 函数的弹性

设函数$y = f(x)$,当自变量x在点x_0处有增量Δx时,函数有相应的增量Δy,将比值$\dfrac{\Delta x}{x_0}$称为自变量的相对增量,将$\dfrac{\Delta y}{y_0}$称为函数的相对增量。

(1) 函数在点x_0处的弹性

定义4 对于函数$y = f(x)$,如果极限$\lim\limits_{\Delta x \to 0} \dfrac{\frac{\Delta y}{y_0}}{\frac{\Delta x}{x_0}}$存在,那么称此极限为函数$y = f(x)$在点$x = x_0$处的弹性,记为$E(x_0)$,即

$$E(x_0) = \lim_{\Delta x \to 0} \frac{\frac{\Delta y}{y_0}}{\frac{\Delta x}{x_0}} = \lim_{\Delta x \to 0} \frac{\Delta y}{\Delta x} \cdot \frac{x_0}{y_0} = f'(x_0)\frac{x_0}{f(x_0)}$$

(2) 函数的弹性

定义 5 对于函数 $y = f(x)$，如果极限 $\lim\limits_{\Delta x \to 0} \dfrac{\frac{\Delta y}{y}}{\frac{\Delta x}{x}}$ 存在，则称此极限为函数 $y = f(x)$ 在点

x 处的弹性，记为 $E(x)$，即

$$E(x) = \lim_{\Delta x \to 0} \frac{\frac{\Delta y}{y}}{\frac{\Delta x}{x}} = \lim_{\Delta x \to 0} \frac{\Delta y}{\Delta x} \cdot \frac{x}{y} = y' \cdot \frac{x}{y}$$

$E(x)$ 也称为函数 $y = f(x)$ 的弹性函数。

函数 $y = f(x)$ 在点 x 处的弹性 $E(x)$ 反映了随着 x 的变化，$f(x)$ 变化幅度的大小，也就是 $f(x)$ 对 x 变化反应的灵敏度，即当产生 1% 的改变时，$f(x)$ 近似地改变 $E(x)\%$。在应用问题中解释弹性的具体意义时，经常略去"近似"二字。

例 51 求函数 $y = \left(\dfrac{1}{3}\right)^x$ 的弹性函数及在 $x = 1$ 处的弹性。

解 弹性函数 $E(x) = \left(\dfrac{1}{3}\right)^x \ln \dfrac{1}{3} \cdot \dfrac{x}{\left(\frac{1}{3}\right)^x} = -x\ln 3$，$E(1) = -\ln 3$。

2. 需求弹性

设某商品的需求函数为 $Q = Q(P)$，则需求弹性为

$$E(P) = Q'(P) \frac{P}{Q(P)}$$

需求弹性 $E(P)$ 表示某种商品需求量 Q 对价格 P 的变化的敏感程度。因为需求函数是一个递减函数，需求弹性一般为负值，所以其经济意义为：当某种商品的价格下降（或上升）1% 时，其需求量将增加（或减少）$|E(P)|\%$。

当 $E(P) = -1$ 时，称为单位弹性，即商品需求量的相对变化与价格的相对变化基本相等，此价格是最优价格。

当 $E(P) < -1$ 时，称为富有弹性，此时，商品需求量的相对变化大于价格的相对变化，此时价格的变动对需求量的影响较大，换句话说，适当降价会使需求量较大幅度上升，从而增加收入。

当 $-1 < E(P) < 0$ 时，称为缺乏弹性，即商品需求量的相对变化小于价格的相对变化，此时的价格变化对需求量的影响较小，在适当的涨价后，不会使需求量有太大的下降，从而会增加收入。需求弹性的大小反映了价格变化对市场需求量的影响程度，在市场经济中，企业经营者关心的是商品涨价（或降价）对总收入的影响程度，因此，利用弹性分析了解市场变化，制定行之有效的营销策略，是生产者和商家的必行之道。

例 52 设某商品的需求函数为 $Q = \mathrm{e}^{-\frac{P}{5}}$（其中，$P$ 是商品价格，Q 是需求量），求：(1) 需求弹性函数；(2) $P = 3$，$P = 5$，$P = 6$ 时的需求弹性，并说明其经济意义。

解 (1) $Q'(P) = -\dfrac{1}{5}\mathrm{e}^{-\frac{P}{5}}$，所求需求弹性函数为

$$E(P) = Q'(P) \frac{P}{Q(P)} = -\frac{1}{5}\mathrm{e}^{-\frac{P}{5}} \frac{P}{\mathrm{e}^{-\frac{P}{5}}} = -\frac{P}{5}$$

(2) $E(3)=-\dfrac{3}{5}=-0.6$,$E(5)=-\dfrac{5}{5}=-1$,$E(6)=-\dfrac{6}{5}=-1.2$

经济意义：当 $P=3$ 时,$E(3)=-0.6>-1$,此时价格上涨 1% 时,需求只减少 0.6%,需求量的变化幅度小于价格变化的幅度,适当提高价格可增加销售量,从而增加总收入;当 $P=5$ 时,$E(5)=-1$,此时价格上涨 1%,需求将减少 1%,需求量的变化幅度等于价格变化的幅度,是最优价格;当 $P=6$ 时,$E(6)=-1.2$,此时价格上涨 1%,需求将减少 1.2%,需求量的变化幅度大于价格变化的幅度,适当降低价格可增加销售量,从而增加收入。

思 考 题

1. 如何理解经济函数的边际概念？它们的边际值有什么经济意义？

2. 如何理解经济学中的最大利润原则？

习题 3-8

1. 求函数 $f(x)=\dfrac{\mathrm{e}^x}{x}$ 的边际函数。

2. 已知某商品的需求函数为 $Q=\dfrac{2}{3}(50-P)$,供给函数为 $S=-20+10P$,试求市场均衡价格。

3. 已知某商品的成本函数为 $C(q)=100+\dfrac{q^2}{4}$,求出产量 $q=10$ 时的总成本、平均成本、边际成本,并解释其经济意义。

4. 某小型机械厂,主要生产某种机器的配件,其最大生产能力为每日 100 件,假设日产量的总成本 C(元)是日产量 x(件)的函数 $C(x)=\dfrac{1}{4}x^2+60x+2\,050$,求日产量为 75 件时的总成本和平均单位成本;日产量由 75 件提高到 90 件时总成本的平均改变量;日产量为 75 件时的边际成本。

5. 生产 x 单位某产品的总成本 C 为 x 的函数 $C=C(x)=1\,200+\dfrac{x^2}{200}$,试求:

(1) 生产 400 单位产品时的平均单位成本;

(2) 生产 400 单位产品到 500 单位产品时总成本的平均变化率;

(3) 生产 400 单位产品时的边际成本。

6. 设生产 x 单位某产品的总收益函数 $R(x)=200x-0.01x^2$,求生产 50 单位产品时的总收益、平均收益、边际收益。

7. 每批生产 x 单位某产品的费用为 $C(x)=200+4x$,得到的收益为 $R(x)=10x-\dfrac{x^2}{100}$,问每批生产多少单位产品时才能使利润最大？最大利润是多少？

8. 设某商品的总成本函数为 $C(Q)=125+3Q+\dfrac{1}{25}Q^2$,需求函数为 $Q=60-2P$(其中 P 为需求单价),试求:

(1) 平均成本函数、边际成本函数;

(2) 销量为 25 单位时的边际成本、边际收入、边际利润。

9. 某工厂每批生产某种商品 Q 单位时的总成本函数为 $C(Q)=200+50Q$ (元),得到的收入函数为 $R(Q)=110Q-0.01Q^2$ (元),问每批生产多少单位产品时才能使利润最大？

10. 设某商品的需求函数为 $Q=12-\dfrac{P}{2}(0<P<24)$，试求：

（1）需求弹性函数；

（2）P 为何值时，需求为高弹性或低弹性？

（3）当 $P=6$ 时的需求弹性，并说明经济意义。

【本章典型方法与范例】

例 1 求极限：(1) $\lim\limits_{x\to+\infty}\left(\dfrac{2}{\pi}\arctan x\right)^x$；(2) $\lim\limits_{x\to0}\left[\dfrac{a}{x}-\left(\dfrac{1}{x^2}-a^2\right)\ln(1+ax)\right]$ $(a\neq1)$；

(3) $\lim\limits_{x\to1}\dfrac{(1-\sqrt{x})(1-\sqrt[3]{x})\cdots(1-\sqrt[n]{x})}{(1-x)^{n-1}}$。

解 （1）此极限为"1^∞"，先取对数，再用洛必达法则求极限。

令 $y=\left(\dfrac{2}{\pi}\arctan x\right)^x$，则 $\ln y=x\ln\left(\dfrac{2}{\pi}\arctan x\right)$

$$\lim_{x\to+\infty}\ln y=\lim_{x\to+\infty}x\ln\left(\dfrac{2}{\pi}\arctan x\right)$$
$$=\lim_{x\to+\infty}\dfrac{\ln\left(\dfrac{2}{\pi}\arctan x\right)}{\dfrac{1}{x}}$$
$$=\lim_{x\to+\infty}\dfrac{\dfrac{\pi}{2\arctan x}\cdot\dfrac{2}{\pi(1+x^2)}}{-\dfrac{1}{x^2}}$$
$$=-\dfrac{2}{\pi}$$

所以

$$\lim_{x\to+\infty}\left(\dfrac{2}{\pi}\arctan x\right)^x=\lim_{x\to+\infty}y$$
$$=\lim_{x\to+\infty}e^{\ln y}$$
$$=e^{-\frac{2}{\pi}}$$

（2）本题为"$\infty-\infty$"型未定式，首先要通分化成比值形式，但要注意$\lim\limits_{x\to0}a^2\ln(1+ax)=0$，可将此极限分离出去，简化计算。

$$\lim_{x\to0}\left[\dfrac{a}{x}-\left(\dfrac{1}{x^2}-a^2\right)\ln(1+ax)\right]=\lim_{x\to0}\left[\dfrac{a}{x}-\dfrac{1}{x^2}\ln(1+ax)\right]+\lim_{x\to0}a^2\ln(1+ax)$$
$$=\lim_{x\to0}\left[\dfrac{a}{x}-\dfrac{1}{x^2}\ln(1+ax)\right]$$
$$=\lim_{x\to0}\dfrac{ax-\ln(1+ax)}{x^2}$$
$$=\lim_{x\to0}\dfrac{a-\dfrac{a}{1+ax}}{2x}$$
$$=\lim_{x\to0}\dfrac{a^2x}{2x(1+ax)}$$
$$=\dfrac{a^2}{2}$$

（3）运用极限运算法则和洛必达法则即可求出。

$$\lim_{x \to 1} \frac{(1-\sqrt{x})(1-\sqrt[3]{x})\cdots(1-\sqrt[n]{x})}{(1-x)^{n-1}} = \lim_{x \to 1} \frac{(1-\sqrt{x})}{1-x} \cdot \lim_{x \to 1} \frac{(1-\sqrt[3]{x})}{1-x} \cdots \lim_{x \to 1} \frac{(1-\sqrt[n]{x})}{1-x}$$

$$= \lim_{x \to 1} \frac{-\frac{1}{2}x^{-\frac{1}{2}}}{-1} \cdot \lim_{x \to 1} \frac{-\frac{1}{3}x^{-\frac{2}{3}}}{-1} \cdots \lim_{x \to 1} \frac{-\frac{1}{n}x^{-\frac{n-1}{n}}}{-1}$$

$$= \frac{1}{2} \cdot \frac{1}{3} \cdots \frac{1}{n} = \frac{1}{n!}$$

例 2 已知 $f(x)$ 具有二阶连续导数，$f(0)=0$，$f'(0)=2$，$f''(0)=6$，求 $\lim_{x \to 0} \frac{f(x)-2x}{x^2}$。

解 因为 $f(x)$ 具有二阶连续导数，所以

$$\lim_{x \to 0} f'(x) = f'(0) = 2; \quad \lim_{x \to 0} f''(x) = f''(0) = 6$$

对所求极限运用洛必达法则即可，得

$$\lim_{x \to 0} \frac{f(x)-2x}{x^2} = \lim_{x \to 0} \frac{f'(x)-2}{2x} = \lim_{x \to 0} \frac{f''(x)}{2} = \frac{6}{2} = 3$$

例 3 验证极限 $\lim_{x \to \infty} \frac{x+\sin x}{x}$ 存在，但不能用洛必达法则求出。

解 因为

$$\lim_{x \to \infty} \frac{x+\sin x}{x} = \lim_{x \to \infty} \frac{1+\frac{\sin x}{x}}{1} = 1$$

所以

$$\lim_{x \to \infty} \frac{x+\sin x}{x} \text{ 存在}$$

若使用洛必达法则，得

$$\lim_{x \to \infty} \frac{x+\sin x}{x} = \lim_{x \to \infty} \frac{1+\cos x}{1} = \lim_{x \to \infty} (1+\cos x) \text{ 不存在}$$

所以 $\lim_{x \to \infty} \frac{x+\sin x}{x}$ 不能用洛必达法则求出极限。

例 4 求函数 $f(x) = \frac{1}{3}x^3 - x^2 - 3x$ 的极值。

解 方法一

$f(x)$ 的定义域为 $(-\infty, +\infty)$，令 $f'(x) = x^2 - 2x - 3 = 0$，得驻点 $x_1 = -1$，$x_2 = 3$，如表 3-12 所示。

表 3-12

x	$(-\infty, -1)$	-1	$(-1, 3)$	3	$(3, +\infty)$
y'	$+$	0	$-$	0	$+$
y	↗	极大值	↘	极小值	↗

所以 $f(x)$ 的极大值为 $f(-1)=\dfrac{5}{3}$，极小值为 $f(3)=-9$。

方法二

令 $f'(x)=x^2-2x-3=0$，得驻点 $x_1=-1$，$x_2=3$。

由 $f''(x)=2x-2$，得 $f''(-1)=-4<0$，$f''(3)=4>0$，由极值第二判定定理知 $f(x)$ 在 $x_1=-1$ 处取得极大值：$f(-1)=\dfrac{5}{3}$，在 $x_2=3$ 处取得极小值：$f(3)=-9$。

例 4　求函数 $y=\mathrm{e}^x\cos x$ 的极值点与极值。

解　此题的单调区间有无穷多个，所以优先考虑极值的第二个判定定理。

函数的定义域为 $(-\infty,+\infty)$，$y'=\mathrm{e}^x\cos x-\mathrm{e}^x\sin x=\mathrm{e}^x(\cos x-\sin x)$，令 $y'=0$，得驻点 $x=k\pi+\dfrac{\pi}{4}$，$k\in\mathbf{Z}$，由 $y''=-2\mathrm{e}^x\sin x$，得

$$y''\big|_{2k\pi+\frac{\pi}{4}}=-2\mathrm{e}^x\sin x\big|_{2k\pi+\frac{\pi}{4}}=-\sqrt{2}\,\mathrm{e}^{2k\pi+\frac{\pi}{4}}<0$$

$$y''\big|_{(2k+1)\pi+\frac{\pi}{4}}=-2\mathrm{e}^x\sin x\big|_{(2k+1)\pi+\frac{\pi}{4}}=\sqrt{2}\,\mathrm{e}^{(2k+1)\pi+\frac{\pi}{4}}>0,\ k\in\mathbf{Z}$$

所以

$y=\mathrm{e}^x\cos x$ 在 $x=2k\pi+\dfrac{\pi}{4}$，$k\in\mathbf{Z}$ 处取得极大值：$y\big|_{2k\pi+\frac{\pi}{4}}=\dfrac{\sqrt{2}}{2}\,\mathrm{e}^{2k\pi+\frac{\pi}{4}}$，$k\in\mathbf{Z}$

$y=\mathrm{e}^x\cos x$ 在 $x=(2k+1)\pi+\dfrac{\pi}{4}$，$k\in\mathbf{Z}$ 处取得极小值：$y\big|_{(2k+1)\pi+\frac{\pi}{4}}=-\dfrac{\sqrt{2}}{2}\,\mathrm{e}^{(2k+1)\pi+\frac{\pi}{4}}$，

$k\in\mathbf{Z}$

例 5　试证当 $a+b+1>0$ 时，$f(x)=\dfrac{x^2+ax+b}{x-1}$ 一定存在极值点。

解　$f(x)$ 的定义域为 $(-\infty,1)\bigcup(1,+\infty)$，令

$$f'(x)=\dfrac{x^2-2x-a-b}{(x-1)^2}=0$$

方程 $x^2-2x-a-b=0$ 根的判别式

$$\Delta=4+4(a+b)=4(a+b+1)$$

所以当 $a+b+1>0$ 时，得驻点 $x_{1,2}=1\pm\sqrt{a+b+1}$，因为

$$f''(x)=\dfrac{2(a+b+1)}{(x-1)^3}$$

代入得

$$f''(1+\sqrt{a+b+1})=\dfrac{2(a+b+1)}{(\sqrt{a+b+1})^3}=\dfrac{2}{\sqrt{a+b+1}}>0$$

$$f''(1-\sqrt{a+b+1})=\dfrac{2(a+b+1)}{(-\sqrt{a+b+1})^3}=-\dfrac{2}{\sqrt{a+b+1}}<0$$

所以当 $a+b+1>0$ 时，$f(x)=\dfrac{x^2+ax+b}{x-1}$ 在 $x=1+\sqrt{a+b+1}$ 处取得极小值，在 $x=1-\sqrt{a+b+1}$ 处取得极大值。

例 6　要造一圆柱形油罐，体积为 V，问半径 r 和高 h 等于多少时，才能使表面积最小？

解　已知 $V=\pi r^2 h$，所以，表面积

$$S=2\pi r^2+2\pi rh=2\pi r^2+2\pi r\cdot\dfrac{V}{\pi r^2}=2\pi r^2+\dfrac{2V}{r}$$

则

$$S' = 4\pi r - \frac{2V}{r^2}$$

令 $S' = 0$,解得唯一驻点 $\qquad r = \left(\dfrac{V}{2\pi}\right)^{\frac{1}{3}}$

因为 $S'' > 0$,所以 $r = \left(\dfrac{V}{2\pi}\right)^{\frac{1}{3}}$ 为极小值点,即为所求最小值点,所以当 $r = \left(\dfrac{V}{2\pi}\right)^{\frac{1}{3}}$ 时表面积最小,此时 $h = 2\left(\dfrac{V}{2\pi}\right)^{\frac{1}{3}}$。

例 7　试确定曲线 $y = ax^3 + bx^2 + cx + d$ 中的 a, b, c, d,使得曲线在 $x = -2$ 处有水平切线,$(1, -10)$ 为拐点,且点 $(-2, 44)$ 在曲线上。

解　可导函数在某点的导数值等于该点处切线的斜率,拐点一定是二阶导数等于零的点。

$$y' = 3ax^2 + 2bx + c, \quad y'' = 6ax + 2b$$

将点 $(-2, 44)$ 代入 $y = ax^3 + bx^2 + cx + d$,得

$$44 = -8a + 4b - 2c + d \tag{1}$$

将点 $(1, -10)$ 代入 $y = ax^3 + bx^2 + cx + d$ 与 $y'' = 6ax + 2b$,得

$$-10 = a + b + c + d \tag{2}$$

$$0 = 6a + 2b \tag{3}$$

将 $x = -2$ 代入 $y' = 3ax^2 + 2bx + c$,得

$$0 = 12a - 4b + c \tag{4}$$

由 (1)(2)(3)(4) 联立解得 $a = 1$, $b = -3$, $c = -24$, $d = 16$。

例 8　求下列曲线的渐近线。

(1) $f(x) = \dfrac{1}{x-1} + 2$; (2) $f(x) = \dfrac{x^3}{x^2 + 2x - 3}$。

解　由渐近线定义,依次察看

$$\lim_{x \to \infty} f(x), \quad \lim_{x \to x_0} f(x) = \infty, \quad k = \lim_{x \to \infty} \frac{f(x)}{x}, \quad b = \lim_{x \to \infty}[f(x) - kx]$$

(1) 因为 $\lim\limits_{x \to \infty}\left(\dfrac{1}{x-1} + 2\right) = 2$,所以 $y = 2$ 为水平渐近线。

因为 $\lim\limits_{x \to 1}\left(\dfrac{1}{x-1} + 2\right) = \infty$,所以 $x = 1$ 为垂直渐近线。

因为 $\lim\limits_{x \to \infty}\dfrac{f(x)}{x} = 0$,所以无斜渐近线。

(2) 因为 $\lim\limits_{x \to \infty} f(x) = \infty$,所以无水平渐近线。

因为

$$\lim_{x \to 1}\frac{x^3}{x^2 + 2x - 3} = \infty, \lim_{x \to -3}\frac{x^3}{x^2 + 2x - 3} = \infty$$

所以 $x = 1, x = -3$ 为垂直渐近线。

因为 $k = \lim\limits_{x \to \infty}\dfrac{f(x)}{x} = \dfrac{x^2}{x^2 + 2x - 3} = 1$,

$b = \lim\limits_{x \to \infty}[f(x) - kx] = \lim\limits_{x \to \infty}\left[\dfrac{x^3}{x^2 + 2x - 3} - x\right] = \lim\limits_{x \to \infty}\dfrac{-2x^2 + 3x}{x^2 + 2x - 3} = -2$,所以 $y = x - 2$ 为曲线的斜渐近线。

例9　作出函数 $f(x)=1+\dfrac{36x}{(x+3)^2}$ 的图形。

解　函数的定义域 $(-\infty,-3)\bigcup(-3,+\infty)$，

$$f'(x)=\frac{36(3-x)}{(x+3)^3},\quad f''(x)=\frac{72(x-6)}{(x+3)^4}$$

令 $f'(x)=0$，得 $x_1=3$；$f''(x)=0$，得 $x_2=6$。讨论见表 3-13。

表　3-13

x	$(-\infty,-3)$	$(-3,3)$	3	$(3,6)$	6	$(6,+\infty)$
y'	$-$	$+$	0	$-$		$-$
y''	$-$	$-$		$-$	0	$+$
y	↘	↗	极大值	↘	拐点	↘

因为 $\lim\limits_{x\to\infty}f(x)=1$，$\lim\limits_{x\to-3}f(x)=\infty$，$\lim\limits_{x\to\infty}\dfrac{f(x)}{x}=0$，所以有水平渐近线 $y=1$ 和垂直渐近线 $x=-3$，无斜渐近线。由 $f(3)=4$，$f(6)=\dfrac{11}{3}$，得极大值点 $(3,4)$ 和拐点 $\left(6,\dfrac{11}{3}\right)$，如图 3-21 所示。

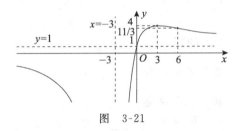

图　3-21

本章知识结构

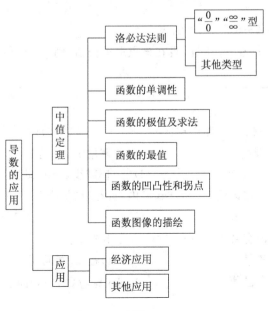

复习题三

1. 判断题

(1) 极大值就是最大值。 （ ）

(2) 单调性的分界点一定是驻点。 （ ）

(3) 驻点是指使一阶导数 $f'(x)=0$ 的点 $(x_0,f(x_0))$。 （ ）

(4) 闭区间上的连续函数的最值必在驻点和端点处取得。 （ ）

(5) 函数的极值不可能在区间的端点取得。 （ ）

(6) 设函数 $f(x)$ 在 (a,b) 内连续，则 $f(x)$ 在 (a,b) 内一定有最大值和最小值。 （ ）

(7) 函数 $f(x)$ 在点 x_0 处不可导，则 $f(x)$ 在 x_0 处不可能取得极值。 （ ）

(8) 曲线 $y=\ln(1+x^2)$ 的拐点是 $x=\pm1$。 （ ）

(9) 拐点是凹凸性的分界点。 （ ）

(10) 曲线 $y=\dfrac{1}{x+1}+2$ 水平渐近线为 $y=2$，垂直渐近线为 $x=-1$。 （ ）

2. 填空题

(1) 设函数 $f(x)$ 在 (a,b) 内可导，如果 $f'(x)>0$，则函数 $f(x)$ 在 (a,b) 内_____；如果 $f'(x)<0$，则函数 $f(x)$ 在 (a,b) 内_____；如果 $f'(x)=0$，则函数 $f(x)$ 在 (a,b) 内_____。

(2) 曲线 $y=2+5x-3x^3$ 的拐点是_____。

(3) 曲线 $y=\dfrac{x^2}{x^2-1}$ 的水平渐近线为_____，垂直渐近线为_____。

(4) 连续函数 $f(x)$ 的极值点只能是_____点。

(5) 曲线 $f(x)=xe^x$ 在区间_____内是凸的，_____内是凹的，拐点是_____。

(6) 若 $x=1,x=2$ 都是函数 $y=x^3+ax^2+bx$ 的驻点，则 $a=$_____，$b=$_____。

(7) $\lim\limits_{x\to0}\dfrac{e^x-e^{-x}}{x}=$_____。

(8) 函数 $f(x)=4+8x^3-3x^4$ 的极大值是_____。

(9) 如果函数 $f(x)$ 在 x_0 可导，且在该点取得极值，则 $f'(x_0)=$_____。

(10) $\lim\limits_{x\to1}\dfrac{\ln x}{x-1}=$_____。

3. 选择题

(1) 设 $y=-x^2+4x-7$，那么在区间 $(-5,-3)$ 和 $(3,5)$ 内 y 分别为（   ）。

A. 单调增加，单调增加　　　　　　　B. 单调增加，单调减少

C. 单调减少，单调增加　　　　　　　D. 单调减少，单调减少

(2) 下列函数在指定区间 $(-\infty,+\infty)$ 内单调递增的有（   ）。

A. $\sin x$ 　　　　B. e^x 　　　　C. x^2 　　　　D. $3-x$

(3) 函数 $y=f(x)$ 有驻点 $x=x_0$，则（   ）不成立。

A. $f(x)$ 在 x_0 处连续　　　　　　B. $f(x)$ 在 x_0 处可导

C. $f(x)$ 在 x_0 处有极值　　　　　D. 点 $(x_0,f(x_0))$ 处曲线的切线平行于 x 轴

(4) 设曲线 $y=x^3-3x^2-8$，那么在区间 $(-1,1)$ 和 $(2,3)$ 内曲线分别为（　　）。

A. 凸的，凸的　　　B. 凸的，凹的　　C. 凹的，凸的　　　D. 凹的，凹的

(5) 若在区间 (a,b) 内函数 $f(x)$ 的一阶导数 $f'(x)>0$，二阶导数 $f''(x)>0$，则 $f(x)$ 在该区间内（　　）。

A. 单调递减、凹的　　　　　　　　B. 单调递减、凸的

C. 单调递增、凹的　　　　　　　　D. 单调递增、凸的

(6) $f'(x_0)=0$ 是可导函数 $f(x)$ 在 x_0 处有极值的（　　）。

A. 充分条件　　　　　　　　　　B. 必要条件

C. 充要条件　　　　　　　　　　D. 非充分又非必要条件

(7) 极限 $\lim\limits_{x\to e}\dfrac{\ln x-1}{x-e}$ 的值为（　　）。

A. 1　　　　　　　B. e^{-1}　　　　　　C. e　　　　　　　D. 0

(8) 设函数 $f(x)$ 在区间 I 上的导数恒为零，则 $f(x)$ 在区间 I 上（　　）。

A. 恒为零　　　　　　　　　　　B. 恒不为零

C. 是一个常数　　　　　　　　　D. 以上说法均不正确

(9) 函数 $y=f(x)$ 在点 $x=x_0$ 处取得极小值，则必有（　　）。

A. $f'(x_0)=0$　　　　　　　　　　B. $f''(x_0)>0$

C. $f'(x_0)=0$，且 $f''(x_0)>0$　　　　D. $f'(x_0)=0$ 或 $f'(x_0)$ 不存在

(10) 函数 $f(x)=\dfrac{1}{x}$ 在 $(0,1)$ 内最小值是（　　）。

A. 0　　　　　　　　　　　　　　B. 1

C. 任何小于 1 的数　　　　　　　D. 不存在

4. 求下列各极限。

(1) $\lim\limits_{x\to+\infty}\dfrac{x}{x+\sqrt{x}}$；

(2) $\lim\limits_{x\to0}\dfrac{\ln(1+3x)}{e^{2x}-1}$；

(3) $\lim\limits_{x\to\frac{\pi}{4}}\dfrac{\tan x-1}{\sin4x}$；

(4) $\lim\limits_{x\to0}\dfrac{x-\arctan x}{x^3}$；

(5) $\lim\limits_{x\to0^+}\dfrac{\ln\tan x}{\ln\sin x}$；

(6) $\lim\limits_{x\to0}\dfrac{e^x-x-1}{x\sin x}$；

(7) $\lim\limits_{x\to+\infty}x(\sqrt{x^2+1}-x)$；

(8) $\lim\limits_{x\to0}\left(\dfrac{1}{x}-\dfrac{1}{\sin x}\right)$。

5. 求函数 $f(x)=1-\dfrac{1}{2}\ln(1+x^2)$（$|x|<1$）的极值。

6. 取一块母线为 L、圆心角为 α 的扇形铁皮卷起来，做成一个漏斗，试问 α 取何值时，漏斗的容积最大？

7. 欲建一个底面为正方形的长方体蓄水池，容积为 1 500 立方米，四壁造价为 a（元/平方米）（$a>0$），底面造价是四壁造价的 3 倍，当蓄水池的底面边长和深度各为多少时，总造价最省？

8. 如图 3-22 所示，在一个半径为 R 的圆形广场中心挂一灯，问要挂多高，才能使广场周围的路上照得最亮？（已知灯的照明度 I 的

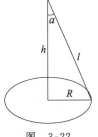

图 3-22

计算公式是 $I=k\dfrac{\cos a}{l^2}$，其中 l 是灯到广场被照射点的距离，a 为光线投射角）

9. 设需求函数为 $Q(P)=10-\dfrac{P}{5}$，求 $P=20$ 时的边际收入，并说明其经济意义。

10. 设某工厂每天生产某种产品 x 单位时的总成本函数为 $C(x)=0.5x^2+36x+1\,600$（元），问每天生产多少单位产品时，其平均值最小。

11. 某个体户以每条 10 元的价格购进一批牛仔裤，设此批牛仔裤的需求函数为 $Q=40-2P$，问将牛仔裤的销售价定为多少时，才能获得最大利润？

第四章 不定积分

【本章导读】

党的二十大报告指出:"必须坚持问题导向。问题是时代的声音,回答并指导解决问题是理论的根本任务。"我们要经常反思自身行为和思想,发现不足并改进。反思离不开逆向思维,类似于不定积分与导数之间的互逆运算思想。本章主要介绍不定积分的概念、不定积分的积分方法。

【学习目标】

- 理解原函数和不定积分的概念。
- 掌握不定积分的基本公式,掌握不定积分的换元积分法和分部积分法。
- 会解决不定积分在经济中的应用问题。

第一节 不定积分的概念

微分学的基本问题是已知一个函数,求它的导数(或微分)。但在许多实际问题中,常常需要解决相反的问题,就是已知一个函数的导数(或微分)而要求这个函数。

例如,已知函数 $F(x)$ 的导数 $F'(x)=\cos x$,要求 $F(x)$。由前面的知识,可以得到 $F(x)=\sin x$。已给 $F'(x)=f(x)$,求 $F(x)$ 就是本章所研究的中心问题。为了研究的方便,首先引入下面定义。

一、原函数

定义 1 设 $f(x)$ 是定义在某区间上的一个函数,如果存在一个函数 $F(x)$,使得在该区间上的任一点,都有

$$F'(x) = f(x) \quad \text{或} \quad dF(x) = f(x)dx$$

则称 $F(x)$ 是函数 $f(x)$ 在该区间上的**一个原函数**。

例如,由于 $(\sin x)'=\cos x$,所以 $\sin x$ 是 $\cos x$ 的一个原函数。又如,$(x^2)'=2x$,$(x^2+1)'=2x$,$(x^2+C)'=2x$(C 为任意常数),所以 x^2,x^2+1,x^2+C 都是 $2x$ 的原函数。

关于原函数有下面三个问题。

(1) 一个函数具备什么条件,能保证它的原函数一定存在?

这个问题的证明留待第五章解决。在此先给出一个结论:在某区间上连续的函数一定有原函数。由此知初等函数在定义区间内有原函数。

(2) 如果一个函数存在原函数,共有多少个?

一般地,若 $F(x)$ 是 $f(x)$ 的一个原函数,对于任意常数 C,因为 $[F(x)+C]'=f(x)$,故 $F(x)+C$ 也为 $f(x)$ 的原函数。由于 C 的任意性,因此,一个函数 $f(x)$ 若有原函数,就有无限多个。

(3) 函数 $f(x)$ 的所有原函数是否都可表示为 $F(x)+C$ 的形式?

若 $F(x)$ 和 $G(x)$ 都是 $f(x)$ 的原函数,则它们一定相差一个常数。

由于 $[G(x)-F(x)]'=G'(x)-F'(x)=f(x)-f(x)=0$,所以 $G(x)-F(x)=C$,即

$$G(x) = F(x) + C$$

因此,若 $F(x)$ 为 $f(x)$ 的一个原函数,则 $f(x)$ 的全体原函数可以表示为 $F(x)+C$。

二、不定积分

1. 不定积分的概念

定义 2 在区间 I 上,函数 $f(x)$ 的原函数的全体叫作 $f(x)$ 的不定积分,记为 $\int f(x)\mathrm{d}x$。

其中,记号 $\int$ 称为积分号;$f(x)$ 称为**被积函数**;$f(x)\mathrm{d}x$ 称为**被积表达式**;x 称为积分变量。

由此定义及前面的说明可知,如果 $F(x)$ 是 $f(x)$ 的一个原函数,那么

$$\int f(x)\mathrm{d}x = F(x) + C$$

其中任意常数 C 称为**积分常数**。因此,给定了函数 $f(x)$,求它的不定积分,就是求它的全体原函数,只要找到它的一个原函数 $F(x)$,后面加上任意常数 C 就行了。

例 1 求 $\int x^2 \mathrm{d}x$。

解 因为 $\left(\dfrac{x^3}{3}\right)'=x^2$,所以 $\dfrac{x^3}{3}$ 为 x^2 的一个原函数。于是 $\int x^2 \mathrm{d}x = \dfrac{x^3}{3} + C$。

例 2 求 $\int \cos x \mathrm{d}x$。

解 因为 $(\sin x)'=\cos x$,所以 $\int \cos x \mathrm{d}x = \sin x + C$

例 3 求 $\int \dfrac{1}{\sqrt{x}}\mathrm{d}x$。

解 因为 $(2\sqrt{x})'=\dfrac{1}{\sqrt{x}}$,所以

$$\int \frac{1}{\sqrt{x}}\mathrm{d}x = 2\sqrt{x} + C$$

2. 不定积分的性质

若 $F'(x)=f(x)$,由不定积分的定义可推得以下性质。

性质 1 $\left[\int f(x)\mathrm{d}x\right]' = f(x)$ 或 $\mathrm{d}\int f(x)\mathrm{d}x = f(x)\mathrm{d}x$。

性质 2 $\int F'(x)\mathrm{d}x = F(x)+C$ 或 $\int \mathrm{d}F(x) = F(x)+C$。

性质 1、性质 2 可叙述为:不定积分的导数(或微分)等于被积函数(或被积表达式);一个函数导数(或微分)的不定积分等于这个函数加上一个任意常数。

三、不定积分的几何意义

若 $F(x)$ 是 $f(x)$ 的一个原函数,则 $f(x)$ 的不定积分为 $F(x)+C$。对于每一个给定

的 C,就可确定 $f(x)$ 的一个原函数,在几何上就相应地确定一条曲线,这条曲线称为 $f(x)$ 的**积分曲线**。由于 $F(x)+C$ 的图形可以由曲线 $y=F(x)$ 沿着 y 轴上下平移而得到,这样不定积分 $\int f(x)\mathrm{d}x$ 在几何上就表示一组平行的积分曲线,简称为**积分曲线族**。在相同的横坐标 $x=x_0$ 处,这些曲线的切线是相互平行的,其斜率都等于 $f(x_0)$,如图 4-1 所示。

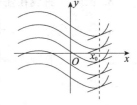

图 4-1

例 4 求通过点 $(1,2)$,且其上任一点处切线的斜率为 $3x^2$ 的曲线方程。

解 按题意,就是求函数 $3x^2$ 的积分曲线族中过点 $(1,2)$ 的这条曲线。

因为 $\int 3x^2\mathrm{d}x=x^3+C$,于是得 $y=x^3+C$。将 $x=1,y=2$ 代入,有 $2=1^3+C$,得 $C=1$。故所求曲线方程为 $y=x^3+1$。

例 5 已知生产某种产品 x 个单位的边际成本为 $1+4x$,并且已知固定成本为 8 万元,试求总成本与产量 x 的关系。

解 设总成本为 $C(x)$,由题意知:$C'(x)=1+4x$,于是
$$C(x)=\int(1+4x)\mathrm{d}x=x+2x^2+C$$
又知,$x=0$ 时,$C(x)=8$,代入,得 $C=8$。所以总成本与产量 x 的函数关系为
$$C(x)=x+2x^2+8$$

思 考 题

1. 不定积分与导数有什么关系?

2. 不定积分 $\int f(x)\mathrm{d}x$ 在几何上表示积分曲线族,在相同的横坐标 $x=x_0$ 处,这些曲线的切线是否相互平行? 斜率等于多少?

3. 若 $\int f(x)\mathrm{d}x=5^x+\sin x+C$,如何求出 $f(x)$?

习题 4-1

1. 填空,并计算相应的不定积分。

(1) ( )$'=1$;$\int \mathrm{d}x=$( );

(2) $\mathrm{d}($)$=3x^2\mathrm{d}x$;$\int 3x^2\mathrm{d}x=$( );

(3) ( )$'=\mathrm{e}^x$;$\int \mathrm{e}^x\mathrm{d}x=$( );

(4) $\mathrm{d}($)$=\sec^2 x\mathrm{d}x$;$\int \sec^2 x\mathrm{d}x=$( );

(5) $\mathrm{d}($)$=\sin x\mathrm{d}x$;$\int \sin x\mathrm{d}x=$( )。

2. 判断 $\frac{1}{2}(\mathrm{e}^{2x}+\mathrm{e}^{-2x})$,$\frac{1}{2}(\mathrm{e}^x+\mathrm{e}^{-x})^2$,$\frac{1}{2}(\mathrm{e}^x-\mathrm{e}^{-x})^2$ 是否均为函数 $(\mathrm{e}^{2x}-\mathrm{e}^{-2x})$ 的原

函数。

3. 已知一曲线在任一点处的切线斜率为其横坐标的 2 倍,求此曲线的方程。

4. 一曲线过点$(1,-1)$,且在任一点处切线的斜率为$\dfrac{1}{x^2}$,求此曲线方程。

5. 一曲线通过点$(e^2,3)$,且在任一点处的切线的斜率等于该点横坐标的倒数,求该曲线的方程。

6. 已知一个函数的导数为$f(x)=\dfrac{1}{\sqrt{1-x^2}}$,且当$x=-1$时,其函数值为$\dfrac{3}{2}\pi$,求这个函数。

7. 在积分曲线族$\displaystyle\int 3x^2\,\mathrm{d}x$中,求分别通过点$(1,2)$与$(0,-1)$的曲线,并画出它们的图形,说出图形间的关系。

8. 设函数$f(x)$的原函数是$x\ln x^2$,求$\displaystyle\int xf'(x)\,\mathrm{d}x$。

第二节 积分的基本公式和法则、直接积分法

一、积分的基本公式

既然积分运算是微分运算的逆运算,那么很自然地可以从导数基本公式得到相应的积分基本公式:

(1) $\displaystyle\int 0\,\mathrm{d}x=C$;

(2) $\displaystyle\int k\,\mathrm{d}x=kx+C$;

(3) $\displaystyle\int x^\alpha\,\mathrm{d}x=\dfrac{1}{\alpha+1}x^{\alpha+1}+C\,(\alpha\neq-1)$;

(4) $\displaystyle\int\dfrac{1}{x}\,\mathrm{d}x=\ln|x|+C$;

(5) $\displaystyle\int e^x\,\mathrm{d}x=e^x+C$;

(6) $\displaystyle\int a^x\,\mathrm{d}x=\dfrac{a^x}{\ln a}+C$;

(7) $\displaystyle\int\cos x\,\mathrm{d}x=\sin x+C$;

(8) $\displaystyle\int\sin x\,\mathrm{d}x=-\cos x+C$;

(9) $\displaystyle\int\sec^2 x\,\mathrm{d}x=\tan x+C$;

(10) $\displaystyle\int\csc^2 x\,\mathrm{d}x=-\cot x+C$;

(11) $\displaystyle\int\sec x\tan x\,\mathrm{d}x=\sec x+C$;

(12) $\displaystyle\int\csc x\cot x\,\mathrm{d}x=-\csc x+C$;

(13) $\displaystyle\int\dfrac{1}{\sqrt{1-x^2}}\,\mathrm{d}x=\arcsin x+C=-\arccos x+C$;

(14) $\displaystyle\int\dfrac{1}{1+x^2}\,\mathrm{d}x=\arctan x+C=-\text{arccot}\,x+C$。

以上十四个积分基本公式是求不定积分的基础,必须熟记,灵活应用。

例 6 求$\displaystyle\int\dfrac{1}{x^3}\,\mathrm{d}x$。

解 $\displaystyle\int\dfrac{1}{x^3}\,\mathrm{d}x=\int x^{-3}\,\mathrm{d}x=\dfrac{x^{-3+1}}{-3+1}+C=-\dfrac{1}{2x^2}+C$

例7 求 $\int x^2 \sqrt{x}\,\mathrm{d}x$。

解 $\int x^2 \sqrt{x}\,\mathrm{d}x = \int x^{\frac{5}{2}}\,\mathrm{d}x = \dfrac{x^{\frac{5}{2}+1}}{\frac{5}{2}+1} + C = \dfrac{2}{7}x^{\frac{7}{2}} + C$

例8 求 $\int 5^x\,\mathrm{d}x$。

解 $\int 5^x\,\mathrm{d}x = \dfrac{5^x}{\ln 5} + C$

二、积分的基本运算法则

根据不定积分的定义,可以推得下面两个法则:

法则1 两个函数代数和的不定积分等于两个函数不定积分的代数和,即
$$\int [f(x) \pm g(x)]\mathrm{d}x = \int f(x)\,\mathrm{d}x \pm \int g(x)\,\mathrm{d}x$$

法则2 被积函数中不为零的常数因子可以提到积分号外面来,即
$$\int kf(x)\,\mathrm{d}x = k\int f(x)\,\mathrm{d}x\,(k\ \text{是常数},k \neq 0)$$

要证明这两个等式,只需验证等式右端的导数等于左端的被积函数即可。

三、直接积分法

直接积分法就是根据不定积分的性质、运算法则,结合代数或三角的公式变形,直接利用积分基本公式进行积分的一种方法。

例9 求 $\int (2x^2 + 3x - 5)\mathrm{d}x$。

解
$$\int (2x^2 + 3x - 5)\mathrm{d}x = 2\int x^2\,\mathrm{d}x + 3\int x\,\mathrm{d}x - 5\int \mathrm{d}x$$
$$= 2 \times \frac{1}{1+2}x^{2+1} + C_1 + 3 \times \frac{1}{1+1}x^{1+1} + C_2 - 5x + C_3$$
$$= \frac{2}{3}x^3 + \frac{3}{2}x^2 - 5x + C$$

例10 求 $\int 3^x \mathrm{e}^x\,\mathrm{d}x$。

解 $\int 3^x \mathrm{e}^x\,\mathrm{d}x = \int (3\mathrm{e})^x\,\mathrm{d}x = \dfrac{(3\mathrm{e})^x}{\ln(3\mathrm{e})} + C = \dfrac{3^x \mathrm{e}^x}{1+\ln 3} + C$

例11 求 $\int (\sqrt{x} + 1)\left(x - \dfrac{1}{\sqrt{x}}\right)\mathrm{d}x$。

解
$$\int (\sqrt{x} + 1)\left(x - \frac{1}{\sqrt{x}}\right)\mathrm{d}x = \int \left(x\sqrt{x} - 1 + x - \frac{1}{\sqrt{x}}\right)\mathrm{d}x$$
$$= \int x\sqrt{x}\,\mathrm{d}x - \int \mathrm{d}x + \int x\,\mathrm{d}x - \int \frac{1}{\sqrt{x}}\,\mathrm{d}x$$
$$= \int x^{\frac{3}{2}}\,\mathrm{d}x - \int \mathrm{d}x + \int x\,\mathrm{d}x - \int x^{-\frac{1}{2}}\,\mathrm{d}x$$

$$= \frac{1}{\frac{3}{2}+1} x^{\frac{3}{2}+1} - x + \frac{1}{1+1} x^{1+1} - \frac{1}{-\frac{1}{2}+1} x^{-\frac{1}{2}+1} + C$$

$$= \frac{2}{5} x^{\frac{5}{2}} - x + \frac{1}{2} x^2 - 2\sqrt{x} + C$$

例 12 求 $\int \frac{(x-1)^3}{x^2} dx$。

解 $\int \frac{(x-1)^3}{x^2} dx = \int \frac{x^3 - 3x^2 + 3x - 1}{x^2} dx = \int \left(x - 3 + \frac{3}{x} - \frac{1}{x^2} \right) dx$

$$= \int x dx - 3 \int dx + 3 \int \frac{1}{x} dx - \int x^{-2} dx$$

$$= \frac{1}{2} x^2 - 3x + 3\ln |x| + \frac{1}{x} + C$$

例 13 求 $\int \frac{x^2}{x^2+1} dx$。

解 因为 $\frac{x^2}{x^2+1} = \frac{x^2+1-1}{x^2+1} = 1 - \frac{1}{1+x^2}$，于是

$$\int \frac{x^2}{x^2+1} dx = \int \left(1 - \frac{1}{1+x^2} \right) dx = x - \arctan x + C$$

例 14 求 $\int \frac{x^4}{x^2+1} dx$。

解 因为 $\frac{x^4}{x^2+1} = \frac{(x^4-1)+1}{x^2+1} = x^2 - 1 + \frac{1}{1+x^2}$，于是

$$\int \frac{x^4}{x^2+1} dx = \int \left(x^2 - 1 + \frac{1}{1+x^2} \right) dx$$

$$= \int (x^2 - 1) dx + \int \left(\frac{1}{1+x^2} \right) dx$$

$$= \frac{1}{3} x^3 - x + \arctan x + C$$

例 15 求 $\int \cos^2 \frac{x}{2} dx$。

解 由倍角公式，得

$$\cos^2 \frac{x}{2} = \frac{1+\cos x}{2}$$

于是 $\int \cos^2 \frac{x}{2} dx = \int \frac{1+\cos x}{2} dx = \frac{1}{2} \int (1+\cos x) dx$

$$= \frac{1}{2} \left(\int dx + \int \cos x dx \right) = \frac{1}{2} (x + \sin x) + C$$

例 16 求 $\int \tan^2 x dx$。

解 $\int \tan^2 x dx = \int (\sec^2 x - 1) dx = \tan x - x + C$

例 17 求 $\int \frac{1}{\sin^2 x \cos^2 x} dx$。

解 $\int \frac{1}{\sin^2 x \cos^2 x} dx = \int \frac{\sin^2 x + \cos^2 x}{\sin^2 x \cos^2 x} dx = \int (\sec^2 x + \csc^2 x) dx = \tan x - \cot x + C$

思 考 题

1. 若 $f(x)$ 的一个原函数为 $\cos x$，问如何计算 $\int f'(x)\mathrm{d}x$？

2. $\left[\int f(x)\mathrm{d}x\right]' = f(x)$ 和 $\int f'(x)\mathrm{d}x = f(x) + C$ 有何区别？

3. 法则 2 中，为何要求 $k \neq 0$？

习题 4-2

1. 填空，并计算相应的不定积分。

(1) $(\quad)' = \dfrac{1}{\cos^2 x}$；$\int \dfrac{1}{\cos^2 x}\mathrm{d}x = (\quad)$；

(2) $(\quad)' = \dfrac{1}{1+x^2}$；$\int \dfrac{1}{1+x^2}\mathrm{d}x = (\quad)$；

(3) $(\quad)' = \dfrac{1}{x\ln a}$；$\int \dfrac{1}{x\ln a}\mathrm{d}x = (\quad)$；

(4) $(\quad)' = \dfrac{1}{\sqrt{1-x^2}}$；$\int \dfrac{1}{\sqrt{1-x^2}}\mathrm{d}x = (\quad)$。

2. 求下列不定积分。

(1) $\displaystyle\int \dfrac{2}{x^3}\mathrm{d}x$；

(2) $\displaystyle\int (3x-1)\sqrt[3]{x^2}\mathrm{d}x$；

(3) $\displaystyle\int \left(2x^2 + \dfrac{1}{x}\right)^2\mathrm{d}x$；

(4) $\displaystyle\int \left(2\mathrm{e}^x - \dfrac{1}{3x}\right)\mathrm{d}x$；

(5) $\displaystyle\int \left(2\sin x - \dfrac{3}{\sqrt{1-x^2}}\right)\mathrm{d}x$；

(6) $\displaystyle\int \dfrac{\mathrm{d}h}{\sqrt{2gh}}$（$g$ 是常数）；

(7) $\displaystyle\int \mathrm{e}^x\left(1 - \dfrac{\mathrm{e}^{-x}}{\sqrt{2x}}\right)\mathrm{d}x$；

(8) $\displaystyle\int \cos\left(\dfrac{\pi}{4} + 1\right)\mathrm{d}x$；

(9) $\displaystyle\int \dfrac{t-1}{\sqrt{t}+1}\mathrm{d}t$；

(10) $\displaystyle\int \sec x(\sec x - \tan x)\mathrm{d}x$；

(11) $\displaystyle\int \cot^2 x\,\mathrm{d}x$；

(12) $\displaystyle\int \dfrac{1+x+x^2}{x(1+x^2)}\mathrm{d}x$；

(13) $\displaystyle\int \dfrac{2x^4 + 3x^2 + 1}{1+x^2}\mathrm{d}x$；

(14) $\displaystyle\int \sqrt{x\sqrt{x\sqrt{x}}}\,\mathrm{d}x$；

(15) $\displaystyle\int \left(\dfrac{2\times 3^x - 5\times 2^x}{4^x}\right)\mathrm{d}x$；

(16) $\displaystyle\int \dfrac{1}{1+\cos 2x}\mathrm{d}x$；

(17) $\displaystyle\int \dfrac{1}{x^2(1+x^2)}\mathrm{d}x$；

(18) $\displaystyle\int \mathrm{e}^{\ln(2x+1)}\left(1 - \dfrac{1}{x^2}\right)\mathrm{d}x$；

(19) $\displaystyle\int \dfrac{\cos 2x}{\sin^2 x \cos^2 x}\mathrm{d}x$；

(20) $\displaystyle\int \dfrac{\cos 2x}{\sin x - \cos x}\mathrm{d}x$；

(21) $\displaystyle\int \left(\dfrac{1}{\sqrt{1-x^2}} + \sin x\right)'\mathrm{d}x$。

3. 求下列不定积分。

(1) $\displaystyle\int \frac{x^4 + x^2 + 3}{x^2 + 1} dx$；

(2) $\displaystyle\int \frac{e^{2x} - 1}{1 + e^x} dx$；

(3) $\displaystyle\int \frac{1 - \cos x}{1 - \cos 2x} dx$；

(4) $\displaystyle\int \frac{1 + 2x^2}{x^2(1 + x^2)} dx$。

第三节　换元积分法

用直接积分法所能计算的不定积分是非常有限的。本节将介绍第二种积分方法——换元积分法。

换元积分法是复合函数微分法的逆运算。这种方法是通过适当的变量代换把给定的不定积分化成可以套用公式或者比较容易积分的形式。用换元积分法求不定积分时，按其被积函数的不同特点，换元方式有两种，分别称为第一类换元积分法和第二类换元积分法。下面先讲第一类换元积分法。

一、第一类换元积分法(又称凑微分法)

首先看一个例子。

例 18　求 $\displaystyle\int (2x - 1)^2 dx$。

解　本例可以用直接积分法求出。

$$\int (2x - 1)^2 dx = \int (4x^2 - 4x + 1) dx = \frac{4}{3} x^3 - 2x^2 + x + C$$

但如果此例中的被积函数是 $(2x - 1)^{10}$，用此法计算就会非常麻烦。

由于积分基本公式 $\displaystyle\int x^\alpha dx = \frac{1}{\alpha + 1} x^{\alpha+1} + C$ 中的自变量 x 可以换成中间变量 u，即

$$\int u^\alpha du = \frac{1}{\alpha + 1} u^{\alpha+1} + C$$

于是我们想到引用一个中间变量 u 来代替 $2x - 1$。

令 $u = 2x - 1$，则 $du = d(2x - 1) = 2dx, dx = \frac{1}{2} du$，从而

$$\int (2x - 1)^2 dx = \int u^2 \cdot \frac{1}{2} du = \frac{1}{2} \int u^2 du = \frac{1}{6} u^3 + C = \frac{1}{6} (2x - 1)^3 + C$$

可以用求导的方法验证这个结果是正确的，虽然它等于 $\frac{4}{3} x^3 - 2x^2 + x - \frac{1}{6} + C$，与前法算得的结果不完全一样，但这只说明两个结果中的积分常数 C 不同而已。

一般地，有以下定理。

定理 1　设函数 $f(x)$ 具有原函数 $F(x)$，且 $u = \varphi(x)$ 可导，则 $F[\varphi(x)]$ 是 $f[\varphi(x)]\varphi'(x)$ 的原函数，即有

$$\int f[\varphi(x)]\varphi'(x) dx = \int f(u) du = F(u) + C = F[\varphi(x)] + C$$

本定理的含义是：如果直接求函数 $f[\varphi(x)]\varphi'(x)$ 的不定积分有困难，则可以引进一

个中间变量 u，即令 $u=\varphi(x)$，使 $f[\varphi(x)]$ 变为 $f(u)$，$\varphi'(x)\mathrm{d}x$ 变为 $\mathrm{d}u$；如果 $f(u)$ 的原函数是 $F(u)$，则所求的不定积分是 $F(u)+C$，再把 $u=\varphi(x)$ 代回，即得 $F[\varphi(x)]+C$。

例 19 求 $\displaystyle\int\cos2x\mathrm{d}x$。

解 被积函数 $\cos2x$ 是复合函数，在积分基本公式中找不到适用的公式。但若引进变量 u 代替 $2x$，便可套用公式 $\displaystyle\int\cos u\mathrm{d}u=\sin u+C$ 积分。于是，作变换 $u=2x$，则 $\mathrm{d}u=\mathrm{d}(2x)=2\mathrm{d}x$，$\mathrm{d}x=\dfrac{1}{2}\mathrm{d}u$，从而

$$\int\cos2x\mathrm{d}x=\int\cos u\cdot\frac{1}{2}\mathrm{d}u=\frac{1}{2}\sin u+C=\frac{1}{2}\sin2x+C$$

例 20 求 $\displaystyle\int\mathrm{e}^{3x}\mathrm{d}x$。

解 被积函数是一个复合函数，令 $u=3x$，$x=\dfrac{u}{3}$，$\mathrm{d}x=\dfrac{1}{3}\mathrm{d}u$，从而

$$\int\mathrm{e}^{3x}\mathrm{d}x=\frac{1}{3}\int\mathrm{e}^{u}\mathrm{d}u=\frac{1}{3}\mathrm{e}^{u}+C=\frac{1}{3}\mathrm{e}^{3x}+C$$

例 21 求 $\displaystyle\int\frac{1}{2-3x}\mathrm{d}x$。

解 令 $u=2-3x$，则 $\mathrm{d}u=\mathrm{d}(2-3x)=-3\mathrm{d}x$，$\mathrm{d}x=-\dfrac{1}{3}\mathrm{d}u$，于是

$$\int\frac{1}{2-3x}\mathrm{d}x=\int\frac{1}{u}\cdot\left(-\frac{1}{3}\right)\mathrm{d}u=-\frac{1}{3}\ln|u|+C=-\frac{1}{3}\ln|2-3x|+C$$

例 22 求 $\displaystyle\int x\mathrm{e}^{x^2}\mathrm{d}x$。

解 令 $u=x^2$，则 $\mathrm{d}u=\mathrm{d}(x^2)=2x\mathrm{d}x$，$x\mathrm{d}x=\dfrac{1}{2}\mathrm{d}u$，于是

$$\int x\mathrm{e}^{x^2}\mathrm{d}x=\int\mathrm{e}^{u}\cdot\frac{1}{2}\mathrm{d}u=\frac{1}{2}\mathrm{e}^{u}+C=\frac{1}{2}\mathrm{e}^{x^2}+C$$

例 23 求 $\displaystyle\int x\sqrt{x^2+4}\mathrm{d}x$。

解
$$\int x\sqrt{x^2+4}\mathrm{d}x=\frac{1}{2}\int\sqrt{x^2+4}\mathrm{d}(x^2+4)$$
$$=\frac{1}{2}\int(x^2+4)^{\frac{1}{2}}\mathrm{d}(x^2+4)$$
$$=\frac{1}{3}(x^2+4)^{\frac{3}{2}}+C$$

例 24 求 $\displaystyle\int\frac{\ln^2x}{x}\mathrm{d}x$。

解 令 $u=\ln x$，则 $\mathrm{d}u=\mathrm{d}(\ln x)=\dfrac{1}{x}\mathrm{d}x$，于是

$$\int\frac{\ln^2x}{x}\mathrm{d}x=\int u^2\mathrm{d}u=\frac{1}{3}u^3+C=\frac{1}{3}(\ln x)^3+C$$

在对变量代换比较熟悉以后，就不一定写出中间变量 u。

例 25 求 $\int \frac{\cos\sqrt{t}}{\sqrt{t}}dt$。

解 $\int \frac{\cos\sqrt{t}}{\sqrt{t}}dt = 2\int \cos\sqrt{t}\,d\sqrt{t} = 2\sin\sqrt{t} + C$

例 26 求 $\int \tan x\,dx$。

解 $\int \tan x\,dx = \int \frac{\sin x}{\cos x}dx = -\int \frac{1}{\cos x}d(\cos x) = -\ln|\cos x| + C$

类似可得 $\int \cot x\,dx = \ln|\sin x| + C$

例 27 求 $\int \frac{1}{(\arcsin x)^2\sqrt{1-x^2}}dx$。

解 $\int \frac{1}{(\arcsin x)^2\sqrt{1-x^2}}dx = \int (\arcsin x)^{-2}d(\arcsin x) = -\frac{1}{\arcsin x} + C$

例 28 求 $\int \sin^2 x\cos^3 x\,dx$。

解 $\int \sin^2 x\cos^3 x\,dx = \int \sin^2 x\cos^2 x\,d(\sin x) = \int \sin^2 x(1-\sin^2 x)d(\sin x)$

$= \int (\sin^2 x - \sin^4 x)d(\sin x) = \frac{1}{3}\sin^3 x - \frac{1}{5}\sin^5 x + C$

例 29 求 $\int \sin 3x\cos 2x\,dx$。

解 $\int \sin 3x\cos 2x\,dx = \frac{1}{2}\int (\sin 5x + \sin x)dx = \frac{1}{2}\times\frac{1}{5}\int \sin 5x\,d(5x) + \frac{1}{2}\int \sin x\,dx$

$= -\frac{1}{10}\cos 5x - \frac{1}{2}\cos x + C$

例 30 求 $\int \csc x\,dx$。

解 $\int \csc x\,dx = \int \frac{1}{\sin x}dx = \int \frac{1}{2\sin\frac{x}{2}\cos\frac{x}{2}}dx = \frac{1}{2}\int \frac{1}{\tan\frac{x}{2}\cos^2\frac{x}{2}}dx$

$= \int \frac{1}{\tan\frac{x}{2}}d\left(\tan\frac{x}{2}\right) = \ln\left|\tan\frac{x}{2}\right| + C$

而 $\tan\frac{x}{2} = \frac{\sin\frac{x}{2}}{\cos\frac{x}{2}} = \frac{2\sin^2\frac{x}{2}}{2\sin\frac{x}{2}\cos\frac{x}{2}} = \frac{1-\cos x}{\sin x} = \csc x - \cot x$

所以 $\int \csc x\,dx = \ln|\csc x - \cot x| + C$

例 31 求 $\int \sec x\,dx$。

解 由于 $\sec x = \frac{1}{\cos x} = \frac{1}{\sin\left(x+\frac{\pi}{2}\right)}$，因此，利用例 30 的结果有

$$\int \sec x \mathrm{d}x = \int \frac{1}{\sin\left(x+\frac{\pi}{2}\right)}\mathrm{d}\left(x+\frac{\pi}{2}\right) = \ln\left|\csc\left(x+\frac{\pi}{2}\right)-\cot\left(x+\frac{\pi}{2}\right)\right| + C$$

$$= \ln|\sec x + \tan x| + C$$

例 32 求 $\displaystyle\int \frac{\arctan x}{1+x^2}\mathrm{d}x$。

解 $\displaystyle\int \frac{\arctan x}{1+x^2}\mathrm{d}x = \int \arctan x \mathrm{d}(\arctan x) = \frac{1}{2}(\arctan x)^2 + C$

例 33 求 $\displaystyle\int \sin 2x \mathrm{d}x$。

解 方法 1 $\displaystyle\int \sin 2x \mathrm{d}x = \frac{1}{2}\int \sin 2x \mathrm{d}(2x) = -\frac{1}{2}\cos 2x + C$

方法 2 $\displaystyle\int \sin 2x \mathrm{d}x = 2\int \sin x \cos x \mathrm{d}x = 2\int \sin x \mathrm{d}(\sin x) = \sin^2 x + C$

方法 3 $\displaystyle\int \sin 2x \mathrm{d}x = 2\int \sin x \cos x \mathrm{d}x = -2\int \cos x \mathrm{d}(\cos x) = -\cos^2 x + C$

此例表明,同一个不定积分,选择不同的积分方法,得到的结果形式不同,这是完全正常的,可以用导数验证它们的正确性。三种解法的原函数仅差一个常数,都包含到任意常数 C 中,由此可见,在不定积分中,任意常数是不可缺少的。

例 34 求 $\displaystyle\int \frac{2x+1}{x^2+4x+5}\mathrm{d}x$。

解 $\displaystyle\int \frac{2x+1}{x^2+4x+5}\mathrm{d}x = \int \frac{2x+4-3}{x^2+4x+5}\mathrm{d}x = \int \frac{2x+4}{x^2+4x+5}\mathrm{d}x - 3\int \frac{1}{1+(x+2)^2}\mathrm{d}x$

$$= \int \frac{\mathrm{d}(x^2+4x+5)}{x^2+4x+5} - 3\int \frac{1}{1+(x+2)^2}\mathrm{d}(x+2)$$

$$= \ln|x^2+4x+5| - 3\arctan(x+2) + C$$

例 35 求 $\displaystyle\int \frac{x}{\sqrt{3+2x-x^2}}\mathrm{d}x$。

解 $\displaystyle\int \frac{x}{\sqrt{3+2x-x^2}}\mathrm{d}x = \int \frac{(x-1)+1}{\sqrt{4-(x-1)^2}}\mathrm{d}x = \int \frac{x-1}{\sqrt{4-(x-1)^2}}\mathrm{d}x + \int \frac{1}{\sqrt{4-(x-1)^2}}\mathrm{d}x$

$$= \int \frac{x-1}{\sqrt{4-(x-1)^2}}\mathrm{d}(x-1) + \int \frac{1}{2\sqrt{1-\left(\frac{x-1}{2}\right)^2}}\mathrm{d}x$$

$$= \frac{1}{2}\int \frac{\mathrm{d}(x-1)^2}{\sqrt{4-(x-1)^2}} + \int \frac{1}{\sqrt{1-\left(\frac{x-1}{2}\right)^2}}\mathrm{d}\left(\frac{x-1}{2}\right)$$

$$= -\frac{1}{2}\int \frac{\mathrm{d}[4-(x-1)^2]}{\sqrt{4-(x-1)^2}} + \arcsin\frac{x-1}{2} + C$$

$$= -\sqrt{4-(x-1)^2} + \arcsin\frac{x-1}{2} + C$$

由上面的例子可以看出,用第一类换元积分法计算积分时,关键是把被积函数分为两部分:其中一部分表示为 $\varphi(x)$ 的函数 $f[\varphi(x)]$;另一部分与 $\mathrm{d}x$ 凑成微分 $\mathrm{d}\varphi(x)$。因此,第一类换元积分法又叫作"凑微分"法。

下列式子在凑微分时经常用到:

(1) $\mathrm{d}x = \dfrac{1}{a}\mathrm{d}(ax)$;

(2) $\mathrm{d}x = \dfrac{1}{a}\mathrm{d}(ax+b)$;

(3) $x\mathrm{d}x = \dfrac{1}{2}\mathrm{d}(x^2)$;

(4) $x^2\mathrm{d}x = \dfrac{1}{3}\mathrm{d}(x^3)$;

(5) $\dfrac{1}{\sqrt{x}}\mathrm{d}x = 2\mathrm{d}\sqrt{x}$;

(6) $\cos x\mathrm{d}x = \mathrm{d}(\sin x)$;

(7) $\sin x\mathrm{d}x = -\mathrm{d}(\cos x)$;

(8) $\dfrac{1}{x}\mathrm{d}x = \mathrm{d}(\ln x)$;

(9) $\mathrm{e}^x\mathrm{d}x = \mathrm{d}(\mathrm{e}^x)$;

(10) $\dfrac{1}{1+x^2}\mathrm{d}x = \mathrm{d}(\arctan x)$;

(11) $\dfrac{1}{\sqrt{1-x^2}}\mathrm{d}x = \mathrm{d}(\arcsin x)$;

(12) $\sec^2 x\mathrm{d}x = \mathrm{d}(\tan x)$。

二、第二类换元积分法

以上介绍的第一类换元积分法能解决一大批积分的计算,其关键是根据具体的被积函数,通过变量代换(或适当的凑微分)$u=\varphi(x)$,将 $\displaystyle\int f[\varphi(x)]\varphi'(x)\mathrm{d}x$ 化为 $\displaystyle\int f(u)\mathrm{d}u$,然后套用公式积分。但是有些被积函数不容易凑成功,这时可以尝试作适当的变量替换来改变被积表达式的结构,使之化成基本积分公式表中的某一个形式,这就提出了第二类换元积分法。

下面将介绍的第二类换元积分法是:适当地选择变量代换 $x=\varphi(t)$,将 $\displaystyle\int f(x)\mathrm{d}x$ 化为 $\displaystyle\int f[\varphi(t)]\varphi'(t)\mathrm{d}t$ 的形式,而变换后的积分易求得。

先看一个例子。

例 36 求 $\displaystyle\int \dfrac{1}{1+\sqrt{x}}\mathrm{d}x$。

解 这个积分用前面学过的方法是不易求得的,主要在于被积函数中含有根式 $\sqrt{x}$,为去掉根号,可设 $x=t^2(t>0)$,于是 $\mathrm{d}x=\mathrm{d}t^2=2t\mathrm{d}t$,有

$$\int \frac{1}{1+\sqrt{x}}\mathrm{d}x \xlongequal{x=t^2} \int \frac{2t}{1+t}\mathrm{d}t = 2\int \frac{(1+t)-1}{1+t}\mathrm{d}t$$

$$= 2\int \left(1-\frac{1}{1+t}\right)\mathrm{d}t = 2\int \mathrm{d}t - 2\int \frac{1}{1+t}\mathrm{d}(1+t)$$

$$= 2t - 2\ln|1+t| + C$$

$$= 2\sqrt{x} - 2\ln|1+\sqrt{x}| + C$$

此例是通过变量代换,用 t^2 来代替 x,消去了被积函数中的根式,从而求出所给的不定积分。这种方法叫作第二类换元积分法。

一般地,有下面的定理。

定理 2 设 $x=\varphi(t)$ 是严格单调的可导函数,且 $\varphi'(t)\neq0$,如果

$$\int f[\varphi(t)]\varphi'(t)\mathrm{d}t = F(t)+C, \text{则有} \int f(x)\mathrm{d}x = F[\varphi^{-1}(x)]+C$$

其中 $t=\varphi^{-1}(x)$ 是 $x=\varphi(t)$ 的反函数。

由此定理可知,第二类换元积分法的中心思想是将根式有理化,一般有以下两种变量代换。

1. 代数变换

例 37 求 $\displaystyle\int\frac{x}{\sqrt{1+x}}\mathrm{d}x$。

解 这个积分用前面学过的方法是不易求得的,主要在于被积函数中含有根式 $\sqrt{1+x}$,为去掉根号,可设 $x=t^2-1(t>0)$,于是 $\mathrm{d}x=\mathrm{d}(t^2-1)=2t\mathrm{d}t$,有

$$\int\frac{x}{\sqrt{1+x}}\mathrm{d}x=\int\frac{t^2-1}{t}2t\mathrm{d}t=2\int(t^2-1)\mathrm{d}t=\frac{2}{3}t^3-2t+C$$

$$=\frac{2}{3}(1+x)^{\frac{3}{2}}-2\sqrt{1+x}+C$$

例 38 求 $\displaystyle\int x\sqrt{x-1}\mathrm{d}x$。

解 要去掉被积函数中的根式,可令 $x=t^2+1(t>0)$,则 $\mathrm{d}x=\mathrm{d}(t^2+1)=2t\mathrm{d}t$,于是

$$\int x\sqrt{x-1}\mathrm{d}x=\int(t^2+1)t\cdot2t\mathrm{d}t=2\int(t^4+t^2)\mathrm{d}t=\frac{2}{5}t^5+\frac{2}{3}t^3+C$$

$$=\frac{2}{5}(x-1)^{\frac{5}{2}}+\frac{2}{3}(x-1)^{\frac{3}{2}}+C$$

例 39 求 $\displaystyle\int\frac{\sqrt[4]{x}}{x+\sqrt{x}}\mathrm{d}x$。

解 要同时去掉被积函数中的根式,可令 $x=t^4(t>0)$,则 $\mathrm{d}x=4t^3\mathrm{d}t$,于是

$$\int\frac{\sqrt[4]{x}}{x+\sqrt{x}}\mathrm{d}x=\int\frac{t}{t^4+t^2}\cdot4t^3\mathrm{d}t=4\int\frac{t^2}{1+t^2}\mathrm{d}t=4\int\left(1-\frac{1}{1+t^2}\right)\mathrm{d}t$$

$$=4t-4\arctan t+C=4\sqrt[4]{x}-4\arctan\sqrt[4]{x}+C$$

由上面两个例子可以看出,当被积函数中含有 $\sqrt[n]{x-a}$ 时,通常作代数变换 $x=t^n+a$ 化去根式。

一般地,如果被积函数中含有 $\sqrt[n]{ax+b}$,则通常作代数变换 $ax+b=t^n$,去掉根号,再求积分。

2. 三角变换

例 40 求 $\displaystyle\int\sqrt{a^2-x^2}\mathrm{d}x(a>0)$。

解 求此积分的困难在于有根式 $\sqrt{a^2-x^2}$,可利用三角恒等式 $\sin^2 t+\cos^2 t=1$ 化去根式。

设 $x=a\sin t\left(-\dfrac{\pi}{2}<t<\dfrac{\pi}{2}\right)$,则 $\sqrt{a^2-x^2}=\sqrt{a^2-a^2\sin^2 t}=a\cos t,\mathrm{d}x=a\cos t\mathrm{d}t$,于是

$$\int\sqrt{a^2-x^2}\mathrm{d}x=\int a\cos t\cdot a\cos t\mathrm{d}t=a^2\int\cos^2 t\mathrm{d}t=a^2\int\frac{1+\cos 2t}{2}\mathrm{d}t$$

$$=\frac{a^2}{2}\left(t+\frac{1}{2}\sin 2t\right)+C=\frac{a^2}{2}t+\frac{a^2}{2}\sin t\cos t+C$$

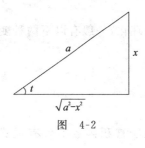

图 4-2

为将变量 t 还原为 x，可根据 $\sin t = \dfrac{x}{a}$ 作直角三角形，如

图 4-2 所示，便有 $t = \arcsin\dfrac{x}{a}$，$\sin t = \dfrac{x}{a}$，$\cos t = \dfrac{\sqrt{a^2-x^2}}{a}$，所以

$$\int \sqrt{a^2-x^2}\,\mathrm{d}x = \frac{a^2}{2}\arcsin\frac{x}{a} + \frac{a^2}{2}\cdot\frac{x}{a}\cdot\frac{\sqrt{a^2-x^2}}{a} + C$$

$$= \frac{a^2}{2}\arcsin\frac{x}{a} + \frac{x}{2}\sqrt{a^2-x^2} + C$$

例 41　求 $\displaystyle\int \dfrac{1}{\sqrt{a^2+x^2}}\,\mathrm{d}x\,(a>0)$。

解　与例 40 类似，利用三角恒等式 $1+\tan^2 t = \sec^2 t$ 可化去根式。

设 $x = a\tan t\left(-\dfrac{\pi}{2}<t<\dfrac{\pi}{2}\right)$，则 $\sqrt{a^2+x^2} = a\sec t$，$\mathrm{d}x = a\sec^2 t\,\mathrm{d}t$，于是

$$\int \frac{1}{\sqrt{a^2+x^2}}\,\mathrm{d}x = \int \frac{1}{a\sec t}\cdot a\sec^2 t\,\mathrm{d}t = \int \sec t\,\mathrm{d}t = \ln|\sec t + \tan t| + C_1$$

又由 $\tan t = \dfrac{x}{a}$ 作辅助三角形，如图 4-3 所示，有 $\sec t = \dfrac{\sqrt{a^2+x^2}}{a}$，于是

$$\int \frac{1}{\sqrt{a^2+x^2}}\,\mathrm{d}x = \ln\left|\frac{\sqrt{a^2+x^2}}{a} + \frac{x}{a}\right| + C_1 = \ln|(x+\sqrt{a^2+x^2})| + C$$

其中 $C = C_1 - \ln a$。

例 42　求 $\displaystyle\int \dfrac{1}{\sqrt{x^2-a^2}}\,\mathrm{d}x$。

解　利用三角恒等式 $\sec^2 t - 1 = \tan^2 t$ 化去根式。

注意到被积函数的定义域是 $x>a$ 或 $x<-a$ 两种情形，我们分别在两个区间内求不定积分。

当 $x>a$ 时，设 $x = a\sec t\left(0<t<\dfrac{\pi}{2}\right)$，则 $\sqrt{x^2-a^2} = a\tan t$，$\mathrm{d}x = a\sec t\cdot\tan t\,\mathrm{d}t$，于是

$$\int \frac{1}{\sqrt{x^2-a^2}}\,\mathrm{d}x = \int \frac{1}{a\tan t}a\sec t\cdot\tan t\,\mathrm{d}t = \int \sec t\,\mathrm{d}t = \ln|\sec t + \tan t| + C_1$$

由 $\sec t = \dfrac{x}{a}$，即 $\cos t = \dfrac{a}{x}$ 作三角形，如图 4-4 所示，得 $\tan t = \dfrac{\sqrt{x^2-a^2}}{a}$，于是

$$\int \frac{1}{\sqrt{x^2-a^2}}\,\mathrm{d}x = \ln\left|\frac{x}{a} + \frac{\sqrt{x^2-a^2}}{a}\right| + C_1 = \ln|x+\sqrt{x^2-a^2}| + C$$

其中 $C = C_1 - \ln a$。

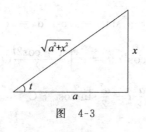

图 4-3

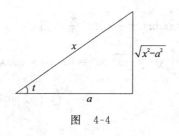

图 4-4

当 $x < -a$ 时，可设 $x = -a\sec t\left(0 < t < \dfrac{\pi}{2}\right)$，同理计算得

$$\int \frac{1}{\sqrt{x^2 - a^2}} \mathrm{d}x = \ln|-x - \sqrt{x^2 - a^2}| + C$$

把 $x > a$ 及 $x < -a$ 两种情形结合起来，有

$$\int \frac{1}{\sqrt{x^2 - a^2}} \mathrm{d}x = \ln|x + \sqrt{x^2 - a^2}| + C$$

由以上几个例子可得，当被积函数中有 $\sqrt{a^2 - x^2}$、$\sqrt{a^2 + x^2}$ 或 $\sqrt{x^2 - a^2}$ 时，一般可利用三角函数平方关系式作三角变换，分别令 $x = a\sin t$（或 $x = a\cos t$）、$x = a\tan t$（或 $x = a\cot t$）、$x = a\sec t$（或 $x = a\csc t$），去掉被积函数中的根式。

第二类换元积分法并不局限于上述几种基本形式，它是非常灵活的方法，应根据所给被积函数在积分时的困难所在，选择适当的变量替换，转化成便于求积分的形式。请看下面两例。

例 43　求 $\displaystyle\int x^2 (2 - x)^{10} \mathrm{d}x$。

解　设 $t = 2 - x$，则 $x = 2 - t$，$\mathrm{d}x = -\mathrm{d}t$，原积分转化为

$$\int x^2 (2 - x)^{10} \mathrm{d}x = \int (2 - t)^2 t^{10} (-\mathrm{d}t) = -\int (4 - 4t + t^2) t^{10} \mathrm{d}t$$

$$= \int (-4t^{10} + 4t^{11} - t^{12}) \mathrm{d}t = -\frac{4}{11} t^{11} + \frac{1}{3} t^{12} - \frac{1}{13} t^{13} + C$$

$$= -\frac{4}{11}(2 - x)^{11} + \frac{1}{3}(2 - x)^{12} - \frac{1}{13}(2 - x)^{13} + C$$

例 44　求 $\displaystyle\int \frac{\mathrm{d}x}{\sqrt{\mathrm{e}^x + 1}}$。

解　设 $\sqrt{\mathrm{e}^x + 1} = t$，则 $x = \ln(t^2 - 1)$，$\mathrm{d}x = \dfrac{2t}{t^2 - 1} \mathrm{d}t$，于是

$$\int \frac{\mathrm{d}x}{\sqrt{\mathrm{e}^x + 1}} = \int \frac{1}{t} \cdot \frac{2t}{t^2 - 1} \mathrm{d}t = \int \frac{2}{t^2 - 1} \mathrm{d}t = \int \left(\frac{1}{t - 1} - \frac{1}{t + 1}\right) \mathrm{d}t$$

$$= \int \frac{1}{t - 1} \mathrm{d}(t - 1) - \int \frac{1}{t + 1} \mathrm{d}(t + 1)$$

$$= \ln|t - 1| - \ln|t + 1| + C = \ln \frac{\sqrt{\mathrm{e}^x + 1} - 1}{\sqrt{\mathrm{e}^x + 1} + 1} + C$$

在本节的例题中，有几个积分是经常用到的，可作为积分基本公式使用，列出如下：

(1) $\displaystyle\int \tan x \, \mathrm{d}x = -\ln|\cos x| + C$;　　　　(2) $\displaystyle\int \cot x \, \mathrm{d}x = \ln|\sin x| + C$;

(3) $\displaystyle\int \sec x \, \mathrm{d}x = \ln|\sec x + \tan x| + C$;　　(4) $\displaystyle\int \csc x \, \mathrm{d}x = \ln|\csc x - \cot x| + C$。

思　考　题

1. 第一类换元积分法与第二类换元积分法的区别是什么？它们各解决的是哪种形式的积分？

2. 利用第一类换元积分法计算形如 $\displaystyle\int \cos^3 x \, \mathrm{d}x$，$\displaystyle\int \cos^4 x \, \mathrm{d}x$ 的积分。

习题 4-3

1. 在下列各式等号右端的横线处填入适当的系数,使等式成立。

(1) $\mathrm{d}x = \underline{\hphantom{aaaa}} \mathrm{d}(ax)$;

(2) $\mathrm{d}x = \underline{\hphantom{aaaa}} \mathrm{d}(7x-3)$;

(3) $x\mathrm{d}x = \underline{\hphantom{aaaa}} \mathrm{d}(x^2)$;

(4) $x\mathrm{d}x = \underline{\hphantom{aaaa}} \mathrm{d}(5x^2)$;

(5) $x\mathrm{d}x = \underline{\hphantom{aaaa}} \mathrm{d}(1-x^2)$;

(6) $x^3\mathrm{d}x = \underline{\hphantom{aaaa}} \mathrm{d}(3x^4-2)$;

(7) $\mathrm{e}^{2x}\mathrm{d}x = \underline{\hphantom{aaaa}} \mathrm{d}(\mathrm{e}^{2x})$;

(8) $\mathrm{e}^{-\frac{x}{2}}\mathrm{d}x = \underline{\hphantom{aaaa}} \mathrm{d}(1+\mathrm{e}^{-\frac{x}{2}})$;

(9) $\sin\dfrac{3}{2}x\mathrm{d}x = \underline{\hphantom{aaaa}} \mathrm{d}\left(\cos\dfrac{3}{2}x\right)$;

(10) $\dfrac{1}{x}\mathrm{d}x = \underline{\hphantom{aaaa}} \mathrm{d}(\ln|x|)$;

(11) $\dfrac{\mathrm{d}x}{x} = \underline{\hphantom{aaaa}} \mathrm{d}(3-5\ln|x|)$;

(12) $\dfrac{\mathrm{d}x}{1+9x^2} = \underline{\hphantom{aaaa}} \mathrm{d}(\arctan 3x)$;

(13) $\dfrac{\mathrm{d}x}{\sqrt{1-x^2}} = \underline{\hphantom{aaaa}} \mathrm{d}(1-\arcsin x)$;

(14) $\dfrac{x\mathrm{d}x}{\sqrt{1-x^2}} = \underline{\hphantom{aaaa}} \mathrm{d}(\sqrt{1-x^2})$。

2. 求下列不定积分。

(1) $\displaystyle\int (2x+3)^{10}\mathrm{d}x$;

(2) $\displaystyle\int \dfrac{(1+x)^2}{1+x^2}\mathrm{d}x$;

(3) $\displaystyle\int \sqrt{3x+1}\mathrm{d}x$;

(4) $\displaystyle\int \dfrac{1}{\sqrt{2-5x}}\mathrm{d}x$;

(5) $\displaystyle\int \sin(ax+b)\mathrm{d}x\,(a\neq 0)$;

(6) $\displaystyle\int (\mathrm{e}^{-x}+\mathrm{e}^{-2x})\mathrm{d}x$;

(7) $\displaystyle\int \dfrac{1}{\sqrt{1-4x^2}}\mathrm{d}x$;

(8) $\displaystyle\int x^3\sqrt[3]{1-x^4}\mathrm{d}x$;

(9) $\displaystyle\int \dfrac{x}{\sqrt{1+x^2}}\mathrm{d}x$;

(10) $\displaystyle\int \csc^2 3x\mathrm{d}x$;

(11) $\displaystyle\int \dfrac{2x}{x^2+2}\mathrm{d}x$;

(12) $\displaystyle\int x^2\cos x^3\mathrm{d}x$;

(13) $\displaystyle\int x^2\mathrm{e}^{x^3}\mathrm{d}x$;

(14) $\displaystyle\int \dfrac{1}{x\ln x}\mathrm{d}x$;

(15) $\displaystyle\int \dfrac{x^2}{x^3+3}\mathrm{d}x$;

(16) $\displaystyle\int \dfrac{1}{\sqrt{x}(1+x)}\mathrm{d}x$;

(17) $\displaystyle\int \dfrac{\sin x}{\cos^3 x}\mathrm{d}x$;

(18) $\displaystyle\int \dfrac{3x^3}{1-x^4}\mathrm{d}x$;

(19) $\displaystyle\int \tan^3 x\sec x\mathrm{d}x$;

(20) $\displaystyle\int \dfrac{2x-3}{x^2-3x+2}\mathrm{d}x$;

(21) $\displaystyle\int \dfrac{2\mathrm{e}^x}{1+\mathrm{e}^{2x}}\mathrm{d}x$;

(22) $\displaystyle\int \dfrac{1}{9+4x^2}\mathrm{d}x$;

(23) $\displaystyle\int \dfrac{1}{x(1+\ln x)}\mathrm{d}x$;

(24) $\displaystyle\int \dfrac{\mathrm{e}^{\sqrt{x}}}{\sqrt{x}}\mathrm{d}x$;

(25) $\displaystyle\int \dfrac{x^2}{\cos^2 x^3}\mathrm{d}x$;

(26) $\displaystyle\int \dfrac{1}{1+\cos x}\mathrm{d}x$;

(27) $\displaystyle\int \dfrac{1}{x^2}\sin\dfrac{1}{x}\mathrm{d}x$;

(28) $\displaystyle\int \mathrm{e}^x\sqrt{3+2\mathrm{e}^x}\mathrm{d}x$;

(29) $\displaystyle\int \frac{1}{x^2 + 6x + 13} \mathrm{d}x$;

(30) $\displaystyle\int \frac{\mathrm{d}x}{\sqrt{x+1} + \sqrt{x-1}}$;

(31) $\displaystyle\int \frac{1-x}{\sqrt{9-4x^2}} \mathrm{d}x$;

(32) $\displaystyle\int \frac{x+x^3}{1+x^4} \mathrm{d}x$;

(33) $\displaystyle\int \frac{1-\ln x}{(x+\ln x)^2} \mathrm{d}x$;

(34) $\displaystyle\int \frac{\ln\tan x}{\cos x \sin x} \mathrm{d}x$。

3. 求下列不定积分。

(1) $\displaystyle\int x\sqrt{x-3}\,\mathrm{d}x$;

(2) $\displaystyle\int \frac{\sqrt{x}}{1+x} \mathrm{d}x$;

(3) $\displaystyle\int \frac{\sqrt{x}}{1+\sqrt{x}} \mathrm{d}x$;

(4) $\displaystyle\int \frac{1}{1+\sqrt[3]{x}} \mathrm{d}x$;

(5) $\displaystyle\int \frac{1}{\sqrt[3]{x}+\sqrt{x}} \mathrm{d}x$;

(6) $\displaystyle\int \frac{1}{x\sqrt{1-x^2}} \mathrm{d}x$;

(7) $\displaystyle\int \frac{\sqrt{x^2-9}}{x} \mathrm{d}x$;

(8) $\displaystyle\int \frac{1}{\sqrt{4+x^2}} \mathrm{d}x$。

第四节　分部积分法

当被积函数是两种不同类型的函数的乘积时,一般用换元积分法是无法计算的,如 $\displaystyle\int x\cos x\mathrm{d}x$、$\displaystyle\int xe^x\mathrm{d}x$ 等,需要用积分法中另一种重要方法——分部积分法。

分部积分法是两个函数乘积的导数公式的逆运算,它是将所求的积分分为两个部分,有如下定理。

定理 3　设函数 $u=u(x)$，$v=v(x)$ 具有连续导数,则有

$$\int u\mathrm{d}v = uv - \int v\mathrm{d}u \tag{4.1}$$

证　由函数乘积的微分法则有

$$\mathrm{d}(uv) = v\mathrm{d}u + u\mathrm{d}v$$

移项,得

$$u\mathrm{d}v = \mathrm{d}(uv) - v\mathrm{d}u$$

对上式两端积分

$$\int u\mathrm{d}v = \int \mathrm{d}(uv) - \int v\mathrm{d}u$$

即

$$\int u\mathrm{d}v = uv - \int v\mathrm{d}u$$

式(4.1)称为分部积分公式,它用于求 $\displaystyle\int u\mathrm{d}v$ 较难,而 $\displaystyle\int v\mathrm{d}u$ 较易计算的情况。通常把用分部积分公式来求积分的方法称为分部积分法。

例 45　求 $\displaystyle\int x\cos x\mathrm{d}x$。

解　设 $u=x$，$\mathrm{d}v=\cos x\mathrm{d}x$，则 $\mathrm{d}u=\mathrm{d}x$，$v=\sin x$，得

$$\int x\cos x\mathrm{d}x = \int x\mathrm{d}(\sin x) = x\sin x - \int \sin x\mathrm{d}x = x\sin x + \cos x + C$$

本例中,若设 $u=\cos x$，$\mathrm{d}v=x\mathrm{d}x=\mathrm{d}\left(\dfrac{1}{2}x^2\right)$，则

$$\int x\cos x \mathrm{d}x = \int \cos x \mathrm{d}\left(\frac{1}{2}x^2\right) = \frac{1}{2}x^2\cos x + \int \frac{1}{2}x^2 \sin x \mathrm{d}x$$

上式右端的积分比原积分更复杂。可见,运用分部积分法求积分时恰当选取 u 和 $\mathrm{d}v$ 是一个关键。选取 u 和 $\mathrm{d}v$ 一般要考虑下面两点:

(1) v 要容易求得;

(2) $\int v\mathrm{d}u$ 要比 $\int u\mathrm{d}v$ 容易积出。

例 46　求 $\int x\mathrm{e}^x \mathrm{d}x$。

解　设 $u=x, \mathrm{d}v=\mathrm{e}^x\mathrm{d}x$,则 $\mathrm{d}u=\mathrm{d}x, v=\mathrm{e}^x$,于是

$$\int x\mathrm{e}^x \mathrm{d}x = \int x\mathrm{d}(\mathrm{e}^x) = x\mathrm{e}^x - \int \mathrm{e}^x \mathrm{d}x = x\mathrm{e}^x - \mathrm{e}^x + C = \mathrm{e}^x(x-1) + C$$

例 47　求 $\int x^2 \sin x \mathrm{d}x$。

解　设 $u=x^2, \mathrm{d}v=\sin x\mathrm{d}x$,则 $\mathrm{d}u=2x\mathrm{d}x, v=-\cos x$,于是

$$\int x^2 \sin x \mathrm{d}x = \int x^2 \mathrm{d}(-\cos x) = -x^2 \cos x + 2\int x\cos x \mathrm{d}x$$

这里 $\int x\cos x \mathrm{d}x$ 比 $\int x^2 \sin x \mathrm{d}x$ 容易积出,因为被积函数中 x 的次数比原来降低了一次。由例 45 可知,对 $\int x\cos x \mathrm{d}x$ 再使用一次分部积分法就可以了。于是

$$\int x^2 \sin x \mathrm{d}x = -x^2 \cos x + 2x\sin x + 2\cos x + C$$

这几个例子给我们一个启示:如果被积函数是幂函数与正(余)弦函数或指数函数乘积时,则可考虑用分部积分法,并设幂函数为 u。

例 48　求 $\int x\ln x\mathrm{d}x$。

解　设 $u=\ln x, \mathrm{d}v=x\mathrm{d}x$,则 $\mathrm{d}u=\frac{1}{x}\mathrm{d}x, v=\frac{1}{2}x^2$,于是

$$\int x\ln x\mathrm{d}x = \int \ln x\mathrm{d}\left(\frac{1}{2}x^2\right) = \frac{1}{2}x^2 \ln x - \int \frac{1}{2}x^2 \cdot \frac{1}{x}\mathrm{d}x = \frac{1}{2}x^2 \ln x - \frac{1}{4}x^2 + C$$

例 49　求 $\int \arctan x\mathrm{d}x$。

解　设 $u=\arctan x, \mathrm{d}v=\mathrm{d}x, \mathrm{d}u=\frac{1}{1+x^2}\mathrm{d}x, v=x$,于是

$$\int \arctan x\mathrm{d}x = x\arctan x - \int \frac{x}{1+x^2}\mathrm{d}x = x\arctan x - \frac{1}{2}\ln(1+x^2) + C$$

总结例 48 及例 49 可知:如果被积函数是幂函数与对数函数或反三角函数乘积时,则可考虑用分部积分法,并设对数函数或反三角函数为 u。

熟练后,只要利用微分基本公式将 $\int f(x)\mathrm{d}x$ 化成 $\int u\mathrm{d}v$ 的形式,然后按分部积分的思路求解,不必写出 u 或 v 的具体形式。

例 50　求 $\int \mathrm{e}^x \cos x\mathrm{d}x$。

解　$\int \mathrm{e}^x \cos x\mathrm{d}x = \int \cos x\mathrm{d}(\mathrm{e}^x) = \mathrm{e}^x \cos x + \int \mathrm{e}^x \sin x\mathrm{d}x$

$$= \mathrm{e}^x\cos x + \int \sin x \mathrm{d}(\mathrm{e}^x) = \mathrm{e}^x\cos x + \mathrm{e}^x\sin x - \int \mathrm{e}^x\cos x \mathrm{d}x$$

把等号右端的 $\int \mathrm{e}^x\cos x \mathrm{d}x$ 移项，得

$$\int \mathrm{e}^x\cos x \mathrm{d}x = \frac{\mathrm{e}^x(\sin x + \cos x)}{2} + C$$

本例也可设 $u = \cos x$，得出同样结果。

此例说明：如果被积函数是指数函数与正（余）弦函数乘积时，则可考虑用分部积分法，且两次分部积分时，作为 u 的函数应该是同一类的。

例 51 求 $\int \mathrm{e}^{\sqrt{x}}\mathrm{d}x$。

解 令 $\sqrt{x}=t$，得 $x=t^2$，则 $\mathrm{d}x=2t\mathrm{d}t$，于是

$$\int \mathrm{e}^{\sqrt{x}}\mathrm{d}x = 2\int t\mathrm{e}^t\mathrm{d}t = 2\int t\mathrm{d}\mathrm{e}^t = 2\left(t\mathrm{e}^t - \int \mathrm{e}^t\mathrm{d}t\right) = 2(t\mathrm{e}^t - \mathrm{e}^t) + C = 2(\sqrt{x}-1)\mathrm{e}^{\sqrt{x}} + C$$

此例说明，在积分的过程中往往要兼用换元法与分部积分法。

思 考 题

1. 举例说明在使用分部积分公式时，合理选择 u 和 $\mathrm{d}v$ 的重要性。
2. 总结分部积分法可以解决的积分类型，并说明其解题规律。

习题 4-4

求下列不定积分：

(1) $\int x\sin x\mathrm{d}x$； (2) $\int \ln x\mathrm{d}x$； (3) $\int \arcsin x\mathrm{d}x$；

(4) $\int x\mathrm{e}^{-x}\mathrm{d}x$； (5) $\int x^2\ln x\mathrm{d}x$； (6) $\int \mathrm{e}^{-x}\cos x\mathrm{d}x$；

(7) $\int x^2\arctan x\mathrm{d}x$； (8) $\int t\mathrm{e}^{-2t}\mathrm{d}t$； (9) $\int x\sin x\cos x\mathrm{d}x$；

(10) $\int \mathrm{e}^{\sqrt[3]{-x}}\mathrm{d}x$； (11) $\int x^2\cos 3x\mathrm{d}x$； (12) $\int \ln(1+x^2)\mathrm{d}x$；

(13) $\int \mathrm{e}^{-x}\sin 2x\mathrm{d}x$。

第五节 不定积分在经济学中的应用

经济管理中常用的函数如成本函数、收入函数、需求函数、利润函数等，一般统称为经济函数。在第三章我们已经知道，经济函数的导数称为边际函数，如边际成本、边际收入、边际利润等。

若已知边际函数 $f(x)$，求经济函数，就是以边际函数 $f(x)$ 为被积函数，求出函数 $f(x)$ 的全体原函数，即不定积分 $\int f(x)\mathrm{d}x = F(x) + C$，而经济函数是边际函数 $f(x)$ 的一个特定的原函数。因此，求经济函数时，除事先已知边际函数 $f(x)$ 外，还须知道初始条件。所谓初始条件，就是积分变量等于某个特定值时对应的一个原函数的值。由已知

边际函数,利用不定积分求经济函数,就是不定积分在经济学中的重要应用。

一、由边际成本求总成本函数

若已知边际成本函数为 $C'(x)$,则总成本函数 $C(x)$ 是边际成本函数 $C'(x)$ 关于 x 的不定积分,即

$$C(x) = \int C'(x)\mathrm{d}x = C_1(x) + C$$

而总成本＝固定成本＋可变成本,上式中 $C_1(x)$ 为可变成本,通常积分常数 C 是指固定成本,就是产量 $x=0$ 时的成本 $C(0)$,也就是求总成本函数的初始条件。

例 52 已知生产某产品的边际成本函数是

$$C'(x) = 3x^2 - 16x - 19.6$$

且固定成本为 3.5 万元,求总成本函数 $C(x)$,并求产量在 10 个单位时的总成本。

解 总成本 $C(x) = \int (3x^2 - 16x - 19.6)\mathrm{d}x = x^3 - 8x^2 - 19.6x + C$。

因为固定成本 $C(0)=3.5$ 万元,代入上式得 $C=3.5$ 万元,所以

总成本函数为 $\qquad C(x) = x^3 - 8x^2 - 19.6x + 3.5$

且 $\qquad\qquad C(10) = 10^3 - 8 \times 10^2 - 19.6 \times 10 + 3.5 = 7.5(万元)$

例 53 已知生产某产品的边际成本是产量 Q 的函数,$C'(Q) = Q^2 - 14Q + 111$,若生产 3 个单位时的总成本是 329,求总成本函数 $C(Q)$ 和平均成本函数 $\overline{C}(Q)$。

解 总成本 $C(Q) = \int (Q^2 - 14Q + 111)\mathrm{d}Q = \dfrac{Q^3}{3} - 7Q^2 + 111Q + C$,

当 $Q=3$ 时,$C(3)=329$,代入上式,即 $329 = \dfrac{3^3}{3} - 7 \times 3^2 + 111 \times 3 + C$,解得 $C=50$。

所以总成本函数是 $\qquad C(Q) = \dfrac{Q^3}{3} - 7Q^2 + 111Q + 50$

平均成本函数为 $\qquad \overline{C} = \dfrac{C(Q)}{Q} = \dfrac{Q^2}{3} - 7Q + 111 + \dfrac{50}{Q}$

二、由已知边际收入求总收入函数和需求函数

若已知边际收入函数为 $R'(x)$,则总收入函数 $R(x)$ 是边际收入函数 $R'(x)$ 关于 x 的不定积分,即

$$\int R'(x)\mathrm{d}x = R(x) + C$$

为了求总收入函数,必须确定常数 C。通常使用如下的初始条件:如果需求为零,则总收入也为零。

因为收入函数 $R(x)=Px$,其中 P 是价格,x 是需求量,由此得到价格 $P = \dfrac{R(x)}{x}$,即价格是需求量的函数,这也是一种需求函数。由此可见。平均收入水平与价格对需求的函数是相同的。

例 54 如果边际收入函数为 $R'(x) = 8 - 6x - 2x^2$,试求总收入函数和需求函数。

解 $R(x) = \int (8 - 6x - 2x^2)\mathrm{d}x = 8x - 3x^2 - \dfrac{2}{3}x^3 + C$。

若 $x=0$，$R=0$，代入上式，得 $C=0$，所以，总收入函数为 $R(x)=8x-3x^2-\dfrac{2}{3}x^3$。

需求函数为 $$P(x)=\frac{R(x)}{x}=8-3x-\frac{2}{3}x^2$$

例 55 某种商品的边际收入是售出单位数 x 的函数 $R'(x)=64x-x^2$，求总收入函数当售出多少单位时可使收入最大。

解 总收入函数

$$R(x)=\int(64x-x^2)\mathrm{d}x=32x^2-\frac{1}{3}x^3+C$$

当 $x=0$ 时，$R(0)=0$，代入上式，得 $C=0$，即总收入函数为 $R(x)=32x^2-\dfrac{1}{3}x^3$。

令 $R'(x)=64x-x^2=0$，得 $x=64$（$x=0$ 舍去），因 $R''(64)<0$，且 $R(x)$ 有唯一的驻点 $x=64$，所以 $R(x)$ 在 $x=64$ 处有极大值，也是最大值。即当售出 $x=64$ 单位时可使总收入最大。

例 56 某产品的边际收入函数为 $R'(Q)=100-\dfrac{2}{5}Q$，其中，Q 是产量，求总收入函数及需求函数。

解 总收入函数为

$$R(Q)=\int R'(Q)\mathrm{d}Q=\int\left(100-\frac{2}{5}Q\right)\mathrm{d}Q=100Q-\frac{1}{5}Q^2+C$$

因为当产量 $Q=0$ 时，$R(0)=0$，代入上式，得 $C=0$，所以 $R(Q)=100Q-\dfrac{1}{5}Q^2$。

又 $R(Q)=P\cdot Q=100Q-\dfrac{1}{5}Q^2$，所以 $P=100-\dfrac{1}{5}Q$。

即需求函数为 $$Q=500-5P$$

思 考 题

边际成本与总成本、边际利润与总利润、边际收入与总收入的关系是什么？已知其一，如何求另一个？

习题 4-5

1. 某产品的边际成本函数为 $C'(x)=10+24x-3x^2$（x 为产量），如果固定成本为 2 500元，试求该产品的总成本函数。

2. 某工厂某产品的边际收入函数为 $R'(x)=8(1+x)^{-2}$，其中 x 为产量，如果产量为零时，总收入为零，则求总收入函数。

3. 某产品的总成本 $C(Q)$（万元）的边际成本为 $C'(Q)=1$（万元/百台），总收入 $R(Q)$（万元）的边际收入为 $R'(Q)=5-Q$（万元/百台），其中 Q 为产量，固定成本为 1 万元，问：产量等于多少时总利润 $L(Q)$ 最大？

4. 已知某商品每周生产 x 个单位时，总费用 $F(x)$ 的变化率为 $F'(x)=0.4x-12$（元/单位），且已知 $F(0)=80$（元），求总费用函数 $F(x)$。如果该商品的销售单价为 20元/单位，求总利润函数 $L(x)$，并求每周生产多少个单位时，才能获得最大利润。

5. 某产品的边际成本 $C'(x)=2+\dfrac{x}{2}$（万元/百台），其中 x 是产量（百台），边际收益

$R'(x)=8-x$(万元/百台),若固定成本 $C(0)=1$(万元),求总成本函数、总收益函数、总利润函数,并求产量为多少时利润最大。

【本章典型方法与范例】

例 1 若 $f(x)$ 满足 $\int f(x)\mathrm{d}x = \sin2x + C$, 求 $f'(x)$。

解 $f(x) = \left(\int f(x)\mathrm{d}x\right)' = (\sin2x + C)' = 2\cos2x$, 所以

$$f'(x) = (2\cos2x)' = -4\sin2x$$

例 2 设 $\int xf(x)\mathrm{d}x = \arccos x + C$, 求 $f(x)$。

解 等式两边求导数,得

$$\left(\int xf(x)\mathrm{d}x\right)' = (\arccos x + C)'$$

$$xf(x) = -\frac{1}{\sqrt{1-x^2}}$$

所以

$$f(x) = -\frac{1}{x\sqrt{1-x^2}}$$

例 3 设 $f(x)$ 的导数为 $\sin x$,求 $f(x)$ 的不定积分。

解 由题意可知,$f'(x) = \sin x$,所以

$$\int f'(x)\mathrm{d}x = \int \sin x\mathrm{d}x = -\cos x + C_1$$

即

$$f(x) = -\cos x + C_1$$

所以 $f(x)$ 的不定积分为

$$\int f(x)\mathrm{d}x = \int(-\cos x + C_1)\mathrm{d}x = -\sin x + C_1 x + C_2$$

例 4 求 $\int\left(\sqrt{\dfrac{1-x}{1+x}} + \sqrt{\dfrac{1+x}{1-x}}\right)\mathrm{d}x$。

解 将被积函数化简

$$\sqrt{\frac{1-x}{1+x}} + \sqrt{\frac{1+x}{1-x}} = \frac{1-x}{\sqrt{1-x^2}} + \frac{1+x}{\sqrt{1-x^2}} = \frac{2}{\sqrt{1-x^2}}$$

所以

$$\int\left(\sqrt{\frac{1-x}{1+x}} + \sqrt{\frac{1+x}{1-x}}\right)\mathrm{d}x = 2\int\frac{1}{\sqrt{1-x^2}}\mathrm{d}x = 2\arcsin x + C$$

例 5 求 $\int\dfrac{1+\cos^2 x}{1+\cos2x}\mathrm{d}x$。

解 被积函数 $\dfrac{1+\cos^2 x}{1+\cos2x} = \dfrac{1+\cos^2 x}{2\cos^2 x} = \dfrac{1}{2\cos^2 x} + \dfrac{1}{2} = \dfrac{1}{2}\sec^2 x + \dfrac{1}{2}$,所以

$$\int\frac{1+\cos^2 x}{1+\cos2x}\mathrm{d}x = \int\left(\frac{1}{2}\sec^2 x + \frac{1}{2}\right)\mathrm{d}x = \frac{1}{2}(\tan x + x) + C$$

例 6 求 $\int (x-1)e^{x^2-2x}dx$。

解 因为 $(x^2-2x)'=2x-2=2(x-1)$，凑微分求积分

$$\int (x-1)e^{x^2-2x}dx = \frac{1}{2}\int (2x-2)e^{x^2-2x}dx = \frac{1}{2}\int e^{x^2-2x}(2x-2)dx$$

$$= \frac{1}{2}\int e^{x^2-2x}d(x^2-2x) = \frac{1}{2}e^{x^2-2x}+C$$

例 7 求 $\int \dfrac{x+2}{\sqrt{x+1}}dx$。

解 先化简，再凑微分

$$\int \frac{x+2}{\sqrt{x+1}}dx = \int \frac{(x+1)+1}{\sqrt{x+1}}dx = \int \left(\sqrt{x+1}+\frac{1}{\sqrt{x+1}}\right)dx$$

$$= \int \left(\sqrt{x+1}+\frac{1}{\sqrt{x+1}}\right)d(x+1)$$

$$= \int \sqrt{x+1}\,d(x+1) + \int \frac{1}{\sqrt{x+1}}d(x+1)$$

$$= \frac{2}{3}(x+1)^{\frac{3}{2}} + 2(x+1)^{\frac{1}{2}} + C$$

例 8 求 $\int \tan\sqrt{1+x^2}\,\dfrac{x}{\sqrt{x^2+1}}dx$。

解 先凑微分，$\dfrac{x}{\sqrt{1+x^2}}dx = \dfrac{1}{2}\cdot\dfrac{1}{\sqrt{1+x^2}}d(1+x^2) = d\sqrt{1+x^2}$，

$$\int \tan\sqrt{1+x^2}\,\frac{x}{\sqrt{x^2+1}}dx = \int \tan\sqrt{1+x^2}\,d\sqrt{1+x^2}$$

$$= -\ln\left|\cos\sqrt{1+x^2}\right| + C$$

例 9 求 $\int \dfrac{\sin x-\cos x}{1+\sin 2x}dx$。

解 分母三角变形，然后凑微分

$$\int \frac{\sin x-\cos x}{1+\sin 2x}dx = \int \frac{\sin x-\cos x}{\sin^2 x+\cos^2 x+2\sin x\cos x}dx = \int \frac{\sin x-\cos x}{(\cos x+\sin x)^2}dx$$

$$= -\int \frac{(-\sin x+\cos x)}{(\cos x+\sin x)^2}dx$$

$$= -\int \frac{1}{(\cos x+\sin x)^2}d(\cos x+\sin x)$$

$$= \frac{1}{\cos x+\sin x} + C$$

例 10 求 $\int \dfrac{1+\ln x}{(x\ln x)^2}dx$。

解 凑微分，$d(x\ln x)=(1+\ln x)dx$，

$$\int \frac{1+\ln x}{(x\ln x)^2}dx = \int \frac{1}{(x\ln x)^2}d(x\ln x) = -\frac{1}{x\ln x} + C$$

例 11 求 $\int \dfrac{x}{x^8-1}dx$。

解 因式分解后凑微分

$$\int \frac{x}{x^8-1}\mathrm{d}x = \int \frac{x}{(x^4-1)(x^4+1)}\mathrm{d}x$$

$$= \frac{1}{2}\int\left(\frac{1}{x^4-1}-\frac{1}{x^4+1}\right)x\mathrm{d}x$$

$$= \frac{1}{4}\int\left(\frac{1}{x^4-1}-\frac{1}{x^4+1}\right)\mathrm{d}x^2$$

$$= \frac{1}{4}\int\left(\frac{1}{(x^2-1)(x^2+1)}-\frac{1}{x^4+1}\right)\mathrm{d}x^2$$

$$= \frac{1}{4}\int\left[\frac{1}{2}\left(\frac{1}{x^2-1}-\frac{1}{x^2+1}\right)-\frac{1}{x^4+1}\right]\mathrm{d}x^2$$

$$= \frac{1}{8}\int\left(\frac{1}{x^2-1}-\frac{1}{x^2+1}\right)\mathrm{d}x^2 - \frac{1}{4}\int\frac{1}{x^4+1}\mathrm{d}x^2$$

$$= \frac{1}{8}\left[\int\frac{1}{x^2-1}\mathrm{d}x^2 - \int\frac{1}{x^2+1}\right)\mathrm{d}x^2\right] - \frac{1}{4}\int\frac{1}{(x^2)^2+1}\mathrm{d}x^2$$

$$= \frac{1}{8}\left[\int\frac{1}{x^2-1}\mathrm{d}(x^2-1) - \int\frac{1}{x^2+1}\right)\mathrm{d}(x^2+1)\right] - \frac{1}{4}\int\frac{1}{(x^2)^2+1}\mathrm{d}x^2$$

$$= \frac{1}{8}\left[\ln(x^2-1)-\ln(x^2+1)\right] - \frac{1}{4}\arctan x^2 + C$$

$$= \frac{1}{8}\ln\left|\frac{x^2-1}{x^2+1}\right| - \frac{1}{4}\arctan x^2 + C$$

例 12　求 $\int x^3(1-3x^2)^{10}\mathrm{d}x$。

解　因式分解后凑微分,设 $t=1-3x^2$,则 $x^2=\frac{1}{3}(1-t)$,$\mathrm{d}x^2=-\frac{1}{3}\mathrm{d}t$,于是

$$\int x^3(1-3x^2)^{10}\mathrm{d}x = \frac{1}{2}\int x^2(1-3x^2)^{10}\mathrm{d}x^2$$

$$= \frac{1}{2}\int\frac{1}{3}(1-t)\cdot t^{10}\left(-\frac{1}{3}\mathrm{d}t\right)$$

$$= -\frac{1}{18}\int(1-t)\cdot t^{10}\mathrm{d}t$$

$$= -\frac{1}{18}\int(t^{10}-t^{11})\mathrm{d}t$$

$$= -\frac{1}{198}t^{11}+\frac{1}{216}t^{12}+C$$

$$= -\frac{1}{198}(1-3x^2)^{11}+\frac{1}{216}(1-3x^2)^{12}+C$$

例 12　求 $\int\arctan\sqrt{x}\,\mathrm{d}x$。

解　被积函数含有根号,先去掉根号,再用分部积分法求积分。

令 $\sqrt{x}=t$,则 $x=t^2$,$\mathrm{d}x=2t\mathrm{d}t$,所以

$$\int\arctan\sqrt{x}\,\mathrm{d}x = \int\arctan t\,\mathrm{d}t^2$$

$$= t^2\arctan t - \int t^2\mathrm{d}\arctan t$$

$$= t^2 \arctan t - \int \frac{t^2}{1+t^2} \mathrm{d}t$$

$$= t^2 \arctan t - \int \left(1 - \frac{1}{1+t^2}\right) \mathrm{d}t$$

$$= t^2 \arctan t - t + \arctan t + C$$

$$= x \arctan \sqrt{x} + \arctan \sqrt{x} - \sqrt{x} + C$$

例 13 求 $\displaystyle\int \sec^3 x \mathrm{d}x$。

解 先凑微分,再用分部积分法求积分

$$\int \sec^3 x \mathrm{d}x = \int \sec x \cdot \sec^2 x \mathrm{d}x$$

$$= \int \sec x \mathrm{d}(\tan x)$$

$$= \sec x \tan x - \int \tan x \mathrm{d}(\sec x)$$

$$= \sec x \tan x - \int \tan^2 x \sec x \mathrm{d}x$$

$$= \sec x \tan x - \int (\sec^2 x - 1) \sec x \mathrm{d}x$$

$$= \sec x \tan x - \int \sec^3 x \mathrm{d}x + \int \sec x \mathrm{d}x$$

$$= \sec x \tan x + \ln|\sec x + \tan x| - \int \sec^3 x \mathrm{d}x$$

移项解得

$$\int \sec^3 x \mathrm{d}x = \frac{1}{2}(\sec x \tan x + \ln|\sec x + \tan x|) + C$$

本章知识结构

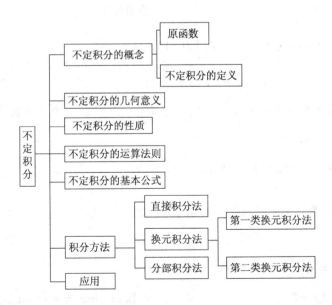

复习题四

1. 判断题

(1) $y=\sin^2 x-\cos^2 x$ 与 $y=2\sin^2 x$ 是同一个函数的原函数。 ( )

(2) 常数函数的原函数都是一次函数。 ( )

(3) $\cos 2x\mathrm{d}x=\mathrm{d}\sin 2x$。 ( )

(4) $\int x^3\mathrm{d}x=3x^2+C$。 ( )

(5) $\int\dfrac{1}{1-x}\mathrm{d}x=\ln|1-x|+C$。 ( )

(6) $\int\left(\cos\dfrac{\pi}{4}+x\right)\mathrm{d}x=\sin\dfrac{\pi}{4}+\dfrac{x^2}{2}+C$。 ( )

(7) 若 2^x 为函数 $f(x)$ 的一个原函数，则 $f'(x)=2^x\ln^2 2$。 ( )

(8) $y=\dfrac{1}{2}\sin^2 x$ 与 $y=-\dfrac{1}{4}\cos 2x$ 是同一个函数的原函数。 ( )

(9) $\dfrac{\mathrm{d}}{\mathrm{d}x}\int f(x)\mathrm{d}x=f(x)$。 ( )

(10) 某函数的不定积分等于它的一个原函数加上一个常数。 ( )

2. 填空题

(1) 若 $F_1'(x)=F_2'(x)=f(x)$，则 $F_1(x)-F_2(x)=$ _____。

(2) 不定积分 $\int f(x)\mathrm{d}x$ 表示 $f(x)$ 的 _____。

(3) $\int\dfrac{\mathrm{e}^{\sqrt{x}}}{\sqrt{x}}\mathrm{d}x=$ _____。

(4) $f(x)=2x^2+3$，$g(x)=3x+1$，则 $\int f[g(x)]\mathrm{d}x=$ _____。

(5) 积分曲线族 $\int 5x^2\mathrm{d}x$ 通过点 $(\sqrt{3},5\sqrt{3})$ 的曲线是 _____。

(6) 设 $f'(x)=2$，且 $f(0)=0$，则 $\int f(x)\mathrm{d}x=$ _____。

(7) 若 $\int f(x)\mathrm{d}x=\arcsin x+C$，则 $f(x)=$ _____。

(8) $x^2+\sin x$ 的所有原函数是 _____，而 _____ 的一个原函数是 $x^2+\sin x$。

(9) $\int\dfrac{\ln^2 x-1}{x}\mathrm{d}x=$ _____。

(10) 若 $x\ln x$ 为 $f(x)$ 的一个原函数，则 $f'(x)=$ _____。

3. 选择题

(1) 设 $f(x)$ 的一个原函数为 $\ln x$，则 $f'(x)=$ ( )。

A. $\dfrac{1}{x}$ B. $x\ln x$ C. $-\dfrac{1}{x^2}$ D. e^x

(2) 下列函数中是同一函数的原函数的是 ( )。

A. $\dfrac{2^x}{\ln 2}$ 与 $\log_2\mathrm{e}+2^x$ B. $\arcsin x$ 与 $\arccos x$

C. $\arctan x$ 与 $-\operatorname{arccot}x$　　　　　　　D. $\ln(5+x)$ 与 $\ln5+\ln x$

(3) 已知 $f'(x)=2x$,且 $f(1)=2$,则 $f(x)=(\quad)$。

A. $\dfrac{1}{2}x^2+\dfrac{3}{2}$　　　　　B. $\dfrac{1}{2}(x^2+1)$　　　C. x^2+C　　　　　D. x^2+1

(4) 在可积函数 $f(x)$ 的积分曲线族中,每一条曲线在横坐标相同的点上的切线($\quad$)。

A. 一定平行于 x 轴　　　　　　　　B. 一定平行于 y 轴

C. 相互平行　　　　　　　　　　　　D. 相互垂直

(5) 已知一个函数的导数为 $y'=\cos x$,且当 $x=0,y=1$,则函数是($\quad$)。

A. $y=\sin x$　　　　　B. $y=\cos x$　　　　　C. $\sin x+1$　　　　　D. $y=\sin x+C$

(6) $\left(\displaystyle\int\arcsin x\mathrm{d}x\right)'=(\quad)$。

A. $\dfrac{1}{\sqrt{1-x^2}}+C$　　　　　　　　　B. $\dfrac{1}{\sqrt{1-x^2}}$

C. $\arcsin x+C$　　　　　　　　　　D. $\arcsin x$

(7) $\displaystyle\int\mathrm{d}\sin x=(\quad)$。

A. $\cos x$　　　　　　　B. $\sin x$　　　　　　C. $\cos x+C$　　　　　D. $\sin x+C$

(8) $\displaystyle\int\dfrac{1}{\sqrt{x}\,(1+x)}\mathrm{d}x=(\quad)$。

A. $2\arctan\sqrt{x}+C$　　　　　　　　B. $\arctan x+C$

C. $\dfrac{1}{2}\arctan\sqrt{x}+C$　　　　　　　D. $2\arctan x+C$

(9) 如果 $\displaystyle\int f(x)\mathrm{d}x=\dfrac{3}{4}\ln(\sin4x)+C$,则 $f(x)=(\quad)$。

A. $\cot4x$　　　　　　B. $-\cot4x$　　　　　C. $-3\cot4x$　　　　　D. $3\cot4x$

(10) 下列各式中正确的是($\quad$)。

A. $\mathrm{d}\displaystyle\int f(x)\mathrm{d}x=f(x)$　　　　　　B. $\dfrac{\mathrm{d}}{\mathrm{d}x}\displaystyle\int f(x)\mathrm{d}x=f(x)\mathrm{d}x$

C. $\dfrac{\mathrm{d}}{\mathrm{d}x}\displaystyle\int f(x)\mathrm{d}x=f(x)+C$　　　　D. $\mathrm{d}\displaystyle\int f(x)\mathrm{d}x=f(x)\mathrm{d}x$

4. 求下列不定积分。

(1) $\displaystyle\int\dfrac{\ln x}{x^2}\mathrm{d}x$；　　　　　(2) $\displaystyle\int\dfrac{x}{\sqrt{4-x^4}}\mathrm{d}x$；　　　　　(3) $\displaystyle\int\dfrac{\cos x}{\sqrt{\sin x}}\mathrm{d}x$；

(4) $\displaystyle\int\dfrac{1}{1+\sqrt{\dfrac{x}{2}}}\mathrm{d}x$；　　　　(5) $\displaystyle\int\dfrac{\mathrm{d}x}{\mathrm{e}^x-\mathrm{e}^{-x}}$；　　　　(6) $\displaystyle\int\dfrac{\mathrm{d}x}{(1+\mathrm{e}^x)^2}$；

(7) $\displaystyle\int\dfrac{1+\cos x}{\sin x+x}\mathrm{d}x$；　　　(8) $\displaystyle\int\dfrac{\mathrm{d}x}{x\ln x\ln(\ln x)}$；　　(9) $\displaystyle\int\dfrac{x+\sin x}{1+\cos x}\mathrm{d}x$；

(10) $\displaystyle\int\cos x\cot x\mathrm{d}x$；　　　(11) $\displaystyle\int\dfrac{\mathrm{d}x}{16-x^4}$；　　　　(12) $\displaystyle\int\dfrac{\sqrt{1+\cos x}}{\sin x}\mathrm{d}x$；

(13) $\displaystyle\int\dfrac{\sin^2 x}{\cos^3 x}\mathrm{d}x$；　　　(14) $\displaystyle\int\dfrac{\mathrm{d}x}{x^2\sqrt{1-x^2}}$；　　(15) $\displaystyle\int\dfrac{1}{x^2+2x+3}\mathrm{d}x$；

(16) $\int \sqrt{x} \sin \sqrt{x} \, dx$;　　　(17) $\int \arctan \sqrt{x} \, dx$;　　　(18) $\int \dfrac{x e^x}{(e^x + 1)^2} \, dx$。

5. 已知边际成本为 $C'(x) = 25$，固定成本为 3 400，求总成本函数。

6. 已知收入的变化率为销售量 x 的函数 $f(x) = 100 - 0.02x$，求收入函数。

7. 生产某种产品的总成本 C 是 Q 的函数，其边际成本 $C'(Q) = 1 + Q$，边际收益 $R'(Q) = 9 - Q$，且当产量为 2 时，总成本为 100，总收益为 200，求总利润函数，并求生产量为多少时，总利润最大，最大利润是多少？

第五章 定 积 分

【本章导读】

党的二十大报告指出："新时代的伟大成就是党和人民一道拼出来、干出来、奋斗出来的！"社会主义事业需要以涓滴"小我"成就澎湃"大我"，面对未来的不确定性，只有选择在确定的当下脚踏实地。在学习数学知识时同样如此，面对复杂的未知的物体，可以将其分解为部分已知的确定物体进行计算。这恰恰也是定积分的思想，也是解决科学技术与经济学的许多问题时常用的方法，在学习本章时需要用心体会这种数学思想。本章主要介绍定积分的概念、几何意义、性质、计算，微积分基本定理，以及定积分应用等。

【学习目标】

- 理解定积分的概念，掌握定积分的基本性质。
- 掌握积分上限函数的导数的计算方法。
- 熟练运用牛顿-莱布尼茨公式计算定积分，熟练掌握定积分的换元积分法和分部积分法。
- 会利用定积分解决经济管理中的应用问题，会利用定积分计算平面图形的面积和旋转体的体积。

第一节 定积分的概念

一、举例

在初等数学中，我们已经学过计算多边形和圆的面积，但是由任意曲线所围成的平面图形的面积，则不会计算。而在许多实际问题中，有时要计算由任意曲线所围成的平面图形的面积，这种图形中最基本的是曲边梯形。

设函数 $y=f(x)$ 在区间 $[a,b]$ 上连续，由曲线 $y=f(x)$ 及三条直线 $x=a,x=b,y=0$（即 x 轴）所围成的图形（见图 5-1）叫作**曲边梯形**。

现在介绍如何求曲边梯形的面积 S。

假设 $f(x) \geqslant 0$。我们知道，矩形面积=底×高，而曲边梯形的顶部是一条曲线，其高 $f(x)$ 是变化的，它的面积不能直接用矩形面积公式来计算。但若用一组垂直于 x 轴的直

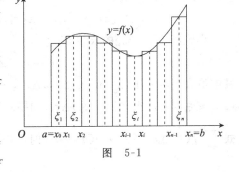

图 5-1

线把整个曲边梯形分成许多窄曲边梯形后，对于每一个窄曲边梯形来说，由于底边很窄，$f(x)$ 又是连续变化的，因此高度变化很小，于是可把每一个窄曲边梯形的高近似地视为不变的，用相应的窄矩形的面积代替窄曲边梯形的面积。显然，分割得越细，所有窄曲边梯形面积之和就越接近曲边梯形的面积。当分割无限细密时，所有窄曲边梯形面积之和

的极限就是曲边梯形面积的精确值。

根据上面的分析,曲边梯形的面积可按下述步骤进行计算:

(1) 分割。把曲边梯形的底边所在的区间 $[a,b]$ 用 $n-1$ 个分点

$$a=x_0<x_1<\cdots<x_n=b$$

任意分割成 n 个小区间

$$[x_0,x_1],[x_1,x_2],\cdots,[x_{i-1},x_i],\cdots,[x_{n-1},x_n]$$

第 i 个小区间的长度记为　　$\Delta x_i=x_i-x_{i-1}(i=1,2,\cdots,n)$

(2) 近似替代。从各分点作 x 轴的垂线,这样就把曲边梯形分割成 n 个窄曲边梯形。在每个小区间 $[x_{i-1},x_i]$ 上任取一点 ξ_i,以 $[x_{i-1},x_i]$ 为底,$f(\xi_i)$ 为高的窄矩形近似替代第 i 个窄曲边梯形 $(i=1,2,\cdots,n)$。

(3) 求和。用 ΔS_i 表示第 i 个窄矩形的面积,则 $\Delta S_i=f(\xi_i)\Delta x_i(i=1,2,\cdots,n)$,把这样得到的 n 个窄矩形面积之和作为所求曲边梯形面积的近似值,即

$$S\approx f(\xi_1)\Delta x_1+f(\xi_2)\Delta x_2+\cdots+f(\xi_n)\Delta x_n=\sum_{i=1}^{n}f(\xi_i)\Delta x$$

(4) 取极限。当 $[a,b]$ 分得越细,即当 n 越大且每个小区间的长度 Δx_i 越小时,窄矩形的面积将越接近窄曲边梯形的面积。我们使 n 无限增大 $(n\to\infty)$,小区间长度中的最大值趋于零,如记 $\lambda=\max\{\Delta x_1,\Delta x_2,\cdots,\Delta x_n\}$,则此条件表示为 $\lambda\to0$。取上述和式的极限,便得到曲边梯形的面积为

$$S=\lim_{\lambda\to0}\sum_{i=1}^{n}f(\xi_i)\Delta x_i$$

上述例子,归结为某种乘积的和式的极限。抽去 $f(x)$ 的具体含义,便得到定积分的概念。

二、定积分的定义

定义 1　设函数 $f(x)$ 定义在区间 $[a,b]$ 上,用分点 $a=x_0<x_1<\cdots<x_n=b$ 将区间 $[a,b]$ 分成 n 个小区间

$$[x_0,x_1],[x_1,x_2],\cdots,[x_{i-1},x_i],\cdots,[x_{n-1},x_n]$$

小区间 $[x_{i-1},x_i]$ 的长度记为

$$\Delta x_i=x_i-x_{i-1}(i=1,2,\cdots,n)$$

其中最大者为 λ,即 $\lambda=\max\{\Delta x_1,\Delta x_2,\cdots,\Delta x_n\}$。在每个小区间 $[x_{i-1},x_i]$ 上任取一点 ξ_i $(x_{i-1}\leqslant\xi_i\leqslant x_i)$,作乘积 $f(\xi_i)\Delta x_i$,如果对于区间 $[a,b]$ 任意的划分及点 ξ_i 的任意取法,和式 $\sum_{i=1}^{n}f(\xi_i)\Delta x_i$ 当 $\lambda\to0(n\to\infty)$ 时的极限存在,即

$$I=\lim_{\lambda\to0}\sum_{i=1}^{n}f(\xi_i)\Delta x_i$$

则称此极限值 I 为函数 $f(x)$ 在区间 $[a,b]$ 上的定积分,记为 $\int_a^b f(x)\mathrm{d}x$,即

$$\int_a^b f(x)\mathrm{d}x=\lim_{\lambda\to0}\sum_{i=1}^{n}f(\xi_i)\Delta x_i$$

其中 $f(x)$ 叫作**被积函数**;$f(x)\mathrm{d}x$ 叫作**被积表达式**;x 叫作**积分变量**;$[a,b]$ 叫作积分区

间;a 叫作积分下限;b 叫作积分上限;并把 $\int_a^b f(x)\mathrm{d}x$ 读作"函数 $f(x)$ 在区间$[a,b]$上的定积分"。

由此定义可知：

曲边梯形的面积 S 是曲边 $y=f(x)$ 在区间$[a,b]$上的定积分,即

$$S = \int_a^b f(x)\mathrm{d}x \ (f(x) \geqslant 0)$$

物体作变速直线运动时所经过的路程 S 是速度 $v(t)$ 在区间$[a,b]$上的定积分,即

$$S = \int_a^b v(t)\mathrm{d}t$$

关于定积分,有以下两点说明：

(1) 定积分是和式的极限,因而其值是一个确定的常数。这个常数只与被积函数 $y=f(x)$ 和积分区间$[a,b]$有关,而与积分变量用什么字母表示无关,即

$$\int_a^b f(x)\mathrm{d}x = \int_a^b f(t)\mathrm{d}t = \int_a^b f(u)\mathrm{d}u$$

(2) 函数 $f(x)$ 在区间$[a,b]$上连续时,$f(x)$ 在$[a,b]$上一定可积。

例 1 利用定积分的定义,计算由 $y=x^2$ 与 $x=0$,$x=1$,$y=0$ 所围成的平面图形的面积,如图 5-2 所示。

解 将$[0,1]$分成 n 个小区间。为了便于计算,将$[0,1]$ n 等分,得到 n 个小区间：

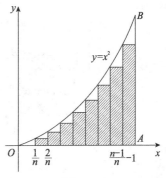

图 5-2

$$\left[0,\frac{1}{n}\right],\left[\frac{1}{n},\frac{2}{n}\right],\cdots,\left[\frac{i-1}{n},\frac{i}{n}\right],\cdots,\left[\frac{n-1}{n},1\right]$$

每个小区间的长度为

$$\Delta x_1 = \Delta x_2 = \cdots = \Delta x_i = \cdots = \Delta x_n = \frac{1}{n}$$

分点为

$$x_0 = 0, x_1 = \frac{1}{n}, x_2 = \frac{2}{n}, \cdots, x_n = 1$$

每个窄曲边梯形的面积 ΔS_i 用窄矩形的面积来近似,矩形的底为 $\Delta x_i = \frac{1}{n}$,取 $\xi_i = \frac{i}{n}$,则矩形的高为 $f(\xi_i) = f\left(\frac{i}{n}\right)$,因而

$$\Delta S_i \approx f(\xi_i)\Delta x_i = \left(\frac{i}{n}\right)^2 \frac{1}{n} \quad (i=1,2,\cdots,n)$$

$$\sum_{i=1}^n \Delta S_i \approx \sum_{i=1}^n \frac{i^2}{n^3} = \frac{1}{n^3} \cdot \frac{n(n+1)(2n+1)}{6}$$

因此所求平面图形的面积为

$$S = \sum_{i=1}^n \Delta S_i = \lim_{n\to\infty} \frac{1}{n^3} \cdot \frac{n(n+1)(2n+1)}{6} = \frac{1}{3}$$

三、定积分的几何意义

(1) 当 $f(x) \geqslant 0$ 时,则由以上可知 $\int_a^b f(x)\mathrm{d}x$ 表示由 $y=f(x)$ 与 $x=a$,$x=b$,$y=0$ 所

围成的曲边梯形的面积 S(见图 5-3(a)),即 $S = \int_a^b f(x)\mathrm{d}x$。

(2) 当 $f(x) < 0$ 时,则 $f(\xi_i) < 0 (i = 1, 2, \cdots, n)$,和式 $\sum_{i=1}^{n} f(\xi_i)\Delta x_i$ 的每一项都小于零,从而有 $\int_a^b f(x)\mathrm{d}x < 0$。此时,$\int_a^b f(x)\mathrm{d}x$ 表示由 $y = f(x)$ 与 $x = a, x = b, y = 0$ 所围成的曲边梯形面积 S 的负值(见图 5-3(b)),即

$$\int_a^b f(x)\mathrm{d}x = -S \quad 或 \quad S = -\int_a^b f(x)\mathrm{d}x$$

(3) 当 $f(x)$ 在 $[a, b]$ 上既有正值又有负值时,曲线 $y = f(x)$ 与直线 $x = a, x = b, y = 0$ 围成的图形有一部分在 x 轴上方,有一部分在 x 轴下方(见图 5-3(c))。这时 $\int_a^b f(x)\mathrm{d}x$ 等于在 x 轴上方的所有图形面积之和减去 x 轴下方的所有图形面积之和,因此定积分 $\int_a^b f(x)\mathrm{d}x$ 的几何意义是:表示曲线 $y = f(x)$ 与直线 $x = a, x = b, y = 0$ 围成图形面积的代数和。

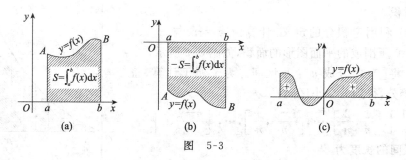

图 5-3

思 考 题

1. 在定积分的定义中,和式的极限值与区间的分割方法和 ξ_i 的取法是否有关?能否用 $n \to \infty$ 代替 $\lambda \to 0$?

2. 定积分与不定积分有什么不同?

习题 5-1

1. 利用定积分的定义计算由 $y = x, x = 1, x = 2$ 及 x 轴所围成的图形面积。

2. 利用定积分的定义表示由 $y = \mathrm{e}^x, x = 0, x = 1$ 及 x 轴所围成的图形面积。

3. 根据定积分的几何意义,求下列定积分的值。

(1) $\int_1^4 x\mathrm{d}x$;

(2) $\int_{-2}^1 x\mathrm{d}x$;

(3) $\int_0^4 (2 - x)\mathrm{d}x$;

(4) $\int_0^1 \sqrt{1 - x^2}\,\mathrm{d}x$;

(5) $\int_{-1}^1 |x|\,\mathrm{d}x$;

(6) $\int_{-\frac{\pi}{2}}^{\frac{3\pi}{2}} \cos x\mathrm{d}x$。

4. 利用定积分的几何意义,说明下列等式。

(1) $\int_{-\pi}^{\pi} \sin x\mathrm{d}x = 0$;

(2) $\int_{-2}^1 (-2)\mathrm{d}x = -6$;

(3) $\int_{-\frac{\pi}{2}}^{\frac{\pi}{2}} \cos x\mathrm{d}x = 2\int_0^{\frac{\pi}{2}} \cos x\mathrm{d}x$。

5. 画出下列函数的图像,并利用定积分的几何意义计算。

(1) $\int_{-1}^{1} x^3 \mathrm{d}x$;　　　　　　(2) $\int_{-2}^{2} (-x)\mathrm{d}x$。

第二节　定积分的性质

为了以后计算及应用的方便,我们对定积分作如下的规定。

(1) 当 $a=b$ 时,$\int_{a}^{b} f(x)\mathrm{d}x = 0$,即 $\int_{a}^{a} f(x)\mathrm{d}x = 0$;

(2) 当 $a>b$ 时,$\int_{a}^{b} f(x)\mathrm{d}x = -\int_{b}^{a} f(x)\mathrm{d}x$。

说明交换定积分的上下限时,定积分变号。

下面讨论定积分的性质,以下性质总是假定 $f(x)$、$g(x)$ 在区间 $[a,b]$ 上连续。

性质 1　两个函数代数和的定积分等于它们的定积分的代数和,即

$$\int_{a}^{b} [f(x) \pm g(x)]\mathrm{d}x = \int_{a}^{b} f(x)\mathrm{d}x \pm \int_{a}^{b} g(x)\mathrm{d}x$$

证　$\int_{a}^{b} [f(x) \pm g(x)]\mathrm{d}x = \lim\limits_{\lambda \to 0} \sum\limits_{i=1}^{n} [f(\xi_i) \pm g(\xi_i)]\Delta x_i = \lim\limits_{\lambda \to 0} \sum\limits_{i=1}^{n} f(\xi_i)\Delta x_i \pm \lim\limits_{\lambda \to 0} \sum\limits_{i=1}^{n} g(\xi_i)\Delta x_i$

$$= \int_{a}^{b} f(x)\mathrm{d}x \pm \int_{a}^{b} g(x)\mathrm{d}x$$

此性质可推广到有限个函数的代数和。

性质 2　常数因子可以提到积分号的外面,即 k 若为常数,则有

$$\int_{a}^{b} kf(x)\mathrm{d}x = k\int_{a}^{b} f(x)\mathrm{d}x（证明方法与性质 1 相似）$$

性质 3　(积分的可加性)对于任意的三个数 a,b,c,有

$$\int_{a}^{b} f(x)\mathrm{d}x = \int_{a}^{c} f(x)\mathrm{d}x + \int_{c}^{b} f(x)\mathrm{d}x$$

证　若 $a<c<b$,则由定积分的几何意义知,此性质显然成立。

若 $a<b<c$,由图 5-4 可得

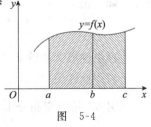

图　5-4

$$\int_{a}^{c} f(x)\mathrm{d}x = \int_{a}^{b} f(x)\mathrm{d}x + \int_{b}^{c} f(x)\mathrm{d}x$$

于是

$$\int_{a}^{b} f(x)\mathrm{d}x = \int_{a}^{c} f(x)\mathrm{d}x - \int_{b}^{c} f(x)\mathrm{d}x = \int_{a}^{c} f(x)\mathrm{d}x + \int_{c}^{b} f(x)\mathrm{d}x$$

同理可证其他情况。

性质 4　如果在区间 $[a,b]$ 上,$f(x) \equiv 1$,则

$$\int_{a}^{b} 1\mathrm{d}x = \int_{a}^{b} \mathrm{d}x = b - a$$

证　$\int_{a}^{b} 1\mathrm{d}x = \lim\limits_{\lambda \to 0} \sum\limits_{i=1}^{n} \Delta x_i = \lim\limits_{\lambda \to 0}(b-a) = b - a$

例 2　利用性质 2 和性质 4,求 $\int_{-1}^{3} 2\mathrm{d}x$。

解 $\int_{-1}^{3} 2\mathrm{d}x = 2\int_{-1}^{3} 1\mathrm{d}x = 2\times[3-(-1)] = 8$

性质 5 如果在区间 $[a,b]$ 上,$f(x)\geqslant 0$,则

$$\int_{a}^{b} f(x)\mathrm{d}x \geqslant 0 \quad (a<b)$$

证 由于 $f(x)\geqslant 0$ 且 $a<b$,因此在 $\sum\limits_{i=1}^{n} f(\xi_i)\Delta x_i$ 中,$f(\xi_i)\geqslant 0$,$\Delta x_i>0$,从而 $\sum\limits_{i=1}^{n} f(\xi_i)\Delta x_i \geqslant 0$,于是 $\int_{a}^{b} f(x)\mathrm{d}x \geqslant 0$。

性质 6 如果在区间 $[a,b]$ 上,$f(x)\leqslant g(x)$,则

$$\int_{a}^{b} f(x)\mathrm{d}x \leqslant \int_{a}^{b} g(x)\mathrm{d}x \quad (a<b)$$

证 因为 $g(x)-f(x)\geqslant 0$,由性质 5 及性质 1 便得到要证的结论。

例 3 不计算积分,试比较 $\int_{0}^{1} x\mathrm{d}x$ 与 $\int_{0}^{1} x^3\mathrm{d}x$ 的大小。

解 当 $0\leqslant x\leqslant 1$ 时,被积函数 $x\geqslant x^3$,故由性质 6 得

$$\int_{0}^{1} x\mathrm{d}x \geqslant \int_{0}^{1} x^3\mathrm{d}x$$

性质 7 $\left|\int_{a}^{b} f(x)\mathrm{d}x\right| \leqslant \int_{a}^{b} |f(x)|\mathrm{d}x (a<b)$。

证 因为 $-|f(x)|\leqslant f(x)\leqslant |f(x)|$,所以由性质 6 及性质 2 可得

$$-\int_{a}^{b} |f(x)|\mathrm{d}x \leqslant \int_{a}^{b} f(x)\mathrm{d}x \leqslant \int_{a}^{b} |f(x)|\mathrm{d}x$$

即

$$\left|\int_{a}^{b} f(x)\mathrm{d}x\right| \leqslant \int_{a}^{b} |f(x)|\mathrm{d}x$$

性质 8 设 M 和 m 分别为 $f(x)$ 在区间 $[a,b]$ 上的最大值和最小值,则

$$m(b-a) \leqslant \int_{a}^{b} f(x)\mathrm{d}x \leqslant M(b-a)$$

证 由于 $m\leqslant f(x)\leqslant M$,由性质 6,得

$$\int_{a}^{b} m\mathrm{d}x \leqslant \int_{a}^{b} f(x)\mathrm{d}x \leqslant \int_{a}^{b} M\mathrm{d}x$$

再由性质 2 和性质 4,结论得证。

利用此性质,可估计积分值的大致范围。

例 4 估计定积分 $\int_{1}^{3} 2x\mathrm{d}x$ 的范围。

解 被积函数 $f(x)=2x$ 在区间 $[1,3]$ 上是单调增加的,因而有最小值 $m=f(1)=2$,最大值 $M=f(3)=6$,于是由性质 8,得

$$2(3-1) \leqslant \int_{1}^{3} 2x\mathrm{d}x \leqslant 6(3-1)$$

即

$$4 \leqslant \int_{1}^{3} 2x\mathrm{d}x \leqslant 12$$

性质 9 (积分中值定理)如果函数 $f(x)$ 在区间 $[a,b]$ 上连续,则在区间 $[a,b]$ 上至少存在一点 ξ,使得

$$\int_{a}^{b} f(x)\mathrm{d}x = f(\xi)(b-a) \quad \text{或} \quad \frac{1}{b-a}\int_{a}^{b} f(x)\mathrm{d}x = f(\xi) \quad (a\leqslant \xi\leqslant b)$$

证 设 M 和 m 分别为 $f(x)$ 在区间 $[a,b]$ 上的最大值和最小值,由性质 8,有

$$m(b-a) \leqslant \int_a^b f(x)\mathrm{d}x \leqslant M(b-a)$$

即

$$m \leqslant \frac{1}{b-a}\int_a^b f(x)\mathrm{d}x \leqslant M$$

这表明 $\dfrac{1}{b-a}\displaystyle\int_a^b f(x)\mathrm{d}x$ 是介于 m 和 M 之间的一个数值,根据闭区间上连续函数的

介值定理,至少存在一点 $\xi \in [a,b]$,使得

$$f(\xi) = \frac{1}{b-a}\int_a^b f(x)\mathrm{d}x \,(a \leqslant \xi \leqslant b)$$

即

$$\int_a^b f(x)\mathrm{d}x = f(\xi)(b-a)\,(a \leqslant \xi \leqslant b)$$

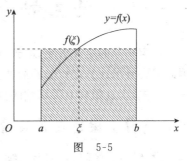

图 5-5

如图 5-5 所示,此定理的几何意义是:在区间 $[a,b]$ 上至少可以找到一点 ξ,使得以区间 $[a,b]$ 为底边、$f(x)$ 为曲边的曲边梯形的面积等于同一底边而高为 $f(\xi)$ 的一个矩形的面积。

思 考 题

1. 在不定积分的运算 $\displaystyle\int kf(x)\mathrm{d}x = k\int f(x)\mathrm{d}x$ 中为何要求 $k \neq 0$?而在定积分的性质 2 中,k 可取任何实数?

2. 不计算定积分能否比较定积分值的大小?如何比较?

习题 5-2

1. 利用定积分的性质和 $\displaystyle\int_0^1 x^2\mathrm{d}x = \frac{1}{3}$,计算下列定积分。

(1) $\displaystyle\int_0^1 3x^2\mathrm{d}x$;　　　　　　　　(2) $\displaystyle\int_0^1 (x+\sqrt{2})(x-\sqrt{2})\mathrm{d}x$。

2. 已知 $\displaystyle\int_a^b f(x)\mathrm{d}x = m,\int_a^b f^2(x)\mathrm{d}x = n$,计算下列定积分。

(1) $\displaystyle\int_a^b [2f(x)-3]\mathrm{d}x$;　　　　　　(2) $\displaystyle\int_a^b [2f(x)-3]^2\mathrm{d}x$。

3. 用定积分的性质比较下列各对定积分的大小。

(1) $\displaystyle\int_1^2 x\mathrm{d}x$ 与 $\displaystyle\int_1^2 \sqrt{x}\,\mathrm{d}x$;　　　　(2) $\displaystyle\int_0^{\frac{\pi}{2}} x\mathrm{d}x$ 与 $\displaystyle\int_0^{\frac{\pi}{2}} \sin x\mathrm{d}x$;

(3) $\displaystyle\int_0^1 \ln x\mathrm{d}x$ 与 $\displaystyle\int_0^1 (1-x)\mathrm{d}x$;　　(4) $\displaystyle\int_{\frac{\pi}{2}}^{\pi} \sin x\mathrm{d}x$ 与 $\displaystyle\int_{\frac{\pi}{2}}^{\pi} \cos x\mathrm{d}x$;

(5) $\displaystyle\int_0^1 \mathrm{e}^x\mathrm{d}x$ 与 $\displaystyle\int_0^1 \mathrm{e}^{x^2}\mathrm{d}x$;　　　(6) $\displaystyle\int_1^2 \ln x\mathrm{d}x$ 与 $\displaystyle\int_1^2 (\ln x)^2\mathrm{d}x$;

(7) $\displaystyle\int_0^1 x\mathrm{d}x$ 与 $\displaystyle\int_0^1 \ln(x+1)\mathrm{d}x$。

4. 估计下列各积分值的范围。

(1) $\displaystyle\int_1^4 (1+x^2)\mathrm{d}x$;　　　　　　　(2) $\displaystyle\int_0^{\frac{\pi}{2}} (1-\sin x)\mathrm{d}x$;

(3) $\displaystyle\int_0^1 e^{2x}\,dx$；

(4) $\displaystyle\int_{\frac{\pi}{4}}^{\frac{5\pi}{4}}(1+\sin^2 x)\,dx$；

(5) $\displaystyle\int_1^4 (x^2-4x+5)\,dx$；

(6) $\displaystyle\int_{-2}^4 (x^3-3x^2-9x+1)\,dx$。

5. 利用定积分的性质证明：$\dfrac{1}{2}\leqslant\displaystyle\int_1^4\dfrac{dx}{2+x}\leqslant 1$。

第三节　牛顿-莱布尼茨公式

用定积分的定义求定积分，也就是求一个和式的极限，往往是相当麻烦和困难的。因此需要寻求计算定积分的简便方法。

首先，引进积分上限函数的概念。

一、积分上限函数及其导数

设 $f(x)$ 在区间 $[a,b]$ 上连续，x 为 $[a,b]$ 上的任一点，则 $f(x)$ 在 $[a,x]$ 上也连续，从而 $\displaystyle\int_a^x f(t)\,dt$ 存在。如果上限 x 在区间 $[a,b]$ 上任意变动，则对于每一个取定的 x 值，积分有唯一一个确定值与之对应，所以它在 $[a,b]$ 上定义了一个函数。$\displaystyle\int_a^x f(t)\,dt$ 是关于上限 x 的函数，称为**积分上限函数**（或变上限积分函数），记为 $\Phi(x)$，即

$$\Phi(x)=\int_a^x f(t)\,dt \quad (a\leqslant x\leqslant b)$$

关于这个函数，有下面定理所指出的重要性质。

定理 1　如果函数 $f(x)$ 在区间 $[a,b]$ 上连续，则积分上限函数

$$\Phi(x)=\int_a^x f(t)\,dt$$

在 $[a,b]$ 上具有导数，并且其导数为

$$\Phi'(x)=\frac{d}{dx}\int_a^x f(t)\,dt=f(x) \quad (a\leqslant x\leqslant b)$$

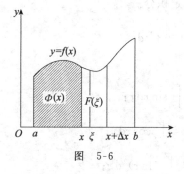

图　5-6

证　如图 5-6 所示，给自变量 x 一个改变量 Δx，则函数 $\Phi(x)$ 有相应的改变量

$$\Delta\Phi(x)=\Phi(x+\Delta x)-\Phi(x)=\int_a^{x+\Delta x}f(t)\,dt-\int_a^x f(t)\,dt$$
$$=\int_x^{x+\Delta x}f(t)\,dt$$

由积分中值定理可知，至少存在一点 ξ，使

$$\Delta\Phi(x)=\int_x^{x+\Delta x}f(t)\,dt=f(\xi)\Delta x$$

从而

$$\frac{\Delta\Phi(x)}{\Delta x}=f(\xi)$$

这里，ξ 在 x 与 $x+\Delta x$ 之间。

当 $\Delta x\to 0$ 时，有 $\xi\to x$，由于 $f(x)$ 是连续的，于是

$$\Phi'(x) = \lim_{\Delta x \to 0} \frac{\Delta \Phi(x)}{\Delta x} = \lim_{\xi \to x} f(\xi) = f(x)$$

这个定理既说明了 $\Phi(x) = \int_a^x f(t)\mathrm{d}t$ 是 $f(x)$ 的一个原函数,同时又解决了第四章不定积分中的原函数存在问题(即连续函数的原函数一定存在)。

定理 2　如果函数 $f(x)$ 在区间 $[a,b]$ 上连续,则函数

$$\Phi(x) = \int_a^x f(t)\mathrm{d}t$$

就是 $f(x)$ 在区间 $[a,b]$ 上的一个原函数。

这个定理的重要意义是:一方面肯定了连续函数的原函数是存在的;另一方面初步揭示了积分学中的定积分与原函数之间的联系。因此,我们就有可能通过原函数来计算定积分。

例 5　设 $I = \int_a^x t\mathrm{e}^{2t}\mathrm{d}t$,求 $\dfrac{\mathrm{d}I}{\mathrm{d}x}$。

解　$\dfrac{\mathrm{d}I}{\mathrm{d}x} = \dfrac{\mathrm{d}}{\mathrm{d}x}\int_a^x t\mathrm{e}^{2t}\mathrm{d}t = x\mathrm{e}^{2x}$

例 6　设 $I = \int_1^{x^2} \dfrac{\sin 2t}{t}\mathrm{d}t$,求 $\dfrac{\mathrm{d}I}{\mathrm{d}x}$。

解　这是以 x^2 为上限的函数,可以看成是以 $u = x^2$ 为中间变量的复合函数,即

$$I = \int_1^u \frac{\sin 2t}{t}\mathrm{d}t, u = x^2$$

由复合函数求导法则,有

$$\frac{\mathrm{d}I}{\mathrm{d}x} = \frac{\mathrm{d}I}{\mathrm{d}u} \cdot \frac{\mathrm{d}u}{\mathrm{d}x} = \left[\int_1^u \frac{\sin 2t}{t}\mathrm{d}t\right]'_u \cdot (x^2)' = \frac{\sin 2u}{u} \cdot 2x = \frac{2\sin 2x^2}{x}$$

例 7　求 $\dfrac{\mathrm{d}}{\mathrm{d}x}\int_x^{x^2} \mathrm{e}^{-t}\mathrm{d}t$。

解　$\int_x^{x^2} \mathrm{e}^{-t}\mathrm{d}t = \int_x^a \mathrm{e}^{-t}\mathrm{d}t + \int_a^{x^2} \mathrm{e}^{-t}\mathrm{d}t = \int_a^{x^2} \mathrm{e}^{-t}\mathrm{d}t - \int_a^x \mathrm{e}^{-t}\mathrm{d}t$,于是

$$\frac{\mathrm{d}}{\mathrm{d}x}\int_x^{x^2} \mathrm{e}^{-t}\mathrm{d}t = \frac{\mathrm{d}}{\mathrm{d}x}\int_a^{x^2} \mathrm{e}^{-t}\mathrm{d}t - \frac{\mathrm{d}}{\mathrm{d}x}\int_a^x \mathrm{e}^{-t}\mathrm{d}t = 2x\mathrm{e}^{-x^2} - \mathrm{e}^{-x}$$

例 8　求极限 $\lim\limits_{x \to 0} \dfrac{\int_0^x \cos t^2 \mathrm{d}t}{x}$。

解　当 $x \to 0$ 时,这是一个 "$\dfrac{0}{0}$" 型的未定式,所以由洛必达法则,得

$$\lim_{x \to 0} \frac{\int_0^x \cos t^2 \mathrm{d}t}{x} = \lim_{x \to 0} \frac{\left[\int_0^x \cos t^2 \mathrm{d}t\right]'}{(x)'} = \lim_{x \to 0} \frac{\cos x^2}{1} = 1$$

例 9　求 $\lim\limits_{x \to +\infty} \dfrac{\int_a^x \left(1 + \dfrac{1}{t}\right)^t \mathrm{d}t}{x}$ $(a > 0)$。

解　当 $x \to +\infty$ 时,该极限是 "$\dfrac{\infty}{\infty}$" 型,由洛必达法则及重要极限,得

$$\lim_{x \to +\infty} \frac{\int_a^x \left(1 + \frac{1}{t}\right)^t \mathrm{d}t}{x} = \lim_{x \to +\infty} \frac{\left[\int_a^x \left(1 + \frac{1}{t}\right)^t \mathrm{d}t\right]'}{(x)'} = \lim_{x \to +\infty} \left(1 + \frac{1}{x}\right)^x = \mathrm{e}$$

二、牛顿-莱布尼茨公式

定理 3 (牛顿-莱布尼茨公式)设函数 $f(x)$ 在区间 $[a,b]$ 上连续,且已知 $F(x)$ 是 $f(x)$ 的一个原函数,则

$$\int_a^b f(x)\mathrm{d}x = F(b) - F(a)$$

证 由定理 2 知,积分上限的函数

$$\Phi(x) = \int_a^x f(t)\mathrm{d}t$$

是 $f(x)$ 的一个原函数,所以 $\Phi(x)$ 与 $F(x)$ 之间仅差一个常数 C。

即

$$F(x) = \Phi(x) + C = \int_a^x f(t)\mathrm{d}t + C$$

令 $x=a$,得 $F(a) = \Phi(a) + C = \int_a^a f(t)\mathrm{d}t + C$,因此,$C = F(a)$。

再令 $x=b$,得 $F(b) = \Phi(b) + C = \int_a^b f(t)\mathrm{d}t + C$。于是

$$\int_a^b f(x)\mathrm{d}x = F(b) - C = F(b) - F(a) \tag{5.1}$$

为了使用方便,式(5.1)一般写成下面的形式:

$$\int_a^b f(x)\mathrm{d}x = F(x)\ \Big|_a^b = F(b) - F(a)$$

牛顿-莱布尼茨公式也称为微积分基本公式,它揭示了定积分与不定积分之间的联系。它表明:一个连续函数在区间 $[a,b]$ 上的定积分等于它的任一原函数在此区间上的增量,这给定积分的计算提供了一个有效而简便的方法。

例 10 计算 $\int_0^1 x^2 \mathrm{d}$。

解 因为 $f(x) = x^2$ 在 $[0,1]$ 上连续,且 $\dfrac{x^3}{3}$ 是 x^2 的一个原函数,所以由牛顿-莱布尼茨公式,得

$$\int_0^1 x^2 \mathrm{d}x = \frac{x^3}{3}\ \Big|_0^1 = \frac{1}{3} - 0 = \frac{1}{3}$$

例 11 计算 $\int_{-1}^{\frac{1}{2}} \dfrac{1}{\sqrt{1-x^2}}\mathrm{d}x$。

解 $\int_{-1}^{\frac{1}{2}} \dfrac{1}{\sqrt{1-x^2}}\mathrm{d}x = \arcsin x\ \Big|_{-1}^{\frac{1}{2}} = \arcsin\dfrac{1}{2} - \arcsin(-1) = \dfrac{\pi}{6} - \left(-\dfrac{\pi}{2}\right) = \dfrac{2}{3}\pi$

例 12 求 $\int_{-1}^1 |x|\,\mathrm{d}x$。

解 $\int_{-1}^1 |x|\,\mathrm{d}x = \int_{-1}^0 (-x)\mathrm{d}x + \int_0^1 x\mathrm{d}x = -\dfrac{x^2}{2}\ \Big|_{-1}^0 + \dfrac{x^2}{2}\ \Big|_0^1 = 1$

例 13 求 $\int_0^1 (2 - 3\cos x)\mathrm{d}x$。

解 $\int_0^1 (2 - 3\cos x)\mathrm{d}x = (2x - 3\sin x)\ \Big|_0^1 = 2 - 3\sin 1$

例 14 求 $\int_{\frac{\pi}{4}}^{\frac{\pi}{3}} \dfrac{\mathrm{d}x}{\sin x \cos x}$。

解　$\int_{\frac{\pi}{4}}^{\frac{\pi}{3}} \frac{\mathrm{d}x}{\sin x \cos x} = \int_{\frac{\pi}{4}}^{\frac{\pi}{3}} \frac{\sin^2 x + \cos^2 x}{\sin x \cos x} \mathrm{d}x = \int_{\frac{\pi}{4}}^{\frac{\pi}{3}} (\tan x + \cot x) \mathrm{d}x$

$= (-\ln|\cos x| + \ln|\sin x|) \Big|_{\frac{\pi}{4}}^{\frac{\pi}{3}} = \ln|\tan x| \Big|_{\frac{\pi}{4}}^{\frac{\pi}{3}}$

$= \ln \tan \frac{\pi}{3} - \ln \tan \frac{\pi}{4} = \ln \sqrt{3} - \ln 1 = \frac{1}{2} \ln 3$

思　考　题

1. 利用牛顿-莱布尼茨公式求 $f(x)$ 在 $[a,b]$ 上的定积分,函数 $f(x)$ 需满足什么条件?

2. 若 $f(x)$ 为 $[a,b]$ 上的分段函数,应如何计算定积分 $\int_a^b f(x)\mathrm{d}x$? 试举例说明。

习题 5-3

1. 设函数 $f(x) = \int_2^x \sin t \mathrm{d}t$,求 $f'(0)$ 及 $f'\left(\frac{\pi}{3}\right)$。

2. 计算下列各导数。

(1) $\frac{\mathrm{d}}{\mathrm{d}x} \int_0^x \sqrt{1+t}\,\mathrm{d}t$;

(2) $\frac{\mathrm{d}}{\mathrm{d}x} \int_x^{-2} t^2 \mathrm{d}t$;

(3) $\frac{\mathrm{d}}{\mathrm{d}x} \int_1^{\mathrm{e}^{-2x}} \frac{u}{\sqrt{1+u^2}} \mathrm{d}u$;

(4) $\frac{\mathrm{d}}{\mathrm{d}x} \int_0^{x^2} \sqrt{1+t^2}\,\mathrm{d}t$;

(5) $\frac{\mathrm{d}}{\mathrm{d}x} \int_x^{-1} t\mathrm{e}^{-t} \mathrm{d}t$;

(6) $\frac{\mathrm{d}}{\mathrm{d}x} \int_{x^2}^{x^3} \frac{1}{\sqrt{1+t^4}} \mathrm{d}t$。

3. 求极限。

(1) $\lim_{x \to 0} \frac{\int_0^x \sin t \mathrm{d}t}{x^2}$;

(2) $\lim_{x \to 0} \frac{\int_0^x (1+2t)^{\frac{1}{t}} \mathrm{d}t}{x}$;

(3) $\lim_{x \to 0} \frac{\int_0^x t^2 \mathrm{d}t}{3x^3 + x}$;

(4) $\lim_{x \to 0} \frac{\int_0^x \cos t^2 \mathrm{d}t}{x}$;

(5) $\lim_{x \to 0} \frac{\int_0^x (\mathrm{e}^{\sin t} - 1) \mathrm{d}t}{x^2}$。

4. 计算下列定积分。

(1) $\int_0^a (3x^2 - x + 1) \mathrm{d}x$;

(2) $\int_1^2 \left(x^2 + \frac{1}{x^4}\right) \mathrm{d}x$;

(3) $\int_4^9 \sqrt{x}(1 + \sqrt{x}) \mathrm{d}x$;

(4) $\int_{\frac{1}{\sqrt{3}}}^{\sqrt{3}} \frac{\mathrm{d}x}{1+x^2}$;

(5) $\int_{-\frac{1}{2}}^{\frac{1}{2}} \frac{1}{\sqrt{1-x^2}} \mathrm{d}x$;

(6) $\int_0^2 |1-x| \mathrm{d}x$;

(7) $\int_1^{\sqrt{e}} \frac{1}{x} \mathrm{d}x$;

(8) $\int_0^{\frac{\pi}{4}} \tan^2 t \mathrm{d}t$;

(9) $\int_0^{2\pi} |\sin x| \mathrm{d}x$。

5. 计算定积分。

(1) $\int_{-1}^{0} \dfrac{1+3x^2+3x^4}{x^2+1}\mathrm{d}x$;　　　　　　(2) $\int_{0}^{2\pi}|\cos x|\,\mathrm{d}x$;

(3) 已知 $f(x)=\begin{cases} x^2+1, & -2\leqslant x\leqslant 0 \\ x-1, & 0\leqslant x\leqslant 2 \end{cases}$,计算 $\int_{-2}^{2}f(x)\mathrm{d}x$;

(4) $\int_{0}^{\frac{\pi}{2}}|\sin x-\cos x|\,\mathrm{d}x$。

第四节　定积分的换元法与分部积分法

用牛顿-莱布尼茨公式计算定积分,关键是求出被积函数的一个原函数。在第四章中,我们知道用换元积分法或分部积分法可以求出一些函数的原函数,因此,在一定条件下,可以用这些方法来计算定积分。

一、定积分的换元法

与不定积分类似,定积分的换元法也包括第一类换元法和第二类换元法。

定理 4　设函数 $f(x)$ 在区间 $[a,b]$ 上连续,如果函数 $x=\varphi(t)$ 满足条件

(1) $\varphi(t)$ 在区间 $[\alpha,\beta]$ 上具有连续导数 $\varphi'(t)$;

(2) 当 t 从 α 变到 β 时,$\varphi(t)$ 单调地从 a 变到 b,其中 $\varphi(\alpha)=a,\varphi(\beta)=b$,则有定积分的换元积分公式

$$\int_{a}^{b}f(x)\mathrm{d}x=\int_{\alpha}^{\beta}f[\varphi(t)]\varphi'(t)\mathrm{d}t$$

证　因为 $f(x)$ 在区间 $[a,b]$ 上连续,所以它在 $[a,b]$ 上一定存在原函数,设为 $F(x)$。由复合函数的求导法则知,$F[\varphi(t)]$ 是 $f[\varphi(t)]\varphi'(t)$ 的一个原函数,因而

$$\int_{\alpha}^{\beta}f[\varphi(t)]\varphi'(t)\mathrm{d}t=F[\varphi(t)]\Big|_{\alpha}^{\beta}=F[\varphi(\beta)]-F[\varphi(\alpha)]=F(b)-F(a)$$

又

$$\int_{a}^{b}f(x)\mathrm{d}x=F(x)\Big|_{a}^{b}=F(b)-F(a)$$

于是

$$\int_{a}^{b}f(x)\mathrm{d}x=\int_{\alpha}^{\beta}f[\varphi(t)]\varphi'(t)\mathrm{d}t \tag{5.2}$$

1. 第一类换元法

换元式(5.2)也可以反过来应用。把式(5.2)左右交换,同时把 t 改记为 x,而 x 改记为 t,得

$$\int_{a}^{b}f[\varphi(x)]\varphi'(x)\mathrm{d}x=\int_{\alpha}^{\beta}f(t)\mathrm{d}t$$

其中引入新变量 $t=\varphi(x)$,且 $\varphi(a)=\alpha,\varphi(b)=\beta$。

例 15　求 $\int_{0}^{1}x\,(1-x^2)^5\mathrm{d}x$。

解　设 $t=1-x^2$,则 $\mathrm{d}t=-2x\mathrm{d}x$。当 $x=0$ 时,$t=1$;当 $x=1$ 时,$t=0$。于是

$$\int_{0}^{1}x\,(1-x^2)^5\mathrm{d}x=\int_{1}^{0}t^5\left(-\frac{1}{2}\right)\mathrm{d}t=-\frac{1}{2}\times\frac{t^6}{6}\Big|_{1}^{0}=\frac{1}{12}$$

例 16　$\int_{0}^{\frac{\pi}{2}}\cos^3 x\sin x\mathrm{d}x$。

解 设 $t=\cos x$，则 $\mathrm{d}t=-\sin x\mathrm{d}x$，当 $x=0$ 时，$t=1$；当 $x=\dfrac{\pi}{2}$ 时，$t=0$。

于是
$$\int_0^{\frac{\pi}{2}}\cos^3 x\sin x\mathrm{d}x=-\int_1^0 t^3\mathrm{d}t=-\frac{t^4}{4}\Big|_1^0=\frac{1}{4}$$

因为第一类换元积分总可以写成"凑微分"的形式，所以在上面两个例子中，也可不明显地写出新变量 t，此时定积分的上、下限就不要更换。此法计算如下（如例16）：
$$\int_0^{\frac{\pi}{2}}\cos^3 x\sin x\mathrm{d}x=-\int_0^{\frac{\pi}{2}}\cos^3 x\mathrm{d}(\cos x)=-\frac{\cos^4 x}{4}\Big|_0^{\frac{\pi}{2}}=\frac{1}{4}$$

例17 求 $\displaystyle\int_0^1 (2x-1)^{100}\mathrm{d}x$。

解
$$\int_0^1 (2x-1)^{100}\mathrm{d}x=\frac{1}{2}\int_0^1 (2x-1)^{100}\mathrm{d}(2x-1)=\frac{1}{2}\left[\frac{1}{101}(2x-1)^{101}\right]\Big|_0^1$$
$$=\frac{1}{202}\left[1^{101}-(-1)^{101}\right]=\frac{1}{101}$$

例18 求 $\displaystyle\int_1^{\mathrm{e}}\frac{\ln x}{x}\mathrm{d}x$。

解
$$\int_1^{\mathrm{e}}\frac{\ln x}{x}\mathrm{d}x=\int_1^{\mathrm{e}}\ln x\mathrm{d}\ln x=\frac{1}{2}\ln^2 x\Big|_1^{\mathrm{e}}=\frac{1}{2}(\ln^2\mathrm{e}-\ln^2 1)=\frac{1}{2}$$

例19 求 $\displaystyle\int_0^1 x\mathrm{e}^{-x^2}\mathrm{d}x$。

解
$$\int_0^1 x\mathrm{e}^{-x^2}\mathrm{d}x=-\frac{1}{2}\int_0^1 \mathrm{e}^{-x^2}\mathrm{d}(-x^2)=-\frac{1}{2}\mathrm{e}^{-x^2}\Big|_0^1=\frac{1}{2}(1-\mathrm{e}^{-1})$$

由以上几个例子可以看出，用凑微分法求定积分，不换元则不换限。

2. 第二类换元法

例20 求 $\displaystyle\int_0^4\frac{\mathrm{d}x}{1+\sqrt{x}}$。

解 设 $\sqrt{x}=t$，即 $x=t^2$（它在 $t>0$ 时是单调的），则 $\mathrm{d}x=2t\mathrm{d}t$。当 $x=0$ 时，$t=0$；当 $x=4$时，$t=2$。于是
$$\int_0^4\frac{\mathrm{d}x}{1+\sqrt{x}}=\int_0^2\frac{2t\mathrm{d}t}{1+t}=2\int_0^2\left(1-\frac{1}{1+t}\right)\mathrm{d}t=2\left[t-\ln(1+t)\right]\Big|_0^2=2\times(2-\ln 3)$$

例21 求 $\displaystyle\int_0^a\sqrt{a^2-x^2}\mathrm{d}x\,(a>0)$。

解 设 $x=a\sin t\left(0\leqslant t\leqslant\dfrac{\pi}{2}\right)$，则 $\mathrm{d}x=a\cos t\mathrm{d}t$，$\sqrt{a^2-x^2}=a\cos t$。当 $x=0$ 时，$t=0$；$x=a$ 时，$t=\dfrac{\pi}{2}$。于是
$$\int_0^a\sqrt{a^2-x^2}\mathrm{d}x=\int_0^{\frac{\pi}{2}}a\cos t\cdot a\cos t\mathrm{d}t=\frac{a^2}{2}\int_0^{\frac{\pi}{2}}(1+\cos 2t)\mathrm{d}t$$
$$=\frac{a^2}{2}\left[t+\frac{1}{2}\sin 2t\right]_0^{\frac{\pi}{2}}=\frac{a^2}{2}\left[\frac{\pi}{2}+0-(0-0)\right]=\frac{1}{4}\pi a^2$$

例22 求 $\displaystyle\int_2^{\sqrt{2}}\frac{\mathrm{d}x}{x\sqrt{x^2-1}}$。

解 设 $x=\sec t\left(0<t<\dfrac{\pi}{2}\right)$，$t=\arccos\dfrac{1}{x}(x>1)$，则 $\mathrm{d}x=\sec t\tan t\mathrm{d}t$。

当 $x=2$ 时,$t=\dfrac{\pi}{3}$;当 $x=\sqrt{2}$ 时,$t=\dfrac{\pi}{4}$。于是

$$\int_2^{\sqrt{2}} \frac{\mathrm{d}x}{x\sqrt{x^2-1}} = \int_{\frac{\pi}{3}}^{\frac{\pi}{4}} \frac{1}{\sec t \tan t} \cdot \sec t \tan t \, \mathrm{d}t = \int_{\frac{\pi}{3}}^{\frac{\pi}{4}} \mathrm{d}t = \frac{\pi}{4} - \frac{\pi}{3} = -\frac{\pi}{12}$$

由以上几个例子可以看出,用第二类换元积分法求定积分时,变量进行了替换,换元要换限,变量不换元。

例 23 设 $f(x)$ 在区间 $[-a,a]$ 上连续,证明

(1) 若 $f(x)$ 为偶函数,则 $\displaystyle\int_{-a}^a f(x)\mathrm{d}x = 2\int_0^a f(x)\mathrm{d}x$;

(2) 若 $f(x)$ 为奇函数,则 $\displaystyle\int_{-a}^a f(x)\mathrm{d}x = 0$。

证 $\displaystyle\int_{-a}^a f(x)\mathrm{d}x = \int_{-a}^0 f(x)\mathrm{d}x + \int_0^a f(x)\mathrm{d}x$。

对积分 $\displaystyle\int_{-a}^0 f(x)\mathrm{d}x$ 作变换 $x=-t$,则 $\mathrm{d}x=-\mathrm{d}t$。当 $x=-a$ 时,$t=a$;当 $x=0$ 时,$t=0$。

于是 $\displaystyle\int_{-a}^0 f(x)\mathrm{d}x = \int_a^0 f(-t)(-1)\mathrm{d}t = \int_0^a f(-t)\mathrm{d}t = \int_0^a f(-x)\mathrm{d}x$

从而 $\displaystyle\int_{-a}^a f(x)\mathrm{d}x = \int_0^a f(-x)\mathrm{d}x + \int_0^a f(x)\mathrm{d}x = \int_0^a [f(-x)+f(x)]\mathrm{d}x$

(1) 若 $f(x)$ 为偶函数,有 $f(-x)=f(x)$,则

$$\int_{-a}^a f(x)\mathrm{d}x = \int_0^a 2f(x)\mathrm{d}x = 2\int_0^a f(x)\mathrm{d}x$$

(2) 若 $f(x)$ 为奇函数,有 $f(-x)=-f(x)$,则

$$\int_{-a}^a f(x)\mathrm{d}x = \int_0^a 0\mathrm{d}x = 0$$

二、定积分的分部积分法

设函数 $u(x)$ 及 $v(x)$ 在区间 $[a,b]$ 上有连续的导数,由微分法则,有

$$\mathrm{d}(uv) = u\mathrm{d}v + v\mathrm{d}u$$

移项,有 $\qquad\qquad u\mathrm{d}v = \mathrm{d}(uv) - v\mathrm{d}u$

等式两端各取由 a 到 b 的定积分,得

$$\int_a^b u\mathrm{d}v = uv\Big|_a^b - \int_a^b v\mathrm{d}u$$

这个公式叫作定积分的**分部积分公式**。

例 24 求 $\displaystyle\int_0^{\frac{\pi}{2}} x\cos x\mathrm{d}x$。

解 $\displaystyle\int_0^{\frac{\pi}{2}} x\cos x\mathrm{d}x = \int_0^{\frac{\pi}{2}} x\mathrm{d}(\sin x) = x\sin x\Big|_0^{\frac{\pi}{2}} - \int_0^{\frac{\pi}{2}} \sin x\mathrm{d}x$

$\qquad\qquad = x\sin x\Big|_0^{\frac{\pi}{2}} + \cos x\Big|_0^{\frac{\pi}{2}} = \frac{\pi}{2} + (0-1) = \frac{\pi}{2} - 1$

例 25 求 $\displaystyle\int_0^1 x\mathrm{e}^{2x}\mathrm{d}x$。

解 $\displaystyle\int_0^1 x\mathrm{e}^{2x}\mathrm{d}x = \frac{1}{2}\int_0^1 x\mathrm{d}(\mathrm{e}^{2x}) = \frac{1}{2}\left[x\mathrm{e}^{2x}\Big|_0^1 - \int_0^1 \mathrm{e}^{2x}\mathrm{d}x \right]$

$$= \frac{1}{2}\left[x\mathrm{e}^{2x}\Big|_0^1 - \frac{1}{2}\mathrm{e}^{2x}\Big|_0^1\right] = \frac{1}{2}\left[\mathrm{e}^2 - \frac{1}{2}(\mathrm{e}^2-1)\right] = \frac{1}{4}(\mathrm{e}^2+1)$$

例 26　求 $\int_0^{\frac{1}{2}} \arcsin x \mathrm{d}x$。

解　$\displaystyle\int_0^{\frac{1}{2}} \arcsin x \mathrm{d}x = (x\arcsin x)\Big|_0^{\frac{1}{2}} - \int_0^{\frac{1}{2}} \frac{x}{\sqrt{1-x^2}}\mathrm{d}x = \frac{1}{2}\times\frac{\pi}{6} + \sqrt{1-x^2}\,\Big|_0^{\frac{1}{2}}$

$$= \frac{\pi}{12} + \frac{\sqrt{3}}{2} - 1$$

例 27　求 $\int_0^1 \mathrm{e}^{\sqrt{x}}\mathrm{d}x$。

解　先用换元法。设 $\sqrt{x}=t$，则 $x=t^2$，$\mathrm{d}x=2t\mathrm{d}t$。且当 $x=0$ 时，$t=0$；当 $x=1$ 时，$t=1$。于是

$$\int_0^1 \mathrm{e}^{\sqrt{x}}\mathrm{d}x = 2\int_0^1 t\mathrm{e}^t\mathrm{d}t$$

再用分部积分法计算上式右端的积分，得

$$\int_0^1 \mathrm{e}^{\sqrt{x}}\mathrm{d}x = 2\int_0^1 t\mathrm{e}^t\mathrm{d}t = 2\left[t\mathrm{e}^t\Big|_0^1 - \int_0^1 \mathrm{e}^t\mathrm{d}t\right] = 2\left(\mathrm{e} - \mathrm{e}^t\Big|_0^1\right) = 2$$

思　考　题

1. 定积分的第一类换元积分法与第二类换元积分法有何区别？它们各解决哪种形式的积分？

2. 说明下列变量代换是否正确，为什么？

(1) $\int_{-1}^1 \frac{1}{1+x^2}\mathrm{d}x$，令 $x=\frac{1}{t}$；　　　　　(2) $\int_0^3 x\sqrt[3]{1-x^2}\mathrm{d}x$，令 $x=\sin t$。

3. 定积分的分部积分法与不定积分的分部积分法有何异同？

习题 5-4

1. 用换元积分法计算下列各定积分。

(1) $\int_0^{\frac{\pi}{2}} \cos x\sin^3 x\mathrm{d}x$；　　　　　(2) $\int_0^{\frac{\pi}{2}} \cos^5 x\sin x\mathrm{d}x$；

(3) $\int_1^{\mathrm{e}} \frac{\ln x}{x}\mathrm{d}x$；　　　　　(4) $\int_0^{\frac{1}{4}} \frac{1}{1-\sqrt{x}}\mathrm{d}x$；

(5) $\int_1^4 \frac{\sqrt{x}}{\sqrt{x}+1}\mathrm{d}x$；　　　　　(6) $\int_4^9 \frac{\sqrt{x}}{\sqrt{x}-1}\mathrm{d}x$；

(7) $\int_0^1 \frac{1}{\sqrt{4+5x}-1}\mathrm{d}x$；　　　　　(8) $\int_0^2 \sqrt{4-x^2}\,\mathrm{d}x$；

(9) $\int_{-1}^1 \frac{x\mathrm{d}x}{\sqrt{5-4x}}$；　　　　　(10) $\int_1^{\mathrm{e}^2} \frac{\mathrm{d}x}{x\sqrt{1+\ln x}}$；

(11) $\int_0^4 \sqrt{x^2+9}\,\mathrm{d}x$；　　　　　(12) $\int_1^{\sqrt{2}} \frac{\sqrt{x^2-1}}{x}\mathrm{d}x$；

(13) $\int_0^4 \dfrac{1-\sqrt{x}}{1+\sqrt{x}} \mathrm{d}x$；

(14) $\int_{-1}^1 \dfrac{\sin x + 1}{(1+x^2)^2} \mathrm{d}x$。

2. 用分部积分法计算下列各定积分。

(1) $\int_0^1 x\mathrm{e}^x \mathrm{d}x$；

(2) $\int_1^e \ln x \mathrm{d}x$；

(3) $\int_1^e x\ln x \mathrm{d}x$；

(4) $\int_0^\pi x\sin x \mathrm{d}x$；

(5) $\int_0^{\sqrt{3}} x\arctan x \mathrm{d}x$；

(6) $\int_0^{\frac{\pi}{2}} \mathrm{e}^{2x}\sin x \mathrm{d}x$；

(7) $\int_{\frac{1}{e}}^e |\ln x| \mathrm{d}x$；

(8) $\int_1^4 \dfrac{\ln x}{\sqrt{x}} \mathrm{d}x$。

3. 利用函数的奇偶性计算下列积分。

(1) $\int_{-\pi}^\pi t^2 \sin 2t \mathrm{d}t$；

(2) $\int_{-\frac{\pi}{2}}^{\frac{\pi}{2}} 4\cos^4 x \mathrm{d}x$；

(3) $\int_{-\frac{1}{2}}^{\frac{1}{2}} \dfrac{(\arcsin x)^2}{\sqrt{1-x^2}} \mathrm{d}x$；

(4) $\int_{-3}^3 \dfrac{x^3 \sin^2 x}{3x^2+1} \mathrm{d}x$。

4. 计算：

(1) $\int_0^\pi \sqrt{\sin x - \sin^3 x} \mathrm{d}x$；

(2) $\int_1^e \dfrac{1}{x(2x+1)} \mathrm{d}x$。

第五节 定积分的应用

定积分在实际中有着广泛的应用，本节将应用前面学过的定积分理论分析和解决一些几何、物理中的问题。首先介绍应用定积分解决实际问题时常用的一种方法——元素法。

在本章第一节中求曲边梯形的面积 S 时，用的是"分割、近似替代、求和、取极限"的方法。现在，为了应用上的方便，我们把求解过程简化为以下两步。

1. 无限细分

分割区间 $[a,b]$，取其中任一小区间并记为 $[x,x+\mathrm{d}x]$，求出整体量 S 在 $[x,x+\mathrm{d}x]$ 上的部分量 ΔS 的近似值为

$$\Delta S \approx f(x)\mathrm{d}x$$

称 $f(x)\mathrm{d}x$ 为整体量 S 的**元素**，且记为

$$\mathrm{d}S = f(x)\mathrm{d}x$$

当整体量 S 为面积时，$\mathrm{d}S=f(x)\mathrm{d}x$ 叫作**面积元素**；若整体量 S 为体积时，$\mathrm{d}S=f(x)\mathrm{d}x$ 叫作**体积元素**。依此类推，整体量 S 为功时，$\mathrm{d}S=f(x)\mathrm{d}x$ 为**功元素**。

2. 求积分

整体量 S 就是在 $[a,b]$ 上将这些元素累加，即

$$S = \int_a^b \mathrm{d}S = \int_a^b f(x)\mathrm{d}x$$

这种方法叫作**元素法**。

下面用元素法来介绍定积分的一些应用。

一、平面图形的面积

在本章第一节中我们已经知道,当 $f(x) \geqslant 0$ 时,由曲线 $y=f(x)$ 及直线 $x=a, x=b$ 与 x 轴所围成的曲边梯形的面积为 $S = \int_a^b f(x) \mathrm{d}x$。

现在讨论一般情形。

设在区间 $[a, b]$ 上连续的函数 $f(x)$ 与 $g(x)$ 满足 $f(x) \geqslant g(x)$,要计算由曲线 $y=f(x), y=g(x)$ 及两直线 $x=a, x=b$ 所围成的平面图形的面积 S,如图 5-7 所示。

利用元素法在区间 $[a, b]$ 上任取一小区间 $[x, x+\mathrm{d}x]$,它所对应的图 5-7 中阴影部分面积的近似值为 $[f(x)-g(x)]\mathrm{d}x$,取 $\mathrm{d}S=[f(x)-g(x)]\mathrm{d}x$ 作为面积 S 的元素。于是

$$S = \int_a^b [f(x)-g(x)]\mathrm{d}x$$

同理,由曲线 $x=f(y), x=g(y)$ 及两条直线 $y=c, y=d$ 所围成的平面图形的面积 S（见图 5-8）可表示为

$$S = \int_c^d [f(y)-g(y)]\mathrm{d}y$$

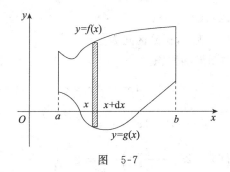

图 5-7

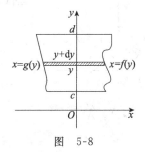

图 5-8

例 28　计算由曲线 $y=x^2$ 与 $y^2=x$ 所围成图形的面积。

解　两条曲线所围成的图形如图 5-9 所示。解方程组 $\begin{cases} y=x^2 \\ y^2=x \end{cases}$,得两曲线的交点为 $(0, 0)$ 和 $(1, 1)$,取 x 为积分变量,积分区间为 $[0, 1]$,于是,所求图形面积为

$$S = \int_0^1 (\sqrt{x} - x^2) \mathrm{d}x = \left(\frac{2}{3} x^{\frac{3}{2}} - \frac{1}{3} x^3 \right) \Big|_0^1 = \frac{1}{3}$$

例 29　计算由抛物线 $y^2=2x$ 及直线 $y=2-2x$ 所围成图形的面积。

解　这个图形如图 5-10 所示。

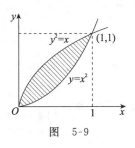

图 5-9

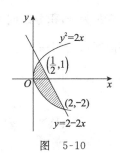

图 5-10

解方程组 $\begin{cases} y^2 = 2x \\ y = 2 - 2x \end{cases}$,得交点为 $(2, -2)$ 和 $\left(\frac{1}{2}, 1\right)$。以 y 为积分变量,积分区间为 $[-2, 1]$,得所求图形的面积为

$$S = \int_{-2}^{1} \left[\left(1 - \frac{y}{2}\right) - \frac{y^2}{2}\right]dy = \left(y - \frac{1}{4}y^2 - \frac{1}{6}y^3\right)\Big|_{-2}^{1} = 2\frac{1}{4}$$

如果取 x 为积分变量,需把积分区间分成 $\left[0, \frac{1}{2}\right]$ 与 $\left[\frac{1}{2}, 2\right]$ 两个区间,此时面积为

$$S = \int_{0}^{\frac{1}{2}} \left[\sqrt{2x} - (-\sqrt{2x})\right]dx + \int_{\frac{1}{2}}^{2} \left[2 - 2x - (-\sqrt{2x})\right]dx = 2\frac{1}{4}$$

用这种方法计算比较麻烦。由此可见,应根据图的形状恰当选取积分变量。

求平面图形面积的一般步骤:

(1) 由已知条件,画出平面图形的草图,求出交点;

(2) 根据草图,选择积分变量,确定积分区间;

(3) 列出求面积的积分关系式;计算积分求出面积。

例30 计算由曲线 $y = 4 - x^2$ 及 $y = x^2 - 4x - 2$ 所围成平面图形的面积。

解 (1) 如图 5-11 所示,求交点 $\begin{cases} y = 4 - x^2 \\ y = x^2 - 4x - 2 \end{cases}$,得 $\begin{cases} x_1 = -1 \\ x_2 = 3 \end{cases}$,

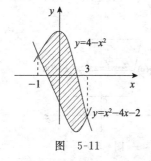

图 5-11

所以交点为 $(-1, 3), (3, -5)$;

(2) 选积分变量为 x,积分区间为 $[-1, 3]$;

(3) 所求平面图形的面积为

$$S = \int_{-1}^{3} \left[(4 - x^2) - (x^2 - 4x - 2)\right]dx$$

$$= \int_{-1}^{3} (6 + 4x - 2x^2)dx$$

$$= \left(6x + 2x^2 - \frac{2}{3}x^3\right)\Big|_{-1}^{3} = 21\frac{1}{3}$$

例31 计算由曲线 $y = \sin x$ 及 $y = \sin 2x$ 在 $x = 0$ 与 $x = \pi$ 之间所围成平面图形的面积。

解 (1) 如图 5-12 所示,求交点 $\begin{cases} y = \sin x \\ y = \sin 2x \end{cases}$,得 $\begin{cases} x_1 = 0 \\ x_2 = \frac{\pi}{3} \\ x_3 = \pi \end{cases}$,

所以交点为 $(0, 0), \left(\frac{\pi}{3}, \frac{\sqrt{3}}{2}\right), (\pi, 0)$;

(2) 选积分变量为 x,积分区间为 $\left[0, \frac{\pi}{3}\right], \left[\frac{\pi}{3}, \pi\right]$;

(3) 所求平面图形的面积为

$$S = \int_{0}^{\frac{\pi}{3}} (\sin 2x - \sin x)dx + \int_{\frac{\pi}{3}}^{\pi} (\sin x - \sin 2x)dx$$

$$= \left(\cos x - \frac{1}{2}\cos 2x\right)\Big|_{0}^{\frac{\pi}{3}} + \left(\frac{1}{2}\cos 2x - \cos x\right)\Big|_{\frac{\pi}{3}}^{\pi} = \frac{5}{2}$$

二、旋 转 体 的 体 积

旋转体就是由一个平面图形绕这个平面内一条直线旋转一周而成的立体。

下面我们讨论用元素法如何求由连续曲线 $y=f(x)$ 及直线 $x=a,x=b$ 与 x 轴所围成的曲边梯形绕 x 轴旋转一周而成的立体的体积。

取 x 为积分变量,它的变化区间为 $[a,b]$。在 $[a,b]$ 上任取一小区间 $[x,x+\mathrm{d}x]$,相应于该小区间的窄曲边梯形绕 x 轴旋转而成的薄片的体积近似于以 $f(x)$ 为底半径、$\mathrm{d}x$ 为高的圆柱体的体积(见图 5-13),即体积元素为

$$dV=\pi\left[f(x)\right]^2\mathrm{d}x$$

以 $\pi\left[f(x)\right]^2\mathrm{d}x$ 为被积表达式,在区间 $[a,b]$ 上作定积分,便得旋转体的体积为

$$V_x=\int_a^b\pi f^2(x)\mathrm{d}x$$

同理可得,由连续曲线 $x=\varphi(y)$ 及直线 $y=c,y=d$ 与 y 轴所围成的曲边梯形绕 y 轴旋转一周而成的旋转体(见图 5-14)的体积为

$$V_y=\int_c^d\pi\varphi^2(y)\mathrm{d}y$$

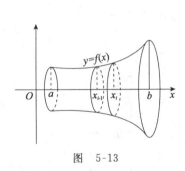

图 5-13

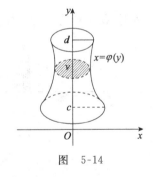

图 5-14

例 32 计算由抛物线 $y=x^2$ 及直线 $x=1,x=2$ 与 x 轴所围成的图形分别绕 x、y 轴旋转形成的旋转体的体积。

解 如图 5-15 所示,由旋转体的体积公式知,所述图形 $ACDB$ 绕 x 轴旋转而成的旋转体的体积为

$$V_x=\int_1^2\pi\left(x^2\right)^2\mathrm{d}x=\pi\int_1^2x^4\mathrm{d}x=\frac{\pi}{5}x^5\Big|_1^2=\frac{31\pi}{5}$$

所述图形 $ACDB$ 绕 y 轴旋转而成的旋转体的体积,可看成由平面图形 $OCDF$ 与 $OABE$、$EBDF$ 分别绕 y 轴旋转而成的旋转体的体积之差。

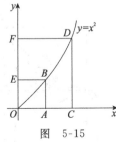

图 5-15

因为 V_{OCDF} 是由直线 $x=2$ 在 $[0,4]$ 上绕 y 轴旋转而成的旋转体的体积,所以

$$V_{OCDF}=\int_0^4\pi 2^2\mathrm{d}y=4\pi y\Big|_0^4=16\pi$$

又 V_{OABE} 是由直线 $x=1$ 在 $[0,1]$ 上绕 y 轴旋转而成的旋转体的体积,所以

$$V_{OABE} = \int_0^1 \pi 1^2 \mathrm{d}y = \pi y \Big|_0^1 = \pi$$

V_{EBDF} 是由曲线 $y = x^2$ 在 $[1,4]$ 上绕 y 轴旋转而成的旋转体的体积,所以

$$V_{EBDF} = \int_1^4 \pi (\sqrt{y})^2 \mathrm{d}y = \int_1^4 \pi y \mathrm{d}y = \frac{\pi y^2}{2} \Big|_1^4 = \frac{15\pi}{2}$$

于是,图形 $ACDB$ 绕 y 轴旋转而成的旋转体的体积为

$$V_y = V_{OCDF} - V_{OABE} - V_{EBDF} = 16\pi - \pi - \frac{15}{2}\pi = \frac{15\pi}{2}$$

例 33 求椭圆曲线 $\dfrac{x^2}{a^2} + \dfrac{y^2}{b^2} = 1 (a > b > 0)$ 分别绕 x 轴和 y 轴旋转一周所得到的旋转体的体积。

解 由 $\dfrac{x^2}{a^2} + \dfrac{y^2}{b^2} = 1$ 易求出上半椭圆曲线的方程为 $y = \dfrac{b}{a}\sqrt{a^2 - x^2}$,$x \in [-a, a]$,如图 5-16(a)所示。将上半椭圆与 x 轴围成的区域绕 x 轴旋转一周,得旋转体的体积为

$$V = \pi \int_{-a}^a \left(\frac{b}{a}\sqrt{a^2 - x^2}\right)^2 \mathrm{d}x = \frac{\pi b^2}{a^2} \int_{-a}^a (a^2 - x^2) \mathrm{d}x = \frac{4}{3}\pi a b^2$$

由 $\dfrac{x^2}{a^2} + \dfrac{y^2}{b^2} = 1$ 易求出右半椭圆曲线的方程为 $x = \dfrac{a}{b}\sqrt{b^2 - y^2}$,$y \in [-b, b]$,如图 5-16(b)所示。由右半椭圆曲线与 y 轴所围区域绕 y 轴旋转一周,得旋转体的体积为

$$V = \pi \int_{-b}^b \left(\frac{a}{b}\sqrt{b^2 - y^2}\right)^2 \mathrm{d}y = \frac{\pi a^2}{b^2} \int_{-b}^b (b^2 - y^2) \mathrm{d}y = \frac{4}{3}\pi a^2 b$$

当 $a = b$ 时,得半径为 a 的球体体积为 $V = \dfrac{4}{3}\pi a^3$。

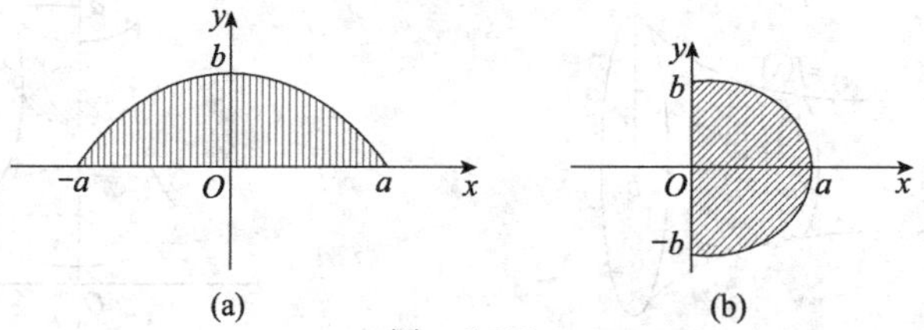

图 5-16

例 34 试求抛物线 $y = x^2$ 与其在点 $(1,1)$ 处的切线及与 x 轴所围成的图形绕 x 轴旋转一周所得旋转体的体积。

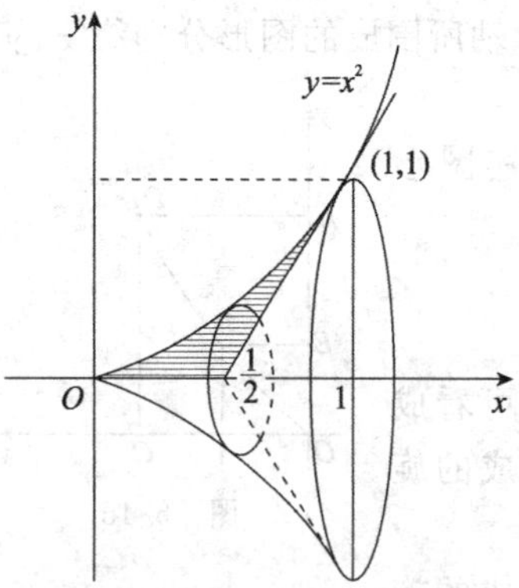

解 由图 5-17 知,所求体积应是曲线 $y = x^2$ 绕 x 轴旋转一周所得旋转体的体积 V_1 与点 $(1,1)$ 处的切线绕 x 轴旋转一周所得旋转体的体积 V_2 之差。

由题意得：$V_1 = \int_0^1 \pi (x^2)^2 \mathrm{d}x = \dfrac{\pi}{5}$。

由于抛物线 $y = x^2$ 在点 $(1,1)$ 处的切线方程为 $y - 1 = 2(x - 1)$,即 $y = 2x - 1$,切线与 x 轴的交点是 $\left(\dfrac{1}{2}, 0\right)$,所以

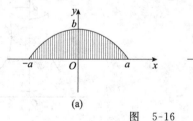

图 5-17

$$V_2 = \int_{\frac{1}{2}}^1 \pi (2x - 1)^2 \mathrm{d}x = \pi \left(\frac{4}{3}x^3 - 2x^2 + x\right)\Big|_{\frac{1}{2}}^1 = \frac{\pi}{6}$$

所以
$$V = V_1 - V_2 = \frac{\pi}{5} - \frac{\pi}{6} = \frac{\pi}{30}$$

例 35 计算由曲线 $xy = 3$ 及直线 $x + y = 4$ 所围成的平面图形绕 x 轴旋转一周形成的旋转体的体积。

解 如图 5-18 所示,求交点 $\begin{cases} xy = 3 \\ x + y = 4 \end{cases}$,得交点 $(1,3)$ 和 $(3,1)$,所以旋转体的体积为

$$V_x = \pi \int_1^3 (4-x)^2 \mathrm{d}x - \pi \int_1^3 \left(\frac{3}{x}\right)^2 \mathrm{d}x$$

$$= \pi \int_1^3 (x-4)^2 \mathrm{d}x - 9\pi \int_1^3 \frac{1}{x^2} \mathrm{d}x$$

$$= \pi \frac{(x-4)^3}{3} \bigg|_1^3 + \frac{9\pi}{x} \bigg|_1^3 = \frac{8\pi}{3}$$

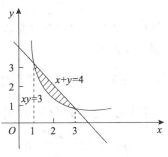

图 5-18

例 36 计算由曲线 $x = y^2$ 及直线 $y = x, y = 1, y = 2$ 所围成的平面图形绕 y 轴旋转一周形成的旋转体的体积。

解 如图 5-19 所示,求交点 $\begin{cases} x = y^2 \\ y = x \end{cases}$,得交点 $(0,0)$ 和 $(1,1)$,还有 $(2,2)$ 和 $(4,2)$,所以旋转体的体积为

$$V_y = \pi \int_1^2 (y^2)^2 \mathrm{d}y - \pi \int_1^2 y^2 \mathrm{d}y$$

$$= \pi \int_1^2 y^4 \mathrm{d}y - \pi \int_1^2 y^2 \mathrm{d}y$$

$$= \pi \frac{1}{5} y^5 \bigg|_1^2 - \pi \frac{1}{3} y^3 \bigg|_1^2 = \frac{58\pi}{15}$$

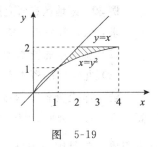

图 5-19

三、经济应用举例

在经济活动中,对总成本、总收入、总利润等经济总量的研究,也可以用定积分计算。特别是已知经济量的变化率,计算经济函数的增加量时,用定积分计算更为简便。

如在某项经济活动中,设边际收入函数为 $R'(x)$,其中 x 为产量,则当产量为 a 时,总收入可以表示为

$$\int_0^a R'(x) \mathrm{d}x = R(x) \bigg|_0^a = R(a) - R(0)$$

当产量为 x 时,总收入可表示为 $R(x) - R(0) = \int_0^x R'(x) \mathrm{d}x$。

这里的 $R(0)$ 是当产量 $x = 0$ 时的总收入,一般应为 0,它表示的是初始收入(但在研究成本问题时,初始成本即固定成本;在研究费用问题时,初始费用表示的是生产准备费用。一般在具体的经济活动中,它们事先可以确定)。当产量从 a 变到 b,即增加 $(b-a)$ 时,总收入增加的数量为

$$\int_a^b R'(x) \mathrm{d}x = R(x) \bigg|_a^b = R(b) - R(a)$$

例 37 已知生产某种产品 x 个单位时总收入 R 的变化率为

$$R' = R'(x) = 100 - \frac{x}{20} (x \geqslant 0)$$

求:(1) 生产 100 个单位时的总收入;

(2) 求产量从 100 个单位到 200 个单位时总收入的增加量。

解 (1) 生产 100 个单位时的总收入 R 就是 $R'(x)$ 从 0~100 的定积分,即

$$R_1 = \int_0^{100} \left(100 - \frac{x}{20}\right) dx = \left(100x - \frac{x^2}{40}\right)\bigg|_0^{100} = 9\,750$$

(2) 产量从 100 个单位到 200 个单位时总收入的增加量 R_2 为

$$R_2 = \int_{100}^{200} \left(100 - \frac{x}{20}\right) dx = \left(100x - \frac{x^2}{40}\right)\bigg|_{100}^{200} = 9\,250$$

即生产 100 个单位时的总收入为 9 750,产量从 100 个单位到 200 个单位时总收入的增加量为 9 250。

例 38 某建筑材料厂生产 x 吨水泥的边际成本为 $C'(x) = 5 + \dfrac{25}{\sqrt{x}}$,若固定成本为 10 (百万元),求当产量从 64 吨增加到 100 吨时需增加多少成本投资?

解 $\displaystyle\int_{64}^{100} \left(5 + \frac{25}{\sqrt{x}}\right) dx = \int_{64}^{100} (5 + 25x^{-\frac{1}{2}}) dx = (5x + 50\sqrt{x})\bigg|_{64}^{100} = 280$(百万元),即产量从 64 吨增加到 100 吨时需增加 280 百万元投资。

例 39 某地区在研究投资问题时,发现净投资流量(元)为时间 t(年)的函数 $I(t) = 6t^{\frac{1}{2}}$。

求:(1) 第一年的资本累计;

(2) 前九年的资本累计;

(3) 九年后的资本总和(设初始资本为 500 万元)。

解 净投资就是形成率(资本形成的速度),是资本在时间 t 的变化率,就是资本对时间 t 的导数。因此,由已知净投资 $I = I(t)$,求在时间间隔 $[a,b]$ 上的资本形成总量(即资本积累),就是用定积分 $\displaystyle\int_a^b I(t) dt$ 计算。

(1) $\displaystyle\int_0^1 6t^{\frac{1}{2}} dt = 4t \frac{3}{2}\bigg|_0^1 = 4$(万元)

(2) $\displaystyle\int_0^9 6t^{\frac{1}{2}} dt = 4t^{\frac{3}{2}}\bigg|_0^9 = 108$(万元)

(3) $500 + \displaystyle\int_0^9 6t^{\frac{1}{2}} dt = 608$(万元)

即第一年的资本积累为 4 万元,前九年的资本积累为 108 万元,九年后资本总和为 608 万元。

例 40 某商场经销某种小商品,销量为 x 件时总利润的变化率为

$$L'(x) = 12.5 - \frac{x}{80}(元/件)$$

求:(1) 售出 40 件时的总利润;

(2) 售出 400 件时的平均利润。

解 (1) $\displaystyle\int_0^{40} \left(12.5 - \frac{x}{80}\right) dx = \left(12.5x - \frac{x^2}{160}\right)\bigg|_0^{40} = 490$(元)

(2) $\dfrac{1}{400}\displaystyle\int_0^{400} \left(12.5 - \frac{x}{80}\right) dx = \left(12.5x - \frac{x^2}{160}\right)\bigg|_0^{400} = 10$(元)

即售出 40 件时的总利润为 490 元;售出 400 件时的平均利润为 10 元。

思 考 题

1. 利用元素法解决实际问题的步骤是什么?
2. 求平面图形的面积时,如何确定积分变量?

习题 5-5

1. 求图 5-20 中各阴影部分的面积。

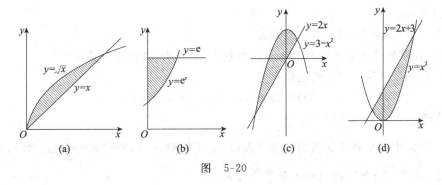

图 5-20

2. 求由下列各曲线所围成的图形的面积。

(1) $y=x^3$ 与 $y=x$。

(2) $y=x^2-2x+3$ 与 $y=x+3$。

(3) $y=x, y=2x$ 及 $y=2$。

(4) $y^2=x+4$ 与 $x+2y-4=0$。

(5) $y=\sqrt{x}, y=x$。

(6) $y=3-x^2, y=2x$。

(7) $y=\dfrac{1}{x}$ 与直线 $y=x$ 及 $x=2$。

(8) $y=e^x, y=e^{-x}$ 与直线 $x=1$。

(9) $y=\ln x, y$ 轴与直线 $y=\ln a, y=\ln b (b>a>0)$。

3. 求下列旋转体的体积。

(1) 求由曲线 $y=x^2$ 与直线 $x=1, x=2$ 及 $y=0$ 所围成的平面图形绕 x 轴旋转一周所形成旋转体的体积。

(2) 将曲线 $y=\dfrac{1}{2}x^2$ 与 $y=x$ 所围成的平面图形分别绕 x 轴、y 轴旋转,计算所得的两个旋转体的体积。

(3) 曲线 $y=x^2, x=y^2$ 所围成的平面图形绕 y 轴旋转而得的旋转体。

(4) $y=x^3, y=0, x=2$ 绕 x 轴、y 轴旋转。

(5) $xy=a^2, y=0, x=a, x=2a(a>0)$ 绕 x 轴旋转。

(6) $y=\dfrac{3}{x}, y=4-x$ 绕 x 轴、y 轴旋转。

4. 某厂某产品产量为 x 吨,总成本函数为 $C(x)$,已知边际成本函数 $C'(x)=4+\dfrac{4}{\sqrt{x}}$,

固定成本 $C(0)=100$(百元),求:

(1) 产量 $x=49$ 吨时的总成本;

(2) 产量从 25 吨增加到 81 吨,总成本增加多少?

5. 某工厂生产某种产品,其总产量的变化率 $f(x)$ 是时间 x 的函数,即
$$f(x)=100+6x-0.3x^2(单位/小时)$$
试求从 $x=0$ 到 $x=10$ 这 10 个小时的总产量。

6. 设某茶叶生产企业生产某种出口茶叶的边际成本和边际收入是(日产量 x 包,每包 1 千克)的函数:$C'(x)=x+10$(美元),$R'(x)=210-4x$(美元/包),其固定成本为 3 000美元,求:

(1) 日产量为多少时,其利润最大?

(2) 在获得最大利润生产水平上的总收入、总成本、总利润各是多少?

7. 已知某产品总产量的变化率为
$$f(t)=75+10t-0.3t^2(单位/小时)$$
求从时间 $t=1$ 到 $t=3$ 的产量。

8. 已知生产某商品 x 件时总收入 $R(x)$ 的变化率为 $r(x)=150-\dfrac{x}{25}$(元/件),求:

(1) 生产 100 件时的总收入及平均收入;

(2) 从生产 100 件到生产 200 件所增加的收入及平均收入。

*第六节　广义积分

前面讨论的定积分的积分区间都是有限的,且被积函数在该区间上为连续的。但在实际问题中,常会遇到积分区间为无穷区间或被积函数在积分区间上有无穷间断点的情况。因此,有必要把定积分的概念加以推广,推广后的积分称为广义积分。为了区别,前面讲的积分称为常义积分。在此,我们只讨论无穷区间上的广义积分。

一、广义积分的概念

定义 2　设函数 $f(x)$ 在无穷区间 $[a,+\infty)$ 上连续,且 $b>a$,如果极限
$$\lim_{b\to+\infty}\int_a^b f(x)\mathrm{d}x$$

存在,则称此极限值为 $f(x)$ 在无穷区间 $[a,+\infty)$ 上的**广义积分**,记为 $\int_a^{+\infty}f(x)\mathrm{d}x$,即
$$\int_a^{+\infty}f(x)\mathrm{d}x=\lim_{b\to+\infty}\int_a^b f(x)\mathrm{d}x$$

并称广义积分 $\int_a^{+\infty}f(x)\mathrm{d}x$ **收敛**。

如果上述极限不存在,则称广义积分 $\int_a^{+\infty}f(x)\mathrm{d}x$ **发散**,这时 $\int_a^{+\infty}f(x)\mathrm{d}x$ 不再表示数值了。

类似地,设函数 $f(x)$ 在区间 $(-\infty,b]$ 上连续,且 $a<b$,如果极限
$$\lim_{a\to-\infty}\int_a^b f(x)\mathrm{d}x$$

存在,则称此极限值为 $f(x)$ 在无穷区间 $(-\infty,b]$ 上的**广义积分**,记为 $\int_{-\infty}^{b} f(x)\mathrm{d}x$,即

$$\int_{-\infty}^{b} f(x)\mathrm{d}x = \lim_{a\to-\infty}\int_{a}^{b} f(x)\mathrm{d}x$$

这时也称广义积分 $\int_{-\infty}^{b} f(x)\mathrm{d}x$ **收敛**;如果上述极限不存在,就称广义积分 $\int_{-\infty}^{b} f(x)\mathrm{d}x$ **发散**。

对于函数 $f(x)$ 在 $(-\infty,+\infty)$ 上的广义积分,定义为

$$\int_{-\infty}^{+\infty} f(x)\mathrm{d}x = \int_{-\infty}^{c} f(x)\mathrm{d}x + \int_{c}^{+\infty} f(x)\mathrm{d}x$$

其中,a 与 b 各自独立地趋于无穷大,并且仅当右端两个极限都存在时,广义积分才收敛;否则,广义积分发散。

二、广义积分的计算

1. $\int_{a}^{+\infty} f(x)\mathrm{d}x$ 情形

例 41　求 $\int_{1}^{+\infty} \dfrac{\mathrm{d}x}{x^2}$。

解　$\int_{1}^{+\infty} \dfrac{\mathrm{d}x}{x^2} = \lim_{b\to+\infty}\int_{1}^{b}\dfrac{1}{x^2}\mathrm{d}x = \lim_{b\to+\infty}\left(-\dfrac{1}{x}\right)\Big|_{1}^{b} = \lim_{b\to+\infty}\left(-\dfrac{1}{b}+1\right)=1$

例 42　求 $\int_{0}^{+\infty} \dfrac{\mathrm{d}x}{1+x^2}$。

解　$\int_{0}^{+\infty} \dfrac{\mathrm{d}x}{1+x^2} = \lim_{b\to+\infty}\int_{0}^{b}\dfrac{1}{1+x^2}\mathrm{d}x = \lim_{b\to+\infty}\arctan x\Big|_{0}^{b}$

$$= \lim_{b\to+\infty}(\arctan b - \arctan 0) = \dfrac{\pi}{2}-0=\dfrac{\pi}{2}$$

例 43　求 $\int_{2}^{+\infty} \dfrac{\mathrm{d}x}{x\ln x}$。

解　$\int_{2}^{+\infty} \dfrac{\mathrm{d}x}{x\ln x} = \lim_{b\to+\infty}\int_{2}^{b}\dfrac{1}{x\ln x}\mathrm{d}x = \lim_{b\to+\infty}\ln|\ln x|\,\Big|_{2}^{b}$

$$= \lim_{b\to+\infty}(\ln|\ln b| - \ln|\ln 2|) = \infty$$

2. $\int_{-\infty}^{b} f(x)\mathrm{d}x$ 情形

例 44　求 $\int_{-\infty}^{0} \dfrac{\mathrm{d}x}{1+x^2}$。

解　$\int_{-\infty}^{0} \dfrac{\mathrm{d}x}{1+x^2} = \lim_{a\to-\infty}\int_{a}^{0}\dfrac{1}{1+x^2}\mathrm{d}x = \lim_{a\to-\infty}\arctan x\Big|_{a}^{0}$

$$= \lim_{a\to-\infty}(\arctan 0 - \arctan a) = 0+\dfrac{\pi}{2}=\dfrac{\pi}{2}$$

例 45　求 $\int_{-\infty}^{1} t^{-5}\mathrm{d}t$。

解　$\int_{-\infty}^{1} t^{-5}\mathrm{d}t = \lim_{a\to-\infty}\int_{a}^{1} t^{-5}\mathrm{d}t = \lim_{a\to-\infty}\left(-\dfrac{1}{4t^4}\Big|_{a}^{1}\right) = \lim_{a\to-\infty}\left(-\dfrac{1}{4}+\dfrac{1}{4a^4}\right)=-\dfrac{1}{4}$

3. $\int_{-\infty}^{+\infty} f(x)\mathrm{d}x$ 情形

例 46 求 $\int_{-\infty}^{+\infty} \dfrac{\mathrm{d}x}{1+x^2}$。

解
$$\int_{-\infty}^{+\infty} \frac{\mathrm{d}x}{1+x^2} = \int_{-\infty}^{0} \frac{1}{1+x^2}\mathrm{d}x + \int_{0}^{+\infty} \frac{1}{1+x^2}\mathrm{d}x = \lim_{a\to-\infty}\int_{a}^{0}\frac{1}{1+x^2}\mathrm{d}x + \lim_{b\to+\infty}\int_{0}^{b}\frac{1}{1+x^2}\mathrm{d}x$$
$$= \lim_{a\to-\infty}(\arctan0 - \arctan a) + \lim_{b\to+\infty}(\arctan b - \arctan0)$$
$$= -\left(-\frac{\pi}{2}\right) + \frac{\pi}{2} = \pi$$

例 47 求 $\int_{-\infty}^{+\infty} \dfrac{2x+3}{x^2+2x+2}\mathrm{d}x$。

解
$$\int_{-\infty}^{+\infty} \frac{2x+3}{x^2+2x+2}\mathrm{d}x = \int_{-\infty}^{+\infty}\left[\frac{2x+2}{x^2+2x+2} + \frac{1}{(x+1)^2+1}\right]\mathrm{d}x$$
$$= \left[\ln(x^2+2x+2) + \arctan(x+1)\right]\Big|_{-\infty}^{+\infty}$$

因为
$$\lim_{x\to+\infty}\left[\ln(x^2+2x+2) + \arctan(x+1)\right] = +\infty$$

所以
$$\int_{-\infty}^{+\infty}\frac{2x+3}{x^2+2x+2}\mathrm{d}x \text{ 发散}$$

注意：在计算广义积分时，也可以用换元积分法和分布积分法。

例 48 求 $\int_{1}^{+\infty} \dfrac{1}{x\sqrt{1+x^2}}\mathrm{d}x$。

解 令 $x=\tan t, t=\arctan x$，$x=1$ 时，$t=\dfrac{\pi}{4}$，$x\to+\infty, t\to\dfrac{\pi}{2}$，于是

$$\int_{1}^{+\infty}\frac{1}{x\sqrt{1+x^2}}\mathrm{d}x = \int_{\frac{\pi}{4}}^{\frac{\pi}{2}}\frac{1}{\tan t\sec t}\cdot\sec^2 t\mathrm{d}t = \int_{\frac{\pi}{4}}^{\frac{\pi}{2}}\csc t\mathrm{d}t$$
$$= \ln|\csc t - \cot t|\Big|_{\frac{\pi}{4}}^{\frac{\pi}{2}} = -\ln(\sqrt{2}-1) = \ln(\sqrt{2}+1)$$

思 考 题

$f(x)$ 在无穷区间 $[a,+\infty)$ 上的广义积分一定收敛吗？

习题 5-6

判断下列各广义积分的收敛性，如果收敛，计算广义积分的值：

(1) $\int_{1}^{+\infty} \dfrac{\mathrm{d}x}{x^2}$；

(2) $\int_{5}^{+\infty} \dfrac{1}{x(x+15)}\mathrm{d}x$；

(3) $\int_{-\infty}^{+\infty} \dfrac{\mathrm{d}x}{x^2+2x+1}$；

(4) $\int_{0}^{+\infty} xe^{-x^2}\mathrm{d}x$；

(5) $\int_{0}^{+\infty} \sin x\mathrm{d}x$；

(6) $\int_{1}^{+\infty} \dfrac{1}{x\sqrt{x^2-1}}\mathrm{d}x$。

【本章典型方法与范例】

例 1 比较 $\int_{2}^{1} e^x\mathrm{d}x, \int_{2}^{1} e^{x^2}\mathrm{d}x, \int_{2}^{1}(1+x)\mathrm{d}x$ 的大小。

解 对于定积分大小的比较,可利用定积分的性质通过比较被积函数之间的大小来确定,本题要注意的是积分上下限的调换。

在 $[1,2]$ 上,有 $e^x \leqslant e^{x^2}$,令 $f(x)=e^x-(x+1)$,则 $f'(x)=e^x-1$,当 $x>0$ 时,$f'(x)>0$,$f(x)$ 在 $(0,+\infty)$ 上单调增加,从而 $f(x)>f(0)$,可知在 $[1,2]$ 上,有 $e^x>x+1$,所以

$$\int_1^2 (1+x)\mathrm{d}x < \int_1^2 e^x \mathrm{d}x < \int_1^2 e^{x^2} \mathrm{d}x$$

因为

$$\int_2^1 f(x)\mathrm{d}x = -\int_1^2 f(x)\mathrm{d}x$$

所以

$$-\int_2^1 (1+x)\mathrm{d}x < -\int_2^1 e^x \mathrm{d}x < -\int_2^1 e^{x^2} \mathrm{d}x$$

从而有

$$\int_2^1 (1+x)\mathrm{d}x > \int_2^1 e^x \mathrm{d}x > \int_2^1 e^{x^2} \mathrm{d}x$$

例2 设 $f(x)$ 连续,且 $\int_0^{x^3-1} f(t)\mathrm{d}t = x$,求 $f(26)$。

解 等式 $\int_0^{x^3-1} f(t)\mathrm{d}t = x$ 两边对 x 求导,得 $f(x^3-1)\cdot 3x^2=1$,故 $x\neq 0$ 时,$f(x^3-1)=\dfrac{1}{3x^2}$,令 $x^3-1=26$,得 $x=3$,所以,$f(26)=\dfrac{1}{27}$。

例3 求函数 $f(x)=\int_0^x te^{-t^2}\mathrm{d}t$ 的极值。

解 求函数的极值,只需求出函数一阶导数为零的点和一阶导数不存在的点,再判断即可。

$$f'(x)=\left[\int_0^x te^{-t^2}\mathrm{d}t\right]'=xe^{-x^2},\ 令$$

$f'(x)=0$,得唯一驻点 $x=0$。

由于 $f''(x)=[xe^{-x^2}]'=(1-2x^2)e^{-x^2}$,所以
$$f''(0)=1>0$$

由极值的第二判定定理知,$x=0$ 为极小值点,所以函数

$f(x)=\int_0^x te^{-t^2}\mathrm{d}t$ 在 $x=0$ 处取得极小值,极小值为 $f(0)=0$。

例4 求 $\int_0^{\frac{\pi}{4}} \tan^3 x\mathrm{d}x$。

解 考虑三角函数的恒等变形。

$$\int_0^{\frac{\pi}{4}} \tan^3 x\mathrm{d}x = \int_0^{\frac{\pi}{4}} \tan^2 x\tan x\mathrm{d}x = \int_0^{\frac{\pi}{4}} (\sec^2 x-1)\tan x\mathrm{d}x$$

$$= \int_0^{\frac{\pi}{4}} \sec^2 x\tan x\mathrm{d}x - \int_0^{\frac{\pi}{4}} \tan x\mathrm{d}x$$

$$= \int_0^{\frac{\pi}{4}} \tan x\mathrm{d}\tan x - \int_0^{\frac{\pi}{4}} \tan x\mathrm{d}x$$

$$= \frac{\tan^2 x}{2}\bigg|_0^{\frac{\pi}{4}} + \ln|\cos x|\bigg|_0^{\frac{\pi}{4}}$$

$$= \frac{1 - \ln 2}{2}$$

例 5 求 $\int_0^{\frac{\pi}{4}} \frac{\sin x}{1 + \sin x} \mathrm{d}x$。

解 考虑三角函数的恒等变形。

$$\begin{aligned}
\int_0^{\frac{\pi}{4}} \frac{\sin x}{1 + \sin x} \mathrm{d}x &= \int_0^{\frac{\pi}{4}} \frac{\sin x (1 - \sin x)}{(1 + \sin x)(1 - \sin x)} \mathrm{d}x \\
&= \int_0^{\frac{\pi}{4}} \frac{\sin x - \sin^2 x}{\cos^2 x} \mathrm{d}x \\
&= \int_0^{\frac{\pi}{4}} \frac{\sin x}{\cos^2 x} \mathrm{d}x - \int_0^{\frac{\pi}{4}} \tan^2 x \, \mathrm{d}x \\
&= -\int_0^{\frac{\pi}{4}} \frac{1}{\cos^2 x} \mathrm{d}\cos x - \int_0^{\frac{\pi}{4}} (\sec^2 x - 1) \mathrm{d}x \\
&= \frac{1}{\cos x} \Big|_0^{\frac{\pi}{4}} - (\tan x - x) \Big|_0^{\frac{\pi}{4}} \\
&= \frac{\pi}{4} - 2 + \sqrt{2}
\end{aligned}$$

例 6 求 $\int_{e^{\frac{1}{2}}}^{e^{\frac{3}{4}}} \frac{1}{x \sqrt{\ln x (1 - \ln x)}} \mathrm{d}x$。

解 被积函数中含有 $\frac{1}{x}$ 及 $\ln x$，考虑第一类换元积分法。

$$\begin{aligned}
\int_{e^{\frac{1}{2}}}^{e^{\frac{3}{4}}} \frac{1}{x \sqrt{\ln x (1 - \ln x)}} \mathrm{d}x &= \int_{e^{\frac{1}{2}}}^{e^{\frac{3}{4}}} \frac{1}{\sqrt{\ln x (1 - \ln x)}} \mathrm{d}(\ln x) \\
&= \int_{e^{\frac{1}{2}}}^{e^{\frac{3}{4}}} \frac{1}{\sqrt{\ln x} \sqrt{1 - \ln x}} \mathrm{d}(\ln x) \\
&= \int_{e^{\frac{1}{2}}}^{e^{\frac{3}{4}}} \frac{1}{\sqrt{1 - \ln x}} \cdot 2 \mathrm{d}(\sqrt{\ln x}) \\
&= 2 \int_{e^{\frac{1}{2}}}^{e^{\frac{3}{4}}} \frac{1}{\sqrt{1 - (\sqrt{\ln x})^2}} \mathrm{d}(\sqrt{\ln x}) \\
&= \left[2 \arcsin(\sqrt{\ln x}) \right] \Big|_{e^{\frac{1}{2}}}^{e^{\frac{3}{4}}} = \frac{\pi}{6}
\end{aligned}$$

例 7 求 $\int_0^{\ln 5} \frac{e^x \sqrt{e^x - 1}}{e^x + 3} \mathrm{d}x$。

解 被积函数中含有根式，令 $u = \sqrt{e^x - 1}$，$x = \ln(u^2 + 1)$，$\mathrm{d}x = \frac{2u}{u^2 + 1} \mathrm{d}u$，当 $x = 0$ 时，$u = 0$；当 $x = \ln 5$ 时，$u = 2$。则

$$\begin{aligned}
\int_0^{\ln 5} \frac{e^x \sqrt{e^x - 1}}{e^x + 3} \mathrm{d}x &= \int_0^2 \frac{(u^2 + 1) u}{u^2 + 4} \cdot \frac{2u}{u^2 + 1} \mathrm{d}u \\
&= 2 \int_0^2 \frac{u^2}{u^2 + 4} \mathrm{d}u
\end{aligned}$$

$$= 2 \int_0^2 \frac{u^2 + 4 - 4}{u^2 + 4} \mathrm{d}u$$

$$= 2 \int_0^2 \left(1 - \frac{4}{u^2 + 4}\right) \mathrm{d}u$$

$$= 2 \int_0^2 \mathrm{d}u - 8 \int_0^2 \frac{1}{u^2 + 4} \mathrm{d}u$$

$$= 2 \int_0^2 \mathrm{d}u - 2 \int_0^2 \frac{1}{1 + \frac{u^2}{4}} \mathrm{d}u$$

$$= 2 \int_0^2 \mathrm{d}u - 2 \int_0^2 \frac{1}{1 + \left(\frac{u}{2}\right)^2} \mathrm{d}u$$

$$= 2 \int_0^2 \mathrm{d}u - 4 \int_0^2 \frac{1}{1 + \left(\frac{u}{2}\right)^2} \mathrm{d}\frac{u}{2}$$

$$= 2u \Big|_0^2 - 4\arctan\frac{u}{2} \Big|_0^2 = 4 - \pi$$

例 8 求 $\int_0^{\frac{\pi}{2}} \mathrm{e}^x \sin^2 x \mathrm{d}x$。

解 被积函数为指数函数与三角函数的乘积，考虑分部积分法，但是三角函数含有平方项，一定要先降幂后积分。

$$\int_0^{\frac{\pi}{2}} \mathrm{e}^x \sin^2 x \mathrm{d}x = \frac{1}{2} \int_0^{\frac{\pi}{2}} \mathrm{e}^x (1 - \cos 2x) \mathrm{d}x$$

$$= \frac{1}{2} \int_0^{\frac{\pi}{2}} \mathrm{e}^x \mathrm{d}x - \frac{1}{2} \int_0^{\frac{\pi}{2}} \mathrm{e}^x \cos 2x \mathrm{d}x$$

$$= \frac{1}{2} \mathrm{e}^x \Big|_0^{\frac{\pi}{2}} - \frac{1}{2} \int_0^{\frac{\pi}{2}} \mathrm{e}^x \cos 2x \mathrm{d}x$$

$$= \frac{\mathrm{e}^{\frac{\pi}{2}} - 1}{2} - \frac{1}{2} \int_0^{\frac{\pi}{2}} \mathrm{e}^x \cos 2x \mathrm{d}x$$

而 $\int_0^{\frac{\pi}{2}} \mathrm{e}^x \cos 2x \mathrm{d}x = \int_0^{\frac{\pi}{2}} \cos 2x \mathrm{d}\mathrm{e}^x = \mathrm{e}^x \cos 2x \Big|_0^{\frac{\pi}{2}} - \int_0^{\frac{\pi}{2}} \mathrm{e}^x \mathrm{d}\cos 2x$

$$= -\mathrm{e}^{\frac{\pi}{2}} - 1 + 2 \int_0^{\frac{\pi}{2}} \mathrm{e}^x \sin 2x \mathrm{d}x$$

$$= -\mathrm{e}^{\frac{\pi}{2}} - 1 + 2 \int_0^{\frac{\pi}{2}} \sin 2x \mathrm{d}\mathrm{e}^x$$

$$= -\mathrm{e}^{\frac{\pi}{2}} - 1 + 2\mathrm{e}^x \sin 2x \Big|_0^{\frac{\pi}{2}} - 2 \int_0^{\frac{\pi}{2}} \mathrm{e}^x \mathrm{d}\sin 2x$$

$$= -\mathrm{e}^{\frac{\pi}{2}} - 1 - 4 \int_0^{\frac{\pi}{2}} \mathrm{e}^x \cos 2x \mathrm{d}x$$

整理得

$$\int_0^{\frac{\pi}{2}} \mathrm{e}^x \cos 2x \mathrm{d}x = -\frac{1}{5}(\mathrm{e}^{\frac{\pi}{2}} + 1)$$

$$\int_0^{\frac{\pi}{2}} \mathrm{e}^x \sin^2 x \mathrm{d}x = \frac{\mathrm{e}^{\frac{\pi}{2}} - 1}{2} - \frac{1}{2} \int_0^{\frac{\pi}{2}} \mathrm{e}^x \cos 2x \mathrm{d}x$$

$$= \frac{e^{\frac{\pi}{2}}-1}{2} - \frac{1}{2} \cdot \left[-\frac{1}{5}(e^{\frac{\pi}{2}}+1)\right] = \frac{1}{5}(3e^{\frac{\pi}{2}}-2)$$

例 9 求由曲线 $y=2x^2+3x-5$，$y=1-x^2$ 所围成的平面图形面积。

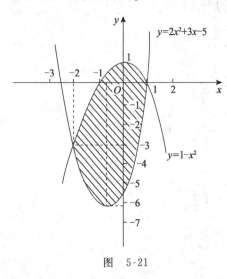

图 5-21

解 求交点。由 $\begin{cases} y=2x^2+3x-5 \\ y=1-x^2 \end{cases}$ 解得两曲线的交点为 $(-2,-3)$，$(1,0)$。作出图形，如图 5-21 所示，选择积分变量为 x，所以图形面积为

$$S = \int_{-2}^{1}[1-x^2-(2x^2+3x-5)]dx$$

$$= \int_{-2}^{1}(6-3x^2-3x)]dx = \frac{27}{2}$$

例 10 求由曲线 $y=e^x$，$y=e$，$x=0$ 所围成的平面图形面积。

解 求交点。$y=e^x$ 与 $y=e$ 的交点为 $(1,e)$，如图 5-22 所示。

解法一 选择积分变量为 y，则

$$S = \int_{1}^{e}\ln y\,dy$$

$$= y\ln y\Big|_{1}^{e} - \int_{1}^{e}y\,d\ln y$$

$$= e - \int_{1}^{e}dy$$

$$= e - (e-1) = 1$$

解法二 选择积分变量为 x，则

$$S = \int_{0}^{1}(e-e^x)dx$$

$$= ex\Big|_{0}^{1} - e^x\Big|_{0}^{1} = 1$$

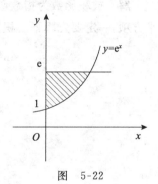

图 5-22

例 11 求曲线 $y=\ln x$ 在区间 $(2,6)$ 的一条切线，使得该切线与直线 $x=2$，$x=6$ 和曲线 $y=\ln x$ 所围成的平面图形面积最小。

解 求交点，先求出平面图形面积表达式，再由最值定理求面积最小值。

如图 5-23 所示，设所求切线与曲线 $y=\ln x$ 相切于点 $(c,\ln c)$，则切线方程为 $y-\ln c = \frac{1}{c}(x-c)$。

又切线与直线 $x=2$，$x=6$ 和曲线 $y=\ln x$ 所围成的平面图形面积为

$$S = \int_{2}^{6}\left[\frac{1}{c}(x-c)+\ln c-\ln x\right]dx$$

$$= \int_{2}^{6}\left[\frac{1}{c}x-1+\ln c-\ln x\right]dx$$

$$= 4\left(\frac{4}{c}-1\right)+4\ln c+4-6\ln 6+2\ln 2$$

所以
$$S' = -\frac{16}{c^2} + \frac{4}{c} = -\frac{4}{c^2}(4-c), \text{令 } S' = 0$$

解得驻点
$$c = 4$$

因为当 $c < 4$ 时，$S' < 0$；当 $c > 4$ 时，$S' > 0$。所以当 $c = 4$ 时，S 取得极小值。由于驻点唯一，所以当 $c = 4$ 时，S 取得最小值，此时切线方程为

$$y = \frac{1}{4}x - 1 + \ln 4$$

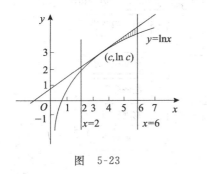

图 5-23

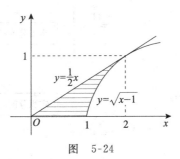

图 5-24

例 12 过坐标原点作曲线 $y = \sqrt{x-1}$ 的切线，该切线与曲线 $y = \sqrt{x-1}$ 及 x 轴围成平面图形 D，求：

(1) 平面图形 D 的面积；

(2) 平面图形 D 分别绕 x 轴和 y 轴旋转一周所得旋转体的体积 V_x 和 V_y。

解 求出切线方程，应用旋转体的体积即可，如图 5-24 所示。

(1) 设切点为 $(x_0, \sqrt{x_0-1})$，则曲线 $y = \sqrt{x-1}$ 在点 $(x_0, \sqrt{x_0-1})$ 处的切线方程为

$$y - \sqrt{x_0 - 1} = \frac{1}{2\sqrt{x_0-1}}(x - x_0)$$

由于该切线过原点，所以 $-\sqrt{x_0-1} = \frac{1}{2\sqrt{x_0-1}}(-x_0)$，从而 $x_0 = 2$，所以切线方程为

$y = \frac{x}{2}$，所以平面图形 D 的面积

$$S = \frac{1}{2} \times 2 \times 1 - \int_1^2 \sqrt{x-1}\,dx = \frac{1}{3}$$

(2)
$$V_x = \pi \int_1^2 \left[\left(\frac{1}{2}x\right)^2 - (\sqrt{x-1})^2\right]dx$$

$$= \pi \int_0^2 \left(\frac{1}{2}x\right)^2 dx - \pi \int_1^2 (\sqrt{x-1})^2 dx$$

$$= \frac{\pi}{12}x^3 \Big|_0^2 - \frac{\pi}{2}(x-1)^2 \Big|_1^2 = \frac{\pi}{6}$$

$$V_y = \pi \int_0^1 [(y^2+1)^2 - (2y)^2]dy = \pi \int_0^1 (y^4 - 2y^2 + 1)dy = \frac{8}{15}\pi$$

本章知识结构

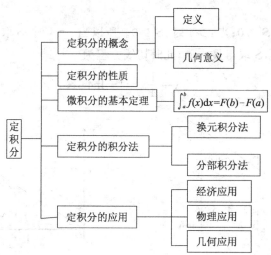

复习题五

1. 判断题

(1) 定积分定义 $\int_a^b f(x)\mathrm{d}x = \lim\limits_{\lambda \to 0}\sum\limits_{i=1}^n f(\xi_i)\Delta x_i$ 说明 $[a,b]$ 可任意划分,但 ξ_i 必须是 $[x_{i-1},x_i]$ 的端点。 （ ）

(2) 设 $f(x)$ 在 $[a,b]$ 上连续,则 $f(x)$ 在 $[a,b]$ 上的平均值为 $\dfrac{a+b}{2}$。 （ ）

(3) 定积分的几何意义是相应各曲边梯形的面积之和。 （ ）

(4) 设 $\int_1^2 f(x)\mathrm{d}x = 3, \int_1^{-2} f(x)\mathrm{d}x = 4$,则 $\int_{-2}^2 f(x)\mathrm{d}x = -1$。 （ ）

(5) 曲线 $y=x^2, xy=1$,直线 $x=2$ 所围成图形的面积是 $\dfrac{7}{3}-\ln 2$。 （ ）

(6) $\int_a^b 1\mathrm{d}x = b-a$。 （ ）

(7) $\int_{-\pi}^\pi x^2 \sin 2x\mathrm{d}x = 2\int_0^\pi x^2 \sin 2x\mathrm{d}x$。 （ ）

(8) 设 $f(x)$、$g(x)$ 在 $[a,b]$ 上连续,且 $\int_a^b f(x)\mathrm{d}x > \int_a^b g(x)\mathrm{d}x$,则 $\int_a^b |f(x)|\mathrm{d}x > \int_a^b |g(x)|\mathrm{d}x$。 （ ）

(9) $\dfrac{\mathrm{d}}{\mathrm{d}x}\int_a^b f(x)\mathrm{d}x = 0$。 （ ）

(10) 若 $\int_a^b g(x)\mathrm{d}x = 0$,则一定有 $g(x)=0$ 成立。 （ ）

2. 填空题

(1) 设 $f(x)$ 在 $[a,b]$ 上连续,$F(x)$ 是 $f(x)$ 的一个原函数,则 $\int f(x)\mathrm{d}x = $ _____,

$\int_a^b f(x)\mathrm{d}x =$ _____。

(2) 如果函数 $f(x)$ 在区间 $[a,b]$ 上连续,则函数_____就是 $f(x)$ 在区间 $[a,b]$ 上的一个原函数。

(3) 由曲线 $y=2x^2$,$y=x^2$ 和直线 $x=1$ 所围成的平面图形的面积是_____。

(4) $\int_0^a x^2\mathrm{d}x = 9$,则 $a=$_____。

(5) 若 $\int_2^3 f(x)\mathrm{d}x = 2$,$\int_2^5 f(x)\mathrm{d}x = 8$,则 $\int_3^5 f(x)\mathrm{d}x =$_____。

(6) $\int_0^1 xe^{x^2}\mathrm{d}x =$_____。

(7) 若 $f(x) = \begin{cases} x, & x \geq 0 \\ e^x, & x < 0 \end{cases}$,则 $\int_{-1}^2 f(x)\mathrm{d}x =$_____。

(8) 若 $f(x) = \int_1^x t\cos^2 t\mathrm{d}t$,则 $f'\left(\dfrac{\pi}{6}\right) =$_____。

(9) _____ $\leq \int_1^2 \dfrac{x}{1+x}\mathrm{d}x \leq$ _____。

(10) 若 $f(0)=1$,$f(2)=3$,$f'(2)=5$,则 $\int_0^2 xf''(x)\mathrm{d}x =$_____。

3. 选择题

(1) 如果 $f(x)$ 在区间 $[a,b]$ 上可积,则 $\int_a^b f(x)\mathrm{d}x$ 与 $\int_a^b f(t)\mathrm{d}t$ 的大小关系为(　　)。

A.前者大　　　　　B.相等　　　　　C.后者大　　　　　D.无法确定

(2) 如果 $f(x)$ 在区间 $[a,b]$ 上可积,则 $\int_a^b f(x)\mathrm{d}x - \int_b^a f(x)\mathrm{d}x$ 的值必定等于(　　)。

A. 0　　　　　　　　　　　B. $-2\int_a^b f(x)\mathrm{d}x$

C. $2\int_a^b f(x)\mathrm{d}x$　　　　　　D. $2\int_b^a f(x)\mathrm{d}x$

(3) 定积分 $\int_a^b f(x)\mathrm{d}x$ 是(　　)。

A. $f(x)$ 的一个原函数　　　　B. $f(x)$ 的全体原函数

C.任意常数　　　　　　　　　D.确定常数

(4) 下列等式中不正确的是(　　)。

A. $\dfrac{\mathrm{d}}{\mathrm{d}x}\int_a^b f(t)\mathrm{d}t = 0$　　　　B. $\dfrac{\mathrm{d}}{\mathrm{d}x}\int_a^x f(t)\mathrm{d}t = f(x)$

C. $\dfrac{\mathrm{d}}{\mathrm{d}x}\int_a^{-x} f(t)\mathrm{d}t = -f(-x)$　　　　D. $\dfrac{\mathrm{d}}{\mathrm{d}x}\int_a^x F'(t)\mathrm{d}t = f(x)$

(5) $\int_1^e \dfrac{1+\ln x}{x}\mathrm{d}x = ($　　$)$。

A. $\dfrac{3}{2}$　　　　　　　B. $-\dfrac{3}{2}$　　　　　C. $\dfrac{2}{3}$　　　　　　D. e

(6) 极限 $\lim\limits_{x\to 0}\dfrac{\int_0^{x^2} e^{-t^2}\mathrm{d}t}{e^{-x^2}-1}$ 的值等于(　　)。

A. 1　　　　　　B. 0　　　　　　C. −1　　　　　D. ∞

(7) 曲线 $y=x^3, x=-1, x=1, y=0$ 围成的平面图形的面积是(　　)。

A. $\dfrac{1}{2}$　　　　　B. 0　　　　　C. 1　　　　　D. 3

(8) 设函数 $f(x)$ 在区间 $[a,b]$ 上连续,则曲线 $y=f(x)$ 与直线 $x=a, x=b$ 所围成图形的面积 $S=($　　)。

A. $\displaystyle\int_a^b f(x)\mathrm{d}x$　　　　　　　　B. $\left|\displaystyle\int_a^b f(x)\mathrm{d}x\right|$

C. $f'(\zeta)(b-a)$　　　　　　　　D. $\displaystyle\int_a^b |f(x)|\mathrm{d}x$

(9) 若 $\displaystyle\int_1^b \ln x\mathrm{d}x=1$,则 $b=($　　)。

A. e　　　　　B. $-e$　　　　　C. 1　　　　　D. −1

(10) 下列积分值为零的是(　　)。

A. $\displaystyle\int_{-1}^2 x\mathrm{d}x$　　　　　　　　B. $\displaystyle\int_{-1}^1 x\sin^2 x\mathrm{d}x$

C. $\displaystyle\int_{-1}^1 x\sin x\mathrm{d}x$　　　　　　D. $\displaystyle\int_{-1}^1 x^2\sin^2 x\mathrm{d}x$

4. 计算下列各定积分。

(1) $\displaystyle\int_1^9 \dfrac{\mathrm{d}x}{x+\sqrt{x}}$;　　　　　　(2) $\displaystyle\int_1^3 \dfrac{\mathrm{d}x}{x+x^2}$;

(3) $\displaystyle\int_0^\pi (e^x-1)^4 e^x\mathrm{d}x$;　　　　(4) $\displaystyle\int_0^\pi x\cos x\mathrm{d}x$;

(5) $\displaystyle\int_0^1 (1+x^2)^{-\frac{3}{2}}\mathrm{d}x$;　　　(6) $\displaystyle\int_0^{\frac{\pi}{2}} \dfrac{x+\sin x}{1+\cos x}\mathrm{d}x$;

(7) $\displaystyle\int_1^2 x\log_2 x\mathrm{d}x$;　　　　　(8) $\displaystyle\int_{-\pi}^\pi x^4\sin x\mathrm{d}x$;

(9) $\displaystyle\int_{-\frac{\pi}{2}}^{\frac{\pi}{2}} \cos^5 x\mathrm{d}x$;　　　　　(10) $\displaystyle\int_{\ln 3}^{\ln 8} \sqrt{1+e^x}\mathrm{d}x$;

(11) $\displaystyle\int_1^{+\infty} \dfrac{\mathrm{d}x}{x^2(x^2+1)}$;　　　(12) $\displaystyle\int_0^{+\infty} \dfrac{x\mathrm{d}x}{(1+x)^3}$。

5. 应用题

(1) 求曲线 $y=2x$ 与 $y=x^3$ 所围成的图形的面积。

(2) 求由 $y=e^x, y=e^{-x}, x=1$ 围成的平面图形的面积及该平面绕 x 轴旋转产生的旋转体的体积。

(3) 设平面图形 D 由抛物线 $y=1-x^2$ 和 x 轴围成,试求 D 的面积及 D 绕 x 轴旋转所得旋转体的体积。

(4) 已知某产品的总产量的变化率为 $Q'(t)=40+12t-\dfrac{3}{2}t^2$(单位:天),求从第 2 天到第 10 天产品的总产量。

(5) 某石油公司经营的一块油田的边际收益和边际成本分别为 $R'(t)=9-t^{\frac{1}{3}}$(百万元/年),$C'(t)=1+3t^{\frac{1}{3}}$(百万元/年),求该油田的最佳经营时间及在经营终止时获得的总利润(已知固定成本为 4 百万元)。

第六章 多元函数微积分

【本章导读】

党的二十大报告指出："当前,世界之变、时代之变、历史之变正以前所未有的方式展开。"变化者,乃天地之自然。对待变化的正确态度是应变而动、应变制宜,因为"变则通,通则久"。显然,面对世界多维度的变化,我们需要有多维度、多层次的思维,此时,仅仅依靠一元函数微积分的知识很难提升这方面的思维能力。多元函数微积分是一元函数微积分的推广和发展。本章仅以二元函数微积分为主进行讨论研究,有关结论可类推到多元函数上。学习中要抓住一元函数微积分与二元函数微积分之间的联系,注意比较共同点与不同点,体会其中的"变"与"不变"。

【学习目标】

- 理解二元函数的概念,了解二元函数的极限与连续。
- 理解二元函数的偏导数、极值、最值,会求二元函数的偏导数、极值和最值。
- 理解二重积分的概念,掌握二重积分的计算方法,会用二重积分解决简单的实际问题。

第一节 多元函数的概念

一、区域

1. 邻域的概念

设 $P_0(x_0, y_0)$ 是 xOy 平面上的一点,δ 是某一正数,xOy 平面上所有与点 P_0 的距离小于 δ 的点 $P(x, y)$ 的全体,称为点 P_0 的 δ 邻域,记为 $U(P_0, \delta)$,即

$$U(P_0, \delta) = \{P \mid |P_0P| < \delta\}$$

或

$$U(P_0, \delta) = \{(x, y) \mid \sqrt{(x-x_0)^2 + (y-y_0)^2} < \delta\}$$

点 P_0 的空心 δ 邻域,记为 $\mathring{U}(P_0, \delta)$,即

$$\mathring{U}(P_0, \delta) = \{P \mid 0 < |P_0P| < \delta\}$$

几何上,$U(P_0, \delta)$ 就是以 P_0 为圆心,δ 为半径的圆的内部的点 $P(x, y)$ 的全体,所以 δ 又叫作邻域的半径。有时在讨论问题时,若不需要强调半径,则点 P_0 的邻域和空心邻域分别可简记为 $U(P_0)$ 和 $\mathring{U}(P_0)$。

2. 区域的概念

平面点集:坐标平面上满足某种条件 P 的点组成的集合,称为平面点集,记为

$$E = \{(x, y) \mid (x, y) \text{满足条件} P\}$$

内点:如果存在点 P 的某个领域 $U(P)$,使得 $U(P) \subset E$,则称 P 为 E 的内点(如图 6-1所示,P_1 为 E 的内点)。

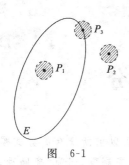

外点：如果存在点 P 的某个领域 $U(P)$，使得 $U(P)\bigcap E=\varnothing$，则称 P 为 E 的外点(如图 6-1 所示，P_2 为 E 的外点)。

边界点：如果点 P 的任一领域内既含有属于 E 的点，又含有不属于 E 的点，则称 P 为 E 的边界点(如图 6-1 所示，P_3 为 E 的边界点)。

边界：E 的边界点的全体，称为 E 的边界，记为 ∂E。

E 的内点必属于 E；E 的外点必定不属于 E；而 E 的边界点可能属于 E，也可能不属于 E。

图　6-1

开集：如果点集 E 的点都是 E 的内点，则称 E 为开集。

闭集：如果点集 E 的边界 $\partial E\subset E$，则称 E 为闭集。

例如，集合 $\{(x,y)\,|\,1<x^2+y^2<2\}$ 是开集；集合 $\{(x,y)\,|\,1\leqslant x^2+y^2\leqslant 2\}$ 是闭集；而集合 $\{(x,y)\,|\,1<x^2+y^2\leqslant 2\}$ 既非开集也非闭集。

连通集：如果点集 E 内任何两点，都可用折线连接起来，且该折线上的点都属于 E，则称 E 为连通集。

区域(或开区域)：连通的开集称为区域或开区域。

闭区域：开区域连同它的边界一起所构成的点集称为闭区域。

例如：集合 $\{(x,y)\,|\,1<x^2+y^2<2\}$ 是区域；而集合 $\{(x,y)\,|\,1\leqslant x^2+y^2\leqslant 2\}$ 是闭区域。

有界区域：一个区域 E，如果能包含在一个以原点为圆心的圆内，则称 E 是有界区域；否则称 E 是无界区域。

例如：区域 $\{(x,y)\,|\,1<x^2+y^2<2\}$ 和闭区域 $\{(x,y)\,|\,1\leqslant x^2+y^2\leqslant 2\}$ 都是有界区域。

二、二元函数

定义 1　设 D 是 xOy 坐标平面上的一个点集，如果按照某种对应法则 f，对于 D 中每一点 $P(x,y)$，都有唯一确定的实数 z 与之对应，则称 z 是定义在 D 上关于 x,y 的**二元函数**，记为 $z=f(x,y),(x,y)\in D$ 或 $z=f(P),P\in D$，其中称 D 为函数的定义域。与 $P(x,y)$ 所对应的 z 值称为函数在点 $P(x,y)$ 的函数值，记为 $z=f(x,y)$。函数值的全体称为 f 的值域，记为 $f(D)$。通常称 x,y 为函数的自变量，z 为因变量。

二元函数 $z=f(x,y)$ 的图像通常是空间中的一个曲面，该曲面在 xOy 平面上的投影就是函数 $f(x,y)$ 的定义域 D。当函数关系 $z=f(x,y)$ 由解析式给出时，其定义域就是使式子有意义的点 (x,y) 的全体。

同一元函数一样，对应法则与定义域也是二元函数的两个要素。

类似地可以定义三元函数，进而推广至 n 元函数。

二元及二元以上的函数统称为多元函数。

二元函数的定义域的几何表示往往是一个平面区域。

例 1　某企业生产某种产品的产量 Q 与投入的劳动力 L 和资金 K 有下面的关系：

$$Q=AL^{\alpha}\cdot K^{\beta}$$

其中 A、α、β 均为正常数，则产量 Q 是劳动力投入 L 和资金投入 K 的函数。在经济学理论中，这一函数称为柯布—道格拉斯函数。根据问题的经济意义，函数的定义域为

$$D = \{(L, K) \mid L \geqslant 0, K \geqslant 0\}$$

值域为

$$Z = \{Q \mid Q = AL^\alpha \cdot K^\beta, (L, K) \in D\}$$

例 2　求函数 $y = \arcsin(x^2 + y^2)$ 的定义域。

解　要使函数有意义，变量 x, y 必须满足 $x^2 + y^2 \leqslant 1$，这就是所求函数的定义域，它是一个有界闭区域，如图 6-2 所示，可记为

$$\{(x, y) \mid x^2 + y^2 \leqslant 1\}$$

例 3　求函数 $z = \ln(x + y)$ 的定义域。

解　要使函数有意义，必须满足 $x + y > 0$，所以函数的定义域为 $\{(x, y) \mid x + y > 0\}$，这是一个无界开区域，如图 6-3 所示。

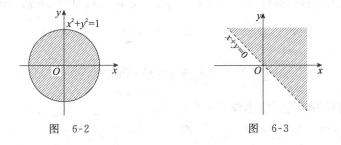

图 6-2　　　　　　　　　　　　　图 6-3

三、二元函数的极限

在一元函数中，讨论了当自变量 x 趋于某有限值 x_0 时的函数的极限。对于二元函数 $z = f(x, y)$，同样可以讨论点 (x, y) 趋于 (x_0, y_0) 时函数 $z = f(x, y)$ 的变化趋势。由于坐标平面 xOy 上点 (x, y) 趋于 (x_0, y_0) 的方式多种多样，因此，二元函数的极限要比一元函数的极限复杂得多。

1. 二元函数极限的概念

定义 2　设函数 $z = f(x, y)$ 在点 $P_0(x_0, y_0)$ 的某空心邻域 $\overset{\circ}{U}(P_0, \delta)$ 内有定义，如果当 $\overset{\circ}{U}(P_0, \delta)$ 内的点 $P(x, y)$ 以任意方式趋向于点 $P_0(x_0, y_0)$ 时，对应的函数值 $f(x, y)$ 总趋于一个确定的常数 A，那么称 A 是二元函数 $f(x, y)$ 当 $(x, y) \to (x_0, y_0)$ 时的极限，记为

$$\lim_{(x, y) \to (x_0, y_0)} f(x, y) = A \quad \text{或} \quad \lim_{\substack{x \to x_0 \\ y \to y_0}} f(x, y) = A$$

应当注意的是，在一元函数 $y = f(x)$ 的极限定义中，点 x 只是沿 x 轴趋于点 x_0，但二元函数极限的定义中，要求点 $P(x, y)$ 以任意方式趋于点 P_0。如果点 P 只取某些特殊方式，例如，沿平行于坐标轴的直线或沿某一曲线趋于点 P_0，即使这时函数趋于某一确定值，也不能断定函数的极限就一定存在。因此，如果点 P 沿不同路径趋于点 P_0 时，函数趋于不同的值，那么函数的极限一定不存在。

例 4　求极限 $\displaystyle\lim_{\substack{x \to 0 \\ y \to 0}} \frac{x^2 + y^2}{\sqrt{1 + x^2 + y^2} - 1}$。

解　$\displaystyle\lim_{\substack{x \to 0 \\ y \to 0}} \frac{x^2 + y^2}{\sqrt{1 + x^2 + y^2} - 1} = \lim_{\substack{x \to 0 \\ y \to 0}} \frac{(x^2 + y^2)(\sqrt{1 + x^2 + y^2} + 1)}{(\sqrt{1 + x^2 + y^2} - 1)(\sqrt{1 + x^2 + y^2} + 1)}$

$$= \lim_{\substack{x \to 0 \\ y \to 0}} (\sqrt{1 + x^2 + y^2} + 1) = 1 + 1 = 2$$

例 5 考察函数 $g(x,y)=\begin{cases}\dfrac{xy}{x^2+y^2}, & x^2+y^2\neq0 \\ 0, & x^2+y^2=0\end{cases}$，当 $(x,y)\rightarrow(0,0)$ 时的极限是否存在。

解 当点 (x,y) 沿 x 轴趋向于原点，即当 $y=0$，而 $x\rightarrow0$ 时，有

$$\lim_{\substack{x\to0\\y\to0}}g(x,y)=\lim_{x\to0}g(x,0)=\lim_{x\to0}0=0$$

当点 (x,y) 沿 y 轴趋向于原点，即当 $x=0$，而 $y\rightarrow0$ 时，有

$$\lim_{\substack{x\to0\\y\to0}}g(x,y)=\lim_{y\to0}g(0,y)=\lim_{y\to0}0=0$$

但是，当点 (x,y) 沿直线 $y=kx(k\neq0)$ 趋向于点 $(0,0)$，即当 $y=kx$，而 $x\rightarrow0$ 时，有

$$\lim_{\substack{x\to0\\y=kx\to0}}g(x,y)=\lim_{x\to0}g(x,kx)=\lim_{x\to0}\frac{kx^2}{x^2+k^2x^2}=\frac{k}{1+k^2}$$

随着 k 的取值不同，$\dfrac{k}{1+k^2}$ 的值也不同，故极限 $\lim\limits_{\substack{x\to0\\y\to0}}g(x,y)$ 不存在。

2. 二元函数极限的四则运算法则

如 $\lim\limits_{\substack{x\to x_0\\y\to y_0}}f(x,y)=A,\lim\limits_{\substack{x\to x_0\\y\to y_0}}g(x,y)=B$，则

$$\lim_{\substack{x\to x_0\\y\to y_0}}[f(x,y)\pm g(x,y)]=A\pm B$$

$$\lim_{\substack{x\to x_0\\y\to y_0}}[f(x,y)\cdot g(x,y)]=A\cdot B$$

$$\lim_{\substack{x\to x_0\\y\to y_0}}\frac{f(x,y)}{g(x,y)}=\frac{A}{B}(B\neq0)$$

例 6 求 $\lim\limits_{\substack{x\to2\\y\to1}}(x^2+xy+y^2)$。

解 $\lim\limits_{\substack{x\to2\\y\to1}}(x^2+xy+y^2)=\lim\limits_{\substack{x\to2\\y\to1}}x^2+\lim\limits_{\substack{x\to2\\y\to1}}xy+\lim\limits_{\substack{x\to2\\y\to1}}y^2=4+2+1=7$

例 7 求 $\lim\limits_{\substack{x\to0\\y\to2}}\dfrac{\sin(xy)}{x}$。

解 $\lim\limits_{\substack{x\to0\\y\to2}}\dfrac{\sin(xy)}{x}=\lim\limits_{\substack{x\to0\\y\to2}}\dfrac{\sin(xy)}{xy}\cdot y=\lim\limits_{\substack{x\to0\\y\to2}}\dfrac{\sin(xy)}{xy}\cdot\lim\limits_{\substack{x\to0\\y\to2}}y=1\times2=2$

例 8 求 $\lim\limits_{\substack{x\to0\\y\to0}}\dfrac{2xy^2}{x^2+2y^2}$。

解 对任意的 $(x,y)\neq(0,0)$，有 $2y^2\leqslant x^2+2y^2$，即 $\dfrac{2y^2}{x^2+2y^2}\leqslant1$，故

$(x,y)\rightarrow(0,0)$ 时，$\dfrac{2y^2}{x^2+2y^2}$ 为有界函数；又因为 $\lim\limits_{\substack{x\to0\\y\to0}}x=0$，所以当 $(x,y)\rightarrow(0,0)$ 时，x

为无穷小。由无穷小的性质可知

$$\lim_{\substack{x\to0\\y\to0}}\frac{2xy^2}{x^2+2y^2}=\lim_{\substack{x\to0\\y\to0}}\frac{2y^2}{x^2+2y^2}\cdot x=0$$

四、二元函数的连续

定义 3　设函数 $z=f(x,y)$ 在点 $P_0(x_0,y_0)$ 的某邻域 $U(P_0,\delta)$ 内有定义,如 $\lim\limits_{\substack{x\to x_0\\y\to y_0}}f(x,y)=$

$f(x_0,y_0)$,则称函数 $z=f(x,y)$ 在点 $P_0(x_0,y_0)$ 处**连续**。

如果函数 $f(x,y)$ 在区域 D 内每一点都连续,则称函数 $f(x,y)$ 在区域 D 内连续,此时,又称函数 $f(x,y)$ 是 D 内的连续函数;如果函数 $f(x,y)$ 又在边界 ∂D 上每一点连续,则称函数 $f(x,y)$ 在闭区域 D 上连续,此时,又称函数 $f(x,y)$ 是 D 上的连续函数。

与一元连续函数相似,二元函数连续也有以下特点:

(1) 求极限:当 $P_0(x_0,y_0)$ 属于函数的定义域时,有 $\lim\limits_{\substack{x\to x_0\\y\to y_0}}f(x,y)=f(x_0,y_0)$。

(2) 有界闭区域上的二元连续函数必有界,也必有最大值和最小值。

例 9　求 $\lim\limits_{\substack{x\to 1\\y\to 2}}\dfrac{xy}{x+y}$。

解　因为 $f(x,y)=\dfrac{xy}{x+y}$ 在点 $(1,2)$ 处连续,所以 $\lim\limits_{\substack{x\to 1\\y\to 2}}\dfrac{xy}{x+y}=\dfrac{1\times 2}{1+2}=\dfrac{2}{3}$。

例 10　求 $\lim\limits_{\substack{x\to 1\\y\to 1}}\dfrac{2x-y^2}{x^2+y^2}$。

解　因为 $f(x,y)=\dfrac{2x-y^2}{x^2+y^2}$ 在点 $(1,1)$ 处连续,所以 $\lim\limits_{\substack{x\to 1\\y\to 1}}\dfrac{2x-y^2}{x^2+y^2}=\dfrac{2\times 1-1^2}{1^2+1^2}=\dfrac{1}{2}$。

思　考　题

1. 一元函数与二元函数的概念有何区别与联系,图像是否一样?

2. 一元函数与二元函数的极限有何区别与联系?

3. 对于极限 $\lim\limits_{\substack{x\to 0\\y\to 0}}\dfrac{xy}{x+y}$,判断下列解法是否正确,并说明理由。

解法 1:$\lim\limits_{\substack{x\to 0\\y\to 0}}\dfrac{xy}{x+y}=\lim\limits_{\substack{x\to 0\\y\to 0}}\dfrac{1}{\dfrac{1}{y}+\dfrac{1}{x}}=0$;

解法 2:令 $y=kx$,则 $\lim\limits_{\substack{x\to 0\\y\to 0}}\dfrac{xy}{x+y}=\lim\limits_{x\to 0}x\cdot\dfrac{k}{1+k}=0$。

习题 6-1

1. 求下列各函数的函数值。

(1) $f(x,y)=xy+\dfrac{x}{y}$,求 $f(1,1)$;

(2) $f(x,y)=\dfrac{2xy}{x^2+y^2}$,求 $f\left(1,\dfrac{y}{x}\right)$;

(3) $f(x,y)=x^2+y^2$,求 $f(x+y,xy)$;

(4) $f(x-y,x+y)=xy$,求 $f(x,y)$。

2. 设 $F(x,y)=\ln x \ln y$，证明 $F(xy,uv)=F(x,u)+F(x,v)+F(y,u)+F(y,v)$。

3. 求下列函数的定义域。

(1) $z=\sqrt{xy}+\arcsin\dfrac{y}{2}$；

(2) $z=\dfrac{1}{\sqrt{x+y}}+\dfrac{1}{\sqrt{x-y}}$；

(3) $z=\sqrt{x-\sqrt{y}}$；

(4) $z=\ln(y-x)+\dfrac{\sqrt{x}}{\sqrt{1-x^2-y^2}}$；

(5) $z=\arcsin\dfrac{x^2+y^2}{4}+\arccos(x^2+y^2)$；

(6) $u=\sqrt{R^2-x^2-y^2-z^2}+\dfrac{1}{\sqrt{x^2+y^2+z^2-r^2}}(R>r>0)$。

4. 求下列各极限。

(1) $\lim\limits_{\substack{x\to 0 \\ y\to 1}}\dfrac{x^2 y}{x^2+y^2}$；

(2) $\lim\limits_{\substack{x\to\infty \\ y\to a}}\left(1+\dfrac{1}{xy}\right)^{\frac{x^2}{x+y}}$；

(3) $\lim\limits_{\substack{x\to 0 \\ y\to 0}}\dfrac{2-\sqrt{xy+4}}{xy}$；

(4) $\lim\limits_{\substack{x\to 2 \\ y\to 0}}\dfrac{\tan(xy)}{y}$。

5. 证明下列极限不存在。

(1) $\lim\limits_{\substack{x\to 0 \\ y\to 0}}\dfrac{x-y}{x+y}$；

(2) $\lim\limits_{\substack{x\to 0 \\ y\to 0}}\dfrac{x^2 y^2}{x^2 y^2+(x-y)^4}$。

第二节　偏　导　数

一、二元函数的偏导数

1. 偏导数的定义

在研究一元函数时,我们从研究函数的变化率引入了导数概念。对于多元函数同样需要讨论它的变化率,但多元函数的自变量不止一个,因变量与自变量的关系要比一元函数复杂得多。在这一节里,我们首先考虑多元函数关于其中一个自变量的变化率。以二元函数 $z=f(x,y)$ 为例,如果只有自变量 x 变化,而自变量 y 固定(即看作常量),那么它就是 x 的一元函数,这个函数对 x 的导数,就称为二元函数 $z=f(x,y)$ 对于 x 的偏导数。

定义 4　设函数 $z=f(x,y)$ 在点 $P_0(x_0,y_0)$ 的某邻域 $U(P_0,\delta)$ 内有定义,固定 $y=y_0$,在点 (x_0,y_0) 处给 x 以增量 Δx,得函数 $f(x,y)$ 在点 (x_0,y_0) 处关于 x 的**偏增量**

$$\Delta_x f(x_0,y_0)=f(x_0+\Delta x,y_0)-f(x_0,y_0)$$

如果

$$\lim_{\Delta x\to 0}\frac{\Delta_x f(x_0,y_0)}{\Delta x}=\lim_{\Delta x\to 0}\frac{f(x_0+\Delta x,y_0)-f(x_0,y_0)}{\Delta x}$$

存在,则称该极限值为函数 $f(x,y)$ 在点 (x_0,y_0) 处关于自变量 x 的**偏导数**,记为

$$f'_x(x_0,y_0),\quad \left.\frac{\partial f}{\partial x}\right|_{\substack{x=x_0 \\ y=y_0}},\quad z'_x(x_0,y_0),\quad \left.\frac{\partial z}{\partial x}\right|_{\substack{x=x_0 \\ y=y_0}}$$

即

$$f'_x(x_0,y_0)=\lim_{\Delta x\to 0}\frac{\Delta_x f(x_0,y_0)}{\Delta x}=\lim_{\Delta x\to 0}\frac{f(x_0+\Delta x,y_0)-f(x_0,y_0)}{\Delta x}$$

类似地,若函数 $f(x,y)$ 在点 (x_0,y_0) 处关于自变量 y 的偏增量为

$$\Delta_y f(x_0,y_0)=f(x_0,y_0+\Delta y)-f(x_0,y_0)$$

如果
$$\lim_{\Delta y\to 0}\frac{\Delta_y f(x_0,y_0)}{\Delta y}=\lim_{\Delta y\to 0}\frac{f(x_0,y_0+\Delta y)-f(x_0,y_0)}{\Delta y}$$

存在,则称该极限值为函数 $f(x,y)$ 在点 (x_0,y_0) 处关于自变量 y 的偏导数,记为

$$f_y'(x_0,y_0),\quad \frac{\partial f}{\partial y}\Big|_{\substack{x=x_0\\y=y_0}},\quad z_y'(x_0,y_0),\quad \frac{\partial z}{\partial y}\Big|_{\substack{x=x_0\\y=y_0}}.$$

注意:求多元函数对一个自变量的偏导数时,只需将其他的自变量视为常数,用一元函数求导法求导即可。

若函数 $z=f(x,y)$ 在区域 D 内每一点 $P(x,y)$ 处有关于 x 的偏导数,则这个偏导数仍是 x,y 的函数,称为函数 $z=f(x,y)$ 关于自变量 x 的偏导函数,也简称为关于自变量 x 的偏导数,记为

$$f_x'(x,y),\quad \frac{\partial f}{\partial x},\quad z_x',\quad \frac{\partial z}{\partial x}$$

类似地,可定义函数 $z=f(x,y)$ 在区域 D 内关于自变量 y 的偏导函数,也简称为关于自变量 y 的偏导数,记为

$$f_y'(x,y),\quad \frac{\partial f}{\partial y},\quad z_y',\quad \frac{\partial z}{\partial y}$$

例 11　求函数 $f(x,y)=x^2+3xy+y^2$ 在点 $(1,2)$ 处的偏导数。

解　**方法 1**　$f_x'(1,2)=\dfrac{\mathrm{d}f(x,2)}{\mathrm{d}x}\Big|_{x=1}=(2x+6)\big|_{x=1}=8$

$\qquad\qquad f_y'(1,2)=\dfrac{\mathrm{d}f(1,y)}{\mathrm{d}y}\Big|_{y=2}=(3+2y)\big|_{y=2}=7$

方法 2　$f_x'(x,y)=2x+3y,f_y'(x,y)=3x+2y$

$\qquad\qquad f_x'(1,2)=8,f_y'(1,2)=7$

例 12　求函数 $f(x,y)=\arctan\dfrac{y}{x}$ 的偏导数。

解
$$\frac{\partial f}{\partial x}=\frac{1}{1+\left(\frac{y}{x}\right)^2}\cdot\left(\frac{y}{x}\right)_x'=\frac{1}{1+\left(\frac{y}{x}\right)^2}\cdot\left(\frac{-y}{x^2}\right)=\frac{-y}{x^2+y^2}$$

$$\frac{\partial f}{\partial y}=\frac{1}{1+\left(\frac{y}{x}\right)^2}\cdot\left(\frac{y}{x}\right)_y'=\frac{1}{1+\left(\frac{y}{x}\right)^2}\cdot\left(\frac{1}{x}\right)=\frac{x}{x^2+y^2}$$

例 13　求函数 $z=x^y(x>0)$ 的偏导数。

解
$$\frac{\partial z}{\partial x}=yx^{y-1},\quad \frac{\partial z}{\partial y}=x^y\ln x$$

例 14　求函数 $u=\sin(x+y^2-\mathrm{e}^z)$ 的偏导数。

解
$$\frac{\partial u}{\partial x}=\cos(x+y^2-\mathrm{e}^z)$$

$$\frac{\partial u}{\partial y}=2y\cos(x+y^2-\mathrm{e}^z)$$

$$\frac{\partial u}{\partial z}=-\mathrm{e}^z\cos(x+y^2-\mathrm{e}^z)$$

在学习一元函数的导数时,如果 $y=f(x)$ 在点 x_0 处可导,则必在点 x_0 处连续。但

是,对二元函数此结论不成立,即函数 $z=f(x,y)$ 的偏导数存在,不能保证函数连续。例如,函数

$$f(x,y)=\begin{cases}\dfrac{xy}{x^2+y^2}, & x^2+y^2\neq 0 \\[2mm] 0, & x^2+y^2=0\end{cases}$$

因为 $\lim\limits_{\Delta x\to 0}\dfrac{f(0+\Delta x)-f(0,0)}{\Delta x}=\lim\limits_{\Delta x\to 0}\dfrac{\frac{\Delta x\cdot 0}{(\Delta x)^2+0^2}}{\Delta x}=0$,所以 $f'_x(0,0)=0$。

同理 $f'_y(0,0)=0$,而第一节中已说明极限不存在,说明了此函数在点 $(0,0)$ 处偏导数存在,但不连续。

2. 偏导数的几何意义

一元函数 $y=f(x)$ 在点 x_0 处的导数 $f'(x_0)$ 的几何意义是曲线 $y=f(x)$ 在 (x_0,y_0) 处切线的斜率,即切线与 x 轴正向夹角的正切值。

二元函数 $z=f(x,y)$ 在点 (x_0,y_0) 处的偏导数 $f'_x(x_0,y_0)$ 实质上是一元函数 $z=f(x,y_0)$ 在点 $x=x_0$ 处的导数,所以 $f'_x(x_0,y_0)$ 在几何上仍表示曲线的切线的斜率,只不过它表示的是空间曲线 $\begin{cases}z=f(x,y) \\ y=y_0\end{cases}$ 在点 $P_0(x_0,y_0,f(x_0,y_0))$ 处切线的斜率,即 $\tan\alpha$(α 为切线与 x 轴正向的夹角),如图 6-4 所示。同理,$f'_y(x_0,y_0)$ 表示的是空间曲线 $\begin{cases}z=f(x,y) \\ x=x_0\end{cases}$ 在点 $P_0(x_0,y_0,f(x_0,y_0))$ 处切线的斜率,即 $\tan\beta$(β 为切线与 y 轴正向的夹角),如图 6-5 所示。

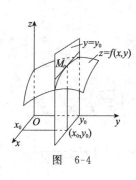
图 6-4

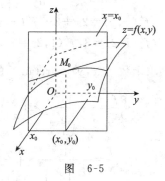
图 6-5

二、高阶偏导数

一般地,如果函数 $z=f(x,y)$ 的偏导数 $\dfrac{\partial z}{\partial x},\dfrac{\partial z}{\partial y}$ 的偏导数存在,则称函数 $f(x,y)$ 具有二阶偏导数,有以下四种形式:

$$\frac{\partial}{\partial x}\left(\frac{\partial z}{\partial x}\right)=\frac{\partial^2 z}{\partial x^2}=f''_{xx}(x,y)=z''_{xx}, \quad \frac{\partial}{\partial y}\left(\frac{\partial z}{\partial x}\right)=\frac{\partial^2 z}{\partial x\partial y}=f''_{xy}(x,y)=z''_{xy}$$

$$\frac{\partial}{\partial x}\left(\frac{\partial z}{\partial y}\right)=\frac{\partial^2 z}{\partial y\partial x}=f''_{yx}(x,y)=z''_{yx}, \quad \frac{\partial}{\partial y}\left(\frac{\partial z}{\partial y}\right)=\frac{\partial^2 z}{\partial y^2}=f''_{yy}(x,y)=z''_{yy}$$

其中 $f''_{xy}(x,y),f''_{yx}(x,y)$ 称为函数 $f(x,y)$ 的**二阶混合偏导数**。

类似地,可以定义三阶及三阶以上的高阶偏导数,二阶及二阶以上的偏导数统称为

高阶偏导数。

例 15　求函数 $z=x^3y^2-3xy^3-xy$ 的二阶偏导数。

解　$\dfrac{\partial z}{\partial x}=3x^2y^2-3y^3-y$,　$\dfrac{\partial z}{\partial y}=2x^3y-9xy^2-x$

$\dfrac{\partial^2 z}{\partial x^2}=6xy^2$,　$\dfrac{\partial^2 z}{\partial x\partial y}=6x^2y-9y^2-1$

$\dfrac{\partial^2 z}{\partial y\partial x}=6x^2y-9y^2-1$,　$\dfrac{\partial^2 z}{\partial y^2}=2x^3-18xy$

可以证明，$z=f(x,y)$ 的两个混合偏导数 $f''_{xy}(x,y)$,$f''_{yx}(x,y)$ 在区域 D 内连续，那么，在区域 D 内必有 $f''_{xy}(x,y)=f''_{yx}(x,y)$。

例 16　验证函数 $z=\ln\sqrt{x^2+y^2}$ 满足方程 $\dfrac{\partial^2 z}{\partial x^2}+\dfrac{\partial^2 z}{\partial y^2}=0$。

解　因为　$z=\ln\sqrt{x^2+y^2}=\dfrac{1}{2}\ln(x^2+y^2)$

$$\dfrac{\partial z}{\partial x}=\dfrac{x}{x^2+y^2},\quad \dfrac{\partial z}{\partial y}=\dfrac{y}{x^2+y^2}$$

所以

$$\dfrac{\partial^2 z}{\partial x^2}=\dfrac{(x^2+y^2)-x\cdot 2x}{(x^2+y^2)^2}=\dfrac{y^2-x^2}{(x^2+y^2)^2}$$

$$\dfrac{\partial^2 z}{\partial y^2}=\dfrac{(x^2+y^2)-y\cdot 2y}{(x^2+y^2)^2}=\dfrac{x^2-y^2}{(x^2+y^2)^2}$$

因此

$$\dfrac{\partial^2 z}{\partial x^2}+\dfrac{\partial^2 z}{\partial y^2}=\dfrac{y^2-x^2}{(x^2+y^2)^2}+\dfrac{x^2-y^2}{(x^2+y^2)^2}=0$$

思　考　题

1. 一元函数的导数与二元函数的偏导数有何区别与联系？
2. 比较一元函数的二阶导数与二元函数的二阶偏导数的区别与联系。

习题 6-2

1. 求下列函数在指定点处的偏导数。

(1) $f(x,y)=x+y-\sqrt{x^2+y^2}$,求 $f'_x(3,4)$;

(2) $f(x,y)=\arctan\dfrac{y}{x}$,求 $f'_x(1,1)$,　$f'_y(1,1)$;

(3) $f(x,y)=e^{xy}\sin(\pi y)+(x-1)\arctan\sqrt{\dfrac{x}{y}}$,求 $f'_x(x,1)$,$f'_x(1,1)$。

2. 求下列函数的偏导数。

(1) $z=x^3y-y^3x$;

(2) $s=\dfrac{u^2+v^2}{uv}$;

(3) $z=\arctan\dfrac{x+y}{1-xy}$;

(4) $z=\sin(xy)+\cos^2(xy)$;

(5) $u=\sin(x+y^2+e^z)$;

(6) $u=\arctan(x-y)^z$;

(7) $z=\ln(x+\ln y)$;

(8) $z=\sqrt{\ln(xy)}$;

(9) $z=x\ln(xy)$;

(10) $z=(1+x^2y)^y$;

(11) $z=\ln(x+\sqrt{x^2+y^2})$;　　　　(12) $z=\dfrac{1}{x^2+y^2}e^{xy}$;

(13) $u=e^{xy^2z^3}$。

3. 求下列函数的二阶偏导数。

(1) $z=x^3+3x^2y+y^4+2$;　　　　(2) $z=\sin^2(ax+by)(a,b$ 是常数$)$;

(3) $z=\arctan\dfrac{y}{x}$。

4. 设 $z=\ln\sqrt{(x-a)^2+(y-b)^2}\ (a,b$ 为常数$)$,求证$\dfrac{\partial^2 z}{\partial x^2}+\dfrac{\partial^2 z}{\partial y^2}=0$。

5. 设 $z=xy+xe^{\frac{y}{x}}$,证明 $x\dfrac{\partial z}{\partial x}+y\dfrac{\partial z}{\partial y}=xy+z$。

第三节　全　微　分

一、全微分的概念

由偏导数的定义知道,二元函数对某个自变量的偏导数表示当另一个自变量固定时,因变量相对于该自变量的变化率。根据一元函数微分学中增量与微分的关系,可得

$$f(x+\Delta x,y)-f(x,y)\approx f_x'(x,y)\Delta x,\ f(x,y+\Delta y)-f(x,y)\approx f_y'(x,y)\Delta y$$

上面两式的左端分别叫作二元函数对 x 和对 y 的偏增量,而右端分别叫作二元函数对 x 和对 y 的偏微分。

在实际问题中,有时需要研究多元函数中各个自变量都取得增量时因变量所获得的增量,即所谓全增量的问题。下面以二元函数为例进行讨论。

设函数 $z=f(x,y)$ 在点 $P(x,y)$ 的某个邻域内有定义,$P_1(x+\Delta x,y+\Delta y)$ 为这邻域内的任意一点,则称这两点的函数值之差 $f(x+\Delta x,y+\Delta y)-f(x,y)$ 为函数在这两点的全增量,记为 Δz,即

$$\Delta z=f(x+\Delta x,y+\Delta y)-f(x,y)$$

一般来说,计算全增量 Δz 比较复杂。与一元函数的情形一样,我们希望用自变量的增量 $\Delta x,\Delta y$ 的线性函数近似地代替函数的全增量 Δz,从而引入如下定义。

1. 定义

如果二元函数 $z=f(x,y)$ 在点(x_0,y_0)的某个邻域有定义,在点(x_0,y_0)处的全增量

$$\Delta z=f(x_0+\Delta x,y_0+\Delta y)-f(x_0,y_0)$$

可表示为 $\Delta z=A\Delta x+B\Delta y+o(\rho)$,其中 A,B 不依赖于 $\Delta x,\Delta y$,而仅与 x_0,y_0 有关,其中 $\rho=\sqrt{(\Delta x)^2+(\Delta y)^2}$,则称函数 $z=f(x,y)$ 在点(x_0,y_0)处可微,称 $A\Delta x+B\Delta y$ 为函数 $z=f(x,y)$ 在点(x_0,y_0)的全微分,记为$dz\big|_{(x_0,y_0)}$,即

$$dz\big|_{(x_0,y_0)}=A\Delta x+B\Delta y$$

如果函数在区域 D 内各点处都可微分,那么称这个函数在 D 内可微。

在学习一元函数的微分时,我们曾得到,函数在某一点处可微,则在该点一定连续且可导,二元函数也有类似的性质,即有如下定理。

2. 定理(可微的必要条件)

如函数 $z=f(x,y)$ 在点(x,y)可微,则函数在该点的偏导数$\dfrac{\partial z}{\partial x},\dfrac{\partial z}{\partial y}$必存在,且 $A=$

$\dfrac{\partial z}{\partial x}, B = \dfrac{\partial z}{\partial y}$，从而函数 $z = f(x, y)$ 在点 (x, y) 处的全微分为

$$\mathrm{d}z = \frac{\partial z}{\partial x}\Delta x + \frac{\partial z}{\partial y}\Delta y$$

3. 定理（可微的充分条件）

如果函数 $z = f(x, y)$ 的偏导数 $\dfrac{\partial z}{\partial x}, \dfrac{\partial z}{\partial y}$ 在点 $P(x, y)$ 处连续，则函数在该点可微。

以上关于二元函数全微分的定义及可微的必要条件和充分条件，可以完全类似地推广到三元和三元以上的多元函数。

习惯上，我们将自变量的增量 $\Delta x, \Delta y$ 分别记为 $\mathrm{d}x, \mathrm{d}y$，并分别称为自变量 x, y 的微分。这样，函数 $z = f(x, y)$ 的全微分就可写为

$$\mathrm{d}z = \frac{\partial z}{\partial x}\mathrm{d}x + \frac{\partial z}{\partial y}\mathrm{d}y$$

如三元函数 $u = f(x, y, z)$ 可微，那么它的全微分就等于它的三个偏微分之和，即

$$\mathrm{d}u = \frac{\partial u}{\partial x}\mathrm{d}x + \frac{\partial u}{\partial y}\mathrm{d}y + \frac{\partial u}{\partial z}\mathrm{d}z$$

例 17 求 $z = x^2 y$ 在点 $(1, -2)$ 处当 $\Delta x = 0.02, \Delta y = -0.01$ 时的全增量与全微分。

解 全增量 $\Delta z \big|_{(1, -2)} = (x_0 + \Delta x)^2 (y_0 + \Delta y) - x_0^2 y_0$

$$= (1 + 0.02)^2 \times (-2 - 0.01) + 2 = -0.091\ 204$$

因为 $\dfrac{\partial z}{\partial x}\Big|_{\substack{x=1 \\ y=-2}} = 2xy\big|_{\substack{x=1 \\ y=-2}} = -4, \quad \dfrac{\partial z}{\partial y}\Big|_{\substack{x=1 \\ y=-2}} = x^2\big|_{\substack{x=1 \\ y=-2}} = 1$

所以 $\mathrm{d}z\big|_{(1, -2)} = \dfrac{\partial z}{\partial x}\Big|_{\substack{x=1 \\ y=-2}} \cdot \Delta x + \dfrac{\partial z}{\partial y}\Big|_{\substack{x=1 \\ y=-2}} \cdot \Delta y = -4 \times 0.02 + 1 \times (-0.01) = -0.09$

例 18 求 $z = \ln \sqrt{x^2 + y^2}$ 的全微分。

解 因为 $\dfrac{\partial z}{\partial x} = \dfrac{x}{x^2 + y^2}, \quad \dfrac{\partial z}{\partial y} = \dfrac{y}{x^2 + y^2}$

所以 $\mathrm{d}z = \dfrac{\partial z}{\partial x}\mathrm{d}x + \dfrac{\partial z}{\partial y}\mathrm{d}y = \dfrac{x\mathrm{d}x + y\mathrm{d}y}{x^2 + y^2}$

二、全微分在近似计算中的应用

全微分是全增量的近似值，因此可进行近似计算：如果函数 $z = f(x, y)$ 的偏导数 $f_x'(x, y), f_y'(x, y)$ 在点 (x_0, y_0) 处连续，那么当 $|\Delta x|, |\Delta y|$ 都较小时，有

$$\Delta z \approx \mathrm{d}z = f_x'(x_0, y_0)\Delta x + f_y'(x_0, y_0)\Delta y$$

或 $\quad f(x_0 + \Delta x, y_0 + \Delta y) \approx f(x_0, y_0) + f_x'(x_0, y_0)\Delta x + f_y'(x_0, y_0)\Delta y$（$|\Delta x|, |\Delta y|$ 很小时）

例 19 求 $(1.04)^{2.02}$ 的近似值。

解 设函数 $f(x, y) = x^y$，取 $x_0 = 1, y_0 = 2, \Delta x = 0.04, \Delta y = 0.02$。因为 $f_x'(x, y) = y \cdot x^{y-1}, f_y'(x, y) = x^y \ln x$ 在点 $(1, 2)$ 处连续，且 $f_x'(1, 2) = 2, f_y'(1, 2) = 0, f(1, 2) = 1$，所以

$$(1.04)^{2.02} \approx 1 + 2 \times 0.04 + 0 \times 0.02 = 1.08$$

例 20 有一圆柱体，受压后发生变形，它的半径由 20 厘米增大到 20.05 厘米，高度由 100 厘米减少到 99 厘米。求此圆柱体体积变化的近似值。

解 设圆柱体的半径、高和体积依次为 r, h, V，则有

$$V = \pi r^2 h$$

记 r、h、V 的增量依次为 Δr、Δh、ΔV,则有

$$\Delta V \approx dV = \frac{\partial V}{\partial r}\Delta r + \frac{\partial V}{\partial h}\Delta h = 2\pi r h \Delta r + \pi r^2 \Delta h$$

将 $r = 20, h = 100, \Delta r = 0.05, \Delta h = -1$ 代入,得

$$\Delta V \approx 2\pi \times 20 \times 100 \times 0.05 + \pi \times 20^2 \times (-1) = -200\pi \text{(立方厘米)}$$

即此圆柱体在受压后体积约减少了 200π 立方厘米。

思　考　题

1. 一元函数的微分与二元函数的全微分有何区别与联系?

2. 偏导数、全微分与偏导数连续之间的关系如何?

习题 6-3

1. 求函数 $z = x^4 + y^4 - 4x^2 y^2$ 在点 $(1,1)$ 处的全微分。

2. 求函数 $z = 2x^2 + 3y^2$ 当 $x = 10, y = 8, \Delta x = 0.2, \Delta y = 0.3$ 时的全微分和全增量。

3. 求函数 $z = e^{y(x^2+y^2)}$ 当 $x = 1, y = 1, \Delta x = 0.2, \Delta y = 0.1$ 时的全微分。

4. 求下列函数的全微分。

(1) $z = \arctan\dfrac{y}{x}$;　　　　　　　　(2) $z = \ln(3x - 2y)$;

(3) $z = \dfrac{x+y}{x-y}$;　　　　　　　　　(4) $u = \ln(x^2 + y^2 + z^2)$;

(5) $z = \sin(xy) + \cos^2(xy)$;　　　　　(6) $z = x^2 + xy^2 + \sin(xy)$。

5. 计算 $(1.97)^{1.05}$ 的近似值 $(\ln 2 \approx 0.693)$。

6. 当正圆锥体变形时,它的底面半径由 30 厘米增大到 30.1 厘米,高由 60 厘米减少到 59.5 厘米,求正圆锥体体积变化的近似值。

第四节　复合函数的求导法则

多元复合函数的求导法则是一元复合函数求导法则的推广。由于多元复合函数的构成比较复杂,因此要分不同的情形去讨论。

一、二元复合函数的求导法则

1. 复合函数的中间变量均为一元函数的情形

定理 1　如果函数 $u = \varphi(x), v = \psi(x)$ 均在 x 处可导,函数 $z = f(u,v)$ 在对应点 (u,v) 处具有连续偏导数,则复合函数 $z = f[\varphi(x), \psi(x)]$ 在 x 处可导,且有

$$\frac{dz}{dx} = \frac{\partial z}{\partial u} \cdot \frac{du}{dx} + \frac{\partial z}{\partial v} \cdot \frac{dv}{dx}$$

$\dfrac{dz}{dx}$ 称为**全导数**。

同理,设 $z = f(u,v,w), u = \varphi(x), v = \psi(x), w = \omega(x)$ 复合而得复合函数 $z = f[\varphi(x),$

$\psi(x),\omega(x)]$ 的导数为

$$\frac{\mathrm{d}z}{\mathrm{d}x}=\frac{\partial z}{\partial u}\cdot\frac{\mathrm{d}u}{\mathrm{d}x}+\frac{\partial z}{\partial v}\cdot\frac{\mathrm{d}v}{\mathrm{d}x}+\frac{\partial z}{\partial w}\cdot\frac{\mathrm{d}w}{\mathrm{d}x}$$

例 21 设 $z=uv,u=\mathrm{e}^x,v=\cos x$，求 $\dfrac{\mathrm{d}z}{\mathrm{d}x}$。

解 $\dfrac{\mathrm{d}z}{\mathrm{d}x}=\dfrac{\partial z}{\partial u}\cdot\dfrac{\mathrm{d}u}{\mathrm{d}x}+\dfrac{\partial z}{\partial v}\cdot\dfrac{\mathrm{d}v}{\mathrm{d}x}=v\cdot\mathrm{e}^x+u(-\sin x)=\mathrm{e}^x\cos x-\mathrm{e}^x\sin x=\mathrm{e}^x(\cos x-\sin x)$

例 22 设 $z=uv+\sin t$，其中 $u=\mathrm{e}^t,v=\cos t$，求 $\dfrac{\mathrm{d}z}{\mathrm{d}t}$。

解 令 $u=\mathrm{e}^t,v=\cos t,t=t$，则有

$$\frac{\mathrm{d}z}{\mathrm{d}t}=\frac{\partial z}{\partial u}\cdot\frac{\mathrm{d}u}{\mathrm{d}t}+\frac{\partial z}{\partial v}\cdot\frac{\mathrm{d}v}{\mathrm{d}t}+\frac{\partial z}{\partial t}\cdot\frac{\mathrm{d}t}{\mathrm{d}t}$$

$$=v\mathrm{e}^t+u(-\sin t)+\cos t=\mathrm{e}^t\cos t-\mathrm{e}^t\sin t+\cos t=(1+\mathrm{e}^t)\cos t-\mathrm{e}^t\sin t$$

2. 复合函数的中间变量均是二元函数的情形

定理 2 如果函数 $u=\varphi(x,y),v=\psi(x,y)$ 在点 (x,y) 处都具有偏导数 $\dfrac{\partial u}{\partial x},\dfrac{\partial u}{\partial y},\dfrac{\partial v}{\partial x},\dfrac{\partial v}{\partial y}$，函数 $z=f(u,v)$ 在对应点 (u,v) 处具有连续偏导数 $\dfrac{\partial z}{\partial u},\dfrac{\partial z}{\partial v}$，则复合函数 $z=f[\varphi(x,y),\psi(x,y)]$ 在点 (x,y) 处的两个偏导数存在，且有

$$\frac{\partial z}{\partial x}=\frac{\partial z}{\partial u}\cdot\frac{\partial u}{\partial x}+\frac{\partial z}{\partial v}\cdot\frac{\partial v}{\partial x},\frac{\partial z}{\partial y}=\frac{\partial z}{\partial u}\cdot\frac{\partial u}{\partial y}+\frac{\partial z}{\partial v}\cdot\frac{\partial v}{\partial y}$$

例 23 设 $z=\ln(u^2+v),u=\mathrm{e}^{x+y^2},v=x^2+y$，求 $\dfrac{\partial z}{\partial x},\dfrac{\partial z}{\partial y}$。

解 $\dfrac{\partial z}{\partial x}=\dfrac{\partial z}{\partial u}\cdot\dfrac{\partial u}{\partial x}+\dfrac{\partial z}{\partial v}\cdot\dfrac{\partial v}{\partial x}=\dfrac{2u}{u^2+v}\cdot\mathrm{e}^{x+y^2}+\dfrac{1}{u^2+v}\cdot 2x$

$=\dfrac{2}{u^2+v}(u\mathrm{e}^{x+y^2}+x)=\dfrac{2(\mathrm{e}^{2(x+y^2)}+x)}{\mathrm{e}^{2(x+y^2)}+x^2+y}$

$\dfrac{\partial z}{\partial y}=\dfrac{\partial z}{\partial u}\cdot\dfrac{\partial u}{\partial y}+\dfrac{\partial z}{\partial v}\cdot\dfrac{\partial v}{\partial y}=\dfrac{2u}{u^2+v}\cdot\mathrm{e}^{x+y^2}\cdot 2y+\dfrac{1}{u^2+v}\cdot 1$

$=\dfrac{4u y\mathrm{e}^{x+y^2}+1}{u^2+v}=\dfrac{4y\mathrm{e}^{2(x+y^2)}+1}{\mathrm{e}^{2(x+y^2)}+x^2+y}$

例 24 设函数 $z=f(u,y)=y+2u,u=x^2-y^2$。证明：$y\dfrac{\partial z}{\partial x}+x\dfrac{\partial z}{\partial y}=x$。

解 因为 $\dfrac{\partial z}{\partial x}=\dfrac{\partial z}{\partial u}\cdot\dfrac{\partial u}{\partial x}=2\times 2x=4x$

$\dfrac{\partial z}{\partial y}=\dfrac{\partial z}{\partial u}\cdot\dfrac{\partial u}{\partial y}+\dfrac{\partial z}{\partial y}\cdot\dfrac{\mathrm{d}y}{\mathrm{d}y}=2\times(-2y)+1=1-4y$

所以 $y\dfrac{\partial z}{\partial x}+x\dfrac{\partial z}{\partial y}=4xy+x-4xy=x$

二、二元隐函数的求导法

（1）由方程 $F(x,y)=0$ 所确定的隐函数 $y=f(x)$ 的求导公式

$$\frac{\mathrm{d}y}{\mathrm{d}x}=-\frac{F'_x}{F'_y}$$

例 25 设方程 $y-\dfrac{1}{2}\sin y=x$ 确定隐函数 $y=f(x)$，求 $\dfrac{\mathrm{d}y}{\mathrm{d}x}$。

解 设 $F(x,y)=y-\dfrac{1}{2}\sin y-x$，由于 $F_x'=-1$，$F_y'=1-\dfrac{1}{2}\cos y$，所以，得

$$\frac{\mathrm{d}y}{\mathrm{d}x}=-\frac{F_x'}{F_y'}=-\frac{-1}{1-\dfrac{1}{2}\cos y}=\frac{2}{2-\cos y}$$

（2）由方程 $F(x,y,z)=0$ 所确定的隐函数 $z=f(x,y)$ 的求导公式

由 $F(x,y,z)=0$ 所确定的隐函数 $z=f(x,y)$ 的偏导数

$$\frac{\partial z}{\partial x}=-\frac{F_x'}{F_z'},\quad \frac{\partial z}{\partial y}=-\frac{F_y'}{F_z'}$$

例 26 设 $z^3+3xyz=a^3$，求 $\dfrac{\partial z}{\partial x}$，$\dfrac{\partial z}{\partial y}$。

解 令 $F(x,y,z)=z^3+3xyz-a^3$，则 $F_x'=3yz$，$F_y'=3xz$，$F_z'=3z^2+3xy$，所以当 $z^2+xy\neq 0$ 时，有

$$\frac{\partial z}{\partial x}=-\frac{F_x'}{F_z'}=-\frac{yz}{z^2+xy},\quad \frac{\partial z}{\partial y}=-\frac{F_y'}{F_z'}=-\frac{xz}{z^2+xy}$$

例 27 设方程 $F(x,y,z)=0$ 能够确定一个变量是其余两个变量的隐函数，且偏导数存在，则 $\dfrac{\partial x}{\partial y}\cdot\dfrac{\partial y}{\partial z}\cdot\dfrac{\partial z}{\partial x}=-1$。

证 由隐函数的偏导数公式，有

$$\frac{\partial z}{\partial x}=-\frac{F_x'}{F_z'},\quad \frac{\partial x}{\partial y}=-\frac{F_y'}{F_x'},\quad \frac{\partial y}{\partial z}=-\frac{F_z'}{F_y'}$$

所以

$$\frac{\partial x}{\partial y}\cdot\frac{\partial y}{\partial z}\cdot\frac{\partial z}{\partial x}=\left(-\frac{F_y'}{F_x'}\right)\cdot\left(-\frac{F_z'}{F_y'}\right)\cdot\left(-\frac{F_x'}{F_z'}\right)=-1$$

思 考 题

1. 求隐函数偏导数常用方法有几种？举例说明。

2. 一元隐函数的求导法则与二元隐函数的求导法则有何区别与联系？

习题 6-4

1. 设 $z=f(x,u)$，$u=\varphi(x,y)$，其中 f 具有连续偏导数，φ_x'，φ_y' 存在，求 $\dfrac{\partial z}{\partial x}$，$\dfrac{\partial z}{\partial y}$。

2. 设 $z=x^2 y$，而 $x=\cos t$，$y=\sin t$，求 $\dfrac{\mathrm{d}z}{\mathrm{d}t}$。

3. 设 $z=\arctan(xy)$，而 $y=\mathrm{e}^x$，求 $\dfrac{\mathrm{d}z}{\mathrm{d}x}$。

4. 设 $z=\ln(\mathrm{e}^u+v)$，而 $u=xy$，$v=x^2-y^2$，求 $\dfrac{\partial z}{\partial x}$，$\dfrac{\partial z}{\partial y}$。

5. $z=u^2\ln v$，$u=\dfrac{x}{y}$，$v=3x-2y$，求 $\dfrac{\partial z}{\partial x}$，$\dfrac{\partial z}{\partial y}$。

6. $z=\mathrm{e}^{uv}$，$u=\ln\sqrt{x^2+y^2}$，$v=\arctan\dfrac{y}{x}$，求 $\dfrac{\partial z}{\partial x}$，$\dfrac{\partial z}{\partial y}$。

7. 设 $\mathrm{e}^{xy}-xy^2=\sin y$，求 $\dfrac{\mathrm{d}y}{\mathrm{d}x}$。

8. 设 $\ln \sqrt{x^2+y^2} = \arctan \dfrac{y}{x}$，求 $\dfrac{\mathrm{d}y}{\mathrm{d}x}$。

9. 设 $\mathrm{e}^{xy} - \arctan z + xyz = 0$，求 $\dfrac{\partial z}{\partial x}, \dfrac{\partial z}{\partial y}$。

10. 设 $\dfrac{x}{z} = \ln \dfrac{z}{y}$，求 $\dfrac{\partial z}{\partial x}, \dfrac{\partial z}{\partial y}$。

11. 设 $x^2 + y^2 + z^2 - 4z = 0$，求 $\dfrac{\partial z}{\partial x}, \dfrac{\partial z}{\partial y}$。

12. 设二元函数 $z = f\left(xy, \dfrac{x}{y}\right)$，其中 $f(u, v)$ 有二阶连续偏导数，求 $\dfrac{\partial^2 z}{\partial x^2}, \dfrac{\partial^2 z}{\partial x \partial y}$。

13. 设 $z = \arctan \dfrac{x}{y}$，而 $x = u + v, y = u - v$，验证 $\dfrac{\partial z}{\partial u} + \dfrac{\partial z}{\partial v} = \dfrac{u-v}{u^2+v^2}$。

第五节　二元函数的极值与最值

有些实际问题往往可归结为多元函数的最大值或最小值的问题，而多元函数的最大（小）值又与极大（小）值有密切的联系。与一元函数类似，我们可以利用偏导数来讨论多元函数的极大（小）值和最大（小）值。本节主要讨论二元函数的有关问题。

一、二元函数的极值

1. 二元函数极值的概念

定义 5　设函数 $z = f(x, y)$ 在点 (x_0, y_0) 的某一邻域内有定义，如果对于该邻域内异于点 (x_0, y_0) 的任何点 (x, y)，恒有
$$f(x, y) < f(x_0, y_0) \quad 或 \quad f(x, y) > f(x_0, y_0)$$
成立，则称函数 $f(x, y)$ 在点 (x_0, y_0) 处取得**极大值**（或**极小值**）$f(x_0, y_0)$，点 (x_0, y_0) 称为 $f(x, y)$ 的**极大值点**（或**极小值点**）。

极大值和极小值统称为极值，极大值点和极小值点统称为极值点。

例 28　函数 $z = \sqrt{x^2 + y^2}$ 在点 $(0, 0)$ 取得极小值 0，如图 6-6 所示；而函数 $z = 2 - \sqrt{x^2 + y^2}$ 在点 $(0, 0)$ 取得极大值 2，如图 6-7 所示；函数 $z = x + y$ 在点 $(0, 0)$ 处没有极值，因为在点 $(0, 0)$ 处函数值等于零，而在点 $(0, 0)$ 的任一邻域内，总有正的和负的函数值。

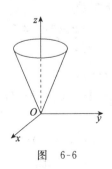

图　6-6

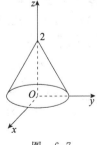

图　6-7

2. 极值存在的必要条件

定理 3　设函数 $f(x, y)$ 在点 (x_0, y_0) 处一阶偏导数存在，且在该点取得极值，则必有
$$f'_x(x_0, y_0) = 0, \quad f'_y(x_0, y_0) = 0$$

使 $f'_x(x_0,y_0)=0$，$f'_y(x_0,y_0)=0$ 同时成立的点 (x_0,y_0) 称为函数 $f(x,y)$ 的稳定点（或驻点）。

具有偏导数的函数的极值点必为稳定点，但稳定点未必是极值点。如函数 $z=xy$ 在点 $(0,0)$ 处一阶偏导数都等于零，但函数在点 $(0,0)$ 没有极值，因为在点 $(0,0)$ 处的函数值 $f(0,0)=0$，而在点 $(0,0)$ 处的任一邻域内，总有使函数值为正或为负的点存在。

3. 极值的判定定理

定理 4 （极值的充分条件）设函数 $f(x,y)$ 在点 (x_0,y_0) 的某邻域内连续，其二阶偏导数连续，点 (x_0,y_0) 是函数 $f(x,y)$ 的稳定点，令 $A=f''_{xx}(x_0,y_0)$，$B=f''_{xy}(x_0,y_0)$，$C=f''_{yy}(x_0,y_0)$，则

（1）当 $B^2-AC<0$ 时，$f(x_0,y_0)$ 必为极值，且 $A>0$，则 $f(x_0,y_0)$ 为极小值，$A<0$，则 $f(x_0,y_0)$ 为极大值；

（2）当 $B^2-AC>0$ 时，$f(x_0,y_0)$ 一定不是极值；

（3）当 $B^2-AC=0$ 时，$f(x_0,y_0)$ 可能是极值，也可能不是极值。

要求二元函数的极值，首先要求出该函数的稳定点及偏导数不存在的点，然后再求极值。一般步骤是：

（1）解方程组 $f'_x(x,y)=0$，$f'_y(x,y)=0$，求得一切实数解，即求得一切驻点；

（2）对于每一个驻点 (x_0,y_0)，求出二阶偏导数的值 A、B 和 C；

（3）确定 B^2-AC 的符号，由定理 4 的结论判定是极大值还是极小值。

例 29 求 $f(x,y)=x^3+y^3-3x^2-3y^2$ 的极值。

解 由 $\begin{cases} f'_x(x,y)=3x^2-6x=0 \\ f'_y(x,y)=3y^2-6y=0 \end{cases}$ 得 $f(x,y)$ 的稳定点为 $(0,0)$，$(0,2)$，$(2,0)$，$(2,2)$，又因为 $f''_{xx}(x,y)=6x-6$，$f''_{xy}(x,y)=0$，$f''_{yy}(x,y)=6y-6$，所以

在点 $(0,0)$ 处：$B^2-AC=-36<0$，且 $A=-6<0$，故点 $(0,0)$ 为极大值点，极大值 $f(0,0)=0$。

在点 $(0,2)$ 处：$B^2-AC=36>0$，故点 $(0,2)$ 不是极值点；同理 $(2,0)$ 也不是极值点。

在点 $(2,2)$ 处：$B^2-AC=-36<0$，且 $A=6>0$，故点 $(2,2)$ 是极小值点，极小值 $f(2,2)=-8$。

例 30 讨论函数 $f(x,y)=(y-x^2)(y-2x^2)$ 的极值。

解 由 $\begin{cases} f'_x(x,y)=-2x(y-2x^2)-4x(y-x^2)=-2x(3y-4x^2) \\ f'_y(x,y)=(y-2x^2)+(y-x^2)=2y-3x^2=0 \end{cases}$

图 6-8

得 $f(x,y)$ 的唯一稳定点 $(0,0)$。

在点 $(0,0)$ 处：$B^2-AC=0$，不能用定理来判定，用极值定义进行讨论。

由于当 $x^2<y<2x^2$ 时，$f(x,y)<0$；当 $y>2x^2$ 或 $y<x^2$ 时，$f(x,y)>0$，且 $f(0,0)=0$，如图 6-8 所示，由极值的定义知，函数 $f(x,y)$ 不可能在点 $(0,0)$ 处取得极值，又因为该函数没有偏导数不存在的点，所以无任何极值存在。

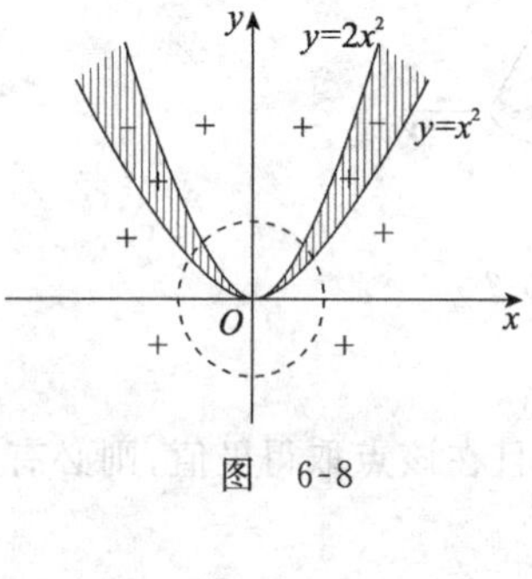

二、二元函数的最值

1. 二元函数最值的存在性

如果所讨论的是实际问题,那么最值的存在与否由实际意义而定;当函数 $f(x,y)$ 在有界闭区域 D 上连续时,其在 D 上必定能取到最大值和最小值。

二元函数取得最大值和最小值的点可能在 D 的内部,也可能在 D 的边界上,若在内部则可能是稳定点或偏导数不存在的点。

2. 求二元函数的最值的步骤

(1) 先求出 D 内所有的稳定点及偏导数不存在的点;

(2) 再求出边界上函数取得最大值和最小值的点;

(3) 比较上述各点处的函数值,其中最大的即为 $f(x,y)$ 在闭区域 D 上的最大值,最小的即为 $f(x,y)$ 在闭区域 D 上的最小值。

例 31　求函数 $f(x,y)=3x^2+3y^2-x^3$ 在区域 D:$x^2+y^2\leqslant16$ 上的最小值。

解　因为 D:$x^2+y^2\leqslant16$ 为有界闭区域,函数 $f(x,y)$ 在闭区域 D 上连续,所以必有最值,由 $\begin{cases} f'_x(x,y)=6x-3x^2=0 \\ f'_y(x,y)=6y=0 \end{cases}$ 得稳定点 $(0,0)$,$(2,0)$。

在 D 的边界 $x^2+y^2\leqslant16$ 上,函数

$$f(x,y)=3x^2+3y^2-x^3=3(x^2+y^2)-x^3\leqslant48-x^3$$

由于 $\dfrac{\mathrm{d}(48-x^3)}{\mathrm{d}x}=-3x^2\leqslant0$,所以 $48-x^3$ 是 $[-4,4]$ 上的减函数,当 $x=4$ 时,该函数值最小。故 $f(x,y)$ 在边界 $x^2+y^2=16$ 上的最小值为 $(48-x^3)\big|_{x=4}=-16$。比较 $f(0,0)=0$,$f(2,0)=4$,$f(4,0)=-16$ 知函数 $f(x,y)$ 在闭区域 D 上的最小值为 -16,且在 D 的边界上的点 $(4,0)$ 处取到。

在解决实际问题时,如果根据问题的性质已能判断偏导数存在的函数是在区域 D 的内部取得最值,而此时函数在区域 D 的内部又只有一个稳定点 (x_0,y_0),那么该稳定点处的函数值 $f(x_0,y_0)$ 即为所求的最值。

例 32　造一个容积为 V_0 的长方体无盖水池,问应如何选择水池的尺寸才能使用料最省?

解　用料最省即表面积最小,设水池长为 x,宽为 y,则高为 $\dfrac{V_0}{xy}$。由题意得水池表面积为

$$S(x,y)=xy+2\left(y\cdot\frac{V_0}{xy}+x\cdot\frac{V_0}{xy}\right),\quad x>0,\quad y>0$$

由 $\begin{cases} S'_x=y-\dfrac{2V_0}{x^2}=0 \\ S'_y=x-\dfrac{2V_0}{y^2}=0 \end{cases}$ 得 $S(x,y)$ 的稳定点为 $(\sqrt[3]{2V_0},\sqrt[3]{2V_0})$。

由实际意义知,可微函数 $S(x,y)$ 在开区域 $D=\{(x,y)\mid x>0,y>0\}$ 内必有最小值,且为稳定点,而稳定点又唯一,所以此点必是函数的最小值点,故当水池长、宽均为 $\sqrt[3]{2V_0}$,高为 $\dfrac{1}{2}\sqrt[3]{2V_0}$ 时,表面积最小,从而用料最省。

三、条件极值与拉格朗日乘数法

上述求二元函数 $f(x,y)$ 极值的方法中,两个自变量 x 与 y 是相互独立的,但在许多实际问题中,x 与 y 不是相互独立的,而是满足一定的条件 $\varphi(x,y)=0$,称这类极值问题为**条件极值**,$\varphi(x,y)=0$ 称为**条件方程**或**约束方程**,$f(x,y)$ 称为**目标函数**。为了与前面的极值区别开,前面所述的极值问题称为**无条件极值**。

条件极值的解法有两种:

(1) 从条件方程中解出一个变量,代入目标函数中,使之成为无条件极值问题,如上述例32。

由于从条件方程中求解一个变量有时并不容易,如要从 $xy+e^{x+y}=1$ 中求出 $y=y(x)$ 或 $x=x(y)$ 都是不可能的,所以有如下的求条件极值的另一种方法。

(2) 拉格朗日乘数法。

① 作拉格朗日函数 $L(x,y,\lambda)=f(x,y)+\lambda\varphi(x,y)$,其中变量 λ 称为拉格朗日乘数。

② 求 $L(x,y,\lambda)=f(x,y)+\lambda\varphi(x,y)$ 的稳定点 (x_0,y_0,λ_0),即求解方程组

$$\begin{cases} L'_x=f'_x(x,y)+\lambda\varphi'_x(x,y)=0 \\ L'_y=f'_y(x,y)+\lambda\varphi'_y(x,y)=0 \\ L'_\lambda=\varphi(x,y)=0 \end{cases}$$

③ 点 (x_0,y_0) 就是函数 $z=f(x,y)$ 在约束条件 $\varphi(x,y)=0$ 下的可能极值点,是否为极值点视具体情况而定。

由于函数 $f(x,y)$ 极值点只可能是点 (x_0,y_0),所以在求 $L(x,y,\lambda)$ 的稳定点 (x_0,y_0,λ_0) 时,有时也可不必求出 λ_0。

例33 用拉格朗日乘数法求解例32。

解 设水池长为 x,宽为 y,高为 z,则约束方程为 $xyz=V_0$

目标函数为 $\qquad\qquad S=xy+2(yz+zx)$

故拉格朗日函数为 $\quad L(x,y,z,\lambda)=xy+2(yz+xz)+\lambda(xyz-V_0)$

由 $\begin{cases} L'_x=y+2z+\lambda yz=0 \\ L'_y=y+2z+\lambda xz=0 \\ L'_z=2y+2x+\lambda xy=0 \\ L'_\lambda=xyz-V_0=0 \end{cases}$ 解得 $x_0=y_0=2z_0=\sqrt[3]{2V_0}$,即 S 的可能极值点为 $\left(\sqrt[3]{2V_0},\right.$

$\sqrt[3]{2V_0},\dfrac{1}{2}\sqrt[3]{2V_0}\Big)$,这是唯一可能的极值点。由实际意义知条件最小值一定存在,所以 S

必在点 $\left(\sqrt[3]{2V_0},\sqrt[3]{2V_0},\dfrac{1}{2}\sqrt[3]{2V_0}\right)$ 处取得最小值。

思 考 题

1. 一元函数的极值、最值与二元函数的极值、最值有何异同?它们的求法是否一样?

2. 二元函数的极值与条件极值的几何意义是什么?若二元函数无极值,是否一定无条件极值?举例说明。

习题 6-5

1. 求下列函数的极值。

(1) $f(x,y)=x^2+xy+y^2+x-y+1$; (2) $f(x,y)=(6x-x^2)(4y-y^2)$;

(3) $f(x,y)=e^{2x}(x+y^2+2y)$; 　　　　(4) $f(x,y)=x^3+y^3-3(x^2+y^2)$。

2. 求下列函数的条件极值。

(1) $z=xy$,条件方程为 $x+y=1$; 　　　　(2) $z=x^2+y^2$,条件方程为 $\dfrac{x}{a}+\dfrac{y}{b}=1$。

3. 在 xOy 面上求一点,使它到直线 $x=0$,直线 $y=0$ 和直线 $x+2y-16=0$ 的距离的平方和最小。

4. 求抛物线 $y^2=4x$ 上的点,使它与直线 $x-y+4=0$ 相距最近。

5. 某工厂准备生产两种型号的机器,其产量分别为 x 台和 y 台,总成本函数 $C(x,y)=6x^2+3y^2$(单位:万元)。根据市场预测,共需这两种机器 18 台,问这两种机器各生产多少台时,才能使总成本最小?

第六节　二元函数积分学

多元函数积分学一般包括重积分、曲线积分和曲面积分,它们都是定积分概念的推广,定积分是某种确定形式的和式的极限。这种和式的极限概念推广到定义在区域、曲线及曲面上多元函数的情形,便得到重积分、曲线积分及曲面积分的概念。本节仅介绍二重积分的概念、性质、计算及应用。

一、二重积分的概念

1. 实例分析

例 34　(曲顶柱体的体积)设函数 $z=f(x,y)$ 在有界闭区域 D 上连续,且 $z=f(x,y)\geqslant0$。以函数 $z=f(x,y)$ 所表示的曲面为顶,以区域 D 为底,且以 D 的边界曲线为准线而母线平行于 z 轴的柱面为侧面的立体叫作**曲顶柱体**(见图 6-9)。现在我们讨论如何计算它的体积 V。

由于柱体的高 $f(x,y)$ 是变动的,且在区域 D 上连续,所以在小范围内它的变动不大,可以近似地看成不变,依此,就可用类似于求曲边梯形面积的方法,即采取分割、取近似、求和、取极限的方法(以后简称"四步求积法")来求曲顶柱体的体积 V。

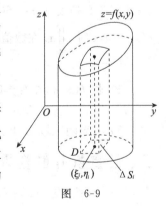

图　6-9

为此,我们用一组曲线网把区域 D 分割成 n 个小区域 $\Delta\sigma_1$, $\Delta\sigma_2,\cdots,\Delta\sigma_n,\Delta\sigma_i(i=1,2,\cdots,n)$ 同时又表示它们的面积。以每个小区域 $\Delta\sigma_i$ 为底作 n 个母线平行于 z 轴的小柱体,又在小区域 $\Delta\sigma_i$ 上任取一点 $(\xi_i,\eta_i)(i=1,2,\cdots,n)$,以 $f(\xi_i,\eta_i)$ 为高,$\Delta\sigma_i$ 为底的小平顶柱体体积 $f(\xi_i,\eta_i)\Delta\sigma_i$ 作为小柱体体积的近似值,于是 n 个平顶柱体体积的和

$$\sum_{i=1}^{n}f(\xi_i,\eta_i)\Delta\sigma_i$$

就是所求曲顶柱体体积的一个近似值。令 n 个小区域 $\Delta\sigma_i$ 的直径中最大值(记为 λ)趋向零,取上述和式的极限便得所求曲顶柱体的体积,即

$$V = \lim_{\lambda \to 0} \sum_{i=1}^{n} f(\xi_i, \eta_i) \Delta \sigma_i$$

上述问题把所求量归结为和式的极限。由于在物理、力学、几何和工程技术中,许多物理量与几何量都可归结为这种和式的极限,所以有必要研究这种和式极限,并抽象出下述二重积分的定义。

2. 二重积分的定义

设 $f(x,y)$ 定义在有界闭区域 D 上,任给一组曲线网将 D 分成 n 个小闭区域 $D_1, D_2, \cdots, D_n$,对应面积分别为 $\Delta \sigma_1, \Delta \sigma_2, \cdots, \Delta \sigma_n$,直径分别为 $\lambda_1, \lambda_2, \cdots, \lambda_n$;在每个 D_i 上任取点 (ξ_i, η_i),作和式 $\sum_{i=1}^{n} f(\xi_i, \eta_i) \Delta \sigma_i$,令 $\lambda = \max_{1 \leqslant i \leqslant n} \{\lambda_i\}$,若 $\lim_{\lambda \to 0} \sum_{i=1}^{n} f(\xi_i, \eta_i) \Delta \sigma_i$ 存在,则称 $f(x,y)$ 在 D 上二重可积(简称"可积")并称此极限值为 $f(x,y)$ 在 D 上的二重积分,记为 $\iint\limits_{D} f(x,y) \mathrm{d}\sigma$,即

$$\iint\limits_{D} f(x,y) \mathrm{d}\sigma = \lim_{\lambda \to 0} \sum_{i=1}^{n} f(\xi_i, \eta_i) \Delta \sigma_i$$

其中,$f(x,y)$ 称为**被积函数**,闭区域 D 称为**积分区域**,x 与 y 称为**积分变量**,$\mathrm{d}\sigma$ 称为**面积微元**,$\iint$ 称为**二重积分号**。

3. 二重积分的物理意义及几何意义

当 $f(x,y) \geqslant 0$ 时,$\iint\limits_{D} f(x,y) \mathrm{d}\sigma$ 的物理意义为面密度为 $f(x,y)$ 的平面薄板的质量;几何意义是表示 $z = f(x,y)$ 为曲顶、D 为底、母线平行于 z 轴的曲顶柱体体积。当 $f(x,y) \equiv 1$ 时,$\iint\limits_{D} \mathrm{d}\sigma$ 在数值上表示 D 的面积。

4. 可积条件

(1) 若 $f(x,y)$ 在有界闭区域 D 上可积,则 $f(x,y)$ 在 D 上必有界;

(2) 有界闭区域 D 上的连续函数必可积;

(3) 有界闭区域 D 上只有有限条间断线的有界函数必可积。

二、二重积分的性质

(1) (线性)设 $f(x,y), g(x,y)$ 在 D 上可积,$(x,y) \in D$,k 为常数,则

$$\iint\limits_{D} k f(x,y) \mathrm{d}\sigma = k \iint\limits_{D} f(x,y) \mathrm{d}\sigma$$

$$\iint\limits_{D} [f(x,y) \pm g(x,y)] \mathrm{d}\sigma = \iint\limits_{D} f(x,y) \mathrm{d}\sigma \pm \iint\limits_{D} g(x,y) \mathrm{d}\sigma$$

(2) (区域可加性)设 $f(x,y)$ 在 D 上可积,$D = D_1 \bigcup D_2$,且 D_1 与 D_2 仅有公共边界,则

$$\iint\limits_{D} f(x,y) \mathrm{d}\sigma = \iint\limits_{D_1} f(x,y) \mathrm{d}\sigma + \iint\limits_{D_2} f(x,y) \mathrm{d}\sigma$$

(3) (不等式性)设 $f(x,y), g(x,y)$ 在 D 上可积,且 $f(x,y) \leqslant g(x,y)$,$(x,y) \in D$,则

$$\iint\limits_{D} f(x,y) \mathrm{d}\sigma \leqslant \iint\limits_{D} g(x,y) \mathrm{d}\sigma$$

特别地,当 $m \leqslant f(x,y) \leqslant M,(x,y) \in D$ 时,有 $m\sigma \leqslant \iint\limits_D f(x,y)\mathrm{d}\sigma \leqslant M\sigma$(其中 σ 为 D 的面积),此不等式称为二重积分的估计不等式。

（4）（绝对可积性）设 $f(x,y)$ 在 D 上可积,则 $|f(x,y)|$ 在 D 上也可积,且有

$$\left| \iint\limits_D f(x,y)\mathrm{d}\sigma \right| \leqslant \iint\limits_D |f(x,y)|\mathrm{d}\sigma$$

（5）（积分中值定理）设 $f(x,y)$ 在有界闭区域 D 上连续,则至少存在一点 $(\xi,\eta) \in D$,使得

$$\iint\limits_D f(x,y)\mathrm{d}\sigma = f(\xi,\eta)\sigma \quad (\text{其中 } \sigma \text{ 为 } D \text{ 的面积})$$

例 35　试比较积分 $\iint\limits_D (x+y)^2\mathrm{d}\sigma$ 与 $\iint\limits_D (x+y)^3\mathrm{d}\sigma$ 的大小。D 由 $x+y=1, x=1, y=1$ 围成,如图 6-10 所示。

解　因为 D 内任意一点 (x,y) 都满足 $x+y \geqslant 1$,所以 $(x+y)^3 \geqslant (x+y)^2$,所以

$$\iint\limits_D (x+y)^3\mathrm{d}\sigma \geqslant \iint\limits_D (x+y)^2\mathrm{d}\sigma$$

例 36　估计二重积分 $\iint\limits_D \dfrac{1}{100+\cos^2 x+\sin^2 y}\mathrm{d}x\mathrm{d}y$ 的值,其中 D 由 $x+y=\pm10, x-y=\pm10$ 围成,如图 6-11 所示。

解　因为在 D 上任意一点 (x,y) 处,有 $100 \leqslant 100+\cos^2 x+\sin^2 y \leqslant 102$,所以

$$\frac{1}{102} \leqslant \frac{1}{100+\cos^2 x+\sin^2 y} \leqslant \frac{1}{100}$$

而 D 是边长为 $10\sqrt{2}$ 的正方形,其面积为 $\sigma=(\sqrt{2}\times10)^2=200$,所以

$$\frac{200}{102} \leqslant \iint\limits_D \frac{1}{100+\cos^2 x+\sin^2 y}\mathrm{d}\sigma \leqslant 2$$

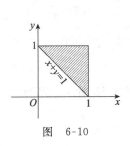

图　6-10

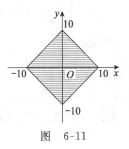

图　6-11

三、二重积分的计算

在实际问题中,直接通过二重积分的定义与性质来计算二重积分一般是困难的。计算二重积分先将其转化为二次定积分(即累次积分或二次积分),然后利用定积分的计算方法进行计算。

1. 直角坐标下二重积分的计算

（1）矩形区域上的二重积分

最简单的积分区域是矩形区域,对于矩形区域上的二重积分按如下方法计算:

设函数 $f(x,y)$ 在矩形区域 D：$a \leqslant x \leqslant b, c \leqslant y \leqslant d$ 上连续,则

$$\iint\limits_{D}f(x,y)\mathrm{d}x\mathrm{d}y = \int_{a}^{b}\mathrm{d}x\int_{c}^{d}f(x,y)\mathrm{d}y = \int_{c}^{d}\mathrm{d}y\int_{a}^{b}f(x,y)\mathrm{d}x$$

例 37 计算 $\iint\limits_{D}x^2y\mathrm{d}x\mathrm{d}y$，其中 D：$0 \leqslant x \leqslant 1,1 \leqslant y \leqslant 2$。

解 如图 6-12 所示，有

$$\iint\limits_{D}x^2y\mathrm{d}x\mathrm{d}y = \int_{0}^{1}\mathrm{d}x\int_{1}^{2}x^2y\mathrm{d}y = \int_{0}^{1}\frac{x^2y^2}{2}\Big|_{1}^{2}\mathrm{d}x = \int_{0}^{1}\frac{3}{2}x^2\mathrm{d}x = \frac{1}{2}$$

（2）X 型区域上的二重积分

X 型区域 D：$\varphi_1(x) \leqslant y \leqslant \varphi_2(x),a \leqslant x \leqslant b$，如图 6-13 所示。

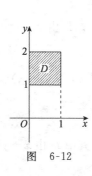

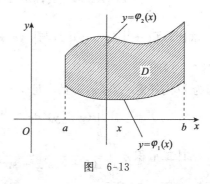

图 6-12

图 6-13

其特点是：穿过 D 内部且平行于 y 轴的直线与 D 的边界相交不多于两点。则

$$\iint\limits_{D}f(x,y)\mathrm{d}x\mathrm{d}y = \int_{a}^{b}\mathrm{d}x\int_{\varphi_1(x)}^{\varphi_2(x)}f(x,y)\mathrm{d}y$$

例 38 计算 $\iint\limits_{D}\mathrm{e}^{x+y}\mathrm{d}\sigma$，其中 D：$|x| + |y| \leqslant 1$。

解 积分区域 D 如图 6-14 所示，$D = D_1 + D_2$。

$$D_1:\begin{cases}-1 \leqslant x \leqslant 0\\-x-1 \leqslant y \leqslant x+1\end{cases},\quad D_2:\begin{cases}0 \leqslant x \leqslant 1\\x-1 \leqslant y \leqslant 1-x\end{cases}$$

所以
$$\iint\limits_{D}\mathrm{e}^{x+y}\mathrm{d}\sigma = \int_{-1}^{0}\mathrm{d}x\int_{-x-1}^{1+x}\mathrm{e}^{x+y}\mathrm{d}y + \int_{0}^{1}\mathrm{d}x\int_{x-1}^{1-x}\mathrm{e}^{x+y}\mathrm{d}y = \mathrm{e} - \mathrm{e}^{-1}$$

（3）Y 型区域上的二重积分

Y 型区域 D：$\psi_1(y) \leqslant x \leqslant \psi_2(y),c \leqslant y \leqslant d$，如图 6-15 所示。其特点是：穿过 D 内部且平行于 x 轴的直线与 D 的边界相交不多于两点。

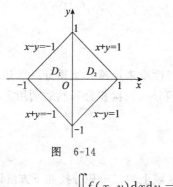

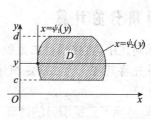

图 6-14

图 6-15

则
$$\iint\limits_{D}f(x,y)\mathrm{d}x\mathrm{d}y = \int_{c}^{d}\mathrm{d}y\int_{\psi_1(y)}^{\psi_2(y)}f(x,y)\mathrm{d}x$$

例 39　计算 $\iint\limits_{D}(2x-y)\mathrm{d}x\mathrm{d}y$，其中 D 由直线 $y=x$，$y=2x$，$x=2$ 围成。

解　**方法 1**　D 如图 6-16 所示，D 为 X 型区域：$x\leqslant y\leqslant$ $2x$，$0\leqslant x\leqslant 2$，所以

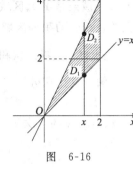

$$\iint\limits_{D}(2x-y)\mathrm{d}x\mathrm{d}y=\int_{0}^{2}\mathrm{d}x\int_{x}^{2x}(2x-y)\mathrm{d}y=\int_{0}^{2}\left(2xy-\frac{y^{2}}{2}\right)\Big|_{x}^{2x}\mathrm{d}x$$

$$=\int_{0}^{2}\left(4x^{2}-2x^{2}-2x^{2}+\frac{x^{2}}{2}\right)\mathrm{d}x=\frac{x^{3}}{6}\Big|_{0}^{2}=\frac{4}{3}$$

方法 2　D 为 Y 型区域，分为两部分 D_{1}，D_{2}，则

D_{1}：$\dfrac{y}{2}\leqslant x\leqslant y$，$0\leqslant y\leqslant 2$，$D_{2}$：$\dfrac{y}{2}\leqslant x\leqslant 2$，$2\leqslant y\leqslant 4$ 都是 Y 型

区域，有

图　6-16

$$\iint\limits_{D}(2x-y)\mathrm{d}x\mathrm{d}y=\iint\limits_{D_{1}}(2x-y)\mathrm{d}x\mathrm{d}y+\iint\limits_{D_{2}}(2x-y)\mathrm{d}x\mathrm{d}y$$

$$=\int_{0}^{2}\mathrm{d}y\int_{\frac{y}{2}}^{y}(2x-y)\mathrm{d}x+\int_{2}^{4}\mathrm{d}y\int_{\frac{y}{2}}^{2}(2x-y)\mathrm{d}x$$

$$=\int_{0}^{2}(x^{2}-xy)\Big|_{\frac{y}{2}}^{y}\mathrm{d}y+\int_{2}^{4}(x^{2}-xy)\Big|_{\frac{y}{2}}^{2}\mathrm{d}y$$

$$=\frac{y^{3}}{12}\Big|_{0}^{2}+\left(4y-y^{2}+\frac{y^{3}}{12}\right)\Big|_{2}^{4}=\frac{4}{3}$$

显然方法 1 比方法 2 简单，因此选择恰当的区域类型，即选择合适的积分顺序，是使积分计算简便的关键。

例 40　求 $\iint\limits_{D}x^{2}\mathrm{e}^{-y^{2}}\mathrm{d}x\mathrm{d}y$ 的值，其中 D 由直线 $x=0$，$y=1$，$y=x$ 围成。

解　D 如图 6-17 所示，故 D 既是 X 型区域也是 Y 型区域。

若 D 是 X 型区域，则有 D：$x\leqslant y\leqslant 1$，$0\leqslant x\leqslant 1$，于是

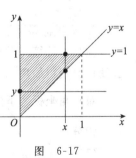

$$\iint\limits_{D}x^{2}\mathrm{e}^{-y^{2}}\mathrm{d}x\mathrm{d}y=\int_{0}^{1}\mathrm{d}x\int_{x}^{1}x^{2}\mathrm{e}^{-y^{2}}\mathrm{d}y$$

由于 $\mathrm{e}^{-y^{2}}$ 关于 y 的积分积不出来，所以该二重积分不能用先对 y 后对 x 的二次积分来计算。

若 D 是 Y 型区域，则有 D：$0\leqslant x\leqslant y$，$0\leqslant y\leqslant 1$，于是

图　6-17

$$\iint\limits_{D}x^{2}\mathrm{e}^{-y^{2}}\mathrm{d}x\mathrm{d}y=\int_{0}^{1}\mathrm{d}y\int_{0}^{y}x^{2}\mathrm{e}^{-y^{2}}\mathrm{d}x=\int_{0}^{1}\left(\frac{x^{3}}{3}\mathrm{e}^{-y^{2}}\right)\Big|_{0}^{y}\mathrm{d}y$$

$$=\frac{1}{3}\int_{0}^{1}y^{3}\mathrm{e}^{-y^{2}}\mathrm{d}y=\frac{1}{6}\int_{0}^{1}y^{2}\mathrm{e}^{-y^{2}}\mathrm{d}y^{2}$$

$$=\frac{1}{6}\left[-y^{2}\mathrm{e}^{-y^{2}}\Big|_{0}^{1}+\int_{0}^{1}\mathrm{e}^{-y^{2}}\mathrm{d}(y^{2})\right]$$

$$=\frac{1}{6}\left(-\frac{1}{\mathrm{e}}-\mathrm{e}^{-y^{2}}\Big|_{0}^{1}\right)=\frac{1}{6}\left(1-\frac{2}{\mathrm{e}}\right)$$

此例表明，选择不同的积分次序，不仅会影响到二重积分的计算速度与难易程度，而且还关系到积分能否算出的问题。

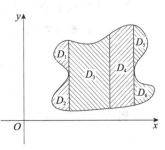

图　6-18

（4）一般有界闭区域上二重积分的计算

设 D 为 xOy 平面上的一般有界闭区域，当 D 既不是 X 型区域又不是 Y 型区域时，可作有限条平行于坐标轴的辅助线，将 D 分割成有限个小闭区域，使每个小闭区域都是 X 型区域或是 Y 型区域，如图 6-18 所示，于是 D 上 $f(x,y)$ 的二重积分就可以利用公式及二重积分的积分区域可加性进行计算。

例 41　交换二次积分 $\displaystyle\int_0^1 \mathrm{d}x \int_0^x f(x,y)\mathrm{d}y + \int_1^2 \mathrm{d}x \int_0^{2-x} f(x,y)\mathrm{d}y$ 的积分次序。

解　这个积分可以看成区域 $D=D_1+D_2$ 上的二重积分，其中 D_1 由直线 $y=0,y=x,x=1$ 所围成，D_2 由直线 $y=0,y=2-x,x=1$ 所围成，如图 6-19 所示。现将它化成先对 x、后对 y 的二次积分，此时 $D:0\leqslant y\leqslant 1,y\leqslant x\leqslant 2-y$，于是

$$\int_0^1 \mathrm{d}x \int_0^x f(x,y)\mathrm{d}y + \int_1^2 \mathrm{d}x \int_0^{2-x} f(x,y)\mathrm{d}y = \int_0^1 \mathrm{d}y \int_y^{2-y} f(x,y)\mathrm{d}x$$

例 42　交换积分次序计算二重积分 $\displaystyle\int_0^1 \mathrm{d}x \int_x^1 \mathrm{e}^{-y^2}\mathrm{d}y$。

解　这个积分可以看成区域 $D:0\leqslant x\leqslant 1,x\leqslant y\leqslant 1$（见图 6-20）上的二重积分，现将它化成先对 x、后对 y 的二次积分，此时 $D:0\leqslant y\leqslant 1,0\leqslant x\leqslant y$，于是

$$\int_0^1 \mathrm{d}x \int_x^1 \mathrm{e}^{-y^2}\mathrm{d}y = \int_0^1 \mathrm{d}y \int_0^y \mathrm{e}^{-y^2}\mathrm{d}x = -\frac{1}{2}\mathrm{e}^{-y^2}\Big|_0^1 = \frac{1}{2}\left(1-\frac{1}{\mathrm{e}}\right)$$

由此可见，若不交换积分次序，就无法算得二次积分的结果。

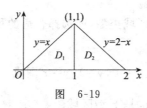
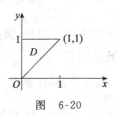

图　6-19　　　　　　　　　　图　6-20

2. 极坐标系下二重积分的计算

在具体计算二重积分时，根据被积函数的特点和积分区域的形状，选择适当的坐标，会使计算变得简单，二重积分也可用极坐标来计算。

对直角坐标系下的二重积分 $\displaystyle\iint_D f(x,y)\mathrm{d}\sigma$ 可用下面的方法将它变换成极坐标系下的二重积分：

（1）通过变换 $x=r\cos\theta,y=r\sin\theta$ 将被积函数 $f(x,y)$ 化为 r,θ 的函数，即
$$f(x,y)=f(r\cos\theta,r\sin\theta)=F(r,\theta)$$

（2）将区域 D 的边界曲线用极坐标方程 $r=r(\theta)$ 来表示。

（3）将面积元素 $\mathrm{d}\sigma$ 表示成极坐标下的面积元素 $r\mathrm{d}r\mathrm{d}\theta$，于是就得到二重积分的极坐标表示式

$$\iint_D f(x,y)\mathrm{d}\sigma = \iint_D f(r\cos\theta,r\sin\theta)r\mathrm{d}r\mathrm{d}\theta$$

例 43　计算 $\displaystyle\iint_D \mathrm{e}^{x^2+y^2}\mathrm{d}\sigma$，其中 D 是圆域 $x^2+y^2\leqslant 9$。

解　引进极坐标变换 $\begin{cases} x=r\cos\theta \\ y=r\sin\theta \end{cases}$，则积分区域 $D\to D':0\leqslant r\leqslant 3,0\leqslant\theta\leqslant 2\pi$，被积函数

$e^{x^2+y^2} \to e^{r^2}$，面积微元 $d\sigma \to rdrd\theta$，于是

$$\iint\limits_{D} e^{x^2+y^2} d\sigma = \iint\limits_{D} e^{r^2} rdrd\theta = \int_0^{2\pi} d\theta \int_0^3 re^{r^2} dr = \frac{1}{2} \int_0^{2\pi} e^{r^2} \bigg|_0^3 d\theta = \pi(e^9 - 1)$$

例 44　计算 $\iint\limits_{D} \sqrt{x^2 + y^2} d\sigma$，其中 D 是第一象限由圆 $x^2 + y^2 = a^2$，$x^2 + y^2 = b^2 (a < b)$ 及 x 轴，y 轴围成的区域。

解　D 为如图 6-21 所示的阴影部分，引进极坐标变换 $\begin{cases} x = r\cos\theta \\ y = r\sin\theta \end{cases}$，则边界 $x^2 + y^2 = a^2 \to r = a$，$x^2 + y^2 = b^2 \to r = b$，故有积分区域 $D \to D'$：$a \leqslant r \leqslant b$，$0 \leqslant \theta \leqslant \frac{\pi}{2}$，则有

$$\iint\limits_{D} \sqrt{x^2 + y^2} d\sigma = \iint\limits_{D} r^2 drd\theta = \int_0^{\frac{\pi}{2}} d\theta \int_a^b r^2 dr = \frac{\pi(b^3 - a^3)}{6}$$

例 45　计算 $\iint\limits_{D} \sqrt{4 - x^2 - y^2} d\sigma$，其中 D 由曲线 $x^2 + y^2 = 2x$ 围成。

解　D 为如图 6-22 所示的阴影部分，引进极坐标变换 $\begin{cases} x = r\cos\theta \\ y = r\sin\theta \end{cases}$，则边界曲线为 $x^2 + y^2 = 2x \to r = 2\cos\theta$，故积分区域 D'：$0 \leqslant r \leqslant 2\cos\theta$，$-\frac{\pi}{2} \leqslant \theta \leqslant \frac{\pi}{2}$，于是

$$\iint\limits_{D} \sqrt{4 - x^2 - y^2} d\sigma = \iint\limits_{D} \sqrt{4 - r^2} rdrd\theta = \int_{-\frac{\pi}{2}}^{\frac{\pi}{2}} d\theta \int_0^{2\cos\theta} \sqrt{4 - r^2} rdr$$

$$= \int_{-\frac{\pi}{2}}^{\frac{\pi}{2}} \left(-\frac{1}{2} \times \frac{2}{3} (4 - r^2)^{\frac{3}{2}} \bigg|_0^{2\cos\theta} \right) d\theta = \frac{1}{3} \int_{-\frac{\pi}{2}}^{\frac{\pi}{2}} (8 - 8 |\sin\theta|^3) d\theta$$

$$= \frac{16}{3} \int_0^{\frac{\pi}{2}} (1 - \sin^3\theta) d\theta = \frac{16}{3} \left[\theta \bigg|_0^{\frac{\pi}{2}} + \int_0^{\frac{\pi}{2}} (1 - \cos^2\theta) d\cos\theta \right]$$

$$= \frac{16}{3} \left(\frac{\pi}{2} - 1 + \frac{1}{3} \right) = \frac{8}{3} \left(\pi - \frac{\pi}{3} \right)$$

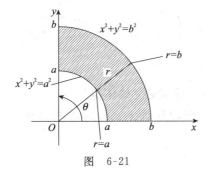

图 6-21

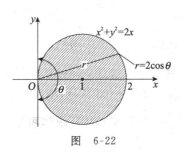

图 6-22

四、二重积分应用举例

1. 平面图形面积

$$S = \iint\limits_{D} d\sigma$$

2. 空间立体体积

(1) $z = f(x, y) (z \geqslant 0)$ 为曲顶，xOy 平面上的有界闭区域 D 为底，母线平行于 z 轴的

曲顶柱体体积为

$$V = \iint\limits_{D} f(x, y) \,\mathrm{d}\sigma$$

（2）若立体有上、下两曲面，上曲面 $z = f_2(x, y)$，下曲面 $z = f_1(x, y)$，则该立体体积为

$$V = \iint\limits_{D} [f_2(x, y) - f_1(x, y)] \,\mathrm{d}\sigma$$

3. 平面薄板质量

平面薄板 D 的质量：$m = \iint\limits_{D} \rho(x, y) \,\mathrm{d}\sigma$，其中 $\rho(x, y)$ 为面密度，$\rho \geqslant 0$。

4. 平面薄板重心

平面薄板 D 的面密度 $\rho(x, y)$，则重心坐标为

$$\bar{x} = \frac{M_y}{M} = \frac{\iint\limits_{D} x\rho(x, y) \,\mathrm{d}\sigma}{\iint\limits_{D} \rho(x, y) \,\mathrm{d}\sigma}, \quad \bar{y} = \frac{M_x}{M} = \frac{\iint\limits_{D} y\rho(x, y) \,\mathrm{d}\sigma}{\iint\limits_{D} \rho(x, y) \,\mathrm{d}\sigma}$$

例 46 计算半径为 R 的圆的面积。

解 设所求面积为 S，圆域为 $D: x^2 + y^2 \leqslant R$，则 $S = \iint\limits_{D} \mathrm{d}\sigma$，引进极坐标变换 $\begin{cases} x = r\cos\theta \\ y = r\sin\theta \end{cases}$，则 $D \to D': 0 \leqslant r \leqslant R, 0 \leqslant \theta \leqslant 2\pi$，于是

$$S = \iint\limits_{D} r \,\mathrm{d}r \,\mathrm{d}\theta = \int_0^{2\pi} \mathrm{d}\theta \int_0^R r \,\mathrm{d}r = \pi R^2$$

例 47 求区域 $D: x^2 + y^2 \leqslant 2, x \leqslant y^2$ 的重心。

解 由对称性可得 $\bar{y} = 0$

$$\bar{x} = \frac{\iint\limits_{D} x \,\mathrm{d}\sigma}{\iint\limits_{D} \mathrm{d}\sigma} = \frac{\int_{-\sqrt{2}}^0 \mathrm{d}x \int_{-\sqrt{2-x^2}}^{\sqrt{2-x^2}} x \,\mathrm{d}y + 2\int_0^1 \mathrm{d}x \int_{\sqrt{x}}^{\sqrt{2-x^2}} x \,\mathrm{d}y}{\int_{-\sqrt{2}}^0 \mathrm{d}x \int_{-\sqrt{2-x^2}}^{\sqrt{2-x^2}} \mathrm{d}y + 2\int_0^1 \mathrm{d}x \int_{\sqrt{x}}^{\sqrt{2-x^2}} \mathrm{d}y} = -\frac{44}{45\pi - 10}$$

重心坐标 $\left(-\dfrac{44}{45\pi - 10}, 0\right)$。

例 48 求由三个坐标平面与平面 $x + 2y + z = 1$ 围成的立体体积。

解 如图 6-23 所示，顶面为 $z = 1 - x - 2y$，其在 xOy 面上投影为 X 型区域 $D: 0 \leqslant y \leqslant \dfrac{1-x}{2}, 0 \leqslant x \leqslant 1$，故所求体积为

$$V = \iint\limits_{D} (1 - x - 2y) \,\mathrm{d}\sigma = \int_0^1 \mathrm{d}x \int_0^{\frac{1-x}{2}} (1 - x - 2y) \,\mathrm{d}y = \int_0^1 (y - xy - y^2) \Big|_0^{\frac{1-x}{2}} \mathrm{d}x$$

$$= \int_0^1 \left(\frac{1}{4} - \frac{x}{2} + \frac{x^2}{4}\right) \mathrm{d}x = \frac{1}{12}$$

例 49 xOy 右半平面内有一钢板 D，其边界曲线由 $x^2 + 4y^2 = 12$ 及 $x = 4y^2$ 组成，D 内点 (x, y) 处面密度与横坐标 x 成正比，比例系数为 $k(k > 0)$，求钢板质量。

解 如图 6-24 中阴影部分所示，由 $\begin{cases} x^2 + 4y^2 = 12 \\ x = 4y^2 \end{cases}$ 解得交点为 $A\left(3, -\dfrac{\sqrt{3}}{2}\right)$，

$B\left(3,\dfrac{\sqrt{3}}{2}\right)$，视 D 为 Y 型区域：$4y^2\leqslant x\leqslant\sqrt{12-4y^2}$，$-\dfrac{\sqrt{3}}{2}\leqslant y\leqslant\dfrac{\sqrt{3}}{2}$，则

$$m=\iint\limits_{D}kx\mathrm{d}\sigma=k\int_{-\frac{\sqrt{3}}{2}}^{\frac{\sqrt{3}}{2}}\mathrm{d}y\int_{4y^2}^{\sqrt{12-4y^2}}x\mathrm{d}x=\frac{k}{2}\int_{-\frac{\sqrt{3}}{2}}^{\frac{\sqrt{3}}{2}}(12-4y^2-16y^4)\mathrm{d}y=\frac{23k}{5}\sqrt{3}$$

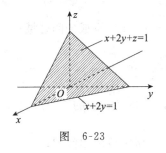

图　6-23

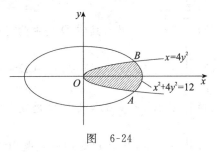

图　6-24

思　考　题

1. 一元函数的定积分与二元函数的二重积分有何异同？

2. 二重积分可以在直角坐标系下计算，也可以在极坐标系下计算，二者如何转换？什么情况下用极坐标计算二重积分比较方便？

习题 6-6

1. 母线平行于 z 轴的曲顶柱体，顶面为 $z=x^2+y^2$，底为圆的区域 D：$x^2+y^2\leqslant4$，试用二重积分表示出该柱体的体积。

2. 利用二重积分的性质，不经计算直接给出二重积分的值。

(1) $\iint\limits_{D}\mathrm{d}\sigma$，$D$：$|x|\leqslant1$，$|y|\leqslant1$；

(2) $\iint\limits_{D}\mathrm{d}\sigma$，$x^2+y^2\leqslant4$。

3. 比较下列积分的大小。

(1) $\iint\limits_{D}(x+y)^2\mathrm{d}\sigma$ 与 $\iint\limits_{D}(x+y)^3\mathrm{d}\sigma$，其中积分区域 D 是由圆周 $(x-2)^2+(y-1)^2=2$ 所围成；

(2) $\iint\limits_{D}\ln(x+y)\mathrm{d}\sigma$ 与 $\iint\limits_{D}\ln^2(x+y)\mathrm{d}\sigma$，其中积分区域 D 是三角闭区域，三顶点分别为 $(1,0),(1,1),(2,0)$。

4. 估计下列积分的值。

(1) $I=\iint\limits_{D}xy(x+y)\mathrm{d}\sigma$，其中 $D=\{(x,y)\,|\,0\leqslant x\leqslant1,0\leqslant y\leqslant1\}$；

(2) $I=\iint\limits_{D}\sin^2x\sin^2y\mathrm{d}\sigma$，其中 $D=\{(x,y)\,|\,0\leqslant x\leqslant\pi,0\leqslant y\leqslant\pi\}$。

5. 交换下列积分次序。

(1) $\int_0^1\mathrm{d}x\int_x^{2-x}f(x,y)\mathrm{d}y$；

(2) $\int_0^1\mathrm{d}y\int_0^y f(x,y)\mathrm{d}x$；

(3) $\int_0^1 dx \int_0^{x^2} f(x,y)dy + \int_1^2 dx \int_0^{\sqrt{2x-x^2}} f(x,y)dy$。

6. 计算下列二重积分。

(1) $\iint\limits_D x^2 y^2 d\sigma$，其中 $D=\{(x,y)\,|\,|x|\leqslant 1,|y|\leqslant 1\}$；

(2) $\iint\limits_D (3x+2y)d\sigma$，其中 D 是由两坐标轴及直线 $x+y=2$ 所围成的闭区域；

(3) $\iint\limits_D (x^3+3x^2y+y^3)d\sigma$，其中 $D=\{(x,y)\,|\,0\leqslant x\leqslant 1,0\leqslant y\leqslant 1\}$；

(4) $\iint\limits_D x\cos(x+y)d\sigma$，其中 D 是顶点分别为 $(0,0),(\pi,0),(\pi,\pi)$ 的三角形闭区域；

(5) $\iint\limits_D x\sqrt{y}\,d\sigma$，其中 D 是由两条抛物线 $y=\sqrt{x}$，$y=x^2$ 所围成的闭区域；

(6) $\iint\limits_D \left(\dfrac{x}{y}\right)^2 dxdy$，其中 D 是由直线 $x=2,y=x,xy=1$ 所围成的闭区域。

7. 利用极坐标计算下列二重积分。

(1) $\iint\limits_D e^{x^2+y^2} dxdy$，其中 $D=\{(x,y)\,|\,x^2+y^2\leqslant 1,x\geqslant 0,y\geqslant 0\}$；

(2) $\iint\limits_D \sqrt{1-x^2-y^2}$，其中 D 是圆心在原点的单位圆的上半部分；

(3) $\iint\limits_D \dfrac{\sin\sqrt{x^2+y^2}}{\sqrt{x^2+y^2}}d\sigma$，其中 D：$\dfrac{\pi^2}{4}\leqslant x^2+y^2\leqslant \pi^2$；

(4) $\iint\limits_D \ln(1+2x^2+2y^2)d\sigma$，其中 D：$y=x,y=-x,x^2+y^2=1$ 围成在 x 轴上方的扇形。

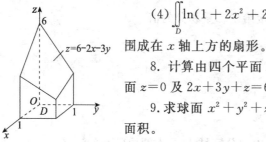

图　6-25

8. 计算由四个平面 $x=0,y=0,x=1,y=1$ 所围成的柱体被平面 $z=0$ 及 $2x+3y+z=6$ 截得的立体的体积，如图 6-25 所示。

9. 求球面 $x^2+y^2+z^2=25$ 被平面 $z=3$ 所截上半部分曲面的面积。

10. 设平面薄板 D 由曲线 $y=x^2$ 与 $x=y^2$ 围成，其上质量分布均匀，求其重心。

11. 设圆盘的圆心在原点上，半径为 R，而面密度 $\rho=x^2+y^2$，求该圆盘的质量。

【本章典型方法与范例】

例 1 求函数 $z=\arcsin 2x+\dfrac{\sqrt{4x-y^2}}{\ln(1-x^2-y^2)}$ 的定义域。

解 要使函数有意义，必须满足

$$\begin{cases} |2x|\leqslant 1 \\ 4x-y^2\geqslant 0 \\ 1-x^2-y^2>0 \\ 1-x^2-y^2\neq 1 \end{cases}$$

解得

$$\begin{cases} \dfrac{y^2}{4} \leqslant x \leqslant \dfrac{1}{2} \\ 0 < x^2 + y^2 < 1 \end{cases}$$

所以函数的定义域为

$$\left\{ (x,y) \mid \dfrac{y^2}{4} \leqslant x \leqslant \dfrac{1}{2}, 0 < x^2 + y^2 < 1 \right\}$$

例 2 已知 $f(x+y, x-y) = 3x^2 - 4xy + 5y^2$，求 $f(x,y)$。

解 利用变量替换法，设 $u = x+y, v = x-y$，解得

$$x = \frac{1}{2}(u+v), y = \frac{1}{2}(u-v)$$

代入表达式，得

$$f(u,v) = 3\left(\frac{u+v}{2}\right)^2 - 4 \cdot \frac{u+v}{2} \cdot \frac{u-v}{2} + 5\left(\frac{u-v}{2}\right)^2$$
$$= u^2 - uv + 3v^2$$

所以

$$f(x,y) = x^2 - xy + 3y^2$$

例 3 判断下列二元函数是否存在极限。

(1) $\lim\limits_{(x,y)\to(1,0)} \dfrac{\sin(xy)}{x}$; (2) $\lim\limits_{(x,y)\to(0,0)} \dfrac{xy^2}{2(x^2+y^2)}$;

(3) $\lim\limits_{(x,y)\to(0,0)} (1+x^2y^2)^{\frac{1}{x^2+y^2}}$; (4) $\lim\limits_{(x,y)\to(0,0)} \dfrac{1-\cos(x^2+y^2)}{(x^2+y^2)x^2y^2}$。

解 (1) $\lim\limits_{(x,y)\to(1,0)} \dfrac{\sin(xy)}{x} = \lim\limits_{(x,y)\to(1,0)} \dfrac{\sin(xy)}{xy} \cdot y = 1 \times 0 = 0$

(2) $\lim\limits_{(x,y)\to(0,0)} \dfrac{xy^2}{2(x^2+y^2)} = \lim\limits_{(x,y)\to(0,0)} \dfrac{xy}{2(x^2+y^2)} \cdot y$

由于 $\left| \dfrac{xy}{2(x^2+y^2)} \right| \leqslant \dfrac{1}{4}$，且 y 是无穷小量，所以

$$\lim\limits_{(x,y)\to(0,0)} \dfrac{xy^2}{2(x^2+y^2)} = 0$$

(3) $\lim\limits_{(x,y)\to(0,0)} (1+x^2y^2)^{\frac{1}{x^2+y^2}} = \lim\limits_{(x,y)\to(0,0)} (1+x^2y^2)^{\frac{1}{x^2y^2} \cdot \frac{x^2y^2}{x^2+y^2}}$

由于

$$\lim\limits_{(x,y)\to(0,0)} \dfrac{x^2y^2}{x^2+y^2} = \lim\limits_{(x,y)\to(0,0)} \dfrac{xy}{x^2+y^2} \cdot xy = 0$$

所以

$$\lim\limits_{(x,y)\to(0,0)} (1+x^2y^2)^{\frac{1}{x^2+y^2}} = \lim\limits_{(x,y)\to(0,0)} (1+x^2y^2)^{\frac{1}{x^2y^2} \cdot \frac{x^2y^2}{x^2+y^2}} = \lim\limits_{(x,y)\to(0,0)} \left[(1+x^2y^2)^{\frac{1}{x^2y^2}} \right]^{\frac{x^2y^2}{x^2+y^2}} = e^0 = 1$$

(4) 因为当 $x=y$ 时，$\lim\limits_{(x,y)\to(0,0)} \dfrac{1-\cos(x^2+y^2)}{(x^2+y^2)x^2y^2} = \lim\limits_{\substack{x\to0 \\ y=x}} \dfrac{1-\cos 2x^2}{2x^6}$

$$= \lim\limits_{x\to0} \dfrac{2\sin^2 x^2}{2x^6} = \lim\limits_{x\to0} \left(\dfrac{\sin x^2}{x^2} \right)^2 \cdot \dfrac{1}{x^2}$$

$$=\lim_{x\to 0}\frac{1}{x^4}=\infty$$

所以 $\lim\limits_{(x,y)\to(0,0)}\dfrac{1-\cos(x^2+y^2)}{(x^2+y^2)x^2y^2}$ 不存在。

例 4 设 $z=u\arctan(uv),u=x^2,v=ye^x$，求 $\dfrac{\partial z}{\partial x},\dfrac{\partial z}{\partial y}$。

解 $\dfrac{\partial z}{\partial x}=\dfrac{\partial z}{\partial u}\cdot\dfrac{\partial u}{\partial x}+\dfrac{\partial z}{\partial v}\cdot\dfrac{\partial v}{\partial x}$

$$=\left[\arctan(uv)+\frac{uv}{1+u^2v^2}\right]\cdot 2x+\frac{u^2}{1+u^2v^2}\cdot ye^x$$

$$=\frac{u(2xv+uye^x)}{1+u^2v^2}+2x\arctan(uv)=\frac{x^3ye^x(2+x)}{1+x^4y^2e^{2x}}+2x\arctan(x^2ye^x)$$

$$\frac{\partial z}{\partial y}=\frac{\partial z}{\partial u}\cdot\frac{\partial u}{\partial y}+\frac{\partial z}{\partial v}\cdot\frac{\partial v}{\partial y}$$

$$=\left[\arctan(uv)+\frac{uv}{1+u^2v^2}\right]\cdot 0+\frac{u^2}{1+u^2v^2}\cdot e^x$$

$$=\frac{u^2e^x}{1+u^2v^2}=\frac{x^4e^x}{1+x^4y^2e^{2x}}$$

例 5 计算 $\iint\limits_{D}(x^2-y^2)\mathrm{d}x\mathrm{d}y$，其中 D 是由直线 $y=x,y=-x,y=1$ 围成的。

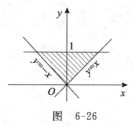

图 6-26

解 画出区域 D 的图形，如图 6-26 所示，由图可知
$D=\{(x,y)\mid -y\leqslant x\leqslant y,0\leqslant y\leqslant 1\}$ 为 Y 型区域，所以

$$\iint\limits_{D}(x^2-y^2)\mathrm{d}x\mathrm{d}y=\int_0^1\mathrm{d}y\int_{-y}^{y}(x^2-y^2)\mathrm{d}x$$

$$=\int_0^1\left(\frac{1}{3}x^3-xy^2\right)\Big|_{-y}^{y}\mathrm{d}y$$

$$=-\int_0^1\frac{4}{3}y^3\mathrm{d}y=-\frac{1}{3}y^4\Big|_0^1=-\frac{1}{3}$$

例 6 计算 $\iint\limits_{D}\ln(1+x^2+y^2)\mathrm{d}\sigma$，其中 D 是由圆周 $x^2+y^2=4$ 与坐标轴所围成的第一象限内的闭区域。

解 根据被积函数和积分区域的特点，选择极坐标计算二重积分。积分区域 D 用极坐标表示为 $D=\left\{(r,\theta)\mid 0\leqslant\theta\leqslant\dfrac{\pi}{2},0\leqslant r\leqslant 2\right\}$，所以

$$\iint\limits_{D}\ln(1+x^2+y^2)\mathrm{d}\sigma=\int_0^{\frac{\pi}{2}}\mathrm{d}\theta\int_0^2\ln(1+r^2)r\mathrm{d}r$$

$$=\frac{\pi}{2}\times\frac{1}{2}\times\int_0^2\ln(1+r^2)\mathrm{d}(1+r^2)$$

$$=\frac{\pi}{4}(1+r^2)\ln(1+r^2)\Big|_0^2-\frac{\pi}{4}\int_0^2(1+r^2)\cdot\frac{2r}{1+r^2}\mathrm{d}r$$

$$=\frac{\pi}{4}(5\ln 5-4)$$

本章知识结构

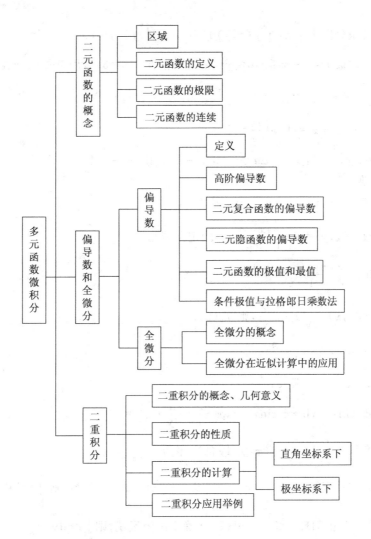

复 习 题 六

1. 判断题

(1) 设 $f(u,v)=u^2+v^2$，则 $f(\sqrt{xy},x+y)=xy+(x+y)^2$。 ( )

(2) $z=\dfrac{1}{\sqrt{x-y}}+\dfrac{1}{y}$ 的定义域：$\{(x,y)\,|\,y\neq0,y\leqslant x\}$。 ( )

(3) 设 $f'_x(x_0,y_0)=2$，则 $\lim\limits_{\Delta x\to0}\dfrac{f(x_0-\Delta x,y_0)-f(x_0,y_0)}{\Delta x}=2$。 ( )

(4) 设 $z=x^y$，则 $\dfrac{\partial z}{\partial y}=x^y\ln x$。 ( )

(5) 设 D：$\{(x,y)\,|\,x^2+y^2\leqslant2\}$ 所围成的闭区域，则 $\iint\limits_{D}\mathrm{d}x\mathrm{d}y=4\pi$。 ( )

(6) $\iint\limits_{D}(x+y)^2\mathrm{d}\sigma \leqslant \iint\limits_{D}(x+y)^3\mathrm{d}\sigma$,其中 D：由 x 轴、y 轴与直线 $x+y=1$ 所围成的

闭区域。 （ ）

(7) 交换积分次序 $\int_0^1\mathrm{d}x\int_x^1 f(x,y)\mathrm{d}y = \int_0^1\mathrm{d}y\int_0^y f(x,y)\mathrm{d}x$ 。 （ ）

(8) 矩形铁板 D：$0\leqslant x\leqslant a,0\leqslant y\leqslant b$,其面密度为 $\rho=3x^2$,用二重积分表示 D 的质量

为：$\int_0^b\mathrm{d}y\int_0^a 3x^2\mathrm{d}x$ 。 （ ）

(9) 设 $x^2+y^2+z^2=1$,则 $\dfrac{\partial z}{\partial x}=\dfrac{x}{z}$ 。 （ ）

(10) $z=xy,x=1,y=2,\Delta x=0.1,\Delta y=0.2$,则 $\mathrm{d}z=0.4$ 。 （ ）

2. 填空题

(1) 设 $f(x+y,x-y)=x^2+y^2$,则 $f(x,y)=$ _____。

(2) 函数 $f(x,y)=\dfrac{\sqrt{4x-y^2}}{\ln(1-x^2-y^2)}$ 的定义域为_____。

(3) $\lim\limits_{(x,y)\to(0,1)}\dfrac{\arctan(x^2+y^2)}{1+e^{xy}}=$ _____。

(4) 若 $f(x,y)=\sqrt{xy+\dfrac{x}{y}}$,则 $f'_x(2,1)=$ _____,$f'_y(2,1)=$ _____。

(5) 设 $z=(1+x)^{xy}$,则 $\dfrac{\partial z}{\partial y}=$ _____。

(6) 设 $z=e^{y(x^2+y^2)}$,则 $\mathrm{d}z=$ _____。

(7) 已知 $x\ln y+y\ln z+z\ln x=1$,则 $\dfrac{\partial z}{\partial x}\cdot\dfrac{\partial x}{\partial y}\cdot\dfrac{\partial y}{\partial z}=$ _____。

(8) 交换积分 $\int_0^1\mathrm{d}x\int_0^{1-x}f(x,y)\mathrm{d}y$ 的次序为_____。

(9) 设 D 是由直线 $x+y=1,x-y=1$ 及 $x=0$ 所围成的闭区域,则 $\iint\limits_{D}\mathrm{d}x\mathrm{d}y=$ _____。

(10) 设 D 是由圆环 $2\leqslant x^2+y^2\leqslant 4$ 所确定的闭区域,则 $\iint\limits_{D}\mathrm{d}x\mathrm{d}y=$ _____。

3. 选择题

(1) 函数 $z=\ln(xy)$ 的定义域为（ ）。

A. $x\geqslant 0,y\geqslant 0$ B. $x\geqslant 0,y\geqslant 0$ 或 $x\leqslant 0,y\leqslant 0$

C. $x<0,y<0$ D. $x>0,y>0$ 或 $x<0,y<0$

(2) 设 $f(x,y)=\begin{cases}\dfrac{xy^2}{x^2+y^4}, & x^2+y^4\neq 0\\ 0, & x^2+y^4=0\end{cases}$,则 $\lim\limits_{(x,y)\to(0,0)}f(x,y)$（ ）。

A. 存在 B. 不存在 C. 不确定 D. 无法判别

(3) 设 $z=f(x,y)$ 在点 (x_0,y_0) 处的偏导数存在,则 $\lim\limits_{h\to 0}\dfrac{f(x_0+2h,y_0)-f(x_0-h,y_0)}{h}=$

（ ）。

A. 0 B. $f'_x(x_0,y_0)$ C. $2f'_x(x_0,y_0)$ D. $3f'_x(x_0,y_0)$

(4) 若 $D=\{(x,y)\mid (x-2)^2+(y-1)^2\leqslant 1\}$,$I_k=\iint\limits_{D}(x+y)^k\mathrm{d}\sigma(k=1,2,3)$,比较 I_1,I_2,I_3 的大小(   )。

A. $I_1<I_2<I_3$ B. $I_2<I_1<I_3$ C. $I_2<I_3<I_1$ D. $I_3<I_2<I_1$

(5) 若 $f'_x(x_0,y_0)=0,f'_y(x_0,y_0)=0$,则 $f(x,y)$ 在点 (x_0,y_0) 处(   )。

A. 有极值   B. 无极值

C. 不一定有极值   D. 有极大值

(6) 下列各点中,是二元函数 $f(x,y)=x^3-y^3-3y-9x$ 的极值点的是(   )。

A. $(-3,-1)$ B. $(3,1)$ C. $(-1,1)$ D. $(-1,-1)$

(7) 如果 $\iint\limits_{D}\mathrm{d}x\mathrm{d}y=1$,其中区域 D 是由(   )所围成的闭区域。

A. $y=x+1,x=0,x=1$ 及 x 轴   B. $|x|=1,|y|=1$

C. $2x+y=2$ 及 x 轴、y 轴   D. $|x+y|=1,|x-y|=1$

(8) 设 D 是由 $|x|=2,|y|=1$ 所围成的闭区域,则 $\iint\limits_{D}xy^2\mathrm{d}x\mathrm{d}y=($ $)$。

A. $\dfrac{4}{3}$ B. $\dfrac{8}{3}$ C. $\dfrac{16}{3}$ D. 0

(9) 设 D 是由 $0\leqslant x\leqslant 1,0\leqslant y\leqslant \pi$ 所围成的闭区域,则 $\iint\limits_{D}y\cos(xy)\mathrm{d}x\mathrm{d}y=($ $)$。

A. 2   B. 2π C. $\pi+1$ D. 0

(10) $\iint\limits_{x^2+y^2\leqslant a^2}(x^2+y^2)\mathrm{d}x\mathrm{d}y=8\pi$,则 $a=($ $)$。

A. $\sqrt{2}$ B. $2\sqrt{2}$ C. 1   D. 2

4. 求下列函数的偏导数。

(1) $z=x\mathrm{e}^{-xy}$;   (2) $z=(x+2y)^x$;   (3) $z=\arctan\sqrt{x^y}$;   (4) $\mathrm{e}^z=xyz$。

5. 证明题

(1) 设 $z=x^2f\left(\dfrac{y}{x}\right)$,其中 f 为可微函数,证明:$x\dfrac{\partial z}{\partial x}+y\dfrac{\partial z}{\partial y}=2z$;

(2) 设 $u=y+f(v)$,其中 $f(v)$ 可微,且 $v=x^2+y^2$,证明:$x\dfrac{\partial u}{\partial y}-y\dfrac{\partial u}{\partial x}=x$;

(3) 设 $f(x)$ 连续,a、m 为常数,求证:
$$\int_0^a\mathrm{d}y\int_0^y\mathrm{e}^{m(a-x)}f(x)\mathrm{d}x=\int_0^a(a-x)\mathrm{e}^{m(a-x)}f(x)\mathrm{d}x$$

6. 求下列各函数的全微分。

(1) $z=y^{\sin x}$;

(2) $u(x,y,z)=x^yy^zz^x$。

7. 求由方程 $\cos^2x+\cos^2y+\cos^2z=1$ 确定的函数 $z=f(x,y)$ 的全微分 $\mathrm{d}z$。

8. 求下列各函数的极值。

(1) $f(x,y)=4(x-y)-x^2-y^2$;

(2) $f(x,y)=\mathrm{e}^{2x}(x+y^2+2y)$。

9. 求函数 $f(x,y)=x+2y$ 在条件 $x^2+y^2=5$ 下的极值。

10. 计算下列二重积分。

(1) $\iint\limits_{D} xy \, \mathrm{d}x\mathrm{d}y$，其中 D 是由 $x=\sqrt{y}$，$x=3-2y$，$y=0$ 所围成的闭区域；

(2) $\iint\limits_{D} \dfrac{x+y}{x^2+y^2} \, \mathrm{d}x\mathrm{d}y$，其中 D 是由 $x^2+y^2 \leqslant 1$，$x+y \geqslant 1$ 所围成的区域。

11. 在斜边长为 c 的一切直角三角形中，求有最大周长的直角三角形。

12. 设一矩形的周长为 2，现让它绕其一边旋转，求所得圆柱体积最大时矩形的面积及圆柱体积。

第七章 线性代数

【本章导读】

党的二十大报告指出："以国家战略需求为导向，集聚力量进行原创性引领性科技攻关，坚决打赢关键核心技术攻坚战"。实现"卡脖子"技术新突破，线性代数学科和矩阵理论起着不可或缺的作用，在图像处理、信号处理和工程计算中涉及的许多问题最终都会归结为矩阵的计算或矩阵性质的判定。本章主要介绍行列式的概念、性质、计算；矩阵的概念、运算、初等变换、矩阵的秩与逆以及线性方程组的解法等。

【学习目标】

- 理解行列式的概念，掌握行列式的性质，会计算行列式的值。
- 理解矩阵的概念，掌握矩阵的计算、矩阵的秩、矩阵的初等变换以及逆矩阵。
- 掌握线性方程组解的存在性判定方法，会求线性方程组的解。

第一节　行　列　式

一、行列式的概念

1. 二阶行列式

在平面解析几何中，每一个一元一次方程代表一条直线，所以一次方程（不论其有几个未知数）称为线性方程。由线性方程构成的方程组称为线性方程组。

设二元线性方程组

$$\begin{cases} a_{11}x_1 + a_{12}x_2 = b_1 \\ a_{21}x_1 + a_{22}x_2 = b_2 \end{cases} \tag{7.1}$$

若 $a_{11}a_{22} - a_{12}a_{21} \neq 0$，则方程组的解为

$$x_1 = \frac{b_1 a_{22} - a_{12} b_2}{a_{11}a_{22} - a_{12}a_{21}}, \quad x_2 = \frac{a_{11} b_2 - b_1 a_{21}}{a_{11}a_{22} - a_{12}a_{21}} \tag{7.2}$$

为了研究和记忆的方便，引入二阶行列式的概念。

定义 1　由 2^2 个数组成的记号 $\begin{vmatrix} a_{11} & a_{12} \\ a_{21} & a_{22} \end{vmatrix}$ 来表示代数和 $a_{11}a_{22} - a_{12}a_{21}$，称其为**二阶行列式**，用 **D** 来表示，即

$$D = \begin{vmatrix} a_{11} & a_{12} \\ a_{21} & a_{22} \end{vmatrix} = a_{11}a_{22} - a_{12}a_{21} \tag{7.3}$$

式(7.3)的右端称为**二阶行列式的展开式**，$a_{ij}(i,j=1,2)$ 称为**行列式的元素**，共有 2^2 个，横排称为**行**，竖排称为**列**；元素 a_{ij} 的第一个下标 i 表示它所在的行数，第二个下标 j 表示它所在的列数。

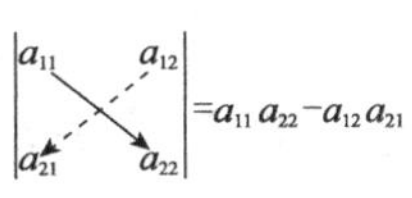

图　7-1

$a_{11}a_{22} - a_{12}a_{21}$ 可用图 7-1 所示的方法记忆，即实线上的两个元素的乘积减去虚线上的两个元素的乘积，这种方法称为对角线法则。

与上述二阶行列式相仿,表达式(7.2)的分子部分可分别表示为

$$b_1 a_{22} - a_{12} b_2 = \begin{vmatrix} b_1 & a_{12} \\ b_2 & a_{22} \end{vmatrix} = D_1, \quad a_{11} b_2 - b_1 a_{21} = \begin{vmatrix} a_{11} & b_1 \\ a_{21} & b_2 \end{vmatrix} = D_2$$

于是,当方程组(7.1)的所有未知数的系数组成的行列式 $D \neq 0$ 时,其解可表示为

$$x_1 = \frac{D_1}{D}, \quad x_2 = \frac{D_2}{D} \tag{7.4}$$

例 1　解二元一次方程组 $\begin{cases} 2x_1 + x_2 = 5 \\ x_1 - 3x_2 = -1 \end{cases}$。

解　因为系数行列式 $D = \begin{vmatrix} 2 & 1 \\ 1 & -3 \end{vmatrix} = 2 \times (-3) - 1 \times 1 = -7 \neq 0$,且

$$D_1 = \begin{vmatrix} 5 & 1 \\ -1 & -3 \end{vmatrix} = -14, \quad D_2 = \begin{vmatrix} 2 & 5 \\ 1 & -1 \end{vmatrix} = -7$$

由式(7.4)知,方程组的解为

$$x_1 = \frac{D_1}{D} = \frac{-14}{-7} = 2, \quad x_2 = \frac{D_2}{D} = \frac{-7}{-7} = 1$$

2. 三阶行列式

与二阶行列式类似,三阶行列式定义如下:

定义 2　由 3^2 个数组成的记号 $\begin{vmatrix} a_{11} & a_{12} & a_{13} \\ a_{21} & a_{22} & a_{23} \\ a_{31} & a_{32} & a_{33} \end{vmatrix}$ 表示数值

$$a_{11} \begin{vmatrix} a_{22} & a_{23} \\ a_{32} & a_{33} \end{vmatrix} - a_{12} \begin{vmatrix} a_{21} & a_{23} \\ a_{31} & a_{33} \end{vmatrix} + a_{13} \begin{vmatrix} a_{21} & a_{22} \\ a_{31} & a_{32} \end{vmatrix}$$

称其为**三阶行列式**。

三阶行列式的一般形式是

$$D = \begin{vmatrix} a_{11} & a_{12} & a_{13} \\ a_{21} & a_{22} & a_{23} \\ a_{31} & a_{32} & a_{33} \end{vmatrix} = a_{11} \begin{vmatrix} a_{22} & a_{23} \\ a_{32} & a_{33} \end{vmatrix} - a_{12} \begin{vmatrix} a_{21} & a_{23} \\ a_{31} & a_{33} \end{vmatrix} + a_{13} \begin{vmatrix} a_{21} & a_{22} \\ a_{31} & a_{32} \end{vmatrix}$$

$$= a_{11} a_{22} a_{33} - a_{11} a_{23} a_{32} - a_{12} a_{21} a_{33} + a_{12} a_{23} a_{31} + a_{13} a_{21} a_{32} - a_{13} a_{22} a_{31}$$

三阶行列式含有三行三列共九个元素,它表示代数和,它由六项组成,其记忆法仍用对角线法,即实线上三个元素之和,减去虚线上三个元素之和。

首先写出一个有六条对角线的表,如图 7-2 所示。

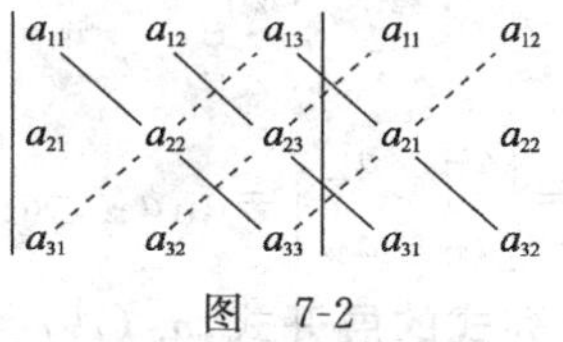

图 7-2

例 2　计算三阶行列式。

(1) $D = \begin{vmatrix} 1 & -4 & 2 \\ 3 & 0 & -3 \\ -2 & 4 & 5 \end{vmatrix}$；　(2) $D = \begin{vmatrix} 1 & 1 & 1 \\ x & 2x & 3x \\ x^2 & 2x^2 & 3x^2 \end{vmatrix}$。

解 (1) $D=1\times0\times5+(-4)\times(-3)\times(-2)+2\times3\times4-[2\times0\times(-2)+(-4)\times3\times5+1\times(-3)\times4]=72$

(2) $D=1\cdot2x\cdot3x^2+1\cdot3x\cdot x^2+x\cdot2x^2\cdot1-(1\cdot2x\cdot x^2+1\cdot x\cdot3x^2+1\cdot3x\cdot2x^2)=0$

3. n 阶行列式

定义 3 由 n^2 个元素 $a_{ij}(i,j=1,2,\cdots,n)$ 组成的记号

$$D=\begin{vmatrix} a_{11} & a_{12} & \cdots & a_{1n} \\ a_{21} & a_{22} & \cdots & a_{2n} \\ \vdots & \vdots & \ddots & \vdots \\ a_{n1} & a_{n2} & \cdots & a_{nn} \end{vmatrix}$$

称为 **n 阶行列式**,简称**行列式**,简记为 $|a_{ij}|_n$。行列式 $|a_{ij}|_n$ 表示代数和 $a_{11}\boldsymbol{A}_{11}+a_{12}\boldsymbol{A}_{12}+\cdots+a_{1n}\boldsymbol{A}_{1n}$,即

$$D=\begin{vmatrix} a_{11} & a_{12} & \cdots & a_{1n} \\ a_{21} & a_{22} & \cdots & a_{2n} \\ \vdots & \vdots & \ddots & \vdots \\ a_{n1} & a_{n2} & \cdots & a_{nn} \end{vmatrix}=a_{11}\boldsymbol{A}_{11}+a_{12}\boldsymbol{A}_{12}+\cdots+a_{1n}\boldsymbol{A}_{1n} \qquad (7.5)$$

式(7.5)右端称为 n 阶行列式 D 的展开式,其中 $\boldsymbol{A}_{ij}(i,j=1,2,\cdots,n)$ 称为元素 a_{ij} 的**代数余子式**。一般地,划去元素 $a_{ij}(i,j=1,2,\cdots,n)$ 所在行与所在列上的所有元素后得到的 $(n-1)$ 阶行列式,称为 a_{ij} 的**余子式**,记为 $\boldsymbol{D}_{ij}$,而称 $(-1)^{i+j}\boldsymbol{D}_{ij}$ 为元素 a_{ij} 的代数余子式,记为 $\boldsymbol{A}_{ij}$。

例如,n 阶行列式元素 a_{11} 的代数余子式为

$$\boldsymbol{A}_{11}=(-1)^{1+1}\boldsymbol{D}_{11}=(-1)^{1+1}\begin{vmatrix} a_{22} & a_{23} & \cdots & a_{2n} \\ a_{32} & a_{33} & \cdots & a_{3n} \\ \vdots & \vdots & \ddots & \vdots \\ a_{n2} & a_{n3} & \cdots & a_{nn} \end{vmatrix}$$

元素 a_{23} 的代数余子式为

$$\boldsymbol{A}_{23}=(-1)^{2+3}\boldsymbol{D}_{23}=(-1)^{2+3}\begin{vmatrix} a_{11} & a_{12} & a_{14} & \cdots & a_{1n} \\ a_{31} & a_{32} & a_{34} & \cdots & a_{3n} \\ \vdots & \vdots & \vdots & \ddots & \vdots \\ a_{n1} & a_{n2} & a_{n4} & \cdots & a_{nn} \end{vmatrix}$$

根据定义,n 阶行列式可降为 $n-1$ 阶行列式来计算,于是可以用二阶行列式计算三阶行列式的值,用三阶行列式计算四阶行列式,依此类推,便可计算出任意阶行列式的值。

当 $n=1$ 时,规定 $D=|a_{11}|=a_{11}$。

例 3 设行列式 $D=\begin{vmatrix} 3 & 4 & 1 \\ 1 & 2 & 5 \\ 4 & 7 & -1 \end{vmatrix}$。

(1) 求代数余子式 $\boldsymbol{A}_{21}$; (2) 求 D 的值。

解 (1) $\boldsymbol{A}_{21}=(-1)^{2+1}\begin{vmatrix} 4 & 1 \\ 7 & -1 \end{vmatrix}=-[4\times(-1)-1\times7]=11$

(2) $\boldsymbol{D} = a_{11}\boldsymbol{A}_{11} + a_{12}\boldsymbol{A}_{12} + a_{13}\boldsymbol{A}_{13}$

$$= 3 \times (-1)^{1+1} \begin{vmatrix} 2 & 5 \\ 7 & -1 \end{vmatrix} + 4 \times (-1)^{1+2} \begin{vmatrix} 1 & 5 \\ 4 & -1 \end{vmatrix} + 1 \times (-1)^{1+3} \begin{vmatrix} 1 & 2 \\ 4 & 7 \end{vmatrix}$$

$$= 3 \times (-2 - 35) - 4 \times (-1 - 20) + 1 \times (7 - 8) = -111 + 84 - 1 = -28$$

例 4 计算行列式 $\boldsymbol{D} = \begin{vmatrix} a_{11} & 0 & \cdots & 0 \\ a_{21} & a_{22} & \cdots & 0 \\ \vdots & \vdots & \ddots & \vdots \\ a_{n1} & a_{n2} & \cdots & a_{nn} \end{vmatrix}$ 的值。

解 根据定义有

$$\boldsymbol{D} = (-1)^{1+1} a_{11} \begin{vmatrix} a_{22} & 0 & \cdots & 0 \\ a_{32} & a_{33} & \cdots & 0 \\ \vdots & \vdots & \ddots & \vdots \\ a_{n2} & a_{n3} & \cdots & a_{nn} \end{vmatrix} = a_{11} \cdot (-1)^{1+1} a_{22} \begin{vmatrix} a_{33} & 0 & \cdots & 0 \\ a_{43} & a_{44} & \cdots & 0 \\ \vdots & \vdots & \ddots & \vdots \\ a_{n3} & a_{n4} & \cdots & a_{nn} \end{vmatrix}$$

$$= \cdots = a_{11} a_{22} \cdots a_{nn}$$

例 4 所示的行列式,其主对角线上方的元素皆是 0,称为**下三角形行列式**;同样,主对角线下方的元素全是 0 的行列式称为**上三角形行列式**,其形式为

$$\begin{vmatrix} a_{11} & a_{12} & \cdots & a_{1n} \\ 0 & a_{22} & \cdots & a_{2n} \\ \vdots & \vdots & \ddots & \vdots \\ 0 & 0 & \cdots & a_{nn} \end{vmatrix}$$

由上例可知,上三角行列式的值也等于主对角线元素之积。

二、行列式的基本性质

定义 4 将行列式 $\boldsymbol{D} = \begin{vmatrix} a_{11} & a_{12} & \cdots & a_{1n} \\ a_{21} & a_{22} & \cdots & a_{2n} \\ \vdots & \vdots & \ddots & \vdots \\ a_{n1} & a_{n2} & \cdots & a_{nn} \end{vmatrix}$ 中的行与列按原来的顺序互换,得到的

新行列式

$$D^T = \begin{vmatrix} a_{11} & a_{21} & \cdots & a_{n1} \\ a_{12} & a_{22} & \cdots & a_{n2} \\ \vdots & \vdots & \ddots & \vdots \\ a_{1n} & a_{2n} & \cdots & a_{nn} \end{vmatrix}$$

称为 $\boldsymbol{D}$ 的**转置行列式**,显然 $\boldsymbol{D}$ 也是 $\boldsymbol{D}^T$ 的转置行列式。

下面不加证明地引入行列式的基本性质。

性质 1 行列式 $\boldsymbol{D}$ 与它的转置行列式 $\boldsymbol{D}^T$ 相等,即 $\boldsymbol{D} = \boldsymbol{D}^T$。

性质 1 说明,行列式中行与列所处的地位是一样的,所以,凡是对行成立的性质,对列也同样成立。

性质 2 行列式 $\boldsymbol{D}$ 等于它的任意一行或列中所有元素与它们各自的代数余子式乘积之和,即

$$D = \sum_{k=1}^{n} a_{ik} \boldsymbol{A}_{ik} \quad \text{或} \quad D = \sum_{k=1}^{n} a_{kj} \boldsymbol{A}_{kj} (i, j = 1, 2, \cdots, n)$$

换句话说,行列式可以按任意一行或列展开。

例 5 计算四阶行列式 $\boldsymbol{D} = \begin{vmatrix} 3 & 2 & 0 & 8 \\ 2 & -9 & 2 & 10 \\ -1 & 6 & 0 & -7 \\ 0 & 0 & 0 & 5 \end{vmatrix}$。

解 因为第三列中有三个零元素,由性质 2,按第三列展开,得

$$\boldsymbol{D} = 2 \times (-1)^{2+3} \begin{vmatrix} 3 & 2 & 8 \\ -1 & 6 & -7 \\ 0 & 0 & 5 \end{vmatrix}$$

再按第三行展开,得 $\boldsymbol{D} = -2 \times 5 \times (-1)^{3+3} \begin{vmatrix} 3 & 2 \\ -1 & 6 \end{vmatrix} = -200$。

由性质 2,可以证明下列结论成立。

性质 3 常数 k 遍乘某一行(列)的元素相当于用数 k 乘此行列式,即

$$\begin{vmatrix} a_{11} & a_{12} & \cdots & a_{1n} \\ \vdots & \vdots & \ddots & \vdots \\ ka_{i1} & ka_{i2} & \cdots & ka_{in} \\ \vdots & \vdots & \ddots & \vdots \\ a_{n1} & a_{n2} & \cdots & a_{nn} \end{vmatrix} = k \begin{vmatrix} a_{11} & a_{12} & \cdots & a_{1n} \\ \vdots & \vdots & \ddots & \vdots \\ a_{i1} & a_{i2} & \cdots & a_{in} \\ \vdots & \vdots & \ddots & \vdots \\ a_{n1} & a_{n2} & \cdots & a_{nn} \end{vmatrix}。$$

推论 1 如果行列式中有一行(或列)的全部元素都是零,那么这个行列式的值是零。

同样,由性质 2 可以证明下列结论成立。

性质 4 如果行列式的某一行(或某一列)的元素都是两数的和,那么这个行列式等于相应的两个行列式的和,即

$$\begin{vmatrix} a_{11} & a_{12} & \cdots & a_{1n} \\ \vdots & \vdots & \ddots & \vdots \\ b_{i1}+c_{i1} & b_{i2}+c_{i2} & \cdots & b_{in}+c_{in} \\ \vdots & \vdots & \ddots & \vdots \\ a_{n1} & a_{n2} & \cdots & a_{nn} \end{vmatrix} = \begin{vmatrix} a_{11} & a_{12} & \cdots & a_{1n} \\ \vdots & \vdots & \ddots & \vdots \\ b_{i1} & b_{i2} & \cdots & b_{in} \\ \vdots & \vdots & \ddots & \vdots \\ a_{n1} & a_{n2} & \cdots & a_{nn} \end{vmatrix} + \begin{vmatrix} a_{11} & a_{12} & \cdots & a_{1n} \\ \vdots & \vdots & \ddots & \vdots \\ c_{i1} & c_{i2} & \cdots & c_{in} \\ \vdots & \vdots & \ddots & \vdots \\ a_{n1} & a_{n2} & \cdots & a_{nn} \end{vmatrix}$$

性质 5 如果行列式中两行(或列)对应元素全部相同,那么行列式的值为零。

例如,三阶行列式 $\begin{vmatrix} a_1 & a_2 & a_3 \\ b_1 & b_2 & b_3 \\ a_1 & a_2 & a_3 \end{vmatrix} = a_1 b_2 a_3 + a_2 b_3 a_1 + a_3 b_1 a_2 - a_1 b_3 a_2 - a_2 b_1 a_3 - a_3 b_2 a_1 = 0$。

由性质 3 和性质 5,可以得到下列推论:

推论 2 行列式中如果两行(或列)对应元素成比例,那么行列式的值为零。

推论 3 行列式中任意一行(或列)的元素与另一行(或列)对应元素的代数余子式乘积之和等于零,即当 $i \neq j$ 时

$$\sum_{k=1}^{n} a_{ik} \boldsymbol{A}_{jk} = 0 \quad \text{或} \quad \sum_{k=1}^{n} a_{ki} \boldsymbol{A}_{kj} = 0$$

综合性质 2 和推论 3,可以得到

$$\sum_{k=1}^{n}a_{ik}\boldsymbol{A}_{jk}=\begin{cases}\boldsymbol{D}, & \text{当 } i=j \\ 0, & \text{当 } i\neq j\end{cases}; \quad \sum_{k=1}^{n}a_{ki}\boldsymbol{A}_{kj}=\begin{cases}\boldsymbol{D}, & \text{当 } i=j \\ 0, & \text{当 } i\neq j_{\circ}\end{cases}$$

由性质 4 和推论 2,可以得到下列结论。

性质 6 在行列式中,把某一行(或列)的倍数加到另一行(或列)对应的元素上去,那么行列式的值不变。

性质 6 在行列式的计算中起着重要的作用,逐项选择适当的 k 运用该性质,可以使行列式的一些元素变为零,以减少行列式运算过程中的计算次数。

性质 7 如果将行列式的任意两行(或列)互换,那么行列式的值改变符号,即

$$\begin{vmatrix} a_{11} & a_{12} & \cdots & a_{1n} \\ \vdots & \vdots & \ddots & \vdots \\ a_{i1} & a_{i2} & \cdots & a_{in} \\ \vdots & \vdots & \ddots & \vdots \\ a_{j1} & a_{j2} & \cdots & a_{jn} \\ \vdots & \vdots & \ddots & \vdots \\ a_{n1} & a_{n2} & \cdots & a_{nn} \end{vmatrix} = - \begin{vmatrix} a_{11} & a_{12} & \cdots & a_{1n} \\ \vdots & \vdots & \ddots & \vdots \\ a_{j1} & a_{j2} & \cdots & a_{jn} \\ \vdots & \vdots & \ddots & \vdots \\ a_{i1} & a_{i2} & \cdots & a_{in} \\ \vdots & \vdots & \ddots & \vdots \\ a_{n1} & a_{n2} & \cdots & a_{nn} \end{vmatrix} \tag{7.6}$$

前面,我们介绍了行列式的七条性质和三个推论,下面举例说明如何利用这些性质计算行列式。

例 6 计算下面行列式的值。

(1) $D_1=\begin{vmatrix} 3 & 1 & 2 \\ 290 & 106 & 196 \\ 5 & -3 & 2 \end{vmatrix}$; (2) $D_2=\begin{vmatrix} a-b & a & b \\ -a & b-a & a \\ b & -b & -a-b \end{vmatrix}$ $(a,b\neq0)$。

解 (1) 把 D_1 的第二行的元素分别看成 $300-10,100+6,200-4$,由性质 4,得

$$D_1=\begin{vmatrix} 3 & 1 & 2 \\ 300-10 & 100+6 & 200-4 \\ 5 & -3 & 2 \end{vmatrix}=\begin{vmatrix} 3 & 1 & 2 \\ 300 & 100 & 200 \\ 5 & -3 & 2 \end{vmatrix}+\begin{vmatrix} 3 & 1 & 2 \\ -10 & 6 & -4 \\ 5 & -3 & 2 \end{vmatrix}$$

而由推论 2 和性质 3、性质 5,得第一个行列式为 0,第二个行列式将第二行提出 (-2) 后也为 0,所以 $D_1=0$。

(2) 利用性质 6,在第一行上加上第二行,则第一行与第三行对应元素成比例,再由推论 2 得

$$D_2=\begin{vmatrix} -b & b & a+b \\ -a & b-a & a \\ b & -b & -a-b \end{vmatrix}=0$$

三、行列式的计算

1. 行列式的按行(列)展开法——降阶法

计算行列式的基本方法之一是选择零元素最多的行(或列),按这一行(或列)展开;也可以先利用性质把某一行(或列)的元素化为仅有一个非零元素,然后再按这一行(或列)展开,这种方法一般称为"降阶法"。

例 7 计算下列行列式。

(1) $D_1 = \begin{vmatrix} 3 & 1 & -1 & 0 \\ 5 & 1 & 3 & -1 \\ 2 & 0 & 0 & 1 \\ 0 & -5 & 3 & 1 \end{vmatrix}$；　　　　(2) $D_2 = \begin{vmatrix} 0 & a & b & a \\ a & 0 & a & b \\ b & a & 0 & a \\ a & b & a & 0 \end{vmatrix}$。

解 (1) 因为行列式中第三行有较多的零元素，我们可以将行列式按第三行展开，第三行中有两个非零元素，如果把其中一个也化为零，就能使计算更简便。

$$D_1 \xlongequal[\text{①列}+(-2)\times\text{④列}]{} \begin{vmatrix} 3 & 1 & -1 & 0 \\ 7 & 1 & 3 & -1 \\ 0 & 0 & 0 & 1 \\ -2 & -5 & 3 & 1 \end{vmatrix} = (-1)^{3+4} \times 1 \times \begin{vmatrix} 3 & 1 & -1 \\ 7 & 1 & 3 \\ -2 & -5 & 3 \end{vmatrix}$$

$$\xlongequal[\substack{\text{②行}+3\times\text{①行} \\ \text{③行}+3\times\text{①行}}]{} -\begin{vmatrix} 3 & 1 & -1 \\ 16 & 4 & 0 \\ 7 & -2 & 0 \end{vmatrix} = -(-1)^{1+3} \times (-1) \times \begin{vmatrix} 16 & 4 \\ 7 & -2 \end{vmatrix} = -60$$

(2) 因为该行列式中各行(或列)的元素之和都是 $2a+b$，所以，可把各列元素都加到第 1 列上，然后提取公因子 $2a+b$，再利用性质 6，把第一列的元素尽量化为零，并按第一列展开，即

$$D_2 = \begin{vmatrix} 2a+b & a & b & a \\ 2a+b & 0 & a & b \\ 2a+b & a & 0 & a \\ 2a+b & b & a & 0 \end{vmatrix} = (2a+b) \begin{vmatrix} 1 & a & b & a \\ 1 & 0 & a & b \\ 1 & a & 0 & a \\ 1 & b & a & 0 \end{vmatrix}$$

$$\xlongequal[\substack{\text{②行}+(-1)\times\text{①行} \\ \text{③行}+(-1)\times\text{①行} \\ \text{④行}+(-1)\times\text{①行}}]{} (2a+b) \begin{vmatrix} 1 & a & b & a \\ 0 & -a & a-b & b-a \\ 0 & 0 & -b & 0 \\ 0 & b-a & a-b & -a \end{vmatrix} = (2a+b) \begin{vmatrix} -a & a-b & b-a \\ 0 & -b & 0 \\ b-a & a-b & -a \end{vmatrix}$$

$$= (2a+b)(-b) \begin{vmatrix} -a & b-a \\ b-a & -a \end{vmatrix} = (2a+b)(-b)\left[a^2 - (b-a)^2\right] = b^2(b^2 - 4a^2)$$

2. 化三角形法

计算行列式的另一种基本方法是根据行列式的特点，利用行列式的性质，把它逐步化为上(或下)三角形行列式，由前面的结论可知，这时行列式的值就是主对角线上元素的乘积，这种方法一般称为**化三角形法**。

例 8 计算四阶行列式。

(1) $D_1 = \begin{vmatrix} 1 & 2 & 0 & 1 \\ 1 & 3 & 5 & 0 \\ 0 & 1 & 5 & 6 \\ 1 & 2 & 3 & 4 \end{vmatrix}$；　　　　(2) $D_2 = \begin{vmatrix} 2 & -5 & 1 & 2 \\ -3 & 7 & -1 & 4 \\ 5 & -9 & 2 & 7 \\ 0 & -7 & 1 & 2 \end{vmatrix}$。

解 利用行列式性质，把 D 化为上三角形行列式，再求值。

(1) $D_1 \xlongequal[\substack{\text{②行}+(-1)\times\text{①行} \\ \text{④行}+(-1)\times\text{①行}}]{} \begin{vmatrix} 1 & 2 & 0 & 1 \\ 0 & 1 & 5 & -1 \\ 0 & 1 & 5 & 6 \\ 0 & 0 & 3 & 3 \end{vmatrix} \xlongequal[\text{③行}+(-1)\times\text{②行}]{} \begin{vmatrix} 1 & 2 & 0 & 1 \\ 0 & 1 & 5 & -1 \\ 0 & 0 & 0 & 7 \\ 0 & 0 & 3 & 3 \end{vmatrix}$

$$\xrightarrow{③④行交换} - \begin{vmatrix} 1 & 2 & 0 & 1 \\ 0 & 1 & 5 & -1 \\ 0 & 0 & 3 & 3 \\ 0 & 0 & 0 & 7 \end{vmatrix} = -21$$

(2) $D_2 \xrightarrow{①③列交换} - \begin{vmatrix} 1 & -5 & 2 & 2 \\ -1 & 7 & -3 & 4 \\ 2 & -9 & 5 & 7 \\ 1 & -7 & 0 & 2 \end{vmatrix} \xrightarrow[\substack{③行+(-2)×①行 \\ ④行+(-1)×①行}]{②行+1×①行} - \begin{vmatrix} 1 & -5 & 2 & 2 \\ 0 & 2 & -1 & 6 \\ 0 & 1 & 1 & 3 \\ 0 & -2 & -2 & 0 \end{vmatrix}$

$\xrightarrow{②③行交换} \begin{vmatrix} 1 & -5 & 2 & 2 \\ 0 & 1 & 1 & 3 \\ 0 & 2 & -1 & 6 \\ 0 & -2 & -2 & 0 \end{vmatrix} \xrightarrow[\substack{④行+2×②行}]{③行+(-2)×②行} \begin{vmatrix} 1 & -5 & 2 & 2 \\ 0 & 1 & 1 & 3 \\ 0 & 0 & -3 & 0 \\ 0 & 0 & 0 & 6 \end{vmatrix} = -18$

例 9 计算四阶行列式。

(1) $D = \begin{vmatrix} 2 & 1 & 3 & 7 \\ 1 & 0 & -1 & 2 \\ -3 & 1 & -1 & 1 \\ 1 & 1 & 3 & 2 \end{vmatrix}$;

(2) $D_n = \begin{vmatrix} a & b & 0 & \cdots & 0 & 0 \\ 0 & a & b & \cdots & 0 & 0 \\ \vdots & \vdots & \vdots & & \vdots & \vdots \\ 0 & 0 & 0 & \cdots & a & b \\ b & 0 & 0 & \cdots & 0 & a \end{vmatrix}$。

解 (1)**解法一** 将 D 按第二行展开,得

$D = 1 \times (-1)^{2+1} \begin{vmatrix} 1 & 3 & 7 \\ 1 & -1 & 1 \\ 1 & 3 & 2 \end{vmatrix} + (-1) \times (-1)^{2+3} \begin{vmatrix} 2 & 1 & 7 \\ -3 & 1 & 1 \\ 1 & 1 & 2 \end{vmatrix} + 2 \times (-1)^{2+4} \begin{vmatrix} 2 & 1 & 3 \\ -3 & 1 & -1 \\ 1 & 1 & 3 \end{vmatrix}$

$= (-20) + (-19) + 8 = -31$

解法二

$D \xrightarrow{c_3+c_1,c_4+(-2)c_1} \begin{vmatrix} 2 & 1 & 5 & 3 \\ 1 & 0 & 0 & 0 \\ -3 & 1 & -4 & 7 \\ 1 & 1 & 4 & 0 \end{vmatrix} = 1 \times (-1)^{2+1} \begin{vmatrix} 1 & 5 & 3 \\ 1 & -4 & 7 \\ 1 & 4 & 0 \end{vmatrix}$

$\xrightarrow{r_2+(-1)r_1,r_3+(-1)r_1} - \begin{vmatrix} 1 & 5 & 3 \\ 0 & -9 & 4 \\ 0 & -1 & -3 \end{vmatrix} = - \begin{vmatrix} -9 & 4 \\ -1 & -3 \end{vmatrix} = -31$

(2) 将行列式按第 1 列展开,得

$D_n = \begin{vmatrix} a & b & 0 & \cdots & 0 & 0 \\ 0 & a & b & \cdots & 0 & 0 \\ \vdots & \vdots & \vdots & & \vdots & \vdots \\ 0 & 0 & 0 & \cdots & a & b \\ b & 0 & 0 & \cdots & 0 & a \end{vmatrix} = a \begin{vmatrix} a & b & \cdots & 0 & 0 \\ 0 & a & \cdots & 0 & 0 \\ \vdots & \vdots & & \vdots & \vdots \\ 0 & 0 & \cdots & a & b \\ 0 & 0 & \cdots & 0 & a \end{vmatrix}$ $_{(n-1阶)}$

$$+(-1)^{n+1}b\begin{vmatrix} b & 0 & \cdots & 0 & 0 \\ a & b & \cdots & 0 & 0 \\ \vdots & \vdots & & \vdots & \vdots \\ 0 & 0 & \cdots & b & 0 \\ 0 & 0 & \cdots & a & b \end{vmatrix}_{(n-1阶)}=a^n+(-1)^{n+1}b^n$$

四、克莱姆(Cramer)法则

与二元、三元线性方程组相类似,对于多元线性方程组,有下述法则(本节只讨论未知数个数与方程数相等的情形)。

定理 1 (克莱姆法则) 如果 n 元线性方程组

$$\begin{cases} a_{11}x_1+a_{12}x_2+\cdots+a_{1n}x_n=b_1 \\ a_{21}x_1+a_{22}x_2+\cdots+a_{2n}x_n=b_2 \\ \qquad\qquad\qquad \vdots \\ a_{n1}x_1+a_{n2}x_2+\cdots+a_{nn}x_n=b_n \end{cases} \tag{7.7}$$

的系数行列式 $D=\begin{vmatrix} a_{11} & a_{12} & \cdots & a_{1n} \\ a_{21} & a_{22} & \cdots & a_{2n} \\ \vdots & \vdots & \ddots & \vdots \\ a_{n1} & a_{n2} & \cdots & a_{nn} \end{vmatrix}\neq 0$,则它有唯一解

$$x_1=\frac{D_1}{D},x_2=\frac{D_2}{D},\cdots,x_n=\frac{D_n}{D}$$

行列式 $D_j(j=1,2,\cdots,n)$ 是把行列式 D 的第 j 列元素 $a_{1j},a_{2j},\cdots,a_{nj}$ 换成方程组(7.7)的常数项 $b_1,b_2,\cdots,b_n$ 得到的行列式。

例 10 解线性方程组

$$\begin{cases} x_1 & -x_2 & +x_3 & -2x_4 & =2 \\ 2x_1 & & -x_3 & +4x_4 & =4 \\ 3x_1 & +2x_2 & +x_3 & & =-1 \\ -x_1 & +2x_2 & -x_3 & +2x_4 & =-4 \end{cases}$$

解 因为方程组的系数行列式

$$D=\begin{vmatrix} 1 & -1 & 1 & -2 \\ 2 & 0 & -1 & 4 \\ 3 & 2 & 1 & 0 \\ -1 & 2 & -1 & 2 \end{vmatrix}=\begin{vmatrix} 0 & 1 & 0 & 0 \\ 2 & 0 & -1 & 4 \\ 3 & 2 & 1 & 0 \\ -1 & 2 & -1 & 2 \end{vmatrix}=-\begin{vmatrix} 2 & -1 & 4 \\ 3 & 1 & 0 \\ -1 & -1 & 2 \end{vmatrix}=-2\neq 0$$

所以方程组有唯一解,又因为

$$D_1=\begin{vmatrix} 2 & -1 & 1 & -2 \\ 4 & 0 & -1 & 4 \\ -1 & 2 & 1 & 0 \\ -4 & 2 & -1 & 2 \end{vmatrix}=-2, \quad D_2=\begin{vmatrix} 1 & 2 & 1 & -2 \\ 2 & 4 & -1 & 4 \\ 3 & -1 & 1 & 0 \\ -1 & -4 & -1 & 2 \end{vmatrix}=4$$

$$D_3 = \begin{vmatrix} 1 & -1 & 2 & -2 \\ 2 & 0 & 4 & 4 \\ 3 & 2 & -1 & 0 \\ -1 & 2 & -4 & 2 \end{vmatrix} = 0, \quad D_4 = \begin{vmatrix} 1 & -1 & 1 & 2 \\ 2 & 0 & -1 & 4 \\ 3 & 2 & 1 & -1 \\ -1 & 2 & 1 & -4 \end{vmatrix} = -1$$

所以方程组的解为

$$x_1 = \frac{D_1}{D} = 1, \quad x_2 = \frac{D_2}{D} = -2, \quad x_3 = \frac{D_3}{D} = 0, \quad x_4 = \frac{D_4}{D} = \frac{1}{2}$$

用克莱姆法则解线性方程组时有两个前提条件,一是方程个数与未知数个数相等;二是方程组的系数行列式不等于零。由于用克莱姆法则解 n 元线性方程组时,需要计算 $n+1$ 个 n 阶行列式,计算量很大,所以实际解线性方程组时一般不用克莱姆法则。但是,克莱姆法则在理论上是相当重要的,它告诉我们方程组在什么情况下有解,解是什么,从而可以看出方程组的解与它的系数、常数项的依赖关系。

定义 5 如果方程组(7.7)中的常数项全部为 0,即

$$\begin{cases} a_{11}x_1 + a_{12}x_2 + \cdots + a_{1n}x_n = 0 \\ a_{21}x_1 + a_{22}x_2 + \cdots + a_{2n}x_n = 0 \\ \vdots \\ a_{n1}x_1 + a_{n2}x_2 + \cdots + a_{nn}x_n = 0 \end{cases} \tag{7.8}$$

则称其为 n 元齐次线性方程组,而方程组(7.7)称为 n 元非齐次线性方程组。

由克莱姆法则推出如下的结论。

推论 4 如果 n 元齐次线性方程组(7.8)的系数行列式 $D \neq 0$,则其只有零解。

换句话说,即 n 元齐次线性方程组(7.8)有非零解,那么其系数行列式 D 必等于 0。

例 11 λ 取何值时,方程组 $\begin{cases} (1-\lambda)x - 2y = 0 \\ -3x + (2-\lambda)y = 0 \end{cases}$ 有非零解。

解 这是一个二元齐次线性方程组,因为其系数行列式

$$D = \begin{vmatrix} (1-\lambda) & -2 \\ -3 & (2-\lambda) \end{vmatrix} = (1-\lambda)(2-\lambda) - 6$$

要使该方程组有非零解,必须有 $D = 0$,即

$$(1-\lambda)(2-\lambda) - 6 = 0$$

解得 $\lambda = -1$ 或 $\lambda = 4$。所以当 $\lambda = -1$ 或 $\lambda = 4$ 时,方程组必有非零解。

思 考 题

1. n 阶行列式 $\begin{vmatrix} 0 & \cdots & 0 & a_{1n} \\ 0 & \cdots & a_{2,n-1} & 0 \\ \vdots & \ddots & \vdots & \vdots \\ a_{n1} & \cdots & 0 & 0 \end{vmatrix}$ 的值是否为 $a_{1n}a_{2,n-1}\cdots a_{n1}$?为什么?

2. 设 n 阶行列式的值为 D,将所有元素变号后,值等于多少?

3. 任意两个行列式都能比较大小吗?

习题 7-1

1. 求下列二阶、三阶行列式的值。

(1) $\begin{vmatrix} \cos75° & \sin75° \\ \sin15° & \cos15° \end{vmatrix}$; (2) $\begin{vmatrix} 0 & 1 & 0 \\ 1 & 1+a & 1 \\ 1 & 1 & 1-a \end{vmatrix}$; (3) $\begin{vmatrix} 3 & 2 & 1 \\ 4 & 4 & 4 \\ 1 & 2 & 3 \end{vmatrix}$ 。

2. 设行列式 $D = \begin{vmatrix} a_{11} & a_{12} & a_{13} \\ a_{21} & a_{22} & a_{23} \\ a_{31} & a_{32} & a_{33} \end{vmatrix} = \begin{vmatrix} 1 & 1 & 1 \\ a & b & c \\ a^2 & b^2 & c^2 \end{vmatrix}$,则

(1) a_{22} 的代数余子式 $A_{22}=$ _____ ;

(2) a_{23} 的余子式 $D_{23}=$ _____ ;

(3) a_{23} 的代数余子式 $A_{23}=$ _____ ;

(4) D 的值 $=$ _____ 。

3. 已知 $\begin{vmatrix} a & b & c \\ x & y & z \\ 1 & 1 & 1 \end{vmatrix} = 1$,求下列行列式。

(1) $\begin{vmatrix} 1 & 1 & 1 \\ a & b & c \\ x & y & z \end{vmatrix}$; (2) $\begin{vmatrix} a & 2b & c \\ 3x & 6y & 3z \\ 1 & 2 & 1 \end{vmatrix}$; (3) $\begin{vmatrix} \frac{1}{2}a+1 & \frac{1}{2}b+1 & \frac{1}{2}c+1 \\ x-1 & y-1 & z-1 \\ 4 & 4 & 4 \end{vmatrix}$ 。

4. 计算下列行列式。

(1) $\begin{vmatrix} x & -1 & 1 & x-1 \\ x & -1 & x+1 & -1 \\ x & x-1 & 1 & -1 \\ x & -1 & 1 & -1 \end{vmatrix}$; (2) $\begin{vmatrix} 0 & 1 & 1 & 1 \\ 1 & 0 & 1 & 1 \\ 1 & 1 & 0 & 1 \\ 1 & 1 & 1 & 1 \end{vmatrix}$;

(3) $\begin{vmatrix} 0 & a_1 & 0 & 0 & 0 \\ 0 & 0 & a_2 & 0 & 0 \\ 0 & 0 & 0 & a_3 & 0 \\ 0 & 0 & 0 & 0 & a_4 \\ a_5 & b & c & d & e \end{vmatrix}$; (4) $\begin{vmatrix} 0 & 0 & 0 & 5 & 5 \\ 0 & 0 & 4 & 1 & 0 \\ 0 & 3 & 2 & 0 & 0 \\ 2 & 3 & 0 & 0 & 0 \\ 4 & 0 & 0 & 0 & 1 \end{vmatrix}$ 。

5. 计算下列行列式。

(1) $\begin{vmatrix} -a_1 & a_1 & 0 & \cdots & 0 & 0 \\ 0 & -a_2 & a_2 & \cdots & 0 & 0 \\ \vdots & \vdots & \vdots & \ddots & \vdots & \vdots \\ 0 & 0 & 0 & \cdots & -a_n & a_n \\ 1 & 1 & 1 & \cdots & 1 & 1 \end{vmatrix}$; (2) $\begin{vmatrix} x+1 & 2 & 3 & \cdots & n \\ 1 & x+2 & 3 & \cdots & n \\ 1 & 2 & x+3 & \cdots & n \\ \vdots & \vdots & \vdots & \ddots & \vdots \\ 1 & 2 & 3 & \cdots & x+n \end{vmatrix}$;

(3) $\begin{vmatrix} 1 & 2 & 2 & \cdots & 2 \\ 2 & 2 & 2 & \cdots & 2 \\ 2 & 2 & 3 & \cdots & 2 \\ \vdots & \vdots & \vdots & \ddots & \vdots \\ 2 & 2 & 2 & \cdots & n \end{vmatrix}$; (4) $\begin{vmatrix} 1 & a_1 & a_2 & \cdots & a_n \\ 1 & a_1+b_1 & a_2 & \cdots & a_n \\ 1 & a_1 & a_2+b_2 & \cdots & a_n \\ \vdots & \vdots & \vdots & \ddots & \vdots \\ 1 & a_1 & a_2 & \cdots & a_n+b_n \end{vmatrix}$;

$$(5)\ \begin{vmatrix} x & 1 & 2 & \cdots & n-2 & 1 \\ 1 & x & 2 & \cdots & n-2 & 1 \\ 1 & 2 & x & \cdots & n-2 & 1 \\ \vdots & \vdots & \vdots & & \vdots & \vdots \\ 1 & 2 & 3 & \cdots & x & 1 \\ 1 & 2 & 3 & \cdots & n-1 & 1 \end{vmatrix};\qquad (6)\ \begin{vmatrix} 2 & 1 & 1 & \cdots & 1 \\ 1 & 2 & 1 & \cdots & 1 \\ 1 & 1 & 2 & \cdots & 1 \\ \vdots & \vdots & \vdots & & \vdots \\ 1 & 1 & 1 & \cdots & 2 \end{vmatrix};$$

$$(7)\ \begin{vmatrix} a-x & a & \cdots & a \\ a & a-x & \cdots & a \\ \vdots & \vdots & & \vdots \\ a & a & \cdots & a-x \end{vmatrix}。$$

6. 解下列关于 x 的方程。

$$(1)\ \begin{vmatrix} 3 & 1 & x \\ 4 & x & 0 \\ 1 & 0 & x \end{vmatrix}=0；\qquad (2)\ \begin{vmatrix} 1 & 1 & 2 & 3 \\ 1 & 2-x^2 & 2 & 3 \\ 2 & 3 & 1 & 5 \\ 2 & 3 & 1 & 9-x^2 \end{vmatrix}=0；$$

$$(3)\ \begin{vmatrix} 1 & 1 & 1 & \cdots & 1 \\ 1 & 1-x & 1 & \cdots & 1 \\ 1 & 1 & 2-x & \cdots & 1 \\ \vdots & \vdots & \vdots & \ddots & \vdots \\ 1 & 1 & 1 & \cdots & n-1-x \end{vmatrix}=0。$$

7. 用克莱姆法则解下列线性方程组。

$$(1)\ \begin{cases} 2x_1+3x_2+11x_3+5x_4=2 \\ x_1+x_2+5x_3+2x_4=1 \\ -x_2-7x_3=-5 \\ -2x_3+2x_4=-4 \end{cases};\qquad (2)\ \begin{cases} x_1+x_2+x_3=a+b+c \\ ax_1+bx_2+cx_3=a^2+b^2+c^2。 \\ bcx_1+acx_2+abx_3=3abc \end{cases}$$

8. λ 取何值时，齐次线性方程组 $\begin{cases} x_1-x_2+2x_3=0 \\ x_1+x_2+\lambda x_3=0 \\ -x_1+\lambda x_2+x_3=0 \end{cases}$

(1) 只有零解；(2) 有非零解。

第二节　矩阵的概念和运算

　　矩阵是线性代数的一个基本内容,是线性代数的主要研究对象之一,在应用数学和社会经济管理中有着广泛的应用,是解决许多实际问题的有力工具。

一、矩阵的概念

　　1. 矩阵

　　我们从研究一般的线性方程组的问题来引出矩阵。例如,考察线性方程组

$$\begin{cases} 3x_1+5x_2+6x_3+7x_4=2 \\ 2x_1+x_2-3x_3=-1 \\ 9x_1-6x_2+x_3-2x_4=2 \end{cases}$$

这是一个未知数个数大于方程个数的线性方程组。从求解角度来看,这个方程组的特性完全由未知数的 12 个系数和 3 个常数所确定。如果我们把这些系数和常数按原来的行列次序排出一张矩形数表

$$\begin{bmatrix} 3 & 5 & 6 & 7 & 2 \\ 2 & 1 & -3 & 0 & -1 \\ 9 & -6 & 1 & -2 & 2 \end{bmatrix}$$

那么,线性方程组就完全由这张矩形数表所确定。

在经济工作中,也常需要把问题的数据汇总成矩形数表。例如,假定一个企业有甲、乙、丙 3 种产品和一、二、三、四 4 个销售地区,所考察期间累计的销售状况如表 7-1 所示。

表 7-1

产地\销售地\货运地	一	二	三	四
甲	10	11	12	13
乙	7	8	9	10
丙	12	10	8	6

将表 7-1 中的数字取出,用矩形数表 $\begin{bmatrix} 10 & 11 & 12 & 13 \\ 7 & 8 & 9 & 10 \\ 12 & 10 & 8 & 6 \end{bmatrix}$ 表示。

总之,矩形数表是从实际中抽象出来的一个新的数学对象,为进一步研究,给出下面的定义。

定义 6 有 $m \times n$ 个数 $a_{ij}(i=1,2,\cdots,m;j=1,2,\cdots,n)$ 排列成一个 m 行 n 列的数表

$$\begin{bmatrix} a_{11} & a_{12} & \cdots & a_{1n} \\ a_{21} & a_{22} & \cdots & a_{2n} \\ \vdots & \vdots & \ddots & \vdots \\ a_{m1} & a_{m2} & \cdots & a_{mn} \end{bmatrix} \tag{7.9}$$

称为 m 行 n 列矩阵,简称 $m \times n$ 矩阵。矩阵通常用大写字母 $A,B,C,\cdots$ 表示。例如,上述矩阵可以记作 A 或 $A_{m \times n}$,有时也记作 $A=(a_{ij})_{m \times n}$,其中 a_{ij} 称为矩阵 A 的第 i 行第 j 列元素。

特别地,当 $m=n$ 时,称 A 为 n 阶矩阵或 n 阶方阵。

当 $m=1$ 或 $n=1$ 时,矩阵只有一行或只有一列,即

$$A=\begin{bmatrix} a_{11} & a_{12} & \cdots & a_{1n} \end{bmatrix} \text{或} A=\begin{bmatrix} a_{11} \\ a_{21} \\ \vdots \\ a_{m1} \end{bmatrix}$$

分别称为**行矩阵**或**列矩阵**。

元素都是零的矩阵称为零矩阵，记为 $\mathbf{0}$ 或 $\mathbf{0}_{m\times n}$。

在 n 阶矩阵中，从左上角到右下角的对角线称为**主对角线**，从右上角到左下角的对角线称为**次对角线**。关于主对角线对称的元素都相等的方阵称为对称矩阵。

在矩阵 $\mathbf{A}=(a_{ij})_{m\times n}$ 中各个元素的前面都添加上负号（即取相反数）得到的矩阵，称为 $\mathbf{A}$ 的负矩阵，记为 $-\mathbf{A}$，即 $-\mathbf{A}=(-a_{ij})_{m\times n}$。

定义 7 若两个矩阵 $\mathbf{A}=(a_{ij})_{s\times n}$，$\mathbf{B}=(b_{ij})_{r\times m}$ 满足：(1) 行数相等 $s=r$；(2) 列数相等 $n=m$；(3) 所有对应元素相等，即

$$a_{ij}=b_{ij}(i=1,2,\cdots,s;j=1,2,\cdots,n)$$

则称矩阵 $\mathbf{A}$ 与矩阵 $\mathbf{B}$ 相等，记为 $\mathbf{A}=\mathbf{B}$。

定义 8 方阵 $\mathbf{A}$ 的元素按其在矩阵中的位置所构成的行列式，称为方阵 $\mathbf{A}$ 的行列式，记为 $|\mathbf{A}|$，即若

$$\mathbf{A}=\begin{bmatrix} a_{11} & a_{12} & \cdots & a_{1n} \\ a_{21} & a_{22} & \cdots & a_{2n} \\ \vdots & \vdots & \ddots & \vdots \\ a_{n1} & a_{n2} & \cdots & a_{nn} \end{bmatrix}$$

则

$$|\mathbf{A}|=\begin{vmatrix} a_{11} & a_{12} & \cdots & a_{1n} \\ a_{21} & a_{22} & \cdots & a_{2n} \\ \vdots & \vdots & \ddots & \vdots \\ a_{n1} & a_{n2} & \cdots & a_{nn} \end{vmatrix}$$

注意：矩阵与行列式是有本质区别的，行列式是一个算式，一个数字行列式通过计算可求得其值，而矩阵仅仅是一个数表，它的行数和列数可以不同。

2. 转置矩阵

定义 9 将一个矩阵

$$\mathbf{A}=\begin{bmatrix} a_{11} & a_{12} & \cdots & a_{1n} \\ a_{21} & a_{22} & \cdots & a_{2n} \\ \vdots & \vdots & \ddots & \vdots \\ a_{m1} & a_{m2} & \cdots & a_{mn} \end{bmatrix}$$

的行和列按顺序互换得到的 $n\times m$ 矩阵，称为 $\mathbf{A}$ 的转置矩阵，记为 $\mathbf{A}^T$，即

$$\mathbf{A}^T=\begin{bmatrix} a_{11} & a_{21} & \cdots & a_{m1} \\ a_{12} & a_{22} & \cdots & a_{m2} \\ \vdots & \vdots & \ddots & \vdots \\ a_{1n} & a_{2n} & \cdots & a_{mn} \end{bmatrix}$$

由定义 9 可知，转置矩阵 $\mathbf{A}^T$ 的第 i 行第 j 列的元素等于矩阵 $\mathbf{A}$ 的第 j 行第 i 列的元素，简记为 $\mathbf{A}^T$ 的 (i,j) 元素 $=\mathbf{A}$ 的 (j,i) 元素。

对于转置矩阵，有以下结论成立。

(1) 若 $\mathbf{A}$ 是 m 行 n 列的矩阵，则 $\mathbf{A}^T$ 是一个 n 行 m 列的矩阵；

(2) $(\mathbf{A}^T)^T=\mathbf{A}$；

(3) 任何一个对称矩阵的转置矩阵都是本身。

3. 几种特殊矩阵

下面介绍几类常见的特殊矩阵,它们是单位矩阵、数量矩阵、三角矩阵和对角矩阵,这些矩阵都是方阵。

（1）单位矩阵

主对角线上的元素全都是 1,其余元素全是 0 的 n 阶矩阵

$$\begin{bmatrix} 1 & 0 & \cdots & 0 \\ 0 & 1 & \cdots & 0 \\ \vdots & \vdots & \ddots & \vdots \\ 0 & 0 & \cdots & 1 \end{bmatrix}$$

称为 **n 阶单位矩阵**,记为 E 或 E_n。

（2）数量矩阵

主对角线上元素都是非零常数,其余元素全部是零的 n 阶矩阵,称为 **n 阶数量矩阵**。

当 $n=2,3$ 时

$$A = \begin{bmatrix} a & 0 \\ 0 & a \end{bmatrix}, \quad B = \begin{bmatrix} b & 0 & 0 \\ 0 & b & 0 \\ 0 & 0 & b \end{bmatrix} \ (a, b \neq 0)$$

就是二阶、三阶数量矩阵。

（3）三角矩阵

主对角线下（或上）方的元素全都为零的 n 阶矩阵,称为 **n 阶上（或下）三角矩阵**,上、下三角矩阵统称为**三角矩阵**。

例如,$A = \begin{bmatrix} -2 & 4 & 0 \\ 0 & 1 & -3 \\ 0 & 0 & 5 \end{bmatrix}$,$B = \begin{bmatrix} 1 & 0 & 0 & 0 \\ 5 & 3 & 0 & 0 \\ 0 & 4 & 0 & 0 \\ 7 & 0 & 2 & 6 \end{bmatrix}$ 分别是一个三阶上三角矩阵和一个四

阶下三角矩阵。值得注意的是,上（或下）三角矩阵的主对角线下（或上）方的元素一定是零,而其他元素可以是零也可以不是零。

（4）对角矩阵

如果一个矩阵 A 既是上三角矩阵,又是下三角矩阵,则称其为 **n 阶对角矩阵**,如 $A =$

$\begin{bmatrix} 2 & 0 \\ 0 & -1 \end{bmatrix}$,$B = \begin{bmatrix} 2 & 0 & 0 \\ 0 & 1 & 0 \\ 0 & 0 & 5 \end{bmatrix}$ 分别为二阶、三阶对角矩阵。

二、矩 阵 的 运 算

1. 矩阵的加法和减法

定义 10 设由矩阵 $A = (a_{ij})_{m \times n}$ 与 $B = (b_{ij})_{m \times n}$ 的对应元素相加（减）而得到的 $m \times n$ 矩阵,称为矩阵 A 与 B 的和（或差）,记作 $A+B$（或 $A-B$）,即

$$A \pm B = (a_{ij} \pm b_{ij}) \tag{7.10}$$

由定义 10 可知,矩阵的加（减）法就是矩阵对应元素相加（减）,而且只有行数、列数分别相同的两个矩阵,才能作加（减）运算。

例 12 设矩阵 $A=\begin{bmatrix} 3 & 0 & -4 \\ -2 & 5 & -1 \end{bmatrix}$, $B=\begin{bmatrix} -2 & 3 & 4 \\ 0 & -3 & 1 \end{bmatrix}$, 求 $A+B$, $A-B$。

解
$$A+B=\begin{bmatrix} 3-2 & 0+3 & -4+4 \\ -2+0 & 5-3 & -1+1 \end{bmatrix}=\begin{bmatrix} 1 & 3 & 0 \\ -2 & 2 & 0 \end{bmatrix}$$

$$A-B=\begin{bmatrix} 3+2 & 0-3 & -4-4 \\ -2-0 & 5+3 & -1-1 \end{bmatrix}=\begin{bmatrix} 5 & -3 & -8 \\ -2 & 8 & -2 \end{bmatrix}$$

设矩阵 A,B,C 都是 $m\times n$ 矩阵, 不难验证矩阵的加减法满足以下运算规则:

(1) 加减交换律 $A+B=B+A$;

(2) 加减结合律 $(A+B)+C=A+(B+C)$;

(3) $A-B=A+(-B)$。

2. 数与矩阵相乘

定义 11 数 k 乘以矩阵 $A=(a_{ij})_{m\times n}$ 的每个元素所得的矩阵 $(ka_{ij})_{m\times n}$ 称为 k **与矩阵** A **的数乘矩阵**, 记为 kA, 即

$$kA=(ka_{ij})_{m\times n}$$

容易验证, 对于数 k,l 和矩阵 A, 满足以下运算规则:

(1) 数对矩阵的分配律 $k(A+B)=kA+kB$;

(2) 矩阵对数的分配律 $(k+l)A=kA+lA$;

(3) 数与矩阵的结合律 $(kl)A=k(lA)=l(kA)$。

例 13 已知 $A=\begin{bmatrix} 2 & 1 & -2 \\ 3 & 2 & 1 \end{bmatrix}$, $B=\begin{bmatrix} 0 & -1 & 2 \\ 3 & 2 & -1 \end{bmatrix}$, 求 $2\left(A+\dfrac{1}{2}B\right)$。

解 $2\left(A+\dfrac{1}{2}B\right)=2A+B=\begin{bmatrix} 4 & 2 & -4 \\ 6 & 4 & 2 \end{bmatrix}+\begin{bmatrix} 0 & -1 & 2 \\ 3 & 2 & -1 \end{bmatrix}=\begin{bmatrix} 4 & 1 & -2 \\ 9 & 6 & 1 \end{bmatrix}$

例 14 已知矩阵 $A=\begin{bmatrix} 3 & -1 & 2 \\ 1 & 5 & 7 \\ 5 & 4 & -3 \end{bmatrix}$, $B=\begin{bmatrix} 7 & 5 & -4 \\ 5 & 1 & 9 \\ 3 & -2 & 1 \end{bmatrix}$ 且 $A+2X=B$, 求矩阵 X。

解 由 $A+2X=B$, 得 $X=\dfrac{1}{2}(B-A)$

因为 $B-A=\begin{bmatrix} 7 & 5 & -4 \\ 5 & 1 & 9 \\ 3 & -2 & 1 \end{bmatrix}-\begin{bmatrix} 3 & -1 & 2 \\ 1 & 5 & 7 \\ 5 & 4 & -3 \end{bmatrix}=\begin{bmatrix} 4 & 6 & -6 \\ 4 & -4 & 2 \\ -2 & -6 & 4 \end{bmatrix}$

所以 $X=\dfrac{1}{2}(B-A)=\dfrac{1}{2}\begin{bmatrix} 4 & 6 & -6 \\ 4 & -4 & 2 \\ -2 & -6 & 4 \end{bmatrix}=\begin{bmatrix} 2 & 3 & -3 \\ 2 & -2 & 1 \\ -1 & -3 & 2 \end{bmatrix}$

3. 矩阵与矩阵的乘法

若用矩阵 A 表示文具车间三个班组一天的产量, 用矩阵 B 表示铅笔和钢笔的单位售价和单位利润, 即

$$A=\begin{array}{c} \\ \\ \\ \end{array}\begin{array}{cc} 铅笔 & 钢笔 \\ \begin{bmatrix} 3\,000 & 1\,000 \\ 2\,500 & 1\,100 \\ 2\,000 & 1\,000 \end{bmatrix} & \begin{array}{l} 一班 \\ 二班, \\ 三班 \end{array} \end{array} \qquad B=\begin{array}{cc} 单价(元) & 利润(元) \\ \begin{bmatrix} 0.5 & 0.2 \\ 10 & 2 \end{bmatrix} & \begin{array}{l} 铅笔 \\ 钢笔 \end{array} \end{array}$$

若用矩阵 C 表示三个班组一天创造的总产值和总利润,则有

总产值 总利润

$$C=\begin{bmatrix} c_{11} & c_{12} \\ c_{21} & c_{22} \\ c_{31} & c_{32} \end{bmatrix} \begin{array}{l} \text{一班} \\ \text{二班} \\ \text{三班} \end{array} = \begin{bmatrix} 3\,000\times0.5+1\,000\times10 & 3\,000\times0.2+1\,000\times2 \\ 2\,500\times0.5+1\,100\times10 & 2\,500\times0.2+1\,100\times2 \\ 2\,000\times0.5+1\,000\times10 & 2\,000\times0.2+1\,000\times2 \end{bmatrix} = \begin{bmatrix} 11\,500 & 2\,600 \\ 12\,250 & 2\,700 \\ 11\,000 & 2\,400 \end{bmatrix}$$

可见,C 的元素 c_{11} 正是矩阵 A 的第 1 行与矩阵 B 的第 1 列所有对应元素的乘积之和,c_{12} 是 A 的第 1 行与 B 的第 2 列所有对应元素的乘积之和,等等。我们称矩阵 C 为矩阵 A 与 B 的乘积。

定义 12 设 $A=(a_{ij})_{m\times s}$,$B=(b_{ij})_{s\times n}$,则称 $m\times n$ 矩阵 $C=(c_{ij})_{m\times n}$ 为**矩阵 A 与 B 的乘积**,其中:

$$c_{ij} = a_{i1}b_{1j} + a_{i2}b_{2j} + \cdots + a_{is}b_{sj} = \sum_{k=1}^{s} a_{ik}b_{kj} \quad (i=1,2,\cdots,m; j=1,2,\cdots,n)$$

记为

$$C=AB$$

由定义 12 知:

(1) 只有当左矩阵 A 的列数等于右矩阵 B 的行数时,A、B 才能做乘法运算;

(2) 两个矩阵的乘积 $C=AB$ 亦是矩阵,它的行数等于左矩阵 A 的行数,它的列数等于右矩阵 B 的列数;

(3) 乘积矩阵 $C=AB$ 中的第 i 行第 j 列的元素等于 A 的第 i 行元素与 B 的第 j 列对应元素的乘积之和,故简称行乘列法则。

例 15 设矩阵 $A=\begin{bmatrix} 2 & -1 \\ -4 & 0 \\ 3 & 1 \end{bmatrix}$,$B=\begin{bmatrix} 7 & -9 \\ -8 & 10 \end{bmatrix}$,计算 AB。

解 $AB=\begin{bmatrix} 2\times7+(-1)\times(-8) & 2\times(-9)+(-1)\times10 \\ -4\times7+0\times(-8) & -4\times(-9)+0\times10 \\ 3\times7+1\times(-8) & 3\times(-9)+1\times10 \end{bmatrix} = \begin{bmatrix} 22 & -28 \\ -28 & 36 \\ 13 & -17 \end{bmatrix}$

显然 BA 是无意义的。

例 16 设 $A=\begin{bmatrix} 1 & -1 \\ -1 & 1 \end{bmatrix}$,$B=\begin{bmatrix} 1 & 1 \\ -1 & -1 \end{bmatrix}$,计算 AB,BA。

解 $AB=\begin{bmatrix} 1 & -1 \\ -1 & 1 \end{bmatrix}\begin{bmatrix} 1 & 1 \\ -1 & -1 \end{bmatrix}=\begin{bmatrix} 2 & 2 \\ -2 & -2 \end{bmatrix}$,$BA=\begin{bmatrix} 1 & 1 \\ -1 & -1 \end{bmatrix}\begin{bmatrix} 1 & -1 \\ -1 & 1 \end{bmatrix}=\begin{bmatrix} 0 & 0 \\ 0 & 0 \end{bmatrix}$

由例 15、例 16 可以看到:

(1) 两个矩阵相乘,AB 有意义,但 BA 可能无意义,即使 BA 有意义,也不一定 $AB=BA$,所以,矩阵的乘法一般不满足交换律;

(2) 矩阵 $A\neq0$,$B\neq0$,然而 $AB=0$,即两个非零矩阵的乘积为零矩阵,这也是与数的乘法不同的地方。由此说明,若 $AB=0$,一般不能推出 $A=0$ 或 $B=0$,亦即一般地,不能在矩阵乘积等式两边消去相同的矩阵。

矩阵乘法有如下运算规律:

(1) 结合律 $(AB)C=A(BC)$;

(2) 数乘结合律 $k(AB)=(kA)B=A(kB)$(k 为常数);

(3) 分配律 $A(B+C)=AB+AC$(左分配律),$(B+C)A=BA+CA$(右分配律)。

为了方便,常把 k 个方阵 A 相乘,记为 A^k,称为 A 的 k 次幂。

例 17 已知 $A = \begin{bmatrix} 1 & 1 & 2 \\ 1 & 0 & 3 \\ 2 & 3 & 1 \end{bmatrix}, B = \begin{bmatrix} 1 & 0 & 1 \\ 0 & 2 & 1 \\ 1 & 1 & 4 \end{bmatrix}$,求 $(AB)^T$。

解 解法一 因为

$$AB = \begin{bmatrix} 1 & 1 & 2 \\ 1 & 0 & 3 \\ 2 & 3 & 1 \end{bmatrix} \begin{bmatrix} 1 & 0 & 1 \\ 0 & 2 & 1 \\ 1 & 1 & 4 \end{bmatrix} = \begin{bmatrix} 3 & 4 & 10 \\ 4 & 3 & 13 \\ 3 & 7 & 9 \end{bmatrix}$$

所以 $(AB)^T = \begin{bmatrix} 3 & 4 & 3 \\ 4 & 3 & 7 \\ 10 & 13 & 9 \end{bmatrix}$

解法二

$$(AB)^T = B^T A^T = \begin{bmatrix} 1 & 0 & 1 \\ 0 & 2 & 1 \\ 1 & 1 & 4 \end{bmatrix} \begin{bmatrix} 1 & 1 & 2 \\ 1 & 0 & 3 \\ 2 & 3 & 1 \end{bmatrix} = \begin{bmatrix} 3 & 4 & 3 \\ 4 & 3 & 7 \\ 10 & 13 & 9 \end{bmatrix}$$

思 考 题

1. 是否所有的零矩阵都相等,为什么?

2. 矩阵和行列式是完全不同的两个概念,两者有本质的差异,请说说它们之间的不同。

3. 设 A 是 n 阶方阵,则 $|A|$ 与 $|-A|$ 的关系是什么?

习题 7-2

1. 设 $A = \begin{bmatrix} 3 & 7 & 4 \\ -3 & 4 & 4 \\ -2 & 0 & 3 \end{bmatrix}, B = \begin{bmatrix} 3 & x_1 & x_2 \\ x_1 & 4 & x_3 \\ x_2 & x_3 & 3 \end{bmatrix}, C = \begin{bmatrix} 0 & y_1 & y_2 \\ -y_1 & 0 & y_3 \\ -y_2 & -y_3 & 0 \end{bmatrix}$,且 $A = B + C$,求

B 和 C 中未知数 x_1, x_2, x_3 和 y_1, y_2, y_3。

2. 设 $A = \begin{bmatrix} 3 & 2 & 5 \\ 1 & 6 & 1 \\ 4 & 5 & 7 \end{bmatrix}, B = \begin{bmatrix} 4 & 3 & 7.5 \\ 1.5 & 8.5 & 1.5 \\ 6 & 7.5 & 10 \end{bmatrix}$,求 $3A + 2B$ 及 $3A - 2B$。

3. 设 $A = \begin{bmatrix} 0 & -1 & 2 \\ -5 & 3 & 4 \end{bmatrix}, B = \begin{bmatrix} 4 & 5 & -3 \\ 3 & -4 & 0 \end{bmatrix}$,求 $2A - 3B$;(2)若矩阵 X 满足 $A + 2X = B$,求 X。

4. 计算下列各题。

(1) $\begin{bmatrix} 1 & 0 & 3 \\ 2 & 1 & 0 \end{bmatrix} \begin{bmatrix} 4 & 1 \\ -1 & 1 \\ 2 & 0 \end{bmatrix}$;

(2) $\begin{bmatrix} 4 & 1 \\ -1 & 1 \\ 2 & 0 \end{bmatrix} \begin{bmatrix} 1 & 0 & 3 \\ 2 & 1 & 0 \end{bmatrix}$;

(3) $\begin{bmatrix} -2 & 3 \\ 5 & -4 \end{bmatrix} \begin{bmatrix} 3 & 4 \\ 2 & 5 \end{bmatrix}$;

(4) $\begin{bmatrix} -1 & 2 & 3 \\ 3 & -1 & 0 \end{bmatrix} \begin{bmatrix} 2 & 5 & 0 \\ -4 & 3 & -2 \\ 3 & -1 & 1 \end{bmatrix}$;

$(5)\begin{bmatrix} 3 & 1 & -1 \\ -2 & -1 & 1 \end{bmatrix}\begin{bmatrix} 2 \\ 3 \\ -1 \end{bmatrix};$ $\qquad$ $(6)\begin{bmatrix} 2 & -1 \\ -4 & 0 \\ 3 & 1 \end{bmatrix}\begin{bmatrix} 7 & -9 \\ -8 & 10 \end{bmatrix};$

$(7)\begin{bmatrix} 1 & 2 & 3 \\ 2 & 4 & 6 \\ 3 & 6 & 8 \end{bmatrix}\begin{bmatrix} -1 & -2 & -4 \\ -1 & -2 & -4 \\ 1 & 2 & 4 \end{bmatrix};$ $\qquad$ $(8)\begin{bmatrix} 1 & 2 & 3 \\ -2 & 1 & 2 \end{bmatrix}\begin{bmatrix} 1 & 2 & 0 \\ 0 & 1 & 1 \\ 3 & 0 & -1 \end{bmatrix}.$

5. 设 $A=\begin{bmatrix} 1 & 2 & 3 \end{bmatrix}, B=\begin{bmatrix} 3 & 2 & 1 \end{bmatrix}, C=B^T A$，求 C^{100}。

6. 求下列各方阵的幂（n 为正整数）。

$(1)\begin{bmatrix} 1 & 0 \\ \lambda & 1 \end{bmatrix}^n;$ $\qquad$ $(2)\begin{bmatrix} 1 & 1 \\ 1 & 1 \end{bmatrix}^n;$ $\qquad$ $(3)\begin{bmatrix} 0 & 1 & 0 \\ 0 & 0 & 1 \\ 1 & 0 & 0 \end{bmatrix}^3.$

第三节　矩阵的初等变换与矩阵的秩

一、矩阵的初等变换

　　线性方程组的主要求解方法是消元法，在用消元法求解过程中，运用了三种变化方法：

　　(1) 交换两个方程的位置；

　　(2) 用一个非零数乘方程；

　　(3) 用一个非零的数乘某个方程后加到另一个方程上去。

　　将方程组进行上述三种变换后所得到的新方程组与原方程组是同解的，这三种变换称为线性方程组的初等变换，所以初等变换不改变线性方程组的解。

　　由于对方程组作初等变换时，只是对方程组的系数和常数项进行运算，而未知量并未参与运算，因此，对方程组进行初等变换，实质上就是对方程组的系数与常数项构成的矩阵进行相应的变换。于是有下面矩阵初等变换的定义。

　　定义 13　对矩阵的行（列）作以下三种变换，称为矩阵的行（列）**初等变换**。

　　(1) 位置变换：交换矩阵的任意两行（或两列）；

　　(2) 倍乘变换：用一个非零常数乘以矩阵的某一行（或一列）；

　　(3) 倍加变换：用一个常数乘矩阵的某一行（或某一列），加到另一行（或另一列）上去。

　　矩阵行与列的初等变换统称为矩阵的初等变换。

　　定义 14　矩阵 A 经过有限次初等变换化为矩阵 B，则称**矩阵 A 与矩阵 B 等价**，记为 $A \backsim B$。

　　定义 15　满足以下条件的矩阵称为**阶梯形矩阵**。

　　(1) 矩阵的零行（若存在）在矩阵的最下方；

　　(2) 各个非零行的第一个非零元素的列标随着行标的增大而严格增大。

　　例如 $A=\begin{bmatrix} 1 & 2 & -1 \\ 0 & 1 & 1 \\ 0 & 0 & 0 \end{bmatrix}, B=\begin{bmatrix} 4 & 1 & 2 & 3 \\ 0 & 0 & 3 & 0 \\ 0 & 0 & 0 & 2 \end{bmatrix}$ 都是阶梯形矩阵。

例 18 用矩阵的初等行变换将矩阵 $A = \begin{bmatrix} 2 & 4 & 0 \\ 3 & 5 & 2 \\ 1 & 0 & 3 \end{bmatrix}$ 化为阶梯形矩阵。

解 $A = \begin{bmatrix} 2 & 4 & 0 \\ 3 & 5 & 2 \\ 1 & 0 & 3 \end{bmatrix} \xrightarrow{\frac{1}{2} \times ①行} \begin{bmatrix} 1 & 2 & 0 \\ 3 & 5 & 2 \\ 1 & 0 & 3 \end{bmatrix} \xrightarrow[③行+(-1)\times①行]{②行+(-3)\times①行} \begin{bmatrix} 1 & 2 & 0 \\ 0 & -1 & 2 \\ 0 & -2 & 3 \end{bmatrix}$

$\xrightarrow{③行+(-2)\times②行} \begin{bmatrix} 1 & 2 & 0 \\ 0 & -1 & 2 \\ 0 & 0 & -1 \end{bmatrix}$

如果阶梯形矩阵还满足以下条件:

(1) 各非零行的第一个非零元素都是 1;

(2) 所有第一个非零元素所在列的其余都是零,

那么该矩阵称为**行简化阶梯形矩阵**或**简化阶梯形矩阵**。例如

$$C = \begin{bmatrix} 1 & 0 & -1 \\ 0 & 1 & 1 \\ 0 & 0 & 0 \end{bmatrix}, \quad D = \begin{bmatrix} 1 & 1 & 0 & 0 \\ 0 & 0 & 1 & 0 \\ 0 & 0 & 0 & 1 \end{bmatrix}。$$

我们对例 16 所得到的阶梯形矩阵再进行初等行变换,就可将其化为简化阶梯形矩阵。

$\begin{bmatrix} 1 & 2 & 0 \\ 0 & -1 & 2 \\ 0 & 0 & -1 \end{bmatrix} \xrightarrow{②行+2\times③行} \begin{bmatrix} 1 & 2 & 0 \\ 0 & -1 & 0 \\ 0 & 0 & -1 \end{bmatrix} \xrightarrow{①行+2\times②行} \begin{bmatrix} 1 & 0 & 0 \\ 0 & 1 & 0 \\ 0 & 0 & 1 \end{bmatrix} = E$

关于矩阵的初等变换有如下定理:

定理 2 任意一个矩阵都可以通过一系列行初等变换化为与其等价的阶梯形矩阵和简化阶梯形矩阵。

二、矩阵的秩

定义 16 在 m 行 n 列的矩阵 A 中,任取 k 行 k 列,位于这些行、列相交处的元素所构成的 k 阶行列式,叫作 A 的 k **阶子式**。例如,矩阵

$$A = \begin{bmatrix} 1 & 2 & 2 & 11 \\ 1 & -3 & -3 & -14 \\ 3 & 1 & 1 & 8 \end{bmatrix}$$

中,第 1,2 两行和第 2,3 两列相交处的元素构成一个二阶子式 $\begin{vmatrix} 2 & 2 \\ -3 & -3 \end{vmatrix}$,第 1,2,3 三行和第 2,3,4 三列相交处的元素构成一个三阶子式 $\begin{vmatrix} 2 & 2 & 11 \\ -3 & -3 & -14 \\ 1 & 1 & 8 \end{vmatrix}$。

显然,一个 n 阶方阵 A 的 n 阶子式,就是方阵 A 的行列式 $|A|$。

定义 17 若矩阵 A 中至少有一个 r 阶子式不为零,而所有高于 r 阶的子式都为零,则数 r 叫作矩阵 A 的**秩**,记为 $r(A)$,即 $r(A) = r$。

例 19 求矩阵 A 的秩,其中 $A = \begin{bmatrix} 1 & 2 & 2 & 11 \\ 1 & -3 & -3 & -14 \\ 3 & 1 & 1 & 8 \end{bmatrix}$。

解 矩阵 A 共有四个三阶子式,不难验证这四个三阶子式全为零,但在 A 中至少有一个二阶子式不为零。例如,$\begin{vmatrix} 1 & 2 \\ 1 & -3 \end{vmatrix} \neq 0$,所以矩阵 A 的秩为 2,即 $r(A) = 2$。

由例 19 看出,根据定义求矩阵的秩,要计算许多行列式,而且矩阵的行数、列数越高,计算量就越大。下面引入利用初等变换求矩阵秩的方法,它可以简化计算。

定理 3 矩阵的初等变换不改变矩阵的秩。

运用这个定理,可以将矩阵 A 经过适当的初等变换,变成一个求秩较方便的矩阵 B,从而通过求 $r(B)$ 得到 $r(A)$。

例 20 求矩阵 A 的秩,其中 $A = \begin{bmatrix} 1 & 1 & 2 & 2 & 1 \\ 0 & 2 & 1 & 5 & -1 \\ 2 & 0 & 3 & -1 & 3 \\ 1 & 1 & 0 & 4 & -1 \end{bmatrix}$。

解 $A = \begin{bmatrix} 1 & 1 & 2 & 2 & 1 \\ 0 & 2 & 1 & 5 & -1 \\ 2 & 0 & 3 & -1 & 3 \\ 1 & 1 & 0 & 4 & -1 \end{bmatrix}$ $\xrightarrow[④行+(-1)×①行]{③行+(-2)×①行}$ $\begin{bmatrix} 1 & 1 & 2 & 2 & 1 \\ 0 & 2 & 1 & 5 & -1 \\ 0 & -2 & -1 & -5 & 1 \\ 0 & 0 & -2 & 2 & -2 \end{bmatrix}$

$\xrightarrow{③行+②行}$ $\begin{bmatrix} 1 & 1 & 2 & 2 & 1 \\ 0 & 2 & 1 & 5 & -1 \\ 0 & 0 & 0 & 0 & 0 \\ 0 & 0 & -2 & 2 & -2 \end{bmatrix}$ $\xrightarrow{③行、④行交换}$ $\begin{bmatrix} 1 & 1 & 2 & 2 & 1 \\ 0 & 2 & 1 & 5 & -1 \\ 0 & 0 & -2 & 2 & -2 \\ 0 & 0 & 0 & 0 & 0 \end{bmatrix} = B$

在 B 中前三行三列的所有元素构成的三阶子式主对角线的元素均不为零,主对角线下方元素都为零,故该子式等于 -4,而任何四阶子式均有一行为零,其值都等于零。故 $r(B) = 3$,即 $r(A) = 3$。

思 考 题

1. 矩阵的初等变换和方程组的初等变换一样吗?
2. 求矩阵的秩,可以交叉使用矩阵的行、列初等变换吗?

习题 7-3

1. 用初等变换将下列矩阵化为阶梯形矩阵。

(1) $\begin{bmatrix} 1 & -1 & 2 \\ 3 & -3 & 1 \end{bmatrix}$;

(2) $\begin{bmatrix} 1 & 3 \\ 2 & 1 \\ 3 & -1 \end{bmatrix}$;

(3) $\begin{bmatrix} 1 & 2 & 3 \\ 3 & 7 & 1 \\ 1 & 0 & 2 \end{bmatrix}$。

2. 把下列矩阵化为简化阶梯形矩阵。

(1) $\begin{bmatrix} 2 & 4 \\ 1 & 2 \end{bmatrix}$;

(2) $\begin{bmatrix} -2 & 1 & 3 \\ 1 & -2 & 1 \\ 0 & -1 & 2 \end{bmatrix}$;

(3) $\begin{bmatrix} 1 & 2 & -1 & 1 \\ 2 & -3 & 1 & 0 \\ 4 & 1 & -1 & 1 \end{bmatrix}$;

(4) $\begin{bmatrix} 1 & 2 & 3 \\ 3 & 1 & 2 \\ 2 & 3 & 1 \end{bmatrix}$;

(5) $\begin{bmatrix} 3 & 3 & 9 & 12 \\ 2 & -2 & 7 & 9 \\ 1 & -3 & 4 & 5 \end{bmatrix}$;

(6) $\begin{bmatrix} -2 & -1 & -4 & 2 & -1 \\ 3 & 0 & 6 & -1 & 1 \\ 0 & 3 & 0 & 0 & 1 \end{bmatrix}$;

(7) $\begin{bmatrix} 0 & 1 & 1 & -1 & 2 \\ 0 & 2 & 2 & 2 & 0 \\ 0 & -1 & -1 & 1 & 1 \\ 1 & 1 & 0 & 0 & -1 \end{bmatrix}$。

3. 求下列矩阵的秩。

(1) $\begin{bmatrix} 2 & 0 & 8 & 4 \\ 3 & 0 & -1 & 7 \end{bmatrix}$;

(2) $\begin{bmatrix} 1 & 2 & 3 & 4 \\ 1 & 10 & 2 & 1 \\ -2 & -4 & -6 & -8 \end{bmatrix}$;

(3) $\begin{bmatrix} 2 & 3 \\ 1 & -1 \\ -1 & 2 \end{bmatrix}$;

(4) $\begin{bmatrix} 2 & -1 & 1 \\ 4 & -2 & 2 \\ 6 & -3 & 3 \end{bmatrix}$;

(5) $\begin{bmatrix} 1 & -1 & 2 & 1 & 0 \\ 2 & -2 & 4 & 2 & 0 \\ 3 & 0 & 6 & -1 & 1 \\ 0 & 3 & 0 & 0 & 1 \end{bmatrix}$;

(6) $\begin{bmatrix} 1 & 1 & 1 \\ a_1 & a_2 & a_3 \\ a_1^2 & a_2^2 & a_3^2 \end{bmatrix}$ (a_1, a_2, a_3 互异);

(7) $\begin{bmatrix} 1 & a & a & a \\ a & 1 & a & a \\ a & a & 1 & a \\ a & a & a & 1 \end{bmatrix}$。

4. 设 $A = \begin{bmatrix} 1 & -2 & 3k \\ -1 & 2k & -3 \\ k & -2 & 3 \end{bmatrix}$,问 k 取何值时,可使:(1) $r(A)=1$;(2) $r(A)=2$;(3) $r(A)=3$。

第四节 逆 矩 阵

一、逆矩阵的概念

代数方程 $ax=b$,当 $a \neq 0$ 时,其解为 $x=a^{-1}b$。那么,线性方程组 $AX=B$(其中,A 是一个 n 阶方阵,X 与 B 是有 n 个元素的列矩阵),当 $A \neq 0$ 时,其解是否也可以写成 $X=$

$A^{-1}B$ 呢？如果可以，A^{-1} 的含义是什么呢？

定义 18 对于一个 n 阶方阵 A，如果存在一个 n 阶方阵 C，使 $CA=AC=E$，那么矩阵 C 称为矩阵 A 的**逆矩阵**。矩阵 A 的逆矩阵记为 A^{-1}，即 $C=A^{-1}$。

如果矩阵 A 存在逆矩阵，则称矩阵 A 是**可逆矩阵**。

二、逆矩阵的性质

根据逆矩阵的定义及矩阵有关性质，可推得逆矩阵有如下的性质。

1. 如果矩阵 A 是可逆矩阵，则

(1) A 的逆矩阵 A^{-1} 是唯一的；

(2) A^{-1} 是可逆的，且 $(A^{-1})^{-1}=A$；

(3) A^T 是可逆的，且 $(A^T)^{-1}=(A^{-1})^T$；

(4) 如果常数 $k\neq0$，则矩阵 kA 也可逆，且有 $(kA)^{-1}=\dfrac{1}{k}A^{-1}$。

2. 若两个同阶方阵 A 和 B 都可逆，则 AB，BA 也可逆，且 $(AB)^{-1}=B^{-1}A^{-1}$，$(BA)^{-1}=A^{-1}B^{-1}$。

证 因为 $\qquad (B^{-1}A^{-1})(AB)=B^{-1}(A^{-1}A)B=B^{-1}EB=B^{-1}B=E$
$$AB(B^{-1}A^{-1})=A(BB^{-1})A^{-1}=AEA^{-1}=AA^{-1}=E$$
所以 $B^{-1}A^{-1}$ 为 AB 的逆矩阵。同理，可证 $(BA)^{-1}=A^{-1}B^{-1}$。

三、逆矩阵的求法

定义 19 如果 n 阶矩阵 A 的行列式 $|A|\neq0$，则称 A 是**非奇异矩阵**，否则称 A 为奇异矩阵。

在这里，我们以三阶方阵为例说明逆矩阵的求法。

设
$$A=\begin{bmatrix} a_{11} & a_{12} & a_{13} \\ a_{21} & a_{22} & a_{23} \\ a_{31} & a_{32} & a_{33} \end{bmatrix}$$

作一矩阵
$$A^*=\begin{bmatrix} A_{11} & A_{21} & A_{31} \\ A_{12} & A_{22} & A_{32} \\ A_{13} & A_{23} & A_{33} \end{bmatrix}$$

其中 A_{ij} 表示行列式 $|A|$ 中元素 a_{ij} 的代数余子式，矩阵 A^* 称为 A 的**伴随矩阵**。

由矩阵乘法可得

$$AA^*=\begin{bmatrix} a_{11} & a_{12} & a_{13} \\ a_{21} & a_{22} & a_{23} \\ a_{31} & a_{32} & a_{33} \end{bmatrix}\begin{bmatrix} A_{11} & A_{21} & A_{31} \\ A_{12} & A_{22} & A_{32} \\ A_{13} & A_{23} & A_{33} \end{bmatrix}=\begin{bmatrix} |A| & 0 & 0 \\ 0 & |A| & 0 \\ 0 & 0 & |A| \end{bmatrix}=|A|E$$

同理可得 $\qquad A^*A=|A|E$，即 $AA^*=A^*A=|A|E$

如果 $|A|\neq0$，作矩阵 $C=\dfrac{1}{|A|}A^*$，那么

$$AC=A\left(\dfrac{1}{|A|}A^*\right)=\dfrac{1}{|A|}AA^*=\dfrac{1}{|A|}\cdot|A|E=E$$

$$CA=\left(\dfrac{1}{|A|}A^*\right)A=\dfrac{1}{|A|}A^*A=\dfrac{1}{|A|}\cdot|A|E=E$$

即矩阵 C 是 A 的逆矩阵。

这就证明了,如果 $|A| \neq 0$,则 A 可逆,且 $A^{-1} = \dfrac{1}{|A|} A^*$,也就是说 $|A| \neq 0$ 是方阵 A 有逆矩阵的充分条件,可以进一步证明它也是必要条件。

定理 4 n 阶矩阵 A 可逆的充要条件是 A 为非奇异矩阵,并且 $A^{-1} = \dfrac{1}{|A|} A^*$,其中 A^* 为 A 的伴随矩阵。

$$A^* = \begin{bmatrix} A_{11} & A_{21} & \cdots & A_{n1} \\ A_{12} & A_{22} & \cdots & A_{n2} \\ \vdots & \vdots & \ddots & \vdots \\ A_{1n} & A_{2n} & \cdots & A_{nn} \end{bmatrix}$$

其中,$A_{ij}(i,j=1,2,\cdots,n)$ 是 A 的元素 a_{ij} 的代数余子式。

例 21 已知 $A = \begin{bmatrix} 1 & 2 & 3 \\ 2 & 2 & 1 \\ 3 & 4 & 3 \end{bmatrix}$,求 A^{-1}。

解 由 $|A| = 2 \neq 0$,知 A^{-1} 存在,而

$A_{11} = 2,\ A_{21} = 6,\ A_{31} = -4,\ A_{12} = -3,\ A_{22} = -6,\ A_{32} = 5,\ A_{13} = 2,\ A_{23} = 2,\ A_{33} = -2$

所以 $\quad A^* = \begin{bmatrix} 2 & 6 & -4 \\ -3 & -6 & 5 \\ 2 & 2 & -2 \end{bmatrix}, A^{-1} = \dfrac{1}{|A|} A^* = \begin{bmatrix} 1 & 3 & -2 \\ -\dfrac{3}{2} & -3 & \dfrac{5}{2} \\ 1 & 1 & -1 \end{bmatrix}$

例 22 求对角矩阵 $A = \begin{bmatrix} 2 & 0 & 0 \\ 0 & 3 & 0 \\ 0 & 0 & -4 \end{bmatrix}$ 的逆矩阵。

解 由 $|A| = -24 \neq 0$,知 A^{-1} 存在,而

$A_{11} = -12,\ A_{22} = -8,\ A_{33} = 6,\ A_{12} = A_{13} = A_{21} = A_{23} = A_{31} = A_{32} = 0$

所以 $\quad A^{-1} = \dfrac{1}{-24} \begin{bmatrix} -12 & 0 & 0 \\ 0 & -8 & 0 \\ 0 & 0 & 6 \end{bmatrix} = \begin{bmatrix} \dfrac{1}{2} & 0 & 0 \\ 0 & \dfrac{1}{3} & 0 \\ 0 & 0 & -\dfrac{1}{4} \end{bmatrix}$

一般地,对角矩阵 $A = \begin{bmatrix} a_{11} & 0 & \cdots & 0 \\ 0 & a_{22} & \cdots & 0 \\ \vdots & \vdots & \ddots & \vdots \\ 0 & 0 & \cdots & a_{nn} \end{bmatrix}$(其中 $a_{ii} \neq 0, i = 1,2,\cdots,n$)都是可逆的,

并且

$$A^{-1} = \begin{bmatrix} \dfrac{1}{a_{11}} & 0 & \cdots & 0 \\ 0 & \dfrac{1}{a_{22}} & \cdots & 0 \\ \vdots & \vdots & \ddots & \vdots \\ 0 & 0 & \cdots & \dfrac{1}{a_{nn}} \end{bmatrix}$$

一般来说,对三阶及其以上可逆矩阵,用伴随矩阵求逆矩阵,计算量非常大,计算起来也不方便。因此,在求三阶及其以上的可逆矩阵的逆矩阵时,常常采用初等变换的方法来求矩阵的逆矩阵,可使计算简单快捷。

利用矩阵的初等变换可以求方阵的逆矩阵,方法是把 n 阶方阵 $\boldsymbol{A}$ 和 n 阶单位矩阵 $\boldsymbol{E}$ 合写成一个 $n \times 2n$ 的矩阵,中间用竖线分开,即写成 $[\boldsymbol{A} \mid \boldsymbol{E}]$。然后对它进行初等行变换,可以证明当左边的矩阵变成单位矩阵时,右边的矩阵 $\boldsymbol{E}$ 就变成矩阵 $\boldsymbol{A}^{-1}$,即

$$[\boldsymbol{A} \mid \boldsymbol{E}] \xrightarrow{\text{初等行变换}} [\boldsymbol{E} \mid \boldsymbol{A}^{-1}]。$$

例 23 求矩阵 $\begin{bmatrix} 1 & 3 & 3 \\ 1 & 4 & 3 \\ 1 & 3 & 4 \end{bmatrix}$ 的逆矩阵。

解 $[\boldsymbol{A} \mid \boldsymbol{E}] = \left[\begin{array}{ccc|ccc} 1 & 3 & 3 & 1 & 0 & 0 \\ 1 & 4 & 3 & 0 & 1 & 0 \\ 1 & 3 & 4 & 0 & 0 & 1 \end{array}\right] \xrightarrow[\text{③行}+(-1)\times\text{①行}]{\text{②行}+(-1)\times\text{①行}} \left[\begin{array}{ccc|ccc} 1 & 3 & 3 & 1 & 0 & 0 \\ 0 & 1 & 0 & -1 & 1 & 0 \\ 0 & 0 & 1 & -1 & 0 & 1 \end{array}\right]$

$\xrightarrow{\text{①行}+(-3)\times\text{②行}} \left[\begin{array}{ccc|ccc} 1 & 0 & 3 & 4 & -3 & 0 \\ 0 & 1 & 0 & -1 & 1 & 0 \\ 0 & 0 & 1 & -1 & 0 & 1 \end{array}\right]$

$\xrightarrow{\text{①行}+(-3)\times\text{③行}} \left[\begin{array}{ccc|ccc} 1 & 0 & 0 & 7 & -3 & -3 \\ 0 & 1 & 0 & -1 & 1 & 0 \\ 0 & 0 & 1 & -1 & 0 & 1 \end{array}\right] = [\boldsymbol{E} \mid \boldsymbol{A}^{-1}]$

所以 $\boldsymbol{A}^{-1} = \begin{bmatrix} 7 & -3 & -3 \\ -1 & 1 & 0 \\ -1 & 0 & 1 \end{bmatrix}$

思 考 题

1. 如何判断 n 阶方阵 $\boldsymbol{A}$ 是否可逆?

2. 求逆矩阵和求某一个具体数的倒数是否一样?有何区别?

3. $|\boldsymbol{A}^*| = ?$

习题 7-4

1. 证明下列各对矩阵互为逆矩阵。

(1) $\begin{bmatrix} 3 & 4 \\ 2 & 5 \end{bmatrix}$ 与 $\begin{bmatrix} \dfrac{5}{7} & -\dfrac{4}{7} \\ -\dfrac{2}{7} & \dfrac{3}{7} \end{bmatrix}$；

(2) $\begin{bmatrix} \cos\alpha & \sin\alpha & 0 \\ -\sin\alpha & \cos\alpha & 0 \\ 0 & 0 & 1 \end{bmatrix}$ 与 $\begin{bmatrix} \cos\alpha & -\sin\alpha & 0 \\ \sin\alpha & \cos\alpha & 0 \\ 0 & 0 & 1 \end{bmatrix}$。

2. 求下列矩阵的逆矩阵。

(1) $\begin{bmatrix} a & b \\ c & d \end{bmatrix}$（其中 $ad-bc \neq 0$）；

(2) $\begin{bmatrix} 2 & 2 & 3 \\ 1 & -1 & 0 \\ -1 & 2 & 1 \end{bmatrix}$；

(3) $\begin{bmatrix} 2 & 0 & 1 \\ 1 & -2 & -1 \\ -1 & 3 & 2 \end{bmatrix}$;　　　　(4) $\begin{bmatrix} 1 & 2 & 3 \\ 2 & 2 & 1 \\ 3 & 4 & 3 \end{bmatrix}$;

(5) $\begin{bmatrix} 1 & 1 & 1 & 1 \\ 1 & 1 & -1 & -1 \\ 1 & -1 & 1 & -1 \\ 1 & -1 & -1 & 1 \end{bmatrix}$;　　　　(6) $\begin{bmatrix} 2 & 1 & 0 & 0 \\ 0 & 2 & 1 & 0 \\ 0 & 0 & 2 & 1 \\ 0 & 0 & 0 & 2 \end{bmatrix}$;

(7) $\begin{bmatrix} 1 & 0 & 0 & 0 \\ 1 & 2 & 0 & 0 \\ 1 & 2 & 3 & 0 \\ 1 & 2 & 3 & 4 \end{bmatrix}$。

3. 证明题

(1) 设 $|A| \neq 0$,且 $AB = BA$,求证: $A^{-1}B = BA^{-1}$;

(2) 设 $|A| \neq 0$,且 $AX = AY$,求证: $X = Y$;

(3) 设 A 是 n 非奇异矩阵,证明: $|A^*| = |A|^{n-1}$。

4. 求下列矩阵方程中的未知矩阵。

(1) $\begin{bmatrix} 2 & 5 \\ 1 & 3 \end{bmatrix} X = \begin{bmatrix} 4 & -6 \\ 2 & 1 \end{bmatrix}$;　　　　(2) $X \begin{bmatrix} 1 & 1 & -1 \\ 2 & 1 & 0 \\ 1 & -1 & 1 \end{bmatrix} = \begin{bmatrix} 1 & -1 & 3 \\ 4 & 3 & 2 \\ 1 & -2 & 5 \end{bmatrix}$;

(3) $\begin{bmatrix} 0 & 1 & 0 \\ 1 & 0 & 0 \\ 0 & 0 & 1 \end{bmatrix} X \begin{bmatrix} 1 & 0 & 0 \\ 0 & 0 & 1 \\ 0 & 1 & 0 \end{bmatrix} = \begin{bmatrix} 1 & -4 & 3 \\ 2 & 0 & -1 \\ 1 & -2 & 0 \end{bmatrix}$。

5. 设方阵 $X = \begin{bmatrix} 0 & a_1 & 0 & \cdots & 0 \\ 0 & 0 & a_2 & \cdots & 0 \\ \vdots & \vdots & \vdots & \cdots & \vdots \\ 0 & 0 & 0 & \cdots & a_{n-1} \\ a_n & 0 & 0 & \cdots & 0 \end{bmatrix}$,其中 $a_i \neq 0 (i = 1, 2, \cdots, n)$,求 X^{-1}。

第五节　线性方程组

一、线性方程组的矩阵形式

设线性方程组的一般形式为

$$\begin{cases} a_{11}x_1 + a_{12}x_2 + \cdots + a_{1n}x_n = b_1 \\ a_{21}x_2 + a_{22}x_2 + \cdots + a_{2n}x_n = b_2 \\ \qquad\qquad\qquad \vdots \\ a_{m1}x_1 + a_{m2}x_2 + \cdots + a_{mn}x_n = b_m \end{cases} \tag{7.11}$$

其中,$x_1, x_2, \cdots, x_n$ 表示未知量,$a_{ij}(i = 1, 2, \cdots, m; j = 1, 2, \cdots, n)$表示未知量的系数,$b_1$, $b_2, \cdots, b_m$ 表示常数项。

当 $b_i(i=1,2,\cdots,m)$ 不全为零时,方程组(7.11)称为**非齐次线性方程组**或**一般线性方程组**。当 $b_i(i=1,2,\cdots,m)$ 全为零时,方程组(7.11)称为**齐次线性方程组**。

若令

$$A=\begin{bmatrix} a_{11} & a_{12} & \cdots & a_{1n} \\ a_{21} & a_{22} & \cdots & a_{2n} \\ \cdots & \cdots & \ddots & \cdots \\ a_{m1} & a_{m2} & \cdots & a_{mn} \end{bmatrix}, \quad X=\begin{bmatrix} x_1 \\ x_2 \\ \vdots \\ x_n \end{bmatrix}, \quad B=\begin{bmatrix} b_1 \\ b_2 \\ \vdots \\ b_m \end{bmatrix}$$

根据矩阵乘法,方程组(7.11)可以表示为矩阵方程

$$AX=B \tag{7.12}$$

其中,A 称为方程组(7.11)的**系数矩阵**,X 称为**未知矩阵**,B 称为**常数项矩阵**。

方程组(7.11)的系数与常数项组成的矩阵

$$\widetilde{A}=\begin{bmatrix} a_{11} & a_{12} & \cdots & a_{1n} & b_1 \\ a_{21} & a_{22} & \cdots & a_{2n} & b_2 \\ \vdots & \vdots & \ddots & \vdots & \vdots \\ a_{m1} & a_{m2} & \cdots & a_{mn} & b_m \end{bmatrix}$$

称为方程组(7.11)或方程组(7.12)的**增广矩阵**。

二、一般线性方程组的解的讨论

1. 一般线性方程组解的判定

定理 5 设 A、$\widetilde{A}$ 分别是方程组(7.11)的系数矩阵和增广矩阵,那么

(1) 线性方程组(7.11)有唯一解的充要条件是:$r(A)=r(\widetilde{A})=n$;

(2) 线性方程组(7.11)有无穷多解的充要条件是:$r(A)=r(\widetilde{A})<n$。

显然,线性方程组(7.11)无解的充要条件是:$r(A)\neq r(\widetilde{A})$(或 $r(A)<r(\widetilde{A})$)。

例 24 判断线性方程组 $\begin{cases} 2x_1-x_2+4x_3=0 \\ 4x_1-2x_2+5x_3=4 \\ 2x_1-x_2+3x_3=1 \end{cases}$ 是否有解。

解 设方程组系数矩阵为 A,增广矩阵为 $\widetilde{A}$。因为

$$\widetilde{A}=\begin{bmatrix} 2 & -1 & 4 & 0 \\ 4 & -2 & 5 & 4 \\ 2 & -1 & 3 & 1 \end{bmatrix} \xrightarrow[\text{③行}+(-1)\times\text{①行}]{\text{②行}+(-2)\times\text{①行}} \begin{bmatrix} 2 & -1 & 4 & 0 \\ 0 & 0 & -3 & 4 \\ 0 & 0 & -1 & 1 \end{bmatrix} \xrightarrow{\text{②行与③行互换}} \begin{bmatrix} 2 & -1 & 4 & 0 \\ 0 & 0 & -1 & 1 \\ 0 & 0 & -3 & 4 \end{bmatrix}$$

$$\xrightarrow{\text{③行}+(-3)\times\text{②行}} \begin{bmatrix} 2 & -1 & 4 & 0 \\ 0 & 0 & -1 & 1 \\ 0 & 0 & 0 & 1 \end{bmatrix}$$

显然 $r(A)=2$,$r(\widetilde{A})=3$,二者不等,所以方程组无解。

例 25 讨论方程组 $\begin{cases} 2x_1-x_2+3x_3=1 \\ x_1+x_3=3 \\ 2x_1+x_2+x_3=11 \end{cases}$ 是否有解;若有解,有多少个?

解 因为

$$\tilde{A}=\begin{bmatrix} 2 & -1 & 3 & 1 \\ 1 & 0 & 1 & 3 \\ 2 & 1 & 1 & 11 \end{bmatrix} \xrightarrow{\text{①行与②行互换}} \begin{bmatrix} 1 & 0 & 1 & 3 \\ 2 & -1 & 3 & 1 \\ 2 & 1 & 1 & 11 \end{bmatrix} \xrightarrow[\text{③行+(-2)×①行}]{\text{②行+(-2)×①行}} \begin{bmatrix} 1 & 0 & 1 & 3 \\ 0 & -1 & 1 & -5 \\ 0 & 1 & -1 & 5 \end{bmatrix}$$

$$\xrightarrow{\text{③行+②行}} \begin{bmatrix} 1 & 0 & 1 & 3 \\ 0 & -1 & 1 & -5 \\ 0 & 0 & 0 & 0 \end{bmatrix}$$

显然 $r(A)=r(\tilde{A})=2<3$ (未知量个数),所以该方程组有解,且有无穷多解。

例 26 当 a、b 为何值时,方程组 $\begin{cases} x_1+2x_3=-1 \\ -x_1+x_2-3x_3=2 \\ 2x_1-x_2+ax_3=b \end{cases}$ 无解,有唯一解,有无穷解?

解 因为

$$\tilde{A}=\begin{bmatrix} 1 & 0 & 2 & -1 \\ -1 & 1 & -3 & 2 \\ 2 & -1 & a & b \end{bmatrix} \xrightarrow[\text{③行+(-2)×①行}]{\text{②行+①行}} \begin{bmatrix} 1 & 0 & 2 & -1 \\ 0 & 1 & -1 & 1 \\ 0 & -1 & a-4 & b+2 \end{bmatrix}$$

$$\xrightarrow{\text{③行+②行}} \begin{bmatrix} 1 & 0 & 2 & -1 \\ 0 & 1 & -1 & 1 \\ 0 & 0 & a-5 & b+3 \end{bmatrix}$$

则有 $\qquad r(A)=\begin{cases} 2, & a=5 \\ 3, & a\neq 5 \end{cases}, \quad r(\tilde{A})=\begin{cases} 2, & a=5 \text{ 且 } b=-3 \\ 3, & \text{其他} \end{cases}$

因此,当 $a=5$ 且 $b\neq -3$ 时,方程组无解;当 $a\neq 5$ 时,方程组有唯一解;当 $a=5$ 且 $b=-3$ 时,方程组有无穷多解。

2. 线性方程组解的求法

定理 6 如果用初等变换将方程组 $AX=B$ 的增广矩阵 $[A|B]$ 化成 $[C|D]$,那么方程组 $AX=B$ 与 $CX=D$ 是同解方程组。

为了求线性方程组(7.11)的解,可用矩阵的初等行变换将增广矩阵 $\tilde{A}=[A|B]$ 化为简化阶梯形矩阵,再求由简化阶梯形矩阵所确定的方程组的解,也就得到了线性方程组(7.11)的解。这种利用方程组的增广矩阵求解线性方程组的方法称为高斯-约当消元法,它的优点在于既可讨论方程组的存在性,又能把解求出来。

例 27 用初等变换解方程组

$$\begin{cases} 2x_1-3x_2+x_3-x_4=3 \\ 3x_1+x_2+x_3+x_4=0 \\ 4x_1-x_2-x_3-x_4=7 \\ -2x_1-x_2+x_3+x_4=-5 \end{cases}$$

解 对 $\tilde{A}$ 施行初等行变换

$$\tilde{A}=\begin{bmatrix} 2 & -3 & 1 & -1 & 3 \\ 3 & 1 & 1 & 1 & 0 \\ 4 & -1 & -1 & -1 & 7 \\ -2 & -1 & 1 & 1 & -5 \end{bmatrix} \xrightarrow{\text{①行与②行互换}} \begin{bmatrix} 3 & 1 & 1 & 1 & 0 \\ 2 & -3 & 1 & -1 & 3 \\ 4 & -1 & -1 & -1 & 7 \\ -2 & -1 & 1 & 1 & -5 \end{bmatrix}$$

$$
\xrightarrow{①行+③行}
\begin{bmatrix}
7 & 0 & 0 & 0 & 7 \\
2 & -3 & 1 & -1 & 3 \\
4 & -1 & -1 & -1 & 7 \\
-2 & -1 & 1 & 1 & -5
\end{bmatrix}
\xrightarrow{\frac{1}{7}×①行}
\begin{bmatrix}
1 & 0 & 0 & 0 & 1 \\
2 & -3 & 1 & -1 & 3 \\
4 & -1 & -1 & -1 & 7 \\
-2 & -1 & 1 & 1 & -5
\end{bmatrix}
$$

$$
\xrightarrow[\substack{②行-2×①行 \\ ③行-4×①行 \\ ④行+2×①行}]{}
\begin{bmatrix}
1 & 0 & 0 & 0 & 1 \\
0 & -3 & 1 & -1 & 1 \\
0 & -1 & -1 & -1 & 3 \\
0 & 1 & -1 & -1 & 3
\end{bmatrix}
\xrightarrow{②行与④行互换}
\begin{bmatrix}
1 & 0 & 0 & 0 & 1 \\
0 & 1 & -1 & -1 & 3 \\
0 & -1 & -1 & -1 & 3 \\
0 & -3 & 1 & -1 & 1
\end{bmatrix}
$$

$$
\xrightarrow{\cdots\cdots}
\begin{bmatrix}
1 & 0 & 0 & 0 & 1 \\
0 & 1 & 0 & 0 & 0 \\
0 & 0 & 1 & 0 & -1 \\
0 & 0 & 0 & 1 & -2
\end{bmatrix}
$$

因此方程组的解为 $x_1=1, x_2=0, x_3=-1, x_4=-2$。

例 28 求解方程组

$$
\begin{cases}
x_1+x_2+x_3+x_4=0 \\
x_1+3x_2+2x_3+4x_4=-6 \\
2x_1+x_3-x_4=6
\end{cases}
$$

解 方程组的增广矩阵为 $\widetilde{A}=\begin{bmatrix} 1 & 1 & 1 & 1 & 0 \\ 1 & 3 & 2 & 4 & -6 \\ 2 & 0 & 1 & -1 & 6 \end{bmatrix}$，经过一系列初等行变换，可得

到简化阶梯形矩阵 $\begin{bmatrix} 1 & 0 & \dfrac{1}{2} & -\dfrac{1}{2} & 3 \\ 0 & 1 & \dfrac{1}{2} & \dfrac{3}{2} & -3 \\ 0 & 0 & 0 & 0 & 0 \end{bmatrix}$，因此与原方程组同解的方程组为

$$
\begin{cases}
x_1+\dfrac{1}{2}x_3-\dfrac{1}{2}x_4=3 \\
x_2+\dfrac{1}{2}x_3+\dfrac{3}{2}x_4=-3
\end{cases}
$$

令 $x_3=c_1, x_4=c_2$，即得原方程组的解为

$$
\begin{cases}
x_1=-\dfrac{1}{2}c_1+\dfrac{1}{2}c_2+3 \\
x_2=-\dfrac{1}{2}c_1-\dfrac{3}{2}c_2-3 \\
x_3=c_1 \\
x_4=c_2
\end{cases}
$$

其中 c_1, c_2 为任意选取的常数。所以它给出了方程组的无穷多组解，这种解的形式为方程组的通解或一般解。

高斯-约当消元法适用于任意的线性方程组，而当方程组中未知量的个数与所含方程个数相等时，即方程组的系数矩阵 A 是方阵时，还可以用逆矩阵法来求解方程组。此时方程组的矩阵表示为 $AX=B$，故当 A^{-1} 存在时，用 A^{-1} 左乘矩阵方程，得到 $A^{-1}AX=$

$A^{-1}B$,从而得到方程组的解 $X = A^{-1}B$。

例 29 用逆矩阵法求解线性方程组

$$\begin{cases} x_1 + 2x_2 + 3x_3 = -6 \\ 2x_1 + x_3 = 0 \\ -x_1 + x_2 = 9 \end{cases}$$

解 设 $A = \begin{bmatrix} 1 & 2 & 3 \\ 2 & 0 & 1 \\ -1 & 1 & 0 \end{bmatrix}$,$X = \begin{bmatrix} x_1 \\ x_2 \\ x_3 \end{bmatrix}$,$B = \begin{bmatrix} -6 \\ 0 \\ 9 \end{bmatrix}$,可求得 $A^{-1} = \begin{bmatrix} -\dfrac{1}{3} & 1 & \dfrac{2}{3} \\ -\dfrac{1}{3} & 1 & \dfrac{5}{3} \\ \dfrac{2}{3} & -1 & -\dfrac{4}{3} \end{bmatrix}$

于是

$$X = A^{-1}B = \begin{bmatrix} -\dfrac{1}{3} & 1 & \dfrac{2}{3} \\ -\dfrac{1}{3} & 1 & \dfrac{5}{3} \\ \dfrac{2}{3} & -1 & -\dfrac{4}{3} \end{bmatrix} \begin{bmatrix} -6 \\ 0 \\ 9 \end{bmatrix} = \begin{bmatrix} 8 \\ 7 \\ -16 \end{bmatrix}$$

即方程组有唯一解 $x_1 = 8, x_2 = 17, x_3 = -16$。

三、齐次线性方程组解的讨论

设有齐次线性方程组

$$\begin{cases} a_{11}x_1 + a_{12}x_2 + \cdots + a_{1n}x_n = 0 \\ a_{21}x_1 + a_{22}x_2 + \cdots + a_{2n}x_n = 0 \\ \qquad\qquad\vdots \\ a_{m1}x_1 + a_{m2}x_2 + \cdots + a_{mn}x_n = 0 \end{cases} \tag{7.13}$$

由于齐次线性方程组(7.13)的系数矩阵 A 与它的增广矩阵 $\widetilde{A}$ 的秩总是相等,所以齐次线性方程组(7.13)总是有解,而且零解一定是它的解,于是有下面的定理。

定理 7 齐次线性方程组(7.13)有非零解的充要条件是它的系数矩阵 A 的秩 k 小于它的未知量个数 n。

事实上,当 $k = n$ 时,方程组(7.13)只有零解;当 $k < n$ 时,方程组(7.13)有无穷多解,所以除零解外,还有非零解。

推论 5 (1) 如果 $m = n$,齐次线性方程组(7.13)有非零解的充要条件是它的系数行列式 $|A| = 0$。

(2) 如果 $m = n$,齐次线性方程组(7.13)只有零解的充要条件是它的系数行列式 $|A| \neq 0$。

(3) 如果 $m < n$,则齐次线性方程组(7.13)必有非零解。

例 30 讨论 m 取何值时,方程组 $\begin{cases} (1-m)x_1 + 2x_2 + 3x_3 = 0 \\ 2x_1 + (1-m)x_2 + 3x_3 = 0 \\ 3x_1 + 3x_2 + (6-m)x_3 = 0 \end{cases}$ 有非零解。

解 该方程组有非零解的充要条件是其系数矩阵 A 的行列式 $|A| = 0$,即

$$|A| = \begin{vmatrix} 1-m & 2 & 3 \\ 2 & 1-m & 3 \\ 3 & 3 & 6-m \end{vmatrix} = -m(m+1)(m-9) = 0$$

解得 $m=0$ 或 $m=-1$ 或 $m=9$,即当 $m=0$ 或 $m=-1$ 或 $m=9$ 时,原方程组有非零解。

例 31 求解齐次线性方程组

$$\begin{cases} x_1 - x_2 + 5x_3 - x_4 = 0 \\ x_1 + x_2 - 2x_3 + 3x_4 = 0 \\ 3x_1 - x_2 + 8x_3 + x_4 = 0 \\ x_1 + 3x_2 - 9x_3 + 7x_4 = 0 \end{cases}$$

解 由于齐次线性方程组是一般线性方程组的特例,所以高斯-约当消元法对它仍然适用。

因为

$$A = \begin{bmatrix} 1 & -1 & 5 & -1 \\ 1 & 1 & -2 & 3 \\ 3 & -1 & 8 & 1 \\ 1 & 3 & -9 & 7 \end{bmatrix} \xrightarrow[\substack{②行+(-1)×①行 \\ ③行+(-3)×①行 \\ ④行+(-1)×①行}]{} \begin{bmatrix} 1 & -1 & 5 & -1 \\ 0 & 2 & -7 & 4 \\ 0 & 2 & -7 & 4 \\ 0 & 4 & -14 & 8 \end{bmatrix} \xrightarrow[\substack{③行+(-1)×②行 \\ ④行+(-2)×②行}]{}$$

$$\begin{bmatrix} 1 & -1 & 5 & -1 \\ 0 & 2 & -7 & 4 \\ 0 & 0 & 0 & 0 \\ 0 & 0 & 0 & 0 \end{bmatrix} \xrightarrow[②行×\frac{1}{2}]{} \begin{bmatrix} 1 & -1 & 5 & -1 \\ 0 & 1 & -\frac{7}{2} & 2 \\ 0 & 0 & 0 & 0 \\ 0 & 0 & 0 & 0 \end{bmatrix} \xrightarrow[①行+②行]{} \begin{bmatrix} 1 & 0 & \frac{3}{2} & 1 \\ 0 & 1 & -\frac{7}{2} & 2 \\ 0 & 0 & 0 & 0 \\ 0 & 0 & 0 & 0 \end{bmatrix} = B$$

由矩阵 B 可知,$r(A)=2<4$(未知量个数),所以该齐次方程有无穷多解,其中 x_3, x_4 为自由未知量,设其分别取任意常数 c_1, c_2,于是得到方程组的解为

$$x_1 = -\frac{3}{2}c_1 - c_2, \quad x_2 = \frac{7}{2}c_1 - 2c_2, \quad x_3 = c_1, x_4 = c_2$$

思 考 题

1. 在求解线性方程组时,可否交叉使用行、列初等变化简化方程组的增广矩阵? 为什么?

2. 求线性方程组时,高斯-约当消元法、逆矩阵法以及克莱姆法则的适应范围分别是什么?

习题 7-5

1. 判别下列方程组解的情况。

(1) $\begin{cases} x_1 + 2x_2 - 3x_3 = -1, \\ 2x_1 - x_2 + x_3 = 1, \\ x_1 + x_2 + x_3 = 3; \end{cases}$

(2) $\begin{cases} 2x_1 + x_2 - x_3 + x_4 = 1, \\ 3x_1 - 2x_2 + 2x_3 - 3x_4 = 0, \\ 5x_1 + x_2 - x_3 + 2x_4 = -1, \\ 2x_1 - x_2 + x_3 - x_4 = 4; \end{cases}$

$$(3) \begin{cases} x_1 - x_2 + 2x_3 = 1, \\ x_1 - 2x_2 - x_3 = 2, \\ 3x_1 - x_2 + 5x_3 = 3, \\ -x_1 + 2x_3 = -2; \end{cases}$$

$$(4) \begin{cases} x_1 - x_2 + 3x_3 - x_4 = 1, \\ 2x_1 - x_2 - x_3 + 4x_4 = 2, \\ 3x_1 - 2x_2 + 2x_3 + 3x_4 = 3, \\ x_1 - 4x_3 + 5x_4 = -1; \end{cases}$$

$$(5) \begin{cases} 2x_1 + 3x_2 + x_3 = 4, \\ x_1 - 2x_2 + 4x_3 = -5, \\ 3x_1 + 8x_2 - 2x_3 = 13, \\ 4x_1 - x_2 + 9x_3 = -6。 \end{cases}$$

2. 求解下列线性方程组。

$$(1) \begin{cases} x_1 + 2x_2 + 3x_3 = -7, \\ 2x_1 - x_2 + 2x_3 = -8, \\ x_1 + 3x_2 = 7; \end{cases}$$

$$(2) \begin{cases} 2x_1 + x_3 = 5, \\ x_1 - 2x_2 - x_3 = 1, \\ -x_1 + 3x_2 + 2x_3 = 1; \end{cases}$$

$$(3) \begin{cases} x_1 - 2x_2 + 4x_3 - 7x_4 = 0, \\ 2x_1 + 3x_2 + x_3 = 0, \\ 3x_1 - 2x_2 - 2x_3 + 7x_4 = 0, \\ 4x_1 - x_2 + 2x_3 = 0; \end{cases}$$

$$(4) \begin{cases} x_1 + 3x_2 - x_3 + 2x_4 = 0, \\ -3x_1 + x_2 + 2x_3 - 5x_4 = 0, \\ -4x_1 + 16x_2 + x_3 + 3x_4 = 0; \end{cases}$$

$$(5) \begin{cases} x_1 + x_2 - 3x_3 - x_4 = 1, \\ 3x_1 - x_2 - 3x_3 + 4x_4 = 1, \\ x_1 + 5x_2 - 9x_3 - 8x_4 = 1; \end{cases}$$

$$(6) \begin{cases} 2x_1 - 4x_2 + 5x_3 + 3x_4 = 0, \\ 3x_1 - 6x_2 + 4x_3 + 2x_4 = 0, \\ 4x_1 - 8x_2 + 17x_3 + 11x_4 = 0。 \end{cases}$$

3. 讨论 λ 取什么值时，方程组 $\begin{cases} x_1 + x_2 + \lambda x_3 = 1 \\ x_1 + \lambda x_2 + x_3 = 1 \\ \lambda x_1 + x_2 + x_3 = 1 \end{cases}$ 有解，有唯一解，有无穷多解或无解，并在有解时，求出解。

4. 已知齐次线性方程组 $\begin{cases} 2x + y + z = 0 \\ kx - z = 0 \\ -x + 3z = 0 \end{cases}$ ，试求 k 值，使方程组有非零解，并在有非零解时，求出全部解。

5. 在方程组 $\begin{cases} x_1 + x_2 + x_3 + x_4 + x_5 = 1 \\ 3x_1 + 2x_2 + x_3 + x_4 - 3x_5 = 0 \\ x_2 + 2x_3 + 2x_4 + 6x_5 = b \\ 5x_1 + 4x_2 + 3x_3 + 3x_4 - x_5 = a \end{cases}$ 中，a,b 取何值时，方程组有解，并求其解。

【本章典型方法与范例】

例1 计算 n 阶行列式 $D_n = \begin{vmatrix} 1 & a_1 & 0 & \cdots & 0 & 0 \\ -1 & 1-a_1 & a_2 & \cdots & 0 & 0 \\ 0 & -1 & 1-a_2 & \cdots & 0 & 0 \\ \vdots & \vdots & \vdots & & \vdots & \vdots \\ 0 & 0 & 0 & \cdots & 1-a_{n-2} & a_{n-1} \\ 0 & 0 & 0 & \cdots & -1 & 1-a_{n-1} \end{vmatrix}$ 。

解 利用行列式的性质,从第一行开始,将上一行加到下一行,可将行列式化为三角行列式。

$$D_n = \begin{vmatrix} 1 & a_1 & 0 & \cdots & 0 & 0 \\ -1 & 1-a_1 & a_2 & \cdots & 0 & 0 \\ 0 & -1 & 1-a_2 & \cdots & 0 & 0 \\ \vdots & \vdots & \vdots & & \vdots & \vdots \\ 0 & 0 & 0 & \cdots & 1-a_{n-2} & a_{n-1} \\ 0 & 0 & 0 & \cdots & -1 & 1-a_{n-1} \end{vmatrix}$$

$$\xlongequal{r_2+r_1,r_3+r_2,\cdots,r_n+r_{n-1}} \begin{vmatrix} 1 & a_1 & 0 & \cdots & 0 & 0 \\ 0 & 1 & a_2 & \cdots & 0 & 0 \\ 0 & 0 & 1 & \cdots & 0 & 0 \\ \vdots & \vdots & \vdots & & \vdots & \vdots \\ 0 & 0 & 0 & \cdots & 1 & a_{n-1} \\ 0 & 0 & 0 & \cdots & 0 & 1 \end{vmatrix} = 1$$

例 2 计算 n 阶行列式 $D_n = \begin{vmatrix} 0 & 1 & 1 & \cdots & 1 & 1 \\ 1 & 0 & 1 & \cdots & 1 & 1 \\ 1 & 1 & 0 & \cdots & 1 & 1 \\ \vdots & \vdots & \vdots & & \vdots & \vdots \\ 1 & 1 & 1 & \cdots & 0 & 1 \\ 1 & 1 & 1 & \cdots & 1 & 0 \end{vmatrix}$ 。

解 行列式的元素具有各行(列)元素之和相等的特点,利用行列式的性质,将行列式化为三角行列式。

$$D_n = \begin{vmatrix} 0 & 1 & 1 & \cdots & 1 & 1 \\ 1 & 0 & 1 & \cdots & 1 & 1 \\ 1 & 1 & 0 & \cdots & 1 & 1 \\ \vdots & \vdots & \vdots & & \vdots & \vdots \\ 1 & 1 & 1 & \cdots & 0 & 1 \\ 1 & 1 & 1 & \cdots & 1 & 0 \end{vmatrix} \xlongequal{c_1+c_2,c_1+c_3,c_1+c_4,\cdots,c_1+c_n} \begin{vmatrix} n-1 & 1 & 1 & \cdots & 1 & 1 \\ n-1 & 0 & 1 & \cdots & 1 & 1 \\ n-1 & 1 & 0 & \cdots & 1 & 1 \\ \vdots & \vdots & \vdots & & \vdots & \vdots \\ n-1 & 1 & 1 & \cdots & 0 & 1 \\ n-1 & 1 & 1 & \cdots & 1 & 0 \end{vmatrix}$$

$$= (n-1) \begin{vmatrix} 1 & 1 & 1 & \cdots & 1 & 1 \\ 1 & 0 & 1 & \cdots & 1 & 1 \\ 1 & 1 & 0 & \cdots & 1 & 1 \\ \vdots & \vdots & \vdots & & \vdots & \vdots \\ 1 & 1 & 1 & \cdots & 0 & 1 \\ 1 & 1 & 1 & \cdots & 1 & 0 \end{vmatrix}$$

$$\xlongequal{c_2-c_1,c_3-c_1,c_4-c_1,\cdots,c_n-c_1} (n-1) \begin{vmatrix} 1 & 0 & 0 & \cdots & 0 & 0 \\ 1 & -1 & 0 & \cdots & 0 & 0 \\ 1 & 0 & -1 & \cdots & 0 & 0 \\ \vdots & \vdots & \vdots & & \vdots & \vdots \\ 1 & 0 & 0 & \cdots & -1 & 0 \\ 1 & 0 & 0 & \cdots & 0 & -1 \end{vmatrix}$$

$$= (-1)^{n-1}(n-1)$$

例 3 计算 n 阶行列式 $D_n = \begin{vmatrix} x-1 & 2 & 3 & \cdots & n-1 & n \\ 1 & x-2 & 1 & \cdots & 1 & 1 \\ 1 & 1 & x-3 & \cdots & 1 & 1 \\ \vdots & \vdots & \vdots & & \vdots & \vdots \\ 1 & 1 & 1 & \cdots & 0 & 1 \\ 1 & 1 & 1 & \cdots & 1 & x-n \end{vmatrix}$。

解 行列式的特点是：除第一行和主对角线上的元素外,各列元素与第 1 列元素对应相同,利用行列式的性质,将行列式化为三角行列式。

$$D_n = \begin{vmatrix} x-1 & 2 & 3 & \cdots & n-1 & n \\ 1 & x-2 & 1 & \cdots & 1 & 1 \\ 1 & 1 & x-3 & \cdots & 1 & 1 \\ \vdots & \vdots & \vdots & & \vdots & \vdots \\ 1 & 1 & 1 & \cdots & 0 & 1 \\ 1 & 1 & 1 & \cdots & 1 & x-n \end{vmatrix}$$

$$\xlongequal{c_2-c_1,c_3-c_1,c_4-c_1,\cdots,c_n-c_1} \begin{vmatrix} x-1 & 3-x & 4-x & \cdots & n-x & n+1-x \\ 1 & x-3 & 0 & \cdots & 0 & 0 \\ 1 & 0 & x-4 & \cdots & 0 & 0 \\ \vdots & \vdots & \vdots & & \vdots & \vdots \\ 1 & 0 & 0 & \cdots & x-n-2 & 0 \\ 1 & 0 & 0 & \cdots & 0 & x-n-1 \end{vmatrix}$$

$$\xlongequal{r_1+r_2,r_1+r_3,\cdots,r_1+r_n} \begin{vmatrix} x+n-2 & 0 & 0 & \cdots & 0 & 0 \\ 1 & x-3 & 0 & \cdots & 0 & 0 \\ 1 & 0 & x-4 & \cdots & 0 & 0 \\ \vdots & \vdots & \vdots & & \vdots & \vdots \\ 1 & 0 & 0 & \cdots & x-n-2 & 0 \\ 1 & 0 & 0 & \cdots & 0 & x-n-1 \end{vmatrix}$$

$$= (x+n-2)\prod_{i=3}^{n+1}(x-i)$$

例 4 设矩阵 $M = \begin{bmatrix} a & b & c & d \\ -b & a & -d & c \\ -c & d & a & -b \\ -d & -c & b & a \end{bmatrix}$ (a,b,c,d) 均为实数。

(1) 计算 MM^T;(2) 求 $|M|$。

解 (1) 由矩阵的转置及乘法运算得

$$MM^T = \begin{bmatrix} a & b & c & d \\ -b & a & -d & c \\ -c & d & a & -b \\ -d & -c & b & a \end{bmatrix} \begin{bmatrix} a & -b & -c & -d \\ b & a & d & -c \\ c & -d & a & b \\ d & c & -b & a \end{bmatrix}$$

$$= \begin{bmatrix} a^2+b^2+c^2+d^2 & 0 & 0 & 0 \\ 0 & a^2+b^2+c^2+d^2 & 0 & 0 \\ 0 & 0 & a^2+b^2+c^2+d^2 & 0 \\ 0 & 0 & 0 & a^2+b^2+c^2+d^2 \end{bmatrix}$$

(2) 由(1)有

$$MM^T = \begin{bmatrix} (a^2+b^2+c^2+d^2)^2 & 0 & 0 & 0 \\ 0 & (a^2+b^2+c^2+d^2)^2 & 0 & 0 \\ 0 & 0 & (a^2+b^2+c^2+d^2)^2 & 0 \\ 0 & 0 & 0 & (a^2+b^2+c^2+d^2)^2 \end{bmatrix}$$

因为 $\qquad |MM^T| = |M| \, |M^T| = |M|^2 = (a^2+b^2+c^2+d^2)^8$

所以 $\qquad |M| = (a^2+b^2+c^2+d^2)^4$

例 5 设矩阵 $A = \begin{bmatrix} 2 & 1 & 1 \\ 1 & 2 & 1 \\ 1 & 1 & 2 \end{bmatrix}$,求 A^{-1}。

解 求矩阵的逆矩阵,通常有两种方法:伴随矩阵法和初等变换法。

解法一 (伴随矩阵法)

因为

$$|A| = \begin{vmatrix} 2 & 1 & 1 \\ 1 & 2 & 1 \\ 1 & 1 & 2 \end{vmatrix} = 4 \begin{vmatrix} 1 & 1 & 1 \\ 1 & 2 & 1 \\ 1 & 1 & 2 \end{vmatrix} = 4 \begin{vmatrix} 1 & 0 & 0 \\ 1 & 1 & 0 \\ 1 & 0 & 1 \end{vmatrix} = 4 \neq 0,A\ 可逆$$

$$A_{11} = \begin{vmatrix} 2 & 1 \\ 1 & 2 \end{vmatrix} = 3,A_{12} = -\begin{vmatrix} 1 & 1 \\ 1 & 2 \end{vmatrix} = -1,A_{13} = \begin{vmatrix} 1 & 2 \\ 1 & 1 \end{vmatrix} = -1$$

$$A_{21} = -\begin{vmatrix} 1 & 1 \\ 1 & 2 \end{vmatrix} = -1,A_{22} = \begin{vmatrix} 2 & 1 \\ 1 & 2 \end{vmatrix} = 3,A_{23} = -\begin{vmatrix} 2 & 1 \\ 1 & 1 \end{vmatrix} = -1$$

$$A_{31} = \begin{vmatrix} 1 & 1 \\ 2 & 1 \end{vmatrix} = -1,A_{32} = -\begin{vmatrix} 2 & 1 \\ 1 & 1 \end{vmatrix} = -1,A_{33} = \begin{vmatrix} 2 & 1 \\ 1 & 2 \end{vmatrix} = 3$$

所以,伴随矩阵为 $A^* = \begin{bmatrix} A_{11} & A_{21} & A_{31} \\ A_{12} & A_{22} & A_{32} \\ A_{13} & A_{23} & A_{33} \end{bmatrix} = \begin{bmatrix} 3 & -1 & 1 \\ -1 & 3 & -1 \\ -1 & -1 & 3 \end{bmatrix}$

故 $\qquad A^{-1} = \dfrac{1}{|A|} A^* = \dfrac{1}{4} \begin{bmatrix} 3 & -1 & -1 \\ -1 & 3 & -1 \\ -1 & -1 & 3 \end{bmatrix}$

解法二 (初等变换法)

$$[A \mid E] = \begin{bmatrix} 2 & 1 & 1 & 1 & 0 & 0 \\ 1 & 2 & 1 & 0 & 1 & 0 \\ 1 & 1 & 2 & 0 & 0 & 1 \end{bmatrix} \xrightarrow{r_1 \leftrightarrow r_3} \begin{bmatrix} 1 & 1 & 2 & 0 & 0 & 1 \\ 1 & 2 & 1 & 0 & 1 & 0 \\ 2 & 1 & 1 & 1 & 0 & 0 \end{bmatrix}$$

$$\xrightarrow[r_2 + (-1)r_1]{r_3 + (-2)r_1} \begin{bmatrix} 1 & 1 & 2 & 0 & 0 & 1 \\ 0 & 1 & -1 & 0 & 1 & -1 \\ 0 & -1 & -3 & 1 & 0 & -2 \end{bmatrix}$$

$$\xrightarrow{r_3 + r_2} \begin{bmatrix} 1 & 1 & 2 & 0 & 0 & 1 \\ 0 & 1 & -1 & 0 & 1 & -1 \\ 0 & 0 & -4 & 1 & 1 & -3 \end{bmatrix}$$

$$\xrightarrow{\left(-\frac{1}{4}\right) \times r_3} \begin{bmatrix} 1 & 1 & 2 & 0 & 0 & 1 \\ 0 & 1 & -1 & 0 & 1 & -1 \\ 0 & 0 & 1 & -\dfrac{1}{4} & -\dfrac{1}{4} & \dfrac{3}{4} \end{bmatrix}$$

$$\xrightarrow{r_2 + r_3} \begin{bmatrix} 1 & 1 & 2 & 0 & 0 & 1 \\ 0 & 1 & 0 & -\dfrac{1}{4} & \dfrac{3}{4} & -\dfrac{1}{4} \\ 0 & 0 & 1 & -\dfrac{1}{4} & -\dfrac{1}{4} & \dfrac{3}{4} \end{bmatrix}$$

$$\xrightarrow{r_1+(-2)\times r_3} \begin{bmatrix} 1 & 1 & 0 & \dfrac{2}{4} & \dfrac{2}{4} & -\dfrac{2}{4} \\ 0 & 1 & 0 & -\dfrac{1}{4} & \dfrac{3}{4} & -\dfrac{1}{4} \\ 0 & 0 & 1 & -\dfrac{1}{4} & -\dfrac{1}{4} & \dfrac{3}{4} \end{bmatrix}$$

$$\xrightarrow{r_1+(-1)\times r_2} \begin{bmatrix} 1 & 0 & 0 & \dfrac{3}{4} & -\dfrac{1}{4} & -\dfrac{1}{4} \\ 0 & 1 & 0 & -\dfrac{1}{4} & \dfrac{3}{4} & -\dfrac{1}{4} \\ 0 & 0 & 1 & -\dfrac{1}{4} & -\dfrac{1}{4} & \dfrac{3}{4} \end{bmatrix}$$

所以
$$A^{-1}=\frac{1}{4}\begin{bmatrix} 3 & -1 & -1 \\ -1 & 3 & -1 \\ -1 & -1 & 3 \end{bmatrix}$$

例 6 设矩阵 A,B 满足 $2A^{-1}B=B-4E$,证明:矩阵 $A-2E$ 可逆。

证明 此题考查逆矩阵的定义,从已知等式中分解出因子 $A-2E$。因为 $2A^{-1}B=B-4E$,所以用 A 同时左乘等式两边得 $2B=AB-4A$

即 $AB-4A-2B=0$,两边同时加 $8E$,得

$$AB-4A-2B+8E=8E$$
$$(A-2E)(B-4E)=8E$$
$$\frac{1}{8}(A-2E)(B-4E)=E$$

所以
$$(A-2E)\left[\frac{1}{8}(B-4E)\right]=E$$

故 $A-2E$ 可逆。

例 7 设矩阵 $A=\begin{bmatrix} 1 & 3 & 2 & a \\ 2 & 7 & a & 3 \\ 0 & a & 5 & -5 \end{bmatrix}$,如果 $r(A)=2$,求 a 的值。

解 与以往看到求矩阵的秩的问题刚好相反,先知道矩阵的秩,求矩阵中未知的元素,也要从矩阵秩的求法入手。由于初等变换不改变矩阵的秩,对 A 作初等变换得

$$A=\begin{bmatrix} 1 & 3 & 2 & a \\ 2 & 7 & a & 3 \\ 0 & a & 5 & -5 \end{bmatrix} \xrightarrow{r_2+(-2)\times r_1} \begin{bmatrix} 1 & 3 & 2 & a \\ 0 & 1 & a-4 & 3-2a \\ 0 & a & 5 & -5 \end{bmatrix}$$

$$\xrightarrow{r_3+(-a)\times r_2} \begin{bmatrix} 1 & 3 & 2 & a \\ 0 & 1 & a-4 & 3-2a \\ 0 & 0 & 5+4a-a^2 & 2a^2-3a-5 \end{bmatrix}$$

由于矩阵秩 $r(A)=2$,所以阶梯形矩阵非零行的行数必须是两行,即

$$5+4a-a^2=2a^2-3a-5=0$$

解得 $a=-1$。

例 8 已知方程组 $\begin{bmatrix} 1 & 2 & 1 \\ 2 & 3 & a+2 \\ 1 & a & -2 \end{bmatrix}\begin{bmatrix} x_1 \\ x_2 \\ x_3 \end{bmatrix}=\begin{bmatrix} 1 \\ 3 \\ 0 \end{bmatrix}$ 无解,求 a 的值。

解　本题中方程个数与未知数个数相等,且系数含有参数,因此可以采用行列式法和初等变换法求解。

解法一　行列式法

$$|\boldsymbol{A}| = \begin{vmatrix} 1 & 2 & 1 \\ 2 & 3 & a+2 \\ 1 & a & -2 \end{vmatrix} = \begin{vmatrix} 1 & 2 & 1 \\ 0 & -1 & a \\ 0 & 0 & (a-3)(a+1) \end{vmatrix} = (3-a)(a+1)$$

当 $a=3$ 或 $a=-1$ 时,$|\boldsymbol{A}|=0$。当 $a=-1$ 时,有

$$[\boldsymbol{A},\boldsymbol{B}] = \begin{bmatrix} 1 & 2 & 1 & 1 \\ 2 & 3 & 1 & 3 \\ 1 & -1 & -2 & 0 \end{bmatrix} \xrightarrow[r_2+(-2)r_1]{r_3+(-1)r_1} \begin{bmatrix} 1 & 2 & 1 & 1 \\ 0 & -1 & -1 & 1 \\ 0 & -3 & -3 & -1 \end{bmatrix}$$

$$\xrightarrow{r_3+(-3)r_2} \begin{bmatrix} 1 & 2 & 1 & 1 \\ 0 & -1 & -1 & 1 \\ 0 & -3 & -3 & -4 \end{bmatrix}$$

则 $r(\boldsymbol{A})=2,r(\boldsymbol{A},\boldsymbol{B})=3$,方程组无解。

解法二　初等行变换法

对方程组的增广矩阵施以初等行变换,化为阶梯形矩阵。

$$[\boldsymbol{A},\boldsymbol{B}] = \begin{bmatrix} 1 & 2 & 1 & 1 \\ 2 & 3 & a+2 & 3 \\ 1 & a & -2 & 0 \end{bmatrix} \xrightarrow[r_2+(-2)r_1]{r_3+(-1)r_1} \begin{bmatrix} 1 & 2 & 1 & 1 \\ 0 & -1 & a & 1 \\ 0 & a-2 & -3 & -1 \end{bmatrix}$$

$$\xrightarrow{r_3(0-2)r_2} \begin{bmatrix} 1 & 2 & 1 & 1 \\ 0 & -1 & a & 1 \\ 0 & 0 & (a-3)(a+1) & a-3 \end{bmatrix}$$

可知当 $a=-1,r(\boldsymbol{A})=2,r(\boldsymbol{A},\boldsymbol{B})=3$,方程组无解。

例9　证明线性方程组 $\begin{cases} x_1-x_2=a_1 \\ x_2-x_3=a_2 \\ x_3-x_4=a_3 \\ x_4-x_5=a_4 \\ x_5-x_1=a_5 \end{cases}$ 有解的充分必要条件是 $\sum\limits_{i=1}^{5} a_i = 0$,在有解的情况下求方程组的全部解。

证明　本题中方程个数与未知量个数相等,且方程系数不含有参数,利用化增广矩阵为阶梯形矩阵的方法对其进行研究。

$$\widetilde{\boldsymbol{A}} = \begin{bmatrix} 1 & -1 & 0 & 0 & 0 & a_1 \\ 0 & 1 & -1 & 0 & 0 & a_2 \\ 0 & 0 & 1 & -1 & 0 & a_3 \\ 0 & 0 & 0 & 1 & -1 & a_4 \\ -1 & 0 & 0 & 0 & 1 & a_5 \end{bmatrix} \rightarrow \begin{bmatrix} 1 & -1 & 0 & 0 & 0 & a_1 \\ 0 & 1 & -1 & 0 & 0 & a_2 \\ 0 & 0 & 1 & -1 & 0 & a_3 \\ 0 & 0 & 0 & 1 & -1 & a_4 \\ 0 & 0 & 0 & 0 & 0 & \sum\limits_{i=1}^{5} a_i \end{bmatrix}$$

此方程有解的充分必要条件是 $r(\boldsymbol{A})=r(\widetilde{\boldsymbol{A}})$,即 $\sum\limits_{i=1}^{5} a_i = 0$,方程组有解的充分必要条件是 $\sum\limits_{i=1}^{5} a_i = 0$。

继续对上面的阶梯形矩阵施以初等行变换,化为行简化阶梯形矩阵

$$\begin{bmatrix} 1 & -1 & 0 & 0 & 0 & a_1 \\ 0 & 1 & -1 & 0 & 0 & a_2 \\ 0 & 0 & 1 & -1 & 0 & a_3 \\ 0 & 0 & 0 & 1 & -1 & a_4 \\ 0 & 0 & 0 & 0 & 0 & \sum\limits_{i=1}^{5} a_i \end{bmatrix} \rightarrow \begin{bmatrix} 1 & 0 & 0 & 0 & -1 & a_1+a_2+a_3+a_4 \\ 0 & 1 & 0 & 0 & -1 & a_2+a_3+a_4 \\ 0 & 0 & 1 & 0 & -1 & a_3+a_4 \\ 0 & 0 & 0 & 1 & -1 & a_4 \\ 0 & 0 & 0 & 0 & 0 & 0 \end{bmatrix}$$

当 $\sum\limits_{i=1}^{5} a_i = 0$ 时,方程组的解为 $\begin{cases} x_1 = x_5 + a_1 + a_2 + a_3 + a_4 \\ x_2 = x_5 + a_2 + a_3 + a_4 \\ x_3 = x_5 + a_3 + a_4 \\ x_4 = x_5 + a_4 \end{cases}$,令 $x_5 = c$,则方程组的全部

解为

$$\begin{cases} x_1 = c + a_1 + a_2 + a_3 + a_4 \\ x_2 = c + a_2 + a_3 + a_4 \\ x_3 = c + a_3 + a_4 \qquad (c\ \text{为任意常数}) \\ x_4 = c + a_4 \\ x_5 = c \end{cases}$$

例 10   已知非齐次线性方程组 $\begin{cases} x_1 + x_2 + x_3 + x_4 + x_5 = a \\ 3x_1 + 2x_2 + x_3 + x_4 - 3x_5 = 0 \\ x_2 + 2x_3 + 2x_4 + 6x_5 = b \\ 5x_1 + 4x_2 + 3x_3 + 3x_4 - x_5 = 2 \end{cases}$,求当 a,b 为何值时,

方程组有解,在有解时,求其全部解。

解   本题中方程个数与未知数个数不相等,只能用初等行变换化增广矩阵为阶梯形矩阵后求解。

$$\widetilde{\boldsymbol{A}} = \begin{bmatrix} 1 & 1 & 1 & 1 & 1 & a \\ 3 & 2 & 1 & 1 & -3 & 0 \\ 0 & 1 & 2 & 2 & 6 & b \\ 5 & 4 & 3 & 3 & -1 & 2 \end{bmatrix} \rightarrow \begin{bmatrix} 1 & 1 & 1 & 1 & 1 & a \\ 0 & 1 & 2 & 2 & 6 & 3a \\ 0 & 0 & 0 & 0 & 0 & b-3a \\ 0 & 0 & 0 & 0 & 0 & 2-2a \end{bmatrix}$$

当 $a=1$,且 $b=3$ 时,$r(\boldsymbol{A}) = r(\widetilde{\boldsymbol{A}}) = 2 < 5$,所以方程组有无穷多个解。

当 $a=1$,且 $b=3$ 时

$$\widetilde{\boldsymbol{A}} \rightarrow \begin{bmatrix} 1 & 0 & -1 & -1 & -5 & -2 \\ 0 & 1 & 2 & 2 & 6 & 3 \\ 0 & 0 & 0 & 0 & 0 & 0 \\ 0 & 0 & 0 & 0 & 0 & 0 \end{bmatrix}$$

对应原方程组同解的方程组为

$\begin{cases} x_1 = -2 + x_3 + x_4 + 5x_5 \\ x_2 = 3 - 2x_3 - 2x_4 - 6x_5 \end{cases}$,令 $x_3 = c_1, x_4 = c_2, x_5 = c_3$,则原方程组的全部解为

$$\begin{cases} x_1 = -2 + c_1 + c_2 + 5c_3 \\ x_2 = 3 - 2c_1 - 2c_2 - 6c_3 \\ x_3 = c_1 \qquad (c_1, c_2, c_3\ \text{为任意常数}) \\ x_4 = c_2 \\ x_5 = c_3 \end{cases}$$

本章知识结构

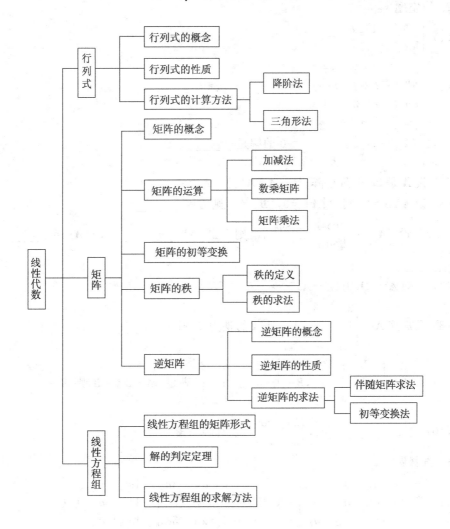

复习题七

1. 判断题

(1) 矩阵 A、B 满足 $AB=0$,必有 $A=0$ 或 $B=0$。   (　　)

(2) A 与 B 为同阶方阵,则有 $(A+B)(A-B)=A^2-B^2$。   (　　)

(3) 若 $|A|\neq 0$ 且 $AX=AY$,必有 $X=Y$。   (　　)

(4) 若矩阵 A、B、C 满足 $AB=AC$,且 $A\neq 0$,则 $B=C$。   (　　)

(5) 若 $A=(a_{ij})_{m\times m}$,$B=(b_{ij})_{m\times m}$,且 $|A|=|B|$,则 $A=B$。 (　　)

(6) 等价矩阵秩相同。   (　　)

(7) 线性方程组都能用克莱姆法则求解。   (　　)

(8) 设 A 是 n 阶方阵 $(n>1)$,则 $|2A|=2|A|$。   (　　)

(9) n 阶方阵 A 可逆的充要条件是 $A\neq 0$。   (　　)

(10) $\begin{vmatrix} 1 & 3 \\ 2 & 4 \end{vmatrix} + \begin{vmatrix} 1 & 2 \\ -2 & 3 \end{vmatrix} = \begin{vmatrix} 2 & 5 \\ 0 & 7 \end{vmatrix}$。　　　　　　　　　　　　　（　　）

2. 填空题

(1) $\begin{vmatrix} 1 & \log_a b \\ \log_b a & 1 \end{vmatrix} = \underline{\hspace{3cm}}$。

(2) $\begin{vmatrix} a+1 & a+2 & a+3 \\ b+1 & b+2 & b+3 \\ c+1 & c+2 & c+3 \end{vmatrix} = \underline{\hspace{3cm}}$。

(3) $\begin{vmatrix} 1-x & 2 & 3 \\ 2 & 1-x & 3 \\ 3 & 3 & 6-x \end{vmatrix} = 0$ 的解是 $\underline{\hspace{2.5cm}}$。

(4) 设 A 是 2005 阶矩阵，且 $-A = A^T$，则 $|A| = \underline{\hspace{2.5cm}}$。

(5) 设 $AXB = C$，其中 $|A| \neq 0$，$|B| \neq 0$，则 $X = \underline{\hspace{2.5cm}}$。

(6) 设 $A = \begin{bmatrix} \cos\alpha & -\sin\alpha \\ \sin\alpha & \cos\alpha \end{bmatrix}$，则 $A^* = \underline{\hspace{2cm}}$，$|A| = \underline{\hspace{2cm}}$，$A^{-1} = \underline{\hspace{2.5cm}}$。

(7) 已知 $A^k = O$，则 $(E-A)^{-1} = \underline{\hspace{2.5cm}}$。

(8) 设矩阵 $A = \begin{bmatrix} 2 & -3 & 1 \\ 1 & a & 1 \\ 5 & 0 & 3 \end{bmatrix}$，且 A 的秩为 2，则 $a = \underline{\hspace{2.5cm}}$。

(9) 设 $A = \begin{bmatrix} 3 & 1 & 0 \\ -1 & 2 & 1 \\ 3 & 4 & 2 \end{bmatrix}$，$B = \begin{bmatrix} 1 & -1 & 2 \\ -1 & 1 & 1 \\ 3 & 0 & 2 \end{bmatrix}$ 满足 $3A - 2X = B$，则 $X = \underline{\hspace{2.5cm}}$。

(10) 当 λ $\underline{\hspace{2.5cm}}$ 时，$\begin{cases} \lambda x_1 + x_2 = \lambda^2 \\ x_1 + \lambda x_2 = 1 \end{cases}$ 有唯一解。

3. 选择题

(1) 若 $D = \begin{vmatrix} a_{11} & a_{12} & a_{13} \\ a_{21} & a_{22} & a_{23} \\ a_{31} & a_{32} & a_{33} \end{vmatrix} = 1$，则 $D_1 = \begin{vmatrix} 3a_{11} & 3a_{11} - 4a_{12} & a_{13} \\ 3a_{21} & 3a_{21} - 4a_{22} & a_{23} \\ 3a_{31} & 3a_{31} - 4a_{32} & a_{33} \end{vmatrix} = (\quad)$。

A. 9　　　　　　　　B. -3　　　　　　　　C. -12　　　　　　　　D. -36

(2) $\begin{vmatrix} 0 & 0 & 0 & -1 \\ 0 & 0 & 2 & 0 \\ 0 & 3 & 0 & 0 \\ 4 & 0 & 0 & 0 \end{vmatrix} = (\quad)$。

A. 0　　　　　　　　B. 8　　　　　　　　C. $-4!$　　　　　　　　D. $4!$

(3) 设 A 为方阵，且 $A^2 = A$，则（　　）。

A. $A = E$　　　　　　　　　　　　　　B. $A = 0$ 或 $A = E$

C. A 可以既不是零矩阵，也不是单位矩阵　　D. $A = 0$

(4) 若有矩阵 $A_{3\times2}$，$B_{2\times3}$，$C_{3\times3}$，那么下列运算成立的是（　　）。

A. AC　　　　　B. ABC　　　　　C. CB　　　　　D. $AB - AC$

(5) 若 A 为三阶矩阵，则 $|2A| = (\quad)$。

A. $3^2|A|$　　　　　B. $2|A|$　　　　　C. $3|A|$　　　　　D. $2^3|A|$

(6) 设矩阵 A 与 B 等价,A 有一个 k 阶子式不等于 0,则 $r(B)($)k。

A. $<$ 　　　　　　B. $=$ 　　　　　　C. $\geqslant$ 　　　　　　D. $\leqslant$

(7) 设矩阵 $A=\begin{bmatrix} 1 & 0 & 1 \\ 0 & 2 & 0 \\ 1 & 0 & 1 \end{bmatrix}$,而 $n \geqslant 2$ 为正整数,则 $A^n - 2A^{n-1}=($)。

A. $A=\begin{bmatrix} 1 & 0 & 1 \\ 0 & 2 & 0 \\ 1 & 0 & 1 \end{bmatrix}$　　B. $A=\begin{bmatrix} 1 & 0 & 1 \\ 0 & 2^n & 0 \\ 1 & 0 & 1 \end{bmatrix}$　　C. 2　　　　　D. 0

(8) 设 λ 是常数,A 是矩阵,则 $(\lambda A)^T=($)。

A. λA^T 　　　　B. $\dfrac{1}{\lambda} A^T$ 　　　　C. $-\lambda A^T$ 　　　　D. $-\dfrac{1}{\lambda} A^T$

(9) 设 A 是 n 阶可逆方阵,A^* 是其伴随矩阵,则( )。

A. $|A^*| = |A|^{n-1}$ 　　　　　　　　B. $|A^*| = |A|^n$

C. $|A^*| = |A|^{-1}$ 　　　　　　　　D. $|A^*| = |A|^{n+1}$

(10) 设 A,B,C 是 n 阶方阵且都可逆,则 $AB=C$ 时,$B=($)。

A. CA^{-1} 　　　　B. AC 　　　　C. $A^{-1}C$ 　　　　D. CA

4. 计算下列行列式。

(1) $\begin{vmatrix} 1 & 4 & 9 & 16 \\ 4 & 9 & 16 & 25 \\ 9 & 16 & 25 & 36 \\ 16 & 25 & 36 & 49 \end{vmatrix}$;

(2) $\begin{vmatrix} 1 & 2 & 3 & 4 & 5 \\ -1 & 0 & 3 & 4 & 5 \\ -1 & -2 & 0 & 4 & 5 \\ -1 & -2 & -3 & 0 & 5 \\ -1 & -2 & -3 & -4 & 0 \end{vmatrix}$;

(3) n 阶行列式 $\begin{vmatrix} a & b & 0 & \cdots & 0 & 0 \\ 0 & a & b & \cdots & 0 & 0 \\ 0 & 0 & a & \cdots & 0 & 0 \\ \vdots & \vdots & \vdots & & \vdots & \vdots \\ 0 & 0 & 0 & \cdots & a & b \\ b & 0 & 0 & \cdots & 0 & a \end{vmatrix}$;

(4) $\begin{vmatrix} 1+a_1 & 1 & 1 & \cdots & 1 \\ 1 & 1+a_2 & 1 & \cdots & 1 \\ 1 & 1 & 1+a_3 & \cdots & 1 \\ \vdots & \vdots & \vdots & \ddots & \vdots \\ 1 & 1 & 1 & \cdots & 1+a_n \end{vmatrix}$。

5. 证明题

(1) 设 $x_1-x_2=a_1$,$x_2-x_3=a_2$,$x_3-x_4=a_3$,$x_4-x_5=a_4$,$x_5-x_1=a_5$,证明这个方程组有解的充要条件是 $\sum\limits_{i=1}^{5} a_i = 0$。

(2) 设 n 阶方阵 A 满足 $A^2+5A+5E=0$,证明 $A+3E$ 可逆,并求 $(A+3E)^{-1}$。

6. λ, a, b 应取什么值时,才能使下列方程组有解,并求出它们的解。

(1) $\begin{cases} \lambda x_1 + x_2 + x_3 = 1, \\ x_1 + \lambda x_2 + x_3 = \lambda, \\ x_1 + x_2 + \lambda x_3 = \lambda^2; \end{cases}$ 　　　　　(2) $\begin{cases} a x_1 + x_2 + x_3 = 4, \\ x_1 + b x_2 + x_3 = 3, \\ x_1 + 2b x_2 + x_3 = 4; \end{cases}$

(3) $\begin{cases} x_1 + x_2 + b x_3 = 1, \\ x_1 + b x_2 + x_3 = b, \\ b x_1 + x_2 + x_3 = b^2 \end{cases}$。

第八章　概率与数理统计初步

【本章导读】

党的二十大报告指出:"推动战略性新兴产业融合集群发展,构建新一代信息技术、人工智能、生物技术、新能源、新材料、高端装备、绿色环保等一批新的增长引擎。"以云计算、物联网、大数据、人工智能、第五代移动通信技术等为代表的新一代信息技术日新月异,也进一步激发了数据这一新生产要素的潜能。

海量数据带来机遇的同时,也带来了一些负面影响。如何进行数据处理与分析、挖掘与应用,探索数据背后的规律,是本章学习的重点。本章内容包括概率论和数理统计两部分,主要介绍概率论的一些基本概念和基本思想,如随机事件、概率、随机变量、分布、期望、方差等概念和相关基本理论,数理统计中的抽样分布、参数估计、区间估计、假设检验、一元线性回归等基本理论和基本方法。

【学习目标】

- 了解随机现象的统计规律性及事件频率的概念、古典概率的定义及其计算、条件概率及贝努里试验的概念;理解随机事件的概念、事件的独立性;掌握事件之间的关系、基本运算和概率的基本性质;会利用概率的基本性质、乘法公式、全概率公式、事件的独立性、二项分布概率公式计算事件的概率。
- 了解随机变量的概念、分布函数的概念及其性质;理解离散型随机变量的概念及其分布列的概念和性质、连续性随机变量的概念及概率密度的概念和性质、数学期望、方差;会利用概率分布列、概率密度及分布函数计算有关事件的概率,会求随机变量函数的数学期望。
- 了解常用的分布;理解总体、个体、样本、统计量、点估计、区间估计的概念,理解假设检验的基本思想;会求正态总体的均值与方差的置信区间,会进行两个正态总体的均值与方差的假设检验;掌握点估计和区间估计在经济管理中的应用,掌握假设检验方法在经济管理中的应用。

第一节　随　机　事　件

一、随机现象

在自然现象和社会现象中,存在着两种不同类型的现象。

在一定条件下,必然发生或必然不发生的现象叫作**确定性现象**。例如:

(1)向上抛一枚硬币,必然会落下;

(2)同性电荷,必然相斥;

(3)从一批全是合格品的商品中任取一件,取到的必然不是次品。

以上这些现象都是确定性现象,其特点是:每次试验或观察只有一个结果。在数学、物理、化学等学科中,我们已经研究过大量的确定性现象。

在一定条件下,具有多种可能结果,事先不能确定哪一种结果将会发生的现象叫作**随机现象**。例如:

(1) 向上抛一枚硬币,落下后可能正面向上,也可能正面向下,事先是不能确定的;

(2) 从一批含有次品的产品中任取一件,可能是正品,也可能是次品,事先是不能确定的;

(3) 某战士进行射击,可能中靶,也可能不中靶,事先是不能确定的。

以上这些现象都是随机现象,其特点是:事先不能预言其结果,具有一定的偶然性。随机现象是概率与数理统计研究的主要对象。

二、随机事件

对随机现象的一次观察或实验,称为一次**随机试验**,简称**试验**。试验的每一种可能结果称为**随机事件**,简称**事件**。事件通常用大写字母 A、B、C 等来表示。例如,某射手每进行一次射击,并观察命中的环数,就是一次试验。"命中的环数为 $i(i=0,1,\cdots,10)$" "至少命中 7 环""最多命中 8 环"等,这些可能观察到的结果都是随机事件。

为了简洁地表述试验的可能结果,可设 $A=\{$命中的环数$\}$,$A_i=\{$命中 i 环$\}(i=0,1,2,\cdots,10)$,$B=\{$至少命中 7 环$\}$,$C=\{$最多命中 6 环$\}$,等等。

1. 基本事件

就上述观察射手一次射击的试验而言,容易看出:当且仅当事件 A_7,A_8,A_9,A_{10} 中有一个发生,事件 B 就会发生,我们称事件 B 是由 A_7,A_8,A_9,A_{10} 组合而成的,或者称事件 B 是可以分解的;而 A_0,A_1,$\cdots$,A_{10} 都是不可分解的。

一般地,在随机试验中,把不可分解的事件称为**基本事件**;由两个及两个以上基本事件组合而成的事件称为**复合事件**。

显然,在一次试验中,基本事件有且只有一个发生。

2. 事件的集合表示法

研究事件间的关系和运算,应用集合的概念和图示方法比较容易理解,也比较直观。

对于随机试验的每一个基本事件,用只包含一个元素 ω 的单元素集 $\{\omega\}$ 表示;由若干个基本事件复合而成的事件,用包含若干个相应元素的集合表示;由所有基本事件对应的全部元素组成的集合称为**样本空间**(也称为**基本事件全集**),用 Ω 来表示;每一个基本事件所对应的元素称为样本空间的**样本点**。这样,随机试验的每一个事件都可表示为某些样本点的集合,即可以用 Ω 的子集来表示;基本事件为 Ω 的单元素子集。

如上例中的射击试验,样本空间 $\Omega=\{0,1,2,\cdots,10\}$,基本事件 $A_1=\{1\}$,复合事件 $B=\{7,8,9,10\}$,$C=\{0,1,2,3,4,5,6\}$。

例 1　将一枚硬币随机地抛掷两次,观察向上的一面(正面或反面),试用集合表示:

(1) 样本空间 Ω;

(2) 事件 $A=\{$两次出现的面互不相同$\}$。

解　用 (i,j) 表示基本事件$\{$第一次出现 i 面,第二次出现 j 面$\}$ $(i,j=$正,反$)$ 所对应的元素,则

(1) $\Omega=\{($正,正$)$,$($正,反$)$,$($反,正$)$,$($反,反$)\}$;

(2) $A=\{($正,反$)$,$($反,正$)\}$。

如果我们把样本空间 Ω 也看成事件,由于每次试验必有一个事件发生,因此 Ω 在试验中必然发生。于是我们把在每次试验中一定发生的事件称为必然事件,仍记为 Ω。在每次试验中不可能发生的事件称为不可能事件,记为 $\varnothing$。这样 Ω 的任何子集都表示某一个事件。

运用集合的图示法,可用平面上某一个方(或矩)形区域表示样本空间,即必然事件;用该区域内的圆(或椭圆)表示事件。如图 8-1 所示。

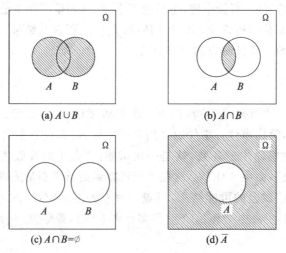

(a) $A \cup B$ (b) $A \cap B$

(c) $A \cap B = \varnothing$ (d) $\overline{A}$

图 8-1

三、事件间的关系及其运算

1. 事件间的关系及集合解释

用集合表示事件后,我们可以用集合论的观点来描述、解释和论证事件之间的关系和事件的运算,如表 8-1 所示。

表 8-1

符 号	表示的事件	意 义	集合解释
Ω	必然事件	所有基本事件组合成的事件	全集
$\varnothing$	不可能事件	不可能发生的事件	空集
$\{\omega\}$	基本事件	不可分解的事件	单元素集
$A = \Omega$	事件 A	试验的可能结果	全集 Ω 的子集
$A \subset B$	包含关系	事件 A 发生必然导致 B 发生	A 中的元素必属于 B
$A = B$	相等关系	组成 A、B 的基本事件一样	集合相等
$A \cup B$ 或 $A+B$	事件的并(和)	A 与 B 至少有一个发生的事件	并集
$A \cap B$ 或 AB	事件的交(积)	A、B 同时发生的事件	交集
$A - B$	事件的差	A 发生而 B 不发生	差集
$A \cap B = \varnothing$	互不相容	A、B 不能同时发生	A 与 B 没有公共元素
$\overline{A}$	事件 A 的逆(对立事件)	事件 A 不发生,A 与 $\overline{A}$ 互逆	A 的补集

事件间的关系可用平面上的阴影部分表示(见图 8-1)。

在进行事件运算时,经常要用到下述运算律,设 A,B,C 为事件,则有

交换律:$A \cup B = B \cup A$,$A \cap B = B \cap A$。

结合律：$A\cup(B\cup C)=(A\cup B)\cup C$，

$\qquad A\cap(B\cap C)=(A\cap B)\cap C$。

分配律：$A\cup(B\cap C)=(A\cup B)\cap(A\cup C)$，

$\qquad A\cap(B\cup C)=(A\cap B)\cup(A\cap C)$。

对偶律：$\overline{A\cup B}=\overline{A}\cdot\overline{B}$，$\overline{AB}=\overline{A}\cup\overline{B}$。

2. 完备事件组

若事件 $A_1,A_2,\cdots,A_n$ 为两两互不相容的事件，并且 $A_1\cup A_2\cup\cdots\cup A_n=\Omega$（或记为 $\bigcup\limits_{i=1}^{n}A_i=\Omega$），则称事件组 $A_1,A_2,\cdots,A_n$ 为**完备事件组**。

显然，任意 n 个基本事件是两两互不相容的事件；所有基本事件构成一个完备事件组。

例 2 掷一枚骰子的试验，观察出现的点数。事件 A 表示"出现奇数点"；B 表示"出现的点数小于 5"；C 表示"出现小于 5 的偶数点"。用集合的列举法表示下列事件：

$$\Omega,A,B,C,A\cup B,A\cap B,B\cup C,\overline{C}$$

解 $\Omega=\{1,2,3,4,5,6\}$，$\quad A=\{1,3,5\}$，$\quad B=\{1,2,3,4\}$，$\qquad C=\{2,4\}$

$A\cup B=\{1,2,3,4,5\}$，$\quad A\cap B=\{1,3\}$，$\quad B\cup C=\{1,2,3,4\}$，$\quad \overline{C}=\{1,3,5,6\}$

例 3 设 A,B,C 表示 3 个事件，试以 A,B,C 的运算来表示以下事件：

(1) 仅 A 发生；

(2) A,B,C 都发生；

(3) A,B,C 都不发生；

(4) A,B,C 不全发生；

(5) A,B,C 恰有一个发生。

解 (1) $A\overline{B}\overline{C}$；(2) ABC；(3) $\overline{A}\overline{B}\overline{C}$；(4) $\overline{ABC}$；(5) $A\overline{B}\overline{C}\cup\overline{A}B\overline{C}\cup\overline{A}\overline{B}C$。

思 考 题

1. 互不相容事件和对立事件有何联系和区别？

2. 事件 $\overline{ABC}$ 所表示的意义是什么？

习题 8-1

1. 判别下列事件中哪些是必然事件、不可能事件、随机事件。

(1) {如果 $x\in A\cap B$，则 $x\in A$}；

(2) {没有水分，种子会发芽}；

(3) {向上抛掷一枚硬币，落下后正面向上}；

(4) {某战士进行一次射击，中 10 环}；

(5) {未来的 10 天中有两天是阴天}。

2. 写出下列随机试验的样本空间。

(1) 同时掷两枚骰子，观察两枚骰子出现的点数之和；

(2) 生产产品直到得到 10 件正品为止，记录生产产品的总件数；

(3) 在某十字路口，1 小时内通过的机动车辆数；

(4) 某城市 1 天的用电量。

3. 掷一枚骰子,观察出现的点数,设事件 $A=\{$不超过 3 点$\}$,$B=\{$不小于 4 点$\}$,$C=\{6$ 点$\}$,$D=\{$不超过 5 点$\}$,$E=\{4$ 点$\}$。试问,哪些事件是对立事件? 哪些事件是互不相容事件?

4. 试述下列事件的逆事件。

(1) $A=\{$抽到的三件产品都是正品$\}$;

(2) $B=\{$甲、乙两人下棋,甲胜$\}$;

(3) $C=\{$抛掷一枚骰子,出现奇数点$\}$;

(4) $D=\{$三件产品中至少有一件次品$\}$。

5. 从一批产品中每次取出一件产品进行检验(每次取出的产品不放回),事件 A_i 表示"第 i 次取到合格品$(i=1,2,3)$",试用事件的运算符号表示下列事件:

(1) $\{$三次都取到了合格品$\}$;

(2) $\{$三次中至少有一次取到了合格品$\}$;

(3) $\{$三次中恰好有两次取到了合格品$\}$。

6. 设 Ω 为随机试验的样本空间,A,B,C 为随机事件,且 $\Omega=\{1,2,3,4,\cdots,10\}$,$A=\{2,4,6,8,10\}$,$B=\{1,2,3,4,5\}$,$C=\{5,6,7,8,9,10\}$。试求:$A\bigcup B$,$AB$,$ABC$,$\overline{A}\bigcap C$,$\overline{A}\bigcup A$。

7. 从 100 件产品中任意抽取 5 件产品,设 $A_i=\{$含有 i 件次品$\}$。

(1) 试求 i 的可能取值的集合;

(2) 用 A_i 表示事件 $A=\{$至多有两件次品$\}$;

(3) 试判断所有 A_i 能否构成完备事件组。

第二节　概率的定义

研究随机现象不仅要知道它可能发生哪些事件,更重要的是研究各种事件发生的可能性大小。概率论就是要对这种可能性的大小给以定量分析,研究其内在的规律。

一、概率的统计定义

我们知道事件在一次试验中可能发生,也可能不发生,具有偶然性,表面上似乎杂乱无章,其实不然。在相同的条件下进行大量的重复试验,就会发现有些事件发生得多一些,有些事件发生得少一些,或者说,事件发生的可能性大小有一定的规律性可循,我们把这种从大量观察中得到的规律性叫作**随机事件的统计规律性**。

1. 事件的频率

定义 1　在一定条件下的 n 次重复试验中,事件 A 发生的次数 m 叫作事件 A 的**频数**;频数 m 与试验次数 n 的比值叫作事件 A 的**频率**,记为 f,即

$$f=\frac{m}{n}$$

从下面的例子来看事件发生的频率的规律。

例 4　历史上曾有很多人做过投掷硬币的试验,以下是他们的试验记录,如表 8-2 所示。

表 8-2

试 验 者	投掷次数/n	正面向上次数频数/m	正面出现频率/m/n
德·摩尔根	2 048	1 061	0.518
蒲丰	4 040	2 048	0.506 9
皮尔逊	12 000	6 019	0.501 6
皮尔逊	24 000	12 012	0.500 5
维尼	30 000	14 994	0.499 8

可以看出,随着投掷次数的不断增大,正面出现的频率越趋近于 0.5。

例 5 某工厂生产某种产品,为了检查产品质量,抽检了一部分产品,记录如表 8-3 所示。

表 8-3

抽检件数(n)	10	50	100	200	500	1 000	2 000
次品数(m)	1	3	4	9	27	52	98
次品率(m/n)	0.10	0.06	0.04	0.045	0.054	0.052	0.049

可以看出,次品率在 0.05 左右摆动,并且随着抽检件数的增多,逐渐趋近于 0.05。

以上两个例子说明,当试验次数 n 增大时,事件 A 发生的频率常常稳定在一个常数附近,而且试验次数越多,事件 A 的频率越趋近于那个确定的常数,通常把这一规律叫作**频率的相对稳定性**。

2. 概率的统计定义

定义 2 在一定条件下,重复做 n 次试验,当 n 充分大时,如果事件 A 的频率稳定在某一个确定的常数 p 附近,就把数值 p 叫作随机事件 A 的概率,记为

$$P(A)=p$$

它描述了在一次试验中,事件 A 发生的可能性的大小。如例 4 中,事件 $A=\{$正面向上$\}$ 的频率稳定在 0.5 附近,所以 $p=0.5$ 就是事件 A 发生的概率,即 $P(A)=0.5$,也就是说,把一枚质量均匀的硬币投掷后,出现"正面向上"的可能性是 50%;在例 5 中,事件 $B=\{$次品$\}$ 的频率稳定在 0.05 附近,所以 $P(B)=0.05$。

由于事件的概率是在统计的基础上,通过频率来描述事件发生的可能性大小,所以上述定义叫作**概率的统计定义**。

但在一般情况下,我们不可能进行无限次试验来寻求频率的稳定值,实际应用中,当 n 充分大时,就用频率作为概率的近似值,即 $P(A)\approx\dfrac{m}{n}$。

用频率来描述事件的概率,通常可有两种方法:一种方法是通过大量实验,用频率作为概率的近似值。如在例 5 中,一次抽取 2 000 件产品,测得不合格品为 98 件,那么就可用其频率 $\dfrac{98}{2\ 000}=0.049$,或者 0.05 作为概率的近似值。另一种方法是取一系列频率的平均值作为概率的近似值。

二、概率的古典定义

我们从频率的稳定性引出了概率的统计定义,用频率来估算事件的概率,从而提供了找出事件概率近似值的一般方法。但频率的计算必须通过大量的重复试验才能得到

稳定的常数,这是比较困难的。在某些特殊情况下,并不需要进行大量的重复试验,只需要根据事件的特点,对事件及其相互关系进行分析对比,就可以直接计算出它的概率。

例如,在投掷硬币的试验中,每次试验发生的结果只有两种:"正面向上"和"正面向下"。如果硬币是均匀的,投掷是任意的,显然这两种试验结果发生的可能性是相同的,即各占 1/2,所以可以认为事件"正面向上"和"正面向下"的概率都等于 0.5。

1. 古典概率

如果随机试验具有如下特征:

(1) 只有 n 个基本事件;

(2) 每个基本事件在一次试验中发生的可能性是相同的。

那么,规定任意事件 A 的概率为

$$P(A) = \frac{\text{事件 } A \text{ 包含的基本事件数}(m)}{\text{基本事件总数}(n)}$$

并把 $P(A)$ 称为**古典概率**。

古典概率只适用于满足上述两个特征的随机试验,这种试验是概率论发展初期的主要研究对象,故称为古典概率,其概率的定义称为**古典定义**。

2. 古典概率的计算

在实际问题中,如果所研究的随机现象具有某种特性(如物理或几何的对称性),且随机试验结果具有任意性(或随机性),从而使得基本事件发生的可能性均等或近似相等,这时我们就可以用古典概率来处理。定义本身给出了概率的计算方法。

例 6 袋内装有 5 个白球,3 个黑球,从中任取两个球,试求取到的两个球颜色相同的概率。

解 从 8 个球中任取两个球,则基本事件总数为 $n = C_8^2 = 28$。

设事件 $A = \{$取出的两个球颜色相同$\}$,A 包含有两种情况:全是白球或全是黑球。全是白球有 C_5^2 种取法,全是黑球有 C_3^2 种取法,由加法原理知,A 包含的基本事件数 $m = C_5^2 + C_3^2 = 13$,于是事件 A 的概率为

$$P(A) = \frac{m}{n} = \frac{13}{28}$$

例 7 已知 6 个零件中有 3 个次品,3 个正品,按下列三种方法检测两个零件,试分别求出事件 $A = \{$两个中恰有 1 个是次品$\}$ 的概率。

(1) 每次任抽 1 个,测试后放回,然后再抽一个(称为有返回抽样);

(2) 每次任抽 1 个,测试后不放回,然后再抽一个(称为无返回抽样);

(3) 一次抽取两个。

解 (1)由于有返回抽样,每次抽取都有 6 种可能结果,故其基本事件总数为

$$n = 6^2 = 36$$

"两个中恰有 1 个次品"包含两类情况:一类是先抽得正品后抽得次品,所含的基本事件数为 $C_3^1 C_3^1$;另一类是先抽得次品后抽得正品,所含的基本事件数仍为 $C_3^1 C_3^1$。所以事件 A 所包含的基本事件数为

$$m = 2C_3^1 C_3^1 = 18$$

于是事件 A 的概率为

$$P(A) = \frac{18}{36} = \frac{1}{2}$$

(2) 由于无返回抽样,第一次抽取有 6 种可能,第二次只能从余下的 5 个中抽取,有 5 种可能,是排列问题,故其基本事件总数为

$$n = P_6^2 = 30$$

事件 A 所包含的基本事件数为

$$m = 2C_3^1 C_3^1 = 18$$

于是事件 A 的概率为

$$P(A) = \frac{18}{30} = \frac{3}{5}$$

(3) 一次从 6 个中抽取两个,是组合问题,故其基本事件总数为

$$n = C_6^2 = 15$$

事件 A 所包含的基本事件数为

$$m = C_3^1 C_3^1 = 9$$

于是事件 A 的概率为

$$P(A) = \frac{9}{15} = \frac{3}{5}$$

一般地,有返回抽样每次抽取的条件相同,而无返回抽样每次抽取的条件都改变了,所得到的某事件的概率是不相同的。但当抽取的个数与产品总数的比值很小时,两者的概率相差不大,这时无返回抽样可当有返回抽样处理。在实际工作中,这样处理问题就方便多了。

思 考 题

1. 事件的频率和概率有何联系与区别?
2. 如何判断一个随机试验是否为随机事件的概率?

习题 8-2

1. 表 8-4 是某地 100 000 个男子中活到 x 岁的统计表,A、B、C 分别表示一个新生男婴活到 40 岁、50 岁、60 岁。

表 8-4

年龄 x	0	10	20	30	40	50	60	70
活到 x 的人数	100 000	93 601	92 293	90 092	86 880	80 521	67 787	46 739

试由表估计 $P(A)$、$P(B)$、$P(C)$。

2. 从 1、2、3 三个数字中任取一个,取后放回,连续取两次,排成一个十位数。

(1) 该随机试验中,基本事件的总个数是多少? 并列出所有基本事件。

(2) {第一次取出的数字是 1} 这一事件是由哪些基本事件组合而成的?

(3) {至少有一个数字是 3} 这一事件是由哪些基本事件组合而成的?

(4) {小于 25 的数} 这一事件是由哪些基本事件组合而成的?

3. 把 10 本书任意放在书架的一排上,求其中指定的 3 本书放在一起的概率。

4. 10 个产品中有 7 件正品、3 件次品。

(1) 不放回地每次从中任取一件,共取 3 次,求取到 3 件次品的概率;

(2) 每次从中任取一件,有放回地取 3 次,求取到 3 件次品的概率。

5. 掷两枚骰子,求出现的点数之和等于 7 的概率。

6. 将 3 个球随机地放入 4 个杯子,求 3 个球在同一个杯子中的概率。

7. 10 把外形相同的钥匙中有 3 把能打开门,今从中任取两把,求能打开门的概率。

8. 一个袋内有 5 个红球,3 个白球,两个黑球,计算任取 3 个球恰为一红、一白、一黑的概率。

9. 从一副扑克牌(去掉两张王牌,共 52 张数字牌)中任取 4 张,求下列事件的概率。

(1) A、K、Q、J 各有一张;(2) 4 张牌的花色各不相同。

10. 一批产品有 50 件,其中 45 件合格,5 件不合格,从这批产品中任取 3 件,求其中有两件为不合格品的概率。

第三节 概率的运算公式

前面介绍了概率的两种定义,但用定义计算事件的概率对一些较复杂的问题往往是不方便的,有时甚至是不可能的,所以有必要介绍一些概率的运算公式。

一、概率的加法公式

(1) 如果事件 A、B 互不相容,那么

$$P(A \cup B) = P(A) + P(B) \tag{8.1}$$

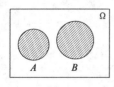

图 8-2

在图 8-2 中,矩形的面积为 1,表示必然事件 Ω 的概率。阴影部分面积分别表示任意两事件 A、B 的概率,由 $A \cup B$ 界定的面积表示事件 $A \cup B$ 的概率,从而有

$$P(A \cup B) = P(A) + P(B)$$

式(8.1)表达了概率的一个很重要的特性——可加性。

式(8.1)可以推广如下:

如果有限个事件 $A_1, A_2, \cdots, A_n$ 互不相容,则有

$$P(A_1 \cup A_2 \cup \cdots \cup A_n) = P(A_1) + P(A_2) + \cdots + P(A_n) \tag{8.2}$$

式(8.2)表明了概率的有限可加性。

根据逆事件的概念,可知事件 A 及其逆事件 $\overline{A}$ 满足

$$A \cup \overline{A} = \Omega, \quad A \cap \overline{A} = \varnothing$$

则 $\qquad\qquad P(A \cup \overline{A}) = P(A) + P(\overline{A}) = 1$

于是 $\qquad\qquad P(\overline{A}) = 1 - P(A) \tag{8.3}$

式(8.3)常给概率的计算带来一些方便。

例 8 如果在 10 000 张有奖储蓄的奖券中只有一、二、三等奖,其中有一个一等奖,五个二等奖,十个三等奖,买一张奖券,试问:中奖的概率是多少?

方法 1 设事件 $A = \{$中奖$\}$,$A_1 = \{$中一等奖$\}$,$A_2 = \{$中二等奖$\}$,$A_3 = \{$中三等奖$\}$,则

$$P(A_1) = \frac{1}{10\ 000}, \quad P(A_2) = \frac{5}{10\ 000} = \frac{1}{2\ 000}, \quad P(A_3) = \frac{10}{10\ 000} = \frac{1}{1\ 000}$$

又根据题意知,$A = A_1 \cup A_2 \cup A_3$,且 A_1、A_2、A_3 互不相容,所以

$$P(A) = P(A_1) + P(A_2) + P(A_3) = \frac{1}{10\ 000} + \frac{1}{2\ 000} + \frac{1}{1\ 000} = \frac{16}{10\ 000} = 0.16\%$$

方法 2 设 $A = \{$中奖$\}$，则其逆事件 $\overline{A} = \{$不中奖$\}$，于是

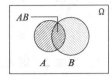

$$P(A) = 1 - P(\overline{A}) = 1 - \frac{10\ 000 - 16}{10\ 000} = \frac{16}{10\ 000} = 0.16\%$$

(2) 对于任意两个事件 A、B，有

$$P(A \cup B) = P(A) + P(B) - P(AB) \tag{8.4}$$

图 8-3

由图 8-3 可直观得出式(8.4)。

对于任意三个事件 A、B、C，有

$$P(A \cup B \cup C) = P(A) + P(B) + P(C) - P(AB) - P(AC) - P(BC) + P(ABC) \tag{8.5}$$

例 9 一个电路上装有甲、乙两根保险丝，当电流强度超过一定数值时，甲被烧断的概率为 0.85，乙被烧断的概率为 0.74，两根保险丝同时被烧断的概率为 0.63，问：至少有一根被烧断的概率为多少？

解 设事件 $A = \{$甲保险丝被烧断$\}$，$B = \{$乙保险丝被烧断$\}$。

由已知，$P(A) = 0.85$，$P(B) = 0.74$，$P(AB) = 0.63$，则甲、乙两根保险丝至少有一根被烧断的概率为

$$P(A \cup B) = P(A) + P(B) - P(AB) = 0.85 + 0.74 - 0.63 = 0.96$$

二、概率的乘法公式

1. 条件概率

先看一个实际问题。

已知 100 件产品中有 5 件不合格品，而 5 件不合格品中又有 3 件次品、两件废品，现从 100 件产品中任意抽取 1 件。设 $A = \{$废品$\}$，$B = \{$不合格品$\}$，由古典概率计算得 $P(A) = \frac{2}{100} = \frac{1}{50}$。如果考虑 B 已经发生的条件下，A 发生的概率，也就是相当于从 5 件不合格品中抽得 1 件废品的概率，即为 $\frac{2}{5}$。

定义 3 如果事件 A、B 是同一试验下的两个事件，那么在事件 A 已发生的条件下事件 B 发生的概率叫作**条件概率**，记为

$$P(B \mid A)$$

如图 8-4 所示，如果事件 A 的概率可看成是事件 A 界定的面积相对于 Ω 界定的面积所占的份额，那么 A 发生后，B 发生的概率可看成是 AB 界定的面积在 A 界定的面积中的份额，即

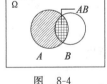

图 8-4

$$P(B \mid A) = \frac{P(AB)}{P(A)}, \quad P(A) \neq 0 \tag{8.6}$$

类似地还可得到

$$P(A \mid B) = \frac{P(AB)}{P(B)}, \quad P(B) \neq 0 \tag{8.7}$$

例 10 盒中有 5 个黑球，3 个白球，连续不放回地从中取两次球，每次取一个，若已知第一次取出的是白球，求第二次取出的是黑球的概率。

解 设 $A = \{$第一次取出的是白球$\}$，$B = \{$第二次取出的是黑球$\}$，所求的概率应为

$P(B|A)$。

方法 1 由于 A 已发生,袋中只有 7 个球,其中有 5 个黑球,因此

$$P(B|A)=\frac{5}{7}$$

方法 2 因为 $\qquad P(A)=\frac{3}{8}, \quad P(AB)=\frac{C_3^1 C_5^1}{A_8^2}=\frac{15}{56}$

所以 $\qquad P(B|A)=\frac{P(AB)}{P(A)}=\frac{\frac{15}{56}}{\frac{3}{8}}=\frac{5}{7}$

2. 乘法公式

由条件概率的计算公式得

$$P(AB)=P(A)P(B|A)=P(B)P(A|B) \tag{8.8}$$

式(8.8)叫作概率的乘法公式。

对于三个事件交的情形,有

$$P(A_1 A_2 A_3)=P(A_1)P(A_2|A_1)P(A_3|A_1 A_2) \tag{8.9}$$

例 11 100 台电视机中有 3 台次品,其余都是正品,无放回地连续取出两台,试求:

(1) 两次都取得正品的概率;

(2) 第二次才取得正品的概率。

解 设事件 $A_i=\{$第 i 次取得正品$\}(i=1,2)$。

(1) 两次都取得正品,意味着 A_1、A_2 同时发生,故所求的概率为 $P(A_1 A_2)$。因为

$$P(A_1)=\frac{97}{100}, \quad P(A_2|A_1)=\frac{96}{99}$$

所以 $\qquad P(A_1 A_2)=P(A_1)P(A_2|A_1)=\frac{97}{100}\times\frac{96}{99}\approx 0.94$

(2) 第二次才取得正品,意味着第一次取得的是次品,第二次取得的是正品,即事件 $\overline{A}_1$、A_2 同时发生,故所求的概率为 $P(\overline{A}_1 A_2)$。因为

$$P(\overline{A}_1)=\frac{3}{100}, \quad P(A_2|\overline{A}_1)=\frac{97}{99}$$

所以 $\qquad P(\overline{A}_1 A_2)=P(\overline{A}_1)P(A_2|\overline{A}_1)=\frac{3}{100}\times\frac{97}{99}\approx 0.029$

三、全概率公式

设 $H_1, H_2, \cdots, H_n$ 是一个完备事件组,任一事件 $A(A \subset \Omega)$ 能且只能和事件组 $H_i(i=1,2,\cdots,n)$ 之一同时发生,那么事件 A 就可以分解为一组互不相容事件的并,即

$$A=AH_1 \bigcup AH_2 \bigcup \cdots \bigcup AH_n = \bigcup_{i=1}^{n} AH_i$$

例 12 某工厂三个车间共同生产一批产品,三个车间Ⅰ,Ⅱ,Ⅲ所生产的产品占该批产品的 $\frac{1}{2}, \frac{1}{3}, \frac{1}{6}$。各车间的不合格品率分别为 0.02,0.03,0.04,试求从该批产品中任取一件为不合格品的概率。

解 设 $H_i=\{$取到第 i 个车间的产品$\}(i=1,2,3)$,$A=\{$取到不合格品$\}$。

可以看出,事件 H_1,H_2,H_3 构成完备事件组,并且事件 A 能且只能与事件 H_1,H_2, H_3 之一同时发生,即 $A=AH_1\cup AH_2\cup AH_3$。根据题意,有

$$P(H_1)=\frac{1}{2},\quad P(H_2)=\frac{1}{3},\quad P(H_3)=\frac{1}{6}$$

$$P(A\mid H_1)=0.02,\quad P(A\mid H_2)=0.03,\quad P(A\mid H_3)=0.04$$

由概率的有限可加性和条件概率公式,得

$$P(A)=P(AH_1)+P(AH_2)+P(AH_3)=P(H_1)P(A\mid H_1)+P(H_2)P(A\mid H_2)+P(H_3)P(A\mid H_3)$$

$$=\frac{1}{2}\times 0.02+\frac{1}{3}\times 0.03+\frac{1}{6}\times 0.04\approx 0.027$$

一般地,如果事件 $H_1,H_2,\cdots,H_n$ 是一个完备事件组,那么对于任一事件 A 都有

$$P(A)=\sum_{i=1}^{n}P(H_i)P(A\mid H_i) \tag{8.10}$$

式(8.10)叫作全概率公式。

例 13 盒中有 5 个黑球,3 个白球,连续不放回地从中取两次球,每次取 1 个,求第二次取球取到白球的概率。

解 设 $A=\{$第一次取到白球$\}$,$\overline{A}=\{$第一次取到黑球$\}$,$B=\{$第二次取到白球$\}$,显然 A 与 $\overline{A}$ 是完备事件组,根据题意,有

$$P(A)=\frac{3}{8},\quad P(\overline{A})=\frac{5}{8},\quad P(B\mid A)=\frac{2}{7},\quad P(B\mid\overline{A})=\frac{3}{7}$$

由全概率公式得

$$P(B)=P(A)P(B\mid A)+P(\overline{A})P(B\mid\overline{A})$$

$$=\frac{3}{8}\times\frac{2}{7}+\frac{5}{8}\times\frac{3}{7}=\frac{3}{8}$$

四、事件的独立性

先看一个返回抽样问题。

10 件产品中有两件次品,连续返回抽取,每次抽一件,设 $A=\{$第一次抽得正品$\}$, $B=\{$第二次抽得正品$\}$,可以得到

$$P(B)=\frac{4}{5},\quad P(B\mid A)=\frac{4}{5},\quad P(B\mid\overline{A})=\frac{4}{5}$$

所以 $$P(B)=P(B\mid A)=P(B\mid\overline{A})$$

也就是说,事件 B 发生的概率和事件 A 发生与否无关。

定义 4 如果事件 B 发生的概率不受事件 A 发生与否的影响,即

$$P(B\mid A)=P(B)$$

则称**事件 B 对事件 A 是独立的**,否则就是不独立的。

由独立性的定义,可推出下列结论:

(1) 若事件 B 独立于 A,则事件 A 也独立于 B,也就是说,两事件的独立性是相互的;

(2) 若事件 A 与 B 相互独立,则三对事件 A 与 $\overline{B}$,$\overline{A}$ 与 B,$\overline{A}$ 与 $\overline{B}$ 也分别相互独立;

(3) 事件 A 与 B 相互独立的充要条件是

$$P(AB) = P(A)P(B) \tag{8.11}$$

式(8.11)可由乘法公式推得。

事件的相互独立性的直观意义是两事件的发生与否互不影响。在实际问题中,并不是用定义或充要条件来检验独立性的,而是根据问题的性质来判断,只要事件之间没有明显的联系或联系甚微,我们就可以认为他们是相互独立的。

事件的相互独立性可推广到有限个事件的情形:

如果事件 $A_1, A_2, \cdots, A_n$ 中任一事件发生的概率不受其他事件发生的影响,那么事件 $A_1, A_2, \cdots, A_n$ 是相互独立的,并且有

$$P(A_1 A_2 \cdots A_n) = P(A_1)P(A_2) \cdots P(A_n) \tag{8.12}$$

例 14 有 100 件产品,其中有 5 件不合格品,从中任取一件,连续抽取两次。

(1) 若取后不放回,求两次都取得合格品的概率;

(2) 若取后放回,求两次都取得合格品的概率。

解 设事件 $A_i = \{$第 i 次取得正品$\}(i = 1, 2)$。

(1) 若取后不放回,则两事件 A_1、A_2 不是独立的,由乘法公式得

$$P(A_1 A_2) = P(A_1)P(A_2 \mid A_1) = \frac{95}{100} \times \frac{94}{99} \approx 0.902\ 0$$

(2) 若取后放回,则两事件 A_1、A_2 是相互独立的,且有

$$P(A_1) = P(A_2) = \frac{95}{100}$$

所以

$$P(A_1 A_2) = P(A_1)P(A_2) = \frac{95}{100} \times \frac{95}{99} \approx 0.902\ 5$$

例 15 3 门高射炮同时对一架敌机各发一炮,它们的命中率分别为 0.1, 0.2, 0.3,求敌机恰中一弹的概率。

解 设 $A_i = \{$第 i 门炮击中敌机$\}(i = 1, 2, 3)$,$B = \{$敌机恰中一弹$\}$,则

$$B = A_1 \overline{A_2}\, \overline{A_3} \cup \overline{A_1} A_2 \overline{A_3} \cup \overline{A_1}\, \overline{A_2} A_3$$

其中 $A_1 \overline{A_2}\, \overline{A_3}, \overline{A_1} A_2 \overline{A_3}, \overline{A_1}\, \overline{A_2} A_3$ 互不相容,且 A_1, A_2, A_3 相互独立,则

$$P(B) = P(A_1 \overline{A_2}\, \overline{A_3}) + P(\overline{A_1} A_2 \overline{A_3}) + P(\overline{A_1}\, \overline{A_2} A_3)$$
$$= P(A_1)P(\overline{A_2})P(\overline{A_3}) + P(\overline{A_1})P(A_2)P(\overline{A_3}) + P(\overline{A_1})P(\overline{A_2})P(A_3)$$
$$= 0.1 \times 0.8 \times 0.7 + 0.9 \times 0.2 \times 0.7 + 0.9 \times 0.8 \times 0.3 = 0.398$$

思 考 题

1. 满足什么条件可以使用全概率公式?

2. 在实际问题中,如何判断两个事件是否独立?

习题 8-3

1. 盒中有 3 个白球,两个红球,从中任取两个球,试求至少有 1 个白球的概率。

2. 一批产品中有 4% 废品,而合格品中一等品占 55%。从这批产品中任选一件,求这件产品是一等品的概率。

3. 设某种动物活到 20 岁的概率为 0.8,活到 25 岁的概率为 0.4,问:年龄为 20 岁的

这种动物活到 25 岁的概率为多少?

4. 由长期的统计资料得知,某地区九月份下雨(记为事件 A)的概率是 $\frac{4}{15}$,刮风(记为事件 B)的概率为 $\frac{7}{15}$,既刮风又下雨的概率是 $\frac{1}{10}$,求 $P(A \cup B)$、$P(A \mid B)$ 和 $P(B \mid A)$。

5. 设某光学仪器厂制造的透镜,第一次落下时摔破的概率为 $\frac{1}{2}$;若第一次落下未摔破,第二次落下摔破的概率为 $\frac{7}{10}$;若前两次落下都未摔破,第三次落下摔破的概率为 $\frac{9}{10}$。试求透镜落下三次而未被摔破的概率。

6. 三个人独立地破译一份密码,他们译出的概率分别为 $\frac{1}{5}$、$\frac{1}{3}$、$\frac{1}{4}$,问:能将此密码译出的概率是多少?

7. 100 件商品中有 10 件不合格品,每次抽取 1 件,无放回地连续抽取两次,试求第二次取到合格品的概率。

8. 某工厂由四条流水线生产同一种产品,这四条流水线的产量分别为总产量的 15%、20%、30% 和 35%,它们的不合格品率依次为 0.05、0.04、0.03 和 0.02。现在从出厂产品中任取一件,问:恰好抽到不合格品的概率为多少?

9. 在甲、乙、丙三个袋中,甲袋中有白球两个黑球 1 个,乙袋中有白球 1 个黑球两个,丙袋中有白球两个黑球两个,现随机地选出一个袋子再从袋中取 1 球,求取出的球是白球的概率。

10. 甲、乙两人射击,甲击中的概率为 0.8,乙击中的概率为 0.7,两人同时射击,并假定中靶与否是独立的,求:

(1) 两人都中靶的概率;(2) 甲中乙不中的概率;(3) 甲不中乙中的概率。

第四节 随机变量及其分布

本节将在随机事件及概率的基础上引进随机变量的概念,进一步研究随机现象。

一、随机变量的概念

1. 随机变量的定义

前面我们已经讨论了随机事件及其概率,可以看到,随机试验的结果往往可以取不同的数值,这些数值在试验之前是不能确定的,它们是随着试验的不同结果随机地取各种不同数值的变量。

例如,从含有 5 件次品的 100 件商品中任取 5 件,则次品数可以随机地取 0,1,2,3,4,5 六个数值,这些数值在抽取前是不能确定的;又如,某商店共有 10 千克水果,在一天中的销售量可以是从 0~100 中的任意数值,在销售前是不能确定的。

这种用来描述随机试验结果的变量叫作**随机变量**。随机变量通常用字母 ξ, η 或 X, Y, Z 等来表示。

例如,在上例中,设任取 5 件商品中的次品数为随机变量 ξ,则事件"没有次品"可以记为"$\xi=0$";"有两件次品"可记为"$\xi=2$";"次品少于三件"可记为"$\xi<3$";等等。又如,设某商店在一天中的水果销售量为随机变量 η,则有"$0\leqslant\eta\leqslant100$"。

由随机变量和随机事件的概念可以看出,"随机变量是描述随机事件的变量",或者说"随机变量满足某一等式或不等式时,即构成一个事件"。通过随机变量的取值,我们就可以把随机现象的各种可能结果和数一一对应起来;有些随机事件与数之间虽然并没有自然的联系,但我们常常可以给它们规定一个对应关系。

例如,掷一枚硬币,可以规定:出现"正面向上"为"$\xi=1$",出现"正面向下"为"$\xi=0$"。又如试验一个电路时,可以规定:"电路畅通"为"$\xi=1$","电路不通"为"$\xi=0$"。

2. 随机变量的类型

随机变量按其取值情况可以分为以下两大类。

(1) 离散型随机变量

如果随机变量所能取的值可以一一列举(有限个或无限个),就称这类随机变量为**离散型随机变量**。

离散型随机变量所能取的值在经济管理中叫作计数值。例如:某商店每天销售某种商品的件数,某车站在一小时内的候车人数,平板玻璃每单位面积上的气泡数,等等,都是离散型随机变量。

(2) 连续型随机变量

如果随机变量所能取的值充满某个区间(有限区间或无限区间),不能一一列举,就称这类随机变量为**连续型随机变量**。

连续型随机变量所能取的值在经济管理中叫作计量值。例如:测量某种零件的长度所能得到的数值,出售一批西瓜时每个西瓜所能取的重量,到火车站乘车的每一位旅客可能的候车时间;等等,都是连续型随机变量。

二、离散型随机变量的分布列

为了能够比较完整地描述随机变量,我们不仅要了解随机变量所能取的值,更重要的是要知道随机变量的概率及其分布状况。

例 16 从装有 3 个红球、两个白球的袋中任取 3 个球,试写出所取 3 个球中红球数的取值范围及取每个值的概率。

解 (1) 设所取 3 个球中红球数为随机变量 ξ,则 ξ 的可能取值范围为 $\{1,2,3\}$。

(2) 按古典概率计算得

$$P(\xi=1)=\frac{C_3^1 C_2^2}{C_5^3}=\frac{3}{10}, \quad P(\xi=2)=\frac{C_3^2 C_2^1}{C_5^3}=\frac{3}{5}, \quad P(\xi=3)=\frac{C_3^3}{C_5^3}=\frac{1}{10}$$

我们把 ξ 的可能取值及其取各个值的概率用表格列举出来,这样更为直观。

ξ	1	2	3
$P(\xi=k)$	$\frac{3}{10}$	$\frac{3}{5}$	$\frac{1}{10}$

定义 5 离散型随机变量 ξ 的取值 $x_k(k=1,2,\cdots)$ 及其相对应的概率值的全体

$P(\xi=x_k)=p_k(k=1,2,\cdots)$或

ξ	x_1	x_2	$\cdots$	x_n	$\cdots$
$P(\xi=x_k)$	p_1	p_2	$\cdots$	p_n	$\cdots$

叫作**离散型随机变量 ξ 的分布列**。

如果用横坐标表示离散型随机变量 ξ 的可能取值 x_k，纵坐标表示 ξ 取这些值的概率 p_k，所得的图形叫作离散型随机变量的**概率分布图**，如图 8-5 所示。

分布列或概率分布图全面地描述了随机变量的概率分布规律。

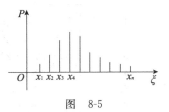

图　8-5

随机变量的分布列显然具有下列性质：

(1) $p_k \geqslant 0 (k=1,2,\cdots,n,\cdots)$；

(2) $\sum\limits_{k=1}^{\infty} p_k = 1$。

例 17　袋子中有 5 个同样大小的球，编号为 1,2,3,4,5，从中同时取出 3 个球，记 ξ 为取出的球的最大编号，求 ξ 的分布律。

解　ξ 的取值范围为 3,4,5，由古典概率的概率计算方法得

$P(\xi=3)=\dfrac{1}{C_5^3}=\dfrac{1}{10}$（3 个球的编号为 1,2,3）

$P(\xi=4)=\dfrac{C_3^2}{C_5^3}=\dfrac{3}{10}$（有一球的编号为 4，从 1,2,3 中任取两个组合与数字 4 搭配成 3 个）

$P(\xi=5)=\dfrac{C_4^2}{C_5^3}=\dfrac{3}{5}$（有一球的编号为 5，另两个球的编号小于 5）

则 ξ 的分布律为

ξ	3	4	5
P	$\dfrac{1}{10}$	$\dfrac{3}{10}$	$\dfrac{3}{5}$

三、连续型随机变量的密度函数

离散型随机变量在每一个可取值处的概率可以用分布列来表示，但对于连续型随机变量来说，由于它的取值充满了某一区间，不可能像离散型随机变量一样把它的取值一一列举。所以，一般来说，我们只讨论它在某一区间的概率，这就需要引进一个新的概念——概率密度函数——来描述连续型随机变量的概率分布。

我们先看一个具体的例子。

例 18　为了检验某种零件的质量，共抽检了 100 个零件，经统计其实际长度与规定长度之间的偏差落在各个区间的频数 (m)、频率 $\left(\dfrac{m}{n}\right)$ 及频率密度如表 8-5 所示，其中每个区间（即每组）的上界与下界之差叫作组距，并且规定每一组的下界值包含端点处的取

值。例如偏差为 $10\mu m$ 的零件应包含在 $10\sim20$ 的一组内,其中组距为 $10\mu m$,频率密度$=$
$\dfrac{频率}{组距}=\dfrac{m}{10n}$。

表 8-5 $n=100$

组　序	偏差区间	频数(m)	频率($\dfrac{m}{n}$)	频率密度($\dfrac{m}{10n}$)
1	$-50\sim-40$	1	0.01	0.001
2	$-40\sim-30$	3	0.03	0.003
3	$-30\sim-20$	7	0.07	0.007
4	$-20\sim-10$	14	0.14	0.014
5	$-10\sim0$	24	0.24	0.024
6	$0\sim10$	25	0.25	0.025
7	$10\sim20$	15	0.15	0.015
8	$20\sim30$	8	0.08	0.008
9	$30\sim40$	2	0.02	0.002
10	$40\sim50$	1	0.01	0.001
	总计	100	1.00	0.100

以组距为底、各组的频率密度为高作一系列小矩形,这种由一系列小矩形所组成的统计图叫作**频率直方图**,简称**直方图**,如图 8-6 所示。

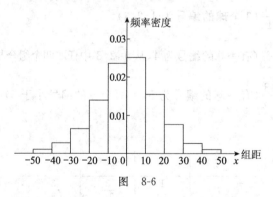

图　8-6

图 8-6 每一个小矩形的面积 $S=$频率密度$\times$组距$=$频率/组距$\times$组距$=$频率。

显然,所有小矩形的面积之和等于 1。

如果把任取一个零件进行测量看作是一次试验,并且设随机变量 ξ 为任取一个零件所得的实际长度与规定长度之间的偏差,那么每一个小矩形的面积就是 ξ 落在某个区间 $[a,b)$ 的频率,记为 $f_n(a\leqslant\xi<b)$。于是有

$$f_n(-50\leqslant\xi<-40)=0.01,\quad f_n(-40\leqslant\xi<-30)=0.03,\cdots$$

由概率的统计定义可知,当 n 充分大时有

$$f_n(a\leqslant\xi<b)\approx P(a\leqslant\xi<b)$$

把图 8-6 中各个小矩形的上底中点用折线连接起来(见图 8-7),不难设想,如果当试验的次数 n 不断增加,并且分组越来越细时,频率直方图顶部的折线便转化为一条确定的曲线 $y=f(x)$(见图 8-8),从而随机变量 ξ 落在某一区间的频率也稳定于 ξ 落在该区间

的概率,即该区间内曲边梯形的面积。

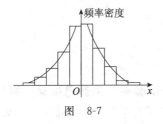
图 8-7

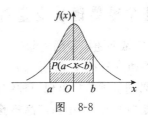
图 8-8

定义 6 设 ξ 为连续型随机变量,如果存在非负函数 $y=f(x)$,使 ξ 在任一区间 $[a,b)$ 内取值的概率都有

$$P(a\leqslant \xi < b) = \int_a^b f(x)\mathrm{d}x$$

那么 $f(x)$ 就叫作 ξ 的**概率密度函数**,简称**密度函数**或**分布密度**。

连续型随机变量在给定区间内某一点处的概率可以说等于零,正如一个曲边梯形在某一点处的面积为零一样。所以一般来说,

$$P(a< \xi < b) = P(a\leqslant \xi < b) = P(a< \xi \leqslant b) = P(a\leqslant \xi \leqslant b)$$

于是对于连续型随机变量,我们常常把 $P(a\leqslant \xi < b)$ 写成 $P(a< \xi < b)$。

密度函数具有以下两个性质:

(1) $f(x) \geqslant 0$;

(2) $\displaystyle\int_{-\infty}^{+\infty} f(x)\mathrm{d}x = 1$。

由概率密度函数的定义可知,如果已知密度函数 $f(x)$,只要积分 $\displaystyle\int_a^b f(x)\mathrm{d}x$ 存在,就可以求出随机变量 ξ 落在任何区间 (a,b) 内的概率。

例 19 设 $f(x) = \begin{cases} \lambda \mathrm{e}^{-\lambda x}, & x\geqslant 0 \\ 0, & x<0 \end{cases}$ $(\lambda > 0)$ 是晶体管寿命 ξ 的分布密度,当 $\lambda = \dfrac{1}{10\,000}$ 时,求晶体管寿命不超过 10 000 小时的概率。

解 由题意知,所求概率 $P(\xi \leqslant 10\,000)$ 为

$$P(\xi \leqslant 10\,000) = \int_{-\infty}^{10\,000} f(x)\mathrm{d}x = \int_0^{10\,000} \frac{1}{10\,000}\mathrm{e}^{-\frac{x}{10\,000}}\mathrm{d}x = -\mathrm{e}^{-\frac{x}{10\,000}} \Big|_0^{10\,000}$$

$$= 1 - \mathrm{e}^{-1} \approx 0.632\,1。$$

例 19 中密度函数 $f(x)$ 的随机变量 ξ 称为服从参数 λ 的**指数分布**,记为 $\xi \sim E(\lambda)$。

例 20 验证函数

$$f(x) = \begin{cases} \dfrac{1}{b-a}, & x\in [a,b] \\ 0, & x\notin [a,b] \end{cases}$$

是一随机变量 η 的密度函数。

解 显然 $f(x) \geqslant 0$,且 $\displaystyle\int_{-\infty}^{+\infty} f(x)\mathrm{d}x = \int_a^b \frac{1}{b-a}\mathrm{d}x = 1$,故 $f(x)$ 是 η 的密度函数。因为 $P(\eta > b) = P(\eta < a) = 0$,当 $[c,d] \subseteq [a,b]$ 时,$\displaystyle\int_c^d f(x)\mathrm{d}x = \frac{1}{b-a}(d-c)$,即 η 的取值落在 $[c,d]$ 的概率与区间 $[c,d]$ 的长度成正比,故称随机变量 η 在 $[a,b]$ 上服从**均匀分布**。

记为 $\eta \sim U(a,b)$。

四、几个重要随机变量的分布

1. 离散型随机变量的分布

（1）两点分布（0-1分布）

如果随机试验只出现两种结果 A 和 $\overline{A}$，那么这种试验称为**贝努里试验**。例如：投篮时只考虑"中"与"不中"；产品检验中只考虑"合格"和"不合格"。用随机变量 ξ 来描述贝努里试验时，可设 $A=\{\xi=1\}$，$\overline{A}=\{\xi=0\}$，$P(A)=p$，这样 ξ 的分布列为

ξ	0	1
p_k	q	p

其中，$p,q>0$，$p+q=1$，则称 ξ 服从**两点分布**（或 **0-1分布**）。

（2）二项分布

在相同条件下，对同一试验进行 n 次，且每次试验的结果互不影响，我们把这 n 次试验称为 n 次独立试验，n 次独立的贝努里试验简称为 n **次贝努里试验**。

例 21 某批产品的不合格品率为 p，现从中有返回地抽取 3 件，试求 3 件中恰有两件不合格品的概率。

解 如果每次抽取看作一次试验，每次试验的结果有两个，设 $A=\{$抽到不合格品$\}$，$\overline{A}=\{$抽到合格品$\}$，则 $P(A)=p$，$P(\overline{A})=1-p=q$。

由于有返回抽取，三次抽取结果互不影响，因而三次抽取可看作是三次贝努里试验。

我们用 ξ 表示抽取的 3 件产品中不合格品的件数，即 A 在三次贝努里试验中发生的次数，显然 ξ 是随机变量，可能取值为 $\{0,1,2,3\}$，且 $\{\xi=2\}=\{3$ 件中恰有两件不合格品$\}=\{A$ 出现两次$\}$，所以

$$P(\xi=2)=C_3^2 p^2 q$$

一般地，在 n 次贝努里试验中，如果事件 A 在每次试验中发生的概率为 p，ξ 表示 A 在 n 次贝努里试验中发生的次数，则 ξ 的分布列为

$$P(\xi=k)=C_n^k p^k q^{n-k}(k=0,1,2,\cdots,n)$$

其中，$p,q>0$，$p+q=1$，则称 ξ 服从参数为 n,p 的**二项分布**，记为 $\xi \sim B(n,p)$。

二项分布中的各项正好是二项式 $(p+q)^n$ 展开式的各项，这就是二项分布名称的由来。

由例 21 可知，有返回抽样 n 件产品可看作是 n 次独立试验，如只考虑"合格"或"不合格"两种结果，就可看作是 n 次贝努里试验。实际工作中，抽取样品数 n 与产品总数 N 的比值 n/N 很小时，无返回抽样可看作有返回抽样。

例 22 某特效药的临床有效率为 0.95，现有 10 人服用，问：至少有 8 人治愈的概率是多少？

解 设 ξ 为 10 人中被治愈的人数，则 $\xi \sim B(10,0.95)$，而所求概率为

$$P(\xi \geqslant 8)=P(\xi=8)+P(\xi=9)+P(\xi=10)$$

$$=C_{10}^8(0.95)^8(0.05)^2+C_{10}^9(0.95)^9(0.05)^1+C_{10}^{10}(0.95)^{10}=0.988\ 5$$

实际计算时，可查较完备的数学工具书中的《二项分布表》。

（3）泊松分布

法国数学家泊松在研究二项分布的近似计算时发现，当 n 较大、p 较小时，二项分布

$$P(\xi=k)=C_n^k p^k q^{n-k}\approx\frac{\lambda^k}{k!}e^{-\lambda}(k=0,1,2,\cdots,n)$$

其中,$\lambda=np$。实际计算时,只要 $n>10$,$p<0.1$ 这种近似程度就很高了,并有专门的《泊松分布表》可查。

如果随机变量 ξ 的分布列为

$$P(\xi=k)=\frac{\lambda^k}{k!}e^{-\lambda}(\lambda>0,k=0,1,2,\cdots,n)$$

则称 ξ 服从参数为 λ 的**泊松分布**,记为 $\xi\sim P(\lambda)$。

在例 22 中,$n=30$,$p=0.02$,$\lambda=np=0.6$,故可用泊松分布近似。查《泊松分布表》,得 $P(\xi\geqslant4)=0.003\ 358$,所以

$$P(\xi\leqslant3)=1-P(\xi\geqslant4)=1-0.003\ 358=0.996\ 642\approx0.997$$

2. 连续型随机变量的分布——正态分布

(1) 正态分布的概念

若随机变量 ξ 的密度函数为

$$f(x)=\frac{1}{\sqrt{2\pi}\sigma}e^{-\frac{(x-\mu)^2}{2\sigma^2}}\quad(-\infty<x<+\infty)$$

其中 $\mu,\sigma(\sigma>0)$ 为参数,则称随机变量 ξ 服从参数为 μ,σ 的**正态分布**,记为 $\xi\sim N(\mu,\sigma^2)$。

正态密度函数的图像称为**正态曲线**(见图 8-9),它是以 $x=\mu$ 为对称轴的"钟形"曲线,在 $x=\mu$ 处取得极大值 $f(\mu)=\frac{1}{\sqrt{2\pi}\sigma}\approx\frac{0.4}{\sigma}$;参数 σ 决定正态曲线的形状,σ 较大,曲线扁平,σ 较小,曲线狭高。

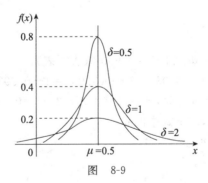

图　8-9

参数 $\mu=0$,$\sigma=1$ 的正态分布叫作标准正态分布,记为 $N(0,1)$,其密度函数为

$$f(x)=\frac{1}{\sqrt{2\pi}}e^{-\frac{x^2}{2}}\quad(-\infty<x<+\infty)$$

图 8-10 所示的曲线($\mu=0$,$\sigma=1$),即为标准正态曲线。

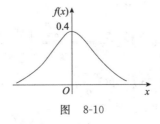

图　8-10

（2）正态分布的概率计算

为了方便地计算正态分布的概率，人们编制了标准正态分布表。如果随机变量 ξ 服从标准正态分布，可以直接利用标准正态分布表计算事件 $\{\xi < x\}$ 的概率，即

$$P(\xi < x) = \int_{-\infty}^{x} \frac{1}{\sqrt{2\pi}} e^{-\frac{t^2}{2}} dt = \Phi(x)$$

$\Phi(x)$ 如图 8-11 所示。

当 $x \geqslant 0$ 时，可从标准正态分布表中直接查出 $\Phi(x)$ 的值，如

$$P(\xi < 1.2) = \Phi(1.2) = 0.884\ 9$$

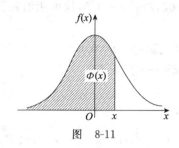

图 8-11

一般地，可用下列公式计算。

（1）$P(\xi < -x) = \Phi(-x) = 1 - \Phi(x)$；

（2）$P(a < \xi < b) = P(\xi < b) - P(\xi < a) = \Phi(b) - \Phi(a)$；

（3）$P(\xi > a) = 1 - P(\xi < a) = 1 - \Phi(a)$。

例 23 设 $\xi \sim N(0,1)$，求：

（1）$P(\xi < 2.35)$；

（2）$P(\xi < -3.03)$；

（3）$P(|\xi| \leqslant 1.54)$。

解 （1）$P(\xi < 2.35) = \Phi(2.35) = 0.990\ 6$（查附表）

（2）$P(\xi < -3.03) = \Phi(-3.03) = 1 - \Phi(3.03) = 1 - 0.999\ 5 = 0.000\ 5$

（3）$P(|\xi| \leqslant 1.54) = 2\Phi(1.54) - 1 = 2 \times 0.938\ 2 - 1 = 0.876\ 4$

例 24 设 $\xi \sim N(0,1)$，求下式中的 a。

（1）$P(\xi < a) = 0.157\ 8$；

（2）$P(\xi > a) = 0.022\ 8$。

解 （1）由于 $x \geqslant 0$ 时，$\Phi(x) \geqslant \frac{1}{2}$，即当 $P(\xi < a) < \frac{1}{2}$ 时，$a < 0$。此时不能从表中直接查出 a。因为 $P(\xi < a) = \Phi(a) = 0.158\ 7$，所以 $\Phi(-a) = 1 - \Phi(a) = 1 - 0.158\ 7 = 0.841\ 3$，查表得 $-a = 1.0$，即 $a = -1$。

（2）$P(\xi > a) = 1 - \Phi(a) = 0.022\ 8$，所以 $\Phi(a) = 0.977\ 2$，查表得 $a = 2$。

对于任何一个正态分布 $\xi \sim N(\mu, \sigma^2)$，有

$$P(\xi < x) = \int_{-\infty}^{x} \frac{1}{\sqrt{2\pi}\sigma} e^{-\frac{(t-\mu)^2}{2\sigma^2}} dt \xrightarrow{\text{令} u = \frac{t-\mu}{\sigma}} \int_{-\infty}^{\frac{x-\mu}{\sigma}} \frac{1}{\sqrt{2\pi}} e^{-\frac{u^2}{2}} du = \Phi\left(\frac{x-\mu}{\sigma}\right)$$

即

$$P(\xi < x) = \Phi\left(\frac{x-\mu}{\sigma}\right), \quad \xi \sim N(\mu, \sigma^2)$$

例 25 若 $\xi \sim N(1.5, 4)$，求：

（1）$P(\xi < 3.5)$；

(2) $P(1.5 < \xi < 3.5)$；

(3) $P(|\xi| \geqslant 3)$。

解　(1) $P(\xi < 3.5) = \Phi\left(\dfrac{3.5 - 1.5}{2}\right) = \Phi(1) = 0.841\ 3$

(2) $P(1.5 < \xi < 3.5) = \Phi\left(\dfrac{3.5 - 1.5}{2}\right) - \Phi\left(\dfrac{1.5 - 1.5}{2}\right) = \Phi(1) - \Phi(0)$

$$= 0.841\ 3 - 0.5 = 0.341\ 3$$

(3) $P(|\xi| \geqslant 3) = 1 - P(|\xi| < 3) = 1 - P(-3 < \xi < 3)$

$$= 1 - \Phi\left(\dfrac{3 - 1.5}{2}\right) + \Phi\left(\dfrac{-3 - 1.5}{2}\right)$$

$$= 1 - \Phi(0.75) + \Phi(-2.25)$$

$$= 1 - \Phi(0.75) + 1 - \Phi(2.25)$$

$$= 1 - 0.773\ 4 + 1 - 0.987\ 8 = 0.238\ 8$$

对于正态分布 $\xi \sim N(\mu, \sigma^2)$ 来说，由于 $P(|\xi - \mu| < 3\sigma) = 0.997\ 4$，所以可以说 ξ 的取值几乎全部在 $(\mu - 3\sigma, \mu + 3\sigma)$ 中，或者说事件 $\{|\xi - \mu| > 3\sigma\}$ 几乎不发生。这就是统计学中的 3σ 原则。

五、随机变量的函数与分布

1. 随机变量的函数概念

先看下面的例子。

例 26　设 ξ 的分布列为

ξ	-1	0	1
p_k	$\dfrac{1}{2}$	$\dfrac{1}{3}$	$\dfrac{1}{6}$

试求 ξ^2 的分布列。

解　令 $\eta = \xi^2$，则 $\eta \in \{0, 1\}$。

$$P(\eta = 0) = P(\xi = 0) = \dfrac{1}{3}, \quad P(\eta = 1) = P(\xi^2 = 1) = P(\xi = 1) + P(\xi = -1) = \dfrac{1}{2} + \dfrac{1}{6} = \dfrac{2}{3}$$

即 ξ^2 的分布列为

ξ^2	0	1
$P(\xi^2 = k)$	$\dfrac{1}{3}$	$\dfrac{2}{3}$

一般地，设 ξ 是一随机变量，$g(x)$ 是 **R** 上的连续函数，则称 $g(\xi)$ 为**随机变量 ξ 的函数**，如例 25 中的 ξ^2 就是 ξ 的函数。类似地称 $g(\xi_1, \xi_2, \cdots, \xi_n)$ 为 n 个随机变量 $\xi_1, \xi_2, \cdots, \xi_n$ 的函数，显然随机变量的函数仍是随机变量。

2. 随机变量的函数分布

随机变量的函数分布在一般情况下是很难求得的，下面我们只介绍在统计中有着重要应用的 χ^2 分布，t 分布，F 分布。

(1) χ^2 分布

若 n 个随机变量表示的事件都相互独立，则称 n 个随机变量是相互独立的。

若 n 个随机变量 $\xi_1, \xi_2, \cdots, \xi_n$ 相互独立，且均服从正态分布 $N(0, 1)$，则称随机变量

$\chi^2 = \sum_{k=1}^{n} \xi_k^2$ 是服从参数为 n 的 χ^2 **分布**,记为 $\chi^2 \sim \chi^2(n)$,参数 n 称为 χ^2 分布的**自由度**。

χ^2 分布的密度函数及其图像与自由度 n 有关。下面给出 n 为 $1,4,10$ 时,$\chi^2(n)$ 的密度函数 $f(x)$ 的图像,如图 8-12 所示。

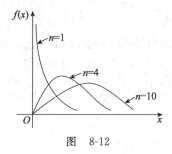

图　8-12

由图像可知:$x<0$ 时,$f(x)=0$,$P(\chi^2 \geqslant 0) = \int_0^{+\infty} f(x)\mathrm{d}x = 1$;$n \to +\infty$ 时,χ^2 分布接近正态分布。

(2) t 分布

若 ξ,η 是相互独立的随机变量,且 $\xi \sim N(0,1)$,$\eta \sim \chi^2(n)$,则随机变量 $T = \xi / \sqrt{\dfrac{\eta}{n}}$ 称为服从自由度为 n 的 t **分布**,记为 $T \sim t(n)$。

当自由度 n 为 $1,4,10$ 时,它们的密度函数 $f(x)$ 的图像如图 8-13 所示。

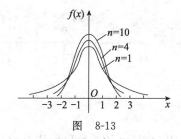

图　8-13

由图 8-13 可知,密度函数 $f(x)$ 的图像关于纵轴对称;且当 $n \to \infty$ 时,t 分布十分接近正态分布。

(3) F 分布

若 ξ,η 是相互独立的随机变量,且 $\xi \sim \chi^2(n_1)$,$\eta \sim \chi^2(n_2)$,则随机变量 $F = \dfrac{\xi/n_1}{\eta/n_2}$ 称为服从自由度为 n_1 和 n_2 的 F **分布**,记为 $F \sim F(n_1,n_2)$。

自由度 $n_1 = 20$,n_2 分别为 $20,25$,$+\infty$ 的 F 分布的密度函数图像如图 8-14 所示。由图 8-14 可知,$x \leqslant 0$ 时,$f(x) = 0$;$P(F \geqslant 0) = 1$。

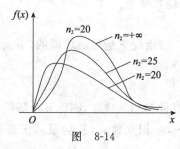

图　8-14

（4）χ^2、t、F 分布表与临界值

三种分布的分布表与标准正态分布表在编制上有所不同（见附录）。

为了便于应用，我们给出随机变量的分布临界值的概念。

设随机变量 ξ 的密度函数为 $f(x)$，对于正数 $\alpha(0<\alpha<1)$，我们把满足条件

$$P(\xi>\lambda)=\int_{\lambda}^{+\infty}f(x)\mathrm{d}x=\alpha$$

的数 λ 称为 ξ 所服从的分布的 α **临界值**。

χ^2、t、F 分布表是按临界值编制的。给定 α 及相应分布的自由度，可从对应的分布表中直接查出临界值。χ^2、t、F 分布的临界值分别记为 $\chi_{\alpha}^2(n)$、$t_{\alpha}(n)$、$F_{\alpha}(n_1,n_2)$。例如，查相应的分布表可得

（1）$\chi_{0.1}^2(12)=18.549\ 0$；

（2）$t_{0.05}(7)=1.894\ 6$；

（3）$F_{0.1}(10,8)=2.54$；

（4）$\chi_{0.975}^2(14)=5.629\ 0$。

F 分布的临界值具有性质

$$F_{1-\alpha}(n_1,n_2)=\frac{1}{F_{\alpha}(n_2,n_1)}$$

利用此性质，可以求出 F 分布的临界值表中没有列出的临界值，例如：

$$F_{0.95}(24,10)=\frac{1}{F_{0.05}(10,24)}=\frac{1}{2.25}=0.44$$

标准正态分布的 α 临界值记为 u_{α}，如图 8-15 所示，u_{α} 满足

$$P(\xi>u_{\alpha})=1-P(\xi<u_{\alpha})=\alpha$$

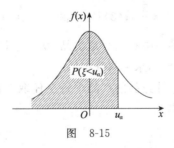

图 8-15

即 $$P(\xi<u_{\alpha})=1-\alpha$$

所以，查正态分布表可求得 u_{α}。例如，由 $P(\xi<u_{0.025})=1-0.025=0.975$，可求得 $u_{0.025}=1.96$。

利用已知分布的随机变量 θ 进行统计推断时，常需要计算满足

$$P(\lambda_1\leqslant\theta\leqslant\lambda_2)=1-\alpha\ \text{且}\ P(0<\lambda_1)=P(\theta>\lambda_2)=\frac{\alpha}{2}$$

的 λ_1 和 λ_2 的值（见图 8-16），这时有

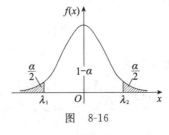

图 8-16

对于标准正态分布 $N(0,1)$，$\lambda_2 = -\lambda_1 = u_{\frac{a}{2}}$。

对于 t 分布 $t(n)$，$\lambda_2 = -\lambda_1 = t_{\frac{a}{2}}(n)$。

对于 χ^2 分布 $\chi^2(n)$，$\lambda_2 = \chi^2_{\frac{a}{2}}(n)$，$\lambda_1 = \chi^2_{1-\frac{a}{2}}(n)$。

对于 F 分布 $F(n_1, n_2)$，$\lambda_2 = F_{\frac{a}{2}}(n_1, n_2)$，$\lambda_1 = \dfrac{1}{F_{\frac{a}{2}}(n_2, n_1)}$。

思 考 题

1. 如何判断一个随机试验是不是 n 次贝努里试验？

2. 正态分布是客观世界中最常用的一种分布，那么在实际问题中，满足什么条件的随机变量可近似看作服从正态分布？

习题 8-4

1. 设随机变量 ξ 只可能取 $-1, 0, 1, 2$ 这 4 个值，且取这 4 个值相应的概率依次为 $\dfrac{1}{2c}$, $\dfrac{3}{4c}, \dfrac{5}{8c}, \dfrac{7}{16c}$，求常数 c。

2. 已知随机变量 ξ 的分布列为

ξ	-1	2	3
$P(\xi=k)$	$\dfrac{1}{4}$	$\dfrac{1}{2}$	$\dfrac{1}{4}$

求：$(1) P\left(\xi \leqslant \dfrac{1}{2}\right)$；$(2) P\left(\dfrac{2}{3} < \xi \leqslant \dfrac{5}{2}\right)$；$(3) P(2 \leqslant \xi \leqslant 3)$；$(4) P(2 \leqslant \xi < 3)$。

3. 设在 15 个同类型的零件中有两个是次品，从中任取 3 次，每次取 1 个，取后不放回。以 ξ 表示取出的次品的个数，求 ξ 的分布列。

4. 从含有 3 件次品和 10 件正品的产品中每次任取 1 件，按下列两种情形分别求出直到取出正品所需次数的分布列。

(1) 取后不放回；

(2) 取后放回。

5. 在相同的条件下某射手独立地进行 5 次射击，每次击中目标的概率为 0.6，求：

(1) 命中两次的概率；

(2) 至少命中两次的概率；

(3) 第三次命中的概率。

6. 设 $f(x) = \begin{cases} 0, & x < 0 \\ \mathrm{e}^{-x}, & x \geqslant 0 \end{cases}$ 是随机变量 ξ 的密度函数，试求：

(1) $P(\xi < 2)$；

(2) $P(1 \leqslant \xi \leqslant 2)$。

7. 已知随机变量 ξ 的密度函数为

$$f(x) = \begin{cases} Ax^2, & |x| \leqslant 1 \\ 0, & x > 1 \end{cases}$$

求:(1)A 的值;(2)$P\left(-2\leqslant\xi<\dfrac{1}{2}\right)$。

8. 设随机变量 ξ 的概率密度函数为

$$f(x)=\begin{cases} x, & 0\leqslant x<1 \\ 2-x, & 1\leqslant x<2 \\ 0, & \text{其他} \end{cases}$$

求:(1)$P\left(\xi\geqslant\dfrac{1}{2}\right)$;(2)$P\left(\dfrac{1}{2}<\xi<\dfrac{3}{2}\right)$。

9. 设 $\xi\sim N(0,1)$,查表求:

(1) $P(\xi<1.48)$;   (2) $P(\xi>0.72)$;

(3) $P(\xi<-1.52)$;   (4) $P(\xi>-1.52)$。

10. 设 $\xi\sim N(3,2^2)$,求:

(1) $P(2<\xi\leqslant5)$;   (2) $P(\xi>3)$;

(3) $P(\xi<2.5)$;   (4) $P(|\xi|>2)$。

11. 某车间生产的零件长度 ξ 服从 $N(20,3^2)$,单位为 mm,按规定在 $[15.8,24.2]$ 范围内都算合格。试求:

(1) 从生产的大批零件中任取 1 件恰为合格品的概率;

(2) 从生产的零件中任取 5 件恰有 3 件为合格品的概率。

12. 查表求下列临界值。

(1) $\chi^2_{0.01}(10),\chi^2_{0.05}(12),\chi^2_{0.1}(24)$;

(2) $t_{0.01}(10),t_{0.05}(12),t_{0.1}(24)$;

(3) $F_{0.025}(15,10),F_{0.05}(15,9),F_{0.1}(10,9),F_{0.90}(28,2)$;

(4) $u_{0.01},u_{0.05},u_{0.15}$。

第五节　随机变量的数字特征

和随机变量的分布列或密度函数相联系,并能反映随机变量的某些概率特征的数字,统称为随机变量的**数字特征**。

本节主要讨论随机变量的两种常用的数字特征——数学期望和方差。

一、数学期望和方差的概念

先看一个例子。

例 27 为了测定某种铸件的质量,从一批铸件中任取 100 件进行检验,设每件上的缺陷数为随机变量 ξ,表 8-6 给出了 100 件铸件的缺陷数的频率分布情况,试求这 100 件铸件平均每件上的缺陷个数。

表　8-6

缺陷数 ξ	0	1	2	3	4	5	6
铸件数	21	40	24	8	4	2	1
频率	$\dfrac{21}{100}$	$\dfrac{40}{100}$	$\dfrac{24}{100}$	$\dfrac{8}{100}$	$\dfrac{4}{100}$	$\dfrac{2}{100}$	$\dfrac{1}{100}$

解 每个铸件上缺陷数的平均值记为 $\bar{\xi}$,则

$$\bar{\xi}=\frac{0\times21+1\times40+2\times24+3\times8+4\times4+5\times2+6\times1}{100}=1.44$$

即每个铸件缺陷数的平均值为 1.44。

对上式稍作变化,得

$$\bar{\xi}=0\times\frac{21}{100}+1\times\frac{40}{100}+2\times\frac{24}{100}+3\times\frac{8}{100}+4\times\frac{4}{100}+5\times\frac{2}{100}+6\times\frac{1}{100}=1.44$$

即每件铸件上缺陷数的平均值正好是缺陷数 ξ 的每一个可能取值与相应的频率乘积的总和。

由概率的统计定义知,通过大量的测定,铸件缺陷数的频率稳定于概率,设 ξ 的分布列为

ξ	0	1	2	3	4	5	6
p_k	p_0	p_1	p_2	p_3	p_4	p_5	p_6

$0\times p_0+1\times p_1+2\times p_2+3\times p_3+4\times p_4+5\times p_5+6\times p_6=\sum_{k=0}^{6}k\cdot p_k$ 所确定的数记为 $E(\xi)$,$E(\xi)$ 表示在概率意义下的铸件缺陷数的"平均值",它反映了 ξ 取值"平均"意义的数字特征。

我们还可以考虑铸件缺陷数的集中或离散程度。

铸件缺陷数的可能取值与 $E(\xi)$ 的偏离值的平方在概率意义下的"平均值",即 $\sum_{k=0}^{6}[k-E(\xi)]^2 p_k$,记为 $D(\xi)$。$D(\xi)$ 较小,表明铸件缺陷数集中 $E(\xi)$ 的程度较高;$D(\xi)$ 较大,表明铸件缺陷数偏离 $E(\xi)$ 的程度较大。

$D(\xi)$ 是描述 ξ 取值集中或分散程度的一个数字特征。

一般地,对随机变量的这两种数字特征给出了下面的定义。

定义 7 若离散型随机变量 ξ 的分布列为

ξ	x_1	x_2	$\cdots$	x_n	$\cdots$
p_k	p_1	p_2	$\cdots$	p_n	$\cdots$

记

$$E(\xi)=x_1p_1+x_2p_2+\cdots+x_np_n+\cdots=\sum_{k=1}^{\infty}x_kp_k$$

$$D(\xi)=[x_1-E(\xi)]^2p_1+[x_2-E(\xi)]^2p_2+\cdots+[x_n-E(\xi)]^2p_n+\cdots$$
$$=\sum_{k=1}^{\infty}[x_k-E(\xi)]^2p_k$$

则 $E(\xi)$ 称为随机变量 ξ 的**数学期望**(或均值);$D(\xi)$ 称为随机变量 ξ 的**方差**。

特别地,当 ξ 的取值只有有限个值时,$E(\xi)$、$D(\xi)$ 的值表现为有限项的和;ξ 取无穷可列个值时,$E(\xi)$、$D(\xi)$ 可能不存在。

定义 8 设连续型随机变量 ξ 具有密度函数 $f(x)$,若广义积分 $\int_{-\infty}^{+\infty}|x|f(x)\mathrm{d}x$ 和

$\int_{-\infty}^{+\infty} x^2 f(x)\,\mathrm{d}x$ 收敛，记

$$E(\xi) = \int_{-\infty}^{+\infty} x f(x)\,\mathrm{d}x$$

$$D(\xi) = \int_{-\infty}^{+\infty} \left[x - E(\xi)\right]^2 f(x)\,\mathrm{d}x = \int_{-\infty}^{+\infty} x^2 f(x)\,\mathrm{d}x - \left[E(\xi)\right]^2$$

则 $E(\xi)$ 称为随机变量 ξ 的**数学期望**（或**均值**）；$D(\xi)$ 称为随机变量 ξ 的**方差**。

例28　有两个工厂生产同一种设备，设其寿命（单位：小时）分别为随机变量 ξ、η，其概率分布如表 8-7 所示。

表　8-7

ξ	800	900	1 000	1 100	1 200
$P(\xi = k)$	0.1	0.2	0.4	0.2	0.1
η	800	900	1 000	1 100	1 200
$P(\eta = k)$	0.2	0.2	0.2	0.2	0.2

试比较两厂的产品质量。

解　两厂产品使用寿命的均值分别为

$E(\xi) = 800 \times 0.1 + 900 \times 0.2 + 1\,000 \times 0.4 + 1\,100 \times 0.2 + 1\,200 \times 0.1 = 1\,000$

$E(\eta) = 800 \times 0.2 + 900 \times 0.2 + 1\,000 \times 0.2 + 1\,100 \times 0.2 + 1\,200 \times 0.2 = 1\,000$

因为 $E(\xi) = E(\eta)$，从均值不能比较出两厂产品质量的优劣，故再分别求其使用寿命的方差。

$D(\xi) = (800 - 1\,000)^2 \times 0.1 + (900 - 1\,000)^2 \times 0.2 + (1\,000 - 1\,000)^2 \times 0.4$
$\qquad + (1\,100 - 1\,000)^2 \times 0.2 + (1\,200 - 1\,000)^2 \times 0.1 = 12\,000$

$D(\eta) = (800 - 1\,000)^2 \times 0.2 + (900 - 1\,000)^2 \times 0.2 + (1\,000 - 1\,000)^2 \times 0.2$
$\qquad + (1\,100 - 1\,000)^2 \times 0.2 + (1\,200 - 1\,000)^2 \times 0.2 = 20\,000$

因为 $D(\xi) < D(\eta)$，所以第一个工厂产品寿命的分散程度比较小，产品质量较稳定。

根据随机变量的数学期望和方差的定义，直接计算可得表 8-8。

表　8-8

名　称	概率分布	$E(\xi)$	$D(\xi)$
两点分布	$P(\xi = k) = p^k q^{1-k}\ (k = 0, 1)$	p	pq
二项分布	$P(\xi = k) = C_n^k p^k q^{n-k}\ (k = 0, 1, \cdots, n)$	np	npq
泊松分布	$P(\xi = k) = \dfrac{\lambda^k}{k!} \mathrm{e}^{-\lambda}\ (k = 0, 1, 2, \cdots)$	λ	λ
均匀分布	$f(x) = \begin{cases} \dfrac{1}{b-a}, & x \in [a, b] \\ 0, & x \notin [a, b] \end{cases}$	$\dfrac{b+a}{2}$	$\dfrac{(b-a)^2}{12}$
指数分布	$f(x) = \begin{cases} \lambda \mathrm{e}^{-\lambda x}, & x \geqslant 0 \\ 0, & x < 0 \end{cases}\ (\lambda > 0)$	$\dfrac{1}{\lambda}$	$\dfrac{1}{\lambda^2}$
正态分布	$f(x) = \dfrac{1}{\sqrt{2\pi}\sigma} \mathrm{e}^{-\frac{(x-\mu)^2}{2\sigma^2}}$	μ	σ^2
标准正态分布	$f(x) = \dfrac{1}{\sqrt{2\pi}} \mathrm{e}^{-\frac{x^2}{2}}$	0	1

二、数学期望和方差的性质

1. 数学期望的性质

(1) $E(c) = c$ (c 为常数);

(2) $E(c\xi) = cE(\xi)$ (c 为常数);

(3) $E(\xi + \eta) = E(\xi) + E(\eta)$,一般地,$E(\sum_{i=1}^{n} \xi_i) = \sum_{i=1}^{n} E(\xi_i)$;

(4) 若随机变量 $\xi_1, \xi_2, \cdots, \xi_n$ 相互独立,则
$$E(\xi_1 \cdot \xi_2 \cdot \cdots \cdot \xi_n) = E(\xi_1) \cdot E(\xi_2) \cdot \cdots \cdot E(\xi_n)$$

(5) 若 $g(\xi)$ 是 ξ 的函数,随机变量 $\eta = g(\xi)$ 的期望 $E(\eta)$ 可分别按下列情形计算:

若 ξ 为离散型随机变量,具有分布列 $P(\xi = x_k) = p_k (k = 1, 2, \cdots, n, \cdots)$,则
$$E(\eta) = g(x_1)p_1 + g(x_2)p_2 + \cdots + g(x_n)p_n + \cdots$$

若 ξ 为连续型随机变量,具有密度函数 $f(x)$,则 $E(\eta) = \int_{-\infty}^{+\infty} g(x)f(x)\mathrm{d}x$。

例 29 设 ξ 的分布列为

ξ	-1	0	1	2
p_k	0.3	0.2	0.4	0.1

令 $\eta = 2\xi + 1$,求 $E(\eta)$。

解 由性质(5),得
$$E(\eta) = [2 \times (-1) + 1] \times 0.3 + (2 \times 0 + 1) \times 0.2 + (2 \times 1 + 1) \times 0.4 + (2 \times 2 + 1) \times 0.1$$
$$= (-1) \times 0.3 + 1 \times 0.2 + 3 \times 0.4 + 5 \times 0.1 = 1.6$$

2. 方差的性质

(1) $D(\xi) = E[\xi - E(\xi)]^2 = E(\xi^2) - E^2(\xi)$;

(2) $D(c) = 0$ (c 为常数);

(3) $D(c\xi) = c^2 D(\xi)$ (c 为常数);

(4) 若随机变量 $\xi_1, \xi_2, \cdots, \xi_n$ 相互独立,则 $D(\sum_{i=1}^{n} \xi_i) = \sum_{i=1}^{n} D(\xi_i)$。

例 30 设随机变量 ξ, η 相互独立,且 $\xi \sim N(1, 2)$,$\eta \sim N(2, 2)$,求随机变量 $\xi - 2\eta + 3$ 的数学期望和方差。

解 由已知 $E(\xi) = 1$,$D(\xi) = 2$,$E(\eta) = 2$,$D(\eta) = 2$,得
$$E(\xi - 2\eta + 3) = E(\xi) - 2E(\eta) + E(3) = 1 - 2 \times 2 + 3 = 0$$
$$D(\xi - 2\eta + 3) = D(\xi) + 4D(\eta) + D(3) = 2 + 4 \times 2 + 0 = 10$$

三、随机变量的其他一些数字特征

除了数学期望和方差外,表示随机变量概率特征的数字还有以下四种。

(1) 标准差 $\sqrt{D(\xi)}$;

(2) 平均差 $M = E[|\xi - E(\xi)|]$;

(3) 极差 $R = \max\{\xi\} - \min\{\xi\}$;

(4) 中位数 M_e 满足 $P(\xi<M_e)=P(\xi\geqslant M_e)=\dfrac{1}{2}$。

思　考　题

1. 数学期望和方差所表示的数字特征分别是什么？

2. 已知随机变量的分布列（或分布密度），计算随机变量的方差时，常使用哪个公式？

习题 8-5

1. 设 ξ 的分布列为

ξ	-1	0	0.5	1	2
p_k	0.1	0.5	0.1	0.1	0.2

求：(1) $E(\xi)$；(2) $E(\xi^2)$；(3) $D(\xi)$。

2. 设 ξ 的密度函数为

$$f(x)=\begin{cases}kx^\alpha, & x\in[0,1](k,\alpha>0)\\0, & x\notin[0,1]\end{cases}$$

且已知 $E(\xi)=\dfrac{3}{4}$，求 k 与 α 的值。

3. 设随机变量 ξ 的密度函数为

$$\varphi(x)=\begin{cases}e^{-x}, & x>0\\0, & x\leqslant 0\end{cases}$$

求：(1) $E(\xi)$；(2) $E(e^{-2\xi})$。

4. 两台自动机床 A、B 生产同一种零件，已知生产 1 000 只零件的次品数及概率分别如表 8-9 所示。

表　8-9

次品数	0	1	2	3
概率(A)	0.7	0.2	0.06	0.04
概率(B)	0.8	0.06	0.04	0.10

问：哪一台车床加工质量较好？

5. 已知 $\xi\sim N(1,2)$，$\eta\sim N(2,4)$，且 ξ 与 η 相互独立，求 $E(3\xi-\eta+1)$ 和 $D(\eta-2\xi)$。

6. 设随机变量 ξ、η 相互独立，它们的概率密度分别为

$$f_\xi(x)=\begin{cases}2e^{-2x}, & x>0\\0, & x\leqslant 0\end{cases}, \qquad f_\eta(y)=\begin{cases}4, & 0\leqslant y\leqslant \dfrac{1}{4}\\0, & \text{其他}\end{cases}$$

求 $D(\xi+\eta)$。

7. 设随机变量 ξ、η 相互独立，且 $D(\xi)=1$，$D(\eta)=2$，求 $D(\xi-\eta)$。

8. 盒中有 5 个球，其中有 3 个白球、两个黑球，从中任取两个球，求白球数的数学期望和方差。

9. 一批零件中有 9 个正品、3 个次品，在安装机器时，从这批零件中任取 1 个，若取

出次品,不再放回,继续抽取 1 个。求取得正品以前,已取出的次品数的数学期望与方差。

10. 射击比赛中每人可发 4 弹,规定全部不中的 0 分,命中弹数 1、2、3、4 得分各为 30 分、45 分、70 分、100 分。设某射手每发命中的概率为 $\frac{2}{3}$,问射手得分的数学期望是多少?得分的方差是多少?

第六节　统计特征数、统计量

一、总体和样本

在数理统计中,我们把研究对象的全体称为**总体**(或**母体**),而把构成总体的每一个对象称为**个体**;从总体中抽出的一部分个体称为**样本**(或**子样**),样本中所含个体的个数称为**样本容量**。

例如,研究一批灯泡的质量时,该批灯泡的全体就构成了总体,而其中的每一个灯泡就是个体;从该批灯泡中抽取 10 个进行检验或试验,则这 10 个灯泡就构成了样本容量为 10 的样本。

实际问题中,从数学角度研究总体时,所关心的是它的某些数量指标。例如,灯泡的使用寿命(小时),这时该批灯泡这个总体就成了联系于每个灯泡(个体)使用寿命数据的集合 Ω;设 ξ 表示灯泡寿命,在检测灯泡前,ξ 取什么值是不可预测的,即 ξ 是一随机变量。因此,一个总体可以看成是某个随机变量 ξ 可能取值的集合,习惯上说成是总体 ξ。这样对总体的某种规律的研究,就归结为讨论与这种规律相联系的一随机变量 ξ 的分布或其数字特征。

然而,在实际问题中,总体的分布或总体的数字特征是很难知道甚至是无法知道的。例如,灯泡的寿命试验是破坏性的,一旦灯泡寿命测试出来,灯泡也就坏了,因此寻求寿命 ξ 的分布是不现实的。只能从总体中抽取一定容量的样本,通过对样本的观测(或试验)结果,来对总体的特性进行估计和推断。数理统计就是基于这种思想,利用概率的理论而建立起来的数学方法。

从总体中抽取容量为 n 的样本进行观察(或试验),实质上就是对总体进行 n 次重复试验,试验结果用 $\xi_1,\xi_2,\cdots,\xi_n$ 表示,它们都是随机变量。样本就表现为 n 个随机变量,记为 $(\xi_1,\xi_2,\cdots,\xi_n)$。对样本进行一次观察所得到的一组确定的取值 $(x_1,x_2,\cdots,x_n)$ 称为**样本观察值**或**样本值**。

例如,从一批灯泡中抽取 10 个灯泡,得到样本 $(\xi_1,\xi_2,\cdots,\xi_{10})$,其中 ξ_i 表示第 i 个灯泡的寿命($i=1,2,\cdots,10$);对抽出的 10 个灯泡进行测试后其寿命值 $(x_1,x_2,\cdots,x_{10})$ 就是样本值,其中 x_i 是 ξ_i 的观察值($i=1,2,\cdots,10$)。

在相同的条件下,对总体进行 n 次独立的重复试验,相当于对样本提出如下要求。

(1) 代表性:总体中每个个体被抽中的机会是相等的,即样本中每个 ξ_i($i=1,2,\cdots,n$)都和总体 ξ 具有相同的分布。

(2) 独立性:样本 $\xi_1,\xi_2,\cdots,\xi_n$ 是相互独立的随机变量。

满足要求(1)和(2)的样本称为**简单随机样本**,今后所指的样本均为简单随机样本。

如何得到简单随机样本呢？在实际工作中,可参照本行业所制定的方法。例如,理论上用有返回抽样的方法就可以得到;或者先把总体中的个体编上号,然后用抽签方法;或者查随机数表,把所得的数字从已编号的总体中抽取 n 个样品组成一个样本。在统计工作中,还有许多随机抽样方法,本书不再叙述。

二、统计量

设 $(\xi_1, \xi_2, \cdots, \xi_n)$ 是来自总体 ξ 的一个样本,我们把随机变量 $\xi_1, \xi_2, \cdots, \xi_n$ 的函数称为**样本函数**。若样本函数中不包含总体的未知参数,这样的样本函数称为统计量。

统计量是相对于样本而言的,统计量是随机变量,它的取值依赖于样本值;总体参数通常是指总体分布中所含的参数或数字特征。

设 $(\xi_1, \xi_2, \cdots, \xi_n)$ 是来自总体的样本,样本值为 $(x_1, x_2, \cdots, x_n)$,我们把 $Q(x_1, x_2, \cdots, x_n)$ 称为统计量 $Q(\xi_1, \xi_2, \cdots, \xi_n)$ 的**观察值**。

数理统计的中心任务就是针对问题的特征,构造一个"合适"的统计量,并找出它的分布规律,以便利用这种规律对总体的性质进行估计和推断。

三、统计特征数

能反映样本值分布的数字特征的统计量称为**统计特征数**(或**样本特征数**)。

以下是几个常用的统计特征数。设 $(\xi_1, \xi_2, \cdots, \xi_n)$ 是来自总体 ξ 的样本,观察值为 $(x_1, x_2, \cdots, x_n)$。

(1) 样本均值

统计量 $\bar{\xi} = \dfrac{1}{n} \sum\limits_{i=1}^{n} \xi_i$ 称为**样本均值**,其观察值记为 $\bar{x} = \dfrac{1}{n} \sum\limits_{i=1}^{n} x_i$,它反映了样本值分布的平均状态,代表样本取值的平均水平。

(2) 中位数

将样本观察值按大小排序后,居中间位置的数称为**中位数**,记为 M_e。但当 n 为偶数时,规定 M_e 取居中位置的两数的平均值。

显然 M_e 的值取决于样本值,它是随机变量,即为统计量。

获得样本值后,M_e 将样本值数据分成个数相等的两部分,M_e 与 $\bar{x}$ 相比较可确定样本值数据的分布情况。当 $M_e = \bar{x}$ 时,数据个数以 $\bar{x}$ 为对称中心成对称分布状态,当 $M_e > \bar{x}$ 时,大于 $\bar{x}$ 的数据个数偏多且偏离 $\bar{x}$ 的程度较小;当 $M_e < \bar{x}$ 时,小于 $\bar{x}$ 的数据偏多且偏离 $\bar{x}$ 的程度较大。

(3) 样本方差

统计量 $S^2 = \dfrac{1}{n-1} \sum\limits_{i=1}^{n} (\xi_i - \bar{\xi})^2$ 称为**样本方差**,其观察值为 $S^2 = \dfrac{1}{n-1} \sum\limits_{i=1}^{n} (x_i - \bar{x})^2$。

(4) 样本标准差

样本方差 S^2 的算术平方根称为**样本标准差**,记为 S。

(5) 样本平均差

统计量 $M = \dfrac{1}{n} \sum\limits_{i=1}^{n} |\xi_i - \bar{\xi}|$ 称为**样本平均差**,其观察值为 $M = \dfrac{1}{n} \sum\limits_{i=1}^{n} |x_i - \bar{x}|$。

（6）样本极差

样本值中最大数与最小数之差称为**极差**，记为 R。

样本方差、标准差、平均差和极差均反映了样本值数据的集中（或离散）程度。极差计算最为方便，更直接地反映了样本取值的幅度和范围，但它忽略了其他样本数据偏离样本均值的程度。

样本均值、方差、标准差可以在计算器上直接计算，其他统计特征数可利用专门软件在计算机上获得。

例 31 某车间第一组有 10 名工人，日生产零件的个数如下：

$$73 \quad 74 \quad 75 \quad 75 \quad 75 \quad 76 \quad 76 \quad 78 \quad 78 \quad 80$$

试求 $\bar{x}, S^2, S, M_e, R$。

解 样本容量 $n=10$，由公式得

$$\bar{x} = \frac{73+74+75+75+75+76+76+78+78+80}{10} = 76(\text{个})$$

$$S^2 = \frac{1}{10-1} \times [(73-76)^2 + (74-76)^2 + (75-76)^2 \times 3 +$$

$$(76-76)^2 \times 2 + (78-76)^2 \times 2 + (80-76)^2] = 4.44(\text{个}^2)$$

$$S = \sqrt{4.44} \approx 2.11(\text{个})$$

$$M_e = \frac{1}{2}(75+76) = 75.5(\text{个})$$

$$R = 80-73 = 7(\text{个})$$

四、统 计 量 的 分 布

统计量的概率分布，称为**统计量的分布**（或称为**抽样分布**）。

现介绍在参数估计和假设检验中常用统计量的分布。

（1）设 $(\xi_1, \xi_2, \cdots, \xi_n)$ 是来自总体 $\xi \sim N(\mu, \sigma^2)$ 的样本，则有下列结论：

① $\bar{\xi} = \frac{1}{n} \sum_{i=1}^{n} \xi_i \sim N\left(\mu, \frac{\sigma^2}{n}\right)$，且 $\bar{\xi}$ 与 S^2 相互独立；

② $U = \dfrac{\bar{\xi} - \mu}{\sigma/\sqrt{n}} \sim N(0,1)$；

③ $T = \dfrac{\bar{\xi} - \mu}{S} \sqrt{n} \sim t(n-1)$；

④ $\chi^2 = \dfrac{(n-1)S^2}{\sigma^2} = \dfrac{\sum\limits_{i=1}^{n}(\xi_i - \bar{\xi})^2}{\sigma^2} \sim \chi^2(n-1)$；

⑤ $\chi^2 = \sum\limits_{i=1}^{n} \left(\dfrac{\xi_i - \mu}{\sigma}\right)^2 \sim \chi^2(n)$。

（2）设 $(\xi_1, \xi_2, \cdots, \xi_n)$ 是来自正态总体 $\xi \sim N(\mu_1, \sigma_1^2)$ 的一个样本，$(\eta_1, \eta_2, \cdots, \eta_n)$ 是来自正态总体 $\eta \sim N(\mu_2, \sigma_2^2)$ 的一个样本，且 ξ 与 η 相互独立，记

$$\bar{\xi} = \frac{1}{n_1} \sum_{i=1}^{n_1} \xi_i; \qquad\qquad S_1^2 = \frac{1}{n_1-1} \sum_{i=1}^{n_1}(\xi_i - \bar{\xi})^2$$

$$\bar{\eta} = \frac{1}{n_2} \sum_{i=1}^{n_2} \eta_i; \qquad\qquad S_2^2 = \frac{1}{n_2-1} \sum_{i=1}^{n_2}(\eta_i - \bar{\eta})^2$$

则有下列结论：

$$① \ U = \frac{(\bar{\xi} - \bar{\eta}) - (\mu_1 - \mu_2)}{\sqrt{\dfrac{\sigma_1^2}{n_1} + \dfrac{\sigma_2^2}{n_2}}} \sim N(0,1);$$

$$② \ T = \frac{(\bar{\xi} - \bar{\eta}) - (\mu_1 - \mu_2)}{\sqrt{\dfrac{(n_1 - 1)S_1^2 + (n_2 - 1)S_2^2}{n_1 + n_2 - 2}\left(\dfrac{1}{n_1} + \dfrac{1}{n_2}\right)}} \sim t(n_1 + n_2 - 2);$$

$$③ \ F = \frac{S_1^2/\sigma_1^2}{S_2^2/\sigma_2^2} \sim F(n_1 - 1, n_2 - 1)。$$

例 32　设总体 $\xi \sim N(2, 5^2)$，$(\xi_1, \xi_2, \cdots, \xi_n)$ 是来自总体 ξ 的样本，求：

(1) $\bar{\xi} = \dfrac{1}{10}\sum\limits_{i=1}^{n}\xi_i$ 的分布；(2) $P(1 \leqslant \bar{\xi} \leqslant 3)$；(3) 已知 $P(\bar{\xi} > \lambda) = 0.05$，求 λ 的值。

解　(1) 因为 $\xi \sim N(2, 5^2)$，$\mu = 2$，$\sigma^2 = 5^2$，$n = 10$，所以 $\bar{\xi} \sim N\left(2, \dfrac{25}{10}\right)$，即 $\bar{\xi}$ 服从 $\mu = 2$，

$\sigma = \sqrt{\dfrac{25}{10}} = 1.58$ 的正态分布。

(2) 因为 $\bar{\xi} \sim N(2, 1.58)$，所以

$$P(1 \leqslant \bar{\xi} \leqslant 3) = \Phi\left(\frac{3-2}{1.58}\right) - \Phi\left(\frac{1-2}{1.58}\right) = \Phi(0.63) - \Phi(-0.63) = 2\Phi(0.63) - 1$$

查标准正态分布表得 $\qquad\qquad\qquad \Phi(0.63) = 0.735\ 7$

于是 $\qquad\qquad\qquad\qquad\qquad P(1 \leqslant \bar{\xi} \leqslant 3) = 2 \times 0.735\ 7 - 1 = 0.471\ 4$

(3) 因为 $P(\bar{\xi} > \lambda) = 0.05$，所以 $P(\bar{\xi} \leqslant \lambda) = 0.95$，于是 $\Phi\left(\dfrac{\lambda - 2}{1.58}\right) = 0.95$，查标准正态

分布表知 $\dfrac{\lambda - 2}{1.58} = 1.645$，所以 $\lambda = 4.599\ 1$。

如果总体 ξ 不服从正态分布，但 $E(\xi)$ 和 $D(\xi)$ 都存在，当 n 充分大时，可以证明上述结论 1 和结论 2 的统计量近似地服从相应的分布。这就确定了正态分布在诸分布中的重要地位。在今后的许多问题中，我们总是假定总体服从正态分布来讨论解决问题的办法。

思　考　题

1. 简单随机样本需要满足哪些条件？

2. 在实际工作中，如何选取简单随机样本？

习题 8-6

1. 若总体的分布为 $N(\mu, \sigma^2)$，其中 μ 已知，σ^2 未知，$(\xi_1, \xi_2, \cdots, \xi_n)$ 是来自总体的一个样本，指出下列各样本函数哪些是统计量，哪些不是统计量。

(1) $\dfrac{1}{n}\sum\limits_{i=1}^{n}\xi_i^2$；

(2) $\sum\limits_{i=1}^{n}|\xi_i - \mu|$；

(3) $\dfrac{1}{\sigma^2}\sum\limits_{i=1}^{n}\xi_i^2$；

(4) $\min(\xi_1, \xi_2, \cdots, \xi_n)$。

2. 设$(\xi_1,\xi_2,\cdots,\xi_{10})$是来自已知正态总体$N(\mu,\sigma^2)$的一个样本,试指出下列统计量的分布。

(1) $\dfrac{1}{10}\sum\limits_{i=1}^{10}\xi_i$；

(2) $\dfrac{9S^2}{\sigma^2}=\dfrac{\sum\limits_{i=1}^{10}(\xi_i-\bar{\xi})^2}{\sigma^2}$；

(3) $\dfrac{\bar{\xi}-\mu}{S}\sqrt{10}$；

(4) $\dfrac{\bar{\xi}-\mu}{\sigma}\sqrt{10}$；

(5) $\sum\limits_{i=1}^{10}\left(\dfrac{\xi_i-\mu}{\sigma}\right)^2$。

3. 在一本书中随机地检查了 10 页,发现每页上的错误数为

$$4,5,6,0,3,1,4,2,1,4$$

试计算其样本均值$\bar{x}$,样本方差S^2和样本标准差S。

4. 从总体$\xi\sim N(52,6.3^2)$中随机抽取一个容量为 36 的样本,求样本均值$\bar{\xi}$在 50.8 和 53.8 之间取值的概率。$\left(\text{提示：}\bar{\xi}\sim N\left(\mu,\dfrac{\sigma^2}{n}\right)\right)$

5. 在总体$\xi\sim N(2,0.02^2)$中随机抽取容量为 100 的样本,求满足$P(|\bar{\xi}-2|<\lambda)=0.95$的$\lambda$值。

6. 设$(\xi_1,\xi_2,\cdots,\xi_n)$是来自正态总体$\xi\sim N(0,0.3^2)$的一个样本,求$P\left(\sum\limits_{i=1}^{8}\xi_i^2>1.80\right)$。$\left(\text{提示：利用}\chi^2=\sum\limits_{i=1}^{n}\left(\dfrac{\xi_i-\mu}{\sigma}\right)^2\sim\chi^2(n)\right)$

第七节 参 数 估 计

依据样本$(\xi_1,\xi_2,\cdots,\xi_n)$所构成的统计量,来估计总体$\xi$分布中的未知参数或数字特征的值,这类统计方法称为**参数估计**。估计总体未知参数θ的统计量$\hat{\theta}(\xi_1,\xi_2,\cdots,\xi_n)$称为**估计量**。

参数估计分为两种类型：一种是从总体中抽取随机样本,利用统计量估计总体的参数值,叫作**点估计**；另一种是利用统计量求出总体参数的估计区间,叫作**区间估计**。

一、参数的点估计

点估计的基本思想是：先用一定的方法构造出一个估计量$\hat{\theta}(\xi_1,\xi_2,\cdots,\xi_n)$,然后依据样本值$(x_1,x_2,\cdots,x_n)$计算出估计量$\hat{\theta}$的观察值$\hat{\theta}=\hat{\theta}(x_1,x_2,\cdots,x_n)$,并以此值$\hat{\theta}$作为总体参数$\theta$的估计值。

1. 估计量的评价标准

由于总体参数θ的值未知,无法知其θ的真值,自然人们希望估计量的观察值与θ的真值的近似程度越高越好,这样估计的效果就比较理想。是不是理想的估计量,常用下列三种评价标准：

(1)无偏性

设$\hat{\theta}(\xi_1,\xi_2,\cdots,\xi_n)$是总体$\xi$未知参数$\theta$的一个估计量,如果

$$E(\hat{\theta})=\theta$$

那么,把$\hat{\theta}$称为参数θ的**无偏估计量**。

其直观意义是:理论上多次用$\hat{\theta}$的观察值作为θ的估计值,所得到的诸估计值的平均值与θ的真值相同。

(2) 有效性

设$\hat{\theta}_1(\xi_1,\xi_2,\cdots,\xi_n),\hat{\theta}_2(\xi_1,\xi_2,\cdots,\xi_n)$是总体参数$\theta$的两个无偏估计量,如果$D(\hat{\theta}_1)<D(\hat{\theta}_2)$,则称$\hat{\theta}_1$比$\hat{\theta}_2$更**有效**。$\theta$的无偏估计量中方差最小的估计量称为**有效估计量**;θ的无偏估计量$\hat{\theta}$的方差$D(\hat{\theta})$如果满足$\lim\limits_{n\to\infty}D(\hat{\theta})=0$,则称$\hat{\theta}$为**渐近有效估计量**,渐近有效估计量$\hat{\theta}$偏离$\theta$真值的程度最小。

(3) 一致性

一个θ的估计量$\hat{\theta}$,如果样本容量逐渐增大时,由此计算出的估计值越来越接近于θ的真值,则称估计量$\hat{\theta}$为θ的一个**一致估计量**。

在实际问题中,无偏性和有效性是常用的评价标准,一致性只有在样本容量很大时才起作用。

2. 均值和方差的点估计

(1) 均值的点估计

由于总体的均值表示随机变量取值的平均状况,因此很自然会考虑到利用统计量$\bar{\xi}=\dfrac{1}{n}\sum\limits_{i=1}^{n}\xi_i$(样本均值)来估计总体的均值$\mu$,可以证明:$E(\bar{\xi})=E(\xi)=\mu$,即样本均值$\bar{\xi}$是总体均值$\mu$的无偏估计量。因此,样本均值的观察值$\bar{x}=\dfrac{1}{n}\sum\limits_{i=1}^{n}x_i$就可以作为总体均值$\mu$的估计值,记为$\hat{\mu}$,即

$$\hat{\mu}=\bar{x}=\frac{1}{n}\sum_{i=1}^{n}x_i$$

(2) 方差的点估计

同理可用统计量$S^2=\dfrac{1}{n-1}\sum\limits_{i=1}^{n}(\xi_i-\bar{\xi})^2$(样本方差)来估计总体方差$\sigma^2$,可以证明:$E(S^2)=D(\xi)=\sigma^2$,即样本方差$S^2$是总体方差$\sigma^2$的无偏估计量。因此样本方差的观察值$S^2=\dfrac{1}{n-1}\sum\limits_{i=1}^{n}(x_i-\bar{x})^2$就可以作为总体方差$\sigma^2$的估计值,记为$\hat{\sigma}^2$,即

$$\hat{\sigma}^2=S^2=\frac{1}{n-1}\sum_{i=1}^{n}(x_i-\bar{x})^2$$

例 33 对某型号的 20 辆汽车记录每 5L 汽油的行驶里程(单位:千米),观测数据如下:

29.8 27.6 28.3 27.9 30.1 28.7 29.9 28.0 27.9 28.7

28.4 27.2 29.5 28.5 28.0 30.0 29.1 29.8 29.6 26.9

试估计该种型号汽车每 5L 汽油行驶里程的均值和方差。

解 由计算器直接计算得

$$\bar{x}=29.695,\quad S^2=0.918\,5$$

从而该种型号汽车每 5L 汽油行驶里程的均值$\hat{u}=29.695$,方差$\hat{\sigma}^2=0.918\,5$。

二、参数的区间估计

1. 置信区间的概念

在点估计中,未知参数 θ 的估计量 $\hat{\theta}$ 虽然具有无偏性或有效性等优良性质,但 $\hat{\theta}$ 是一随机变量,$\hat{\theta}$ 的观察值只是 θ 的一个近似值。在实际问题中,我们往往还希望根据样本给出一个被估参数的范围,使它能以较大的概率包含被估参数的真值。

设 θ 为总体 ξ 分布中的一个未知参数,如果由样本确定两个统计量 θ_1、$\theta_2(\theta_1<\theta_2)$,对于给定的 $\alpha(0<\alpha<1)$,能满足条件

$$P(\theta_1<\theta<\theta_2)=1-\alpha$$

则区间 (θ_1,θ_2) 称为 θ 的 $1-\alpha$ **置信区间**,θ_1 和 θ_2 分别称为**置信下限**和**置信上限**;$1-\alpha$ 称为**置信水平**(或**置信度**);α 称为**显著性水平**(或**信度**),α 一般取 0.05、0.01 等。

如图 8-17 所示,在重复抽样下,区间 (θ_1,θ_2) 是一个随机区间,这个区间包含未知参数 θ 的概率为 $1-\alpha$,例如当 $\alpha=0.05$ 时,$1-\alpha=0.95$,就是说在 100 次抽样下,θ 大约有 95 次落在区间 (θ_1,θ_2) 内。

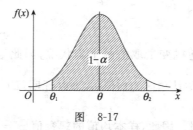

图 8-17

进行区间估计时,必须兼顾置信区间和置信水平两个方面。置信水平 $1-\alpha$ 越大(α 越小),置信区间相应地也越大;可在一定的置信水平下,适当增加样本容量以获得较小的置信区间。

2. 正态总体均值和方差的置信区间

(1) 构造置信区间的基本思想

设 $(\xi_1,\xi_2,\cdots,\xi_n)$ 是来自正态总体 $\xi\sim N(\mu,\sigma^2)$ 的一个样本,σ^2 已知,求 μ 的 $1-\alpha$ 置信区间。

选用统计量 $U=\dfrac{\bar{\xi}-\mu}{\sigma}\sqrt{n}\sim N(0,1)$;对于给定的置信水平 $1-\alpha$,由 $P(\lambda_1<U<\lambda_2)=1-\alpha$ 且 $P(U<\lambda_1)=P(U>\lambda_2)=\dfrac{\alpha}{2}$,得到 $\lambda_2=-\lambda_1=\mu_{\frac{\alpha}{2}}$(见图 8-16),这样可在标准正态分布表中查表求得 λ_1,λ_2;这时

$$P\left(-\mu_{\frac{\alpha}{2}}<U<\mu_{\frac{\alpha}{2}}\right)=1-\alpha$$

即

$$P\left(-\mu_{\frac{\alpha}{2}}<\frac{\bar{\xi}-\mu}{\sigma}\sqrt{n}<\mu_{\frac{\alpha}{2}}\right)=1-\alpha$$

所以

$$P\left(\bar{\xi}-\frac{\sigma}{\sqrt{n}}\mu_{\frac{\alpha}{2}}<\mu<\bar{\xi}+\frac{\sigma}{\sqrt{n}}\mu_{\frac{\alpha}{2}}\right)=1-\alpha$$

于是

$$\theta_1=\bar{\xi}-\frac{\sigma}{\sqrt{n}}\mu_{\frac{\alpha}{2}},\quad \theta_2=\bar{\xi}+\frac{\sigma}{\sqrt{n}}\mu_{\frac{\alpha}{2}}$$

即 μ 的 $1-\alpha$ 置信区间为 $\left(\bar{\xi}-\dfrac{\sigma}{\sqrt{n}}\mu_{\frac{\alpha}{2}},\bar{\xi}+\dfrac{\sigma}{\sqrt{n}}\mu_{\frac{\alpha}{2}}\right)$。

若令 $\alpha = 0.05$，则 $P(\xi < \mu_{\frac{\alpha}{2}}) = 1 - \frac{\alpha}{2} = 0.975$，查正态分布表得 $\mu_{\frac{\alpha}{2}} = 1.96$，

于是
$$\theta_1 = \bar{\xi} - \frac{1.96\sigma}{\sqrt{n}}, \quad \theta_2 = \bar{\xi} + \frac{1.96\sigma}{\sqrt{n}}$$

即参数 μ 有 95% 的把握落在这个区间内。

一般地，构造总体 ξ 参数 θ 的置信区间的步骤如下：

①选用已知分布的统计量 $\hat{\theta}$，$\hat{\theta}$ 应含被估参数 θ（θ 看作已知）；

② 由 $P(\lambda_1 < \hat{\theta} < \lambda_2) = 1 - \alpha$ 且 $P(\hat{\theta} < \lambda_1) = P(\hat{\theta} > \lambda_2) = \frac{\alpha}{2}$，查 $\hat{\theta}$ 的分布表求得 λ_1 和 λ_2；

③由 $(\lambda_1 < \hat{\theta} < \lambda_2)$ 解出被估参数 θ，得到不等式 $\theta_1 < \theta < \theta_2$，于是 θ 的 $1 - \alpha$ 置信区间为 (θ_1, θ_2)。

（2）正态总体均值和方差的置信区间公式

按照上述步骤，可推出正态总体 $\xi \sim N(\mu, \sigma^2)$ 的 μ 和 σ^2 的置信区间公式，如表 8-10 所示。

表 8-10

被估参数	条　件	选用统计量	分　布	$1 - \alpha$ 的置信区间
μ	σ^2 已知	$U = \dfrac{\bar{\xi} - \mu}{\sigma}\sqrt{n}$	$N(0,1)$	$\left(\bar{\xi} - \dfrac{\sigma}{\sqrt{n}}u_{\frac{\alpha}{2}}, \bar{\xi} + \dfrac{\sigma}{\sqrt{n}}u_{\frac{\alpha}{2}} \right)$
	σ^2 未知	$T = \dfrac{\bar{\xi} - \mu}{S}\sqrt{n}$	$t(n-1)$	$\left(\bar{\xi} - \dfrac{S}{\sqrt{n}}t_{\frac{\alpha}{2}}(n-1), \bar{\xi} + \dfrac{S}{\sqrt{n}}t_{\frac{\alpha}{2}}(n-1) \right)$
σ^2	μ 未知	$\chi^2 = \dfrac{(n-1)S^2}{\sigma^2}$	$\chi^2(n-1)$	$\left[\dfrac{(n-1)S^2}{\chi_{\frac{\alpha}{2}}^2(n-1)}, \dfrac{(n-1)S^2}{\chi_{1-\frac{\alpha}{2}}^2(n-1)} \right]$
	μ 已知	$\chi^2 = \displaystyle\sum_{i=1}^{n}\left(\dfrac{\xi_i - \mu}{\sigma} \right)^2$	$\chi^2(n)$	$\left[\dfrac{\displaystyle\sum_{i=1}^{n}(\xi_i - \mu)^2}{\chi_{\frac{\alpha}{2}}^2(n)}, \dfrac{\displaystyle\sum_{i=1}^{n}(\xi_i - \mu)^2}{\chi_{1-\frac{\alpha}{2}}^2(n)} \right]$

例 34　对某种飞机轮胎的耐磨性进行试验，8 只轮胎起落一次后测得磨损量（毫克）：

4 900　5 220　5 500　6 020　6 340　7 660　8 650　4 870

假定轮胎的磨损量服从正态分布 $N(\mu, \sigma^2)$，试求：

（1）平均磨损量的置信区间；（2）磨损量方差的置信区间。（$\alpha = 0.05$）

解　根据题意，磨损量服从正态分布 $N(\mu, \sigma^2)$，μ、σ^2 未知，$n = 8$，依据已知数据计算得

$$\bar{x} = 6\ 145, \quad S^2 = 1\ 867\ 314.286, \quad S = 1\ 366.497$$

（1）由 $\alpha = 0.05$ 查 t 分布表得 $t_{0.025}(7) = 2.365$，根据公式

$$\theta_1 = \bar{x} - \frac{S}{\sqrt{n}}t_{0.025}(7) = 6\ 145 - \frac{1\ 366.497}{\sqrt{8}} \times 2.365 = 5\ 002.398$$

$$\theta_2 = \bar{x} + \frac{S}{\sqrt{n}}t_{0.025}(7) = 6\ 145 + \frac{1\ 366.497}{\sqrt{8}} \times 2.365 = 7\ 287.600$$

于是平均磨损量 μ 的 0.95 置信区间为（$5\ 002.398, 7\ 287.6$）。

（2）由 $\alpha = 0.05$ 查 χ^2 分布表得 $\chi_{0.025}^2(7) = 16.013$，$\chi_{0.975}^2(7) = 1.690$。根据公式

$$\theta_1 = \frac{(n-1)S^2}{\chi^2_{0.025}(7)} = \frac{7 \times 1\,867\,314.286}{16.013} = 816\,286.767$$

$$\theta_2 = \frac{(n-1)S^2}{\chi^2_{0.975}(7)} = \frac{7 \times 1\,867\,314.286}{1.690} = 7\,734\,437.87$$

于是磨损量方差 σ^2 的 0.95 置信区间为(816 286.767,773 4437.87)。

思 考 题

1. 判断一个估计量是否理想的标准有哪些?

2. 在一定的置信度下,提高估计精确度的方法是什么?

习题 8-7

1. 从某高职一年级的女生中,随机地抽查 10 人,测得身高如下(单位:厘米):

155 158 161 156 153 151 154 157 159 163

试估计该年级女生身高的均值和方差。

2. 土木结构实验室对一批建筑材料进行抗断强度试验,已知这批材料的抗断强度 $\xi \sim N(\mu, 0.2^2)$,现从中抽取容量为 6 的样本,测得样本观测值并算得 $\bar{x} = 8.54$,求 μ 的置信度为 0.9 的置信区间。

3. 有一批出口灯泡,从中随机抽取 45 个进行检验,测得平均寿命为 1 000 小时,标准差为 200 小时,求这批灯泡平均寿命的置信度为 0.95 的置信区间。

4. 某工厂生产滚珠,从某日生产的产品中随机抽取 9 个,测得直径(单位:毫米)如下:

14.6 14.7 15.1 14.9 14.8 15.0 15.1 15.2 14.8

设滚珠直径服从正态分布,若

(1) 已知滚珠直径的标准差 $\sigma = 0.15$ 毫米;

(2) 标准差 σ 未知。

求直径均值 μ 的置信度为 0.95 的置信区间。

5. 从一批保险丝中任取 25 根,测得其熔化时间为(单位:小时)

42 65 75 78 87 42 45 68 72 90 19 24 80

81 81 36 54 69 77 84 42 51 57 59 78

试对这批保险丝的熔化时间的方差进行区间估计。($\alpha = 0.01$)

6. 某厂生产一批金属材料,其抗弯强度服从正态分布。现从这批金属材料中随机抽取 11 个试件,测得它们的抗弯强度为

42.5 42.7 43.0 42.3 43.4 44.5 44.0 43.8 44.1 43.9 43.7

求抗弯强度标准差 σ 的置信度为 0.90 的置信区间。

7. 设某种型号的卡车每百千米耗油量 $\xi \sim N(\mu, \sigma^2)$,现随机地抽取 14 辆卡车做试验,其百千米耗油量如下(升):

12.6 12.2 13.0 12.6 13.2 13.0 13.2

13.8 13.0 13.2 13.8 13.2 14.2 13.2

试在下列情况下,分别求 μ 或 σ^2 的置信度为 0.95 的置信区间。

(1) 已知 $\sigma^2 = 0.6^2$,求 μ 的置信区间;(2)μ 和 σ^2 均未知,求 μ 和 σ^2 的置信区间。

8. 设总体 $\xi \sim N(\mu,1)$，样本为 (ξ_1,ξ_2,ξ_3)，试证明下述三个估计量都是 μ 的无偏估计量，并判定哪一估计量最有效。

(1) $\hat{\mu}_1 = \dfrac{1}{5}\xi_1 + \dfrac{3}{10}\xi_2 + \dfrac{1}{2}\xi_3$；

(2) $\hat{\mu}_2 = \dfrac{1}{3}\xi_1 + \dfrac{1}{4}\xi_2 + \dfrac{5}{12}\xi_3$；

(3) $\hat{\mu}_3 = \dfrac{1}{3}\xi_1 + \dfrac{1}{6}\xi_2 + \dfrac{1}{2}\xi_3$。

第八节　假 设 检 验

一、基本原理

1. 假设检验的基本思想

在第七节中，我们讨论了根据样本值用统计量来推断总体参数，但在生产实际和科学技术中，常常需要根据样本值来判断总体是否具有某种指定的特征，这就是统计推断中的另一类重要问题，即**假设检验**。例如，已知总体 ξ 服从正态分布，设其均值 $\mu = \mu_0$，现根据样本值检验总体的均值是否为 μ_0，这样的一类问题就叫作假设检验问题。我们先从一个具体例子谈起。

例35　某工厂生产一种铆钉，铆钉的直径 ξ 服从正态分布 $N(2,0.02^2)$，现在为了提高产量，采用了一种新工艺。从新工艺生产的铆钉中抽取 100 个，测得其直径平均值 $\bar{x} = 1.978$（厘米），它与原工艺中的 $\mu = 2$ 相差 0.022。试问：工艺改变后铆钉直径的均值 μ 有没有显著的改变？

解　假设"新工艺对铆钉直径没有影响"，即 $\mu = 2$，那么，从新工艺生产的铆钉中抽取的样本，可以认为是从原工艺总体 ξ 中抽取的；由于 $\sigma^2 = 0.02^2$ 已知，可选用统计量 $U = \dfrac{\bar{\xi} - \mu}{\sigma}\sqrt{n} = \dfrac{\bar{\xi} - 2}{0.002} \sim N(0,1)$；如给定 $\alpha = 0.05$，查标准正态分布表得 $U_{\frac{\alpha}{2}} = 1.96$，应有 $P(-1.96 < U < 1.96) = 1 - \alpha = 0.95$，也就是说从新工艺生产的铆钉中抽取容量为 100 的样本均值 $\bar{\xi}$ 能使 U 在 $(-1.96, 1.96)$ 内取值的概率为 0.95，而落在 $(-\infty, -1.96) \cup (1.96, +\infty)$ 内的概率为 0.05；现将 $\bar{\xi}$ 的观察值 $\bar{x} = 1.978$ 代入 U 得，$U = -11$，即 U 落在了 $(-\infty, -1.96)$ 内，表明概率为 0.05 的事件发生了，这是一种异常现象，因此有理由认为"假设"不正确，即新工艺对铆钉直径的均值 μ 有显著的改变。

2. 判断"假设"的依据

上述拒绝接受假设"$\mu = 2$"的依据，是在假设检验中广泛采用的一个原则——小概率原理。在一次试验中，如果事件 A 的概率 $P(A) = \alpha$，当 α 很小时，A 称为**小概率事件**。在一次试验中小概率事件几乎是不可能发生的，我们把小概率事件在一次试验中几乎不可能发生这一原理叫作**小概率原理**。例如，例 35 中，令 $A = \{|U| > 1.96\}$，则 $P(A) = 0.05$，因为事件 A 发生了，则根据小概率原理，拒绝接受假设。

这种推理方法有些类似"反证法"。可以首先假定某个"假设"是成立的，然后看看产生什么后果（这时就需要选择一个合适的统计量）。如果导致不合理现象出现（小概率事件发生了），那就表明原来的假设是不正确的；如果没有导致不合理现象发生，就可以认为"假设"是可以接受的。

3. 假设检验的步骤

(1) 提出原假设 H_0，即明确所要检验的对象；

(2) 选择一个合适的统计量 θ。

对统计量 θ 有两个要求：① 它与原假设 H_0 有关，在 H_0 成立的条件下，不带有任何总体的未知参数；② 在 H_0 成立的条件下，θ 的分布已知。正态总体的常用检验统计量为 U、T、χ^2、F，并称相应的检验为 U 检验法、T 检验法、χ^2 检验法、F 检验法。

(3) 确定拒绝域。在给定的信度 α 下，查分布表的统计量的临界值 $\theta_{\frac{\alpha}{2}}$、$\theta_{1-\frac{\alpha}{2}}$，由 $P(\theta>\theta_{\frac{\alpha}{2}})+P(\theta<\theta_{1-\frac{\alpha}{2}})=\alpha$，设定小事件 $A=\{\theta>\theta_{\frac{\alpha}{2}}\}\bigcup\{0<\theta_{1-\frac{\alpha}{2}}\}$ 为小概率事件，这时，$(-\infty,\theta_{1-\frac{\alpha}{2}})\bigcup(\theta_{\frac{\alpha}{2}},+\infty)$ 为拒绝域，$[\theta_{1-\frac{\alpha}{2}},\theta_{\frac{\alpha}{2}}]$ 为接受域，如图 8-18 所示。

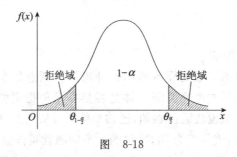

图 8-18

(4) 根据样本观察值计算出统计量 θ 的观察值，并做出判断。

如果 A 发生则拒绝 H_0，否则接受原假设 H_0，并做出对实际问题的解释。

现将例 35 解答如下：

解 (1) 提出原假设 $H_0:\mu=2$。

(2) 由于总体方差已知：$\sigma^2=0.02^2$，故选用统计量

$$U=\frac{\bar{\xi}-\mu}{\sigma}\sqrt{n}=\frac{\bar{\xi}-2}{0.002}\sim N(0,1)$$

(3) 给定 $\alpha=0.05$，由 $P(|\mu|<\mu_{0.025})=1-0.05=0.95$，查正态分布表得 $\mu_{\frac{\alpha}{2}}=\mu_{0.025}=1.96$，即拒绝域为 $(-\infty,-1.96)\bigcup(1.96,+\infty)$。

(4) 由 $\bar{x}=1.978$，得 $U=\dfrac{1.978-2}{0.002}=-11<-1.96$，所以拒绝原假设 H_0，即采用新工艺后铆钉直径发生了显著变化。

二、一个正态总体均值和方差的检验

假设检验的关键是提出原假设 H_0，并选用合适的统计量，检验步骤完全相仿。正态总体的有关检验问题及方法如表 8-11 所示。

表 8-11

原 假 设	条 件	选用的统计量及其分布	拒 绝 域
$\mu=\mu_0$	σ^2 已知	$U=\dfrac{\bar{\xi}-\mu}{\sigma}\sqrt{n}\sim N(0,1)$	$(-\infty,-\mu_{\frac{\alpha}{2}})\bigcup(\mu_{\frac{\alpha}{2}},+\infty)$
	σ^2 未知	$T=\dfrac{\bar{\xi}-\mu}{S}\sqrt{n}\sim t(n-1)$	$(-\infty,-t_{\frac{\alpha}{2}}(n-1))\bigcup(t_{\frac{\alpha}{2}}(n-1),+\infty)$

续表

原 假 设	条 件	选用的统计量及其分布	拒 绝 域
$\sigma^2 = \sigma_0^2$	μ 已知	$\chi^2 = \sum\limits_{i=1}^{n} \left(\dfrac{\xi_i - \mu}{\sigma} \right)^2 \sim \chi^2(n)$	$\left(0, \chi^2_{1-\frac{\alpha}{2}}(n)\right) \bigcup \left(\chi^2_{\frac{\alpha}{2}}(n), +\infty\right)$
	μ 未知	$\chi^2 = \dfrac{(n-1)S^2}{\sigma^2} \sim \chi^2(n-1)$	$\left(0, \chi^2_{1-\frac{\alpha}{2}}(n-1)\right) \bigcup \left(\chi^2_{\frac{\alpha}{2}}(n-1), +\infty\right)$

例 36　车辆厂生产的螺杆直径服从正态分布 $N(\mu, \sigma^2)$，现从中抽取 5 根，测得直径（单位:毫米）为 22.3，21.5，22.0，21.8，21.4。如果 σ^2 未知，试问:直径均值 $\mu = 21$ 是否成立？（$\alpha = 0.05$）

解　(1) 原假设 $H_0 : \mu = 21$；

(2) 由于方差未知，选用统计量 $T = \dfrac{\bar{\xi} - \mu}{S} \sqrt{n} \sim t(4)$；

(3) 由 $\alpha = 0.05$，查表得 $t_{0.025}(4) = 2.776$，所以拒绝域为 $(-\infty, -2.776) \bigcup (2.776, +\infty)$；

(4) 根据样本值计算得

$$\bar{x} = 21.8, \quad S^2 = 0.135$$

$$T = \frac{\bar{x} - \mu}{S} \sqrt{n} = \frac{21.8 - 21}{\sqrt{0.135}} \times \sqrt{5} = 4.87$$

由于 $|T| = 4.87 > 2.776$，所以拒绝原假设 H_0，即螺杆直径均值不是 21。

例 37　设某厂生产的铜线的折断力 $\xi \sim N(\mu, 8^2)$，现从一批产品中抽查 10 根，测其折断力后经计算得样本方差 $S^2 = 68.16$。试问:能否认为这批铜线折断力的方差仍为 8^2（单位:千克）？（$\alpha = 0.05$）

解　(1) 原假设 $H_0 : \sigma^2 = 8^2$；

(2) 由于 μ 未知，选用统计量 $\chi^2 = \dfrac{(n-1)S^2}{\sigma^2} \sim \chi^2(9)$；

(3) 由 $\alpha = 0.05$，查表得 $\chi^2_{0.025}(9) = 19.0$，$\chi^2_{0.975}(9) = 2.7$。所以拒绝域为 $(0, 2.7) \bigcup (19.0, +\infty)$；

(4) 由样本值计算得 $\chi^2 = \dfrac{(n-1)S^2}{\sigma^2} = \dfrac{9 \times 68.16}{8^2} = 9.585$。

由于 $2.7 < \chi^2 = 9.585 < 19.0$，所以接受原假设 H_0，即可认为该批铜线折断力的方差仍为 8^2（单位:千克）。

三、双总体均值和方差检验

只介绍相互独立双正态总体 $\xi \sim N(\mu_1, \sigma_1^2)$，$\eta \sim N(\mu_2, \sigma_2^2)$ 均值和方差的检验，检验对象为 $\mu_1 = \mu_2$ 和 $\sigma_1^2 = \sigma_2^2$，此时选用双总体统计量 U、T、F。在原假设 H_0 成立的条件下，统计量的形式发生了变化。

1. 检验均值

原假设 $H_0 : \mu_1 = \mu_2$。

(1) σ_1^2, σ_2^2 均已知，选用统计量

$$U = \frac{\bar{\xi} - \bar{\eta}}{\sqrt{\dfrac{\sigma_1^2}{n_1} + \dfrac{\sigma_2^2}{n_2}}} \sim N(0, 1)$$

(2) σ_1^2, σ_2^2 均未知,但已知 $\sigma_1^2 = \sigma_2^2$,选用统计量

$$T = \frac{\bar{\xi} - \bar{\eta}}{\sqrt{\dfrac{(n_1-1)S_1^2 + (n_2-1)S_2^2}{n_1+n_2-2}\left(\dfrac{1}{n_1} + \dfrac{1}{n_2}\right)}} \sim t(n_1+n_2-2)$$

(3) σ_1^2, σ_2^2 均未知,但 $n_1 = n_2 = n$,令

$$Z_i = \xi_i - \eta_i \, (i=1,2,\cdots,n), d = \mu_1 - \mu_2$$

$Z_1, Z_2, \cdots, Z_n$ 为随机变量,记 $\bar{Z} = \dfrac{1}{n}\sum_{i=1}^{n} Z_i, S^2 = \dfrac{1}{n-1}\sum_{i=1}^{n}(Z_i - \bar{Z})^2$,此时原假设转

化为 $H_0 : d = 0$,选用统计量 $T = \dfrac{\bar{Z}}{S}\sqrt{n} \sim t(n-1)$。

此法称为配对试验的 **T 检验法**。

2. 检验方差

原假设 $H_0 : \sigma_1^2 = \sigma_2^2$。

选用统计量 $F = \dfrac{S_1^2}{S_2^2} \sim F(n_1-1, n_2-1)$。

例 38 对两批轻纱进行强力试验,数据如下(单位:克):

| 甲批 | 57 | 56 | 61 | 60 | 47 | 49 | 63 | 61 |
| 乙批 | 65 | 69 | 54 | 60 | 52 | 62 | 57 | 60 |

假定轻纱的强力服从正态分布,试问两批轻纱的平均强力有无显著差异?($\alpha = 0.05$)

解 方法 1 由于两批轻纱的方差未知,且也未知 $\sigma_1^2 = \sigma_2^2$,所以不能直接检验两批轻纱的平均强力是否相等,即不能确定 $\mu_1 = \mu_2$,因此必须先检验 $\sigma_1^2 = \sigma_2^2$。

(1) 检验方差 $\sigma_1^2 = \sigma_2^2$

① 原假设 $H_0 : \sigma_1^2 = \sigma_2^2$;

② 选用统计量 $F = \dfrac{S_1^2}{S_2^2} \sim F(n_1-1, n_2-1)$;

③ 由 $\alpha = 0.05$,查分布表得 $F_{0.025}(7,7) = 4.99, F_{0.975}(7,7) = \dfrac{1}{F_{0.025}(7,7)} = \dfrac{1}{4.99} \approx$

0.2,即拒绝域为 $(0, 0.2) \bigcup (4.99, +\infty)$;

④由样本值计算得 $S_1^2 = 34.5, S_2^2 = 31.27$,所以 $F = \dfrac{34.5}{31.27} = 1.103$,从而 $0.2 < F <$

4.99,所以接受原假设 H_0,即两批轻纱的强度方差无显著差异。

(2) 检验平均强力 $\mu_1 = \mu_2$

① 原假设 $H_0 : \mu_1 = \mu_2$;

② 由(1)知,$\sigma_1^2 = \sigma_2^2$,故选用统计量

$$T = \frac{\bar{x} - \bar{y}}{\sqrt{\dfrac{(n_1-1)S_1^2 + (n_2-1)S_2^2}{n_1+n_2-2}\left(\dfrac{1}{n_1} + \dfrac{1}{n_2}\right)}} \sim t(14)$$

③ 由 $\alpha = 0.05$,查分布表得 $t_{0.025}(14) = 2.1448$,即拒绝域为 $(-\infty, 2.1448) \bigcup$

$(2.1448, +\infty)$;

④ 由样本值计算得 $\bar{x} = 56.75, \bar{y} = 59.875$,从而 $|T| = 1.09$。因为 $|T| < t_{0.025}(14)$,故接受原假设,即这两批轻纱的平均强力无显著差异。

方法 2　方差 σ_1^2, σ_2^2 未知,且不知道是否相等,但 $n_1 = n_2 = 8$。用配对试验的 T 检验法,将数据配对得

$$Z_i \quad -8 \quad -13 \quad 7 \quad 0 \quad -5 \quad -13 \quad 6 \quad 1$$

① 原假设 $H_0: d = 0 (\mu_1 = \mu_2)$;

② 选用统计量 $T = \dfrac{\overline{Z}}{S}\sqrt{n} \sim t(7)$;

③ 由 $\alpha = 0.05$,查表得 $t_{0.025}(7) = 2.365$,即拒绝域为 $(-\infty, -2.365) \bigcup (2.365, +\infty)$;

④ 计算得 $\overline{Z} = -3.125, S^2 = 73.286, S = 8.561$,从而

$$|T| = \left| \frac{-3.125}{8.561} \times \sqrt{8} \right| = 1.0325 < 2.365$$

因此接受原假设 H_0,即两批轻纱的平均强力没有显著差异。

四、假设检验的两类错误

给定 α 后,参数 θ 的置信区间或假设检验中的拒绝域的确定,都是以小概率事件 A 几乎不可能发生为前提的。这就造成了在实际中,原假设 H_0 正确,但小概率事件 A 真的发生了,而错误地拒绝原假设 H_0,这类错误称为**弃真错误**(即以真为假的错误)。弃真错误的概率为 α。

另一类错误是:原假设 H_0 本来不正确,但小概率事件 A 真的没有发生,而错误地接受原假设 H_0,这类错误称为**存伪错误**(即以假为真的错误)。存伪错误的概率为 $P(\overline{A} | \overline{H_0}) = \beta$。

例如,某种产品一批共 10 000 件,其中有 50 件不合格,不合格品率仅为 0.5%,显然是很小的,一般可认为质量是好的。从中随机抽取 50 件进行检验,如果恰好抽到不合格品的 50 件(显然这种可能性很微小),那么就会认为这批产品质量不好,而加以否定,这就犯了弃真错误。

又如,有 100 件产品,其中只有 50 件是合格品,不合格品率已达 50%,显然这批产品质量是很差的。从中抽取 50 件进行检验,如果恰好抽到合格品的 50 件(虽然这种概率很微小),就会认为这批产品质量很好,而加以接受,这就犯了存伪错误。

一般来说,弃真错误的概率 α 减小,而存伪错误的概率可能增大,两者不能同时减小,通常的做法是根据问题实际指定 α(一般定为 0.05 或 0.01),在控制 α 的前提下,尽可能地减小 β。

思　考　题

1. 假设检验的基本思想是什么?

2. 如何较好控制假设检验的两类错误?

习题 8-8

1. 某车间的一台洗衣粉包装机包装的每袋洗衣粉净重 ξ 服从正态分布 $N(\mu, \sigma^2)$,其方差 $\sigma^2 = 1.5^2$。现包装额定标准净重 500 克的洗衣粉,从包装线上随机抽取 9 袋洗衣粉,

称其净重如下：

498　506　492　514　516　494　512　496　508

问：在显著性水平为 0.05 的条件下，这台包装机是否正常？

2. 从一批灯泡中随机抽取 50 个，分别测量其寿命，算得其平均值 $\bar{x}=1\,900$（小时），标准差 $S=490$（小时）。问：能否认为这批灯泡的平均寿命为 2000（小时）？（$\alpha=0.01$）

3. 某车间加工机轴，机轴直径（单位：毫米）服从正态分布 $N(38,0.01)$，由于车间最近增加了一批新工人，为了检验产品质量，抽取了 25 个样本，测得 $\bar{x}=37.9$，$S^2=0.15^2$，给定 $\alpha=0.1$，试问：产品的平均质量有无显著差异？

4. 某种产品的质量 $\xi\sim N(12,1)$（单位：克）。更新设备后，从新生产的产品中随机地抽取 100 个，测得样本均值 $x=12.5$（单位：克）。如果方差没有变化，问：设备更新后，产品的平均重量是否有显著变化？（$\alpha=0.1$）

5. 一批保险丝，从中任取 25 根，测得其熔化时间分别为（单位：小时）

42　65　75　78　87　42　45　68　72　90　19　24　81
80　81　36　54　69　77　84　42　51　57　59　78

若熔化时间服从正态分布，方差 $\sigma^2=200$，试检验该批保险丝的方差与原来的差异是否显著。（$\alpha=0.05$）

6. 某纺织厂生产的某种产品的纤度用 ξ 表示，在稳定生产时，可假定 $\xi\sim N(\mu,\sigma^2)$，其标准差 $\sigma=0.048$。现在随机抽取 5 根纤维，测得其纤度为

1.32　1.55　1.36　1.40　1.44

试问：总体 ξ 的方差有无显著变化？（$\alpha=0.05$）

7. 对甲、乙两批同类型电子元件的电阻进行测试，各取 6 只，其数据如下（单位：Ω）：

甲批　0.140　0.138　0.143　0.141　0.144　0.137
乙批　0.135　0.140　0.142　0.136　0.138　0.140

根据经验，元件的电阻服从正态分布，且方差几乎相等，问：能否认为两批元件的电阻均值无显著差异？（$\alpha=0.05$）

8. 羊毛加工处理前后的含脂率抽样分析如下：

处理前　0.19　0.18　0.21　0.30　0.41　0.12　0.27
处理后　0.15　0.12　0.07　0.24　0.19　0.06　0.08

假定处理前后的含脂率都服从正态分布，问：处理前后含脂率的均值有无显著变化？（$\alpha=0.10$）

第九节　一元线性回归

在许多实际问题中，都需要研究两个变量之间的关系。两个变量之间的关系大致可分为两类：一类是确定性的关系，常用函数关系来表达；另一类是非确定性关系，我们把它称为相关关系。例如，在某段时间内，某海域的海浪高度与时间之间的关系就是相关关系。回归分析就是处理相关关系的有力工具。

本节只研究一个随机变量 y 和一个普通变量 x 之间的相关关系，如果这种相关关系可以用一个线性方程来近似地加以描述，则将这种统计方法称为**一元线性回归**。下面我

们结合具体问题的分析来说明如何建立一元线性回归的数学模型。

一、建立一元线性回归方程

把具有相关关系的两个变量之间的若干对实测数据在坐标系中描绘出来,所得的图叫作**散点图**,又叫**散布图**。

例 39　某工厂一年中每月产品的总成本 y(万元)与每月产量 x(万件)的统计数据如表 8-12 所示。

表　8-12

x	10.8	1.12	1.19	1.28	1.36	1.48	1.59	1.68	1.80	1.87	1.98	2.07
y	2.25	2.37	2.40	2.55	2.64	2.75	2.92	3.03	3.14	3.26	3.36	3.50

试画出散点图。

解　由于每月产量 x 可以度量,故 x 是可以控制或精确观察的量,它不是随机变量。但由于总成本 y 的取值依赖于产量 x 及其他一些因素的影响,故 y 是一随机变量,它与 x 之间存在一定的相关关系。

将 x 和 y 的每对样本数据 $(x,y)(i=1,2,\cdots,12)$ 描在坐标系中,构成了 12 个点,即散点图,如图 8-19 所示。

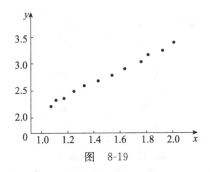

图　8-19

初步分析散点图中点的分布可以看出,它们大致分布在一条直线的附近,即 x 和 y 之间的关系可近似地看成是线性的。我们设想可以用线性方程 $\hat{y}=a+bx$ 来表达 y 与 x 之间的相关关系。怎样确定 a 和 b 的值呢? 显然我们应该使直线 $\hat{y}=a+bx$ 从总体来看与这 12 个点都要尽量地"接近",现在考虑"接近"的方式。

将试验所得的每对数据组 (x_i,y_i) 代入方程 $\hat{y}=a+bx$ 得

$$y_i = a + bx_i + \varepsilon_i \quad (i = 1,2,\cdots,12)$$

其中,x_i,y_i 是已知值;a,b,ε_i 是未知的;ε_i 是 y_i 偏离 $\hat{y}$ 的误差,因此是随机变量。

令

$$\theta = \varepsilon_1^2 + \varepsilon_2^2 + \cdots + \varepsilon_{12}^2 = \sum_{i=1}^{12} \varepsilon_i^2$$

则 θ 表示了 y_i 偏离 $\hat{y}$ 的程度。

自然我们希望对于已知的 12 对数据 (x,y_i) 偏离直线 $\hat{y}=a+bx$ 的总的偏差平方和 θ 最小。按照这一要求可求出 a,b 的值,记为 $\hat{a},\hat{b}$。

一般地,对于 n 对数据而言,利用最小二乘法可得

$$\begin{cases} \hat{a} = \bar{y} - \hat{b}\bar{x} \\ \hat{b} = \dfrac{L_{xy}}{L_{xx}} \end{cases}$$

其中

$$L_{xx} = \sum_{i=1}^{n} (x_i - \overline{x})^2 = \sum_{i=1}^{n} x_i^2 - n\overline{x}^2$$

$$L_{yy} = \sum_{i=1}^{n} (y_i - \overline{y})^2 = \sum_{i=1}^{n} y_i^2 - n\overline{y}^2 \text{（留待后面使用）}$$

$$L_{xy} = \sum_{i=1}^{n} (x_i - \overline{x})(y_i - \overline{y}) = \sum_{i=1}^{n} x_i y_i - n\overline{x}\overline{y}$$

从而得到直线方程 $\qquad\qquad \hat{y} = \hat{a} + \hat{b}x$

即为 x 与 y 的**一元线性回归方程**，它的图像称为**回归直线**，其中 $\hat{a}$ 称为参数 $\hat{b}$ 的**最小二乘估计**。

下面来求例 39 的回归方程。

为方便起见，将计算列成表格，即回归分析计算表，如表 8-13 所示。

表 8-13

编　　号	x_i	y_i	x_i^2	y_i^2	$x_i y_i$
1	1.08	2.25	1.166	5.063	2.430
2	1.12	2.37	1.254	5.617	2.654
3	1.19	2.40	1.416	5.760	2.856
4	1.28	2.55	1.638	6.503	3.264
5	1.36	2.64	1.850	6.970	3.590
6	1.48	2.75	2.190	7.563	4.070
7	1.59	2.92	2.528	8.526	4.643
8	1.68	3.03	2.822	9.181	5.090
9	1.80	3.14	3.240	9.860	5.652
10	1.87	3.26	3.497	10.628	6.096
11	1.98	3.36	3.920	11.290	6.653
12	2.07	3.50	4.285	12.250	7.245
$\sum$	18.50	34.17	29.81	99.21	54.24

由计算器可求得 $\overline{x} = 1.54, \overline{y} = 2.85$，又知 $n = 12$，所以

$$L_{yy} = 99.21 - 97.30 = 1.91, \quad L_{xx} = 29.81 - 28.52 = 1.29$$
$$L_{xy} = 54.24 - 52.68 = 1.56$$

从而 $\qquad \hat{b} = \dfrac{L_{xy}}{L_{xx}} = \dfrac{1.56}{1.29} = 1.21, \quad \hat{a} = 2.85 - 1.21 \times 1.54 = 0.99$

故所求的一元线性回归方程为 $\hat{y} = 0.99 + 1.21x$。

二、一元线性回归的相关性检验

从上面的回归直线方程的计算过程可以看出，只要给出 x 和 y 的 n 对数据，即使两变量之间根本就没有线性相关关系，也可以得到一个线性回归方程。显然这样的回归直线方程毫无意义，自然就要进一步去判定两变量之间是否确有密切的关系。我们可用假设检验的方法来解决这个问题，这类检验称为线性回归的**相关性检验**。检验的步骤与参数的假设检验相类似，具体如下。

（1）原假设 $H_0: y$ 与 x 存在密切的线性相关关系。

（2）选用统计量：$R \sim r(n-2)$。统计量 R 的密度函数十分复杂，当已知 x 和 y 的 n

对观察值 $(x, y_i)(i=1, 2, \cdots, n)$ 后，R 的观察值为

$$r = \frac{L_{xy}}{\sqrt{L_{xx} L_{yy}}}$$

把它叫作 y 对 x 的**相关系数**，并且 $|r| \leqslant 1$。$|r|$ 越接近于 1，y 与 x 的线性关系越明显。当 $|r| = 0$ 时，称 y 与 x 不相关；$|r| \neq 1$ 时，称 y 与 x 是相关的；当 $|r| = 1$ 时，称 y 与 x 完全线性相关。

（3）按自由度 $f = n - 2$ 和检验水平 α，查相关系数表，求出临界值 $r_\alpha(n-2)$。

（4）由样本值公式计算 r 的值，并做出判断：

若 $|r| \geqslant r_\alpha(n-2)$，则可以认为 y 与 x 在水平 α 上线性关系显著；

若 $|r| < r_\alpha(n-2)$，则可以认为 y 与 x 在水平 α 上线性关系不显著。

例 40　试检验例 39 中总成本与产量之间的线性关系是否显著。（$\alpha = 0.05$）

解　（1）原假设 H_0：y 与 x 之间存在线性关系；

（2）选用统计量

$$r = \frac{L_{xy}}{\sqrt{L_{xx} L_{xy}}}$$

（3）按自由度 $f = 12 - 2 = 10$，$\alpha = 0.05$ 查相关系数表，求出临界值 $r_{0.05}(0.5) = 0.576$；

（4）由样本值按公式计算 r 的值，

$$L_{xx} = 1.29, \quad L_{xy} = 1.56, \quad L_{yy} = 1.91, \quad r = \frac{1.56}{\sqrt{1.29 \times 1.91}} = 0.99$$

由于 $0.99 > 0.576$，故原假设成立，即总成本 y 与产量 x 的线性关系是显著的。

需要说明的是，当 $|r|$ 接近于 0 时，虽然 y 与 x 之间的线性关系不显著，但并不等于说 y 与 x 之间不存在其他关系（例如抛物线、双曲线等）。

三、预 测 与 控 制

一元线性回归方程一经求得并通过相关性检验，便能用来进行预测和控制。

1. 预测

（1）点预测

所谓点预测，就是根据给定的 $x = x_0$，由回归方程求得 $\hat{y} = \hat{a} + \hat{b} x$，作为 y_0 的预测值．

（2）区间预测

区间预测是在给定 $x = x_0$ 时，利用区间估计的方法求出 y_0 的置信区间．可以证明，对于给定的显著性水平 α，y_0 的置信区间为

$$\left[\hat{y}_0 - A t_{\frac{\alpha}{2}}(n-2), \hat{y}_0 + A t_{\frac{\alpha}{2}}(n-2) \right]$$

其中 $A = \sqrt{\dfrac{(1-r^2) L_{yy}}{n-2} \left[1 + \dfrac{1}{n} + \dfrac{(x_0 - \bar{x})}{L_{xx}} \right]}$，当 n 较大时，$A \approx \sqrt{\dfrac{(1-r^2) L_{yy}}{n-2}}$。

2. 控制

控制问题实质上是预测问题的反问题。具体地说，就是给出对于 y_0 的要求，反过来求满足这种要求的相应的 x_0。

例 41　某企业固定资产投资总额与实现利税的资料如表 8-14 所示。

表　8-14

年份	1984	1985	1986	1987	1988	1989	1990	1991	1992	1993
投资总额 x	23.8	27.6	31.6	32.4	33.7	34.9	43.2	52.8	63.8	73.4
实现利税 y	41.4	51.8	61.7	67.9	68.7	77.5	95.9	137.0	155.0	175.0

求：(1) y 与 x 的线性回归方程；

(2) 检验 y 与 x 的线性相关性；

(3) 求固定资产投资为 85 万元时，实现利税总值的预测值及预测区间（$\alpha=0.05$）；

(4) 要使 1994 年的利税在 1993 年的基础上增长速度不超过 8%，问：固定资产投资应控制在怎样的规模上？

解　(1) 根据资料计算得

$$\bar{x}=41.72,\quad \bar{y}=93.23,\quad L_{xx}=2\,436.72,\quad L_{yy}=19\,347.68,\quad L_{xy}=6\,820.66$$

从而 $\hat{b}=\dfrac{L_{xy}}{L_{xx}}=\dfrac{6\,820.66}{2\,436.72}=2.799$，$\hat{a}=\bar{y}-\hat{b}\bar{x}=93.23-2.799\times41.72=-23.54$

故所求的回归直线方程为 $\hat{y}=-23.54+2.799x$。

(2) 计算得 $r=\dfrac{L_{xy}}{\sqrt{L_{xx}L_{yy}}}=\dfrac{6\,820.66}{\sqrt{2\,436.72\times19\,347.68}}=0.993\,4$。由 $\alpha=0.05$，$f=n-2=10-2=8$，查相关系数临界值表得 $r_{0.05}(8)=0.632$，因为 $|r|>r_{0.05}(8)$，所以 y 与 x 之间的线性相关性显著。

(3) 因为 $\hat{y}=-23.54+2.799x$。当 $x_0=85$ 时

$$\hat{y}=-23.54+2.799\times85=214.38$$

又 $A=7.729\,3$，$\alpha=0.05$，$f=8$，$t_{0.05}(8)=2.306$，所以 $\theta_1=\hat{y}_0-At_{0.025}(8)=196.56$，$\theta_2=\hat{y}_0+At_{0.025}(8)=232.20$，于是当 $x_0=85$（万元）时，实现利税值的预测值为 214.38（万元），其信度 $\alpha=0.05$ 的置信区间为 $[196.56,232.20]$。

(4) 由题意，$y_0\leqslant175\times(1+8\%)=189$（万元），故

$$x_0=\frac{1}{b}(y_0-\hat{a})\leqslant\frac{1}{2.799}\times(189+23.54)=75.93\ (\text{万元})$$

即固定资产应控制在 75.93 万元以内。

思　考　题

1. 建立一元线性回归方程的一般步骤是什么？

2. 如何对一元线性回归方程进行相关性检验？

习题 8-9

1. 某种商品的生产量 x 和单位成本 y 之间的数据统计如表 8-15 所示。

表　8-15

产量 x(千件)	2	4	5	6	8	10	12	14
成本 y(元)	580	540	500	460	380	320	280	240

(1) 试确定 y 对 x 的回归直线方程；

(2) 检验 y 与 x 之间的线性相关关系的显著性。（$\alpha=0.05$）

2. 测得某种物质在不同温度下吸附另一种物质的重量如表 8-16 所示。

表 8-16

$x(℃)$	1.5	1.8	2.4	3.0	3.5	3.9	4.4	4.8	5.0
$y(mg)$	4.8	5.7	7.0	8.3	10.9	12.4	13.1	13.6	15.3

（1）试确定 y 对 x 的回归直线方程；

（2）检验 y 与 x 之间的线性关系是否显著。（$\alpha=0.05$）

3. 某市市区的社会商品零售总额 y 和当地居民的可支配收入总额 x 之间的年统计数据（单位：亿元）为 (x,y_i)，$i=(1,2,\cdots,10)$ 经计算得 $\sum\limits_{i=1}^{10}x_i=417.2$，$\sum\limits_{i=1}^{10}y_i=932.3$，

$\sum\limits_{i=1}^{10}x_i=19\,842.2$，$\sum\limits_{i=1}^{10}y_i^2=106\,266.01$，$\sum\limits_{i=1}^{10}x_iy_i=45\,716.22$

（1）试求 y 对 x 的线性回归方程；

（2）检验线性回归方程的显著性。（$\alpha=0.05$）

4. 炼钢是铁水氧化脱碳过程。x 表示全部炉料熔化完毕时铁水的含碳量，y 表示炉料熔化成铁水至出钢所需的冶炼时间。现检测某炼钢炉 34 炉钢含碳量 x 与冶炼时间 y 的数据如表 8-17 所示。

表 8-17

编 号	含碳量 $x(\%)$	冶炼时间 y(分)	编 号	含碳量 $x(\%)$	冶炼时间 y(分)
1	1.80	200	18	1.16	100
2	1.04	100	19	1.23	110
3	1.34	135	20	1.51	180
4	1.41	125	21	1.10	130
5	2.04	235	22	1.08	110
6	1.50	170	23	1.58	130
7	1.20	125	24	1.07	115
8	1.51	135	25	1.80	240
9	1.47	155	26	1.27	135
10	1.45	165	27	1.15	120
11	1.41	135	28	1.91	205
12	1.44	160	29	1.90	220
13	1.90	190	30	1.53	145
14	1.90	210	31	1.55	160
15	1.61	145	32	1.77	185
16	1.65	195	33	1.77	205
17	1.54	150	34	1.43	160

（1）试建立 y 与 x 的回归直线方程，并做出线性相关性检验；（$\alpha=0.05$）

（2）当 $x=1.43$ 时，求 y 的预测值及预测区间；（$\alpha=0.05$）

（3）冶炼时间为 180 分钟时，铁水含碳量应在什么范围内？

【本章典型方法与范例】

例1 设袋中有 5 个红球、3 个黑球和两个白球,按不放回抽样连续摸球 3 次,求第三次才摸到白球的概率。

解 设 A_i＝"第 i 次摸到白球",则所求概率为

$$P(\overline{A}_1 \overline{A}_2 A_3) = P(\overline{A}_1)P(\overline{A}_2|\overline{A}_1)P(A_3|\overline{A}_1\overline{A}_2)$$
$$= \frac{8}{10} \times \frac{7}{9} \times \frac{2}{8} = \frac{7}{45}$$

例2 设某工厂三条生产流水线生产同一种产品,它们的产量各占 45％、40％、15％,而在各自生产的产品中不合格率分别为 2％、3％、4％,假定三条生产流水线生产的产品混在一起,现从中任取一件,求它是不合格品的概率。

解 设事件 B＝"所取产品为不合格品",事件 A＝"所取产品为第 i 条生产流水线生产", $i=1,2,3$,显然 A_1, A_2, A_3 构成一个完备事件组,则

$$P(A_1) = 0.45, \quad P(A_2) = 0.40, \quad P(A_3) = 0.15$$
$$P(B|A_1) = 0.02, P(B|A_2) = 0.03, P(B|A_3) = 0.04$$

由全概率公式得

$$P(B) = \sum_{i=1}^{3} P(A_i)P(B|A_i)$$
$$= 0.45 \times 0.02 + 0.40 \times 0.03 + 0.15 \times 0.04 = 0.027$$

例3 (疾病检验)根据以往的临床记录,在人口中患有癌症的概率为 0.006,现用某种试验方法对某单位人群进行癌症普查,由于技术及其他原因,该方法效果如下:A＝"试验反应为阳性",B＝"被检查者患有癌症",则 $P(A|B)=0.95$,$P(\overline{A}|\overline{B})=0.95$,现已知某人被检出为阳性,问:此人真正患癌的概率是多少?

解 由题设

$$P(B) = 0.006, \quad P(\overline{B}) = 0.994, \quad P(A|\overline{B} = 1 - P(\overline{A}|\overline{B}) = 0.05$$

由贝叶斯公式有

$$P(B|A) = \frac{P(B)P(A|B)}{P(B)P(A|B) + P(\overline{B})P(A|\overline{B})}$$
$$= \frac{0.006 \times 0.95}{0.006 \times 0.95 + 0.994 \times 0.05} \approx 0.103$$

其结果表明,即使被检出阳性,也不能断定此人真的患癌了,事实上,这种可能性尚不足 11％。

仔细分析此题是很有意思的,对于一个不懂概率的人来说,由于 $P(A|\overline{B}) = 0.05$,即不患癌症而被检出阳性的可能性才 5％,现在呈阳性,说明有 95％ 的可能性患上癌症。其实不然,这是将 $P(A|B)$ 与 $P(B|A)$ 搞混造成的不良后果,故在实际诊断中应注意这一点,否则会出现误诊。此外,若提高检验的精确度,比如 $P(A|B) = 0.99$,则 $P(B|A) = 0.375$,这样检验结果的精确性将大大提高。这说明提高设备的精确度在这类检验中极为重要。

例4 已知随机变量 X 的分布律是

X	0	1	2	3	4
P	$\dfrac{1}{2}$	$\dfrac{1}{4}$	$\dfrac{1}{8}$	$\dfrac{1}{16}$	$\dfrac{k}{32}$

求:(1)常数 k;(2)$P\{1<X<3\}$;(3)$P\{1<X\leqslant3\}$;(4)$P\{X>0\}$。

解　(1)由分布律的性质,有

$$\frac{1}{2}+\frac{1}{4}+\frac{1}{8}+\frac{1}{16}+\frac{k}{32}=1,由此得 k=2$$

(2) $P\{1<X<3\}=P\{X=2\}=\dfrac{1}{8}$

(3) 根据概率的加法公式,得

$$P\{1<X\leqslant3\}=P\{X=2\}+P\{X=3\}=\frac{1}{8}+\frac{1}{16}=\frac{3}{16}$$

(4) $P\{X>0\}=1-P\{X\leqslant0\}=1-P\{X=0\}=\dfrac{1}{2}$

例5　已知连续型随机变量 X 的分布函数为

$$F(x)=\begin{cases}0, & x<-a \\ A+B\arcsin\dfrac{x}{a}, & -a\leqslant x\leqslant a,其中 a>0 \\ 1, & x>a\end{cases}$$

试求:(1)常数 A,B;(2)$P\left\{-\dfrac{a}{2}\leqslant X\leqslant\dfrac{a}{2}\right\}$;(3)随机变量 X 的密度函数。

解　(1)由于连续型随机变量 X 的分布函数处处连续,当然在 $-a$ 和 a 处连续,因此

$$\lim_{x\to-a^+}F(x)=\lim_{x\to-a^+}(A+B\arcsin\frac{x}{a})=0$$

$$\lim_{x\to a^-}F(x)=\lim_{x\to a^-}(A+B\arcsin\frac{x}{a})=1$$

故

$$\begin{cases}A-\dfrac{\pi}{2}B=0 \\ A+\dfrac{\pi}{2}B=1\end{cases},解得 A=\frac{1}{2},B=\frac{1}{\pi} ,于是$$

$$F(x)\begin{cases}0, & x<-a \\ \dfrac{1}{2}+\dfrac{1}{\pi}\arcsin\dfrac{x}{a}, & -a\leqslant x\leqslant a \\ 1, & x>a\end{cases}$$

(2) $P\left\{-\dfrac{a}{2}\leqslant X\leqslant\dfrac{a}{2}\right\}=P\left\{-\dfrac{a}{2}<X\leqslant\dfrac{a}{2}\right\}=F\left(\dfrac{a}{2}\right)-F\left(-\dfrac{a}{2}\right)$

$$=\left[\frac{1}{2}+\frac{1}{\pi}\arcsin\frac{\frac{a}{2}}{a}\right]-\left[\frac{1}{2}+\frac{1}{\pi}\arcsin\frac{-\frac{a}{2}}{a}\right]=\frac{1}{3}$$

(3) 密度函数为

$$f(x)=F'(x)=\begin{cases}\dfrac{1}{\pi\sqrt{a^2-x^2}}, & -a<x<a \\ 0, & 其他\end{cases}$$

例 6 已知连续型随机变量 X 的概率密度为

$$f(x) = \begin{cases} 1+x, & -1 \leqslant x \leqslant 0 \\ 1-x, & 0 < x < 1, \quad \text{求 } D(X)。 \\ 0, & \text{其他} \end{cases}$$

解 $E(X) = \int_{-\infty}^{+\infty} x f(x) \mathrm{d}x = \int_{-1}^{0} x(1+x) \mathrm{d}x + \int_{0}^{1} x(1-x) \mathrm{d}x = 0$

$E(X^2) = \int_{-\infty}^{+\infty} x^2 f(x) \mathrm{d}x = \int_{-1}^{0} x^2(1+x) \mathrm{d}x + \int_{0}^{1} x^2(1-x) \mathrm{d}x$

$\qquad = 2 \int_{0}^{1} x^2(1-x) \mathrm{d}x = \dfrac{1}{6}$

于是 $\qquad\qquad D(x) = E(X^2) - [E(X)]^2 = \dfrac{1}{6}$

例 7 从某厂生产的滚珠中随机抽取 10 个,测的滚珠的直径(单位:毫米)如下:

14.6　15.0　14.7　15.1　14.9　14.8　15.0　15.1　15.2　14.8

若滚珠直径服从正态分布 $N(\mu, \sigma^2)$,求下列两种情形下滚珠直径方差 σ^2 的置信度为 95% 的置信区间。

解 (1)由 $1-\alpha = 0.95$,得 $\alpha = 0.05$,$\dfrac{\alpha}{2} = 0.025$,$1 - \dfrac{\alpha}{2} = 0.975$,自由度为 $n = 10$,查 χ^2 分布表知,$\chi^2_{0.025}(10) = 20.483$,$\chi^2_{0.975}(10) = 3.247$,则 σ^2 的置信度为 95% 的置信区间为 $(0.016\,6, 0.104\,7)$。

(2) 由样本计算可得 $s^2 = 0.037\,3$,又由 $1 - \alpha = 0.95$,得 $\alpha = 0.05$,$\dfrac{\alpha}{2} = 0.025$,

$1 - \dfrac{\alpha}{2} = 0.975$,自由度为 $n - 1 = 10 - 1 = 9$,查 χ^2 分布上侧分位数表知,$\chi^2_{0.025}(9) = 19.023$,$\chi^2_{0.975}(9) = 2.700$,则此时 σ^2 的置信度为 95% 的置信区间为 $(0.017\,6, 0.124\,3)$。

例 8 某洗衣粉包装机,在正常情况下,每袋标准重量为 1 000 克,标准差 α 不能超过 15 克,假设每袋洗衣粉的净重服从正态分布,某天为检查机器工作是否正常,从已装好的袋中,随机抽取 10 袋检查,测得净重分别为

1 048　1 020　1 030　968　994　1 014　998　976　982　950

问:这天机器工作是否正常?($\alpha = 0.05$)

解 设 X 为洗衣粉净重,由题设 $X \sim N(\mu, \alpha^2)$。

(1) $H_0: \mu = 1\,000$,$H_1: \mu \neq 1\,000$。

取统计量 $T = \dfrac{\overline{X} - 1\,000}{\dfrac{s}{\sqrt{10}}}$,当 H_0 成立时,查 t 分布表得:$t_\alpha(n-1) = t_{0.05}(9) = 2.262$

于是得 H_0 的拒绝区域为 $\qquad T < -2.262$ 或 $T > 2.261$

由样本数据计算 T 的观测值为 $T = \dfrac{\overline{X} - 1\,000}{\dfrac{s}{\sqrt{10}}} - 2.09$,不在 H_0 的拒绝域内,即落在

H_0 的接受域,从而可以认为 $\mu = 1\,000$。

(2) $H_0: \sigma^2 \leqslant 15^2$,$H_1: \sigma^2 \geqslant 15^2$。

对于 $\alpha = 0.05$,查 χ^2 分布表得 $\chi^2_{0.05}(9) = 16.916$,于是 H_0 的拒绝区域为

$$W = \frac{(n-1)s^2}{\sigma_0^2} > 16.916$$

由样本数据计算 W 的观测值

$$W = \frac{(10-1) \cdot 32 \cdot 23^2}{15^2} = 36.554 > 16.916$$

故拒绝 H_0，可以认为包装机在这天工作不正常，应做调整。

本章知识结构

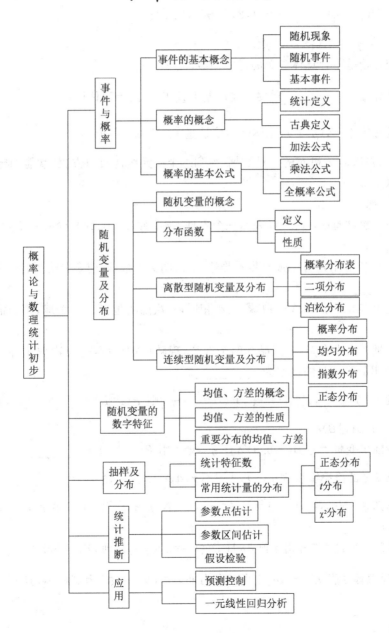

复习题八

1. 判断题

(1) 事件{一个月有三十天}是随机事件。（　　）

(2) 若 $A \cap B = \varnothing$，则称 A 与 B 互为对立事件。（　　）

(3) 事件 A 的概率 $P(A)$ 的取值范围是 $[0,1]$。（　　）

(4) $P(A \cup B) = P(A) + P(B)$。（　　）

(5) 设 $P(\xi = k) = \dfrac{1}{k}(k = 1, 2, \cdots, n)$，则 $E(\xi) = \eta$。（　　）

(6) $E(\xi \cdot \eta) = E(\xi) \cdot E(\eta)$。（　　）

(7) 统计量是不含总体参数的样本函数。（　　）

(8) 统计量 $S^2 = \dfrac{1}{n-1}\sum\limits_{i=1}^{n}(\xi_i - \bar{\xi})^2$ 是方差 $D(\xi)$ 的无偏估计量。（　　）

(9) 设总体 $\xi \sim N(\mu, \sigma^2)$，总体样本统计量 $\dfrac{\bar{\xi} - \mu}{S}\sqrt{n} \sim N(0,1)$。（　　）

(10) 只要依据 x 和 y 的 n 对数据，得到一个一元线性回归方程，就能判定 x 和 y 存在线性相关关系。（　　）

2. 填空题

(1) 在一次试验中，A、B、C 表示三个事件，则事件{A、B、C 至少有一个发生}可表示为_____。

(2) 10 张奖券中含有 3 张中奖的奖券，每人购买 1 张，则前 3 个购买者恰有 1 人中奖的概率为_____。

(3) 袋中有 5 个黑球、3 个白球，大小相同，一次随机地摸出 4 个球，其中恰有 3 个白球的概率为_____。

(4) 一批产品中有 10 个正品和两个次品，现随机抽取两次，每次取 1 件，取后放回，则第二次取出的是正品的概率为_____。

(5) 设 $P(A) = \dfrac{1}{2}, P(B) = \dfrac{1}{3}, P(AB) = \dfrac{1}{4}$，则 $P(A|B) = $_____，$P(B|A) = $_____，$P(A \cup B) = $_____。

(6) 设随机变量 $\xi \sim B(3, 0.3)$，且 $\eta = \xi^2$，则 $P(\eta = 4) = $_____。

(7) 已知 ξ 的概率密度为 $f(x)$，$\int_{-\infty}^{k} f(x)\mathrm{d}x = a$，则 $P(\xi \geqslant k) = $_____。

(8) 已知 $\xi \sim N(0,1)$，$\Phi(x) = P(\xi < x)$，$\eta \sim N(\mu, \sigma^2)$，用 $\Phi(x)$ 表示 $P(a \leqslant \eta \leqslant b)$，则 $P(a \leqslant \eta \leqslant b) = $_____。

(9) 设随机变量 ξ 与 η 相互独立，且 $D(\xi) = 2, D(\eta) = 1$，则 $D(\xi - 2\eta + 3) = $_____。

(10) 设总体 ξ 服从 $[-a, a]$ 上的均匀分布，$(\xi_1, \xi_2, \cdots, \xi_n)$ 为其样本，且 $\bar{\xi} = \dfrac{1}{n}\sum\limits_{i=1}^{n}\xi_i$，则 $E(\bar{\xi}) = $_____。

3. 选择题

(1) 事件 $\overline{A_1 A_2 A_3}$ 表示事件 A_1, A_2, A_3，（　　）。

A. 恰有一个不发生　　　　　　　　B. 至少有一个不发生

C.至少有一个发生　　　　　　　　　　　　　　　D.都不发生

(2) 每次试验的成功率为 p,则在 3 次重复试验中至少失败 1 次的概率为(　　)。

A.$1-p^3$　　　　　　　　　　　　　　　　　　B.$(1-p)^3$

C.$3(1-p)$　　　　　　　　　　　　　　　　　D.$(1-p)^3+p(1-p)+p^2(1-p)$

(3) 同时抛掷 3 枚均匀的硬币,则至多有 1 枚正面向上的概率为(　　)。

A.0.5　　　　　　　B.0.25　　　　　　C.0.125　　　　　　D.0.375

(4) 若 $P(A)=\dfrac{1}{2}$,$P(B)=\dfrac{1}{3}$,$P(B|A)=\dfrac{2}{3}$,则 $P(A|B)$ 等于(　　)。

A.1　　　　　　B.0　　　　　　C.$\dfrac{1}{6}$　　　　　　D.$\dfrac{2}{3}$

(5) 若一批产品分为一、二等品及不合格品,其比例为 $5:3:2$,从中任取一件产品,检验合格,则该产品为一等品的概率是(　　)。

A.$\dfrac{1}{2}$　　　　　　B.$\dfrac{3}{10}$　　　　　　C.$\dfrac{5}{8}$　　　　　　D.$\dfrac{4}{5}$

(6) 设随机变量 ξ 的分布列为

ξ	-1	2	5
P	0.2	0.35	0.45

则 $P(\{-2<\xi\leqslant4\}-\{\xi>2\})=(\quad)$。

A.0　　　　　　B.0.2　　　　　　C.0.35　　　　　　D.0.55

(7) 函数 $f(x)=\begin{cases}kx, & x\in[0,2]\\ 0, & 其他\end{cases}$ 是一随机变量的密度函数,则 k 应取(　　)。

A.-1　　　　　　B.2　　　　　　C.$\dfrac{1}{2}$　　　　　　D.1

(8) 设 ξ 为随机变量,其方差存在,c 为任意非零常数,则下列等式中正确的是(　　)。

A.$D(\xi+c)=D(\xi)$　　　　　　　　　　　　B.$D(\xi+c)=D(\xi)+c$

C.$D(\xi-c)=D(\xi)-c$　　　　　　　　　　　D.$D(c\xi)=cD(\xi)$

(9) 设 $\xi\sim B(n,p)$,$E(\xi)=2.4$,$D(\xi)=1.44$,则 r,p 的值为(　　)。

A.$n=4,p=0.6$　　　　　　　　　　　　　　B.$n=6,p=0.4$

C.$n=8,p=0.3$　　　　　　　　　　　　　　D.$n=24,p=0.1$

(10) 设总体 $\xi\sim N(\mu,\sigma^2)$,σ^2 未知,且$(\xi_1,\xi_2,\cdots,\xi_n)$为其样本,$\bar{\xi}$ 为样本均值,S 为样本标准差,则对于假设检验问题 $H_0:\mu=\mu_0$,应选用的统计量是(　　)。

A.$\dfrac{\bar{\xi}-\mu_0}{S/\sqrt{n}}$　　　　　B.$\dfrac{\bar{\xi}-\mu_0}{\sigma/\sqrt{n-1}}$　　　　　C.$\dfrac{\bar{\xi}-\mu_0}{S/\sqrt{n-1}}$　　　　　D.$\dfrac{\bar{\xi}-\mu_0}{\sigma/\sqrt{n}}$

4. 计算题

(1) 5 个零件,已知其中混入了两个不合格品,现从中任取两个,求 1 个是合格品、另 1 个是不合格品的概率。

(2) 有 50 件产品,其中有 5 件不合格品,从中连续抽取两次。

① 若取后不放回,求两次都取得合格品的概率;

② 若取后放回,求两次都取得合格品的概率。

(3) 袋中有两个红球,13 个白球,从中任取 3 个,ξ 表示所取 3 个球中红球的个数,试求 ξ 的分布列。

(4) 设 ξ,η 相互独立,且分布列分别为

ξ	0	1
P_k	$\frac{1}{2}$	$\frac{1}{2}$

η	0	1	2
P_k	$\frac{1}{2}$	$\frac{1}{3}$	$\frac{1}{6}$

求:①$\xi+\eta$ 的分布列;②$E(\xi \cdot \eta)$。

(5) 设随机变量 ξ 的密度函数为

$$f(x) = \begin{cases} Ce^{-x}, & x \geqslant 0 \\ 0, & x < 0 \end{cases}$$

求:① 常数 C; ②$P(1<\xi<2)$; ③$E(\xi)$; ④$D(\xi)$。

(6) 设总体 $\xi \sim U(\theta,2\theta)$,其中 $\theta>0$ 是未知参数,且 $(\xi_1,\xi_2,\cdots,\xi_n)$ 为其样本,$\bar{\xi}$ 为样本均值,证明 $\hat{\theta}=\frac{2}{3}\bar{\xi}$ 是参数 θ 的无偏估计。

(7) 设总体 ξ 服从 $(0,\theta)$ 上的均匀分布,现从中抽取容量为 9 的样本,其观察值如下:

76 94 85 81 82 77 79 77 78

试求 θ 的点估计值。

(8) 某工厂生产一种零件,其口径 ξ(单位:毫米)服从正态分布 $N(\mu,\sigma^2)$,现从某日生产的零件中随机抽取 9 个,分别测得其口径如下:

14.6 14.7 15.1 14.9 14.8 15.0 15.1 15.2 14.7

① 计算样本均值 $\bar{X}$;

② 已知零件口径 ξ 的标准差 $\sigma=0.15$,求 μ 的置信度为 0.95 的置信区间。

(9) 根据长期经验和资料的分析,某砖瓦厂生产砖的"抗断强度"ξ 服从正态分布,方差 $\sigma^2=1.21$。从该厂产品中随机抽取 6 块,测得抗断强度如下(单位:千克/厘米²):

32.56 29.66 31.64 30.00 31.87 31.03

检验这批砖的平均抗断强度为 32.50 千克/厘米² 是否成立。($\alpha=0.05$)

(10) 在某种产品表面进行腐蚀刻线试验,得到腐蚀深度 y 与腐蚀时间 t 之间对应的一组数据如表 8-18 所示。

表 8-18

时间 t(秒)	5	10	15	20	30	40	50	60	70	90	120
深度 y(μm)	6	10	10	13	16	17	19	23	25	29	46

试求腐蚀深度 y 对腐蚀时间 t 的回归直线方程。

参 考 文 献

[1] 刘群,杜瑞燕.经济数学——微积分[M].北京:清华大学出版社,2011.

[2] 龚德恩.经济数学基础(第二分册:线性代数)[M].成都:四川人民出版社,2005.

[3] 朱泰英.高等数学学习指导:经管类(上、下册)[M].上海:复旦大学出版社,2009.

[4] 周誓达.线性代数与线性规划[M].北京:中国人民大学出版社,2006.

[5] 张国玳.高等数学学习指导[M].北京:机械工业出版社,2003.

[6] 李小刚,刘吉定,杨建华,罗进.线性代数及其应用[M].北京:科学出版社,2006.

[7] 刘晓石,陈鸿建,何腊梅.概率论与数理统计[M].北京:科学出版社,2000.

[8] 林文浩.概率论与数理统计[M].厦门:厦门大学出版社,2002.

[9] 李尚志.线性代数[M].北京:高等教育出版社,2006.

[10] 何英凯,郑佳.应用数学——微积分[M].北京:中国商业出版社,2017.

[11] 郑佳,李秀玲.应用数学——微积分教学辅导书[M].北京:中国商业出版社,2017.

[12] 王慧敏,曹忠威.应用数学——概率论与数理统计[M].北京:中国商业出版社,2014.

[13] 李秀玲,刘丽梅.应用数学——线性代数[M].北京:中国商业出版社,2017.

[14] 李秀玲,刘丽梅.应用数学——线性代数教学辅导书[M].北京:中国商业出版社,2017.

附录 A　泊松(Poisson)分布表

$$p(\xi \geqslant c) = \Phi(x) = \sum_{k=c}^{\infty} \frac{\lambda^k}{k!} e^{-\lambda}$$

$c\diagdown\lambda$	0.001	0.002	0.003	0.004	0.005	0.006	0.007	0.008	0.009	0.010
0	1.000 000 0	1.000 000 0	1.000 000 0	1.000 000 0	1.000 000 0	1.000 000 0	1.000 000 0	1.000 000 0	1.000 000 0	1.000 000 0
1	0.000 999 5	0.001 998 0	0.002 995 5	0.003 992 0	0.004 987 5	0.005 982 0	0.006 975 6	0.007 968 1	0.008 959 6	0.009 950 2
2	0.000 000 5	0.000 002 0	0.000 004 5	0.000 008 0	0.000 012 5	0.000 017 9	0.000 024 4	0.000 031 8	0.000 040 3	0.000 049 7
3							0.000 000 1	0.000 000 1	0.000 000 1	0.000 000 2

$c\diagdown\lambda$	0.02	0.03	0.04	0.05	0.06	0.07	0.08	0.09	0.10	0.11
0	1.000 000 0	1.000 000 0	1.000 000 0	1.000 000 0	1.000 000 0	1.000 000 0	1.000 000 0	1.000 000 0	1.000 000 0	1.000 000 0
1	0.019 801 3	0.029 554 5	0.039 210 6	0.048 770 6	0.058 235 5	0.067 606 2	0.076 883 7	0.086 068 8	0.095 162 6	0.104 165 9
2	0.000 197 3	0.000 441 1	0.000 779 0	0.001 209 1	0.001 729 6	0.002 338 6	0.003 034 3	0.003 815 0	0.004 678 8	0.005 624 1
3	0.000 001 3	0.000 004 4	0.000 010 4	0.000 020 1	0.000 034 4	0.000 054 2	0.000 080 4	0.000 113 6	0.000 154 7	0.000 204 3
4		0.000 000 1	0.000 000 3	0.000 000 5	0.000 000 9	0.000 001 6	0.000 002 5	0.000 003 3		0.000 005 6
5										0.000 000 1

$c\diagdown\lambda$	0.12	0.13	0.14	0.15	0.16	0.17	0.18	0.19	0.20	0.21
0	1.000 000 0	1.000 000 0	1.000 000 0	1.000 000 0	1.000 000 0	1.000 000 0	1.000 000 0	1.000 000 0	1.000 000 0	1.000 000 0
1	0.113 079 6	0.121 904 6	0.130 641 8	0.139 292 0	0.147 856 2	0.156 335 2	0.164 729 8	0.173 040 9	0.181 269 2	0.189 415 8
2	0.006 649 1	0.007 752 2	0.008 931 6	0.010 185 8	0.011 513 2	0.012 912 2	0.014 381 2	0.015 918 7	0.017 523 1	0.019 193 1
3	0.000 263 3	0.000 332 3	0.000 411 9	0.000 502 9	0.000 605 8	0.000 721 2	0.000 849 8	0.000 992 0	0.001 148 5	0.001 319 7
4	0.000 007 9	0.000 010 7	0.000 014 3	0.000 018 7	0.000 024 0	0.000 030 4	0.000 037 9	0.000 046 7	0.000 056 3	0.000 068 5
5	0.000 000 2	0.000 000 3	0.000 000 4	0.000 000 6	0.000 000 8	0.000 001 0	0.000 001 4	0.000 001 8	0.000 002 3	0.000 002 9
6								0.000 000 1	0.000 000 1	0.000 000 1

$c\diagdown\lambda$	0.22	0.23	0.24	0.25	0.26	0.27	0.28	0.29	0.30	0.40
0	1.000 000 0	1.000 000 0	1.000 000 0	1.000 000 0	1.000 000 0	1.000 000 0	1.000 000 0	1.000 000 0	1.000 000 0	1.000 000 0
1	0.197 481 2	0.205 466 4	0.213 372 1	0.221 199 2	0.228 948 4	0.236 620 5	0.244 216 3	0.251 763 4	0.259 181 8	0.329 680 0
2	0.020 927 1	0.022 723 7	0.024 581 5	0.026 499 0	0.028 475 0	0.030 508 0	0.032 596 8	0.034 740 0	0.036 936 3	0.061 551 9
3	0.001 506 0	0.001 708 3	0.001 926 6	0.002 161 5	0.002 413 5	0.002 682 9	0.002 970 1	0.003 275 5	0.003 599 5	0.007 926 3
4	0.000 081 9	0.000 097 1	0.000 114 2	0.000 133 4	0.000 154 8	0.000 178 0	0.000 204 4	0.000 233 9	0.000 265 8	0.000 776 3
5	0.000 003 6	0.000 004 4	0.000 005 4	0.000 006 6	0.000 008 0	0.000 009 6	0.000 011 3	0.000 013 4	0.000 015 8	0.000 061 2
6	0.000 000 1	0.000 000 2	0.000 000 2	0.000 000 3	0.000 000 3	0.000 000 4	0.000 000 5	0.000 000 6	0.000 000 8	0.000 004 0
7										0.000 000 2

$c\diagdown\lambda$	0.5	0.6	0.7	0.8	0.9	1.0	1.1	1.2	1.3	1.4
0	1.000 000 0	1.000 000 0	1.000 000 0	1.000 000 0	1.000 000 0	1.000 000 0	1.000 000 0	1.000 000 0	1.000 000 0	1.000 000 0
1	0.393 469	0.451 188	0.503 415	0.550 671	0.593 430	0.632 121	0.667 129	0.698 806	0.727 468	0.753 403
2	0.090 204	0.121 901	0.155 805	0.191 208	0.227 518	0.264 241	0.300 971	0.337 373	0.373 177	0.408 167
3	0.014 388	0.023 115	0.034 142	0.047 423	0.062 857	0.080 301	0.099 584	0.120 513	0.142 888	0.166 502

续表

c \ λ	0.5	0.6	0.7	0.8	0.9	1.0	1.1	1.2	1.3	1.4
4	0.001 752	0.003 358	0.005 573	0.009 080	0.013 459	0.018 988	0.025 742	0.033 769	0.043 095	0.053 725
5	0.000 172	0.000 394	0.000 786	0.001 411	0.002 344	0.003 660	0.005 435	0.007 746	0.010 663	0.014 253
6	0.000 014	0.000 039	0.000 090	0.000 184	0.000 343	0.000 594	0.000 968	0.001 500	0.002 231	0.003 201
7	0.000 001	0.000 003	0.000 009	0.000 021	0.000 043	0.000 083	0.000 149	0.000 251	0.000 404	0.000 622
8			0.000 001	0.000 002	0.000 005	0.000 010	0.000 020	0.000 037	0.000 064	0.000 107
9						0.000 001	0.000 002	0.000 005	0.000 009	0.000 016
10								0.000 001	0.000 001	0.000 002

c \ λ	1.5	1.6	1.7	1.8	1.9	2.0	2.1	2.2	2.3	2.4
0	1.000 000 0	1.000 000 0	1.000 000 0	1.000 000 0	1.000 000 0	1.000 000 0	1.000 000 0	1.000 000 0	1.000 000 0	1.000 000 0
1	0.776 870	0.798 103	0.817 316	0.834 701	0.850 431	0.864 665	0.877 544	0.889 197	0.899 741	0.909 282
2	0.442 175	0.475 069	0.506 754	0.537 163	0.566 251	0.593 994	0.620 385	0.645 430	0.669 146	0.691 559
3	0.191 153	0.216 642	0.242 777	0.269 379	0.296 280	0.323 324	0.350 369	0.377 286	0.403 961	0.430 291
4	0.064 642	0.078 813	0.093 189	0.108 703	0.125 298	0.142 877	0.161 357	0.180 648	0.200 653	0.221 277
5	0.018 576	0.023 682	0.029 615	0.036 407	0.044 081	0.052 653	0.062 126	0.072 496	0.083 751	0.095 869
6	0.004 456	0.006 040	0.007 999	0.010 378	0.013 219	0.016 564	0.020 449	0.024 910	0.029 976	0.035 673
7	0.100 926	0.001 336	0.001 875	0.002 569	0.003 446	0.004 534	0.005 862	0.007 461	0.009 362	0.011 594
8	0.000 170	0.000 260	0.000 388	0.000 562	0.000 793	0.001 097	0.001 486	0.001 978	0.002 589	0.003 339
9	0.000 028	0.000 045	0.000 072	0.000 110	0.000 163	0.000 237	0.000 337	0.000 470	0.000 642	0.000 862
10	0.000 004	0.000 007	0.000 012	0.000 019	0.000 030	0.000 046	0.000 069	0.000 101	0.000 144	0.000 202
11	0.000 001	0.000 001	0.000 002	0.000 003	0.000 005	0.000 008	0.000 013	0.000 020	0.000 029	0.000 043
12					0.000 001	0.000 001	0.000 002	0.000 004	0.000 006	0.000 008
13								0.000 001	0.000 001	0.000 002

c \ λ	2.5	2.6	2.7	2.8	2.9	3.0	3.1	3.2	3.3	3.4
0	1.000 000 0	1.000 000 0	1.000 000 0	1.000 000 0	1.000 000 0	1.000 000 0	1.000 000 0	1.000 000 0	1.000 000 0	1.000 000 0
1	0.917 915	0.025 726	0.932 794	0.939 190	0.944 977	0.950 213	0.954 951	0.959 238	0.963 117	0.966 627
2	0.712 703	0.732 615	0.751 340	0.768 922	0.785 409	0.800 852	0.815 298	0.828 799	0.841 402	0.853 158
3	0.456 187	0.481 570	0.506 376	0.530 546	0.554 037	0.576 810	0.598 837	0.620 096	0.640 574	0.660 260
4	0.242 424	0.263 998	0.285 908	0.308 063	0.330 377	0.352 768	0.375 160	0.397 480	0.419 662	0.441 643
5	0.108 822	0.122 577	0.137 092	0.152 324	0.168 223	0.184 737	0.201 811	0.219 387	0.237 410	0.255 818
6	0.042 021	0.049 037	0.056 732	0.065 110	0.074 174	0.083 918	0.094 334	0.105 408	0.117 123	0.129 458
7	0.014 187	0.017 170	0.020 569	0.024 411	0.028 717	0.033 509	0.033 804	0.044 619	0.050 966	0.057 853
8	0.004 247	0.005 334	0.006 621	0.008 131	0.009 885	0.011 905	0.014 213	0.016 830	0.019 777	0.023 074
9	0.001 140	0.001 487	0.001 914	0.002 433	0.003 058	0.003 803	0.004 683	0.005 714	0.006 912	0.008 293
10	0.000 277	0.000 376	0.000 501	0.000 660	0.000 858	0.001 102	0.001 401	0.001 762	0.002 195	0.002 709
11	0.000 062	0.000 087	0.000 120	0.000 164	0.000 220	0.000 292	0.000 383	0.000 497	0.000 638	0.000 810
12	0.000 013	0.000 018	0.000 026	0.000 037	0.000 052	0.000 071	0.000 097	0.000 129	0.000 171	0.000 223
13	0.000 002	0.000 004	0.000 005	0.000 008	0.000 011	0.000 016	0.000 023	0.000 031	0.000 042	0.000 057
14		0.000 001	0.000 001	0.000 002	0.000 002	0.000 003	0.000 005	0.000 007	0.000 010	0.000 014
15						0.000 001	0.000 001	0.000 001	0.000 002	0.000 003
16										0.000 001

c＼λ	3.5	3.6	3.7	3.8	3.9	4.0	4.1	4.2	4.3	4.4
0	1.000 000 0	1.000 000 0	1.000 000 0	1.000 000 0	1.000 000 0	1.000 000 0	1.000 000 0	1.000 000 0	1.000 000 0	1.000 000 0
1	0.969 803	0.972 676	0.975 276	0.977 629	0.979 758	0.981 684	0.983 427	0.985 004	0.986 431	0.987 723
2	0.864 112	0.874 311	0.883 799	0.892 620	0.900 815	0.908 422	0.915 479	0.922 023	0.928 087	0.933 702
3	0.697 153	0.697 253	0.714 567	0.731 103	0.746 875	0.761 897	0.776 186	0.789 762	0.802 645	0.814 858
4	0.463 367	0.484 784	0.505 847	0.526 515	0.546 753	0.566 530	0.585 818	0.604 597	0.622 846	0.640 522
5	0.274 555	0.293 562	0.312 781	0.332 156	0.351 635	0.371 163	0.390 692	0.410 173	0.429 562	0.448 816
6	0.142 386	0.155 281	0.169 962	0.184 444	0.199 442	0.214 870	0.230 688	0.246 875	0.263 338	0.280 088
7	0.065 288	0.973 273	0.081 809	0.090 892	0.100 517	0.110 674	0.121 352	0.132 536	0.144 210	0.156 355
8	0.026 739	0.030 789	0.035 241	0.040 107	0.045 402	0.051 134	0.057 312	0.063 943	0.071 032	0.078 579
9	0.009 874	0.011 671	0.013 703	0.105 984	0.018 533	0.021 363	0.024 492	0.027 932	0.031 698	0.035 083
10	0.003 315	0.004 024	0.004 848	0.005 799	0.006 890	0.008 138	0.009 540	0.001 127	0.012 906	0.014 890
11	0.001 109	0.001 271	0.001 572	0.001 929	0.002 349	0.002 840	0.003 410	0.004 069	0.004 825	0.005 688
12	0.000 289	0.000 370	0.000 470	0.000 592	0.000 739	0.000 915	0.001 125	0.001 374	0.001 666	0.002 008
13	0.000 076	0.000 100	0.000 130	0.000 168	0.000 216	0.000 274	0.000 345	0.000 433	0.000 534	0.000 658
14	0.000 019	0.000 025	0.000 034	0.000 045	0.000 059	0.000 076	0.000 098	0.000 216	0.000 160	0.000 201
15	0.000 004	0.000 006	0.000 008	0.000 011	0.000 015	0.000 020	0.000 026	0.000 034	0.000 045	0.000 058
16	0.000 001	0.000 001	0.000 002	0.000 003	0.000 004	0.000 005	0.000 007	0.000 009	0.000 012	0.000 016
17				0.000 001	0.000 001	0.000 001	0.000 002	0.000 002	0.000 003	0.000 004
18									0.000 001	0.000 001

附录B 标准正态分布数值表

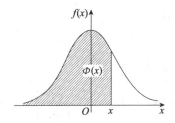

$$\Phi(x) = \int_{-\infty}^{x} \frac{1}{\sqrt{2\pi}} e^{\frac{u^2}{2}} du$$

x	0.00	0.01	0.02	0.03	0.04	0.05	0.06	0.07	0.08	0.09
0.0	0.500 0	0.504 0	0.508 0	0.512 0	0.516 0	0.519 9	0.523 9	0.527 9	0.531 9	0.535 9
0.1	0.539 8	0.543 8	0.547 8	0.551 7	0.555 7	0.559 6	0.563 6	0.567 5	0.571 4	0.575 3
0.2	0.579 3	0.583 2	0.587 1	0.591 0	0.594 8	0.598 7	0.602 6	0.606 4	0.610 3	0.614 1
0.3	0.617 9	0.621 7	0.625 5	0.629 3	0.633 1	0.636 8	0.640 6	0.644 3	0.648 0	0.651 7
0.4	0.655 4	0.659 1	0.662 8	0.666 4	0.670 0	0.673 6	0.677 2	0.680 8	0.684 4	0.687 9
0.5	0.691 5	0.695 0	0.698 5	0.701 9	0.705 4	0.708 8	0.712 3	0.715 7	0.719 0	0.722 4
0.6	0.725 7	0.729 1	0.732 4	0.735 7	0.738 9	0.742 2	0.745 4	0.748 6	0.751 7	0.754 9
0.7	0.758 0	0.761 1	0.764 2	0.767 3	0.770 3	0.773 4	0.776 4	0.779 4	0.782 3	0.785 2
0.8	0.788 1	0.791 0	0.793 9	0.796 7	0.799 5	0.802 3	0.805 1	0.807 8	0.810 6	0.813 3
0.9	0.815 9	0.818 6	0.821 2	0.823 8	0.826 4	0.828 9	0.831 5	0.834 0	0.836 5	0.883 9
1.0	0.841 3	0.843 8	0.846 1	0.848 5	0.850 8	0.853 1	0.855 4	0.857 7	0.859 9	0.862 1
1.1	0.864 3	0.866 5	0.868 6	0.870 8	0.872 9	0.874 9	0.877 0	0.879 0	0.881 0	0.883 0
1.2	0.884 9	0.886 9	0.888 8	0.890 7	0.892 5	0.894 4	0.896 2	0.898 0	0.899 7	0.901 5
1.3	0.903 2	0.904 9	0.906 6	0.908 2	0.909 9	0.911 5	0.913 1	0.914 7	0.916 2	0.917 7
1.4	0.919 2	0.920 7	0.922 2	0.923 6	0.925 1	0.926 5	0.927 9	0.929 2	0.930 6	0.931 9
1.5	0.933 2	0.934 5	0.935 7	0.937 0	0.938 2	0.939 4	0.940 6	0.941 8	0.943 0	0.944 1
1.6	0.945 2	0.946 3	0.947 4	0.948 4	0.949 5	0.950 5	0.951 5	0.952 5	0.953 5	0.954 5
1.7	0.955 4	0.956 4	0.957 3	0.958 2	0.959 1	0.959 9	0.960 8	0.961 6	0.962 5	0.963 3
1.8	0.964 1	0.964 8	0.965 6	0.966 4	0.967 1	0.967 8	0.968 6	0.969 3	0.970 0	0.970 6
1.9	0.971 3	0.971 9	0.972 6	0.973 2	0.973 8	0.974 4	0.975 0	0.975 6	0.976 2	0.976 7
2.0	0.977 2	0.977 8	0.978 3	0.978 8	0.979 3	0.979 8	0.980 3	0.980 8	0.981 2	0.981 7
2.1	0.982 1	0.982 6	0.983 0	0.983 4	0.983 8	0.984 2	0.984 6	0.985 0	0.985 4	0.985 7
2.2	0.986 1	0.986 4	0.986 8	0.987 1	0.987 5	0.987 8	0.988 1	0.988 4	0.988 7	0.989 0
2.3	0.989 3	0.989 6	0.989 8	0.990 1	0.990 4	0.990 6	0.990 9	0.991 1	0.991 3	0.991 6
2.4	0.991 8	0.992 0	0.992 2	0.992 5	0.992 7	0.992 9	0.993 1	0.993 2	0.993 4	0.993 6
2.5	0.993 8	0.994 0	0.994 1	0.994 3	0.994 5	0.994 6	0.994 8	0.994 9	0.995 1	0.995 2
2.6	0.995 3	0.995 5	0.995 6	0.995 7	0.995 9	0.996 0	0.996 1	0.996 2	0.996 3	0.996 4
2.7	0.996 5	0.996 6	0.996 7	0.996 8	0.996 9	0.997 0	0.997 1	0.997 2	0.997 3	0.997 4
2.8	0.997 4	0.997 5	0.997 6	0.997 7	0.997 7	0.997 8	0.997 9	0.997 9	0.998 0	0.998 1
2.9	0.998 1	0.998 2	0.998 2	0.998 3	0.998 4	0.998 4	0.998 5	0.998 5	0.998 6	0.998 6

x	0.0	0.1	0.2	0.3	0.4	0.5	0.6	0.7	0.8	0.9
3	0.998 7	0.999 0	0.999 3	0.999 5	0.999 7	0.999 8	0.999 8	0.999 9	0.999 9	1.000 0

附录 C χ^2 分布临界值表

$$P\{\chi^2(n) > \chi^2_\alpha(n)\} = \alpha$$

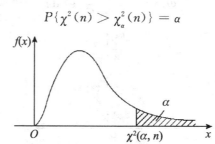

自由度 n	临界概率(α)及其相应的临界值											
	0.995	0.990	0.975	0.950	0.900	0.750	0.250	0.100	0.050	0.025	0.010	0.005
1			0.001	0.004	0.016	0.102	1.323	2.706	3.841	5.024	6.635	7.879
2	0.010	0.020	0.051	0.103	0.211	0.575	2.773	4.605	5.991	7.378	9.210	10.597
3	0.072	0.115	0.216	0.352	0.584	1.213	4.180	6.251	7.815	9.348	11.345	12.838
4	0.207	0.297	0.484	0.711	1.064	1.923	5.385	7.779	9.488	11.143	13.277	14.860
5	0.412	0.554	0.831	1.145	1.610	2.675	6.626	9.236	11.070	12.833	15.086	16.750
6	0.676	0.872	1.237	1.635	2.204	3.455	7.841	10.645	12.592	14.449	16.812	18.548
7	0.989	1.239	1.690	2.167	2.833	4.255	9.037	12.017	14.067	16.013	18.475	20.278
8	1.344	1.646	2.180	2.733	3.490	5.071	10.219	13.362	15.507	17.535	20.090	21.955
9	1.735	2.088	2.700	3.325	4.168	5.899	11.389	14.684	16.919	19.023	21.666	23.589
10	2.156	2.558	3.247	3.940	4.865	6.737	12.549	15.987	18.307	20.483	23.209	25.188
11	2.603	3.053	3.816	4.575	5.578	7.584	13.701	17.275	19.675	21.920	24.725	26.757
12	3.074	3.571	4.404	5.226	6.304	8.438	14.845	18.549	21.026	23.337	26.217	28.299
13	3.565	4.107	5.009	5.892	7.042	9.299	15.984	19.812	22.362	24.736	27.688	29.819
14	4.075	4.660	5.629	6.571	7.790	10.165	17.117	21.046	23.685	26.119	29.141	31.319
15	4.601	5.229	6.262	7.261	8.547	11.037	18.245	22.307	24.996	27.488	30.578	32.801
16	5.142	5.812	6.908	7.962	9.312	11.912	19.369	23.542	26.296	28.845	32.000	34.267
17	5.697	6.408	7.564	8.672	10.085	12.792	20.489	24.769	27.587	30.191	33.409	35.718
18	6.265	7.015	8.231	9.390	10.865	13.675	21.605	25.989	28.869	31.526	34.805	37.156
19	6.844	7.633	8.907	10.117	11.651	14.562	22.718	27.204	30.144	32.852	36.191	38.582
20	7.434	8.260	9.591	10.851	12.443	15.452	23.828	28.412	31.410	34.170	37.566	39.997
21	8.034	8.897	10.283	11.591	13.240	16.344	24.935	29.615	32.671	35.479	38.932	41.401
22	8.643	9.542	10.982	12.338	14.041	17.240	26.039	30.813	33.924	36.781	40.289	42.796
23	9.260	10.196	11.689	13.091	14.848	18.137	27.141	32.007	35.172	38.076	41.638	44.181
24	9.886	10.856	12.401	13.848	15.659	19.037	28.241	33.196	36.415	39.364	42.980	45.559
25	10.520	11.524	13.120	14.611	16.473	19.939	29.339	34.382	37.652	40.646	44.314	46.928
26	11.160	12.198	13.844	15.379	17.292	20.843	30.435	35.563	38.885	41.923	45.642	48.290
27	11.808	12.879	14.573	16.151	18.114	21.749	31.528	36.741	40.113	43.194	46.963	49.645
28	12.461	13.565	15.308	16.928	19.939	22.657	32.62	37.916	41.337	44.461	48.278	50.993
29	13.121	14.256	16.047	17.708	19.768	23.567	33.711	39.087	42.557	45.722	49.588	52.336
30	13.787	14.953	16.791	18.793	20.599	24.478	34.8	40.256	43.773	46.979	50.892	53.672
31	14.458	15.655	17.539	19.281	21.434	25.39	35.887	41.422	44.985	48.232	52.191	55.003
32	15.134	16.362	18.291	20.072	22.271	26.304	36.973	42.585	46.194	49.480	53.486	56.328
33	15.815	17.074	19.047	20.867	23.110	27.219	38.058	43.745	47.400	50.725	54.776	57.648
34	16.501	17.789	19.806	21.664	23.952	28.136	39.141	44.903	48.602	51.966	56.061	58.964
35	17.192	18.509	20.569	22.465	24.797	29.054	40.223	46.059	49.802	53.203	57.342	60.275
36	17.887	19.233	21.336	23.269	25.643	29.973	41.304	47.212	50.998	54.437	58.619	61.581
37	18.586	19.960	22.106	24.075	26.492	30.893	42.383	48.363	52.192	55.668	59.892	62.883
38	19.289	20.691	22.878	24.884	27.343	31.815	43.462	49.513	53.384	56.896	61.162	64.181
39	19.996	21.426	23.654	25.695	28.196	32.737	44.539	50.660	54.572	58.120	62.428	65.476
40	20.707	22.164	24.433	26.509	29.051	33.66	45.616	51.805	55.758	59.342	63.691	66.766

附录 D　t 分布临界值表

$$P\{t(n) > t_a(n)\} = \alpha$$

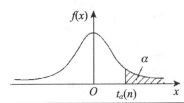

自由度 n	临界概率(α)及其相应的临界值				
	0.10	0.05	0.025	0.01	0.005
1	3.077 7	6.313 8	12.706 2	31.082 07	63.657 4
2	1.885 6	2.920 0	4.302 7	6.964 6	9.924 8
3	1.637 7	2.353 4	3.182 4	4.540 7	5.840 9
4	1.533 2	2.131 8	2.776 4	3.746 9	4.604 1
5	1.475 9	2.015 0	2.570 6	3.364 9	4.032 2
6	1.439 8	1.943 2	2.446 9	3.142 7	3.707 4
7	1.414 9	1.794 6	2.364 6	2.998 0	3.499 5
8	1.396 8	1.859 5	2.306 0	2.896 5	3.355 4
9	1.383 0	1.833 1	2.262 2	2.821 4	3.249 8
10	1.372 2	1.812 5	2.228 1	2.763 8	3.169 3
11	1.363 4	1.795 9	2.201	2.718 1	3.105 8
12	1.356 2	1.782 3	2.178 8	2.681	3.054 5
13	1.350 2	1.770 9	2.160 4	2.650 3	3.012 3
14	1.345 0	1.761 3	2.144 8	2.624 5	2.976 8
15	1.340 6	1.753 1	2.131 5	2.602 5	2.946 7
16	1.336 8	1.745 9	2.119 9	2.583 5	2.920 8
17	1.333 4	1.739 6	2.109 8	2.566 9	2.898 2
18	1.330 4	1.734 1	2.100 9	2.552 4	2.878 4
19	1.327 7	1.729 1	2.093 0	2.539 5	2.860 9
20	1.325 3	1.724 7	2.086 0	2.528 0	2.845 3
21	1.323 2	1.720 7	2.079 6	2.517 7	2.831 4
22	1.321 2	1.717 1	2.073 9	2.508 3	2.818 8
23	1.319 5	1.713 9	2.068 7	2.499 9	2.807 3
24	1.317 8	1.710 9	2.063 9	2.492 2	2.796 9
25	1.316 3	1.708 1	2.059 5	2.485 1	2.787 4
26	1.315 0	1.705 6	2.055 5	2.478 6	2.778 7
27	1.313 7	1.703 3	2.051 8	2.472 7	2.770 7
28	1.312 5	1.701 1	2.048 4	2.467 1	2.763 3
29	1.311 4	1.699 1	2.045 2	2.462	2.756 4
30	1.310 4	1.697 3	2.042 3	2.457 3	2.750 0
31	1.309 5	1.695 5	2.039 5	2.452 8	2.744 0
32	1.308 6	1.693 9	2.036 9	2.448 7	2.738 5
33	1.307 7	1.692 4	2.034 5	2.444 8	2.733 3

续表

自由度 *n*	临界概率(α)及其相应的临界值				
	0.10	0.05	0.025	0.01	0.005
34	1.307 0	1.690 9	2.032 2	2.441 1	2.728 4
35	1.306 2	1.689 6	2.030 1	2.437 7	2.723 8
36	1.305 5	1.688 3	2.028 1	2.434 5	2.719 5
37	1.304 9	1.687 1	2.026 2	2.431 4	2.715 4
38	1.304 2	1.686 0	2.024 4	2.428 6	2.711 6
39	1.303 6	1.684 9	2.022 7	2.425 8	2.707 9
40	1.303 1	1.683 9	2.021 1	2.423 3	2.704 5
41	1.302 5	1.682 9	2.019 5	2.420 8	2.701 2
42	1.302 0	1.682 0	2.018 1	2.418 5	2.698 1
43	1.301 6	1.681 1	2.016 7	2.416 3	2.695 1
44	1.301 1	1.680 2	2.015 4	2.414 1	2.692 3
45	1.300 6	1.679 4	2.014 1	2.412 1	3.689 6

附录 E　F 分布临界值表

$$P\{F(m,n) > F_\alpha(m,n)\} = \alpha$$

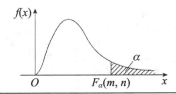

$\alpha = 0.10$

$\frac{m}{n}$	1	2	3	4	5	6	7	8	9
1	39.86	49.5	53.59	55.83	57.24	58.2	58.91	59.44	59.86
1	8.53	9.00	9.16	9.24	9.29	9.33	9.35	9.37	9.38
3	5.54	5.45	5.39	5.34	5.31	5.28	5.27	5.25	5.24
4	4.54	4.32	4.19	4.11	4.05	4.01	3.98	3.95	3.94
5	4.06	3.78	3.62	3.52	3.45	3.40	3.37	3.34	3.32
6	3.78	3.46	3.29	3.18	3.11	3.05	3.01	2.98	2.96
7	3.59	3.26	3.07	2.96	2.88	2.83	2.78	2.75	2.72
8	3.46	3.11	2.92	2.81	2.73	2.67	2.62	2.59	2.56
9	3.36	3.01	2.81	2.69	2.61	2.55	2.51	2.47	2.44
10	3.28	2.92	2.73	2.61	2.52	2.46	2.41	2.38	2.35
11	3.23	2.86	2.66	2.54	2.45	2.39	2.34	2.3	2.27
12	3.18	2.81	2.61	2.48	2.39	2.33	2.28	2.24	2.21
13	3.14	2.76	2.56	2.43	2.35	2.28	2.23	2.2	2.16
14	3.10	2.73	2.52	2.39	2.31	2.24	2.19	2.15	2.12
15	3.07	2.70	2.49	2.36	2.27	2.21	2.16	2.12	2.09
16	3.05	2.67	2.46	2.33	2.24	2.18	2.13	2.09	2.06
17	3.03	2.64	2.44	2.31	2.22	2.15	2.10	2.06	2.03
18	3.01	2.62	2.42	2.29	2.20	2.13	2.08	2.04	2.00
19	2.99	2.61	2.4	2.27	2.18	2.11	2.06	2.02	1.98
20	2.97	2.59	2.38	2.25	2.16	2.09	2.04	2.00	1.96
21	2.96	2.57	2.36	2.23	2.14	2.08	2.02	1.98	1.95
22	2.95	2.56	2.35	2.22	2.13	2.06	2.01	1.97	1.93
23	2.94	2.55	2.34	2.21	2.11	2.05	1.99	1.95	1.92
24	2.93	2.54	2.33	2.19	2.10	2.04	1.98	1.94	1.91
25	2.92	2.53	2.32	2.18	2.09	2.02	1.97	1.93	1.89
26	2.91	2.52	2.31	2.17	2.08	2.01	1.96	1.92	1.88
27	2.90	2.51	2.30	2.17	2.07	2.00	1.95	1.91	1.87
28	2.89	2.50	2.29	2.16	2.06	2.00	1.94	1.90	1.87
29	2.89	2.50	2.28	2.15	2.06	1.99	1.93	1.89	1.86
30	2.88	2.49	2.28	2.14	2.05	1.98	1.93	1.88	1.85
40	2.84	2.44	2.23	2.09	2.00	1.93	1.87	1.83	1.79
60	2.79	2.39	2.18	2.04	1.95	1.87	1.82	1.77	1.74
120	2.75	2.35	2.13	1.99	1.90	1.82	1.77	1.72	1.68
∞	2.71	2.30	2.08	1.94	1.85	1.77	1.72	1.67	1.63

<table>
<tr><th colspan="11">α＝0.10</th></tr>
<tr><th>n\m</th><th>10</th><th>12</th><th>15</th><th>20</th><th>24</th><th>30</th><th>40</th><th>60</th><th>120</th><th>∞</th></tr>
<tr><td>1</td><td>60.19</td><td>60.71</td><td>61.22</td><td>61.74</td><td>62</td><td>62.26</td><td>62.53</td><td>62.79</td><td>63.06</td><td>63.33</td></tr>
<tr><td>2</td><td>9.39</td><td>9.41</td><td>9.42</td><td>9.44</td><td>9.45</td><td>9.46</td><td>9.47</td><td>9.47</td><td>9.48</td><td>9.49</td></tr>
<tr><td>3</td><td>5.23</td><td>5.22</td><td>5.20</td><td>5.18</td><td>5.18</td><td>5.17</td><td>5.16</td><td>5.15</td><td>5.14</td><td>5.13</td></tr>
<tr><td>4</td><td>3.92</td><td>3.90</td><td>3.87</td><td>3.84</td><td>3.83</td><td>3.82</td><td>3.80</td><td>3.79</td><td>3.78</td><td>3.76</td></tr>
<tr><td>5</td><td>3.30</td><td>3.27</td><td>3.24</td><td>3.21</td><td>3.19</td><td>3.17</td><td>3.16</td><td>3.14</td><td>3.12</td><td>3.10</td></tr>
<tr><td>6</td><td>2.94</td><td>2.90</td><td>2.87</td><td>2.84</td><td>2.82</td><td>2.80</td><td>2.78</td><td>2.76</td><td>2.74</td><td>2.72</td></tr>
<tr><td>7</td><td>2.70</td><td>2.67</td><td>2.63</td><td>2.59</td><td>2.58</td><td>2.56</td><td>2.54</td><td>2.51</td><td>2.49</td><td>2.47</td></tr>
<tr><td>8</td><td>2.54</td><td>2.50</td><td>2.46</td><td>2.42</td><td>2.40</td><td>2.38</td><td>2.36</td><td>2.34</td><td>2.32</td><td>2.29</td></tr>
<tr><td>9</td><td>2.42</td><td>2.38</td><td>2.34</td><td>2.30</td><td>2.28</td><td>2.25</td><td>2.23</td><td>2.21</td><td>2.18</td><td>1.16</td></tr>
<tr><td>10</td><td>2.32</td><td>2.28</td><td>2.24</td><td>2.20</td><td>2.18</td><td>2.16</td><td>2.13</td><td>2.11</td><td>2.08</td><td>2.06</td></tr>
<tr><td>11</td><td>2.25</td><td>2.21</td><td>2.17</td><td>2.12</td><td>2.10</td><td>2.08</td><td>2.05</td><td>2.03</td><td>2.00</td><td>1.97</td></tr>
<tr><td>12</td><td>2.19</td><td>2.15</td><td>2.10</td><td>2.06</td><td>2.04</td><td>2.01</td><td>1.99</td><td>1.96</td><td>1.93</td><td>1.90</td></tr>
<tr><td>13</td><td>2.14</td><td>2.10</td><td>2.05</td><td>2.01</td><td>1.98</td><td>1.96</td><td>1.93</td><td>1.9</td><td>1.88</td><td>1.85</td></tr>
<tr><td>14</td><td>2.10</td><td>2.05</td><td>2.01</td><td>1.96</td><td>1.94</td><td>1.91</td><td>1.89</td><td>1.86</td><td>1.83</td><td>1.80</td></tr>
<tr><td>15</td><td>2.06</td><td>2.02</td><td>1.97</td><td>1.92</td><td>1.90</td><td>1.87</td><td>1.85</td><td>1.82</td><td>1.79</td><td>1.76</td></tr>
<tr><td>16</td><td>2.03</td><td>1.99</td><td>1.94</td><td>1.89</td><td>1.87</td><td>1.84</td><td>1.81</td><td>1.78</td><td>1.75</td><td>1.72</td></tr>
<tr><td>17</td><td>2.00</td><td>1.96</td><td>1.91</td><td>1.86</td><td>1.84</td><td>1.81</td><td>1.78</td><td>1.75</td><td>1.72</td><td>1.69</td></tr>
<tr><td>18</td><td>1.98</td><td>1.93</td><td>1.89</td><td>1.84</td><td>1.81</td><td>1.78</td><td>1.75</td><td>1.72</td><td>1.69</td><td>1.66</td></tr>
<tr><td>19</td><td>1.96</td><td>1.91</td><td>1.86</td><td>1.81</td><td>1.79</td><td>1.76</td><td>1.73</td><td>1.70</td><td>1.67</td><td>1.63</td></tr>
<tr><td>20</td><td>1.94</td><td>1.89</td><td>1.84</td><td>1.79</td><td>1.77</td><td>1.74</td><td>1.71</td><td>1.68</td><td>1.64</td><td>1.61</td></tr>
<tr><td>21</td><td>1.92</td><td>1.87</td><td>1.83</td><td>1.78</td><td>1.75</td><td>1.72</td><td>1.69</td><td>1.66</td><td>1.62</td><td>1.59</td></tr>
<tr><td>22</td><td>1.90</td><td>1.86</td><td>1.81</td><td>1.76</td><td>1.73</td><td>1.70</td><td>1.67</td><td>1.64</td><td>1.60</td><td>1.57</td></tr>
<tr><td>23</td><td>1.89</td><td>1.84</td><td>1.80</td><td>1.74</td><td>1.72</td><td>1.69</td><td>1.66</td><td>1.62</td><td>1.59</td><td>1.55</td></tr>
<tr><td>24</td><td>1.88</td><td>1.83</td><td>1.78</td><td>1.73</td><td>1.70</td><td>1.67</td><td>1.64</td><td>1.61</td><td>1.57</td><td>1.53</td></tr>
<tr><td>25</td><td>1.87</td><td>1.82</td><td>1.77</td><td>1.72</td><td>1.69</td><td>1.66</td><td>1.63</td><td>1.59</td><td>1.56</td><td>1.52</td></tr>
<tr><td>26</td><td>1.86</td><td>1.81</td><td>1.76</td><td>1.71</td><td>1.68</td><td>1.65</td><td>1.61</td><td>1.58</td><td>1.54</td><td>1.50</td></tr>
<tr><td>27</td><td>1.85</td><td>1.80</td><td>1.75</td><td>1.70</td><td>1.67</td><td>1.64</td><td>1.60</td><td>1.57</td><td>1.53</td><td>1.49</td></tr>
<tr><td>28</td><td>1.84</td><td>1.79</td><td>1.74</td><td>1.69</td><td>1.66</td><td>1.63</td><td>1.59</td><td>1.56</td><td>1.52</td><td>1.48</td></tr>
<tr><td>29</td><td>1.83</td><td>1.78</td><td>1.73</td><td>1.68</td><td>1.65</td><td>1.62</td><td>1.58</td><td>1.55</td><td>1.51</td><td>1.47</td></tr>
<tr><td>30</td><td>1.82</td><td>1.77</td><td>1.72</td><td>1.67</td><td>1.64</td><td>1.61</td><td>1.57</td><td>1.54</td><td>1.50</td><td>1.46</td></tr>
<tr><td>40</td><td>1.76</td><td>1.71</td><td>1.66</td><td>1.61</td><td>1.57</td><td>1.54</td><td>1.51</td><td>1.47</td><td>1.42</td><td>1.38</td></tr>
<tr><td>60</td><td>1.71</td><td>1.66</td><td>1.60</td><td>1.54</td><td>1.51</td><td>1.48</td><td>1.44</td><td>1.40</td><td>1.35</td><td>1.29</td></tr>
<tr><td>120</td><td>1.65</td><td>1.60</td><td>1.55</td><td>1.48</td><td>1.45</td><td>1.41</td><td>1.37</td><td>1.32</td><td>1.26</td><td>1.19</td></tr>
<tr><td>∞</td><td>1.60</td><td>1.55</td><td>1.49</td><td>1.42</td><td>1.38</td><td>1.34</td><td>1.3</td><td>1.24</td><td>1.17</td><td>1.00</td></tr>
<tr><th colspan="10">α＝0.05</th></tr>
<tr><th>n\m</th><th>1</th><th>2</th><th>3</th><th>4</th><th>5</th><th>6</th><th>7</th><th>8</th><th>9</th></tr>
<tr><td>1</td><td>161.40</td><td>199.50</td><td>215.70</td><td>224.60</td><td>230.20</td><td>2340</td><td>236.80</td><td>238.90</td><td>140.50</td></tr>
<tr><td>2</td><td>18.51</td><td>19</td><td>19.16</td><td>19.25</td><td>19.30</td><td>19.33</td><td>19.35</td><td>19.37</td><td>19.38</td></tr>
<tr><td>3</td><td>10.13</td><td>9.55</td><td>9.28</td><td>9.12</td><td>9.01</td><td>8.94</td><td>8.89</td><td>8.85</td><td>8.81</td></tr>
<tr><td>4</td><td>7.71</td><td>6.94</td><td>6.59</td><td>6.39</td><td>6.26</td><td>6.16</td><td>6.09</td><td>6.04</td><td>6.00</td></tr>
<tr><td>5</td><td>6.61</td><td>5.79</td><td>5.41</td><td>5.19</td><td>5.05</td><td>4.95</td><td>4.88</td><td>4.82</td><td>4.77</td></tr>
<tr><td>6</td><td>5.99</td><td>5.14</td><td>4.76</td><td>4.53</td><td>4.39</td><td>4.28</td><td>4.21</td><td>4.15</td><td>4.10</td></tr>
<tr><td>7</td><td>5.59</td><td>4.74</td><td>4.35</td><td>4.12</td><td>3.97</td><td>3.87</td><td>3.79</td><td>3.73</td><td>3.68</td></tr>
<tr><td>8</td><td>5.32</td><td>4.46</td><td>4.07</td><td>3.84</td><td>3.69</td><td>3.58</td><td>3.50</td><td>3.44</td><td>3.39</td></tr>
<tr><td>9</td><td>5.12</td><td>4.26</td><td>3.86</td><td>3.63</td><td>3.48</td><td>3.37</td><td>3.29</td><td>3.23</td><td>3.18</td></tr>
<tr><td>10</td><td>4.96</td><td>4.10</td><td>3.71</td><td>3.48</td><td>3.33</td><td>3.22</td><td>3.14</td><td>3.07</td><td>3.02</td></tr>
<tr><td>11</td><td>4.84</td><td>3.98</td><td>3.59</td><td>3.36</td><td>3.20</td><td>3.09</td><td>3.01</td><td>2.95</td><td>2.90</td></tr>
<tr><td>12</td><td>4.75</td><td>3.89</td><td>3.49</td><td>3.26</td><td>3.11</td><td>3.00</td><td>2.91</td><td>2.85</td><td>2.80</td></tr>
</table>

续表

α＝0.05

n\m	1	2	3	4	5	6	7	8	9
13	4.67	3.81	3.41	3.18	3.03	2.92	2.83	2.77	2.71
14	4.60	3.74	3.34	3.11	2.96	2.85	2.76	2.70	2.65
15	4.54	3.68	3.29	3.06	2.90	2.79	2.71	2.64	2.59
16	4.49	3.63	3.24	3.01	2.85	2.74	2.66	2.59	2.54
17	4.45	3.59	3.20	2.96	2.81	2.70	2.61	2.55	2.49
18	4.41	3.55	3.16	2.93	2.77	2.66	2.58	2.51	2.46
19	4.38	3.52	3.13	2.90	2.74	2.63	2.54	2.48	2.42
20	4.35	3.49	3.10	2.87	2.71	2.60	2.51	2.45	2.39
21	4.32	3.47	3.07	2.84	2.68	2.57	2.49	2.42	2.37
22	4.30	3.44	3.05	2.82	2.66	2.55	2.46	2.40	2.34
23	4.28	3.52	3.03	2.80	2.64	2.53	2.44	2.37	2.32
24	4.26	3.40	3.01	2.78	2.62	2.51	2.42	2.36	2.30
25	4.24	3.39	2.99	2.76	2.60	2.49	2.40	2.34	2.28
26	4.23	3.37	2.98	2.74	2.59	2.47	2.39	2.32	2.27
27	4.21	3.35	2.96	2.73	2.57	2.46	2.37	2.31	2.25
28	4.20	3.34	2.95	2.71	2.56	2.45	2.36	2.29	2.24
29	4.18	3.33	2.93	2.70	2.55	2.43	2.35	2.28	2.22
30	4.17	3.32	2.92	2.69	2.53	2.42	2.33	2.27	2.21
40	4.08	3.23	2.84	2.61	2.45	2.34	2.25	2.18	2.12
60	4	3.15	2.76	2.53	2.37	2.25	2.17	2.1	2.04
120	3.92	3.07	2.68	2.45	2.29	2.17	2.09	2.02	1.96
∞	3.84	3.00	2.60	2.37	2.21	2.10	2.01	1.94	1.88

α＝0.05

n\m	10	12	15	20	24	30	40	60	120	∞
1	241.90	243.90	245.90	248.00	249.10	250.10	251.10	252.20	253.30	254.30
2	19.4	19.41	19.43	19.45	19.45	19.46	19.47	19.48	19.49	19.05
3	8.79	8.74	8.70	8.66	8.64	8.62	8.59	8.57	8.55	8.53
4	5.96	5.91	5.86	5.80	5.77	5.75	5.72	5.69	5.66	5.63
5	4.74	4.68	4.62	4.56	4.53	4.5	4.46	4.43	4.40	4.36
6	4.06	4.00	3.94	3.87	3.84	3.81	3.77	3.74	3.70	3.67
7	3.64	3.57	3.51	3.44	3.41	3.38	3.34	3.30	3.27	3.23
8	3.35	3.28	3.22	3.15	3.12	3.08	3.04	3.01	2.97	2.93
9	3.14	3.07	3.01	2.94	2.90	2.86	2.83	2.79	2.75	2.71
10	2.98	2.91	2.85	2.77	2.74	2.70	2.66	2.62	2.58	2.54
11	2.85	2.79	2.72	2.65	2.61	2.57	2.53	2.49	2.45	2.40
12	2.75	2.69	2.62	2.54	2.51	2.47	2.43	2.38	2.34	2.30
13	2.67	2.60	2.53	2.46	2.42	2.38	2.34	2.30	2.25	2.21
14	2.60	2.53	2.46	2.39	2.35	2.31	2.27	2.22	2.18	2.13
15	2.54	2.48	2.40	2.33	2.29	2.25	2.20	2.16	2.11	2.07
16	2.49	2.42	2.35	2.28	2.24	2.19	2.15	2.11	2.06	2.01
17	2.45	2.38	2.31	2.23	2.19	2.15	2.10	2.06	2.01	1.96
18	2.41	2.34	2.27	2.19	2.15	2.11	2.06	2.02	1.97	1.92
19	2.38	2.31	2.23	2.16	2.11	2.07	2.03	1.98	1.93	1.88
20	2.35	2.28	2.20	2.12	2.08	2.04	1.99	1.95	1.90	1.84
21	2.32	2.25	2.18	2.10	2.05	2.01	1.96	1.92	1.87	1.81
22	2.30	2.23	2.15	2.07	2.03	1.98	1.94	1.89	1.84	1.78
23	2.27	2.20	2.13	2.05	2.01	1.96	1.91	1.86	1.81	1.76
24	2.25	2.18	2.11	2.03	1.98	1.94	1.89	1.84	1.79	1.73

$\alpha=0.05$									
n\m	10	12	15	20	24	30	40	60	120	∞
25	2.24	2.16	2.09	2.01	1.96	1.92	1.87	1.82	1.77	1.71
26	2.22	2.15	2.07	1.99	1.95	1.90	1.85	1.80	1.75	1.69
27	2.20	2.13	2.06	1.97	1.93	1.88	1.84	1.79	1.73	1.67
28	2.19	2.12	2.04	1.96	1.91	1.87	1.82	1.77	1.71	1.65
29	2.18	2.10	2.03	1.94	1.90	1.85	1.81	1.75	1.70	1.64
30	2.16	2.09	2.01	1.93	1.89	1.84	1.79	1.74	1.68	1.62
40	2.08	2.00	1.92	1.84	1.79	1.74	1.69	1.64	1.58	1.51
60	1.99	1.92	1.84	1.75	1.70	1.65	1.59	1.53	1.47	1.39
120	1.91	7.83	1.75	1.66	1.61	1.55	1.50	1.43	1.35	1.25
∞	1.83	1.75	1.67	1.57	1.52	1.46	1.39	1.32	1.22	1

$\alpha=0.01$									
n\m	1	2	3	4	5	6	7	8	9
1	4 052	4 999	5 403	5 625	5 764	5 859	5 928	5 982	6 022
2	98.49	99.01	99.17	99.25	99.3	99.33	99.36	99.37	99.39
3	34.12	30.81	29.46	28.71	28.24	27.91	27.67	27.49	27.35
4	21.20	18.00	16.69	15.98	15.52	15.21	14.98	14.80	14.66
5	16.26	13.27	12.06	11.39	10.97	10.67	10.46	10.29	10.16
6	13.75	10.92	9.78	9.15	8.75	8.47	8.26	8.10	7.98
7	12.25	9.55	8.45	7.85	7.46	7.19	6.99	6.84	6.72
8	11.26	8.65	7.59	7.01	6.63	6.37	6.18	6.03	5.91
9	10.56	8.02	6.99	6.42	6.06	5.80	5.61	5.47	5.35
10	10.04	7.56	6.55	5.99	5.64	5.39	5.2	5.06	4.94
11	9.65	7.2	6.22	5.67	5.32	5.07	4.89	4.74	4.63
12	9.33	6.93	5.95	5.41	5.06	4.82	4.64	4.5	4.39
13	9.07	6.70	5.74	5.20	4.86	4.62	4.44	4.30	4.19
14	8.86	6.51	5.56	5.03	4.69	4.46	4.28	4.14	4.03
15	8.68	6.36	5.42	4.89	4.56	4.32	4.14	4.00	3.89
16	8.53	6.23	5.29	4.77	4.44	4.2	4.03	3.89	3.78
17	8.40	6.11	5.18	4.67	4.34	4.10	3.93	3.79	3.68
18	8.29	6.01	5.09	4.58	4.25	4.01	3.84	3.71	3.60
19	8.18	5.93	5.01	4.50	4.17	3.94	3.77	3.63	3.52
20	8.10	5.85	4.94	4.43	4.10	3.87	3.70	3.56	3.46
21	8.02	5.78	4.87	4.37	4.04	3.81	3.64	3.51	3.40
22	7.95	5.72	4.82	4.31	3.99	3.76	3.59	3.45	3.35
23	7.88	5.66	4.76	4.26	3.94	3.71	3.54	3.41	3.30
24	7.82	5.61	4.72	4.22	3.9	3.67	3.50	3.36	3.26
25	7.77	5.57	4.68	4.18	3.86	3.63	3.64	3.32	3.22
26	7.72	5.53	4.64	4.14	3.82	3.59	3.42	3.29	3.18
27	7.68	5.49	4.60	4.11	3.78	3.56	3.39	3.26	3.15
28	7.64	5.45	4.57	4.07	3.75	3.53	3.36	3.23	3.12
29	7.60	5.42	4.54	4.04	3.73	3.50	3.33	3.20	3.09
30	7.56	5.39	4.51	4.02	3.70	3.47	3.30	3.17	3.07
40	7.31	5.18	4.31	3.83	3.51	3.29	3.12	2.99	2.89
60	7.08	4.98	4.13	3.65	3.34	3.12	2.95	2.82	2.72
120	6.85	4.79	3.95	3.48	3.17	2.96	2.79	2.66	2.56
∞	6.63	4.61	3.78	3.32	3.02	2.80	2.64	2.51	2.41

续表

n＼m	10	12	15	20	24	30	40	60	120	∞
					$\alpha=0.01$					
1	6 056	6 106	6 157	6 209	6 235	6 261	6 287	6 313	6 339	6 366
2	99.40	99.42	99.43	99.45	99.46	99.47	99.48	99.48	99.49	99.50
3	27.23	27.05	26.87	26.69	26.60	26.50	26.41	26.32	26.22	26.13
4	14.55	14.37	14.20	14.02	13.93	13.84	13.75	13.65	13.56	13.46
5	10.05	9.89	9.72	9.55	9.47	9.38	9.29	9.20	9.11	9.02
6	7.87	7.72	7.56	7.40	7.31	7.23	7.14	7.06	6.97	6.88
7	6.62	6.47	6.31	6.16	6.07	5.99	5.91	5.82	5.74	5.65
8	5.81	5.67	5.52	5.36	5.28	5.20	5.12	5.03	4.95	4.86
9	5.26	5.11	4.96	4.81	4.73	4.65	4.57	4.48	4.4	4.31
10	4.85	4.71	4.56	4.41	4.33	4.25	4.17	4.08	4.00	3.91
11	4.54	4.40	4.25	4.10	4.02	3.94	3.86	4.78	3.69	3.60
12	4.30	4.16	4.01	3.86	3.78	3.70	3.62	3.54	3.45	3.36
13	4.10	3.96	3.82	3.66	3.59	3.51	3.43	3.34	3.25	3.17
14	3.94	3.80	3.66	3.51	3.43	3.35	3.27	3.18	3.09	3.00
15	3.80	3.67	3.52	3.37	3.29	3.21	3.13	3.05	2.96	2.87
16	3.69	3.55	3.41	3.26	3.18	3.10	3.02	2.93	2.84	2.75
17	3.59	3.46	3.31	3.16	3.08	3.00	2.92	2.83	2.75	2.65
18	3.51	3.37	3.23	3.08	3.00	2.92	2.84	2.75	2.66	2.57
19	3.43	3.30	3.15	3.00	2.92	2.84	2.76	2.67	2.58	2.49
20	3.37	3.23	3.09	2.94	2.86	2.78	2.69	2.61	2.52	2.42
21	3.31	3.17	3.03	2.88	2.80	2.72	2.64	2.55	2.46	2.36
22	3.26	3.12	2.98	2.83	2.75	2.67	2.58	2.50	2.40	2.31
23	3.21	3.07	2.93	2.78	2.70	2.62	2.54	2.45	2.35	2.26
24	3.17	3.03	2.89	2.74	2.66	2.58	2.49	2.40	2.31	2.21
25	3.13	2.99	2.85	2.70	2.62	2.54	2.45	2.36	2.27	2.17
26	3.09	2.96	2.81	2.66	2.58	2.50	2.42	2.33	2.23	2.13
27	3.06	2.93	2.78	2.63	2.55	2.47	2.38	2.29	2.2	2.10
28	3.03	2.90	2.75	2.6	2.52	2.44	2.35	2.26	2.17	2.06
29	3.00	2.87	2.73	2.57	2.49	2.41	2.33	2.23	2.14	2.03
30	2.98	2.84	2.70	2.55	2.47	2.39	2.30	2.21	2.11	2.01
40	2.80	2.66	2.52	2.37	2.29	2.20	3.11	2.02	1.92	1.81
60	2.63	2.50	2.35	2.20	2.12	2.03	1.94	1.84	1.73	1.60
120	2.47	2.34	2.19	2.03	1.95	1.86	1.76	1.66	1.53	1.38
∞	2.32	2.18	2.04	1.88	1.79	1.70	1.59	1.47	1.32	1.00

附录 F 检验相关系数 $\rho=0$ 的临界值(γ_α)表

$$P(|\gamma|>\gamma_a)=\alpha$$

n \ α	0.10	0.05	0.02	0.01	0.001	n \ α
1	0.987 69	0.996 92	0.999 507	0.999 987 7	0.999 999 88	1
2	0.900 00	0.950 00	0.980 00	0.990 00	0.999 00	2
3	0.805 4	0.878 3	0.934 33	0.958 73	0.991 16	3
4	0.729 3	0.811 4	0.882 2	0.917 20	0.974 06	4
5	0.669 4	0.754 5	0.832 9	0.874 5	0.950 74	5
6	0.621 5	0.706 7	0.788 7	0.834 3	0.924 93	6
7	0.582 2	0.666 4	0.749 8	0.797 7	0.898 2	7
8	0.549 4	0.631 9	0.715 5	0.764 6	0.872 1	8
9	0.521 4	0.602 1	0.685 1	0.734 8	0.847 1	9
10	0.497 3	0.576 0	0.658 1	0.707 9	0.833 3	10
11	0.476 2	0.552 9	0.633 9	0.683 5	0.801 0	11
12	0.457 5	0.532 4	0.612 0	0.661 4	0.780 0	12
13	0.440 9	0.513 9	0.592 3	0.641 1	0.760 3	13
14	0.425 9	0.497 3	0.574 2	0.622 6	0.742 6	14
15	0.412 4	0.482 1	0.557 7	0.605 5	0.724 6	15
16	0.400 0	0.468 3	0.542 5	0.589 7	0.708 4	16
17	0.388 7	0.455 5	0.528 5	0.575 1	0.693 2	17
18	0.378 3	0.443 8	0.515 5	0.561 4	0.678 7	18
19	0.368 7	0.432 9	0.503 4	0.548 7	0.665 2	19
20	0.359 8	0.422 7	0.942 1	0.536 8	0.652 4	20
25	0.323 3	0.380 9	0.445 1	0.486 9	0.597 4	25
30	0.296 0	0.349 4	0.409 3	0.448 7	0.554 1	30
35	0.274 6	0.324 6	0.381 0	0.418 2	0.518 9	35
40	0.257 3	0.304 4	0.357 9	0.393 2	0.489 6	40
45	0.242 8	0.287 5	0.338 4	0.372 1	0.464 8	45
50	0.230 6	0.273 2	0.321 8	0.354 1	0.443 3	50
60	0.210 8	0.250 0	0.294 8	0.324 8	0.407 8	60
70	0.195 4	0.231 9	0.273 7	0.301 7	0.379 9	70
80	0.182 9	0.217 2	0.256 5	0.283 0	0.356 8	80
90	0.172 6	0.205 0	0.242 2	0.267 3	0.337 6	90
100	0.163 8	0.194 6	0.230 1	0.254 0	0.321 1	100

习 题 答 案

习题 1-1

1. (1) 不同,对应关系不同；ㅤ(2) 不同,定义域不同；ㅤ(3) 不同,定义域不同；ㅤ(4) 相同。

2. (1) $\left[-\dfrac{4}{3},+\infty\right)$；ㅤㅤ(2) $[-1,1]$；ㅤㅤ(3) $(-\infty,1)\bigcup(1,2)\bigcup(2,+\infty)$；

ㅤ(4) $(1,5]$；ㅤㅤ(5) $(-1,0)\bigcup(0,+\infty)$；ㅤ(6) $\left[0,\dfrac{1}{2}\right]$。

3. $f(1)=\dfrac{1}{3}$；$f(2)=\dfrac{8}{3}$。

4. $f(x)=x^2+x+3$。

5. (1) 偶函数；ㅤ(2) 偶函数；ㅤ(3) 偶函数；ㅤ(4) 奇函数。

6. 略。

7. (1) $y=\sqrt{x^2-1}$；ㅤ(2) $y=\sqrt{1+\sin x}$。

8. 略。

9. $y=\begin{cases}4, & 0<x\leqslant10\\ 4+0.3(x-10), & 10<x\leqslant200\end{cases}$。

10. $s=2\pi r^2+\dfrac{2V}{r}$，$r\in(0,+\infty)$。

习题 1-2

1. (1) $\lim\limits_{n\to\infty}x_n=0$；ㅤㅤ(2) $\lim\limits_{n\to\infty}x_n=0$；ㅤㅤ(3) $\lim\limits_{n\to\infty}x_n=2$；

ㅤ(4) $\lim\limits_{n\to\infty}x_n=1$；ㅤㅤ(5) $\lim\limits_{n\to\infty}x_n=1$；ㅤㅤ(6) $\lim\limits_{n\to\infty}x_n=-5$；

ㅤ(7) $\lim\limits_{n\to\infty}x_n$ 不存在；ㅤㅤ(8) $\lim\limits_{n\to\infty}x_n$ 不存在。

2. (1) $-\dfrac{1}{2}$；ㅤ(2) 2。

3. (1) 3；ㅤ(2) $\dfrac{2}{3}$；ㅤ(3) 1；ㅤ(4) -3；ㅤ(5) 3；ㅤ(6) 6；ㅤ(7) -2；ㅤ(8) -1；ㅤ(9) 1；

ㅤ(10) $-\dfrac{1}{2}$；ㅤ(11) 0；ㅤ(12) $\dfrac{3}{2}$；ㅤ(13) $-\dfrac{3}{2}$。

4. (1) $\dfrac{9}{2}$；ㅤ(2) $\dfrac{3}{4}$；ㅤ(3) $\dfrac{1}{1+x}$。

习题 1-3

1. (1) 0；ㅤ(2) 0；ㅤ(3) 0；ㅤ(4) 0；ㅤ(5) 0；ㅤ(6) 2。

2. (1) 0；ㅤ(2) 1；ㅤ(3) 0；ㅤ(4) 1；ㅤ(5) -6；ㅤ(6) 2；ㅤ(7) 1；ㅤ(8) -1。

3. $\lim\limits_{x\to0}f(x)=0$。

4. $\lim\limits_{x \to 0^-} f(x) = 1$；$\lim\limits_{x \to 0^+} f(x) = 1$；$\lim\limits_{x \to 0} f(x) = 1$。

5. $\lim\limits_{x \to 0} f(x)$ 不存在；$\lim\limits_{x \to 1} f(x) = 2$。

6. 因为 $\lim\limits_{x \to 1^-} f(x) = 2$，$\lim\limits_{x \to 1^+} f(x) = -1$，所以 $\lim\limits_{x \to 1} f(x)$ 不存在。

7. $a = 2$。

习题 1-4

1. (1) 2；　(2) $\dfrac{5}{4}$；　(3) 4；　(4) 0；　(5) $-\dfrac{4}{3}$；　(6) $\dfrac{5}{3}$；　(7) $\dfrac{1}{2}$；　(8) 0。

2. (1) $\dfrac{1}{2}$；　(2) 3；　(3) 0；　(4) 0。

3. (1) -4；　(2) 4；　(3) $\dfrac{2}{3}$；　(4) 0；　(5) $\dfrac{1}{2}$；　(6) $3x^2$；　(7) $\dfrac{1}{6}$；　(8) $\dfrac{3}{2}$。

4. (1) 0；　(2) $\dfrac{4}{3}$；　(3) 5；　(4) $\dfrac{3}{2}$；　(5) 1；　(6) 0。

习题 1-5

1. (1)、(6)、(7) 是无穷小；(2)、(5) 是无穷大。

2. (1) $x \to \infty$ 时，是无穷小；$x \to 0$ 时，是无穷大。

　(2) $x \to \infty$ 时，是无穷小；$x \to -1$ 时，是无穷大。

　(3) $x \to k\pi + \dfrac{\pi}{2}(k \in \mathbf{Z})$ 时，是无穷大；$x \to k\pi (k \in \mathbf{Z})$ 时，是无穷小。

　(4) $x \to 1$ 时，是无穷小；$x \to 0$ 或 ∞ 时，是无穷大。

3. (1) 0；　(2) 1；　(3) 0；　(4) 0；　(5) ∞；　(6) ∞。

4. $\dfrac{1}{x^2}$ 是比 $\dfrac{1}{x}$ 较高阶的无穷小。

5. (1) 0；　(2) ∞；　(3) $\dfrac{2}{5}$；　(4) 0；　(5) 0；　(6) $\dfrac{3^{30}}{2^{50}}$；　(7) $\dfrac{2}{3}$。

6. 等价；同阶。

7. 同阶。

习题 1-6

1. (1) $\dfrac{5}{3}$；　(2) 1；　(3) $\dfrac{3}{2}$；　(4) 1；　(5) $-\dfrac{1}{2}$；　(6) 1；　(7) 3。

2. (1) $e^{\frac{1}{2}}$；　(2) e^{-1}；　(3) $e^{\frac{1}{3}}$；　(4) e^{-1}；　(5) e^2；　(6) e^{-6}；　(7) e^2；　(8) e^4；　(9) e。

3. (1) 2；　(2) 0；　(3) -6；　(4) 9；　(5) 3；　(6) $\dfrac{1}{4}$；　(7) e^3；　(8) e；　(9) e^{-3}。

4. 等价。

习题 1-7

1. (1) $\Delta x = 1, \Delta y = 3$；　(2) $\Delta x = -1, \Delta y = -3$；

(3) $\Delta x=\Delta x,\Delta y=(\Delta x)^2+2\Delta x$;   (4) $\Delta x=x-x_0,\Delta y=x-x_0{}^2$。

2. 证明:略。

3. 函数在 $x=0$ 处连续。

4. 证明:略。

5. 函数在 $x=2$ 处连续,在 $x=1$ 不连续。

6. (1) $x=-2$ 是第二类间断点;   (2) $x=2$ 是第二类间断点,$x=1$ 是可去间断点;

    (3) $x=0$ 是第二类间断点;   (4) $x=1$ 是跳跃间断点。

7. (1) 11; (2) $\dfrac{5}{4}$; (3) 1; (4) $\dfrac{1}{20}$; (5) $\dfrac{e}{2}$; (6) $\dfrac{1}{2}$; (7) $2\ln 2$。

8. 连续区间为 $(-\infty,-3)\bigcup(-3,2)\bigcup(2,+\infty)$。

9. $k=1$。

10. $k=2$。

11. 证明:略。

习题 1-8

1。

		11. 2	47 719.88
	7.1%	9.8	
7 500		8.3	

2. 9.6%。

3. 51.8。

4. 19 081.5。

复习题一

1. (1) ×; (2) ×; (3) √; (4) ×; (5) √; (6) ×; (7) ×; (8) ×; (9) √; (10) ×。

2. (1) $\left(\dfrac{3}{4},1\right]$; (2) $\pi+1$; (3) -3; (4) 2;

(5) 2个; (6) 略; (7) 1; (8) e^{-1}; (9) 1; (10) 1。

3. (1) B; (2) C; (3) B; (4) D; (5) D; (6) B; (7) C; (8) C; (9) A; (10) B。

4. (1) 4; (2) $\dfrac{3}{10}$; (3) $\dfrac{1}{20}$; (4) 0; (5) 1; (6) 0; (7) $\dfrac{3}{2}$; (8) 1; (9) $\dfrac{1}{2}$; (10) 0;

(11) e^{-1}; (12) e^{-k}。

5. 不连续;连续区间 $(-\infty,0)\bigcup(0,+\infty)$。

6. $a=1,b=e$。

7. $a=2,b=1$。

8. $a=k=e^{-2}$。

9. (1) $y=\left(120-\dfrac{x-10}{0.5}\times 10\right)(x-8)$; (2) 320。

习题 2-1

1. $\dfrac{\Delta y}{\Delta x}=\dfrac{f(x+\Delta x)-f(x)}{\Delta x}$,$y'=\lim\limits_{\Delta x\to 0}\dfrac{f(x+\Delta x)-f(x)}{\Delta x}$。

2. $-3, -3$。

3. (1) $\frac{11}{3}x^{\frac{8}{3}}$; (2) $\frac{7}{6}x^{\frac{1}{6}}$; (3) $-(\frac{1}{6})^x\ln6$; (4) $\cos x$。

4. $k\big|_{切线}=12$;$(1,1)$ 与 $(-1,-1)$。

5. 切线方程:$y=\dfrac{x}{e}$,法线方程:$y-1=-e(x-e)$。

6. 切线方程:$3x-6y+3\sqrt{3}-\pi=0$;法线方程:$12x+6y-3\sqrt{3}-4\pi=0$。

7. $y=2x-2$;$y=2x+2$。

8. $a=\sqrt{2e}$。

习题 2-2

1. 略。

2. (1) $6x+\dfrac{4}{x^3}$; (2) $3\sec x\tan x-\cos^2 x$;

(3) $e^x(\sin x+\cos x)$; (4) $xe^x[(2+x)\cos x-x\sin x]$;

(5) $4x+\dfrac{5}{2}x^{\frac{3}{2}}$; (6) $x(2\cos x-x\sin x)$;

(7) $\tan x+x\sec^2 x-2\sec x\tan x$; (8) $\sin x\ln x+x\cos x\ln x+\sin x$;

(9) $-\dfrac{1}{x^2}\left(\dfrac{2\cos x}{x}+\sin x\right)$; (10) $(ae)^x(\ln a+1)$;

(11) $\sqrt{x}2^x\left(\dfrac{\cos x}{2x}+\ln2\cos x-\sin x\right)$; (12) $\dfrac{1-2\ln x}{x^3}$;

(13) $\dfrac{(x\cos x-\sin x)(\sin^2 x-x^2)}{x^2\sin^2 x}$; (14) $\dfrac{x+1}{x(x+e^x)}-\dfrac{(x+\ln x)(1+e^x)}{(x+e^x)^2}$。

3. (1) $f'(0)=3, f'(1)=7$; (2) $f'(0)=7$;

(3) $f'(0)=3, f'\left(\dfrac{\pi}{2}\right)=\dfrac{5\pi^4}{2^4}$; (4) $\dfrac{1}{2}, 0$。

4. 切线方程:$y-1=2\left(x-\dfrac{\pi}{4}\right)$;法线方程 $y-1=-\dfrac{1}{2}\left(x-\dfrac{\pi}{4}\right)$。

5. $(0,0), \left(\dfrac{\pi}{3}, \dfrac{\sqrt{3}}{2}\right)$。

习题 2-3

1. (1) $y'=15(3x+1)^4$; (2) $y'=5\cos(5t+\dfrac{\pi}{4})$; (3) $y'=-\dfrac{1}{2}x^{-\frac{1}{2}}\sin\sqrt{x}$;

(4) $y'=\dfrac{x}{\sqrt{x^2-4}}$; (5) $y'=\dfrac{2x}{(1+x^2)\ln a}$; (6) $y'=\dfrac{1}{x\ln x}$;

(7) $y'=\dfrac{e^x}{2\sqrt{1+e^x}}$; (8) $y'=-\dfrac{4}{3}\sin\dfrac{2}{3}x$; (9) $y'=-2\cos(1-2x)$;

(10) $y'=\dfrac{1}{2x}-\dfrac{1}{2x\sqrt{\ln x}}$; (11) $y'=3(x+\sin^2 x)^2(1+\cos x)$; (12) $y'=-6xe^{-3x^2}$;

(13) $y'=\dfrac{e^x}{1+e^{2x}}$; (14) $y'=-\dfrac{1}{\sqrt{x-x^2}}$; (15) $y'=-\dfrac{3(\arccos x)^2}{\sqrt{1-x^2}}$;

(16) $y'=\dfrac{2\arcsin\dfrac{x}{2}}{\sqrt{4-x^2}}$; (17) $y'=10^{x\tan x}(\tan x+x\sec^2 x)\ln10$。

2. (1) $-100(1-x)^{99}$;

(2) $\dfrac{3}{x}\ln^2 x$;

(3) $\dfrac{2}{x}\sec^2(\ln x)\tan(\ln x)$;

(4) $\left(\dfrac{1+x^2}{1-x}\right)^2 \cdot \dfrac{3(-x^2+2x+1)}{(1-x)^2}$;

(5) $\dfrac{2}{\cos 2x-1}$;

(6) $-2\tan(\sec^2 x)\cdot\sec^2 x\tan x$;

(7) $\csc x$;

(8) $\dfrac{1}{\sqrt{x^2+a^2}}$;

(9) $\dfrac{1}{x\ln x\ln(\ln x)}$;

(10) $2^{\frac{x}{\ln x}}\cdot\dfrac{\ln x-1}{\ln^2 x}\ln 2$;

(11) $\arcsin(\ln x)+\dfrac{1}{\sqrt{1-\ln^2 x}}$;

(12) $\dfrac{2x}{x^4-2x^2+2}$;

(13) $\dfrac{e^{\arctan\sqrt{x}}}{2\sqrt{x}(1+x)}$;

(14) $\arccos x$ 。

3. 切线方程：$y=3x-2\sqrt{e}$ 或 $y=3x+2\sqrt{e}$ 。

习题 2-4

1. (1) $y'=\dfrac{y}{y-x}$;

(2) $y'=\dfrac{y}{y-1}$;

(3) $y'=\dfrac{1-y\cos(xy)}{x\cos(xy)}$;

(4) $y'=\dfrac{e^x-y}{x-e^y}$;

(5) $y'=\dfrac{y-x}{x+y}$;

(6) $y'=\dfrac{\cos y-\cos(x+y)}{x\sin y+\cos(x+y)}$;

(7) $y'=\dfrac{-y^2 e^x}{ye^x+1}$;

(8) $y'=-\dfrac{e^y}{1+xe^y}$;

(9) $y'=\dfrac{e^{x+y}-y}{x-e^{x+y}}$;

(10) $y'=x^{\sin x}\left(\cos x\ln x+\dfrac{\sin x}{x}\right)$;

(11) $y'=\left(\dfrac{x}{1+x}\right)^x\left[\ln\dfrac{x}{1+x}+\dfrac{1}{1+x}\right]$;

(12) $y=a(\sin x)^{ax}(\ln\sin x+x\cot x)$;

(13) $y'=\dfrac{\sqrt{x+2}(3-x)^4}{x+1}\left(\dfrac{1}{2x+4}-\dfrac{4}{3-x}-\dfrac{1}{x+1}\right)$;

(14) $y'=xy\left(\dfrac{1}{x^2+1}+\dfrac{1}{x^2-2}\right)$;

(15) $y'=\dfrac{\sqrt{x+1}}{\sqrt[3]{x-2}(x+3)^3}\left(\dfrac{1}{2x+2}-\dfrac{1}{3x-6}-\dfrac{3}{x+3}\right)$;

(16) $y'=\dfrac{1}{5}\sqrt[5]{\dfrac{x-5}{\sqrt[5]{x^2+2}}}\left[\dfrac{1}{x-5}-\dfrac{2x}{5(x^2+2)}\right]$ 。

2. (1) $y'(0)=\dfrac{1}{e}$; (2) $y'\left(\dfrac{\pi}{2}\right)=-2$ 。

3. 切线方程：$x+y+1=0$ 。

4. 切线方程：$y-\dfrac{1}{2}=-\dfrac{1}{2}\left(x-\dfrac{1}{2}\right)$ ，法线方程：$y-\dfrac{1}{2}=2\left(x-\dfrac{1}{2}\right)$ 。

习题 2-5

1. (1) $y''=e^x+2$; (2) $s''=-g$; (3) $y''=-2\cos 2x+\dfrac{1}{x^2}$;

(4) $y''=4-\dfrac{1}{x^2}$; (5) $y''=-e^{-x}(3\sin 2x+4\cos 2x)$; (6) $y''=2\sec^2 x\cdot\tan x$ 。

2. $f''(2) = 540$。

3. $y' = e^x(\cos x - \sin x)$，$y'' = -2e^x \sin x$，代入可得。

4. $2^{10}10!$。

5. $1 + (-1)^n$。

6. $y^{(4)} = \dfrac{6}{x}$。

7. 2。

8. $y^{(n)} = 2^x \ln^n 2$。

习题 2-6

1. $\Delta y = 0.0404$，$dy = 0.04$。

2. (1) $\dfrac{1}{2}dx$；　(2) dx；　(3) dx；　(4) $216dx$。

3. (1) $\arctan x + C$；　　　　(2) $\arcsin x + C$；　　　(3) $e^x + C$；　　　　(4) $\ln x + C$；

   (5) $-\dfrac{1}{x} + C$；　　　　(6) $\dfrac{2}{3}x^{\frac{3}{2}} + C$；　　　(7) $2\sqrt{x} + C$；　　　(8) $\tan x + C$；

   (9) $-2\sin 2x$；　　　　(10) $-\dfrac{1}{2}e^{-\frac{1}{2}x}$；　　　(11) $-\dfrac{1}{2}$；　　　(12) 3；

   (13) $\dfrac{1}{3}$；　　　　　(14) -1。

4. (1) $dy = 3e^{\sin 3x}\cos 3x dx$；　　　　　　　(2) $dy = \left(\sec^2 x + 2^x \ln 2 + \dfrac{1}{2x\sqrt{x}}\right)dx$；

   (3) $dy = e^{-x}[\sin(3-x) - \cos(3-x)]dx$；　(4) $dy = -\dfrac{1}{2x(1-\ln x)}dx$；

   (5) $dy = (e^x + e^{-x})^{\sin x}\left[\cos x \ln(e^x + e^{-x}) + \sin x\dfrac{e^x - e^{-x}}{e^x + e^{-x}}\right]dx$；

   (6) $dy = -\dfrac{y}{x}dx$；　　　　　　　(7) $\dfrac{2x\cos x - (1-x^2)\sin x}{(1-x^2)^2}dx$；

   (8) $\dfrac{2\ln(1-x)}{x-1}dx$；　　　　　　(9) $\dfrac{2e^{2x}}{1+e^{4x}}dx$；

   (10) $8x\tan(1+2x^2)\sec^2(1+2x^2)dx$；　(11) $\dfrac{x}{x^2-1}dx$；

   (12) $-e^{-2x}(3\sin 3x + 2\cos 3x)dx$；　　(13) $\left(e^x\arctan x + \dfrac{e^x}{1+x^2}\right)dx$；

   (14) $2x\sec^2(1+x^2)dx$。

5. 面积的精确值为 2.01π，面积的近似值为 2π。

6. 4π。

7. (1) 0.515；　(2) 0.985；　(3) -0.02；　(4) 1.04。

8. 30；3%。

复习题二

1. (1) $\checkmark$；　(2) $\times$；　(3) $\times$；　(4) $\times$；　(5) $\checkmark$；　(6) $\times$；　(7) $\times$；　(8) $\times$；　(9) $\times$；　(10) $\times$。

2. (1) $4x\Delta x - 2(\Delta x) + 2(\Delta x)^2$，$(4x-2)dx$；　　　　　　　　　(2) $-\dfrac{\sqrt{3}}{3}$；

(3) $y - 4 = 4(x - 2), y - 4 = -\dfrac{1}{4}(x - 2)$;   (4) $\dfrac{1}{3}x^3, -\dfrac{1}{x}$;

(5) $(-1)^n e^{-x}$;   (6) 0.01;

(7) $\dfrac{e^y - y}{x - xe^y}dx$;   (8) $3, -4$;

(9) $\dfrac{2}{2x + 1}dx$;   (10) $\dfrac{1}{x^2}\sin\dfrac{1}{x}$; $\dfrac{4x}{1 + 4x^4}$。

3. (1) D;   (2) A;   (3) B;   (4) C;   (5) B;   (6) D;   (7) A;   (8) C;   (9) C;   (10) B。

4. $y' = \dfrac{-2}{x^3}, y'\left(-\dfrac{1}{2}\right) = 16$。前者是导函数,后者是导数值。

5. (1) $\dfrac{2(1 - x^2)}{(1 + x^2)^2}$;   (2) $2 + \dfrac{2}{x^3}$;   (3) $\sin^3 x(20\cos^2 x - 5\sin^2 x)$;   (4) $\dfrac{1}{e^2}$。

6. $f(3) = 5, f'(3) = 4; f''(3) = 2$。

7. (1) $y' = a^x \ln a + \alpha x^{\alpha - 1}$;   (2) $y' = e^{\frac{1}{x}}\left(1 - \dfrac{1}{x}\right)$;

(3) $y' = \dfrac{1}{x}(\ln 2 \times 2^{\ln x} + 2\ln x)$;   (4) $y' = \dfrac{-1}{x^2 + 2x + 2}$;

(5) $y' = -\sec x$;   (6) $y' = \sec x$;

(7) $y' = x^{\frac{1 - 2x}{x}}(1 - \ln x)$;   (8) $y' = \dfrac{6\ln^2(\ln x^2)}{x\ln x^2}$;

(9) $y' = \dfrac{\sin 2x \sin x^2 - 2x\sin^2 x \cos x^2}{\sin^2 x^2}$;   (10) $y' = -\dfrac{x + \sqrt{1 - x^2}\arccos x}{x^2\sqrt{1 - x^2}}$;

(11) $y' = -6x^2 + 9x^3\sqrt{x} - \dfrac{5}{2}x\sqrt{x} + \dfrac{3}{2\sqrt{x}} + \dfrac{3}{x^2} + 1$;   (12) $y' = \dfrac{2}{\sin 2x} \cdot 5^{\ln\tan x}\ln 5$;

(13) $y' = \dfrac{2}{e^{1 - 2x} + e^{2x - 1}}$;   (14) $y' = -\ln 2 \times 2^{-\sec x}\sec x \tan x$。

8. (1) $dy = 3\cos(3x - 5)dx$;   (2) $dy = 2xe^{x^2}dx$;

(3) $dy = e^{2x}\left(2\sin\dfrac{x}{3} + \dfrac{1}{3}\cos\dfrac{x}{3}\right)dx$;   (4) $dy = \dfrac{1}{2\sqrt{x - x^2}}dx$。

9. (1) $y' = -\dfrac{1 + y\sin(xy)}{x\sin(xy)}$;   (2) $y' = -\dfrac{b^2 x}{a^2 y}$;

(3) $y' = \dfrac{y(y - x\ln y)}{x(x - y\ln x)}$;   (4) $y' = \dfrac{\sin(x - y) + y\cos x}{\sin(x - y) - \sin x}$。

10. $\dfrac{8}{9\pi}$(m/min)。

习题 3-1

1. 验证略, $\xi = 0$。

2. 验证略。

3. 不满足拉格朗日中值定理条件,因为该函数在$[-1, 1]$上不是连续函数。

4. 验证略。

5. 证明:略。

习题 3-2

1. (1) 1;   (2) $-\dfrac{1}{3}$;   (3) 0;   (4) 2;   (5) $\dfrac{\pi}{2}$;   (6) -1;   (7) $\cos a$;   (8) $\dfrac{1}{4}$; (9) 0。

2. (1) 2; (2) 0; (3) 1; (4) $\dfrac{1}{2}$; (5) 0; (6) $\dfrac{1}{3}$; (7) 1; (8) 0; (9) $+\infty$; (10) $\dfrac{1}{2}$; (11) $\dfrac{2}{\pi}$。

3. (1) 1; (2) 1; (3) 1; (4) -1; (5) e^{-1}; (6) 1。

习题 3-3

1. (1) 单调递增; (2) 单调递减。

2. (1) 单调递增区间 $(-\infty,-1) \bigcup [3,+\infty)$，单调递减区间 $[-1,3)$;

    (2) 单调递减区间 $\left(0,\dfrac{1}{2}\right)$，单调递增区间 $\left(\dfrac{1}{2},+\infty\right)$;

    (3) 单调递增区间 $(-\infty,0) \bigcup [2,+\infty)$，单调递减区间 $[0,2)$;

    (4) 单调递增区间 $(-1,+\infty)$，单调递减区间 $(-\infty,-1)$。

3. (1) 稳定点 $0,\pm\sqrt{3}$; (2) 0。

4. (1) 单调递增区间 $(-\infty,0)$，单调递减区间 $(0,+\infty)$;

    (2) 单调递增区间 $[0,+\infty)$，单调递减区间 $(-\infty,0)$;

    (3) 递增区间 $(-1,+\infty)$;

    (4) 单调递增区间 $[-1,0) \bigcup [1,+\infty)$，单调递减区间 $(-\infty,-1) \bigcup (0,1)$;

    (5) 单调递增区间 $(-\infty,1] \bigcup [2,+\infty)$，单调递减区间 $(1,2)$;

    (6) 单调递增区间 $(2,+\infty)$，单调递减区间 $(0,2)$。

5. 证明:略。

习题 3-4

1. (1) 极大值 $f(e)=\dfrac{1}{e}$;   (2) 极大值 $f(-4)=60$,极小值 $f(2)=-48$;

    (3) 极小值 $f\left(\dfrac{1}{2}\right)=\dfrac{1}{2}+\ln 2$;   (4) 极大值 $f(-2)=-8$,极小值 $f(2)=8$;

    (5) 极大值 $f(0)=0$,极小值 $f(1)=-1$;   (6) 极小值 $f\left(\dfrac{1}{\sqrt{e}}\right)=-\dfrac{1}{2e}$;

    (7) 极小值 $f(0)=2$。

2. (1) 极大值 $f\left(\dfrac{\pi}{4}\right)=\sqrt{2}$;   (2) 极大值 $f\left(\dfrac{\pi}{4}\right)=\dfrac{1}{\sqrt{2}}e^{\frac{\pi}{4}}$ 及 $f\left(\dfrac{5\pi}{4}\right)=-\dfrac{1}{\sqrt{2}}e^{\frac{5\pi}{4}}$。

3. 极大值 $f(1)=0$,极小值 $f\left(\dfrac{7}{5}\right)=-\dfrac{3}{25}\times\sqrt[3]{20}$。

习题 3-5

1. (1) 最大值 $y(\pm 2)=13$,最小值 $y(\pm 1)=4$;

    (2) 最大值 $y\left(-\dfrac{\pi}{2}\right)=\dfrac{\pi}{2}$,最小值 $y\left(\dfrac{\pi}{2}\right)=-\dfrac{\pi}{2}$;

    (3) 最大值 $y\left(\dfrac{3}{4}\right)=\dfrac{5}{4}$,最小值 $y(-5)=-5+\sqrt{6}$;

    (4) 最大值 $y\left(-\dfrac{1}{2}\right)=y(1)=\dfrac{1}{2}$,最小值 $y(0)=0$;

    (5) 最大值 $y(4)=8$,最小值 $y(0)=0$;

(6) 最大值 $y(10)=66$,最小值 $y(2)=2$。

2. 积的最大值 $\dfrac{a^2}{4}$。

3. 变压器应设在距 A 1.2 千米处,所需电线最短。

4. 经过 5 小时两船相距最近。

5. 断面的高和宽都应是 $\dfrac{\sqrt{2}}{2}d$。

6. 长为 18 米,宽为 12 米。

7. $r=h=\sqrt[3]{\dfrac{V}{\pi}}$。

8. 32 米,16 米。

9. 边长 2 米,高 1 米,最低费用 160 元。

习题 3-6

1. (1) 凹曲线; (2) 凸曲线; (3) 凹曲线; (4) 在 $(2,+\infty)$ 内是凹的;在 $(-\infty,2)$ 内是凸的;

   (5) 在 $\left(\dfrac{\sqrt{2}}{2},+\infty\right)$ 内是凹的;在 $\left(0,\dfrac{\sqrt{2}}{2}\right)$ 内是凸的。

2. (1) $\left(-\infty,\dfrac{5}{3}\right)$ 为凸区间,$\left(\dfrac{5}{3},+\infty\right)$ 为凹区间,$\left(\dfrac{5}{3},\dfrac{20}{27}\right)$ 为拐点;

   (2) $(-\infty,2)$ 为凸区间,$(2,+\infty)$ 为凹区间,$(2,2\mathrm{e}^{-2})$ 为拐点;

   (3) $\left(-\infty,\dfrac{1}{2}\right)$ 为凹区间,$\left(\dfrac{1}{2},+\infty\right)$ 为凸区间,$\left(\dfrac{1}{2},\mathrm{e}^{\arctan\frac{1}{2}}\right)$ 为拐点;

   (4) $(-\infty,-1),(1,+\infty)$ 为凸区间,$(-1,1)$ 为凹区间,$(-1,\ln2)$ 及 $(1,\ln2)$ 为拐点;

   (5) $\left(-\infty,-\dfrac{\sqrt{2}}{2}\right),\left(\dfrac{\sqrt{2}}{2},+\infty\right)$ 为凹区间,$\left(-\dfrac{\sqrt{2}}{2},\dfrac{\sqrt{2}}{2}\right)$ 为凸区间,$\left(-\dfrac{\sqrt{2}}{2},\mathrm{e}^{-\frac{1}{2}}\right)$ 及 $\left(\dfrac{\sqrt{2}}{2},\mathrm{e}^{-\frac{1}{2}}\right)$ 为

   拐点;

   (6) 在 $(-\infty,1)$ 内是凹曲线,在 $(1,+\infty)$ 内是凸曲线,拐点为 $(1,2)$。

3. $a=-\dfrac{3}{2},b=\dfrac{9}{2}$。

4. 在 $(1,11)$ 附近是凸的;在 $(3,3)$ 附近是凹的。

习题 3-7

1. (1) 有垂直渐近线 $x=0$;

   (2) 有垂直渐近线 $x=1$;

   (3) 有垂直渐近线 $x=1$;

   (4) 有水平渐近线 $y=0$;

   (5) $y=0$ 为水平渐近线;

   (6) 曲线有水平渐近线 $y=0$;

   (7) 曲线有垂直渐近线 $x=0$,水平渐近线 $y=0$;

   (8) 曲线有水平渐近线 $y=1$;垂直渐近线 $x=2$。

2. 略。

3. 略。

习题 3-8

1. $\dfrac{(x-1)\mathrm{e}^x}{x^2}$。

2. $P=5$。

3. 总成本为 125,平均成本为 12.5,边际成本为 5,即当产量为 10 个单位时,每多生产 1 个单位产品需要增加 5 个单位成本。

4. 总成本为 7 956.25,平均单位成本为 106.08,平均改变量为 101.25,边际成本为 97.5。

5. (1) 5; (2) 4.5; (3) 4。

6. 总收益为 9 975,平均收益为 199.5,边际收益为 199。

7. 300 单位,最大利润为 700。

8. (1) $\overline{C}(Q)=\dfrac{125}{Q}+3+\dfrac{Q}{25}$，$C'(Q)=3+\dfrac{2}{25}Q$; (2) $C'(25)=5$，$R'(25)=5$，$L'(25)=0$。

9. $Q=3\,000$。

10. (1) $E(P)=\dfrac{P}{p-24}$;

   (2) $E(p)<1$，即 $0<p<12$ 为低弹性，$E(p)>1$，即 $12<p<24$ 为高弹性;

   (3) $E(6)=-0.33$,说明:当 $p=6$ 时,需求变动幅度小于价格变动幅度,即 $p=6$ 时,价格上涨 1% 时,需求减少 0.33%,或者说当价格下降 1% 时,需求将增加 0.33%。

复习题三

1. (1) ×; (2) ×; (3) ×; (4) ×; (5) √; (6) ×; (7) ×; (8) ×; (9) √; (10) √。

2. (1) 单调递增,单调递减,常函数;   (2) $(0,2)$;

   (3) $y=1$，$x=\pm 1$;   (4) 驻点,不可导点;

   (5) $(-\infty,-2)$，$(-2,+\infty)$，$(-2,-2\mathrm{e}^{-2})$;   (6) $-\dfrac{9}{2}$，6;

   (7) 2;   (8) $f(2)=20$;

   (9) 0;   (10) 1。

3. (1) B; (2) B; (3) C; (4) B; (5) C; (6) B; (7) B; (8) C; (9) D; (10) D。

4. (1) 1; (2) $\dfrac{3}{2}$; (3) $-\dfrac{1}{2}$; (4) $\dfrac{1}{3}$; (5) 1; (6) $\dfrac{1}{2}$; (7) $\dfrac{1}{2}$; (8) 0。

5. $y_{极大}=f(0)=1$。

6. $\alpha=\dfrac{2\sqrt{6}}{3}\pi$。

7. 底面边长和深度分别为 10m 和 15m 时,总造价最省。

8. $h=\dfrac{\sqrt{2}}{2}R$。

9. $R'(20)=2$。

10. $x=40$。

11. $P=15$。

习题 4-1

1. (1) x，$x+C$; (2) x^3，x^3+C; (3) e^x，e^x+C; (4) $\tan x$，$\tan x+C$; (5) $-\cos x$，$-\cos x+C$。

2. 是。

3. $f(x) = x^2 + C$。

4. $f(x) = -\dfrac{1}{x}$。

5. $f(x) = \ln|x| + 1$。

6. $F(x) = \arcsin x + 2\pi$。

7. $y = x^3 + 1, y = x^3 - 1$，图像略。

8. $2x + C$。

习题 4-2

1. (1) $\tan x, \tan x + C$;　(2) $\arctan x, \arctan x + C$;

　 (3) $\log_a x, \log_a x + C$;　(4) $\arcsin x, \arcsin x + C$。

2. (1) $-x^{-2} + C$;

　 (2) $\dfrac{9}{8} x^{\frac{8}{3}} - \dfrac{3}{5} x^{\frac{5}{3}} + C$;

　 (3) $\dfrac{4}{5} x^5 + 2x^2 - \dfrac{1}{x} + C$;

　 (4) $2\mathrm{e}^x - \dfrac{1}{3}\ln|x| + C$;

　 (5) $-2\cos x - 3\arcsin x + C$;

　 (6) $\sqrt{\dfrac{2h}{g}} + C$;

　 (7) $\mathrm{e}^x - \sqrt{2x} + C$;

　 (8) $x\cos\left(\dfrac{\pi}{4} + 1\right) + C$;

　 (9) $\dfrac{2}{3} t^{\frac{3}{2}} - t + C$;

　 (10) $\tan x - \sec x + C$;

　 (11) $-\cot x - x + C$;

　 (12) $\ln|x| + \arctan x + C$;

　 (13) $\dfrac{2}{3} x^3 + x + C$;

　 (14) $\dfrac{8}{15} x^{\frac{15}{8}} + C$;

　 (15) $\dfrac{2}{\ln 3 - \ln 4}\left(\dfrac{3}{4}\right)^x + \dfrac{5}{2^x \ln 2} + C$;

　 (16) $\dfrac{1}{2}\tan x + C$;

　 (17) $-\dfrac{1}{x} - \arctan x + C$;

　 (18) $x^2 + x - 2\ln|x| + \dfrac{1}{x} + C$;

　 (19) $-\cot x - \tan x + C$;

　 (20) $-\sin x + \cos x + C$;

　 (21) $\dfrac{1}{\sqrt{1 - x^2}} + \sin x + C$。

3. (1) $\dfrac{1}{3} x^3 + 3\arctan x + C$;

　 (2) $\mathrm{e}^x - x + C$;

　 (3) $\dfrac{1}{2}(-\cot x + \csc x) + C$;

　 (4) $-\dfrac{1}{x} + \arctan x + C$。

习题 4-3

1. (1) $\dfrac{1}{a}$;　(2) $\dfrac{1}{7}$;　(3) $\dfrac{1}{2}$;　(4) $\dfrac{1}{10}$;　(5) $-\dfrac{1}{2}$;　(6) $\dfrac{1}{12}$;　(7) $\dfrac{1}{2}$;　(8) -2;　(9) $-\dfrac{2}{3}$;

　 (10) 1;　(11) $-\dfrac{1}{5}$;　(12) $\dfrac{1}{3}$;　(13) -1;　(14) -1。

2. (1) $\dfrac{1}{22}(2x + 3)^{11} + C$;　(2) $x + \ln(1 + x^2) + C$;　(3) $\dfrac{2}{9}\sqrt{(3x + 1)^3} + C$;

　 (4) $-\dfrac{2}{5}\sqrt{2 - 5x} + C$;　(5) $-\dfrac{1}{a}\cos(ax + b) + C$;　(6) $-\left(\mathrm{e}^{-x} + \dfrac{1}{2}\mathrm{e}^{-2x}\right) + C$;

(7) $\dfrac{1}{2}\arcsin 2x + C$;　　　　(8) $-\dfrac{3}{16}\sqrt[3]{(1-x^4)^4} + C$;　　(9) $\sqrt{1+x^2} + C$;

(10) $-\dfrac{1}{3}\cot 3x + C$;　　　　(11) $\ln(x^2+2) + C$;　　　　(12) $\dfrac{1}{3}\sin x^3 + C$;

(13) $\dfrac{1}{3}e^{x^3} + C$;　　　　(14) $\ln\ln x + C$;　　　　(15) $\dfrac{1}{3}\ln(x^3+3) + C$;

(16) $2\arctan\sqrt{x} + C$;　　　　(17) $\dfrac{1}{2\cos^2 x} + C$;　　　　(18) $-\dfrac{3}{4}\ln(1-x^4) + C$;

(19) $\dfrac{1}{3}\sec^3 x - \sec x + C$;　　(20) $\ln|x^2-3x+2| + C$;　　(21) $2\arctan e^x + C$;

(22) $\dfrac{1}{6}\arctan\dfrac{2x}{3} + C$;　　(23) $\ln|1+\ln x| + C$;　　(24) $2e^{\sqrt{x}} + C$;

(25) $\dfrac{1}{3}\tan x^3 + C$;　　　　(26) $\tan\dfrac{x}{2} + C$;　　　　(27) $\cos\dfrac{1}{x} + C$;

(28) $\dfrac{1}{3}(3+2e^x)^{\frac{3}{2}} + C$;　　(29) $\dfrac{1}{2}\arctan\dfrac{x+3}{2} + C$;

(30) $\dfrac{1}{3}\left[\sqrt{(x+1)^3} - \sqrt{(x-1)^3}\right] + C$;　　(31) $\dfrac{1}{2}\arcsin\dfrac{2x}{3} + \sqrt{9-4x^2} + C$;

(32) $\dfrac{1}{2}\arctan x^2 + \dfrac{1}{4}\ln(1+x^4) + C$;　　(33) $-\dfrac{x}{x+\ln x} + C$;　　(34) $\dfrac{1}{2}(\ln\tan x)^2 + C_\circ$

3. (1) $\dfrac{2}{5}(x+2)\sqrt{(x-3)^3} + C$;　　　　(2) $2(\sqrt{x} - \arctan\sqrt{x}) + C$;

(3) $x - 2\sqrt{x} + 2\ln(1+\sqrt{x}) + C$;　　　　(4) $3\left(\dfrac{1}{2}\sqrt[3]{x^2} - \sqrt[3]{x} + \ln(1+\sqrt[3]{x})\right) + C$;

(5) $2\sqrt{x} - 3\sqrt[3]{x} + 6\sqrt[6]{x} - 6\ln(\sqrt[6]{x}+1) + C$;　　(6) $-\ln\left|\dfrac{1+\sqrt{1-x^2}}{x}\right| + C$;

(7) $\sqrt{x^2-9} - 3\arccos\dfrac{3}{x} + C$;　　　　(8) $\ln\left|\sqrt{4+x^2}+x\right| + C_\circ$

习题 4-4

(1) $-x\cos x + \sin x + C$;　　(2) $x\ln x - x + C$;　　(3) $x\arcsin x + \sqrt{1-x^2} + C$;

(4) $-xe^{-x} - e^{-x} + C$;　　(5) $\dfrac{x^3\ln x}{3} - \dfrac{x^3}{9} + C$;　　(6) $\dfrac{e^{-x}(\sin x - \cos x)}{2} + C$;

(7) $\dfrac{1}{3}x^3\arctan x - \dfrac{1}{6}x^2 + \dfrac{1}{6}\ln(1+x^2) + C$;　　(8) $-\dfrac{1}{2}te^{-2t} - \dfrac{1}{4}e^{-2t} + C$;

(9) $-\dfrac{x\cos 2x}{4} + \dfrac{\sin 2x}{8} + C$;　　(10) $3e^{\sqrt[3]{x}}(x^{\frac{2}{3}} - 2x^{\frac{1}{3}} + 2) + C$;

(11) $\left(\dfrac{1}{3}x^2 - \dfrac{2}{27}\right)\sin 3x + \dfrac{2}{9}x\cos 3x + C$;　　(12) $x\ln(1+x^2) - 2x + 2\arctan x + C$;

(13) $-\dfrac{e^{-x}}{5}(\sin 2x + 2\cos 2x) + C_\circ$

习题 4-5

1. $C(x) = 10x + 12x^2 - x^3 + 2\,500_\circ$

2. $R(x) = \dfrac{8x}{1+x}_\circ$

3. $Q = 4, L(4) = 7_\circ$

4. $x = 80, L(80) = 1\,200$。

5. $R(x) = 8x - \dfrac{1}{2}x^2$，$C(x) = 2x + \dfrac{1}{4}x^2 + 1$，$L(x) = 6x - \dfrac{3}{4}x^2 - 1$，当 $x = 4$ 时，总利润 $L(x)$ 最大，最大值 $L(4) = 11$（万元）。

复习题四

1. (1) $\checkmark$； (2) $\times$； (3) $\times$； (4) $\times$； (5) $\times$； (6) $\times$； (7) $\checkmark$； (8) $\checkmark$； (9) $\checkmark$； (10) $\times$。

2. (1) C； (2) 全体原函数； (3) $2e^{\sqrt{x}} + C$； (4) $6x^3 + 6x^2 + 5x + C$；

   (5) $y = \dfrac{5}{3}x^3$； (6) $x^2 + C$； (7) $\dfrac{1}{\sqrt{1-x^2}}$； (8) $\dfrac{1}{3}x^3 - \cos x + C, 2x + \cos x$；

   (9) $\dfrac{\ln^3 x}{3} - \ln x + C$； (10) $\dfrac{1}{x}$。

3. (1) C； (2) C； (3) D； (4) C； (5) C； (6) D； (7) D； (8) A； (9) D； (10) D。

4. (1) $-\dfrac{1}{x}(\ln x + 1) + C$； (2) $\dfrac{1}{2}\arcsin\dfrac{x^2}{2} + C$； (3) $2\sqrt{\sin x} + C$；

   (4) $4\left[\sqrt{\dfrac{x}{2}} - \ln\left(1 + \sqrt{\dfrac{x}{2}}\right)\right] + C$； (5) $\dfrac{1}{2}\ln\dfrac{|e^x - 1|}{e^x + 1} + C$； (6) $\dfrac{1}{1 + e^x} + \ln\dfrac{e^x}{e^x + 1} + C$；

   (7) $\ln|x + \sin x| + C$； (8) $\ln|\ln(\ln x)| + C$； (9) $x\tan\dfrac{x}{2} + C$；

   (10) $\ln|\csc x - \cot x| + \cos x + C$； (11) $\dfrac{1}{32}\ln\left|\dfrac{2+x}{2-x}\right| + \dfrac{1}{16}\arctan\dfrac{x}{2} + C$；

   (12) $\sqrt{2}\ln\left|\csc\dfrac{x}{2} - \cot\dfrac{x}{2}\right| + C$； (13) $\dfrac{\sin x}{2\cos^2 x} - \dfrac{1}{2}\ln|\sec x + \tan x| + C$；

   (14) $-\dfrac{\sqrt{1-x^2}}{x} + C$； (15) $\dfrac{\sqrt{2}}{2}\arctan\dfrac{x+1}{\sqrt{2}} + C$；

   (16) $-2x\cos\sqrt{x} + 4\sqrt{x}\sin\sqrt{x} + 4\cos\sqrt{x} + C$； (17) $(1+x)\arctan\sqrt{x} - \sqrt{x} + C$；

   (18) $-\dfrac{x}{e^x + 1} - \ln(1 + e^{-x}) + C$。

5. $25x + 3\,400$。

6. $100x - 0.01x^2$。

7. 总利润函数 $L(Q) = 8Q - Q^2 + 88$，当 $Q = 4$ 时，$L(4) = 104$ 最大。

习题 5-1

1. $\dfrac{3}{2}$。

2. $S = \displaystyle\int_0^1 e^x \,\mathrm{d}x$。

3. (1) $\dfrac{15}{2}$； (2) $-\dfrac{3}{2}$； (3) 0； (4) $\dfrac{\pi}{4}$； (5) 1； (6) 0。

4. 略。

5. (1) 0，图像略； (2) 0，图像略。

习题 5-2

1. (1) 1； (2) $-\dfrac{5}{3}$。

2. (1) $2m-3(b-a)$; (2) $4n-12m+9(b-a)$。

3. (1) >; (2) >; (3) <; (4) >; (5) >; (6) >; (7) >。

4. (1) $6 \leqslant \int_1^4 (1+x^2)\mathrm{d}x \leqslant 51$; (2) $0 \leqslant \int_0^{\frac{\pi}{2}} (1-\sin x)\mathrm{d}x \leqslant \frac{\pi}{2}$;

(3) $1 \leqslant \int_0^1 \mathrm{e}^{2x}\mathrm{d}x \leqslant \mathrm{e}^2$; (4) $\pi \leqslant \int_{\frac{\pi}{4}}^{\frac{5\pi}{4}} (1+\sin^2 x)\mathrm{d}x \leqslant 2\pi$;

(5) $3 \leqslant \int_1^4 (x^2-4x+5)\mathrm{d}x \leqslant 15$; (6) $-156 \leqslant \int_{-2}^4 (x^3-3x^2-9x+1)\mathrm{d}x \leqslant 36$。

5. 证明:略。

习题 5-3

1. $f'(0)=0, f'\left(\dfrac{\pi}{3}\right)=\dfrac{\sqrt{3}}{2}$。

2. (1) $\sqrt{1+x}$; (2) $-x^2$; (3) $\dfrac{-2\mathrm{e}^{-4x}}{\sqrt{1+\mathrm{e}^{-4x}}}$;

(4) $2x\sqrt{1+x^4}$; (5) $-x\mathrm{e}^{-x}$; (6) $\dfrac{3x^2}{\sqrt{1+x^{12}}}-\dfrac{2x}{\sqrt{1+x^8}}$。

3. (1) $\dfrac{1}{2}$; (2) e^2; (3) 0; (4) 1; (5) $\dfrac{1}{2}$。

4. (1) $a\left(a^2-\dfrac{1}{2}a+1\right)$; (2) $\dfrac{21}{8}$; (3) $\dfrac{271}{6}$; (4) $\dfrac{\pi}{6}$; (5) $\dfrac{\pi}{3}$; (6) 1; (7) $\dfrac{1}{2}$;

(8) $1-\dfrac{\pi}{4}$; (9) 4。

5. (1) $1+\dfrac{\pi}{4}$; (2) 4; (3) $\dfrac{14}{3}$; (4) $2\sqrt{2}-2$。

习题 5-4

1. (1) $\dfrac{1}{4}$; (2) $\dfrac{1}{6}$; (3) $\dfrac{1}{2}$; (4) $-1-2\ln2$;

(5) $1+2\ln\dfrac{3}{2}$; (6) $7+2\ln2$; (7) $\dfrac{2}{5}(1+\ln2)$; (8) π;

(9) $\dfrac{1}{6}$; (10) $2\sqrt{3}-2$; (11) $10+\dfrac{9}{2}\ln3$; (12) $1-\dfrac{\pi}{4}$;

(13) $4-4\ln3$; (14) $\dfrac{\pi}{4}+\dfrac{1}{2}$。

2. (1) 1; (2) 1; (3) $\dfrac{\mathrm{e}^2}{4}+\dfrac{1}{4}$; (4) π;

(5) $\dfrac{2\pi}{3}-\dfrac{\sqrt{3}}{2}$; (6) $\dfrac{1}{5}(1+2\mathrm{e}^{\pi})$; (7) $2\left(1-\dfrac{1}{\mathrm{e}}\right)$; (8) $4(2\ln2-1)$。

3. (1) 0; (2) $\dfrac{3\pi}{2}$; (3) $\dfrac{3\pi}{324}$; (4) 0。

4. (1) $\dfrac{4}{3}$; (2) $1+\ln3-\ln(1+2\mathrm{e})$。

习题 5-5

1. (1) $\dfrac{1}{6}$； (2) 1； (3) $\dfrac{32}{3}$； (4) $\dfrac{32}{3}$。

2. (1) $\dfrac{1}{2}$； (2) $\dfrac{9}{2}$； (3) 1； (4) 36； (5) $\dfrac{1}{6}$； (6) $\dfrac{32}{3}$； (7) $\dfrac{3}{2}-\ln 2$； (8) $e+\dfrac{1}{e}-2$； (9) $b-a$。

3. (1) $V_x=\dfrac{31\pi}{5}$； (2) $V_x=\dfrac{16\pi}{15}$，$V_y=\dfrac{4\pi}{3}$； (3) $\dfrac{3\pi}{10}$； (4) $\dfrac{64\pi}{5}$； (5) $\dfrac{\pi a^3}{2}$； (6) $\dfrac{8\pi}{3}$，$\dfrac{8\pi}{3}$。

4. (1) 352； (2) 256。

5. 1 200。

6. (1) 日产量为 40 包时，企业获利最大；

   (2) $R(40)=5\,200$ 美元，$C(40)=4\,200$ 美元，$L(40)=1\,000$ 美元。

7. 187.4。

8. (1) 14 800，148； (2) 14 400，144。

习题 5-6

(1) 1； (2) $\dfrac{2}{15}\ln 2$； (3) 0； (4) $\dfrac{1}{2}$； (5) 发散； (6) $\dfrac{\pi}{2}$。

复习题五

1. (1) ×； (2) ×； (3) ×； (4) √； (5) √； (6) √； (7) ×； (8) ×； (9) √； (10) ×。

2. (1) $F(x)+C,F(b)-F(a)$； (2) $\displaystyle\int_a^x f(t)\mathrm{d}t$； (3) $\dfrac{1}{3}$； (4) 3； (5) 6； (6) $\dfrac{e-1}{2}$；

   (7) $3-\dfrac{1}{e}$； (8) $\dfrac{\pi}{8}$； (9) $\dfrac{1}{2}$，$\dfrac{2}{3}$； (10) e。

3. (1) B； (2) C； (3) D； (4) D； (5) A； (6) C； (7) A； (8) D； (9) A； (10) B。

4. (1) $\ln 4$；   (2) $\ln\dfrac{3}{2}$；   (3) $\dfrac{(e-1)^5}{5}$；   (4) -2；

   (5) $\dfrac{\sqrt{2}}{2}$；   (6) $\dfrac{\pi}{2}$；   (7) $2-\dfrac{3}{4\ln 2}$；   (8) 0；

   (9) $\dfrac{16}{15}$；   (10) $2+\ln\dfrac{3}{2}$；   (11) $1-\dfrac{\pi}{4}$；   (12) $\dfrac{1}{2}$。

5. (1) 2； (2) $e+e^{-1}-2,\dfrac{\pi}{2}(e^2+e^{-2}-2)$； (3) $\dfrac{4}{3}$，$\dfrac{16\pi}{15}$； (4) 454.5； (5) $t=8,12$ 百万元。

习题 6-1

1. (1) 2； (2) $\dfrac{2xy}{x^2+y^2}$； (3) $(x+y)^2+x^2y^2$； (4) $\dfrac{y^2-x^2}{4}$。

2. 证明：略。

3. (1) $\{(x,y)\,|-2\leqslant y\leqslant 0,x\leqslant 0\}\bigcup\{(x,y)\,|\,0\leqslant y\leqslant 2,x\geqslant 0\}$；

   (2) $\{(x,y)\,|\,x+y>0,x-y>0\}$；

   (3) $\{(x,y)\,|\,x\geqslant 0,y\geqslant 0,x^2\geqslant y\}$；

(4) $\{(x,y)\mid y-x>0, x\geqslant 0, x^2+y^2<1\}$;

(5) $\{(x,y)\mid x^2+y^2\leqslant 1\}$;

(6) $\{(x,y)\mid r^2<x^2+y^2+z^2\leqslant R^2\}$。

4. (1) 0; (2) $e^{\frac{1}{a}}$; (3) $-\dfrac{1}{4}$; (4) 2。

5. 证明：略。

习题 6-2

1. (1) $\dfrac{2}{5}$; (2) $-\dfrac{1}{2}, \dfrac{1}{2}$; (3) $\arctan\sqrt{x}+(x-1)\cdot\dfrac{1}{1+x}\cdot\dfrac{1}{2\sqrt{x}}, \dfrac{\pi}{4}$。

2. (1) $\dfrac{\partial z}{\partial x}=3x^2y-y^3, \dfrac{\partial z}{\partial y}=x^3-3y^2x$;

(2) $\dfrac{\partial s}{\partial u}=\dfrac{1}{v}-\dfrac{v}{u^2}, \dfrac{\partial s}{\partial v}=\dfrac{1}{u}-\dfrac{u}{v^2}$;

(3) $\dfrac{\partial z}{\partial x}=\dfrac{1}{1+x^2}, \dfrac{\partial z}{\partial y}=\dfrac{1}{1+y^2}$;

(4) $\dfrac{\partial z}{\partial x}=y[\cos(xy)-\sin(2xy)], \dfrac{\partial z}{\partial y}=x[\cos(xy)-\sin(2xy)]$;

(5) $\dfrac{\partial u}{\partial x}=\cos(x+y^2+e^z), \dfrac{\partial u}{\partial y}=2y\cos(x+y^2+e^z), \dfrac{\partial u}{\partial z}=e^z\cos(x+y^2+e^z)$;

(6) $\dfrac{\partial u}{\partial x}=\dfrac{z(x-y)^{z-1}}{1+(x-y)^{2z}}, \dfrac{\partial u}{\partial y}=\dfrac{-z(x-y)^{z-1}}{1+(x-y)^{2z}}, \dfrac{\partial u}{\partial z}=\dfrac{(x-y)^z\ln(x-y)}{1+(x-y)^{2z}}$;

(7) $\dfrac{\partial z}{\partial x}=\dfrac{1}{x+\ln y}, \dfrac{\partial z}{\partial y}=\dfrac{1}{y(x+\ln y)}$;

(8) $\dfrac{\partial z}{\partial x}=\dfrac{1}{2x\sqrt{\ln(xy)}}, \dfrac{\partial z}{\partial y}=\dfrac{1}{2y\sqrt{\ln(xy)}}$;

(9) $\dfrac{\partial z}{\partial x}=\ln(xy)+1, \dfrac{\partial z}{\partial y}=\dfrac{x}{y}$;

(10) $\dfrac{\partial z}{\partial x}=2xy^2(1+x^2y)^{y-1}, \dfrac{\partial z}{\partial y}=x^2y(1+x^2y)^{y-1}+(1+x^2y)^y\ln(1+x^2y)$;

(11) $\dfrac{\partial z}{\partial x}=\dfrac{1}{\sqrt{x^2+y^2}}, \dfrac{\partial z}{\partial y}=\dfrac{y}{x^2+y^2+x\sqrt{x^2+y^2}}$;

(12) $\dfrac{\partial z}{\partial x}=\dfrac{y(x^2+y^2)-2x}{(x^2+y^2)^2}e^{xy}, \dfrac{\partial z}{\partial y}=\dfrac{x(x^2+y^2)-2y}{(x^2+y^2)^2}e^{xy}$;

(13) $\dfrac{\partial u}{\partial x}=y^2z^3e^{xy^2z^3}, \dfrac{\partial u}{\partial y}=2xyz^3e^{xy^2z^3}, \dfrac{\partial u}{\partial z}=3xy^2z^2e^{xy^2z^3}$。

3. (1) $\dfrac{\partial^2 z}{\partial x^2}=6x+6y, \dfrac{\partial^2 z}{\partial x\partial y}=6x, \dfrac{\partial^2 z}{\partial y^2}=12y, \dfrac{\partial^2 z}{\partial y\partial x}=6x$;

(2) $\dfrac{\partial^2 z}{\partial x^2}=2a^2\cos 2(ax+by), \dfrac{\partial^2 z}{\partial x\partial y}=\dfrac{\partial^2 z}{\partial y\partial x}=2ab\cos 2(ax+by), \dfrac{\partial^2 z}{\partial y^2}=2b^2\cos 2(ax+by)$;

(3) $\dfrac{\partial^2 z}{\partial x^2}=\dfrac{2xy}{(x^2+y^2)^2}, \dfrac{\partial^2 z}{\partial x\partial y}=\dfrac{\partial^2 z}{\partial y\partial x}=\dfrac{-x^2+y^2}{(x^2+y^2)^2}, \dfrac{\partial^2 z}{\partial y^2}=\dfrac{-2xy}{(x^2+y^2)^2}$。

4. 略。

5. 略。

习题 6-3

1. $-4dx-4dy$。

2. $dz = 22.4, \Delta z = 22.75$。

3. $dz = 0.8e^2$。

4. (1) $dz = \dfrac{-y}{x^2 + y^2}dx + \dfrac{x}{x^2 + y^2}dy$; 　　(2) $dz = \dfrac{1}{3x - 2y}(3dx - 2dy)$;

　 (3) $dz = \dfrac{-2ydx + 2xdy}{(x - y)^2}$; 　　(4) $du = \dfrac{2xdx + 2ydy + 2zdz}{x^2 + y^2 + z^2}$;

　 (5) $dz = y[\cos(xy) - \sin(2xy)]dx + x[\cos(xy) - \sin(2xy)]dy$;

　 (6) $dz = [2x + y^2 + y\cos(xy)]dx + [2xy + x\cos(xy)]dy$。

5. 2.0393。

6. 减少 30π 立方厘米。

习题 6-4

1. $f'_x + f'_u \cdot \varphi'_x, f'_u \cdot \varphi'_y$。

2. $\dfrac{dz}{dt} = \cos t(\cos^2 t - 2\sin^2 t)$。

3. $\dfrac{dz}{dx} = \dfrac{e^x(1 + x)}{1 + x^2 e^{2x}}$。

4. $\dfrac{\partial z}{\partial x} = \dfrac{ye^{xy} + 2x}{e^{xy} + x^2 - y^2}, \dfrac{\partial z}{\partial y} = \dfrac{xe^{xy} - 2y}{e^{xy} + x^2 - y^2}$。

5. $\dfrac{\partial z}{\partial x} = \dfrac{2x}{y^2}\ln(3x - 2y) + \dfrac{3x^2}{(3x - 2y)y^2}, \dfrac{\partial z}{\partial y} = -\dfrac{2x^2}{y^3}\ln(3x - 2y) - \dfrac{2x^2}{(3x - 2y)y^2}$。

6. $\dfrac{\partial z}{\partial x} = \dfrac{x\arctan\dfrac{y}{x} - y\ln\sqrt{x^2 + y^2}}{x^2 + y^2} \cdot e^{\ln\sqrt{x^2 + y^2}\arctan\frac{y}{x}}$,

　 $\dfrac{\partial z}{\partial y} = \dfrac{y\arctan\dfrac{y}{x} + x\ln\sqrt{x^2 + y^2}}{x^2 + y^2} \cdot e^{\ln\sqrt{x^2 + y^2}\arctan\frac{y}{x}}$。

7. $\dfrac{dy}{dx} = \dfrac{y^2 - ye^{xy}}{xe^{xy} - 2xy - \cos y}$。

8. $\dfrac{dy}{dx} = \dfrac{x + y}{x - y}$。

9. $\dfrac{\partial z}{\partial x} = \dfrac{y(1 + z^2)(e^{xy} + z)}{1 - xy(1 + z^2)}, \dfrac{\partial z}{\partial y} = \dfrac{x(1 + z^2)(e^{xy} + z)}{1 - xy(1 + z^2)}$。

10. $\dfrac{\partial z}{\partial x} = \dfrac{z}{x + z}, \dfrac{\partial z}{\partial y} = \dfrac{z^2}{y(x + z)}$。

11. $\dfrac{\partial z}{\partial x} = \dfrac{x}{2 - z}, \dfrac{\partial z}{\partial y} = \dfrac{y}{2 - z}$。

12. $\dfrac{\partial^2 z}{\partial x^2} = y^2 f''_{uu} + 2f''_{uv} + \dfrac{1}{y^2}f''_{vv}, \dfrac{\partial^2 z}{\partial x\partial y} = f'_u - \dfrac{1}{y^2}f'_v + xyf''_{uu} - \dfrac{x}{y^3}f''_{vv}$。

13. 证明:略。

习题 6-5

1. (1) 极小值:$f(-1,1) = 0$; 　　(2) 极大值:$f(3,2) = 36$;

　 (3) 极小值:$f\left(\dfrac{1}{2}, -1\right) = -\dfrac{e}{2}$; 　　(4) 极大值:$f(0,0) = 0$,极小值:$f(2,2) = -8$。

2. (1) 极大值:$\dfrac{1}{4}$; 　(2) 极小值:$\dfrac{a^2 b^2}{a^2 + b^2}$。

3. $\left(\dfrac{8}{5}, \dfrac{16}{5}\right)$。

4. $(1,2)$。

5. $x = 6$ 台，$y = 12$ 台；最小成本为 648 万元。

习题 6-6

1. $V = \displaystyle\iint\limits_{D}(x^2 + y^2)\,\mathrm{d}\sigma$。

2. $4,4\pi$。

3. (1) $\leqslant$；　(2) $\geqslant$。

4. (1) $0 \leqslant I \leqslant 2$；　(2) $0 \leqslant I \leqslant \pi^2$。

5. (1) $\displaystyle\iint\limits_{D}f(x,y)\mathrm{d}x\mathrm{d}y = \int_0^1 \mathrm{d}y\int_0^y f(x,y)\mathrm{d}x + \int_1^2 \mathrm{d}y\int_0^{2-y}f(x,y)\mathrm{d}x$；

(2) $\displaystyle\iint\limits_{D}f(x,y)\mathrm{d}x\mathrm{d}y = \int_0^1 \mathrm{d}x\int_x^1 f(x,y)\mathrm{d}y$；

(3) $\displaystyle\iint\limits_{D}f(x,y)\mathrm{d}x\mathrm{d}y = \int_0^1 \mathrm{d}y\int_{\sqrt{y}}^{1+\sqrt{1-y^2}} f(x,y)\mathrm{d}x$。

6. (1) $\dfrac{4}{9}$；　(2) $\dfrac{20}{3}$；　(3) 1；　(4) $-\dfrac{3}{2}\pi$；　(5) $\dfrac{6}{55}$；　(6) $\dfrac{9}{4}$。

7. (1) $\dfrac{\pi(e-1)}{4}$；　(2) $\dfrac{\pi}{3}$；　(3) 2π；　(4) $\dfrac{(3\ln 3 - 2)\pi}{8}$。

8. $\dfrac{7}{2}$。

9. 20π。

10. $\left(\dfrac{9}{20}, \dfrac{9}{20}\right)$。

11. $\dfrac{1}{2}\pi R^4$。

复习题六

1. (1) $\surd$；　(2) $\times$；　(3) $\times$；　(4) $\surd$；　(5) $\times$；　(6) $\times$；　(7) $\surd$；　(8) $\surd$；　(9) $\times$；　(10) $\surd$.

2. (1) $f(x,y) = \dfrac{1}{2}(x^2 + y^2)$；　　　　　(2) $D = \{(x,y) \mid y^2 \leqslant 4x, 0 < x^2 + y^2 < 1\}$；

(3) $\dfrac{\pi}{8}$；　　　　　　　　　　　(4) $\dfrac{1}{2}, 0$；

(5) $x(1+x)^{xy}\ln(1+x)$；　　　　　(6) $e^{y(x^2+y^2)}[2xy\mathrm{d}x + (x^2 + 3y^2)\mathrm{d}y]$；

(7) -1；　　　　　　　　　　　(8) $\displaystyle\int_0^1 \mathrm{d}y\int_0^{1-y}f(x,y)\mathrm{d}x$；

(9) 1；　　　　　　　　　　　(10) 2π。

3. (1) D；　(2) B；　(3) D；　(4) A；　(5) C；　(6) C；　(7) C；　(8) D；　(9) A；　(10) D。

4. (1) $\dfrac{\partial z}{\partial x} = (1 - xy)e^{-xy}, \dfrac{\partial z}{\partial y} = -x^2 e^{-xy}$；

(2) $\dfrac{\partial z}{\partial x} = (x + 2y)^x \left[\ln(x + 2y) + \dfrac{x}{x + 2y}\right], \dfrac{\partial z}{\partial y} = 2x(x + 2y)^{x-1}$；

(3) $\dfrac{\partial z}{\partial x} = \dfrac{yx^{y-1}}{2\sqrt{x^y(1+x^y)}}, \dfrac{\partial z}{\partial y} = \dfrac{x^y \ln x}{2\sqrt{x^y(1+x^y)}}$；

(4) $\dfrac{\partial z}{\partial x} = \dfrac{yz}{\mathrm{e}^z - xy}; \dfrac{\partial z}{\partial y} = \dfrac{xz}{\mathrm{e}^z - xy}$。

5. 证明:略。

6. (1) $\mathrm{d}z = y^{\sin x}\cos x \ln y\,\mathrm{d}x + y^{\sin x - 1}\sin x\,\mathrm{d}y$;

(2) $\mathrm{d}u = x^y y^z z^x \left[\left(\dfrac{y}{x} + \ln z\right)\mathrm{d}x + \left(\dfrac{z}{y} + \ln x\right)\mathrm{d}y + \left(\dfrac{x}{z} + \ln y\right)\mathrm{d}z\right]$。

7. $\mathrm{d}z = -\dfrac{\sin 2x}{\sin 2z}\mathrm{d}x - \dfrac{\sin 2y}{\sin 2z}\mathrm{d}y$。

8. (1) 极大值:$f(2, -2) = 8$; (2) 极小值:$f\left(\dfrac{1}{2}, -1\right) = -\dfrac{\mathrm{e}}{2}$。

9. 极大值:$f(1, 2) = 5$,极小值:$f(-1, -2) = -5$。

10. (1) $\dfrac{7}{12}$; (2) $2 - \dfrac{\pi}{2}$。

11. 两直角边都是 $\dfrac{c}{\sqrt{2}}$ 时,周长最大。

12. 最大体积 $\dfrac{4}{27}\pi$,矩形面积 $\dfrac{2}{9}$。

习题 7-1

1. (1) 0; (2) a; (3) 0。

2. (1) $c^2 - a^2$; (2) $b^2 - a^2$; (3) $a^2 - b^2$; (4) $(b-c)(c-a)(a-b)$。

3. (1) 1; (2) 6; (3) 2。

4. (1) x^4; (2) -1; (3) $a_1 a_2 a_3 a_4 a_5$; (4) 240。

5. (1) $(-1)^n (n+1)\displaystyle\prod_{i=1}^{n} a_i$;   (2) $x^n + \dfrac{n(n+1)}{2}x^{n-1}$;

(3) $-2(n-2)!$;   (4) $b_1 b_2 \cdots b_n$;

(5) $(x-1)(x-2)\cdots[x-(n-1)]$;   (6) $n+1$;

(7) $(-1)^{n-1}(na - x)x^{n-1}$。

6. (1) $x = 0$ 或 $x = 2$; (2) $x = \pm 1$ 或 $x = \pm 2$; (3) $0, 1, 2, \cdots, n-2$。

7. (1) $x_1 = 0, x_2 = \dfrac{4}{5}, x_3 = \dfrac{3}{5}, x_4 = -\dfrac{7}{5}$; (2) $x_1 = a, x_2 = b, x_3 = c$。

8. (1) $\lambda \ne -1$ 且 $\lambda \ne 4$; (2) $\lambda = -1$ 或 $\lambda = 4$。

习题 7-2

1. $x_1 = 2, x_2 = 1, x_3 = 2, y_1 = 5, y_2 = 3, y_3 = 2$。

2. $\begin{bmatrix} 17 & 12 & 30 \\ 6 & 35 & 6 \\ 24 & 30 & 41 \end{bmatrix}, \begin{bmatrix} 1 & 0 & 0 \\ 0 & 1 & 0 \\ 0 & 0 & 1 \end{bmatrix}$。

3. (1) $\begin{bmatrix} -12 & -17 & 13 \\ -19 & 18 & 8 \end{bmatrix}$; (2) $\boldsymbol{X} = \begin{bmatrix} 2 & 3 & -\dfrac{5}{2} \\ 4 & -\dfrac{7}{2} & -2 \end{bmatrix}$。

4. (1) $\begin{bmatrix} 10 & 1 \\ 7 & 3 \end{bmatrix}$; (2) $\begin{bmatrix} 6 & 1 & 12 \\ 1 & 1 & -3 \\ 2 & 0 & 6 \end{bmatrix}$; (3) $\begin{bmatrix} 0 & 7 \\ 7 & 0 \end{bmatrix}$; (4) $\begin{bmatrix} -1 & -2 & -1 \\ 10 & 12 & 2 \end{bmatrix}$; (5) $\begin{bmatrix} 10 \\ -8 \end{bmatrix}$;

$(6)\begin{bmatrix}22 & -28\\-28 & 36\\13 & -17\end{bmatrix}$; $(7)\begin{bmatrix}0 & 0 & 0\\0 & 0 & 0\\-1 & -2 & -4\end{bmatrix}$; $(8)\begin{bmatrix}10 & 4 & -1\\4 & -3 & -1\end{bmatrix}$。

5. $10^{99}\begin{bmatrix}3 & 6 & 9\\2 & 4 & 6\\1 & 2 & 3\end{bmatrix}$。

6. $(1)\begin{bmatrix}1 & 0\\n\lambda & 1\end{bmatrix}$; $(2)2^{n-1}\begin{bmatrix}1 & 1\\1 & 1\end{bmatrix}$; $(3)\begin{bmatrix}1 & 0 & 0\\0 & 1 & 0\\0 & 0 & 1\end{bmatrix}$。

习题 7-3

1. $(1)\begin{bmatrix}1 & -1 & 2\\0 & 0 & -5\end{bmatrix}$; $(2)\begin{bmatrix}1 & 3\\0 & -5\\0 & 0\end{bmatrix}$; $(3)\begin{bmatrix}1 & 2 & 3\\0 & 1 & -8\\0 & 0 & -17\end{bmatrix}$。

2. $(1)\begin{bmatrix}1 & 0\\0 & 0\end{bmatrix}$; $(2)\begin{bmatrix}1 & 0 & 0\\0 & 1 & 0\\0 & 0 & 1\end{bmatrix}$; $(3)\begin{bmatrix}1 & 0 & -\frac{1}{7} & 0\\0 & 1 & -\frac{3}{7} & 0\\0 & 0 & 0 & 1\end{bmatrix}$; $(4)\begin{bmatrix}1 & 0 & 0\\0 & 1 & 0\\0 & 0 & 1\end{bmatrix}$;

$(5)\begin{bmatrix}1 & 0 & 0 & 0\\0 & 1 & 0 & 0\\0 & 0 & 0 & 0\end{bmatrix}$; $(6)\begin{bmatrix}1 & 0 & 0 & 0 & 0\\0 & 1 & 0 & 0 & 0\\0 & 0 & 0 & 0 & 0\end{bmatrix}$; $(7)\begin{bmatrix}1 & 0 & -1 & 0 & 0\\0 & 1 & 1 & 0 & 0\\0 & 0 & 0 & 1 & 0\\0 & 0 & 0 & 0 & 1\end{bmatrix}$。

3. (1) 2; (2) 2; (3) 2; (4) 1; (5) 3; (6) 3;

(7) 当 $a=1$ 时,秩为 1;当 $a=\frac{1}{3}$ 时,秩为 3;当 $a\neq 1$ 且 $a\neq\frac{1}{3}$ 时,秩为 4。

4. (1) 当 $k=1$ 时,$r(A)=1$; (2) 当 $k=-2$ 时,$r(A)=2$;当 $k\neq 1$ 且 $k\neq-2$ 时,$r(A)=3$。

习题 7-4

1. 证明:略。

2. $(1)\frac{1}{ad-bc}\begin{bmatrix}d & -b\\-c & a\end{bmatrix}$; $(2)\begin{bmatrix}1 & -4 & -3\\1 & -5 & -3\\-1 & 6 & 4\end{bmatrix}$; $(3)\begin{bmatrix}1 & -3 & -2\\1 & -5 & -3\\-1 & 6 & 4\end{bmatrix}$;

$(4)\begin{bmatrix}1 & 3 & -2\\-\frac{3}{2} & -3 & \frac{5}{2}\\1 & 1 & -1\end{bmatrix}$; $(5)\frac{1}{4}\begin{bmatrix}1 & 1 & 1 & 1\\1 & 1 & -1 & -1\\1 & -1 & 1 & -1\\1 & -1 & -1 & 1\end{bmatrix}$; $(6)\begin{bmatrix}\frac{1}{2} & -\frac{1}{4} & \frac{1}{8} & -\frac{1}{16}\\0 & \frac{1}{2} & -\frac{1}{4} & \frac{1}{8}\\0 & 0 & \frac{1}{2} & -\frac{1}{4}\\0 & 0 & 0 & \frac{1}{2}\end{bmatrix}$;

$$(7) \begin{bmatrix} 1 & 0 & 0 & 0 \\ -\dfrac{1}{2} & \dfrac{1}{2} & 0 & 0 \\ 0 & -\dfrac{1}{3} & \dfrac{1}{3} & 0 \\ 0 & 0 & -\dfrac{1}{4} & \dfrac{1}{4} \end{bmatrix}。$$

3. 证明:略。

4. (1) $\begin{bmatrix} 2 & -23 \\ 0 & 8 \end{bmatrix}$; (2) $\begin{bmatrix} -3 & 2 & 0 \\ -4 & 5 & -2 \\ -5 & 3 & 0 \end{bmatrix}$; (3) $\begin{bmatrix} 2 & -1 & 0 \\ 1 & 3 & -4 \\ 1 & 0 & -2 \end{bmatrix}$。

5. $\begin{bmatrix} 0 & 0 & \cdots & 0 & a_n^{-1} \\ a_1^{-1} & 0 & \cdots & 0 & 0 \\ 0 & a_2^{-1} & \cdots & 0 & 0 \\ \cdots & \cdots & \cdots & \cdots & \cdots \\ 0 & 0 & \cdots & a_{n-1}^{-1} & 0 \end{bmatrix}$。

习题 7-5

1. (1) 唯一解; (2) 无解; (3) 唯一解; (4) 无解; (5) 无穷解。

2. (1) $x_1 = 1, x_2 = 2, x_3 = -4$;

    (2) $x_1 = 0, x_2 = -3, x_3 = 5$;

    (3) $x_1 = -c, x_2 = 0, x_3 = 2c, x_4 = c$;

    (4) $x_1 = 27c, x_2 = 4c, x_3 = 41c, x_4 = c$;

    (5) $x_1 = 1 - 2c_1, x_2 = 2 - 6c_1 - 2c_2, x_3 = 4 - 7c_1 - 5c_2, x_4 = c_1, x_5 = c_2$;

    (6) $x_1 = 2c_1 + \dfrac{2}{7}c_2, x_2 = c_1, x_3 = -\dfrac{5}{7}c_2, x_4 = c_2$。

3. (1) 当 $\lambda \neq -2$ 且 $\lambda \neq 1$ 时,此方程组有唯一解 $x_1 = x_2 = x_3 = \dfrac{1}{\lambda + 2}$;

    (2) 当 $\lambda = -2$ 无解;

    (3) 当 $\lambda = 1$ 时有无穷多解,解为 $x_1 = 1 - x_2 - x_3$,其中 x_2, x_3 为自由变量。

4. $k = \dfrac{1}{3}$,一个解 $x_1 = 3, x_2 = -7, x_3 = 1$。

5. $a = 2$,且 $b = 3$ 时,方程组有解,解为 $x_1 = -2 + c_1 + c_2 + c_3, x_2 = 3 - 2c_1 - 2c_2 - 6c_3, x_3 = c_1$, $x_4 = c_2, x_5 = c_3$。

复习题七

1. (1) ×; (2) ×; (3) √; (4) ×; (5) ×; (6) √; (7) ×; (8) ×; (9) ×; (10) ×。

2. (1) 0; (2) 0; (3) 0 或 9 或 −1; (4) 0; (5) $A^{-1}CB^{-1}$;

    (6) $\begin{bmatrix} \cos\alpha & \sin\alpha \\ -\sin\alpha & \cos\alpha \end{bmatrix}, 1, \begin{bmatrix} \cos\alpha & \sin\alpha \\ -\sin\alpha & \cos\alpha \end{bmatrix}$; (7) $E + A + \cdots + A^{k-1}$; (8) 6;

    (9) $\begin{bmatrix} 4 & 2 & -1 \\ -1 & \dfrac{5}{2} & 1 \\ 3 & 6 & 2 \end{bmatrix}$; (10) $\lambda \neq \pm 1$。

3. (1) C; (2) C; (3) C; (4) B; (5) D; (6) C; (7) D; (8) A; (9) A; (10) C。

4. (1) 0; (2) 120; (3) $a^n + (-1)^{n+1}b^n$; (4) $\prod\limits_{i=1}^{n} a_i \cdot \left(1 + \sum\limits_{i=1}^{n} \dfrac{1}{a_i}\right)$。

5. 证明:略。

6. (1) $\lambda \neq 1, -2$ 时,原方程组有唯一解,$x_1 = -\dfrac{\lambda+1}{\lambda+2}, x_2 = \dfrac{1}{\lambda+2}, x_3 = \dfrac{(\lambda+1)^2}{\lambda+2}$。当 $\lambda = 1$ 时,原方程组有无数解,$x_1 = 1 - x_2 - x_3$;当 $\lambda = -2$ 时,原方程组无解。

(2) 当 $a \neq 1, b \neq 0$ 时,原方程组有唯一解,$x_1 = \dfrac{2b-1}{b(a-1)}, x_2 = \dfrac{1}{b}, x_3 = \dfrac{1+4b+2ab}{b(a-1)}$;当 $a = 1, b = \dfrac{1}{2}$ 时,原方程组有无数解,$x_1 = 2 - x_3, x_2 = 2$;$a = 1, b \neq \dfrac{1}{2}$ 时,原方程组无解。

(3) 当 $b \neq -2$ 且 $b \neq 1$ 时,原方程组有唯一解;当 $b = -2$ 时,原方程组无解;$b = 1$ 时,原方程组有无穷多解,$x_1 = -x_2 - x_3 + 1$。

习题 8-1

1. (1) 必然事件; (2) 不可能事件; (3)、(4)、(5) 都为随机事件。

2. (1) $\{2,3,\cdots,12\}$; (2) $\{10,11,\cdots\}$; (3) $\{0,1,2,\cdots\}$; (4) $\{x \mid x \geqslant 0\}$。

3. A 与 B 是对立事件;A 与 B、A 与 C、A 与 E、C 与 D、C 与 E 都是互不相容事件。

4. (1) $\overline{A} = \{$抽到的三件产品不都是正品$\}$; (2) $\overline{B} = \{$甲、乙两人下棋,甲不胜$\}$;

(3) $\overline{C} = \{$抛掷一枚骰子,出现偶数点$\}$; (4) $\overline{D} = \{$三件正品中没有一件次品$\}$。

5. (1) $A_1 A_2 A_3$; (2) $A_1 \bigcup A_2 \bigcup A_3$; (3) $\overline{A_1} A_2 A_3 \bigcup A_1 \overline{A_2} A_3 \bigcup A_1 A_2 \overline{A_3}$。

6. $A \bigcup B = \{1,2,3,4,5,6,8,10\}$; $AB = \{2,4\}$; $ABC = \varnothing$; $\overline{A} \bigcap C = \{5,7,9\}$; $\overline{A} \bigcup A = \Omega$。

7. (1) $\{0,1,2,3,4,5\}$; (2) $A = A_0 \bigcup A_1 \bigcup A_2$; (3) 所有 A_i 能够构成完备事件组。

习题 8-2

1. $P(A) = 0.868\,8, P(B) = 0.805\,21, P(C) = 0.677\,87$。

2. (1) $n = 3^2 = 9$,其基本事件分别为 $\{11\},\{12\},\{13\},\{21\},\{22\},\{23\},\{31\},\{32\},\{33\}$;

(2) $\{11\},\{12\},\{13\}$;

(3) $\{13\},\{23\},\{31\},\{32\},\{33\}$;

(4) $\{11\},\{12\},\{13\},\{21\},\{22\},\{23\}$。

3. $\dfrac{1}{15}$。

4. (1) $\dfrac{1}{120}$; (2) $\dfrac{27}{1\,000}$。

5. $\dfrac{1}{6}$。

6. $\dfrac{1}{16}$。

7. $\dfrac{1}{15}$。

8. 0.25。

9. (1) 0.000\,95; (2) 0.105\,5。

10. 0.022\,96。

习题 8-3

1. 0.9。

2. 0.528。

3. 0.5。

4. $\dfrac{19}{30}$；$\dfrac{3}{14}$；$\dfrac{3}{8}$。

5. $\dfrac{3}{200}$。

6. $\dfrac{47}{60}$。

7. 0.891。

8. 0.031 5。

9. 0.5。

10. (1) 0.56；　(2) 0.24；　(3) 0.14。

习题 8-4

1. $\dfrac{16}{37}$。

2. (1) $\dfrac{1}{4}$；　(2) $\dfrac{1}{2}$；　(3) $\dfrac{3}{4}$；　(4) $\dfrac{1}{2}$。

3.

ξ	0	1	2
$P(\xi=k)$	$\dfrac{22}{35}$	$\dfrac{12}{35}$	$\dfrac{1}{35}$

4. (1)

ξ	1	2	3	4
$P(\xi=k)$	$\dfrac{10}{13}$	$\dfrac{5}{26}$	$\dfrac{5}{143}$	$\dfrac{1}{286}$

(2)

ξ	1	2	3	$\cdots$	k	$\cdots$
$P(\xi=k)$	$\dfrac{10}{13}$	$\dfrac{3}{13}\times\dfrac{10}{13}$	$\left(\dfrac{3}{13}\right)^2\times\dfrac{10}{13}$	$\cdots$	$\left(\dfrac{3}{13}\right)^{k-1}\times\dfrac{10}{13}$	$\cdots$

5. (1) 0.230 4；　(2) 0.913；　(3) 0.6。

6. (1) 0.864 7；　(2) 0.232 5。

7. (1) $A=\dfrac{3}{2}$；　(2) $\dfrac{9}{16}$。

8. (1) $\dfrac{7}{8}$；　(2) $\dfrac{3}{4}$。

9. (1) 0.930 6；　(2) 0.235 8；　(3) 0.064 3；　(4) 0.935 7。

10. (1) 0.532 8；　(2) 0.5；　(3) 0.405 2；　(4) 0.697 7。

11. (1) 0.838 4; (2) 0.153 9。

12. (1) 23.209,21.026,33.196; (2) 2.764,1.782,1.318;

   (3) 3.52,3.14,2.42,0.4; (4) 2.33,1.04,1.645。

习题 8-5

1. (1) 0.45; (2) 1.025; (3) 0.822 5。

2. $k=3,\alpha=2$。

3. (1) $E(\xi)=1$; (2) $E(\mathrm{e}^{-2\xi})=\dfrac{1}{3}$。

4. 自动机床 A 的次品数分散程度较小,加工质量较好。

5. $E(3\xi-\eta+1)=2;D(\eta-2\xi)=12$。

6. $\dfrac{49}{192}$。

7. 3。

8. 1.2;0.36。

9. $E(\xi)=\dfrac{3}{10};E(\xi^2)=\dfrac{9}{22};D(\xi)=\dfrac{351}{1\,100}$。

10. $E(\xi)=63.7;E(\xi^2)=4\,600;D(\xi)=E(\xi^2)-E^2(\xi)=542.31$。

习题 8-6

1. (1)、(2)、(4) 都是统计量; (3) 因包含未知统计量 σ,故不是统计量。

2. (1) $N\left(\mu,\dfrac{\sigma^2}{10}\right)$; (2) $\chi^2(9)$; (3) $t(9)$; (4) $N(0,1)$; (5) $\chi^2(10)$。

3. $\bar{x}=3,S=\dfrac{\sqrt{34}}{3},S^2=\dfrac{34}{9}$。

4. 0.829 3。

5. $P(|\bar{\xi}-2|<\lambda)=0.95;\lambda=0.003\,92$。

6. $P\left(\displaystyle\sum_{i=1}^{8}\xi_i^2>1.80\right)=P\left(\displaystyle\sum_{i=1}^{8}\dfrac{\xi_i^2}{0.09}>20\right)=P\{\chi^2(8)>20\}=0.01$。

习题 8-7

1. $\hat{\mu}=156.7,\hat{\sigma}^2=135.7$。

2. (8.38,8.70)。

3. 这批灯泡平均寿命的置信度为 0.95 的置信区间为(939.9,1 060.1)。

4. (1) (14.81,15.01); (2) (15.07,17.45)。

5. 这批保险丝熔化时间的方差是 0.99,置信区间为(213.23,982.65)。

6. (0.53,1.15)。

7. (1) μ 的置信区间为(12.85,13.47);

   (2) μ 的置信区间为(12.86,13.46),σ^2 的置信区间为(0.14,0.70)。

8. 估计量 $\hat{\mu}_1$ 最有效。

习题 8-8

1. 这台包装机不正常。
2. 可以认为这批灯泡寿命为 2 000 小时。
3. 产品质量与原有质量差异显著。
4. 有显著变化。
5. 该批保险丝的方差与原来的差异显著。
6. 有显著变化。
7. 两批元件的电阻均值无显著差异。
8. 处理前后含脂率的均值有显著变化。

习题 8-9

1. (1) y 对 x 的回归直线方程为 $\hat{y} = 642.9 - 30.22x$； (2) y 与 x 之间的线性相关关系显著。
2. (1) $\hat{y} = 0.256\ 8 + 2.930\ 3x$； (2) y 与 x 之间的线性相关关系显著。
3. (1) $\hat{y} = -23.59 + 2.8x$； (2) 线性回归效果显著。
4. (1) y 与 x 的回归直线方程为 $\hat{y} = 126.4x - 31.4$，y 与 x 之间的线性相关关系显著；
   (2) 冶炼时间的预测值为 137.976 分钟，预测区间为 $[137.95, 138.05]$；
   (3) 冶炼时间为 180 分钟时，铁水含碳量应控制在 1.67% 以下。

复习题八

1. (1) √； (2) ×； (3) √； (4) ×； (5) √； (6) ×； (7) ×； (8) √； (9) ×； (10) ×。

2. (1) $A \cup B \cup C$；   (2) $\dfrac{21}{40}$；   (3) $\dfrac{1}{14}$；   (4) $\dfrac{5}{6}$；

   (5) $\dfrac{3}{4}, \dfrac{1}{2}, \dfrac{7}{12}$；   (6) 0.189；   (7) $1 - a$；   (8) $\Phi\left(\dfrac{b - \mu}{\sigma}\right) - \Phi\left(\dfrac{a - \mu}{\sigma}\right)$；

   (9) 6；   (10) 0。

3. (1) B； (2) A； (3) A； (4) A； (5) C； (6) D； (7) C； (8) A； (9) B； (10) A。

4. (1) $\dfrac{3}{5}$；

   (2) $\dfrac{198}{245}, \dfrac{81}{100}$；

   (3)

ξ	0	1	2
p_k	$\dfrac{22}{35}$	$\dfrac{12}{35}$	$\dfrac{1}{35}$

   (4) ①

$\xi + \eta$	0	1	2	3
p_k	$\dfrac{1}{4}$	$\dfrac{5}{12}$	$\dfrac{1}{4}$	$\dfrac{1}{12}$

   ② $\dfrac{1}{3}$；

(5) ①1,②$e^{-1} - e^{-2}$,③1,④1;

(6) 证明:略;

(7) 162;

(8) ①14.9,②(14.802,14.988);

(9) 不成立;

(10) $\hat{y} = 5.34 + 0.30t$。